# UN ITINÉRAIRE INTELLECTUEL

# PRÉFACE

« Plus publiciste qu'historien » : une désobligeante sentence, par laquelle Albert Soboul pensait avoir définitivement terrassé le jeune homme qui osait, avec son copain Denis Richet, mettre le pied dans la chasse gardée de la Révolution française. Le livre qu'ils en avaient rapporté, aux yeux d'une historiographie soucieuse de l'orthodoxie et sourcilleuse, avait un léger air de scandale. Circonstance aggravante, il avait du succès. Ses auteurs n'étaient pourtant que des apprentis historiens, dépourvus de l'onction de la thèse. Et l'un des deux avait la désinvolte audace de commenter régulièrement l'actualité politique et intellectuelle dans un hebdomadaire, de gauche certes, mais sentant aussi le fagot. C'était prendre le risque de l'éphémère, contrevenir à la règle sainte du « recul » historique, négliger la connaissance de la suite, si précieuse à l'historien, travailler sans filet. Publiciste, donc.

Il l'était davantage encore que ne l'imaginait la Sorbonne : la tentation du journalisme ne devait pas seulement être pour François Furet une fantaisie de jeunesse. Le livre que voici illustre une longue et double fidélité : à l'activité du journaliste, à l'identité d'un journal, sous ses deux noms successifs, *France-Observateur*, puis *Le Nouvel Observateur*. Le premier article date de mars 1958. Le dernier, un mois avant sa mort, de juin 1997. Grâce à ce vaste ensemble, dans lequel force a été de couper tout ce dont le temps a émoussé l'intérêt, on pourra donc désormais entreprendre, aux côtés d'un commentateur curieux et vif, un voyage au long cours : la traversée de quarante ans de notre vie politique et intellectuelle.

La route que l'on suit en sa compagnie n'est pas tout à fait unie ; ni parcourue de bout en bout du même pas. Il y a, ici et là, quelques intermittences : la plus spectaculaire est celle des années 1965, 1966 et 1967, juste après la transformation de

*France-Observateur* en *Nouvel Observateur*. La rareté des articles y est d'autant plus surprenante que François Furet avait été un des plus chaleureux partisans de la fusion avec l'équipe de *L'Express* : il avait compris que *France-Observateur* se mourait d'avoir tenté d'être, en même temps qu'un hebdomadaire de la gauche intellectuelle, la matrice du PSU et la caisse de résonance des conflits entre ses tendances byzantines.

Comment alors expliquer cette halte dans sa collaboration au journal ? Elle traduit sans doute le désarroi passager de la vieille bande, accoutumée à fabriquer son journal dans la pauvreté et l'improvisation de semaines toujours haletantes, et désormais frottée à une équipe beaucoup plus professionnelle. Probablement y avait-il aussi une légère méfiance : pouvait-on prêter aux journalistes qui venaient de *L'Express*, à l'égard du phénomène communiste, la fermeté doctrinale dont se réclamaient les « anciens » de *France-Observateur* ? Cette perplexité pourtant devait faire long feu. Une des vertus du journal tout neuf — ceci allait très vite apparaître — était de garder le cap de la critique du communisme à l'intérieur d'une gauche où le Parti communiste jouissait encore d'un large capital de sympathie. Et cette fermeté, incarnée par Jean Daniel, était d'autant plus méritoire aux yeux de François Furet que pour célébrer Soljenitsyne la droite n'avait qu'à suivre sa pente, quand la gauche, disait-il, devait la rebrousser. Il resterait en conséquence toujours attaché au journal qui, pas plus que les autres, n'avait prévu l'implosion du communisme, mais l'avait au moins intégrée dans le champ des possibles, et rendue concevable.

Collaboration continue donc — c'est pourquoi, dans la suite de ces pages, je parle, comme il le faisait lui-même, du « journal » ou de l'*Observateur* pour désigner les deux journaux — mais à un rythme inégal. Le jeune journaliste, qui écrit presque chaque semaine à *France-Observateur* (tout juste désengagé du Parti communiste, il se dissimule d'abord derrière le pseudonyme d'André Delcroix, puis — petit pas vers la vérité — de François Delcroix, avant de réintégrer pour de bon l'identité de François Furet), est immergé dans le reportage et le commentaire à la semaine : il enquête à Tunis, interroge les représentants du GPRA, est à Bizerte au moment de la crise de 1961, à Casablanca pour le premier congrès syndical panafricain, suit le procès Salan — occasion de dessiner des portraits aigus des témoins et d'analyser leur vocabulaire. L'homme mûr du *Nouvel Observateur*, pris par ses responsabilités professionnelles et son œuvre d'historien, s'émancipe de plus en plus du reportage comme du commentaire régulier de la politique politicienne. Mais pour une raison qui n'est pas liée seulement à l'emploi du temps et que soulignent certains des articles ici réunis : au fil des années, et singulièrement depuis la fin de la guerre d'Algérie, la politique française s'est décolorée, d'autant moins intéressante qu'elle est plus consensuelle. Terminé, l'affrontement des gaullistes et des communistes. Plus de révolutionnaires à gauche, pas davantage de contre-révolutionnaires à droite. Les socialistes ont appris la gestion, la complexité du réel, la relativité de la volonté politique. Sans doute y a-t-il toujours des conflits d'intérêts, des affrontements d'opinion, mais amortis et assourdis dans la prose d'une époque sans rêves, qui ne conçoit plus d'autre avenir que la démocratie libérale. La tâche des politiques, devenue plus modeste, n'en est que plus pressante ; mais le commentaire l'est moins. On comprend qu'avec le temps qui passe, François Furet soit moins enclin à écrire sur les retournements politiques à la petite semaine, et plus sur les idées et les livres ; moins sur la politique hexagonale que sur les pays qui le fascinent durablement : Israël, l'Amérique. Sans jamais perdre toutefois — un trait qui, selon lui, est commun à la génération des années cinquante — la passion de l'actualité, même si le goût d'y intervenir activement est moins vif.

Cette curiosité pour la circonstance, qui ne s'est jamais éteinte, et dont on retrouve la saveur et l'acuité au détour du plus détaché de ses papiers, rend très difficile de distinguer, dans ce parcours de quarante années, des étapes nettes. De la même façon, le va-et-vient permanent entre l'actualité et l'histoire, le métissage des genres rendent très acrobatique la répartition des articles entre les différentes séquences que ce livre a distinguées. On a pu ainsi verser un entretien sur la Révolution française à la rubrique de « l'historien journaliste ». Et un autre, pourtant consacré aussi à la Révolution, à celle de la « vie intellectuelle ». Affaire de ton, d'inflexion. Mais aussi témoignage de l'étroite imbrication, chez Furet, du métier de journaliste et du travail de l'historien. Il ne parvenait pas à dessiner une frontière conceptuelle entre l'histoire contemporaine et l'histoire tout court, pas plus qu'entre l'histoire contemporaine et la science politique. Il tenait pour certain que sur ce qui arrive tous les jours le regard de l'historien apporte un éclairage supplémentaire et des questions inédites. En même temps, sa fréquentation de la Révolution française l'avait persuadé que, sur l'événement, le regard des contemporains, pour peu qu'ils fussent aussi de grands esprits, n'était pas fondamentalement disqualifié par l'apport ultérieur de la recherche, même s'il en était enrichi.

Tout en étant publiciste, il ne cessait donc d'être historien. Pour commencer, le journal faisait appel à lui chaque fois qu'un anniversaire réclamait un regard par-dessus l'épaule. Pour commenter juin 40, Munich, le pacte germano-soviétique, la fin de la III^e^ République, il était au journal « l'historien de service ». Mais celui-ci montrait aussi le bout de l'oreille dans le moindre papier d'actualité. Un article sur la politique scolaire du gaullisme ? Occasion de rappeler la tradition laïque et républicaine que prend de front le nouveau régime, de marquer la place de l'école dans la construction de l'identité nationale. Une rencontre avec les dirigeants du FLN ? C'est pour retrouver en eux des jacobins d'Afrique, qui ont hérité de leurs ancêtres la mystique de l'unité, le terrorisme de l'égalité et, sous le drapé raide des mots, la confusion doctrinale. Le style du Général ? Impossible de l'apprécier sans un regard rétrospectif sur la langue de Maurras et de Saint-Simon. Lorsqu'en décembre 1960, le journaliste doit commenter les cris d'orfraie que poussent Duchet et Le Pen contre la « dictature », l'historien croit voir, réincarnés, les ultras de 1815 dressés contre Louis XVIII, brandissant contre la politique autoritaire de l'exécutif les droits du Parlement. Quand en avril 1974 tombe la nouvelle de la mort de Pompidou, le journaliste s'étonne qu'on transforme en vertu publique la vertu privée montrée par l'homme pendant sa maladie. L'historien commente : « Les Français mêlent l'État à toute leur existence. » Ainsi sont constamment croisées la trame de la culture historique et la chaîne des événements quotidiens.

Réciproquement, la réflexion sur les travaux des historiens et leurs livres ouvre toujours chez François Furet sur la rumeur du monde comme il va. Quand, à l'occasion de la réédition des *Œuvres capitales*, l'historien doit analyser l'invention par Maurras d'une droite méditerranéenne, latine et catholique, le journaliste n'oublie pas d'ajouter que cette droite-là survit en Espagne, n'a été que depuis peu défaite au Portugal, ferraille toujours en Italie contre le divorce, bref n'en finit pas de mourir. S'il rend compte du livre qu'un collègue américain consacre à *L'Autre France* — une France périphérique, celle des villes portuaires et commerçantes, opposée au môle central de la vieille France terrienne —, il salue, en historien, ce livre inventif. Mais l'ouvrage réveille aussi en lui le journaliste : dans le personnel politique français du moment, quel homme pourrait bien incarner, avec cette France des rivages marins, le vent du large ? En tout cas — on est en 1973 — pas l'Auvergnat qui occupe l'Élysée. Est-il bien raisonnable d'attendre quelque chose d'un Rouennais (Lecanuet) ou d'un Bordelais (Chaban) ? En dehors d'eux, c'est à nouveau la France continentale qu'on retrouve : la Charente de Mitterrand, le Jura d'Edgar Faure ; assez polymorphe il est vrai, celui-ci, pour s'émanciper de ses appartenances.

Donc, deux réflexions en une : l'historien apprend au journaliste à lester l'événement de son poids de passé ; le journaliste apprend à l'historien qu'on ne peut interpréter l'événement historique hors de la sphère des réalités politiques, là où la volonté et l'imagination des hommes s'empêtrent dans le filet des contraintes journalières. Au reste, à relire cette gerbe d'articles, et à la confronter à ses travaux savants, on est frappé par la constance du ton : François Furet n'écrivait pas différemment pour les lecteurs des *Annales* et ceux de l'*Observateur*. Et l'obligation de faire court, habituellement si insupportable aux universitaires, convaincus que rien ne doit se perdre de leurs réflexions, rencontrait aussi un trait de sa personnalité profonde. Il chérissait l'heureuse brièveté, le raccourci qui fait gagner à la fois de la compréhension et du temps — qu'il redoutait toujours de gaspiller, sachant d'une science native qu'il est une denrée rare. Il détestait les mots en trop, les notes de bas de pages superflues, les précautions des préambules : on verra comment les articles réunis ici commencent en fanfare, courent à l'essentiel, s'achèvent sur une chute victorieuse. Ils guettent et cultivent la formule qui claque, sèchement, à la manière d'un éventail qui se referme. Ainsi sur les États-Unis : « L'Amérique n'a pas d'idéologie, puisqu'elle en est une. » Ou sur le Giscard des débuts : « Il a, comme tout élu intelligent et ambitieux, le désir de dépasser son électorat, c'est-à-dire de le trahir. »

Dans l'activité nécessairement décousue du journal, il a donc trouvé de quoi manifester la fidélité à ses goûts profonds et à son métier. Mais aussi aux questions de sa vie. Autour de la pensée et de l'œuvre de François Furet s'est élevé, au sein de ses proches, un débat amical. Est-il de ceux qui, très jeunes, sont portés par un projet déjà pourvu d'une forme et d'une force ? Ou au contraire de ceux qui découvrent sur le tard ce à quoi ils tiennent vraiment ? La chronologie de ses livres donne du poids à la seconde hypothèse. Il convenait lui-même n'avoir pas été un précoce : il disait souvent que le temps révèle les êtres à eux-mêmes, de sorte que, la vie passant, chacun de nous se ressemble davantage et comprend mieux ce qu'il est. Pas trop vite, pourtant. Déclarer la cause entendue serait oublier que s'il a tardé à publier des livres, il n'avait jamais cessé d'écrire. Sous une forme moins prestigieuse et moins achevée que le livre, dans ces papiers périssables semés au vent des semaines, mais qui n'en portent pas moins témoignage de la continuité de ses préoccupations : cette prose en morceaux, qui pourrait illustrer une dispersion intime, manifeste au contraire, chez cet esprit mobile, une grande cohérence. Premier des articles donnés par Furet à *France-Observateur* ? La pratique et les méthodes des historiens soviétiques. Deuxième article ? Le personnage de Robespierre tel que le campent les historiens français. Révolution russe, Révolution française : deux événements embellis par l'espérance d'un monde nouveau à inventer et à construire, pourvus tous deux d'une magie toute-puissante sur les esprits, et le premier perçu à travers le second. Deux événements qu'il ne cessera d'interroger, d'analyser, qui feront la trame de son œuvre et l'éclat de sa notoriété. Présents donc l'un et l'autre dès les premiers pas dans les colonnes du journal. Signe qu'à trente ans, le futur spécialiste a déjà repéré ses intérêts fondamentaux et trouvé, sans peut-être se l'avouer encore, les deux grandes questions dont il ne cessera de scruter l'énigme : comment surgit chez les hommes l'extravagant projet de refaire de fond en comble le contrat social ? Et pourquoi la liberté des révolutions se retourne-t-elle si vite en son meurtrier contraire ? Soit la naissance, la flambée, le destin des passions révolutionnaires.

La suite dans les idées ne signifie pas l'ankylose. Au fil de ces quarante années, on voit bouger non seulement le paysage traversé mais le regard du voyageur. Sur de Gaulle, sur le phénomène communiste, sur la gauche et ses chances, l'ouvrage que voici donne à voir ce qui a modifié le spectacle et corrigé l'angle de vision du spectateur.

De Gaulle, pour commencer, puisqu'en septembre 1958, au moment où Furet se met à écrire pour *France-Observateur*, le personnage domine de toute sa stature la scène politique. Un des premiers articles commente le coup de tonnerre du référendum : avec la défaite de la gauche, un des déplacements de voix les plus importants de l'histoire électorale française. François Furet l'analyse comme le fruit de l'inadaptation de la classe ouvrière aux problèmes du salariat moderne et de sa vieille tendresse pour le « sauveur au-dessus des classes ». Le plébiscite manifeste l'abandon d'un « pays trompé et las ». Et tout déformant que soit le miroir qu'il tend aux Français, l'image qu'il donne sera encore confirmée par les législatives de novembre qui porteront à l'Assemblée, grâce à l'impressionnante logique du scrutin majoritaire, plus de deux cents députés UNR : aux yeux de Furet, l'Assemblée la plus réactionnaire de l'histoire nationale, et cela non depuis 1919 ou 1871, mais depuis 1815. C'est du versant autoritaire de l'Histoire de France que Furet regarde le régime : un césarisme familier aux Français, qui ont déjà vu célébrer par deux Bonaparte les noces de la démocratie référendaire, du nationalisme et du pouvoir personnel ; le 13 mai est un 2-Décembre. Quant à de Gaulle, nouvelle incarnation de cette pente bonapartiste, il est d'abord pour Furet un général factieux, dépeint dans une langue qui est encore celle de l'antifascisme (c'est l'époque, il est vrai, où *France-Observateur* est régulièrement saisi). A de Gaulle, le jeune journaliste ne découvre aucune circonstance atténuante, aucune grandeur vraie. Il ne le crédite d'aucune lucidité particulière sur le problème colonial, que ses *Mémoires* ont traité avec un confondant conformisme, en attribuant par exemple au seul complot les émeutes du printemps 1945. De Gaulle est un « patriote de l'Hexagone », dont le nationalisme, essentiellement continental, est accordé à une histoire française qui n'a jamais eu, à la différence de l'Angleterre, une idéologie impériale. Bref, l'aventure « étriquée et provinciale » dans laquelle il engage les Français est « résiduelle », tissée par « la démission nationale bien plus que par un rejaillissement des profondeurs ».

Pour lui, comme pour tant d'autres, la suite devait disculper le factieux. Dès 1959, Furet avait compris que le « coup d'État » avait été canalisé par un monarque libéral, assez proche au fond de Mendès France, tant était perméable la frontière entre gaullisme de gauche et mendésisme de droite. Il avait commencé par accueillir avec scepticisme l'hypothèse que Jean Daniel, perspicace, avait développée dans *Esprit* en 1961 : celle qu'un gouvernement réactionnaire, de surcroît né de l'usurpation, peut parfaitement appuyer une évolution décolonisatrice. Sans doute était-il spontanément disposé à croire, avec Jean Daniel, que la gauche n'est pas anticolonialiste par essence, ni le nationalisme algérien nécessairement porteur d'universalité ; il n'était pas enclin non plus à sacraliser le FLN. Mais il répugnait à faire fond sur l'homme providentiel, et l'hypothèque militaire continuait à ses yeux à peser sur le gaullisme. Pour faire sienne l'idée qu'il n'y avait aucune fatalité d'ordre philosophique ou historique pour empêcher de Gaulle de faire la paix en Algérie, il lui a fallu un peu de temps.

Il devait en mettre bien davantage à se persuader de la valeur, et même de la portée des institutions de la Ve République. Les circonstances, il est vrai, et notamment la fébrilité avec laquelle le texte initial avait été voté, n'en facilitaient pas l'intelligence. Les modifications qui lui seront apportées ne feront du reste qu'aggraver, aux yeux d'un homme pétri de républicanisme, la prérogative présidentielle au détriment du législatif. Il le déplorera jusqu'au bout, même si la suite des temps devait lui faire reconnaître comme judicieuse la rupture avec l'absolutisme parlementaire, et bénéfique l'idée d'une supériorité de la Constitution sur la loi.

Dans son interprétation du gaullisme, il y a donc eu beaucoup d'ajustements. Pourtant, François Furet n'est pas parvenu à croire que l'héroïsme gaulliste avait vraiment pesé sur le destin des Français. Il est resté insensible à la chevalerie du gaullisme et à sa poésie supposée. Ou plus exactement, c'est cette poésie même qui devait lui rendre suspecte toute l'entreprise. Le fameux « style » du Général, qui paraissait alors si neuf à beaucoup, lui était depuis longtemps familier, mélange de ce qu'il y a de pire dans l'Ancien Régime et la Révolution : un style de gouvernement qui sacralise l'autorité et le secret, et sème partout l'illusion. La vraie performance gaulliste, c'est d'avoir réussi à faire croire aux Français qu'ils n'avaient pas perdu la guerre contre l'Allemagne, et qu'ils pouvaient, grâce au tabouret qu'il leur avait obtenu à la table des vainqueurs, en partager la gloire. Tel a été le tour de prestidigitation du gaullisme : habiller des séductions de la rupture une politique de la tradition, escamoter sous des oripeaux flamboyants « le vieux corps déclinant de la France nationaliste ». Dans ce bonapartisme d'arrière-saison, « un vieillard sceptique et cultivé [c'est un jeune homme impatient qui parle, dirait ici Stendhal] orne d'un vocabulaire de prestige la mort lente de son rêve et l'idée de la France apprise à l'école libre ».

Mensonge encore chez de Gaulle que la démagogie du renouveau, et la pose de la rupture avec une IVe République beaucoup moins immobiliste qu'il ne le disait : elle avait entamé la modernisation économique et amorcé la prospérité sociale — l'une et l'autre, il est vrai, intéressaient peu le général. Mensonge encore, l'idée qu'il puisse y avoir un gaullisme de gauche : si de Gaulle peut, à l'occasion, manifester une relative indépendance politique, cette indépendance cache un profond accord social avec les forces dont il refuse les ultimatums et il est donc extravagant d'imaginer qu'il puisse s'appuyer durablement sur la gauche. Mensonge enfin, les relations avec le PC, contre lequel il fait donner sa majorité les jours d'élection tout en négociant tacitement avec lui le partage et la répartition des zones d'influence. Bref, les rapports des Français avec de Gaulle « n'ont jamais été de nature démocratique ». Tout est dit avec cette sentence. Les régimes autoritaires vivent de l'échec de la droite traditionnelle à résoudre les problèmes du pays, mais ne réussissent jamais, selon lui, à séduire les masses populaires qu'en misant sur leur besoin de trouver un baume pour leurs humiliations. D'où la fortune des guérisseurs. C'est déjà « l'illusion », sujet de son dernier grand livre, que dès ses premiers articles de l'*Observateur*, Furet a choisi de traquer. Ce qu'il n'aime pas chez de Gaulle est déjà ce qu'il n'aime pas chez Robespierre : le « style » tenant lieu d'action, une parole tout entière politique (et non mise au service d'une politique), qui ne sert plus qu'à bercer des citoyens en mal de somnolence. « Le plus grand démobilisateur de citoyens que notre histoire ait jamais connu » : tel est, sur le général de Gaulle, le verdict du jeune Furet.

Autre marchand de sable, le Parti communiste. Plus évidemment pernicieux. Si bien que le jugement porté sur le Parti communiste évolue peu au cours de ces quarante années, d'emblée d'une grande fermeté. La collaboration de Furet à *France-Observateur* coïncide avec sa sortie du Parti communiste, d'abord intellectuelle, et bientôt réelle. On retrouvera donc dans ses commentaires, vingt fois examinées, les raisons de sa sortie. Mais on pourra aussi reconstituer les raisons de son adhésion. Son entrée au Parti communiste ? Pour une part un fait de génération, fruit de l'air du temps. Pour une part, la conscience d'un privilège social, qu'il fallait expier. Surtout, l'admiration pour le marxisme, doctrine qui faisait voir dans chaque événement la raison historique en marche, « le plus puissant système d'interprétation de l'histoire européenne ». Révérence du reste jamais démentie, car si le marxisme est devenu l'inverse de ce qu'il était, la faute en revient aux idéologies qui se sont réclamées de lui. Dans les tout premiers articles donnés au journal, avec le souvenir frais de ces fortes raisons, on sent encore chez Furet une vague attente à l'égard du Parti communiste, le brin d'espoir qu'il puisse se réformer. Tout cela vite balayé par la pratique du Parti : un inimitable mélange de rigidité devant les faits et de souplesse dans la façon de les plier à l'idéologie, une fuite permanente vers l'exotisme du passé (la pieuse mémoire du Front populaire) et de l'espace (la terre promise de l'URSS), le recours obsessionnel à l'euphémisme, le mépris du réel. Là est la source d'une découverte destinée à fasciner durablement l'historien : l'imperméabilité des hommes à l'expérience historique.

Une fois franchie la ligne invisible qui séparait « les camarades » des autres — ligne alors formidable dans les imaginations, souvenons-nous-en —, il n'y a plus eu chez François Furet la moindre idée de retour, le plus furtif regard en arrière, aucun de ces lamentos pathétiques qui ont accompagné tant d'autres ruptures. Cette sortie sans appel du communisme a-t-elle été du même coup une sortie de la gauche ? Et quarante années dans les colonnes d'un journal de gauche permettent-elles de répondre affirmativement à cette question ? A retraverser ces articles, on peut être sûr, en tout cas, qu'il n'était pas de droite. De la droite, il n'avait ni la passion nationale ni l'ancrage religieux ni la superstition des traditions : bref, ce n'était pas son monde. Et alors que beaucoup de ses papiers sont aimantés par la question de l'avenir de la gauche, l'avenir de la droite le laisse visiblement froid. La gauche, elle, était bien sa famille et du coup, il en voyait à plein les péchés. Parmi ceux-ci, le goût de l'autocélébration, si étranger à l'histoire. Surtout, la conviction — il la connaissait bien pour l'avoir partagée dans sa jeunesse, sur l'élan, disait-il, de la victoire de l'Armée rouge contre Hitler — que le plus sûr moyen de combattre le fascisme était de se garder de tout anticommunisme. Idée fausse et ruineuse, dont le corollaire est qu'on ne peut lutter à la fois contre les deux totalitarismes et qui va même jusqu'à inspirer quelque indulgence pour les dictatures quand elles se prétendent de gauche. La conséquence de cet aveuglement majeur, c'est pour Furet, argumenté tout au long des pages qu'on va lire, un grand scepticisme sur les perspectives d'Union de la gauche. Certes, il la voit inscrite dans la logique du scrutin majoritaire, reconnaît qu'en se portant à droite la social-démocratie ne cesse de s'effriter, et crédite donc la stratégie de l'union, si peu adaptée qu'elle soit à l'évolution du monde, d'un certain réalisme. Pourtant, elle lui paraît prise dans une insurmontable contradiction : le socialisme français ne peut croître, en effet, que sur cette ligne de gauche qui implique à terme une alliance avec les communistes, mais il ne peut longtemps gouverner avec eux. Sans doute dans les papiers toujours circonspects que Furet consacre à Mitterrand lui accorde-t-il le mérite de n'avoir pas éludé le problème, la chance d'avoir pu être candidat, non au poste de chef d'une majorité parlementaire, mais au poste suprême de l'État, et la réussite d'avoir rééquilibré le rapport entre socialistes et communistes. Toutefois, il n'a pu transformer les lois qui gouvernent ce rapport, ni effacer le fait que la faillite de l'idée communiste atteint aussi les socialistes, et, au-delà encore, la tribu, devenue brumeuse au fil des années, qu'on appelle « le peuple de gauche ». Si bien que le communisme, même défait, et plus généralement l'idée révolutionnaire continuent de constituer le problème central, et constamment épineux, du socialisme français : au centre de ses apories, comme il reste au centre de la réflexion de François Furet.

A cheminer ainsi avec le journaliste Furet à travers les colonnes de l'hebdomadaire, on voit mieux se dessiner aussi l'historien qu'il a été. Il me semble même qu'on peut lire dans cette collection d'articles éphémères, et au hasard des pages, beaucoup des réflexions théoriques qu'on va chercher, habituellement, dans les textes plus élaborés de *L'Atelier de l'Histoire.*

Ils révèlent un commentateur de livres d'histoire plus équanime que sa réputation ne le laisse supposer. Politiquement d'abord : il était un admirateur de l'œuvre de Pierre Chaunu, le « Condorcet de notre époque », qui ne se lasse pas de célébrer le progrès des connaissances et des richesses humaines et la terre qui en est le lieu, l'Europe. Mais il ne dédaignait pas non plus l'œuvre de Georges Lefebvre, et il a salué (oui, oui !) le livre d'Albert Soboul sur les sans-culottes, pour avoir mis l'accent sur les « contradictions sociales » du robespierrisme. Historiquement équanime aussi. Il était convaincu qu'il y a plusieurs demeures dans la maison du père. Il aimait l'érudition, à condition qu'elle ne fonctionne pas comme un piège de prudence, destiné à escamoter les questions épineuses. Il respectait l'étude quantitative et lui avait sacrifié lui-même, chaque fois que les comptages le ramenaient à ses préoccupations de fond : le pouvoir du livre, les divisions politiques françaises. Il pouvait à l'occasion aimer la manière anglaise, toute d'empirisme, vouée à l'établissement méticuleux des faits, attentive aux détails et aux mille ajustements de la vie quotidienne, car il n'était pas sensible seulement au grand sujet, mais à la manière et au plaisir du récit. Il comprenait qu'on pût s'intéresser à la singularité autant qu'à la régularité et ne se montrait pas fermé à la description, par les historiens anglo-saxons, d'une France du minuscule faite de petites gens, de petits intérêts, d'événements menus, d'entrecroisements sans fin des aventures individuelles. Bref, il n'y avait pas chez lui d'agressivité méthodologique.

Ces coups de chapeau donnés à des histoires qui n'étaient pas la sienne n'empêchent pas de deviner où allaient ses préférences. A une histoire de la complexité, car il croyait multiples les réseaux d'analyse, montrait de la méfiance à l'explication monocausale (et de plus en plus à celle qui privilégie la causalité économique, contre la superstition de laquelle il conseillait de lire Schumpeter). A une histoire conceptuelle, capable d'élaborer les faits qu'elle construit et les hypothèses qu'elle avance. A une histoire économe du temps des chercheurs : un des principaux griefs que cet esprit impatient nourrissait contre l'histoire sociale était de n'avoir très vite que des rendements décroissants. A une histoire enfin vaccinée contre l'anachronisme, soucieuse de ne pas transporter dans le passé les passions du présent et de ne pas céder à la naïve tentation dénonciatrice et justicière. A une histoire enfin qui ne soit pas avare d'idées, prenne le risque de la généralisation, se souvienne qu'elle est aussi une discipline d'imagination. On lira avec amusement son premier article de *France-Observateur*, consacré aux historiens soviétiques. En dépit des procès qu'il leur fait — le principal étant qu'ils ont oublié d'être vraiment marxistes —, il leur accorde l'ambition conceptuelle et les compare avantageusement à leurs collègues sorbonnards qui, non contents d'avoir un parti pris d'inculture théorique, s'en font gloire : il soupçonnait le refus des idées générales d'être lui-même une ruineuse, une paresseuse idée générale.

Ce qui ne veut pas dire qu'on accorde à cette histoire conceptuelle le statut de science, ni qu'on doive camper sur une idée générale lorsqu'elle se révèle inadéquate : on mesure ici, sur quarante années, l'évolution de l'historien. Il avait commencé par souscrire à l'idée, héritée du marxisme, selon laquelle les agents historiques ne savent pas eux-mêmes ce qu'ils font, captifs de l'illusion sur ce qu'ils sont en train de vivre, et il était prêt à reconnaître le rôle bénéfique qu'elle avait eu dans le milieu des historiens français, si prévenus contre l'ambition théorique.

Mais il devait s'en émanciper peu à peu. La fréquentation des textes de la Révolution française l'avait convaincu que soupçonner partout la dissimulation ou l'inconscience est une absurdité : les acteurs savent, sinon tout, du moins beaucoup de l'histoire qu'ils font. Ainsi s'explique chez lui la place rendue à l'aspect politique de la Révolution française, c'est-à-dire à la manière dont les contemporains ont pensé et exprimé ce qu'ils étaient en train de vivre. Façon aussi de restituer leur rôle, à côté des forces et des émotions collectives, aux individus dans l'histoire, de faire place à l'autonomie du sujet. Comment, du reste, entrer dans le XXe siècle sans Mussolini, Hitler, Staline, les personnalités monstrueuses qui l'ont marqué ? Comment comprendre l'improbable existence de l'État d'Israël sans la volonté fabuleuse de personnalités visionnaires ? On verra comment cette conviction anime les nombreux portraits qui scandent ces pages, et l'attention croissante qu'elles accordent au profil psychologique et moral des individus.

C'est dire encore que François Furet s'est montré de plus en plus sensible à la part de l'imprévu et de la contingence dans l'histoire des hommes et à l'idée que le présent n'est pas le seul avenir concevable du passé. Il a constamment cherché à se prémunir contre la maladie professionnelle des historiens, réducteurs chroniques des virtualités d'une situation à un futur réputé unique, puisqu'il a eu lieu. Après avoir abandonné le déterminisme marxiste, où pas un événement n'est une surprise, il n'a plus jamais adhéré à un déterminisme quelconque. Qu'ils aient été empruntés au modèle linguistique (Lévi-Strauss), géographique (Braudel) ou socio-durkheimien (Bourdieu), ils ont toujours, aux yeux de Furet, servi au marxisme de relais plus ou moins avoués, et postulé un social qui pense et agit tout seul, à travers des acteurs immergés dans l'opacité à eux-mêmes. Pour saisir ce que Furet leur refuse, et ce qu'il rend à la liberté des acteurs, à l'indétermination des événements, au mystère des existences, on a l'embarras du choix dans les articles que voici. Qu'on lise seulement ceux que Furet consacre à Theodor Herzl ou à Gershom Sholem : l'histoire du sionisme est un incomparable révélateur de l'improbabilité de l'histoire européenne du dernier siècle.

C'est comme historien de la Révolution que le journaliste de l'*Observateur* s'était fait connaître du grand public. A travers les articles donnés au journal, pourtant portés par le vent des célébrations et par les hasards de l'édition, on mesure le caractère central dans sa pensée de cet objet d'études et la fermeté précoce de son interprétation. Que l'on compare seulement l'article sur la nuit du 4 août, rédigé en 1988 pour le *Dictionnaire critique de la Révolution française*, et le bref papier qu'il avait confié vingt ans auparavant aux pages du *Nouvel Observateur*. D'un texte à l'autre, il s'agit bien de la même nuit. Dès le premier article, pourtant sommaire, Furet résiste à la tentation, si canonique dans l'historiographie jacobine, de souligner les prudences circonstancielles des dispositions prises par l'Assemblée et d'analyser l'événement, petitement, comme la substitution de l'inégalité bourgeoise à l'inégalité aristocratique. A ses yeux, c'est l'imagination populaire qui a raison : la nuit du 4 août, événement sur lequel on ne reviendra pas, c'est l'ouverture à tous, exaltante, de la nouvelle propriété, la fin du régime féodal, bref l'entrée en fanfare dans le monde moderne. Il se libère donc tout de suite de l'interprétation dominante : en 1961 déjà, il confiait à *France-Observateur* sa volonté de s'émanciper des « critères moralisateurs » de l'égalitarisme jacobin.

Cette cohérence globale laisse pourtant deviner la découverte progressive par l'historien de ce qui l'intéresse le plus dans l'événement révolutionnaire. Pour la saisir, on peut comparer deux articles consacrés à Robespierre, l'un en 1958, l'autre en 1975. L'un et l'autre permettent de constater sa résistance à l'exagération dans le portrait : il est absurde de camper le modéré en sanguinaire, le démocrate en dictateur. Ici et là, on trouve aussi une déception identique devant une biographie si conforme et si lisse : Robespierre, c'est le bon élève des Lumières, qui pâlit devant la flamboyance de Mirabeau. Mais le second article fait de cette banalité même un problème majeur, et le lecteur sent que Furet a trouvé son sujet : bien moins le kaléidoscope des représentations historiographiques sur Robespierre que la capacité de la Révolution à rendre exemplaire une vie banale et à donner à un personnage moyen l'éclatante puissance d'incarner.

Consulter ces articles, c'est encore comprendre que Furet n'accentue nullement au fil de ses textes, comme on l'en a si souvent accusé, le procès de la Révolution française. Ce qui l'a parfois donné à penser, c'est l'agacement que lui inspirait la dramatisation du Bicentenaire. L'idée que la célébration de l'événement rejouait l'affrontement ancien lui semblait absurde : une chose est de constater que la Vendée et la chouannerie sont devenues des terrains de recherche actifs et fréquentés, autre chose de croire que les travaux qu'elles inspirent sont une victoire posthume de la contre-révolution ; il n'y a plus en réalité dans ces débats l'ombre d'un enjeu pour le présent. Cela ne permet que mieux de se reconnaître, comme l'avait souhaité Jules Ferry, « fils de 89 ». Pour l'aurore révolutionnaire, François Furet n'a cessé d'exprimer son admiration, comme le montre le grand entretien de février 1986, qui, mieux qu'aucun autre de ses textes, donne la clé de son attachement au grand événement de notre histoire nationale : la conviction que « la Révolution accouche d'un monde plus noble que celui qui l'a précédé, puisque c'était un monde de l'universalité des hommes ».

Cette allégeance à l'esprit de 1789 rend compte aussi des parcours exotiques auxquels il nous convie, et des articles que lui inspire sa curiosité passionnée pour Israël et pour l'Amérique, deux produits par excellence de la démocratie. Pourquoi l'Amérique ? Ce qui y prend naissance, comme en France, mais avant elle, c'est le rêve d'une histoire originaire à retrouver, par quoi la société peut redevenir conforme à la nature et à la raison ; c'est la représentation de la patrie comme produit d'une invention inédite et d'une volonté délibérée ; c'est la construction d'une communauté contre les hasards de la naissance, d'où la simple possibilité de l'existence d'une noblesse est exclue, idée d'autant plus saisissante que les premiers fondateurs de la démocratie américaine n'avaient pas eu, à la différence des Français, d'Ancien Régime à vaincre ; c'est enfin l'invention d'une forme politique sans précédent connu : une République à la fois représentative et fédérale. (A ces séductions américaines, ajoutons le fait que François Furet déteste le mélange d'arrogance et d'ignorance qui caractérise la plupart des familles politiques françaises à l'égard des États-Unis.) Israël, pour sa part, illustre la même conception volontariste, plus intéressante encore en ce qu'elle mêle à un projet historique une très ancienne croyance. Peuple d'immigrants là aussi, qui, comme les Américains, a fui la malédiction et le malheur pour fonder une société neuve sur une terre bénie de Dieu. De ces deux sociétés, tout à la fois espace, communauté, idée, François Furet ne cache pas les insuffisances criantes : du côté de l'Amérique, l'homme noir, le grand oublié de la démocratie ; du côté du sionisme, l'impensable juif de la diaspora. Mais ici et là, il retrouve l'universalisme démocratique qu'il aime (comme il déteste dans l'antisémitisme la légitimation monstrueuse de l'inégalité naturelle, le retour de la hiérarchie dans les sociétés égalitaires). Ici et là, il renoue avec les thèmes auxquels la Révolution française l'a accoutumé : l'histoire pensée comme origine de l'humanité ; l'égalité à la fois comme passion et comme norme ; l'idée démocratique comme grosse de dérives inattendues — on en trouvera souvent l'analyse dans les grands reportages consacrés aux États-Unis —, et pourtant horizon indépassable de la politique moderne. Et cela d'autant que l'effondrement des régimes communistes laisse la droite privée de l'image d'un ennemi héréditaire et la gauche veuve d'un rêve de démocratie réelle à mettre en lieu et place de la démocratie formelle.

Allergie au gaullisme, rejet du communisme, refus de l'histoire dénonciatrice comme de l'histoire incantatoire, curiosité pour les laboratoires des croyances modernes, admiration pour la démocratie mais attention anxieuse portée à ses pathologies : ce qui peut rassembler ces préoccupations diverses, éparpillées sur quarante années de comptes rendus et de commentaires, c'est d'abord l'étonnement de retrouver partout l'obstination mise par les hommes, et par les intellectuels surtout, à ravauder leurs croyances pour protéger leurs illusions. François Furet détestait la propension à récuser les faits, abominait l'angélisme, se méfiait d'une politique pensée en termes de morale. Fable, farce, mirage, chimère, ces vocables, qui constellent ses textes, donnent la clé des analyses politiques et intellectuelles qu'il a proposées aux lecteurs de l'*Observateur*.

On sent tout de suite que la découverte de la force néfaste de l'illusion a dominé chez lui tout le commentaire politique. Là prennent leur source l'hostilité au gaullisme, le recul devant les vertueuses professions de foi du mitterrandisme, « habillage d'un pouvoir privé d'idées », l'intransigeance à l'égard du Parti communiste, la répugnance pour toutes les échappées exotiques inventées par la gauche pour oublier ses échecs. L'Algérie ? Il a vite rejoint Gilles Martinet et Jean Daniel dans leur refus de la sacralisation du FLN et de la participation à son combat : c'était imaginer un fellah musulman devenu — par quel miracle ? — socialiste et internationaliste. La Chine ? Il note que, deux fois dans l'histoire, elle aura servi aux intellectuels français à construire une chimère : celle de la monarchie parfaite au XVIII^e^ siècle physiocratique, et au XX^e^ siècle, celle de l'égalitarisme agraire, seconde mythologie plus extravagante encore que la première. Il a résisté à la fable cruelle de « l'altérité » chinoise, qui a permis à tant d'observateurs aveuglés de déclarer tolérable aux Chinois ce qui leur était intolérable à eux-mêmes. Cuba ? Il n'a jamais cru qu'on puisse par le castrisme manifester ses sentiments antistaliniens ; il a même été convaincu du contraire : qu'il était tout juste une stratégie d'oubli, un transfert de la croyance messianique sur des terres lointaines. Dans tout cela, il ne s'est agi pour les intellectuels que de remplacer, dans des bouts de monde improbables, un sujet révolutionnaire par un autre, le prolétariat européen par la paysannerie misérable du tiers-monde, ou par la foule des marginaux et des exclus.

La répugnance à l'évasion hors du réel, la résistance à l'euphémisme gouvernent encore les jugements que François Furet a portés sur la vie intellectuelle et sur ses acteurs. Ainsi s'explique la préférence donnée — très tôt, dès 1962 — aux écrits d'Aron sur ceux de Sartre : Aron avait l'inestimable supériorité d'aborder de front, et sobrement, les grands problèmes de l'époque — celui, par exemple, des rapports Est-Ouest — alors que l'opinion française leur restait indifférente ; pendant ce temps, Sartre entretenait, certes avec brio, les illusions consolantes de ses contemporains, et épousait successivement toutes les versions du marxisme-léninisme. Ainsi s'explique le refus des idéologies qui ont servi de substitution à la grande interprétation marxiste. Également condamnées à ses yeux l'anthropologie structurale, les innombrables gloses de la mort du sujet, et l'acrobatique construction structuralo-marxiste qui prétend proposer une théorie fixiste des sociétés en mouvement.

D'avoir repoussé pour son compte personnel les transferts d'espérance et les asiles divers construits pour abriter les déconvenues politiques ne l'a pas empêché d'accorder un intérêt passionné à la construction des mythologies compensatrices, toujours renaissantes de leurs cendres. Il n'a cessé, incrédule et indigné à la fois, de s'émerveiller que la gauche européenne ait pu garder les mêmes croyances après l'effondrement du communisme. Car c'est surtout à propos du Parti communiste — mais pas seulement, car la traîne de la Révolution française dans notre histoire illustrerait aussi bien la résistance de l'idéologie à la réalité — que François Furet a exploré tous les moyens de contourner le réel ; de la négation pure et simple des faits (non, pas l'ombre d'un camp en Union soviétique) jusqu'à leur adoucissement (des camps oui, mais moins atroces qu'on ne dit, des camps un peu « hurluberlus » comparés aux camps nazis selon l'inoubliable formule de Malraux) en passant, lorsqu'on est bien contraint de citer les faits et de compter les morts, par une explication prise en dehors du système : tantôt les circonstances dramatiques des révolutions, tantôt l'arriération et le poids du passé (c'est le bricolage Elleinstein, qui consiste à attribuer tout ce qui est négatif à l'inertie de la vieille Russie, et tout ce qui est positif à l'élan de la jeune Union soviétique), tantôt encore cet étrange culte de la personnalité — « affreuse litote », dit Furet —, si peu propre à rendre compte de la culture de masse, et du reste si antinomique d'une interprétation marxiste de l'histoire. Les ruses de l'utopie sont innombrables. Dans cette immense activité de rationalisation défensive, qui frappe de stérilité, voire, dit-il, de « somnambulisme », tous les débats, Furet aperçoit le gouffre qui se creuse entre l'histoire, qui surprend toujours, et l'idéologie, qui ne surprend jamais, ou plutôt, qui met toute son ingéniosité à ne pas surprendre, et toute sa persuasion à engourdir et à consoler. Quand l'histoire fait connaissance avec l'échec, l'idéologie n'échoue jamais. Quand l'histoire fait mal, l'idéologie anesthésie. « Admirable police d'assurance contre l'angoisse du temps qui vient », elle fait à l'individu moderne « une promesse plus radicale encore que celle des religions, puisqu'elle garantit l'avenir comme un savoir ».

Ces analyses, sans cesse répétées au fil des articles qu'on va lire, campent François Furet en historien, et presque en philosophe de la croyance. Son vrai, son grand sujet, c'est la volonté désespérée des hommes de ne pas voir ce qui leur déplaît, et l'emprise des légendes sur les esprits. Lui-même a constamment cherché, quelque désespérant que soit le spectacle, à ne pas l'escamoter ; l'Histoire lui servait à ne pas se raconter d'histoires. Attitude inconfortable. D'un côté, il était convaincu — c'est le thème que traite un de ses grands articles-testaments — de la nécessité de se garder de l'utopie : l'utopie, terre sans histoire, est un monde archaïque, et il faut bien affronter l'avenir ; un monde ordonné, obsédé d'égalité, et on doit vivre dans un monde désordonné, foisonnant d'inégalités. D'un autre côté, il pensait qu'aucune société ne peut se passer d'utopie. Dans ces conditions, que reste-t-il à faire ? Travailler à réduire le plus possible l'écart entre l'égalité rêvée et l'inégalité réelle, tout en sachant qu'on ne peut pas le supprimer. Chercher, non à abolir les termes de cette contradiction, mais à en retrouver les raisons ; non à « limiter » les dégâts, mais à comprendre les questions. Et donc, les passions de la jeunesse éteintes, réinvestir l'énergie dans l'inventaire rationnel du passé. Dans ce choix s'exprime quelque chose de profond chez François Furet : la rupture chez lui était nette et sans retour. Si bien que celui qu'on a si souvent accusé — sans craindre le mauvais goût — de « révisionnisme » a toujours préféré le courage de la rupture aux prudences de la révision.

Quant à l'art des portraits, où il n'avait cessé de progresser, et auquel ses derniers ouvrages empruntent beaucoup de leur éclat, il l'avait d'abord essayé, et même appris, dans les colonnes de l'*Observateur*. L'article hebdomadaire impose le trait qui fait gagner des pages, le court-circuit salvateur, et célèbre, quand il est réussi, les noces de la justesse et de la prestesse. Dans cette prose sèche, nerveuse, intrépide et évidente, c'est un vrai plaisir de redécouvrir Pompidou, « de la terre aux bottes, la réussite gagée sur les concours, un socialiste tourné conservateur » ; Blum, « un Swann qui aurait été l'ami de Jaurès, puis un leader socialiste qui se souvient d'avoir été Swann » ; Hitler, « un interminable bavard de brasserie, entouré de clochards analphabètes » ; Maurras, protectionniste intellectuel, « un Colbert de la culture ». Bougrenet de la Tocnaye, tout droit sorti de *L'Enfance d'un chef*, « poujadiste de manoir » mené par la haine du bonheur et même du simple confort. Malraux, personnage « bouleversant et truqué, charme et pose, vérité et pacotille », qui fait à vingt ans la découverte qu'on peut « faire carrière dans l'aventure », ébloui « par l'idée, qui ne le quittera plus, qu'on peut être à la fois Rimbaud et ministre » ; Tvardovski et Soljenitsyne, jumeaux ennemis : « Le premier est un tendre, un homme fêlé, trop libéral pour ce régime, trop compromis pour en être l'adversaire ; le second est un bloc, tendu vers son règlement de compte d'ancien bagnard, un dur, un rusé, bourré d'énergie intérieure. » Et l'inoubliable Kouznetsov, qui écrit au Goulag pour survivre, et une fois son manuscrit mis en pièces par les bourreaux, recommence obstinément, « tout entier jugement, refus, solitude assumés, mélange extraordinaire d'extrême intelligence et de désespoir absolu ». Portraits vifs, ramassés autour d'une phrase décisive. Ainsi Aron : « Il n'y a pas de hasards dans les existences réussies, et celle-ci n'en comporte presque aucun. » Et Trotski : « Aux hommes vaincus par les révolutions, l'histoire est plus douce que la vie : elle leur accorde le bénéfice de l'action compensatrice sans les inculper pour le mauvais tour pris par les événements puisqu'ils en ont été les victimes. »

Il est aisé, chemin faisant, de saisir les préférences existentielles de François Furet. Ce qui lui rend un personnage attachant, c'est le parcours agité, le destin atypique, le grain de sable qui vient troubler la vie et la fait dériver vers un rivage inattendu. Chateaubriand, qui réunit mille hommes en un, le fascine, « trop catholique pour ce qu'il a de libéral, trop fidèle aux Bourbons pour ce qu'il accepte de la Révolution, trop aristocratique pour ce qu'il a compris de l'inévitable fin du milieu où il a vécu ». L'enchante aussi la naissance, entre Jaurès et Blum, de l'improbable amitié qui lie « le député méridional au génie puissant et simplificateur et le jeune intellectuel juif si intérieur et un peu précieux ». Toujours sa tendresse va aux êtres que la réalité instruit contrairement à toute attente, comme ce colonel de paras auquel l'aventure algérienne apprend la lucidité et qu'elle délivre du dogmatisme ; aux êtres impossibles à classer, Pierre Pascal, chrétien d'extrême gauche rallié à la République soviétique avant d'être dégrisé. Et une fois encore Aron, « libéral et membre du RPR, partisan de la négociation algérienne et éditorialiste au *Figaro*, hostile au gaullisme en 1958 et favorable à M. Pinay » : un esprit d'autant moins facile à enfermer dans une catégorie, qu'il s'est lui-même voué à « briser le cercle étroit où ronronne la politique française, et pas seulement à droite ». Réciproquement, les personnages conformes le rebutent : comment accrocher un commentaire singulier à la vie sans surprises du méticuleux Robespierre, fade versificateur chouchouté par les femmes et applaudi par les notables provinciaux ?

Pour que le genre humain reste intéressant, il faut donc du disparate et de l'insolite. De cette conviction naît chez François Furet le goût pour la littérature, qui fuit la généralité, ne vit que de l'attention au sujet singulier et est en son fond une indiscipline. Il n'a jamais cru à l'effacement du sujet ni pris le mot d'humanisme comme une insulte. Il a préféré les grands textes aux formes élémentaires et balbutiées de la vie culturelle, traversé les années grises de la critique structurale sans leur accorder un regard, et du Nouveau Roman, il pensait qu'il était un terrain bien saugrenu pour l'extinction du sujet. Il appréciait chez les êtres — ainsi, chez Roger Stéphane — « un regard littéraire, donc profond ». Il saluait chez Paul Bénichou l'austérité, la profondeur, le fait de prendre la littérature au sérieux : car il détestait le clinquant, tout brillant qu'il fut lui-même. Et le plaisir de la lecture naissait pour lui de deux sentiments contradictoires : la familiarité (comme c'est bien ça !) et l'étonnement (je ne m'attendais pas à ça !). Secret des lectures heureuses et des livres réussis, comme celui d'E.P. Thomson sur la formation de la classe ouvrière.

Portraits et comptes rendus finissent au fil des pages par faire apparaître le filigrane d'un autoportrait. Il faut avoir bonne vue, car la confidence n'était pas le registre de cet homme secret, qui avait décliné l'invitation de Pierre Nora à participer aux *Essais d'Ego-Histoire*, et s'est toujours montré très laconique sur sa vie et la constitution de ses idées. Ses livres les plus personnels — ainsi *Le Passé d'une illusion* — sont écrits sur un mode très impersonnel. Et ce qu'on trouvera ici d'aveux sur lui-même surgit à des endroits fort inattendus et même incongrus ; comme cette remarque qui accompagne un commentaire sur les projets d'aménagement urbain : « La vie urbaine ne diffère pas de la vie tout court. Ce qu'elle offre de plus malaisé est le tri entre ce que l'on garde et ce que l'on abandonne. Encore faut-il y réfléchir. »

Pour peu donc qu'on ait la patience de reconstituer le puzzle, les pages de *France-Observateur*, puis du *Nouvel Observateur*, jettent assez de lumière sur ses éloignements et ses attachements pour composer un portrait assez ressemblant. Les éloignements de Furet ? Le populisme, qui vit de la fiction d'un peuple imaginaire. Le maximalisme, qui porte toujours à croire que si tout n'est pas transformé, rien ne l'est, et qui tord le cou à cette précieuse qualité politique qu'est le sens du possible (de là son estime pour les hommes, tel Jules Ferry, capables de se garder de la surenchère doctrinale). Ce qui lui fait perdre son sang-froid ? L'antisémitisme, qu'il avait rencontré dès l'enfance, à une époque, dit-il, où il divisait même les classes élémentaires et qu'il a retrouvé à divers moments — le retour des camps — et dans divers lieux — la Pologne de 1968. Passion familière donc, et en même temps complètement étrangère, une « glaciation de l'esprit ».

Quant à ses attachements profonds, on peut aussi s'en faire une idée à travers les figures qu'il élit. Voici le portrait de Tocqueville et de Kergorlay, liés par un « secret de fraternité ». Ce qu'il admire chez eux, c'est que leur enracinement dans un milieu social qui a vécu la Révolution comme un crime et l'Empire comme une usurpation n'engendre aucun conformisme intellectuel et n'éteint pas la passion de comprendre : « Ils ont leurs entrées partout, mais ne sont prisonniers de rien ni de personne. Ils ont en commun, pour parler des affaires du temps, non pas des passions, des préjugés et des intérêts (bien que ces passions, ces préjugés et ces intérêts soient manifestes dans leurs vies), mais des concepts et des concepts à eux, qu'on chercherait en vain ailleurs, chez les intellectuels ou les hommes politiques qui sont leurs contemporains. » Tocqueville et Kergorlay ont survécu à la violence de leurs souvenirs et aux déconvenues de leur époque. Ils ont su marier la critique de la société démocratique à son acceptation. François Furet, on le sent bien, les aime pour leur aptitude à rebattre les cartes que leur a réservées le destin, à sortir du carcan où la vie aurait pu les tenir captifs, à dissocier, quoiqu'il leur en coûte, leur intelligence et leurs sentiments. Dans l'attachant tableau qu'il fait des deux amis, où le courage est l'autre face de la liberté, comment ne pas deviner aussi, oblique mais fort ressemblant, le portrait de l'artiste par lui-même ?

# I

# L'OBSERVATEUR DE LA POLITIQUE FRANÇAISE

## LE NOUVEAU RÉGIME CONTRE L'UNIVERSITÉ

*22 janvier 1959*

On raconte que, dans ses entretiens particuliers, le général de Gaulle n'est pas tendre pour l'Université. Pour une fois, les actes de son gouvernement s'accordent aux récits de tous ces mémorialistes de couloir auxquels le silence monarchique du nouveau régime a redonné une dignité perdue depuis Saint-Simon. Car ces actes — refus des crédits, lettre au président de l'UNEF, budget 1959 de l'Éducation nationale, réformette Berthoin — traduisent effectivement une volonté de refus des revendications les plus urgentes de l'Université française.

Tout se passe comme si l'on avait voulu punir l'Université pour son opposition et la faire rentrer dans l'ordre. « Tu n'as pas été sage ? Je te supprime ton argent de poche », il y a de ce réflexe paternaliste dans l'attitude du Général vis-à-vis de l'Université française. On n'a pas assez souligné à quel point les prises de position des syndicats universitaires, cet été, ont exaspéré les milieux gaullistes : non qu'elle aient eu, quantitativement, une influence importante. Mais parce que, pour l'histoire à venir, l'hostilité du corps enseignant au nationalisme et au 13 mai, sa résistance au chantage militaire mettaient en pièces la démagogie gaulliste de la réconciliation nationale.

Dans un pays qui partit en vacances plus heureux encore que d'habitude d'avoir échappé à des options cruelles, et qui revint se justifier par l'immense démission du 28 septembre, l'Université aura beaucoup contribué à détruire les mythologies de la révolution gaulliste, et à rendre au nouveau pouvoir sa véritable origine, qui n'est pas populaire : dans un général vieillissant, prisonnier d'une culture nationaliste, installé au pouvoir par l'armée et soutenu par les banques, comment l'Université aurait-elle pu voir le couronnement de l'Histoire de France ? Elle n'a pu empêcher, seule ou à peu près seule, en tant que corps organisé, le « déroulement des événements », comme on dit, mais en leur refusant sa caution intellectuelle et morale, elle a gravement compromis, pour l'avenir, les propagandes de la « révolution nationale ». La démission du pays a eu un témoin.

Or, le témoin est doublement gênant : car, dès avant le 13 mai, l'Université française avait été le centre de la campagne contre les tortures en Algérie ; qu'on se souvienne seulement de la résonance de l'affaire Audin dans le pays, malgré le mutisme de la grande presse et les saisies du gouvernement, et on mesurera le chemin parcouru depuis six mois vers l'asservissement de l'information et le silence du pays. Certes, cette campagne a eu ses faiblesses. Trop souvent menée au nom d'objectifs purement moraux, et isolée ainsi de l'objectif essentiel : les conditions concrètes de la paix en Algérie, elle a pu satisfaire beaucoup de consciences honnêtes sans faire réellement mûrir une solution de progrès. Mais elle a néanmoins marqué un refus fondamental, commun à toute l'Université : celui du totalitarisme des colonels du 13 mai.

Et on peut penser qu'aujourd'hui, en refusant à l'enseignement français les crédits, sans lesquels il ne pourra plus subsister, le général de Gaulle donne aux spécialistes de la guerre psychologique, auxquels il doit tant, une satisfaction qui a un goût de vengeance. Ses rancunes de 1958 rejoignent celles, plus anciennes, du général Massu et du colonel Trinquier.

Mais la punition n'a qu'un temps : il faut quand même que l'enfant vive.

C'est pourquoi le nouveau régime, à la recherche d'une politique, a fait quelques avances à une catégorie du corps enseignant : les scientifiques. Ce faisant, il cherche, d'une part, à attacher à sa politique de grandeur un certain nombre de spécialistes sans lesquels rien n'est possible, pas même la fabrication d'une bombe atomique de type périmé ; les préoccupations scientifiques recoupent ici une inquiétude nationaliste orchestrée par la grande presse depuis les Spoutnik soviétiques. D'autre part, cette politique s'appuie sur une idée très répandue, mais très discutable : le caractère « littéraire » de l'enseignement secondaire français, qui ferait de nos bacheliers autant de Proust et nous priverait d'autant de Joliot-Curie. De sorte que la revendication scientifique s'articule très souvent, au niveau du secondaire et du supérieur, sur une hostilité à la culture — littérature, histoire, philosophie — dont on sait trop l'utilisation qu'en peut faire un régime autoritaire : il suffit d'écouter la radio de M. Soustelle...

Dans ces conditions, il n'y a aucun inconvénient à ce que les universitaires scientifiques réunissent leurs préoccupations spécifiques et cherchent à les faire admettre, pour le plus grand bien du pays, par le nouveau régime : c'est le rôle que s'assigne le MNDS, dont nous avons parlé dans un numéro récent. Mais il y aurait danger à ce que ces revendications, brisant le front commun de tous les enseignants, apparussent comme en dehors de l'Université et dirigées contre les secteurs non scientifiques de l'Éducation nationale, qui sont tout aussi essentiels à la nation. Dans cette mesure, le démantèlement de l'enseignement secondaire, dit « littéraire », qui peut certes être utilement réformé, surtout rapproché de la vie réelle, mais non supprimé ou mutilé, ne pourrait être que rétrograde. Il paraît d'ailleurs que l'attachement du Général aux « humanités » de son adolescence traditionaliste préserve pour l'instant nos enfants d'une réforme technocratique de cet ordre en même temps d'ailleurs qu'il enferme le secondaire dans le *statu quo*.

Dans cette mesure également, le transfert de crédits, à l'intérieur du CNRS, du domaine des sciences humaines vers celui des sciences de la nature, ne serait pas acceptable : la démographie, la sociologie, l'histoire ou la psychologie n'ont pas à être pénalisées par un éventuel progrès de la physique ou des mathématiques, et cela d'autant moins que les sciences humaines ont pris en France un essor très vif depuis la Libération. Enfin, et toujours dans le même ordre d'idées, le sursalaire aux scientifiques, dont on reparle de temps en temps, et qui procède d'ailleurs d'une confusion entre l'Enseignement et la Recherche, ne pourrait que diviser l'ensemble de l'Université sans résoudre aucun de ses problèmes : on ne voit pas en quoi il réglerait fondamentalement celui de l'enseignement scientifique ; mais on voit bien en quoi il abaisserait l'enseignement littéraire et l'ensemble du corps enseignant. Il n'y a de solution à la misère de l'enseignement en France que dans une réforme d'ensemble, à la condition qu'elle soit à la fois démocratique, moderne, enfin généreuse sur le plan budgétaire.

Or tout laisse craindre que le nouveau régime ne s'oriente pas dans cette voie : le nouveau budget, la réforme Berthoin, la lettre à l'UNEF, la volonté qu'on devine ici et là de domestiquer la jeunesse, voilà autant de symptômes d'une politique non pas progressive, mais rétrograde à l'égard de l'Université. Bien sûr, et nous allons le dire, il y a d'autres responsabilités à cette situation que celles du nouveau régime. Mais alors que la IVe République a laissé s'accumuler les données du problème sans parvenir à le résoudre, il est à craindre que la Ve ne se prévale de ces difficultés pour leur donner une solution réactionnaire : quand on voit le gouvernement de Gaulle réaliser l'ensemble des revendications de la droite française depuis la Libération (démantèlement du « petit risque », aggravation de la fiscalité indirecte, recul de l'âge de la retraite, etc.), on est en droit de présumer, par exemple, que l'attaque contre la laïcité de l'enseignement ne tardera guère. Le voyage à Rome de M. Pinay pourrait bien en être la préface.

A ce sujet, on n'a pas assez souligné, au lendemain des élections, l'inscription de plus de trois cents députés à l'Association parlementaire pour le soutien de l'enseignement libre. On n'a pas assez noté non plus le rôle de cette question dans le partage des départements entre UNR, indépendants et MRP ; il est plus que vraisemblable que le maintien relatif du MRP dans un scrutin dont il avait tout à craindre est dû à l'importance qu'attache l'Église à ce problème de l'enseignement libre. Dans ce domaine également, le nouveau gouvernement, ou la nouvelle Assemblée, seront appelés à trancher.

Qu'on nous comprenne bien. Nous ne cherchons pas ici à ranimer artificiellement une querelle qui présente, c'est vrai, des aspects dépassés et sur laquelle il faudra bien un jour que la gauche française prenne position, de façon à ne pas exclure de son sein une importante fraction de catholiques désireux de collaborer à un véritable renouveau démocratique en France. Mais le problème actuel est le suivant : si demain la Ve République prend à sa charge, comme le demande l'Épiscopat, les salaires et traitements de l'enseignement libre ; si, par le moyen d'un concordat avec le Vatican, ou par des accords plus modestes à l'échelon national, elle privilégie l'influence cléricale dans notre enseignement primaire et secondaire, la laïcité redevient alors le combat de toute la gauche française.

On voit bien, en effet, quels avantages le nouveau régime pourrait en espérer : le renforcement de sa politique européenne et notamment de l'axe inattendu Bonn-Paris ; la « sagesse » politique des jeunes générations élevées dans une mythologie nationaliste et cléricale à l'ombre de Lyautey et du Père de Foucauld, puisque le Sahara est à la mode ; l'aggravation de l'exil, dans la société française, du corps enseignant et de l'Université, allergique au chauvinisme de boutique et au cléricalisme bien-pensant. La démagogie du renouveau débouche ici aussi sur la tradition la plus réactionnaire de notre XIXe siècle. Va-t-on recommencer 1871 ?

Mais ici s'impose un peu d'histoire. Dans ce domaine de l'éducation nationale, comme dans beaucoup d'autres, tout se passe comme si les différents ministres de la IVe République avaient ouvert la voie aux projets réactionnaires d'aujourd'hui.

Il faut l'écrire simplement : depuis l'abandon du plan Langevin-Wallon, il n'y a pas un seul ministre de l'Éducation nationale de la IVe République qui n'ait été dans l'obligation morale de démissionner à chaque rentrée d'octobre, parce qu'il était nécessairement dans l'impossibilité de remplir les fonctions de sa charge. Je sais bien qu'on a vu pire : on a vu un ministre de l'Éducation nationale rester en fonction alors qu'était assassiné un de ses subordonnés, assistant à la faculté des sciences d'Alger. Mais le cas de M. Billères, s'il couronne une longue série d'impuissances et d'abandons, n'excuse pas la légèreté de ses prédécesseurs.

Car personne, pas même le ministre, ne pouvait ignorer la situation de l'Éducation nationale en France : il suffisait de savoir lire une courbe démographique. Prenons, par exemple, celle qui illustre le rapport Le Gorgeu de 1951. Elle prévoit, pour l'enseignement secondaire, entre 1951 et 1956, une progression des effectifs scolaires qui va de 455 000 à 530 000, en supposant un taux de scolarisation stable ; de 455 000 à 550 000, compte tenu de l'augmentation vraisemblable du taux de scolarisation. Et les prévisions de 1959-1960 font état d'une population scolaire secondaire de plus de 700 000 élèves ! soit des effectifs doublés de 1947 à 1960.

Pour l'enseignement technique : il y avait 293 000 élèves en 1952, alors qu'on en prévoit 450 000 en 1959.

Pour le primaire : dès 1945, des écoles manquaient, mais cette situation n'était pas due à l'époque à la progression démographique, dont l'influence n'est sensible qu'à partir de 1953. Les destructions de la guerre, et peut-être une fréquentation scolaire plus élevée due à la législation sur les allocations familiales, expliquaient l'encombrement des locaux existants. Que dire alors de la crise qui commence en 1953, avec la montée démographique, et qui portera, en 1959, la population scolaire du primaire à 6 270 000 élèves, soit une augmentation de 25 % en cinq ans ?

Les chiffres de l'enseignement supérieur, enfin, traduisent également une progression « inquiétante ».

Ce développement démographique, prévisible et prévu depuis les années qui ont suivi la Libération, est allé de pair avec un phénomène qui en a amplifié les conséquences : l'augmentation, dans le secondaire et le supérieur, du taux de scolarisation, c'est-à-dire du nombre d'élèves effectifs sur une classe d'âge donnée. Ces chiffres, qui répondent aux espoirs d'une politique nataliste délibérée, ne sont devenus alarmants que par l'insuffisance de l'État à honorer le contrat qu'il avait proposé à la nation.

Sur un autre plan, ce contrat a été trahi, la Résistance et la Libération ayant promis d'ouvrir les portes des lycées et des facultés à tous les talents, sans distinction d'origine sociale. En effet, pour un certain nombre de boursiers remarquablement doués que le filtrage social laisse passer, quel immense gâchis que cet enseignement qui encombre nos classes de première de sujets inadaptés aux exigences du bachot, pour la seule raison qu'ils sont fils de polytechniciens — et qui ferme la porte magique de la sixième à la plupart des enfants des pauvres. Les exigences de la justice sociale coïncident ici avec les impératifs de l'expansion économique : soulignons-le au passage, puisque la bourgeoisie n'utilise ces concepts que pour les opposer.

Elle a d'ailleurs réussi à saboter depuis 1944 toute démocratisation de notre enseignement, fût-ce sous la forme timide du tronc commun de la réforme Billères. Là encore, les chiffres parlent : 16 % des enfants de cultivateurs fréquentent le lycée ; 21 % des enfants des ouvriers de l'industrie — mais 87 % des enfants des membres de professions libérales. Au niveau du Supérieur, l'écart est naturellement plus sensible encore : les étudiants fils d'ouvriers et de paysans forment aujourd'hui 8 % de l'effectif global, alors que ces deux catégories sociales groupent plus de la moitié de la population française.

Ainsi la IV^e^ République est-elle lourdement responsable de la situation actuelle : face à un développement démographique qu'elle avait soutenu et organisé, face à une réforme démocratique dont elle n'a cessé de proclamer la nécessité, son bilan n'est pas seulement un bilan de carence : c'est un bilan de trahison.

Cette trahison n'a-t-elle pas été, à certains égards, facilitée par l'attitude de l'Université elle-même ? Bien que secondaires, les responsabilités du corps enseignant dans son exil social actuel n'en apparaissent pas moins réelles.

Trop d'instituteurs et de professeurs ont accepté, au nom

d'une politique qui se couvrait de l'intérêt national, la lente asphyxie de l'Éducation nationale et la dégradation de leur propre métier. Bien sûr, qu'il y ait vingt ou cinquante élèves dans une classe, au regard du public, cela ne se voit pas : ce qui a permis à tous nos ministres de l'Éducation nationale, quand arrivait l'échéance d'octobre, d'exprimer leur satisfaction devant une rentrée bien faite. Mais en apparence seulement : car, en fait, tous les maîtres le savent, cinquante élèves dans une classe, c'est la négation de toute instruction et de toute éducation. C'est l'expédient provisoire élevé à la hauteur d'une institution. Or le corps enseignant a trop souvent reculé devant la réaction massive et collective qui eût été indispensable devant la liquidation de notre jeunesse et de notre avenir.

Bien plus : plutôt que de défendre pied à pied des positions chaque jour plus compromises, plutôt que de contribuer à une rénovation démocratique de l'enseignement français, l'Université s'est parfois montrée soucieuse de préserver des structures traditionnelles et des intérêts corporatifs, au niveau de chaque ordre d'enseignement. Le malthusianisme des jurys d'agrégation, s'exerçant au nom d'un « niveau » d'autant plus difficile à définir que le titre d'agrégé introduit à des carrières multiples (Enseignement secondaire, supérieur, CNRS, secteur privé, Unesco, etc.), a permis, par exemple, de sous-payer la majorité du corps enseignant, en refusant à trop de licenciés et de certifiés un titre auquel leurs fonctions dans un lycée aurait dû normalement les conduire. Et dans les sociétés d'agrégés, comme d'ailleurs dans celles qui réunissent les anciens élèves des grandes écoles, c'est un fait que le ministère des Finances a trouvé d'étranges alliés : on a vu trop d'agrégés se comporter en rentiers d'un concours qui leur assurait, avec une qualification initiale, les loisirs de la mettre en veilleuse, trop de professeurs de faculté en rentiers d'une élection dont les difficultés mêmes avaient parfois tari les facultés créatrices de son bénéficiaire.

Le syndicalisme universitaire lui-même, pris dans le réseau de ces intérêts corporatifs, dont la division reflète le caractère de classe de notre enseignement, a pu se trouver déchiré entre des projets de réforme et la volonté de défendre à tous les niveaux des privilèges acquis que risquait de compromettre une réforme d'ensemble. Ajoutons qu'il n'a pas été insensible à la pression politique de la SFIO et à l'idéologie molletiste, dans une période où le parti socialiste, associé à l'action gouvernementale ou même la dirigeant, participait plus qu'aucun autre à la décadence de notre enseignement. Il est temps que le corps enseignant juge de l'action du titulaire de la rue de Grenelle en fonction de ce qu'il fait, non en fonction de ce qu'il pense.

Cette réforme universitaire doit s'accompagner enfin d'une prise de conscience des données nouvelles du combat idéologique, car on n'a pas assez souligné la décadence en France de la tradition laïque et républicaine, que les événements de cette année ont brusquement mis en lumière. Cette idéologie, qui fut conquérante au début de la IIIe République contre le monarchisme clérical des notables, et qui justifia l'installation aux affaires, dans les années 1880 à 1904, d'une bourgeoisie libérale, appuyée sur l'ensemble de la petite bourgeoisie urbaine et rurale et sur de larges couches de la classe ouvrière, avait été produite et défendue par l'Université radicale et socialisante des années 1900. Fille d'un jacobinisme assagi, et poursuivant par l'école primaire la déchristianisation du pays, elle était le ciment des alliances républicaines contre la « réaction » nationaliste et cléricale. La vieille Sorbonne, son berceau puis son foyer, répondait aux attaques du transfuge Péguy, devenu socialiste, ou du grand bourgeois conservateur Barrès. En 1920, Thibaudet parlait de la « République des professeurs ». L'Université, ouverte aux enfants les plus doués des classes populaires, dont elle assurait la promotion bourgeoise, donnait à la IIIe République plusieurs de ses présidents du Conseil.

Mais, dès cette époque, plusieurs éléments ont contribué à la décadence rapide de son idéologie : à droite, c'est l'abandon par l'Église catholique de la tradition monarchiste, symbolisé par le « ralliement » d'abord, puis par la rupture du Vatican avec l'Action française, enfin par la nouvelle politique de la « démocratie chrétienne », qui prend son essor européen à partir de la fin de la Seconde Guerre mondiale. Cette évolution facilite un retour à l'Église des milieux bourgeois effrayés par les progrès du marxisme. Car, sur sa gauche, l'idéologie laïque et républicaine, qui n'a jamais cessé d'être bourgeoise, est affaiblie par le développement autonome du mouvement ouvrier, et notamment par le communisme. Ainsi, elle perd des raisons d'être face à un péril politique, le cléricalisme, qui s'est estompé, et son audience se réduit en même temps dans la bourgeoisie et dans les milieux populaires ; fille de l'Université, elle retourne à l'Université, qui perd dans cette évolution une partie de ses liens avec l'ensemble de la société. Le développement démographique et économique du pays depuis dix ans en a encore accusé les traits anachroniques. D'ailleurs au lendemain même de la Libération, c'est le combat pour l'école libre qui a été le premier terrain de revanche d'une droite que ses compromissions sous l'Occupation avaient provisoirement exclue du pouvoir. La loi Marie, la loi Barangé devinrent autant de symboles d'une offensive politique dont les revendications scolaires n'étaient que le prodrome. Pourquoi fallait-il que vint s'y ajouter l'élection symbolique en Sorbonne, par les universitaires eux-mêmes, du philosophe vichyste et clérical J. Guitton ?

De son côté, la gauche a fait bien des tentatives depuis vingt ou trente ans pour dépasser un jacobinisme radical qui s'enlisait dans les écoles et dans les discours dominicaux, et autour duquel l'expérience mendésiste de 1954 a en vain cherché son point d'équilibre. En un sens, même l'effort méritoire de l'équipe d'*Esprit* a plutôt accru la confusion qu'elle ne l'a résolue, en contribuant à répandre l'idée qu'un accommodement était possible dans un temps où l'enseignement public était de plus en plus sacrifié et l'enseignement libre de plus en plus offensif. La mésaventure de l'enseignement public doit rappeler à la gauche qu'à force de minimiser certains problèmes ou de les tenir pour dépassés, il arrive qu'il faille les affronter dans les plus mauvaises conditions. D'autre part, la déviation stalinienne a interdit aux communistes d'intégrer à un niveau supérieur, dans une idéologie conquérante et populaire, ce que contenait de progressif la tradition laïque et républicaine de nos grands-parents : le PC l'a utilisée, mais ne l'a pas remplacée, à la fois cause et conséquence des difficultés de ses alliances avec les classes moyennes.

L'idéologie de l'Université a perdu en cinquante ans ses liens avec la réalité sociale : les événements de cette année ont cruellement révélé son exil — c'est-à-dire à la fois sa lucidité sur le gaullisme et son impuissance à offrir au pays une alternative constructive. Mais, dès avant le 13 mai, cet exil se traduisait par un certain « angélisme », une tendance à poser les problèmes politiques en termes de morale, non en termes d'efficacité. Dans un pays resté capitaliste et bourgeois, mais qui a profondément changé depuis dix ans, l'universitaire a accepté son isolement, et l'Université sa solitude, au nom d'un passé qui lui permettait encore de juger le présent, non d'orienter l'avenir. L'effort qui lui est demandé aujourd'hui dans tous les domaines, c'est d'utiliser les lumières particulières qu'elle tire de sa fonction et de sa tradition pour aider à nos lendemains.

C'est une raison de plus pour que, dans l'immédiat, elle se maintienne à la pointe du combat pour la démocratie, dont elle est aujourd'hui — ce qu'on ne lui pardonne pas dans les avenues du pouvoir — l'un des garants les plus solides. Car il n'est pas de démocratie sans éducation, sans pédagogie politique. Il ne suffit pas d'apprendre à lire, il faut encore apprendre à savoir lire, pour que la liberté d'expression ne se transforme pas en esclavage de l'information. Si l'on veut que les générations de demain forment un ensemble techniquement, professionnellement et politiquement qualifié, et non une masse condamnée à être manœuvrée, incapable de s'adapter aux problèmes du monde moderne, il faut que l'Université puisse disposer des moyens matériels et intellectuels de remplir sa fonction, et qu'une politique différente de celle qui est aujourd'hui pratiquée, loin de réduire ses moyens, les multiplie.

## LE CONGRÈS DE MAURICE THOREZ

*2 juillet 1959*

*L'Internationale* et *La Marseillaise* qui ont salué dimanche soir la clôture des travaux du XV^e^ congrès du PCF n'inauguraient pas un « nouveau cours » du communisme français : c'était, au contraire, l'ultime communion dans une tradition que pendant quatre jours les dirigeants et les délégués avaient exaltée, les uns donnant les thèmes majeurs, les autres les illustrant d'exemples locaux. En réalité, dès jeudi, le rapport de Maurice Thorez donnait le ton, avec une autorité que ces journées ont pleinement rétablie. On disait jadis dans une formule pleine de vérité : « le parti de Maurice Thorez ». On peut dire aujourd'hui du congrès d'Ivry que c'est le congrès de Maurice Thorez.

Lui-même l'a bien senti d'ailleurs : « Assurément, notre XV^e^ congrès se tient dans une situation bien différente de celle où se sont tenues nos assises de 1956. A ce moment-là, les révisionnistes spéculaient sur certains aspects du XX^e^ congrès du parti communiste de l'Union soviétique... Ils essayaient par ce biais de faire dévier notre parti de sa ligne, de lui faire abandonner les principes du marxisme-léninisme. Ces espoirs ont été déçus, le XIV^e^ congrès les a dissipés. »

Ainsi, c'est le retour au bon vieux temps, après la période un peu difficile où « certains aspects » du XX^e^ congrès (on admire au passage le maniement de l'euphémisme) avaient menacé le conformisme officiel ; c'est la cérémonie collective autour de l'unité du parti, autour de la justesse de sa ligne ; c'est aussi le châtiment de l'hérésie. Un XV^e^ congrès ? En vérité, ce pourrait être le XIII^e^. Ce sont les mêmes thèmes, les mêmes analyses, les mêmes mots.

Seulement, entre-temps, il s'est passé un certain nombre d'événements : le coup d'État gaulliste de l'année dernière a mis à l'épreuve l'ensemble de la gauche française, notamment son parti le plus puissant, le PCF. S'il est vrai, comme l'a proclamé Casanova à Ivry, que dans notre pays « le parti communiste peut parler vraiment — et seul — au nom de la majorité de la classe ouvrière, et pas seulement au nom de sa tendance révolutionnaire », comment échapper au verdict du printemps 1958 ? Nous nous souvenons tous avec tristesse de ce lundi de mai, où une petite minorité de la classe ouvrière parisienne seulement cessa le travail... A Ivry, aucun délégué n'est venu expliquer pourquoi.

Pour échapper à l'analyse sérieuse que l'échec de l'année dernière rend plus que nécessaire, urgente, le congrès d'Ivry *récuse les faits :* c'est un curieux spectacle que de voir une assemblée de cinq cents militants politiques s'évader hors de l'histoire réelle pour construire une histoire imaginaire, mais justificatrice. Thorez déclare à propos du 13 mai : « Le comité central et le parti ont discerné le mauvais coup qui se préparait. Ils ont analysé avec sérieux et clairvoyance l'évolution de la situation politique... » Or, quatre mois avant, en janvier, le comité central avait consacré toute sa session à la lutte pour l'indépendance nationale, contre l'installation de rampes de lancement sur le territoire français, question « fondamentale » de l'heure.

A propos du 13 mai (dont il n'a été fait aucune analyse sérieuse, les différents orateurs se bornant à assimiler le gaullisme au « pouvoir des monopoles »), Casanova a parlé de la « résistance de masse » au coup d'État, trahie par « le coup de poignard dans le dos de la classe ouvrière » de Guy Mollet. Bien sûr, mais Guy Mollet a pu défendre la politique que l'on sait précisément parce qu'il n'y a pas eu résistance de masse, et notamment parce qu'*à la base* l'unité socialiste-communiste était plus fragile encore qu'au sommet : c'est un membre du bureau politique, Marcel Servin, qui l'avait clairement montré à l'époque dans une bonne analyse des élections cantonales d'avril. Son intervention à Ivry a été d'ailleurs une des seules à signaler l'insuffisance de la liaison du parti avec les masses.

On pourrait multiplier les exemples de cette négation des faits. Sur le plan économique, la théorie de la crise générale du capitalisme conduit à l'analyse d'une régression économique permanente que chaque congrès du PC dénonce depuis 1947, rendant ainsi incompréhensible aux militants la courbe réelle de l'économie française depuis quinze ans ; la thèse de la paupérisation interdit toute analyse scientifique des modifications intervenues dans la classe salariée. L'hostilité au Marché commun est toujours aussi sommairement justifiée. En somme, le sommeil dogmatique est plus profond que jamais.

Nous n'écrivons pas ces choses par plaisir. Ni par goût de la polémique. Mais pour essayer de comprendre pourquoi les assises du plus grand parti français de gauche n'apportent rien de nouveau. C'est que, au-delà de la sollicitation des faits, les solutions proposées par le PCF à la crise actuelle de la démocratie française restent celles de son passé. Face à une situation entièrement nouvelle, on nous apporte les clés du Front populaire : unité de la classe ouvrière, alliance de la classe ouvrière et des classes moyennes, mais définies dans les mêmes termes qu'il y a vingt ans et plus. L'intervention d'Étienne Fajon sur l'unité ouvrière pourrait presque avoir été rédigée à n'importe quelle date de l'histoire du PC : même dénonciation de la culpabilité sociale-démocrate, même silence sur les responsabilités du PC, mêmes phrases sur les progrès du Front unique...

La création du PSA, qui révèle la scission la plus importante de l'histoire de la SFIO depuis 1920, n'est envisagée que comme un symptôme de crise de la social-démocratie française, jamais comme une possibilité d'effacer un jour 1920 de l'histoire du mouvement ouvrier.

On comprendra que, dans cette optique, non seulement Fajon respecte à propos de l'UGS le silence qui semble de rigueur au PC, mais taise aussi aux militants communistes les perspectives nouvelles qu'ouvre à la gauche française la prochaine fusion entre l'UGS et le PSA.

Les rapports d'alliance entre la classe ouvrière et les classes moyennes n'ont pas été plus sérieusement envisagés : l'analyse économique des classes moyennes et de leurs transformations n'est pas même tentée. Le PC continue à ranger sous cette bannière tout ce qui n'est ni la classe ouvrière, ni la grande bourgeoisie capitaliste : du boutiquier au professeur en passant par l'ingénieur et le voyageur de commerce. On conçoit que cet amalgame ne permette pas de définir avec précision et réalisme les termes d'une alliance qui soit autre chose qu'un souvenir de 1936. Le rapport de Maurice Thorez avait d'ailleurs interdit par avance au congrès toute innovation, en stigmatisant du mot quasi magique de « révisionnistes » toutes les tentatives faites depuis quelques mois dans la gauche française pour renouveler l'approche de ces questions.

Le monde du PCF est ainsi apparu, plus que jamais, comme un monde clos, rivé à son passé, prisonnier de sa tradition

— adossé d'autre part à l'ensemble du bloc soviétique, dont le discours très « officiel » de Souslov est venu réaffirmer la puissance : preuve vivante, pour les congressistes d'Ivry, que l'avenir dont ils rêvent est à portée de main. Paradoxalement, c'est l'évasion du congrès dans le double exotisme du passé et de l'espace qui a consolidé son unité et celle du parti autour de Maurice Thorez : c'est cette réalité-là que recouvre le rituel des cadeaux et des applaudissements.

Sur le plan des hommes également, très peu de changements : un certain nombre de vieux membres du parti quittent le comité central pour une amicale de vétérans. Quelques très rares promotions ; quant aux anciens membres du comité central non réélus, deux d'entre eux, MM. Pierrard et Ruffe, sont vraisemblablement sanctionnés pour des désaccords politiques. Les autres sont pour la plupart des responsables syndicalistes, parmi lesquels Tournemaine, président de la Fédération CGT des cheminots ; Martel et Delfosse, dirigeants de la Fédération CGT des mineurs. Enfin, au niveau de la direction du parti, le congrès a mis en relief, derrière Thorez, des hommes du centre, formés par le secrétaire général : Waldeck-Rochet (dont la promotion est spectaculaire, puisqu'il accède en troisième position au secrétariat), Servin, Casanova.

C'est assez dire qu'il n'en faut attendre ni un surcroît de sectarisme, ni, malheureusement, l'ouverture de voies politiques nouvelles pour notre pays.

# LE MÉMORIAL DE COLOMBEY

*12 novembre 1959*

C'est comme Fabrice à Waterloo que nous lisons le dernier volume des *Mémoires* du général de Gaulle, nous, les simples soldats de cette bataille perdue, de cette libération trahie. Ce livre qui s'intitule *Le Salut*, notre jeunesse y pense comme à l'échec de la Résistance, et de son côté le Général pourrait le sous-titrer : *L'Histoire d'un départ*. Car de Gaulle à Londres ou à Alger, dans les deux précédents volumes, c'était encore l'histoire d'un homme seul, enfermé dans une mégalomanie nationaliste aggravée par son exil et les réticences anglo-saxonnes. Mais voici cet été 1944 où l'homme retrouve son pays, non pas tel qu'il l'a rêvé, mais tel que l'ont fait l'occupation et la résistance, et l'occupation autant que la résistance. Voici non pas la France de Jeanne d'Arc ou de Louis XIV, mais les réalités économiques et politiques de la France de 1944.

A ces réalités, de Gaulle affronte son rêve, c'est-à-dire non pas son imagination, mais sa culture : l'Histoire de France et la grandeur du pays. Cet homme, si sévère par ailleurs pour les rivalités doctrinales des partis, si méprisant à l'égard des théories et des idées politiques, guide toute son activité sur l'une de ces idées : le nationalisme. Tout se passe comme si la grandeur nationale n'était pas une politique parmi d'autres également possibles, mais la seule politique envisageable quand on est, abstraitement, la France. C'est dans ce dogmatisme élémentaire que réside l'essence du gaullisme. On pose d'abord l'identité : de Gaulle = la France, identité dont le 18 juin 1940 a permis la révélation. Pendant quatre ans, pour la France captive, le gaullisme est la figure abstraite de sa liberté. Mais en 1944, la France existe, bouge, rendue à elle-même : il y a aussi un peuple qui correspond à l'abstraction gaulliste. Alors l'histoire devient un dialogue entre de Gaulle et le peuple, le chef et le pays, et ce dialogue serait une lune de miel s'il n'était troublé par les hommes politiques et leurs partis qui divisent la nation et compromettent sa grandeur par leurs rivalités. A cet égard, le gaullisme ne relève pas, comme on l'écrit trop souvent, de la tradition aristocratique et royaliste française, qui est décentralisatrice, favorable à des pouvoirs intermédiaires, hostile à une trop forte puissance de l'État. Le gaullisme est plutôt de filiation plébiscitaire et bonapartiste, par la conception d'un nationalisme qui s'incarne dans la communion directe établie entre le chef et la nation.

Telle est la politique gaulliste qui tire sa force apparente d'être définie non en termes de politique, c'est-à-dire de choix, mais comme une exigence française au-dessus de toute discussion. Le reste ? Le reste, ce sont « les circonstances », c'est-à-dire le domaine de l'empirisme, de la tactique, du mensonge. C'est à ce niveau que se situe le célèbre machiavélisme du Général. La politique lui apparaît ainsi soit comme un impératif de valeur quasi religieuse, la Grandeur, soit comme un tissu d'intrigues et de luttres où règne la seule loi du plus fort — en somme la politique lui apparaît à la fois comme pur dogmatisme et comme pur empirisme, jamais pour ce qu'elle est en réalité au XX^e^ siècle : la définition précise et publique d'objectifs à atteindre, les moyens et les options nécessaires à la réalisation de ces objectifs. Tantôt au-dessus, tantôt au-dessous de la politique, la pensée du Général oscille entre la métaphysique et la tactique.

Or, à l'été 1944, les « circonstances » sont difficiles pour la grandeur nationale : le gouvernement de la France libérée vient tout juste d'être reconnu par les alliés ; mais l'accès au club des trois vainqueurs lui reste obstinément fermé. De Gaulle n'est pas tenu au courant des négociations capitales qui, dès cette époque, s'engagent entre Churchill, Roosevelt et Staline ; la publication récente de leur correspondance triangulaire montre le peu de poids international du gouvernement français à l'automne 1944. Après une journée de conversations avec de Gaulle le 11 novembre, Churchill résume ainsi ses impressions à Roosevelt : « Soyez assuré que les conversations concernant les affaires importantes se sont déroulées uniquement sur la base de l'ad référendum aux trois grandes puissances... Le Général a posé un certain nombre de questions qui m'ont fait comprendre combien les Français étaient peu au courant de tout ce qui a été décidé, ou est en cours. » Sur le plan intérieur, la situation est bien difficile aussi. De Gaulle dirige le gouvernement d'une France sans ponts et sans charbon, où les troupes improvisées de l'été 1944 contestent souvent son pouvoir, où l'effervescence et la lassitude sont également grandes.

En face de cette situation, on cherche d'abord dans ces *Mémoires* quel a été le dessein politique de De Gaulle. Il le résume en deux mots simplificateurs qui ont précisément l'avantage, comme son style d'ailleurs, de cacher l'imprécision de sa pensée : *le rang, l'ordre.*

*Le rang :* c'est, exprimé dans un vocabulaire hérité de Saint-Simon, la place de la France dans le monde. La politique gaulliste comporte une priorité militaire et diplomatique, puisque l'armée et les ambassades sont les moyens les plus spectaculaires de la grandeur. De Gaulle récuse à l'avance pour lui le rôle d'un Gasperi ou d'un Adenauer : assurer par la prospérité économique la transition qui mène de l'exaltation chauvine à l'acceptation des données nationales du monde d'aujourd'hui. Non : dans un monde dominé par les trois Grands, il veut être le quatrième. Et il faut dire que c'est sur le plan purement militaire que sa politique est le moins contestable : refaire une armée par l'amalgame FFI-FTP, participer à la victoire, défendre Strasbourg d'un éventuel repli stratégique américain, le Général est là dans son élément. C'est un homme marqué par son métier, aimant profondément les choses militaires, les numéros des régiments, les noms de leurs officiers, l'atmosphère humaine de l'armée.

C'est un homme aussi dont l'activité militaire de 1944-1945 cicatrise les deux blessures secrètes : l'humiliation de la défaite de 1940, et le souvenir de l'indiscipline du 18 juin. Les pages des *Mémoires* qui relatent l'unité et la discipline de l'armée dans la victoire sont pleines d'une véritable allégresse. 1940 n'a été qu'un mauvais rêve : la France redevient la France.

C'est pourquoi la politique extérieure du Général, qui est le domaine privilégié de son activité, redevient celle de la France éternelle, de la monarchie à la IIIe République. On est stupéfait de constater à quel point cette politique est sans imagination, dictée par la seule force d'une tradition : c'est une des contradictions principales du gaullisme que ce mélange du réalisme tactique le plus froid et d'une sorte de sentimentalisme historique justificateur d'ambitions périmées. On sait que le président Roosevelt fut particulièrement allergique à cette conception diplomatique. Mais elle oriente la France de 1944 dans trois directions principales : et d'abord, se faire reconnaître comme l'un des Grands, être un vainqueur à part entière.

C'est l'objectif des contacts bilatéraux de l'hiver 1944 : rencontre avec Churchill en novembre, puis voyage à Moscou pour y signer le pacte franco-soviétique. De ce voyage et des entrevues avec Staline, de Gaulle nous fait un récit qui est probablement la meilleure partie de son livre, sur le plan littéraire ; l'admiration secrète pour le dictateur soviétique qui perce à travers ces pages, la brutalité machiavélique de la négociation sur le problème polonais (à propos duquel Staline recherche sans l'obtenir l'appui français contre les Anglo-Saxons), les scènes shakespeariennes de banquets où Staline apostrophe ses généraux, tout cela est évoqué dans un tableau très vivant qui a été particulièrement « travaillé ». Reste que la France, en 1945, n'est présente ni à Yalta, ni à Potsdam, et que l'évidence des forces impose sa loi : la France n'est pas un vainqueur à part entière.

Ce n'est pas faute pourtant d'avoir une politique allemande : car c'est la deuxième orientation de la diplomatie gaulliste à la Libération. Ici, c'est le souvenir de Louis XIV et de Napoléon qui domine le jeu français. Nostalgique des traités de Westphalie, le général de Gaulle est partisan du retour au morcellement allemand. Nostalgique des frontières naturelles, il pose à Staline la question de la frontière rhénane de la France. La sécurité française assurée par la reconstitution de l'État palatin, voilà les vues d'avenir du gaullisme sur l'Allemagne. L'histoire de ces quinze dernières années ne leur confère pas une lucidité particulière.

Enfin, le troisième élément d'une politique de grandeur : conserver tout le patrimoine français, et si possible l'agrandir. En fait d'agrandissement, ce sera l'immortelle bataille diplomatique pour Brigue et Tende, sur « notre » versant des Alpes. Mais le problème est surtout de *conserver*, pour la France de 1944, les terres réunies sous son drapeau : c'est sous cet aspect chauvin et traditionaliste que de Gaulle envisage l'immense question coloniale. C'est dans cette optique conservatrice qu'il parle, de manière très vague d'ailleurs, des réformes à apporter chez les peuples « dont nous sommes responsables ». Sur les émeutes de mai 1945, à Sétif et à Guelma, et la terrible répression qui suivit, couverte sinon commandée par son gouvernement, il écrit simplement ces deux lignes : « En Algérie, un commencement d'insurrection survenu dans le Constantinois et synchronisé avec les émeutes syriennes du mois de mai a été étouffé par le gouverneur général Chataigneau. » Ainsi, non seulement il ne trouve aucun mot pour stigmatiser l'horreur et l'absurdité politique de la répression, mais le nationalisme algérien lui apparaît simplement comme un des éléments d'une vaste conspiration anti-française. Cette vision paternaliste et chauvine de l'évolution des peuples coloniaux s'incarne au printemps 1945 dans la défense des droits de la France en Syrie contre les ambitions anglaises. « Vous avez outragé la France », dira de Gaulle à l'ambassadeur anglais. La France de De Gaulle, présente à Francfort comme à Casablanca, à Dakar comme à Damas...

Devant l'échec, manifeste dès 1945, de cette politique de grandeur, comme on comprend la solitude de De Gaulle ! « Il me fallait donc constater que l'idée que je me faisais du rang et des droits de la France n'était guère partagée par beaucoup de ceux qui agissaient sur l'opinion. Pour soutenir ma politique, celle de l'ambition nationale, je devrais de moins en moins compter sur les voix, les plumes, les influences. » Pas un instant, il ne se pose la question de savoir si sa politique est juste ou seulement possible : elle est, par définition, *la* politique de la France.

Sur le plan intérieur également, le Général ne conçoit qu'une politique, c'est *l'ordre*. Il vit sur cette idée, héritée de la pensée de droite du XIX^e siècle, de Joseph de Maistre à Maurras, que pour les sociétés humaines, perpétuellement travaillées par des éléments de subversion, l'ordre est fragile et toujours menacé. Subversion et ordre, cette dialectique simplette sert de fil directeur à sa politique intérieure ; on chercherait en vain dans ces *Mémoires* une analyse du contenu politique et social de la résistance française, une explication historique de la « poussée à gauche » dans la France libérée. Pour de Gaulle, le fait national et le fait social sont deux données absolument distinctes : la Résistance est une chose, la subversion sociale une autre chose. Son devoir est dès lors de recréer autour de sa personne, symbole de la nation, l'ordre social, c'est-à-dire l'unité du pays. Nous savions déjà, depuis la publication de l'ouvrage de Robert Aron sur la libération de la France, comment il s'était employé en août-septembre 1944 à contenir l'effervescence populaire, à sauver ce qui pouvait être sauvé à l'époque des cadres traditionnels du pays, à rétablir ce qu'il faut bien appeler par son nom, non pas l'ordre tout court, mais l'ordre *bourgeois*, compromis par la collaboration avec l'occupant.

C'est l'époque où, dans la réalité, il est perpétuellement

amené à composer avec les forces sociales et politiques issues de la Résistance, et dont la majeure partie, groupée dans le CNR, désire une profonde rénovation économique et sociale du pays. C'est l'époque où il n'est pas libre même du choix de ses ministres, dont le dosage lui est imposé par le rapport des forces politiques en France ; et s'il est vrai que c'est lui qui donne l'impulsion principale en politique étrangère, il est, sur le plan intérieur, condamné au compromis permanent, sinon au laisser-faire.

Or le voici qui nous parle de cette époque ; *il a tout fait*. Les nationalisations, c'est lui. La Sécurité sociale, encore lui. Les comités d'entreprise, toujours lui. Dans les domaines même où il est de notoriété publique qu'il n'a pas fait preuve d'une compétence particulière, il revendique toute l'œuvre de la Libération, en vertu d'une conception d'ensemble qui lui appartient. Dans des pages qui sentent l'application du bon élève, à l'égard d'une discipline nécessaire mais ingrate, l'économie, il tranche souverainement en faveur de Pleven contre Mendès France, sans se soucier de savoir si l'avenir lui a donné raison.

D'ailleurs ces ministres n'existent pas, politiquement ; ils deviennent de pures psychologies, et de Gaulle leur jette au passage quelques adjectifs conventionnels, qui les nient davantage encore que le silence. François Billoux n'est pas communiste : il dirige la Santé publique « sans heurts, mais non sans succès ». Tanguy-Prigent n'est pas socialiste ; il est « ministre et serviteur de l'agriculture française » ; Teitgen n'est pas MRP, mais « jeune idéaliste, éloquent ». Comment pourraient-ils d'ailleurs avoir des idées politiques, puisque, « quand on est ministre, c'est, en fait, vis-à-vis du général de Gaulle, et de lui seul, qu'on est responsable ». Dès lors qu'ils ne sont que les Sancho Pança de ce Don Quichotte, ils méritent tous, au même titre, leur certificat de bonne conduite, puisqu'à travers eux c'est à lui-même que le Général les décerne. Dans cette étrange distribution de prix, Maurice Thorez arrive d'ailleurs en tête de la classe, comme si le Général, qui a depuis longtemps compris que la route du carrefour Châteaudun passe par Moscou, voulait marquer, en célébrant le ralliement communiste, les retrouvailles de l'unité nationale autour de l'« ordre » rétabli.

Cette vision — puérile ou grandiose, comme on voudra — de l'histoire de la Libération, de Gaulle ne peut la maintenir longtemps. Pour préparer son départ, il faut qu'il introduise sur la scène l'incarnation du Mal : ce sont les « politiques », séparés par des rivalités doctrinales et personnelles, et déchirant la nation au nom de ces rivalités. On sourit à l'idée que MM. Bidault, Pleven, Bourgès-Maunoury ou Guy Mollet sont ainsi promus à la dignité d'idéologues ! On a appris, depuis, que leur empirisme politique ne le cède en rien à celui du général de Gaulle. Mais dans la conception du Général, la France ne saurait être séparée de son chef naturel que par des idéologies artificielles, étrangères à la réalité France, qui est la seule réalité.

Ainsi, les politiques font leur mauvais chemin, taillant à la France un habit qui n'est pas le sien, puisqu'il ne va pas au Général : la Constitution de 1945. Et la voie est ouverte au déclin, marqué par la succession des trois D : Discordances, Désunion, Départ. Ce dimanche de janvier 1946 où de Gaulle abandonne les affaires marque le divorce de la France d'avec elle-même, un déchirement qui, par nature, ne peut être que provisoire.

Retournons maintenant à la réalité. Sur le plan tactique, le véritable calcul du Général était bon. Il faudra les échecs de la gauche, la lassitude et la dépolitisation du pays pour que de Gaulle trouve enfin la conjoncture gaulliste idéale : un pays qui laisse faire, et l'armée qui l'appelle. Mais, sur le plan de l'histoire, le problème était le suivant : la société française de la Libération se trouvait en face de deux grandes questions : la modernisation économique et la décolonisation. A l'époque, le général de Gaulle n'a offert de solution constructive à aucune de ces deux questions. La IV$^{e}$ République a vu s'opérer et a favorisé la révolution industrielle française, mais a continuellement buté, jusqu'à en mourir, sur le problème colonial. Pour le résoudre aujourd'hui, le gaullisme a besoin d'autre chose que d'un nouveau *Mémorial de Sainte-Hélène* ; il lui faut définir une politique et non développer une propagande.

# FRANCE : LA FIN DU PARLEMENTARISME

*30 décembre 1959*

On se demande ce que les écoliers de l'avenir apprendront de la dernière décennie de l'Histoire de France, et même de la IVe République en général : son passé et son avenir font qu'elle risque d'être analysée comme un simple pont entre de Gaulle et de Gaulle, car elle est prise en tenaille par la légende gaulliste, entre le « salut » et le « renouveau ». L'image d'Épinal n'a jamais été aussi tentante pour les mémoires un peu faibles ou pour les esprits sommaires ; jamais le procès du marais parlementaire n'a paru aussi facile à gagner.

Il faut pourtant l'instruire avec précaution. Car dès l'abord bien des éléments viennent contredire l'apparente simplicité de l'évolution ; de 1950 à 1960 les principaux hommes politiques de notre vie publique n'ont guère changé, mais ce ne sont plus les mêmes hommes : d'homme de la troisième force, Georges Bidault est devenu le champion de l'Algérie française ; de radical orthodoxe, disciple de Poincaré, P. Mendès France est devenu « mendésiste » au gouvernement, puis socialiste dans l'opposition au nouveau régime ; le gauchisme de M. Guy Mollet fait figure aujourd'hui de souvenir presque humoristique ; les communistes qui manifestaient en 1952 contre l'arrivée du général Ridgway accueillent aujourd'hui avec satisfaction le président Eisenhower. Enfin le général de Gaulle lui-même n'est plus le chef du RPF de 1950 : on a oublié aujourd'hui les violences de l'ancien chef de parti nourries dans la solitude de Colombey, les insultes contre la troisième force, la haine des « séparatistes », le combat contre l'Europe. L'espèce de libéralisme sceptique du président de la Ve République est une acquisition de ses vieux jours.

Ainsi, même l'histoire la plus superficielle, celle des « grands » et des moins grands hommes, nous met en garde contre l'imagerie gaulliste : plus que les numéros de nos Républiques, plus que la propagande des partis et des hommes, il faut interroger les événements pour y chercher les clés de notre récent passé.

1950. La guerre froide qui se développe depuis 1947 pèse toujours de façon décisive sur les problèmes intérieurs français.

Depuis 1947 et la rupture avec les communistes, la formule des gouvernements du pays a été donnée par Léon Blum : c'est la « troisième force », qui unit le MRP et la SFIO, survivants du tripartisme de la Libération, contre le PC et le RPF, avec l'aide et souvent sous la direction de certains radicaux : « Nous sommes condamnés à vivre ensemble », avait dit le Dr Queuille. Mais dès l'automne 1949 la SFIO, soucieuse de n'être pas débordée sur sa gauche, décroche d'une majorité gouvernementale trop peu « sociale » à son gré, et fait tomber le gouvernement Queuille sur le problème des salaires. Dès lors la vie politique française sera dominée à nouveau par l'alternance classique sous la III^e^ République, entre la droite et la gauche.

Grâce aux apparentements, et malgré les pertes électorales sensibles des socialistes et des MRP, les élections de 1951 apportent trois cent quarante sièges à la troisième force et à la lutte sur deux fronts, alors que le PC maintient ses positions et que le RPF commence à décliner. C'est au moment où elle dispose enfin d'une majorité sérieuse que la troisième force achève de se disloquer : le vote de la loi Barangé, dès le début de la législature, consacre le divorce entre socialistes et MRP. Par ailleurs, la guerre de Corée, le durcissement de la politique communiste en France, les pressions américaines détruisent l'harmonieuse symétrie de la lutte sur deux fronts : le front communiste devient essentiel pour les élus de 1951. Enfin le déclin du RPF, le ralliement au système d'une partie des élus gaullistes en 1952-1953 [1] achèvent de porter la droite au pouvoir en la personne combien symbolique de M. Pinay.

Le traumatisme indochinois amènera au contraire l'expérience mendésiste, rapidement digérée par la souplesse de M. Edgar Faure. En 1956, des élections à gauche ramènent au pouvoir la SFIO et renouvellent un phénomène classique sous la III^e^ République : une législature qui commence à gauche et qui finit à droite, comme en 1924 d'Herriot à Poincaré, ou en 1936 de Léon Blum à Paul Reynaud. Seulement cette fois-ci, la

1. La moitié du groupe RPF vote l'investiture de M. Pinay.

gestion socialiste de MM. Mollet et Lacoste, qui se survit à travers MM. Bourgès-Maunoury et Gaillard, débouche sur une crise des institutions parlementaires et ouvre la voie au gaullisme 1958, qui s'impose à la fois comme résultante de la poussée fasciste et comme élément modérateur de cette poussée. Le désir d'arbitrage du Général vient ainsi couronner une période politique dominée par l'instabilité gouvernementale, par l'alternance classique en France, mais ici particulièrement rapide de la gauche et de la droite au pouvoir, et compense dans une certaine mesure — mais pour combien de temps ? — l'échec de la gauche et le succès des hommes du 13 mai.

Mais la véritable question est de savoir à quels problèmes étaient affrontées les diverses forces politiques françaises depuis dix ans, et quelles solutions ont été envisagées et appliquées. A quelles options profondes correspondaient ces crises si difficiles et si longues à dénouer, ces débats parlementaires si vifs, enfin la chute d'un régime ?

Depuis 1950, la politique internationale du pays reste commandée par le Pacte atlantique et l'alliance américaine, qui n'a été sérieusement remise en cause par aucun gouvernement, et qui est acceptée par la grande majorité de l'opinion publique. Des intérêts ou des nécessités économiques, et notamment l'endettement français, peuvent être évidemment invoqués ; mais l'essentiel de cette politique est commandé par la guerre froide. Elle a comporté sur le plan intérieur l'isolement du Parti communiste, attaché à une conception mondiale de la stratégie ouvrière, que dominent les intérêts de l'État soviétique. Durant ces dix ans, la lutte contre le Pacte atlantique et les « fauteurs » de guerre américains apparaît en effet comme l'axe principal de la politique communiste ; elle a atteint son point culminant en 1952, lors de la venue du chancelier Adenauer, puis du général Ridgway. Mais elle n'a jamais cessé de dominer la tactique intérieure du PC français, et c'est un des éléments essentiels de la paralysie de la gauche française.

Un seul problème extérieur a permis au PC de nouer momentanément une alliance politique : le relèvement rapide de l'Allemagne de l'Ouest et l'éventualité, niée d'abord, ensuite admise, de son réarmement dans le cadre de la politique atlantique lui fit trouver un langage commun avec les forces traditionnelles du nationalisme français, et notamment des hommes de l'ancien RPF (Soustelle, Kœnig, etc.). Ce fut l'alliance des « patriotes » contre la CED et la construction européenne, soupçonnée d'être un simple camouflage d'une prépondérance allemande inscrite dans les réalités économiques. Cette conjonction purement tactique de forces par ailleurs contradictoires a pu faire échouer la CED ; mais elle ne put, naturellement, s'unir sur rien de positif, ni même empêcher les progrès lents, mais réels, des institutions économiques et politiques européennes, approuvées par le Parlement dès 1950. Il est d'ailleurs frappant de constater que, de la IVe à la Ve République, la construction européenne, vue de Paris, suit le même rythme, lent mais inexorable. L'entrée en vigueur du Marché commun en est l'aboutissement. A travers des gouvernements français plus ou moins « européens », et toujours divisés, l'Europe s'est frayé son chemin, qui est loin d'être terminé.

En dehors des questions internationales, l'avenir dira sans doute que l'histoire de ces dix dernières années en France a été dominée par deux grands problèmes : la modernisation économique du pays et la décolonisation.

On a tout dit aujourd'hui sur les problèmes économiques français depuis dix ans : le redressement démographique, après les années creuses de l'entre-deux-guerres, a permis au pays de retrouver le même rythme d'accroissement de population qu'il y a cent ans, puisque l'augmentation annuelle, après avoir été particulièrement rapide en 1947-1948, s'est stabilisée depuis autour de deux cent cinquante mille à trois cent mille habitants. On lira, par ailleurs, quels ont été les progrès de la production, qui a presque doublé en dix ans, retrouvant un rythme de développement annuel inconnu depuis un siècle de notre histoire économique. Les années 1950-1960 apparaîtront sans doute, sous ce rapport, comme aussi importantes que les dix premières années du Second Empire.

Il est difficile de mesurer, dès aujourd'hui, toutes les conséquences de ce développement économique et aussi de la modernisation technique de notre équipement national : aussi bien en a-t-on beaucoup débattu à gauche, ces derniers temps. Il est certain qu'ils se sont accompagnés d'un processus de concentration capitaliste, et par conséquent d'une asphyxie progressive d'un certain nombre de petites entreprises industrielles et commerciales.

En même temps que les nationalisations faisaient la preuve de leur efficacité économique et que se constituait un secteur capitaliste d'État en pleine modernisation ; en même temps que les trusts de l'industrie chimique et pétrolière multipliaient leur production, la vieille France de la boutique et de l'entreprise familiale, la France qui se méfie des banques et qui croit à l'épargne, au travail et à la famille — traduction morale de sa situation économique — se jetait à corps perdu dans la lutte contre le progrès. Le phénomène fut particulièrement net dans la France du sud de la Loire. Or le suffrage universel, la démagogie des élus et des partis, soucieux de ne perdre aucune chance de réélection, lui facilitèrent cette bataille de retardement contre l'inévitable : on vit à plusieurs reprises la droite et la gauche d'accord, et même l'extrême droite et l'extrême gauche unies pour le soutien des bouilleurs de cru ou pour la défense du petit commerce contre la fiscalité. N'oublions pas que le PC soutint, tout à ses débuts, le mouvement Poujade, où devait culminer, en 1956, la révolte de toute une société française contre le progrès économique, au nom d'un nationalisme également anachronique.

Dans un livre intéressant, M. Roger Priouret a vu, dans ce malthusianisme parlementaire, les causes profondes de la chute de la IVe République. Dans cette optique, *La République des députés*, qui fit les beaux jours du capitalisme libéral, était devenue incapable de faire face aux problèmes économiques et sociaux posés par la concentration et le rythme de progression du néo-capitalisme, par suite de la sur-représentation parlementaire assurée par le suffrage universel aux classes moyennes précisément menacées par ce progrès. Or ces couches sociales étaient depuis Gambetta et Méline l'élément de stabilité du régime républicain, entre une droite successivement monarchiste et fascisante, et des partis ouvriers qui mettaient en cause la structure de la propriété.

Cette analyse comporte évidemment une part de vérité et les études de Serge Mallet en ont précisé bien des aspects. Mais aujourd'hui encore cette lutte du malthusianisme et du progrès économique s'inscrit non à côté, ni au-dessus, mais à l'intérieur de l'antagonisme salariat-propriété, *qu'il complique, mais qu'il n'annule pas :* une stratégie socialiste doit en tenir compte tout en restant fidèle à son objectif fondamental de propriété sociale des moyens de production. Il est bien évident, par exemple, que le grand capitalisme privé, si dynamique qu'il puisse être, ne peut renoncer à s'appuyer politiquement sur la petite propriété qui constitue sa base sociale, et donc la protéger dans une certaine mesure, même si économiquement il contribue à la faire disparaître.

Par ailleurs, la politique de la V^e^ République dans ce domaine n'apparaît pas différente de celle de la IV^e^, car de 1950 à 1958, malgré les freins parlementaires, malgré ce que l'on a appelé bien légèrement l'immobilisme, le progrès économique a eu lieu, favorisé d'ailleurs, autant qu'il était politiquement possible, par tous les gouvernements, de Pinay à Mendès France, d'Edgar Faure à Félix Gaillard. Depuis 1958, malgré la disparition des freins parlementaires, malgré l'aspect technocratique du nouveau régime, on ne voit pas qu'il ait eu plus d'audace à promouvoir le progrès économique. Il n'a entrepris ni une véritable réforme fiscale, ni la transformation du circuit de distribution, ni la réforme de l'enseignement. En réalité, le problème est plus social qu'institutionnel : le diagnostic gaulliste révèle ici son caractère superficiel.

Car la IV^e^ République n'est pas morte de ses institutions, mais de la guerre d'Algérie. Les dix années qui viennent de s'écouler, dans une guerre coloniale qui n'a jamais cessé, ont fait la démonstration de son véritable échec, qui touche au problème colonial. La France de cette période offrira sans doute aux historiens de l'avenir l'exemple type de la grande puissance coloniale aux prises avec son passé, voire sa légende, et qui subit comme un malheur des temps la grande aventure du nationalisme asiatique ou africain sans pouvoir la contrôler plus qu'un instant, celui de l'autonomie interne de la Tunisie.

C'est Diên Biên Phu qui imposera la négociation indochinoise. Mais à l'automne 1954 commence le soulèvement algérien et sévit le terrorisme marocain provoqué par l'absurde exil du sultan l'année précédente. M. Edgar Faure fera sans trop de casse, sous la caution de M. Pinay, l'opération « rétablissement du sultan », qui entraîne l'indépendance du Maroc et de la Tunisie. Mais que de formules lénifiantes il a fallu inventer pour chloroformer le nationalisme français !

En Algérie : aucune issue n'est trouvée, les élections de 1956 sont favorables à la paix. La politique de concession aux ultras et à l'armée inaugurée sous les tomates du 6 février 1956, et accentuée par Robert Lacoste, amène en deux ans la chute du régime, et l'installation de la V^e^ République sous la pression des forces les plus réactionnaires de notre vie publique, l'armée, les colons d'Algérie, la police, et l'extrême droite française.

Mais là encore, le nouveau régime, bien que débarrassé des contrôles parlementaires, est obligé de louvoyer sans cesse pour faire passer une politique libérale outre-mer : refus de l'intégration, autodétermination algérienne, autonomie, puis indépendance de l'Afrique noire. Là encore les idées ne sont pas nouvelles : l'indépendance du Mali est inscrite dans la loi-cadre de M. Defferre, votée par la IVe République ; l'autodétermination faisait partie du célèbre triptyque socialiste. La mise en pratique de ces idées est presque aussi cahotique, à peine moins hésitante.

C'est qu'il faut tenir compte moins des intérêts des Français (la droite libérale avec Cartier et R. Aron a fait justice de l'argument économique des colonies « qui rapportent ») que de leurs *passions*. Or, la France est nationaliste à *droite et à gauche*. A droite, c'est depuis cent ans une tradition, interrompue par Vichy, mais que la guerre froide a permis de revigorer : en luttant en Algérie ou en Indochine contre l'abandon, la droite luttait contre le communisme international. Le gaullisme, n'en parlons pas : le nationalisme est sa mystique, et jusqu'à nouvel ordre son seul élément doctrinal. Quant à la gauche française, elle vit depuis longtemps sur une mythomanie jacobine, qu'a contribué à développer la Résistance et l'illusion que la France était au rang des vainqueurs de la Seconde Guerre mondiale.

Au moment où le premier problème national était la décolonisation, on a vu le PC axer l'essentiel de sa politique sur la reconquête de l'indépendance nationale française contre les USA (lesquels USA facilitaient par ailleurs les mouvements d'indépendance africains !). Et dans le même temps, le gouvernement Guy Mollet, préconisé par J. Duclos en février 1956 de préférence à Mendès France, et appuyé dans ses débuts par le PC et toute la gauche, engageait la République dans l'expédition de Suez et l'envoi du contingent en Algérie, préparant ainsi par le « jacobinisme » de Robert Lacoste l'aventure fasciste du 13 mai.

A considérer ainsi l'histoire de ces dix dernières années, on est amené à dégager deux idées : d'abord le divorce entre les réalités économiques et politiques de la France d'aujourd'hui, et l'idéologie des Français : le nationalisme ne serait-il pas justement la traduction de ce refus des réalités et une sorte de refuge dans l'histoire ? Ensuite une continuité politique surprenante à l'intérieur des gouvernements successifs de la IVe République, et entre la IVe et la Ve République, malgré les crises gouvernementales nombreuses et surtout l'« accident » du 13 mai. Comme si l'Histoire de France se faisait sur deux rythmes différents, celui de la longue durée, où l'on peut suivre une évolution profonde qui apparaît assez homogène, et celui de l'« accident » politique, qui crée des discontinuités subites, mais rapidement colmatées à l'intérieur de cette évolution.

C'est sans doute le drame du socialisme français de n'avoir perçu de cette période que le second aspect, qui lui rappelait l'évolution chaotique de notre XIXe siècle, et qui permettait seulement la définition de tactiques successives. Jamais une véritable alternative socialiste n'a été offerte aux Français dans des termes qui fussent autre chose que la répétition des souvenirs de 1936 ou de 1944. Mais on n'a encore jamais vu la nostalgie animer une action politique.

Si bien que ces dix ans furent dominés par le jeu de la politique bourgeoise, que le système parlementaire rendait de plus en plus complexe et difficile, par suite de l'importance du groupe communiste, du renforcement d'une droite hostile au régime, et aussi de l'existence de majorités différentes selon les problèmes abordés. Par ailleurs, le petit groupe d'hommes politiques qu'on retrouve dans tous les gouvernements de cette époque, qu'ils soient de droite ou de gauche, se trouvait coincé entre les processus historiques objectifs : le développement économique et la décolonisation, dont la plupart d'entre eux admirent la nécessité, et la résistance de leur clientèle électorale, le chantage nationaliste à la trahison. D'où la sociologie très particulière de ce groupe social, que Nathan Leithes a étudiée de façon très précise, ses rites, ses règles, ses tabous, ses euphémismes. D'où le caractère hésitant, l'empirisme, la marche presque sournoise de beaucoup de ces équipes gouvernementales. D'où, enfin, l'isolement de ces hommes politiques, en mai 1958, dans un pays qui ne les comprenait plus.

A travers les coups durs se faisait jour cependant, dès 1950, une sorte de tendance diffuse au pouvoir personnel, comme si le pays cherchait à sublimer dans une confiance enfantine les contradictions entre sa situation réelle et son outillage politique. Quand la France de 1952, lasse de l'inflation, se retrouva en M. Pinay, inconnu la veille, ce petit patron bien-pensant et bien français cristallisait un phénomène assez classique à droite. Mais deux ans après, le choc de Diên Biên Phu renouvelait l'expérience à gauche autour de Pierre Mendès France sans que soient jamais clairement définies les bases sociales et même le contenu politique du mendésisme. A y réfléchir aujourd'hui, on est frappé d'ailleurs de l'importance du legs mendésiste au gaullisme : une utilisation judicieuse de la publicité moderne masquant l'indétermination de la base sociale ; l'idée que le « style » peut tenir lieu d'action réelle ; des conceptions décolonisatrices très voisines, fondées sur l'idée qu'il existe pour les pays colonisés un stade intermédiaire entre le colonialisme et l'indépendance, voilà de quoi établir une filiation qui fut d'ailleurs perçue par la grande masse du corps électoral mendésiste qui vota UNR l'année dernière. Au fond, le gaullisme de gauche est un mendésisme de droite.

Car l'ironie de l'histoire a voulu que ce réformisme bourgeois désiré à l'époque par Mendès France ne s'installe durablement aux affaires qu'à la suite d'un coup d'État réactionnaire, canalisé par un monarque libéral. Précisément, l'histoire de ses origines équilibre l'autorité de son chef, qui avance avec presque autant de prudence, voire de timidité que ses prédécesseurs. Certes, il a sur eux l'avantage d'une certaine durée. Mais nous aurions tort de la surestimer : d'abord parce que le Général lui-même a pris soin de nous avertir qu'il est au déclin de sa vie ; ensuite parce que, de toute façon, son régime s'use plus vite qu'il ne l'avait prévu. Aussi, tout en continuant à lutter à l'intérieur du régime actuel, la gauche doit-elle dès aujourd'hui réfléchir aux conditions du rétablissement nécessaire de la démocratie, qui ne peut se faire que par une rénovation de notre vie économique et politique. Le socialisme de demain exige un nouvel outil, adapté au monde d'aujourd'hui.

---

LA RÉPUBLIQUE DES DÉPUTÉS,
*par R. Priouret.*

DU MALAISE POLITIQUE EN FRANCE,
*par N. Leithes.*

---

# LA GAUCHE FRANÇAISE ET LE FLN

*19 mai 1960*

Le numéro des *Temps modernes* restitue l'Algérie dans son éclairage le plus cruel et le plus vrai : un groupe d'avocats habitués à la défense des accusés politiques algériens décrit le fonctionnement de la justice au-delà de la Méditerranée et étudie dans le détail, sur des cas concrets, le nouveau régime judiciaire institué par le décret du 12 février 1960, qui rend pratiquement impossible la tâche de la défense. Dans un autre article, un jeune Algérien raconte la misère et l'humiliation de son enfance kabyle, jusqu'au débarquement à Marseille, où il vient gagner le pain de sa famille. De son côté, *Esprit*, qui a ouvert récemment le dossier du jeune soldat Jean Le Meur, emprisonné pour refus de servir en Algérie, publie ce mois-ci le récit terriblement pessimiste, dans sa banalité, d'un soldat du contingent.

Seulement, voilà : la guerre continue, et la tournée des popotes de février en a bouché plus que jamais l'issue. Or, devant les aspects de plus en plus inhumains de la pacification française, devant le machiavélisme bavard et inefficace du pouvoir, devant l'impuissance du PCF, expliquée sinon justifiée par la passivité populaire, il est normal et indispensable que nous nous posions tous la question : *comment agir ?* La célébrité assurée par la police à l'action de Francis Jeanson et de ses amis, la publicité donnée par le gouvernement, grâce aux saisies de notre journal[1], à un phénomène comme la désertion de quelques centaines de jeunes ont révélé récemment à l'opinion la radicalisation d'un petit secteur de la gauche française face au problème algérien.

*Esprit* et *Les Temps modernes* s'attaquent franchement au problème qui est en réalité double. Première question : quelle appréciation porter sur la politique algérienne du gaullisme au

1. Ainsi que notre confrère *L'Express*.

pouvoir depuis deux ans ? Deuxième question : à partir de cette appréciation, comment définir une stratégie de la gauche française et donner de véritables directives d'action à beaucoup de militants désorientés par l'échec et l'impuissance et, comme l'écrit Domenach, « à ces innombrables fantassins mécontents parce qu'ils attendent un ordre de rappel et qu'ils n'ont reçu jusqu'à présent que des ordres du jour » ?

Dans *Les Temps modernes*, Péju voit dans le dernier voyage du Général en Algérie « la fin du mythe gaulliste ». Le thème de la guerre longue développé lors de la tournée des popotes est un aveu à l'opinion publique : « Il ne suffit pas de parler de machiavélisme et la duplicité n'explique rien. De Gaulle a beau cultiver l'équivoque, faire de l'hermétisme une méthode de gouvernement et adapter volontiers son langage à l'attente de ses interlocuteurs, ce n'est sans doute pas de gaieté de cœur qu'il vient de ruiner, dans une opinion pourtant complaisante, les espoirs qu'il s'appliquait jusqu'ici à entretenir. C'est probablement qu'il ne pouvait plus maintenir l'équivoque, et qu'il lui fallait ou engager une négociation dont il ne voulait pas, ou passer aux aveux. Il a choisi les aveux. »

L'éditorial de la revue met les points sur les i, en posant aux « gaullistes de gauche », ou à ce qu'il en reste, des questions que notre journal, pour sa part, n'a cessé de mettre en évidence depuis le 13 mai : « Leur postulat commun est que le problème est uniquement psychologique, qu'il s'agit simplement de dissiper des malentendus, dont la persistance serait due, pour la plus large part, à la susceptibilité et au manque de sens politique des dirigeants du FLN. Aucun ne s'interroge sur la signification réelle de l'association proposée par de Gaulle, ni sur ce que l'indépendance représente pour le FLN, et moins encore sur la portée, pour les Français eux-mêmes, du combat mené par les Algériens. »

Jean Daniel répond dans *Esprit* par une critique du chauvinisme de la gauche française traditionnelle, et notamment de l'assimilationnisme jacobin des socialistes, pour montrer que « l'anticolonialisme n'est pas nécessairement, dans le monde actuel, le lot de la gauche des pays colonisateurs... Il n'y a donc pas, dans l'essence même d'un gouvernement réactionnaire, un obstacle inéluctable à une évolution décolonisatrice. On peut dire par suite que le gaullisme, autant que n'importe quel régime réactionnaire, peut très bien se trouver contraint d'offrir une chance politiquement exploitable par les nationalistes algériens... Mais, l'a-t-il fait ? Personnellement, je réponds, de toutes mes forces : oui. »

Cette analyse optimiste du pouvoir gaulliste, qui risque à notre sens de sous-estimer l'hypothèque militaire qui pèse sur le régime, même et surtout après le 24 janvier, comporte chez Daniel une critique implicite de la politique du FLN. Contre l'éditorial des *Temps modernes* qui lie « le sort de l'opposition au régime gaulliste et l'issue de la guerre d'Algérie », et analyse en conséquence la solidarité de la gauche française et du nationalisme algérien, Daniel critique une certaine « sacralisation » du FLN dans un petit secteur de la gauche française. Et, à partir d'une conception du gaullisme qui nous semble contestable, il touche pourtant là sans doute le point faible de l'analyse des *Temps modernes* : car venant après une sacralisation du messalisme dans un autre secteur de la gauche, il y a quelques années, le ralliement aux objectifs du nationalisme algérien pourrait n'être aujourd'hui qu'un transfert des difficultés et de l'échec historique de la gauche française depuis la Libération ; et il serait particulièrement intéressant que *Les Temps modernes* cherchent à préciser leur analyse du FLN, leur optique de la révolution algérienne et de ses rapports avec la France de demain.

Il est vrai que cela ne change rien à l'existence d'une solidarité réelle entre la gauche française et les mouvements d'émancipation coloniaux. Si cette solidarité n'exclut pas les contradictions, comme celle qui a conduit beaucoup de nationalistes algériens à devenir gaullistes au moment où, en France, le régime autoritaire du Général liquidait pratiquement le système représentatif, elle nous engage cependant ensemble sur ces objectifs communs : la paix par la négociation, et l'indépendance de l'Algérie. Dès lors, le problème se pose ainsi : quels sont les moyens qu'on peut proposer à la gauche française pour peser le plus fortement vers ces objectifs tout en les intégrant à sa stratégie générale : la liquidation du gaullisme et une France socialiste ? C'est à partir de ces données politiques que Jean-Marie Domenach discute dans le même numéro d'*Esprit* de l'action de Francis Jeanson et de ses amis, et se sépare de l'analyse qu'en fait Péju dans *Les Temps modernes* : « C'est très joli de décréter le pouvoir hors la loi, mais, ce faisant, on ne lui enlève pas sa police ni ses moyens de chantage. J'entends répondre que les résistants de 1940 ont commencé de la même manière spontanée, quasi anarchique... Mais, dès le début, ils agissaient dans la perspective du futur État libéré, dont les cadres, la politique et la légitimité s'édifiaient tant en France qu'à Londres. Une insurrection ne se justifie que dans la visée d'une prise de pouvoir. Dans la nouvelle résistance qu'on propose, où sont les moyens, où sont les possibilités d'une prise de pouvoir ? »

Le problème de la politique algérienne de la gauche française est ainsi clairement posé : non pas contre quelques hommes dont l'impatience et le courage méritent l'estime, et qui ont d'ailleurs contribué à une sorte de choc positif dans l'opinion publique ; mais pour la liaison nécessaire entre les objectifs anticolonialistes de la gauche et ses responsabilités politiques générales. Car il n'est pas vrai que les réactions — et, il faut le dire, une certaine passivité — de l'opinion face au problème colonial puissent être comprises en dehors d'une analyse sérieuse de la société française d'aujourd'hui ; et ce serait un grand recul de la pensée et de l'action socialistes que le refuge dans la seule indignation morale ou dans le salut individuel.

# L'HOMME SEUL DE L'ÉLYSÉE

*11 mai 1961*

Le président de la République et son Premier ministre avaient tellement seriné aux Français que « maintenant il y a un État, et qui gouverne », que le pays avait fini par les croire. A droite, la présence du général à l'Élysée et les institutions musclées de M. Debré rassuraient. A gauche, où l'on pense davantage, l'opposition avait inscrit le gaullisme 1960 dans une vaste perspective économique : expression de la domination renforcée des monopoles ou instrument de la lutte du néo-capitalisme contre les secteurs marginaux de l'économie, dans les deux hypothèses l'État gaulliste était solidement ancré dans la réalité.

Or, voici que les événements récents ont mis en lumière un fait nouveau, au niveau de l'observation la plus simple : *la faiblesse de l'État.* Au soir du dimanche 23 avril, quand de Gaulle prend la parole, tout l'abandonne : l'armée, à qui il doit son pouvoir, la police, dont il n'est pas sûr, l'administration qui attend, la bourgeoisie et les milieux d'affaires qui hésitent. Le régime s'en sortira parce que la crise d'avril a été, en réalité, la confrontation de trois faiblesses : un complot qui a mal mesuré le rapport des forces, un État qui est réduit à un homme, une gauche qui n'a pas réussi à s'unir. Mais il reste que le régime gaulliste sort affaibli de l'épreuve. Tout se passe comme si la succession des crises ministérielles de la IV$^{e}$ République était remplacée sous la V$^{e}$ par la succession des crises de régime. Contre cette fragilité, de Gaulle n'a qu'une arme : lui-même, c'est-à-dire l'incantation à sa propre légitimité.

C'est à partir de là que l'analyse de son pouvoir et de ses origines historiques doit être faite *aussi*. Car il n'est pas suffisant de constater que le capitalisme moderne, en Europe occidentale, s'oriente vers des formes étatiques de plus en plus autoritaires. C'est vrai comme une loi tendancielle, rien de plus. On ne peut non plus parvenir au cœur du problème français à partir d'un examen des seules contradictions économiques d'une société qui est à la fois malade de son présent et héritière d'un drame qui date de 1940. La fragilité du régime gaulliste est un phénomène politique plus qu'économique.

Le 18 juin 1940, le général de Gaulle, sous-secrétaire d'État dans le cabinet de Paul Reynaud, lance, de Londres, un appel à la Résistance. Ce faisant, il commet une double indiscipline : membre du ministère, il sort de la légalité, car, juridiquement, il ne représente que lui-même, cependant que les pouvoirs de la République sont régulièrement transmis au gouvernement Pétain. Soldat, non seulement il désobéit à ses supérieurs, mais il appelle l'armée à le rejoindre, portant ainsi atteinte aux deux principes sacro-saints de son obéissance et de son unité. Autant d'actes qui ne poseraient pas de problèmes moraux ou intellectuels à un révolutionnaire, habitué à la critique des valeurs de la société bourgeoise. Mais le malheur des temps — nous ne l'avons pas encore épuisé — veut que la gauche de ce pays, pour diverses raisons qui n'entrent pas dans cette analyse, ait abandonné à un général maurrassien le bénéfice de cette initiative révolutionnaire, qui s'appuie sur un pari lucide quant à l'issue de la guerre.

Ce pari sera gagné. Mais l'armée française a tiré sur l'armée française. Mais les ministres de ce qui fut le gouvernement légal du pays passent en Haute Cour. Mais un maréchal de France est condamné à mort C'est la Révolution ? Non, c'est le gaullisme, c'est-à-dire l'unité nationale rompue mais au nom d'impératifs conservateurs, l'acceptation de la violence révolutionnaire mais au nom du refus de la révolution, l'élan verbal vers une nouvelle France mais au nom de l'ancienne. Cette contradiction éclaire le mensonge politique profond de la Libération. De Gaulle apporte à la vieille France bourgeoise la double illusion dont elle a besoin, à droite et aussi à gauche : celle de la victoire et de la grandeur, alors que l'histoire met à l'ordre du jour la révolte des colonies et la mort de la France impériale ; celle de l'unité nationale retrouvée et de l'État restauré, alors que le traumatisme profond subi par l'administration et l'armée à la suite de la scission Vichy-Londres va peser sur toute la politique française d'après guerre.

Rapidement d'ailleurs, l'histoire fait éclater la contradiction du gaullisme. Ayant quitté le gouvernement, le de Gaulle du RPF est rendu à sa vocation conservatrice et retrouve la clientèle de Pétain en même temps que son vocabulaire. Il va s'employer à saper l'autorité de l'État de la IVe République, État qu'il a fondé, mais qui, de par son absence, est redevenu illégitime.

En 1958, après de longues années d'attente, le 13 mai fait renaître la conjoncture idéale du gaullisme : l'impuissance de la gauche, la crise nationale qui est née des défaites coloniales, enfin et surtout le chantage à l'unité nationale de la part de l'armée — qui se souvient du 18 juin —, de l'administration et des Français d'Algérie. De Gaulle est l'homme de cette situation qui lui tombe du ciel car il est l'homme de la nation déchirée, le symbole d'une unité nationale rompue puis refaite. Il prend au bond la balle que lui envoient Soustelle et Delbecque. Tout ce qui est, et a été, le sert : il accepte le pouvoir des mains de l'armée et de la droite, mais c'est pour faire aussitôt équilibre à la droite et se mettre en quête des voix socialistes. Plus que jamais, le personnage symbolique que l'histoire lui a tissé apparaît comme la réconciliation idéale et spontanée des contradictions politiques réelles. Mais le développement de l'histoire va l'exposer à un double châtiment.

Le premier, c'est le compte qu'il doit tenir de la réalité, tout comme un vulgaire Pinay : la nécessité de l'émancipation coloniale. Il a beau honorer ses complices d'un jour, décorer Salan et Challe, installer Soustelle au Conseil des ministres, il sait dès l'origine que, tout comme Mendès France ou Edgar Faure, il lui faudra négocier avec les nationalistes d'en face. Tout ce qu'il incarne, tout ce qu'il dit sur la grandeur française masque une politique de repli de la vieille France impériale. Face à une jeune armée qui est prisonnière de ses défaites et veut à tout prix le conduire à la victoire sur le terrain, il impose sa politique de déflation nationale, en s'adossant aux grandes affaires et à la lassitude de l'opinion. Au regard du nationalisme français, il prend progressivement la place du Pétain de la défaite.

Mais il y a plus grave : le 18 juin avait déjà fait voler en éclats la vieille armature napoléonienne du pays. Le 13 mai pulvérise ce qui pouvait rester dans l'administration et dans l'armée de scrupules légalistes. L'État bourgeois traditionnel est de plus en plus malade. Le Général peut bien expliquer, dans chacun de ses discours, parce que ce vieil homme passe son temps à refaire ce qu'il a défait, qu'il est le pouvoir légitime en France depuis 1940. Cette obsession même le trahit. Et puis qui le prend au sérieux ? Quasiment personne, à en juger par les derniers événements.

Il est vrai qu'il y a une exception : M. Debré. Car le Premier ministre que l'on considère parfois — ce qui est proprement stupéfiant — comme un juriste à cheval sur les principes est au contraire un des seuls fanatiques de la conception gaulliste de l'État. Il est en état d'insurrection « légitime » quand le général de Gaulle n'est pas au pouvoir, mais dans le cas inverse, il donne l'exemple d'une discipline inconditionnelle. C'est sans doute ce qui le rend irremplaçable. C'est aussi ce qui lui a permis de prouver depuis quatre ans que l'on peut faire jouer à un homme politique n'importe quel rôle du répertoire français.

M. Debré est ainsi le Persigny de la V^e^ République. Car il est vrai que le gaullisme s'apparente à un bonapartisme. Né d'une conjoncture exceptionnelle de crise nationale, il est suspendu à un homme et à son existence physique, incapable par là même de régler sa propre succession, et léguant au pays des années de difficultés politiques. De Gaulle peut bien désigner demain MM. Joxe ou Frey comme dauphins, c'est-à-dire comme vice-présidents de la République. Quelle importance, puisque ces messieurs n'ont de pouvoir que par lui, dans sa grande ombre, et que, lui disparu, l'horizon politique se trouve imprévisible. De ce point de vue, l'utilisation prolongée de l'article 16 paraît illustrer parfaitement la dialectique du régime.

La V^e^ République est un bonapartisme aussi dans la mesure où ce pouvoir solitaire est affecté d'un coefficient personnel, indéchiffrable sur les grilles trop simples d'un marxisme élémentaire. Mais il est clair, en tout cas, que plus encore que le pouvoir des Bonaparte, celui du général de Gaulle est un arbitrage truqué, qui ne connaît la gauche que pour l'utiliser ou la frapper, et qui négocie avec la rébellion de la droite. C'est pourquoi il faut s'entendre sur la « faiblesse » de la V^e^ République. Elle est vulnérable sur sa droite, parce qu'elle a trahi l'alliance algérienne du 13 mai, et qu'elle refuse d'en tirer les conséquences.

En d'autres termes, le gaullisme est beaucoup plus le siège des contradictions sociales françaises du XX^e^ siècle que leur arbitre. C'est cela surtout qui le différencie du bonapartisme. Car l'un et l'autre, les deux Bonaparte avaient apporté des solutions relativement durables aux problèmes de la société française. La réconciliation nationale, l'État bourgeois centralisé, la politique de grandeur sont des réalités du consulat de l'Empire. L'expansion économique, la conquête des colonies, la puissance de la France en Europe sont des réalités du Second Empire.

Depuis vingt ans, au contraire, nous avons affaire à un bonapartisme de la décadence : c'est à ce titre que le gaullisme reste le phénomène politique capital de la France du milieu du XX^e^ siècle. Alors qu'une France nouvelle naît de l'expansion démographique et économique, les deux idées-forces de la propagande gaulliste, l'État fort et la grandeur nationale — l'un étant la condition de l'autre —, ne font plus partie que d'une idéologie de compensation psychologique. La réalité est que de Gaulle a disloqué l'État bourgeois traditionnel et préside à la fin de la vieille France nationaliste. Ce vieillard sceptique et cultivé orne d'un vocabulaire de prestige la mort lente de son rêve et de l'idée de la France qu'il a apprise à l'école libre. C'est ce qui donne à son régime cette odeur de crépuscule qui attendrit le monde entier : le provincialisme français fait partie de la poésie du XX^e^ siècle.

## DE GAULLE EST-IL « CARTIÉRISTE » ?

*20 juillet 1961*

Tout le monde sait que le président de la République, qui est un homme secret, n'aime pas les journalistes : il insiste toujours pour que les invitations adressées à la presse, lors de telle ou telle cérémonie à l'Élysée, soient les moins nombreuses possible. C'est pourquoi, il y a quelque temps, et dans une occasion de ce genre, la question qu'il a posée a surpris son entourage : « Est-ce que vous avez pensé à inviter Cartier ? » Peu après, lors d'une réception très africaine à l'Élysée, il fit chercher le journaliste de *Match* et l'aborda en désignant d'un geste ses invités : « Eh bien ! Cartier, en voilà du cartiérisme... »

Le « cartiérisme » est ainsi devenu comme la doctrine officielle de la Ve République en matière de décolonisation. Si l'on peut parler de doctrine par référence à trois articles de *Match* parus en août 1956, dans lesquels Raymond Cartier relatait un voyage à travers l'Afrique noire. Le terme est bien ambitieux pour ce qui ne fut après tout que du bon journalisme. Mais enfin ces articles, écrits après l'Indochine, après le Maroc et la Tunisie et au début — au début ! — du conflit algérien, avaient le mérite de chercher à prévoir raisonnablement l'évolution de l'Afrique noire et l'avenir de la domination française. Parus dans *Mach*, ils signalaient l'inquiétude d'importants milieux économiques et politiques français, traditionnellement situés à droite, en face des difficultés de la décolonisation.

Je viens de les relire : ils marquent incontestablement une rupture avec le conformisme intellectuel, les banalités sur l'œuvre de la France, les missions, les militaires, etc. Les questions posées se veulent de nature à permettre un diagnostic rationnel du capitalisme français : « Cette Afrique noire est comme le reste, un bilan. Que vaut-elle ? Que coûte-t-elle ? Que rapporte-t-elle ?... De quel coefficient d'incertitude est-elle frappée par la marche générale des peuples ex-coloniaux vers l'indépendance ? »

Ce type d'interrogation, cette volonté de dégager le problème colonial des passions et des mythes rendaient déjà un son nouveau. Car à droite et aussi à gauche, une dogmatique de la colonisation avait fini par remplacer l'examen des réalités. Les apologistes de la domination coloniale partageaient, en effet, avec la plupart des marxistes, l'idée que la souveraineté outre-mer était une source de profit pour la métropole. Les uns y voyaient la justification du colonialisme, les autres sa condamnation, mais tous étaient d'accord avec la célèbre formule de Jules Ferry : « La politique coloniale est fille de la politique industrielle. » Or, Raymond Cartier constate bien, en 1956, que l'Afrique noire est un débouché privilégié pour les produits français, et que la France y vend cher, c'est-à-dire à des prix supérieurs aux prix mondiaux, le sucre, les vins, le matériel électrique, les automobiles et les tissus. Mais il ajoute aussitôt deux choses :

— D'abord, que si la France vend cher, elle achète cher. Car elle paie également ses arachides, son café, ses bananes, son huile de palme au-dessus des cours mondiaux, par suite de la très faible productivité de l'agriculture africaine.

— Ensuite, qu'une bonne partie — la moitié au moins — du pouvoir d'achat africain de 1956 est constitué par des investissements français, et que c'est donc de l'argent français qui, après un détour tropical, achète une grande partie des produits français.

Cartier mettait ici le doigt sur un élément nouveau de la politique coloniale de l'Occident depuis 1945 : pendant longtemps, les investissements publics outre-mer furent limités à des éléments sommaires d'infrastructure, indispensables à la traite des produits agricoles (ports, chemins de fer, routes). Mais aujourd'hui, la situation internationale et la revendication des peuples coloniaux — en même temps qu'une certaine évolution de l'opinion publique en face des problèmes du sous-développement — obligent les grandes puissances industrielles à des investissements publics massifs et non rentables : constructions urbaines somptuaires, comme ces halles en béton de Ouagadougou qui indignèrent Raymond Cartier, usines, écoles, hôpitaux, routes goudronnées. En tout, pour l'Afrique noire et pour la période 1946-1955, une cinquantaine de milliards d'anciens francs par an, distribués par le FIDES [1]. Somme forte dans l'absolu, mais

1. Fonds d'investissement pour le développement économique et social.

très faible par rapport aux besoins, et qui n'a pas élevé sensiblement le niveau de vie africain. Car, poursuit Cartier : « FIDES et sa poignée de milliards ne sont rien en face des distances décourageantes, des terres usées, des routines indigènes, des immensités sans hommes et sans eau. »

Mais si les milliards arrachés aux contribuables français ne peuvent améliorer sérieusement la misère africaine, par contre, comme ils seraient nécessaires en France ! L'argumentation de Raymond Cartier parlait ici plus directement au portefeuille et à l'expérience des Français : « Il est impossible de ne pas se demander s'il n'eut pas mieux valu construire à Nevers l'hôpital de Lomé, à Tarbes le lycée de Bobo-Dioulasso... Les milliards du FIDES d'Afrique noire, à plus forte raison les 1 400 milliards investis outre-mer depuis 1946, eussent peut-être suffi à moderniser l'économie française et à la rendre compétitive sur les marchés internationaux. » En 1956, plus qu'au paysan de la Lozère ou du Morbihan, plus qu'au mineur des Cévennes ou au métallurgiste de Saint-Nazaire, cette remarque s'adressait au monde de l'industrie et des affaires et indiquait à la politique française une compensation au repli impérial : le développement économique de l'Hexagone, et un rôle grandissant de la France dans la compétition économique mondiale, notamment dans le cadre de la petite Europe. Car le « cartiérisme » débouche logiquement sur la construction européenne.

Cette réorientation — préconisée à l'époque du pro-consulat Lacoste en Algérie et dans l'été de Suez ! — était d'autant plus nécessaire aux yeux de Raymond Cartier que la crise politique lui semblait inévitable en Afrique noire. Des années après nous, la droite découvrait la force politique du monde sous-développé. Et le dernier article du reportage de *Match* était consacré à la rapide expansion de l'esprit de Bandoeng en Afrique noire, et à l'impossibilité d'y maintenir longtemps, contre les nationalismes, les formes traditionnelles de la domination française, et peut-être même de domination tout court. Cette vue réaliste de la situation politique confirmait le diagnostic pessimiste tiré des données comptables et économiques.

Ainsi, le cartiérisme est fait de deux idées-forces : d'abord, que le maintien de la colonisation européenne en Afrique n'est ni possible ni souhaitable : ni possible, parce qu'il se heurte à des nationalismes impossibles à vaincre dans l'état actuel du monde. Ni souhaitable, parce qu'il se traduit — en termes de comptabilité nationale, et non pas, naturellement, en termes d'intérêts privés que *Match* ignore par définition — par des ponctions excessives et surtout inutiles sur l'économie française. Et la deuxième idée, c'est celle de la reconversion des investissements d'outre-mer vers la métropole ; la Bretagne, le Sud-Ouest, le Massif central demandent leur plan de Constantine. Tout récemment, les paysans français en ont fait un mot d'ordre de lutte.

Car c'est aujourd'hui que le cartiérisme rencontre sa triple chance historique : l'appui de beaucoup de grandes affaires, un large consensus populaire, l'adhésion du chef de l'État. Voici pourquoi.

L'expansion économique française des années 1949-1958 a vu se développer très rapidement de nouvelles branches industrielles, comme l'électronique, l'électrochimie, la pétrochimie ; elle a en même temps créé un secteur industriel français qui rompait avec l'archaïsme mental et les routines techniques d'avant 1940, et qui produisait désormais à des prix compétitifs. Ces monopoles en expansion, animés par des dirigeants réalistes et ambitieux, et pouvant rompre avec le malthusianisme des vieilles entreprises coloniales, pouvaient du même coup soutenir une politique qui fasse sa part à l'inévitable indépendance de l'Afrique : car le pessimisme du diagnostic politique trouvait ici sa compensation dans l'optimisme économique. Ni l'indépendance de la Guinée, ni même l'orientation du gouvernement Sekou Touré n'ont empêché Péchiney d'y poursuivre ses investissements. Et la construction de l'Europe ouvrait, de toute façon, des perspectives qui obligeaient à rompre avec des dépenses africaines trop importantes et avec la croyance en une éternelle protection de l'industrie française.

Par ailleurs, et d'une façon moins évidente mais cependant très profonde, le cartiérisme n'avait rien qui choquât profondément la psychologie nationale. Car on dit que les Français sont nationalistes ; bien sûr, mais reste à savoir de quel nationalisme il s'agit. Il n'y a jamais eu dans notre histoire une grande idéologie impériale, une exaltation de la présence française outre-mer comparable au sentiment impérial britannique. La France n'a pas eu de Disraeli ni de Kipling, mais un Clemenceau et un Barrès. Auparavant, ses rois avaient abandonné le Canada aux applaudissements de Voltaire. Pour des raisons qui seraient à analyser longuement et dont sans doute la principale est d'ordre démographique — la faiblesse du peuplement français outremer —, l'implantation coloniale a été très longuement impopulaire en France et n'a guère rencontré l'adhésion active de l'opinion.

Et pourtant, c'est en France que depuis quinze ans la décolonisation est la plus difficile, suscite le plus d'amertume publique, alors que l'Angleterre a dépouillé avec une relative facilité la grandeur impériale. Mais je crois que c'est par un transfert inconscient du nationalisme, une de ces ruses de l'histoire qui laissent les peuples désarmés : car le nationalisme français est essentiellement continental et européen. C'est Louis XIV, c'est Napoléon, c'est Austerlitz et c'est Verdun. C'est l'Alsace-Lorraine. Mais c'est aussi Sedan, de 1870 et 1940 : l'histoire contemporaine de la France reste profondément marquée par 1940. Au moment où les Anglais quittaient les Indes sur la pointe des pieds, l'armée française s'accrochait dans les rizières du Tonkin au mirage d'une victoire qui pût effacer Sedan et Dunkerque : on n'a pas toujours compris à gauche combien son drame était, en réalité, celui de toute une société.

Et ici nous retrouvons le général de Gaulle, qui en est le personnage clé. Non seulement parce qu'il est l'homme qui efface par sa vie, sinon dans les choses, la défaite de 1940. Mais aussi parce qu'il est, avant tout, comme les Français, un patriote de l'Hexagone. Sa carrière tout entière est métropolitaine, étrangère à l'armée d'Afrique et à l'héritage de Lyautey. Sa culture est d'inspiration maurrassienne, mais elle rassemble tous les constructeurs et tous les défenseurs du territoire national, de Jeanne d'Arc à Robespierre. Le drame de De Gaulle, c'est de faire condamner le vainqueur de Verdun, non de rapatrier les cendres de Lyautey ; c'est d'accepter la supériorité allemande en Europe, non d'abandonner l'Algérie. C'est à ce niveau que se situe son « cartiérisme ».

C'est pourquoi il peut envisager très tranquillement l'hypothèse d'un repli qui conserverait pour la France seule ses hommes, son matériel et son argent. Ce gros bon sens d'épicier choque autant les officiers de l'Algérie qu'il rassure la masse du pays. A ce titre, le dernier discours du président de la République est très significatif. Premier temps : exaltation du développement de la France dans tous les domaines, avec en sous-entendu : que serait-ce si nous y consacrions toutes nos ressources ?... Deuxième temps : la décolonisation et l'Algérie, la menace de rendre ce pays au « chaos » en rapatriant nos hommes et nos capitaux, dès lors utilisables pour un surcroît de puissance de l'Hexagone français. En réalité, le « cartiérisme » du président de la République n'est pas articulé sur une critique du nationalisme comme peut l'être, par exemple, celui de Raymond Aron. Il est la forme moderne du nationalisme traditionnel, l'ambition du leadership français en Europe — et aussi le signe qu'après avoir été un nostalgique de l'Alsace-Lorraine, le bourgeois français est devenu un notaire des deniers publics.

C'est pourquoi, à mon sens, la gauche française n'a pas à se rallier à cette nouvelle forme de la pensée de droite en France que constitue le cartiérisme. Cela ne signifie pas qu'elle doive nier — ce qu'elle a fait trop longtemps — ce qu'il y a de vérité dans des analyses et des stratégies définies par des hommes qui sont ses adversaires. Car personne ne peut fonder une politique sur des données fausses. Il faut affronter, au contraire, avec autant de sérieux que les hommes du capitalisme les problèmes nouveaux posés par le développement du monde actuel. Car il ne suffit pas que la gauche française ait eu raison, comme un enfant dit qu'il avait raison, en prévoyant l'émancipation du monde colonial ; il faut encore que, face à un certain repli européen de la postérité, elle puisse définir les conditions du développement économique d'un monde que l'histoire du XIXe et du XXe siècle a lié à la France.

## TROIS FAIBLESSES EN PRÉSENCE...

*18 janvier 1962*

L'histoire joue au général de Gaulle le tour qu'elle réserve souvent aux démagogues : elle lui distribue aujourd'hui les rôles politiques de ses anciens adversaires. L'homme qui a incarné la Résistance s'est mué, par la force des choses, en bradeur d'empire, menacé de la Haute Cour par le nationalisme français ; et le soir du 29 décembre dernier, son discours lénifiant sur la V^e^ République et la rénovation nationale évoquait irrésistiblement les accents de l'ex-maréchal Pétain.

Mais, en même temps, l'ancien chef du RPF est devenu l'homme de la lutte sur deux fronts.

Cela ne vous rappelle rien ? Il y a un peu plus de dix ans, aux beaux temps de la IV^e^ République, on parlait des trois forces politiques françaises : les communistes, la droite hostile au régime (à l'époque, le RPF) et puis ce que Léon Blum avait appelé faute de mieux la « troisième force ». De Gaulle l'accablait de sarcasmes. Voici qu'aujourd'hui, coincé entre l'OAS et la gauche, il se fait plus politicien, plus finasseur qu'Herriot et Ramadier réunis. La demi-vérité, la demi-confidence, la demi-mesure sont devenues des méthodes officielles de gouvernement.

Mais les temps ont changé. Non pas seulement parce qu'il y a eu interversion des rôles et qu'une sorte de monarchie paternaliste a remplacé, au centre de l'échiquier politique français, la vieille démocratie parlementaire. Mais aussi parce qu'en 1950, la « troisième force » était effectivement une force. Le PC et le RPF aussi. Or, la vie politique française est aujourd'hui un débat entre trois faiblesse : l'OAS, la gauche et le régime. Le contraste n'en est que plus grand avec la permanence du détonateur algérien que personne ne parvient à maîtriser.

La faiblesse de la gauche, c'est de ne pouvoir offrir, dans l'immédiat, une issue démocratique au régime actuel. Et, sans doute, il n'était pas possible qu'en trois ans soit effacée une défaite comme celle de mai 1958. La prise de conscience des syndicats, l'existence du PSU, le développement d'analyses et d'idées neuves permettent sans doute un optimisme raisonnable, à moyen terme, sur la formation d'une gauche nouvelle, adaptée aux problèmes de la société française. Mais le phénomène est trop récent pour déterminer les échéances du court terme, qui restent dominées par le vieux débat, largement anachronique, entre le communisme et la social-démocratie.

La faiblesse de l'OAS en métropole est d'une autre nature : c'est son manque d'audience, dans une société profondément marquée par l'expansion économique et qui désire une issue raisonnable à un interminable conflit. L'engourdissement social du pays trouve précisément son expression dans le régime gaulliste qui a peu à peu canalisé et colmaté la poussée militaire du 13 mai, et rendu l'affaire algérienne à son cours historique normal, qui est l'indépendance. Aussi bien, MM. Gaillard et Pflimlin le savaient-ils dès avril 1958.

Mais si de Gaulle sert de paravent provisoire à la tranquillité fanatique des Français, il reste que les faiblesses de son régime n'échappent plus à personne. Les hommes qui sont nés entre les deux guerres en sont déjà à leur quatrième régime, et c'est évidemment le plus fragile de tous. Le vieillard glorieux et sceptique de l'Élysée ne prêche tant l'union nationale et l'autorité de l'État que parce que sa magistrature temporaire est fondée sur la crise et l'indiscipline nationale ; il ne multiplie les référendums que par nostalgie d'une légalité qu'il a détruite. Et, réciproquement, les ovations qui saluent encore ses voyages sont faites aussi d'angoisse inconsciente : les Français applaudissent, « pendant qu'il est encore là », le vieil homme qui n'aura pas de successeur.

Enfin, et pour couronner cet extraordinaire mécanisme d'immobilité de la vie politique française, il s'opère comme une neutralisation permanente et réciproque de ses trois forces essentielles. La gauche ne peut renforcer sérieusement son action sans effrayer par là même les secteurs anticommunistes de l'opinion et apporter de l'eau au moulin de l'OAS. L'OAS ne peut se développer en métropole sans accroître les chances et les rythmes d'un rassemblement démocratique incluant la SFIO. De Gaulle ne peut signer le cessez-le-feu avec le FLN sans supprimer un des éléments essentiels de la nécessité de son régime ; mais en le faisant espérer, il encourage l'hésitation chez les uns et chez les autres. Dans cette horlogerie délicate, tout le monde est pris au piège.

C'est pourquoi, à court terme, l'avenir national ne se joue pas à Paris, mais dans ces lieux secrets où M. Joxe rencontre M. Saad Dalheb. Je ne veux pas discuter ici, une fois de plus, des chances de succès de cette négociation, qui n'ont sans doute jamais été aussi grandes, mais qui restent incertaines et menacées. Il faut simplement répéter qu'il n'y a aucune fatalité d'ordre philosophique ou historique qui empêche le régime gaulliste de faire la paix en Algérie. Car une analyse de ce genre, qui transpose en politique la morale du péché originel, méconnaît à quel point l'ingratitude et le reniement sont des éléments constants de la pratique gouvernementale.

Ce qui est sûr, c'est que les chances d'un accord et aussi la volonté de l'appliquer sur le terrain dépendent avant tout de la situation qui existe à l'intérieur du régime en ce début de l'année 1962. Il faut y regarder de plus près.

L'analyse qui est souvent faite, à gauche et ailleurs, distingue entre de Gaulle, qui voudrait aboutir, et Debré, qui serait partisan du partage en Algérie. Je vois bien ce qu'elle a de commode pour tout le monde, et d'abord pour le général de Gaulle lui-même et les candidats à la succession du Premier ministre, mais je ne la crois pas exacte sous cette forme, pour les raisons suivantes.

Il est vrai que le Premier ministre a pris progressivement beaucoup de poids dans la V^e^ République : le remaniement ministériel de l'été dernier, qui évincait M. Michelet et faisait entrer au gouvernement des amis très proches comme M. de la Malène, a été son œuvre. Dans les milieux très mêlés où se recrutent les équipes gaullistes et où se côtoient des mondains bien-pensants et des politiciens d'aventure, la compétence n'est pas toujours la règle. Or, personne ne la dénie à M. Debré, qui épluche tous les dossiers à l'aide de son entourage recruté à l'ENA. C'est à travers lui que des fonctionnaires longtemps impatients des contraintes parlementaires administrent plus directement le pays.

Mais cela dit, rien n'autorise à penser que le Premier ministre cherche à profiter de cette influence pour renverser la politique algérienne définie à l'Élysée. Je sais : il y a son passé. Mais l'histoire de *tous* les gaullistes, depuis 1958, est celle d'un reniement, et M. Debré joue seulement le premier rôle dans un chœur où ils ont tous chanté. Le fait même qu'il l'assume avec le plus d'éclat, du complot du bazooka jusqu'à la négociation avec le FLN, en prenant sur lui — et en déchargeant ainsi son chef — l'essentiel du discrédit moral qui s'y attache, est déjà un signe de fidélité inconditionnelle. Car cet homme qu'on présente parfois comme un juriste à cheval sur les principes a, au contraire, assimilé sans complexes apparents la difficile dialectique gaulliste : sous de Gaulle, tout est légal. Sans lui, rien. C'est la seule clé de la vie politique de Michel Debré.

Certes, le Premier ministre est un homme de droite. A l'heure actuelle, il continue à évincer des ministères les fonctionnaires soupçonnés d'avoir des sympathies pour la gauche. Mais est-ce que, par hasard, de Gaulle les protège ? Est-ce que cette politique n'est pas voulue, autorisée ou couverte par l'Élysée ? Le président de la République répète à qui veut l'entendre que la lutte contre l'OAS est une « péripétie » : cette formule est moins creuse qu'il ne paraît. Elle signifie que, dans l'optique du pouvoir, la lutte contre l'OAS, c'est-à-dire ses complices d'hier, est l'objectif tactique d'aujourd'hui, mais que, à plus long terme, la stratégie générale reste fondée sur les forces sociales conservatrices, les grands intérêts, l'armée, l'Église.

Je ne vois donc aucune raison — sauf à se référer à des faits précis et confirmés — pour attribuer à de Gaulle et à Debré une politique contradictoire. Au contraire, ce qui est public de la politique de Matignon est absolument conforme à la nature du gaullisme : car c'est une extravagance intellectuelle d'imaginer un de Gaulle prenant appui durablement sur les forces de gauche. Il est vrai que son prestige personnel et son orgueil le mettent à l'abri, plus qu'un président du Conseil de la IVe République, des pressions politiques directes des affaires, de l'armée ou de tel autre groupe. Mais cette relative indépendance politique, commune à tous les bonapartismes, s'accompagne d'un accord social profond avec ces forces mêmes dont il peut refuser les ultimatums. C'est ce qui explique finalement la très grande continuité politique entre la IVe et la Ve République, malgré le changement des hommes et des méthodes.

Enfin, la nature du gaullisme est d'être non une politique, mais une chevalerie. Le gaulliste est un homme qui a été adoubé et qui a juré d'être fidèle. Cela exclut toute double affiliation, toute autre fidélité, surtout si elle est politique. M. Debré est gaulliste comme le colonel de Bonneval ou comme M. Pompidou. Guy Mollet, Maurice Faure ou Roger Duchet ne peuvent l'être, et, de toute façon, c'est trop tard. Les derniers adoubements datent du RPF. Il n'y a plus que les naïfs de l'Union démocratique du travail pour continuer de se réclamer à la fois de la gauche et du Général. Mais ils ne gênent personne.

Non qu'il soit impossible que dans l'hypothèse d'un accord, ou d'un putsch, ou des deux, une alliance tacite et provisoire se noue entre la gauche et de Gaulle contre l'OAS. Ni même que de Gaulle change un jour de Premier ministre et installe M. Pompidou ou M. Joxe dans le fauteuil de M. Debré. La gauche n'est pas si forte qu'elle puisse mépriser des alliances tactiques et des succès partiels, ou faire la politique du pire.

Mais la stratégie générale du régime n'en sera pas modifiée davantage qu'au lendemain du putsch d'avril. Car chaque fois que l'extrême droite conteste son pouvoir, de Gaulle se bat ; mais une fois victorieux, il a aussitôt recours aux demi-mesures et aux compromis pour deux raisons : pour maintenir l'équilibre politique fragile sur lequel est fondé son pouvoir et pour ressouder de son mieux les forces sociales de droite qu'il devrait, depuis le temps, avoir appris à haïr, mais qu'il n'a jamais cessé de respecter et de privilégier.

C'est cela la vraie, l'incurable faiblesse de son régime, et elle survivra à la guerre d'Algérie. Même si, dans le silence des cabinets, une technocratie libérée des servitudes parlementaires fait aboutir un certain nombre de dossiers en panne sous la IVe République, l'État gaulliste en est profondément atteint. Il nourrit le complot, l'indiscipline et l'attentisme : ce sont les fruits d'une situation et de beaucoup d'erreurs antérieures, mais aussi d'un choix politique actuel et d'une complaisance fondamentale. L'homme qui ne rêve que d'ordre et d'éternité est devenu le symbole du désordre et du provisoire.

## VIVE LA PAIX !

*1er mars 1962*

Nous voici donc tout près de l'accord franco-FLN. C'est un accord qui met fin à une guerre de sept ans, suivant une procédure de négociation que nous préconisons depuis sept ans. Mais c'est aussi un accord fait par un régime de droite, qui a conservé l'initiative politique malgré le prix que son origine, puis ses tergiversations ont coûté au pays.

A quoi servirait de le cacher, ou de se le cacher : la paix n'a pas été imposée à de Gaulle par le peuple. Elle lui a été imposée, certes, mais d'abord par d'autres données plus importantes : l'impossibilité d'anéantir sur le terrain l'insurrection algérienne, la situation internationale, la nécessité de relancer son régime et son autorité en France. Nous l'écrivons depuis longtemps dans ce journal : après bien des tâtonnements, après bien des tentatives anachroniques ou illusoires qui étaient vouées à l'échec, la logique de la Ve République était celle d'une paix de compromis conclue avec le GPRA. La voici.

Nous comprenons qu'on en conçoive, à l'extrême droite, dans ces milieux du nationalisme français qui sont condamnés par l'évolution du monde, un fanatisme de la bombe et du désespoir. Et à droite, de la mauvaise humeur. Mais pas à gauche : nous saluons avec joie ce cessez-le-feu et ces accords franco-FLN — oui, ces accords-là, avec ce qu'ils représentent comme concessions de la part du FLN — parce qu'ils mettent fin à une guerre affreuse, et parce qu'ils étaient, à travers ce qu'on peut savoir de l'économie générale du compromis consenti, le seul moyen possible d'y mettre fin dans le court et même dans le moyen terme.

Des amis nous disent : « Mais ce n'est pas fini. Il y a l'OAS. » Bien sûr : il y a l'OAS, en France et surtout en Algérie. Et il subsiste pour demain d'énormes difficultés : les forces de gauche, en France, doivent être prêtes à les affronter avec plus de vigueur encore que dans la dernière période. Il peut y avoir des luttes extrêmement sérieuses correspondant à la menace très grave que fait peser l'OAS sur la paix et sur les libertés. Et l'heure n'est pas à la démobilisation, bien au contraire.

Mais il reste que l'OAS mène un combat d'arrière-garde, qui n'a pas d'avenir.

Au contraire, dans cette année 1962 — et quels que soient les épisodes électoraux qui peuvent provisoirement renforcer le régime gaulliste — la gauche française a l'avenir devant elle, si elle sait s'y adapter. Car la fin de la guerre d'Algérie rend possible le dégel de la situation politique française.

Il est vrai que pendant des années, cette guerre a été un ferment d'activisme politique dans une société dominée par la prospérité et l'engourdissement social. Elle a provoqué à gauche un certain reclassement des forces. Mais elle n'a rassemblé longtemps — hier encore — que des minorités au milieu du grand silence populaire. En réalité, elle mobilisait souvent des passions d'autant plus violentes qu'elles avaient moins d'écho, et pas d'avenir.

Cela fut particulièrement net dans l'extrême droite française. J'ai lu la semaine dernière avec stupeur la déclaration de Jacques Soustelle à Rome, que je cite de mémoire : « Si la France doit reconnaître l'indépendance de l'Algérie, j'abandonne la nationalité française. »

Soustelle, pourtant, on croyait le connaître : cet intellectuel qui combattit pour les bonnes causes et naguère encore pour la liberté du Guatemala, puis ce politicien finalement assez classique, habile et ambitieux, ce faux dur qui n'osa se lancer ni dans le 13 mai ni dans l'OAS, enfin ce caractère velléitaire, mais prévoyant, en est là : il rejoint les vaincus d'Alger, les exclus de l'histoire. Il n'y a plus de calcul dans cette décision, mais seulement de la sottise et de la passion. La même sottise et la même passion qui sont celles des jeunes lycéens plastiqueurs.

Car ces hommes, même s'ils sont très jeunes, appartiennent déjà au passé — quels que soient les drames des mois à venir. Mais il faut bien voir que l'achèvement de la liquidation coloniale et l'ouverture d'une nouvelle conjoncture politique risquent de désorienter aussi une partie de la gauche.

Pourquoi ne pas l'écrire ? Toute une gauche, elle aussi, a vécu la guerre d'Algérie dans la passion : déchirement, honte ou révolte, qu'importe ! C'était une passion noble, dont nous nous sommes toujours sentis solidaires ; elle a beaucoup contribué à la lumière qui s'est progressivement faite dans l'opinion française sur les atrocités de la guerre, et aux progrès de l'action populaire qui s'étaient manifestés ces derniers mois. Car la politique est faite aussi de sensibilité et d'indignation.

Aussi, mais pas seulement. Or le recul du temps permet de mesurer à quel point beaucoup d'hommes de gauche se sont laissé conduire uniquement par l'indignation ou la hâte. De l'antigaullisme inconditionnel au défaitisme révolutionnaire, de la participation au combat du FLN à l'insoumission, bien des stratégies définies dans la colère et l'impatience étaient des impasses, parce qu'elles reposaient d'abord sur un égal mépris de l'information toute simple, ensuite sur une reconstruction abstraite des réalités, qui ne tenait compte ni de la nature du gaullisme, ni de celle de la révolution algérienne, ni de l'évolution du rapport des forces.

En réalité, deux conceptions ont longtemps figé les analyses de la gauche. D'abord, un internationalisme hérité de la tradition léniniste, c'est-à-dire de conditions historiques radicalement différentes ; il conduisait à une revendication antinationale et défaitiste d'autant plus abstraite qu'elle ne fut à aucun moment épousée par les masses populaires. Et puis, une sensibilité révolutionnaire qui vient de notre histoire et qui rêve du jour où tout bascule vers la morale et la justice : nous défilâmes contre la guerre d'Algérie comme nos pères pour le Front populaire, qui eux-mêmes songeaient à la Commune, qui elle-même rêvait de l'an I. Mais nous étions moins nombreux.

Car la « révolution algérienne » n'était pas liée par une sorte de fatalité historique à la révolution en France. Au vrai, le même mot n'avait ni le même sens, ni le même contenu pour le nationalisme algérien et pour la gauche française. La « révolution algérienne » va prendre en main l'Algérie : elle va pouvoir se définir dans les faits.

Mais la révolution en France ? Ce n'est pas ce jour un peu mythologique où le peuple en armes entre à l'Élysée. Mais elle n'en est pas moins nécessaire et urgente, si une gauche nouvelle parvient à la définir de façon moderne et réaliste. Le pire serait que l'abus du mot puisse faire oublier la nécessité du fait, dans une société qui reste dominée par tant de féodalités anachroniques et par un pouvoir politique que la bourgeoisie a été contrainte de déléguer à une dictature fragile, faute de pouvoir l'exercer par les moyens traditionnels.

Le pire serait aussi que les forces rassemblées contre la guerre d'Algérie et contre le fascisme de l'OAS soient tentées de se démobiliser une fois ces objectifs atteints. Car après la paix en Algérie, et après la victoire sur l'OAS, tout restera à faire. La voie sera ouverte.

# LE MÉTIER DE PARA

*10 mai 1962*

Voici enfin un parachutiste qui revient de la guerre sans la regretter. Il faut donc marquer ce livre d'un signe particulier. Saluons Pierre Leulliette, qui fut dans tous les coups durs du 2e régiment de chasseurs parachutistes de 1954 à 1957 — les Aurès, les Nementchas, la Kabylie, Suez, enfin Alger — et qui a mis cinq ans, depuis qu'il fut rendu à la vie civile, à digérer son expérience et à nous la raconter. Il a pris le temps d'être lucide et véridique, sans complaisance et sans masochisme, vertus rares dans notre immense littérature algérienne.

Mais il faut revenir au point de départ : ce qui me plaît le plus dans ce livre, c'est que ce parachutiste n'aime pas la guerre. Il se refuse au mouvement de menton de la littérature militaire et aux surenchères de la virilité. Cela nous change des surhommes de la presse Hachette, de Philippe Héduy à Jean Lartéguy. Cela nous délivre aussi des facilités de la pensée complice, fascinée par le trop célèbre malaise de l'armée. Je relisais ces jours-ci le charabia prétentieux et banal par lequel Gilles Perrault explique la psychologie de ses parachutistes : « Fascistes et paras refusent la souffrance de la religion chrétienne pour ce qu'elle représente de soumission à une volonté divine. Le chrétien accepte la souffrance ; Bigeard la recherche. Il va à elle orgueilleusement et non pas avec humilité... Cette croix que portent fascistes et parachutistes sur tous les Golgothas d'Europe, d'Asie et d'Afrique, c'est celle sur laquelle on crucifie les dieux. »

Le caporal Leulliette, lui, n'a sans doute lu ni Brasillach ni Malraux. Mais il évite toujours la mauvaise littérature. Il a un ton juste : « Maintenant je ris ! Mais quelle damnée époque ! Quelle infernale période de notre vie ce nous fut à tous ! A l'âge où nos lointains camarades au cœur des douces et tièdes villes d'Europe n'avaient en tête que de faire valser au fond des dancings roses de pauvres petites filles et de bouffonner pour plaire, nous, en cet hiver qui fut atrocement froid, nous apprenions à nous perfectionner dans l'art de tuer. » Voilà une définition du métier de parachutiste qui commence, au moins, par le commencement.

Et puis elle a le mérite de nous épargner le pathos idéologique. Avec ces jeunes engagés de 1954, qui étaient des petits garçons rêvant d'une sorte de boy-scoutisme supérieur, Leulliette explique comment on fabrique peu à peu des SS. Non pas par une éducation idéologique — ce qui impliquerait encore un effort intellectuel, même dévoyé — mais par l'asservissement corporel, le culte fanatique de l'obéissance, l'apologie de la sottise, l'abolition de la pensée critique. Autrement dit, par les moyens militaires les plus classiques et les plus anciens, poussés à leur point extrême : l'armée de Courteline est devenue — au moins pour les corps spécialisés — ce monde féroce où l'avancement est uniquement fonction de l'aptitude à l'inhumain. Le courage des hommes est obtenu au prix de leur conscience morale. Tel est le piège des guerres injustes.

Car il a fallu du courage et de moins en moins de conscience pour faire cette guerre que décrit le livre : c'est un récit sobre et précis, presque un carnet de route des opérations du 2e régiment de chasseurs parachutistes, qui fut engagé sans cesse dans les djebels algériens. Des Aurès de 1954 à la bataille d'Alger, la guerre se caractérise par un long crescendo dans l'horreur : ces bons jeunes gens, qui sont partis faire un sport un peu violent dans les djebels, deviennent progressivement — souvent, hélas ! à l'exemple de leurs chefs — des hommes abrutis de fatigue et d'indifférence, des tueurs de routine, beaucoup plus que des cyniques. A ceux, par exemple, qui poussent aujourd'hui les hauts cris à propos de prisonniers français qui auraient été victimes du FLN, il faut faire lire cette phrase du caporal Leulliette qui a l'affreuse tristesse d'un constat : « Un rebelle ne se rend presque jamais, sachant l'issue qui l'attend de toute façon. C'est pourquoi on n'exécute pas tout de suite ceux qui le font tout de même : ce sont les plus lâches, donc les plus aptes à nous fournir des renseignements. »

Dans ces conditions, la guerre des parachutistes français, qui était à l'origine la poursuite de quelques bandes peu nombreuses, est devenue, dès 1956, la guerre de quelques unités spécialisées contre tout un peuple cimenté par la peur et par la haine. Les parachutistes avaient perdu la guerre psychologique avant même de l'avoir inventée. Je me demande même s'ils ne l'ont pas inventée pour camoufler inconsciemment le fait qu'il l'avaient perdue.

Car c'était clair dès 1957. Lorsque, au retour de Suez, le régiment de Pierre Leulliette participe à la bataille d'Alger, la guerre des parachutistes a produit ses conséquences logiques : le soldat est devenu un flic. Le bon petit sportif, un tortionnaire. La salle de torture de la 1re compagnie du 2e RCP est située dans une confiserie désaffectée d'Hussein Dey, où les suspects sont attachés sur les tables où l'on faisait les berlingots. Par un trou dans le plafond, les hommes qui se refusent à torturer eux-mêmes peuvent au moins profiter d'un spectacle toujours renouvelé, puisque tous les musulmans arrêtés au hasard des rues d'Alger « y passent » systématiquement. « J'ai vu des garçons de vingt ans s'amuser à ce jeu, des garçons bien, comme on dit : des fils à papa souvent, mais aussi des jeunes paysans et des ouvriers. »

Voilà. Et puis Leulliette refuse de signer un nouveau contrat de trois ans. Il n'a plus envie d'être soldat. Un dernier combat en Kabylie, qui forme dans le livre un assez bel adieu aux armes, et il rentre avant que l'Algérie n'ait touché le pire de cette guerre, le fond de son malheur. Car Leulliette n'aura connu ni les regroupements de population, ni les offensives Challe, ni la destruction systématique de l'Algérie rurale qui ont marqué les années 1959 et 1960. Mais son récit permet de comprendre l'origine et le moteur de cette mécanique de l'absurde. L'engrenage de la sottise et du meurtre est rodé dès 1956, et la lâcheté du pouvoir politique va le laisser tourner des années encore. Des années qui pèsent lourd aujourd'hui sur une paix fragile et menacée, parce qu'elle fut tardive.

Mais je m'aperçois que je suis en train de glisser insensiblement vers le compte rendu politique : question d'habitude sans doute. Or le livre de Leulliette est ce qu'on peut imaginer de moins dogmatique, de plus vivant, de plus passionnant. C'est le récit d'une guerre faite par un homme qui n'avait pas, au départ, beaucoup d'idées sur la colonisation, ou sur le monde arabe, ou sur le communisme, enfin sur la politique. Lui, le métier de parachutiste l'aura véritablement instruit.

---

SAINT MICHEL ET LE DRAGON, SOUVENIRS D'UN PARACHUTISTE,
*par Pierre Leulliette, éditions de Minuit.*

LES PARACHUTISTES,
*par Gilles Perrault, Seuil.*

## LES DERNIERS DES MOHICANS

*7 février 1963*

On a compris que les choses étaient graves, mardi matin au fort de Vincennes, quand l'avocat général Gerthoffer a répondu à M^e^ Isorni : « M^e^ Isorni, en lisant cette lettre, a commis une faute grave envers un magistrat présent à l'audience... Je vous demande sa radiation. » L'avocat avait lu une lettre d'un M. Boyer qui se disait ancien juge au tribunal de crimes de guerre de Rastadt en 1947, et qui mettait en cause l'objectivité d'un de ses collègues de l'époque, M. Reboul. Or, M. Reboul est aujourd'hui juge à cinq galons de la Cour militaire de justice.

L'incident marquera un tournant important dans la petite guerre que se livrent depuis huit jours les avocats des hommes de l'attentat du Petit-Clamart et l'avocat général. La tactique de la défense est claire, et d'ailleurs personne n'en fait mystère : il faut que le procès dure jusqu'au 25 février, date à laquelle entre en fonction la nouvelle Cour de Sûreté de l'État, qui rendra sans objet et sans fondement les juridictions antérieures. D'où les multiples dépôts de conclusions, les longues plaidoiries par anticipation, la multiplicité des témoins de la défense.

Dans les milieux gouvernementaux, on s'impatiente un peu de la tournure que prend le procès ; la fermeté de l'avocat général Gerthoffer mardi matin n'est sans doute qu'un des signes d'une volonté bien arrêtée que soit menée à son terme, et dans les meilleurs délais, une affaire particulièrement importante, puisqu'il s'agit de la tentative d'assassinat du président de la République. Non seulement M^e^ Isorni risque de payer cher les accusations (d'ailleurs non démenties par l'intéressé) contre M. Giscard d'Estaing, mais il est bien possible qu'en face de la tactique dilatoire de la défense, un décret soit promulgué qui recule d'un mois ou deux l'entrée en fonction de la Cour de Sûreté de l'État.

Quoi qu'il en soit, dans les intermèdes laissés au vrai procès par l'éloquence des avocats et les délibérations de la Cour, les interrogatoires ont eu lieu. Les accusés ont parlé. Désormais, qu'il y ait cent, deux cents ou trois cents témoins, ils ne nous livreront plus grand-chose d'eux-mêmes. D'ailleurs ce sont les hommes les moins surprenants du monde.

Bougrenet de la Tocnaye, c'est l'homme de droite pour Sartre, c'est le personnage tiré tout droit de *L'Enfance d'un chef*. Pour une fois, la caricature devient la réalité. La vérité de ce petit homme avantageux, c'était d'être notaire à Loudéac ou voyageur de commerce à Guérande, dans ces terres ingrates et mélancoliques accordées à sa nature, et dont seul le souvenir peut embellir aujourd'hui son malheur. Mais il était Bougrenet de la Tocnaye, et ne put d'ailleurs passer son premier examen de droit. Alors il a choisi l'exil social, retranché dans une composition théâtrale de lui-même.

Il a dû être toujours en représentation, dressé sur ses ergots, avec le menton viril et le ton du commandement. Quand il gérait la propriété bretonne de sa première femme, le fermier ne devait pas rigoler tous les jours. On soupçonne dans cette vie bien des humiliations cachées, des études mornes à Sainte-Croix de Neuilly, un divorce — un divorce ! J'entends d'ici le cousinage breton —, des petits emplois. D'où la haine du bonheur, et même du simple confort, les violences infantiles sur « la civilisation du frigo et de la télévision », les rancunes contre ce qu'il appelle « la bourgeoisie du juste milieu propulsée par la haute finance ». Ce poujadiste de manoir est d'abord un raté.

Enfin l'Algérie vint : les deux galons finalement obtenus et, au 13 mai, la vice-présidence d'un comité de salut public. Le lieutenant de la Tocnaye devenait un personnage de ce monde pur et dur cultivé par sa mythologie. Défenseur de la civilisation chrétienne, il rejoignait ses ancêtres croisés et chouans.

Mais la plus grande représentation de sa vie, la voici. C'est l'heure de la profession de foi. Hélas ! On mesure à quel point une petite culture secondaire, greffée sur un certain terrain social et psychologique, opère de véritables ravages. Les plus solides convictions démocratiques sur les vertus de l'enseignement chancèlent devant le pathos du lieutenant de la Tocnaye. Il suffit de l'écouter un instant pour croire avec nos grands-parents que l'instruction gâte les esprits simples, ou encore pour imaginer une nouvelle pièce de Jarry intitulée Ubu-soldat :

Sur de Gaulle : « Nous considérons que le général de Gaulle, depuis de longues années, favorise l'avènement d'un titisme en France, que par sa politique de division, son déterminisme marxiste et historique, il est une des causes de la décadence accélérée et du matérialisme étroit qui abêtissent notre pauvre pays. »

Sur le danger communiste : « En plus de la défunte Algérie, et de ses séquelles épouvantables, il y a l'isolement de plus en plus flagrant de la France, toute prête qu'elle est à accueillir les Tartares. »

Sur l'indépendance algérienne : « Je pense aux cinq mille Européennes qui sont obligées de se prostituer aujourd'hui dans les lupanars fellagas. »

Voilà. Rideau sur le lieutenant de la Tocnaye.

Physiquement, Bastien-Thiry ne s'est pas fait comme son second une figure de fanatique. En grand uniforme de lieutenant-colonel d'aviation, il est jeune et assez beau, d'apparence calme : il a écouté « ses hommes » attentivement, avec des félicitations du regard pour l'un ou pour l'autre. Mais quand il commence à parler samedi matin, c'est une autre forme de vertige qui surprend la salle. C'est le délire logique, la folie du polytechnicien.

Il y a les interminables explications techniques. Pour Bastien-Thiry, une 403 avec deux fusils-mitrailleurs, c'est « un véhicule opérationnel ». Deux tirs successifs sur la voiture présidentielle, c'est « un obstacle à double étage » (sans doute parce que Bastien-Thiry fut spécialiste des engins téléguidés). Sur le tir lui-même, l'ingénieur explique très pédagogiquement aux officiers de la Cour : « Comme vous le savez, il y a les armes à tir tendu, de courte portée, et les armes à tir guidé, de plus longue portée. Il y a un facteur constant écart-distance. » Visiblement, pour le polytechnicien, à ce moment-là, de Gaulle est mort. Au moins, il devrait l'être : s'il ne l'est pas, c'est donc qu'il fallait l'enlever, non le tuer. Bastien-Thiry est peut-être le seul homme de la salle qui finisse par croire à la thèse de l'enlèvement.

Mais il y eut aussi le prologue politique : trois longues heures de délire abstrait. Car Bastien-Thiry n'a jamais servi en Algérie depuis 1954 ; c'est un officier de bureau d'études. Il n'a pas non plus, comme plusieurs de ses complices, été membre de l'OAS, ni ressenti sur place la fin de l'Algérie française. Il rejoint le CNR de Bidault, de Soustelle (et non l'OAS, comme il l'a répété), en avril 1962, c'est-à-dire au moment où pratiquement de Gaulle a déjà gagné. Il organise ses attentats en juillet-août, c'est-à-dire quand tout est perdu pour l'Algérie française.

Pour lui, l'Algérie n'a été qu'un révélateur supplémentaire de la tyrannie gaulliste ; la racine du mal, c'est l'illégalité de cette tyrannie, qui légitime automatiquement toute rébellion. D'où la double équation complémentaire : de Gaulle = Hitler, Bastien-Thiry = colonel Von Stauffenberg, l'auteur de l'attentat du 20 juillet 1944. On peut renverser l'ordre des formules, ce qui ne change rien à leur équivalence mathématique.

A l'écouter, on voit mal quelle force a manqué à cet homme pour prendre le risque capital et assassiner lui-même de Gaulle puisqu'il eut au moins une occasion de lui serrer la main. Car son fanatisme est en réalité celui de tout un milieu social, de toute une droite française, cléricale et fasciste, obsédée par le danger communiste, et pour qui de Gaulle est depuis 1940 le fourrier du bolchevisme en France. Les hommes du Petit-Clamart sont des sots, ou des illuminés ; mais leurs excès mêmes caricaturent une réalité historique.

Dans son langage, Bougrenet de la Tocnaye l'a exprimé : « S'il n'y avait pas eu le 13 mai, et si l'indépendance de l'Algérie avait été obtenue par un gouvernement de gauche agissant franchement dans ce sens... je ne me serais pas fait activer, je me serais retiré de l'armée et fait naturaliser. Mais le parjure est inacceptable pour un chrétien. » C'est cela le fond passionnel du procès. L'homme qui a fait l'épuration de 1944, l'homme qui a bradé l'Algérie en 1962, l'homme qu'ils ont essayé d'assassiner, il a été élevé comme eux, dans leur milieu, dans les bonnes idées et dans les mêmes écoles. C'est cela qui est inexpiable.

Les autres, dans le box, qu'ont-ils compris à tout cela ? Ils ne sont pas du même monde, ou pas de la même génération. Il y a le malheureux Hongrois qui se drape dans Budapest, qu'il a quittée à quatorze ans, et qui a été embarqué dans cette misérable galère. Il y a le petit jeune homme de Corniche, Pascal Bertin, qui a récité une bravade un peu niaise dont ses futurs enfants n'ont pas fini d'entendre parler à table.

Finalement, ce sont les « petits », les aventuriers qui ont seuls réussi à faire passer quelque chose dans la salle : Buisines, l'ancien menuisier de Marcq-en-Barœul, le légionnaire au tir précis, a expliqué simplement pourquoi ce jour-là son tir fut « aléatoire ». Prévost, un des hommes de l'ID 19, s'est sans doute souvenu qu'il avait été jadis figurant au théâtre : parachuté deux fois dans la cuvette de Diên Biên Phu, où il fut grièvement blessé, et puis aventurier de l'Algérie française, il est l'homme d'une génération perdue ; il l'a dit au tribunal avec une douceur désespérée. Quand Bougrenet de la Tocnaye et Bastien-Thiry, après lui, firent leurs longs discours de théorie politique, il les regarda avec une certaine surprise, et presque ironiquement : ces compagnons de la lutte clandestine, dont il ne connaissait que les visages et les pseudonymes, sans doute s'en est-il senti, subitement, assez loin. Depuis il promène sur la salle un regard d'enfant triste.

# LE « CINÉMA » DU GÉNÉRAL

*21 février 1963*

La règle d'or de la stratégie gaulliste est de plus en plus claire : c'est l'obscurité. Elle consiste à envelopper les buts et les moyens du plus épais brouillard, et à laisser courir toutes les spéculations — et Dieu sait s'il y en a — sur les objectifs possibles. Une fois que l'un d'entre eux a été atteint, de Gaulle peut donc toujours prétendre que c'était bien celui-là qui était visé. Et de Terrenoire en Capitant, le chœur de ses partisans retrouve sans le savoir une des méthodes élémentaires du stalinisme et exalte l'admirable prescience du chef de l'État.

Pendant la guerre d'Algérie, dans les premières années du « Je vous ai compris », tel ou tel faux naïf de l'UNR, plus ou moins spécialisé dans les milieux de gauche, nous tirait par la manche : « Mais vous ne comprenez donc pas où il va ? Qu'attendez-vous pour le soutenir ? » A l'époque, nous voyions la guerre aggravée, le plan Challe, les tentatives d'une troisième force. Il y avait seulement, mais c'est vrai qu'il y avait déjà, une possibilité que cette stratégie pût être infléchie par le rapport des forces, la célèbre « nature des choses », vers la recherche de la négociation. Nous l'avons dit aussitôt qu'elle se précisa. Mais entre-temps, que de spectacle, que de calculs inutiles !

Voici qu'on nous refait le coup sur l'Europe. Peu importe en l'occurrence, et pour aujourd'hui, ce que nous pensons, vous et moi, de la politique européenne. Laissons cela (provisoirement), pour examiner la méthode, le fameux « style ».

Le style, c'est-à-dire l'individu. Non qu'il conditionne la politique, ou une politique. Au contraire, je crois que dans la recherche de la causalité profonde, l'analyse marxiste n'a rien perdu de ses vertus. Car de Gaulle développe ce qu'il a trouvé, en juin 1958, c'est-à-dire le legs des classes dirigeantes françaises. Pflimlin lui avait transmis, en même temps que des velléités de négociations avec le FLN, l'enfant le plus précieux des grandes affaires, l'Europe des Six. Et ce qui est le plus nouveau avec de Gaulle, ce n'est pas la mélodie, c'est l'interprétation.

Principe de base de l'interprétation gaulliste : la parole lointaine, des perspectives confuses. Par exemple, l'« Europe jusqu'à l'Oural ». S'il s'agit d'une vision du péril jaune, nous n'avions pas besoin de cela pour savoir qu'un élève des bons pères a lu jadis Claude Farrère. S'il s'agit plus simplement de la crise escomptée du monolithisme communiste, rien ne permet d'en déduire le recul héroïque du maréchal Malinowski sur la ligne de l'Oural. La phrase n'a proprement aucun sens. Pas plus que celle qui attribue *in aeternum* aux Anglais une vocation insulaire, et à la France un rôle continental. Ces puérilités scolaires sont tout au plus un témoignage de sensibilité ancienne.

C'est pourquoi je n'admire guère pour ma part ce que les laudateurs du régime appellent les grandes vues historiques du Général. Les évolutions qui commandent le monde où nous vivons, de Gaulle les a combattues, ou subies, bien plus qu'il ne les a prévues. Au moment où il se battait pour Brigue et Tende, à la Libération, les hommes politiques les plus lucides de la IVe République pensaient à l'expansion économique — une expansion qu'il annexe maintenant aux mérites de la Ve. Il a commencé la guerre d'Indochine avant d'accepter l'émancipation de l'Afrique. Il a voulu démembrer l'Allemagne avant d'être l'ami d'Adenauer. Il a combattu la construction européenne avant de s'y rallier.

Quant aux deux grands univers du milieu du XXe siècle, le monde communiste et le monde américain, il n'en a visiblement d'autres modes de compréhension que ceux qu'il tire d'un pessimisme un peu sommaire sur la rivalité des États. Sa stratégie, c'est l'attente. En réalité, ce qui caractérise de Gaulle, ce n'est pas sa prévision de l'avenir, c'est son extraordinaire capacité à être démenti par l'Histoire, et à s'y adapter. Ce qui en fait un grand homme politique, ce n'est pas sa stratégie, c'est sa tactique.

C'est pourquoi personne ne peut déduire de son passé, de ses préjugés d'école, ou de sa réelle sensibilité à l'Histoire, la voie qu'il a choisie aujourd'hui. Il laisse écrire, sans doute avec un certain plaisir, qu'il veut aller à Moscou, mais il fait dire aussi que c'est à lui, et non à Kennedy, que Khrouchtchev vient d'envoyer des protestations. Veut-il réellement une Europe indépendante des États-Unis, et l'éclatement du Pacte atlantique ? Ou s'agit-il simplement d'un chantage maximum sur les États-Unis pour obtenir — par exemple — l'accès à certains secrets atomiques, en échange d'un assouplissement de l'attitude française ? Dans une certaine mesure, je me méfie un peu de la tendance des commentateurs intelligents à vouloir rationaliser à ce point ses objectifs. La seule chose qui soit claire aujourd'hui, c'est qu'il continue la politique de l'Europe des Six dans un style plus dramatique que ses prédécesseurs.

L'affaire anglaise illustre typiquement la diplomatie gaulliste, les incertitudes de la stratégie et les retournements spectaculaires de la tactique : Hamlet récrit par Alexandre Dumas. Toute l'année dernière, pratiquement jusqu'à l'automne, personne — personne, même au Quai d'Orsay, surtout au Quai d'Orsay — ne sait si de Gaulle est favorable ou non à l'entrée anglaise dans le Marché commun. On discute patiemment à Bruxelles sur les assouplissements possibles du traité de Rome. Et puis, vers la rentrée, commence à circuler dans ce désert qu'est devenue la politique française le bruit qu'« il » est contre l'entrée anglaise dans le Marché commun. Mais on n'en est sûr qu'après la conférence de presse du 14 janvier.

Quels sont les mobiles et la date exacte de la décision ? Ce qui est intéressant, c'est que le mystère continue à planer, même dans les milieux informés ; mais ce qui est plus intéressant encore, c'est l'obstination fanatique qu'a mise le président de la République à court-circuiter non seulement ses alliés, non seulement ses partenaires européens, mais ses propres diplomates. Car s'il voulait refuser l'entrée anglaise, avec les honneurs de la guerre diplomatique, il n'avait que l'embarras du choix : il pouvait accepter, assez récemment encore, des institutions européennes supra-nationales, qui excluaient pour longtemps l'Angleterre. Il pouvait aussi s'adosser aux clauses du traité de Rome, qui constituaient pour les négociateurs français ce qu'on appelle un bon dossier.

Or la tactique choisie a été la conférence du 14 janvier. Du jour au lendemain — et à se situer toujours sur le plan du seul style diplomatique — la France avait tous les torts : tort vis-à-vis des États-Unis, tort vis-à-vis de l'Angleterre, tort vis-à-vis de l'Europe. Nous touchons là le mystère du style gaulliste, fait de deux éléments : une stratégie choisie in extremis, et qui est, en l'occurrence, celle de la tradition et du conservatisme, puisque après tout c'est l'Europe des Six. Et une méthode, une tactique qui dramatise le choix, et qui orne la tradition des séductions de la rupture. Comme le dit mon marchand de journaux : « Il fait encore son cinéma. »

L'expression est bonne. De Gaulle n'aime l'Histoire que secouée, tragique, sanglante. Avec la guerre l'Algérie, il était servi : les avions déroutés, les captures, les missions secrètes, les émissaires, les contre-émissaires, les barricades, ce drame méditerranéen qu'il sentait mal prenait, malgré tout, les dimensions de l'Histoire. A tout hasard d'ailleurs, il en rajoutait : qui comprendra tout à fait, juste avant Melun, l'affaire Si Salah ?

Aujourd'hui, voici les temps calmes revenus. Or l'homme qui est pour les Français le garant de ces temps calmes, l'homme qui vient de réinstaller son pouvoir sur le goût du frigidaire et de l'automobile, continue à être un aventurier de la diplomatie, un maniaque du suspense historique. Comme les hommes qui ont besoin d'une certaine mise en scène pour posséder une femme, il a besoin d'un certain « cinéma » pour agir et se situer dans l'Histoire. Au besoin, il le crée.

Bref, il n'aime que les césariennes. Mais les peuples préfèrent les accouchements.

## LE VIEIL HOMME ET LA BOMBE

*26 novembre 1964*

« Les Américains ne sont pas des tigres de papier, mais ils finissent toujours, au bout du compte, par “caler”. Disons que ce sont des tigres de caoutchouc. » C'est une importante personnalité de l'UNR qui parle : en cette fin d'automne 1964, la France gaulliste qu'on croyait assoupie dans les douceurs de la société industrielle risque de se réveiller dans la passion nationaliste. Bien sûr, et comme toujours, il y a deux mélodies dans la partition gaulliste. Par système, le chef s'enveloppe des apparences de la sérénité, et l'Élysée affiche le plus grand calme. Mais c'est justement le signe de la tempête qui vient. Au niveau de l'UNR, la simplicité de l'argumentation antiaméricaine est devenue quasiment électorale. Le gaullisme retrouve ces jours-ci une de ses grandes batailles, et M. Debré n'a pas été long à la baptiser : « C'est une nouvelle CED. »

Le Général n'a pas vu venir la menace de la force « multilatérale ». Il a longtemps méprisé ce vague plan anglo-saxon, cet adjectif intraduisible, né d'une improvisation américaine et d'une humiliation anglaise. Mais en Europe, ce début de « co-gestion nucléaire » a vite intéressé l'Allemagne fédérale, exclue par les traités du maniement de l'arme suprême. Même sans doigt sur la gâchette, la participation à une stratégie atomique commune réintègre l'armée allemande dans les grands secrets de la guerre moderne. Et elle fixe, à jamais, les Américains au centre de l'Europe. Or, c'est ce cadre atlantique de toute défense militaire de l'Occident, dont M. Wilson vient à son tour d'affirmer la nécessité : il veut modifier la MLF de l'intérieur, par un dispositif de double veto (l'un américain, l'autre européen, si possible à dominante anglaise), et par un certain nombre d'aménagements stratégiques.

Avant d'aller à Moscou plaider qu'il a brisé le dangereux tête-à-tête germano-américain, le Premier ministre anglais sera le 6 décembre à Washington : car l'administration Johnson, libérée de l'hypothèque électorale, s'est jetée à corps perdu dans « l'ouverture » anglaise. Les Américains veulent régler le problème de la MLF d'ici à Pâques. Ils pensent qu'une fois l'accord conclu avec l'Angleterre, puis l'Allemagne, toute l'Europe suivra. Toute l'Europe sauf la France : mais de Gaulle est un vieil homme.

Le vieil homme a d'abord réagi sur le plan intérieur : c'est sur ses instructions formelles que M. Pompidou a demandé que la loi-programme militaire, dont la discussion et le vote n'étaient d'abord prévus que pour la session de printemps, soit inscrite à l'ordre du jour de l'Assemblée dès la semaine prochaine. Il s'agit de fixer les grandes orientations de l'effort militaire français pour les six années à venir, c'est-à-dire de passer de la bombe A à la bombe H, et des Mirage IV à la fusée sol-sol, en attendant le sous-marin hypothétique des années 1970. Les trois cents députés de la majorité, qui voteront ce programme à long terme, interdiront par là même toute possibilité de retour en arrière, et tout accommodement éventuel avec une stratégie nucléaire « intégrée ». De Gaulle, qui croit aux contraintes plus qu'aux hommes, veut protéger sa grande idée des aléas de l'avenir. C'est sa réponse au pari des Américains sur son âge.

Mais il veut aussi leur disputer le présent, c'est-à-dire l'Europe. L'Europe, c'est-à-dire l'Allemagne. Le reste ne compte pas à ses yeux. L'Italie, le Benelux n'ont jamais fait le poids. L'Angleterre de Wilson vient de confirmer qu'elle est l'Angleterre selon de Gaulle : un cheval de Troie américain, plus docile encore d'être peint aux couleurs socialistes. Il est vrai qu'à Paris, on n'a pas davantage d'estime pour les dirigeants allemands : MM. Erhard et Schroeder y passent pour des provinciaux assez médiocres, restés petits à l'ombre d'un grand tuteur. Mais l'Allemagne est indispensable au grand projet gaulliste : une Europe indépendante des États-Unis. Elle est donc le grand enjeu.

D'où le discours de Strasbourg, brillant, habile, modéré. Alors que les « leçons de l'histoire », consubstantielles à la philosophie gaulliste, y étaient par excellence attendues, de Gaulle n'a pas eu un mot sur la querelle militaire franco-américaine de la fin 1944. Rien non plus de négatif, de fermé : Strasbourg n'a servi que de pont vers l'Allemagne, et d'appel vers « l'Europe européenne ».

Comme « l'Algérie algérienne », la formule a plusieurs sens

et peut servir diverses politiques. Le premier sens est celui qu'ont souligné en France les « européens » gaullistes, comme MM. Schumann et Pflimlin : de Gaulle veut faire aboutir vite — avant le 13 décembre — la négociation sur les prix agricoles, et couronner ainsi le Marché commun. L'optimisme des leaders minoritaires du MRP s'appuie, dans ce domaine, sur la bonne volonté allemande : il semble bien que le dernier voyage de M. Adenauer à Paris ait fait entrevoir d'importantes concessions, et un accord prochain.

Mais même à le supposer acquis, ce point est désormais secondaire. La question militaire domine le contentieux franco-allemand. De Gaulle n'y a fait à Strasbourg qu'une allusion prudente : l'Allemagne « blesserait une grande espérance » en acceptant « un rôle d'auxiliaire d'une puissance amicale, mais située dans un monde différent ». C'est que le président de la République n'a rien à dire de plus pour l'instant. Il est contre la MLF, mais il n'a proposé en échange qu'une vague phrase sur une défense européenne commune.

Il est en train d'explorer les conditions d'un accord militaire qui mettrait, le cas échéant, la force de frappe française à la disposition de l'Europe des Six. Ses techniciens lui assurent pouvoir avancer d'un an la réalisation de la bombe H, qui serait ainsi disponible en 1965. Mais même européenne, cette bombe conserverait pendant une longue période un détonateur français : dans sa politique allemande, le gaullisme est ici pris au piège de sa propre logique et de son hostilité à tout pouvoir supranational. Car les réalités stratégiques déchirent aujourd'hui le voile de « l'Europe des patries » : militairement, cette Europe ne pourrait être que française, et les Mirage IV du général offriraient à ses partenaires des garanties militaires très inférieures à celles de la dissuasion américaine. Il y a toute une mélancolie gaullienne dans ce simple constat qu'impose la fameuse « nature des choses » au XX^e^ siècle.

C'est pourquoi le discours de Strasbourg s'est réservé une autre issue, et « l'Europe européenne » un dernier sens : l'ouverture de l'Est. De Gaulle n'en a parlé que comme d'une hypothèse lointaine. Mais c'est chez lui une habileté assez courante que de mêler une tactique de l'immédiat et une stratégie à long terme. En réalité, il s'agit à la fois d'un avertissement aux USA et à l'Allemagne, et d'une éventuelle politique de rechange, en cas d'aboutissement rapide de la MLF et d'isolement français. Paris multiplie, en ce moment, les contacts officieux avec la

Pologne, et les bruits courent de plus en plus d'un prochain voyage de Gomulka à Paris. Si de Gaulle est un jour en délicatesse avec une Allemagne intégrée dans le dispositif nucléaire américain, la Pologne peut être son meilleur ambassadeur à l'Est.

Mais, dans l'immédiat, la lutte qui s'engage est plutôt une longue guerre d'usure. Johnson aura sans doute avec les Anglais, puis avec les puissances de l'OTAN, une négociation plus longue et plus délicate qu'il ne l'imagine. Il peut ignorer de Gaulle, il n'a pas intérêt à le provoquer. Du côté français, la tactique va être un peu la même : intransigeance sur le fond, courtoisie dans la forme. D'ailleurs, l'armée française est déjà pratiquement sortie de l'OTAN, sans qu'il y ait eu, jamais, dénonciation publique de l'alliance.

On se prend pourtant à rêver au jour où la MLF, munie par hypothèse de toutes les bénédictions nécessaires, devrait être soumise au Conseil de l'OTAN et rejetée par le seul veto français : c'est l'échéance éventuelle de la rupture.

On y pense aussi à l'Élysée et à l'UNR. Dans les rangs du parti gaulliste, plus fidèle qu'on ne croit au vieux RPF, et très sensibilisé à la passion nationaliste, il n'en a pas fallu davantage pour que des regards se tournent à nouveau vers M. Michel Debré. En face de l'équipe Pompidou-Giscard, accusée de livrer le pays aux investissements américains, l'ancien Premier ministre reste un recours pour bien des militants gaullistes. Il continue à incarner pour eux une sorte de jacobinisme réformateur, plus séduisant que l'affairisme bon enfant de son successeur. Il a vu longuement de Gaulle au début du mois, prêchant la réforme, le mouvement, la fermeté vis-à-vis des États-Unis : l'affaire Bull, notamment, a été évoquée.

Mais Pompidou et Giscard ont une réponse technique très forte : si on les refuse en France, les capitaux américains se porteront dans les autres pays européens et menaceront bien vite un marché français qui n'est plus protégé. La logique du refus des investissements américains, c'est la rupture du Marché commun, et une sorte de « national-socialisme » français autarcique et planificateur. Or, de Gaulle n'a aucun désir de se lancer dans une aventure de ce genre. Son nationalisme reste, en fait, militaire et politique. M. Michel Debré a peu de chances — de plus — de redevenir Premier ministre.

Pour la grande partie qui s'engage, MM. Pompidou et Couve de Murville ont parfaitement assimilé le style du Général. Ces prudents, soudain, en remettent : ils font de la surenchère dans l'intransigeance. Nous allons vers une mise en scène à grand spectacle. Tout le gouvernement et toute l'UNR vont être mobilisés, cette année, pour une campagne de haut style sur le thème de l'indépendance nationale.

C'est qu'au bout, dans un an, il y a les élections présidentielles et le Général ne saurait trouver de meilleur enjeu électoral. A cet homme de rhétorique et de théâtre, l'histoire vient de fournir le sujet de sa grande dramatisation pour l'an prochain. Une procédure est envisagée : l'élection présidentielle serait précédée d'un référendum sur « l'indépendance de la nation ». On peut déjà prévoir la question qui nous sera posée, sans rire, comme d'habitude : voulez-vous être ou non pour l'indépendance ?

Au fond, la question est de peu d'importance. Le sujet de la dramatisation est déjà trouvé.

# LA MORT DU ROI

*8 décembre 1965*

On savait déjà qu'il n'y avait pas de gaullisme sans de Gaulle : voici que, depuis dimanche soir, on n'est plus bien sûr que de Gaulle lui-même en ait encore pour longtemps. Le grand sorcier, l'homme-miracle, le rassembleur des paniques nationales a sombré dans ces temps calmes où la France se sent redevenir majeure. Un simple pourcentage dit tout : 44 % des suffrages exprimés, soit à peine plus qu'à l'époque où le RPF se lançait à la conquête des municipalités de la IVe République — ou encore, à peine plus que les voix réunies aux législatives de 1962 par les candidats investis du label Ve République. Dans une élection très « personnalisée », où tout semblait destiné à majorer le coefficient « légendaire » du chef de l'État, de Gaulle est redevenu le leader d'un parti minoritaire et subitement fragile, soumis comme les autres à l'arithmétique politique classique. Bref, une personnalité parmi d'autres, condamnée à préparer le ballottage comme chef de la droite contre la gauche.

Finalement, dimanche dernier, en brisant la légende, les Français ont retrouvé leurs habitudes. Ouverte enfin à tous les candidats, la propagande télévisée n'a pas plus bouleversé leur réaction électorale que le nouveau type de scrutin. Peu importe que les divers orateurs y aient déployé des talents inégaux, puisqu'en fin de compte ils retrouvent à peu de chose près leurs fidèles — comme dans une banale élection législative.

Les électeurs du Général sont donc — grossièrement — ceux des députés gaullistes et apparentés de l'automne 1962, souvent majoritaires ou très près de l'être dans la France du Nord, presque toujours minoritaires au sud de la ligne La Rochelle-Genève. C'est ainsi par exemple que des villes comme Lille, Roubaix, Tourcoing, Nancy, Strasbourg ont continué à donner 50 % ou plus de leurs suffrages à de Gaulle. A Paris, où d'autre part

M. Lecanuet retrouve exactement le pourcentage des voix centristes aux dernières élections municipales, le président de la République obtient 44 % des suffrages, c'est-à-dire guère plus que le pourcentage de l'UNR en 1962. Bref, c'est la fin d'un roi, et la renaissance d'un chef de parti.

Comme l'ont indiqué les réactions acerbes de MM. Pompidou et Debré, pour une fois d'accord dans la nuit de dimanche à lundi, le principal responsable du ballottage gaulliste est M. Lecanuet. En effet, les suffrages rassemblés par M. Tixier-Vignancour, qu'une longue campagne de bons mots n'a pas réussi à imposer, ne dépassent pas les limites étroites des nostalgies impériales ; d'ailleurs, le poids des rapatriés d'Algérie se devine dans les pourcentages TV de départements comme la Corse, les Bouches-du-Rhône ou les Alpes-Maritimes.

M. Lecanuet, fort de son sourire et de l'argent investi sur son nom, espérait un score meilleur que celui de dimanche : candidat « à l'américaine », il avait tout misé sur les règles supposées du nouveau jeu présidentiel. Mais il se retrouve plus avec son héritage qu'avec son avenir : c'est-à-dire qu'il a suffisamment divisé la droite pour mettre de Gaulle en ballottage, mais pas assez pour disputer à Mitterrand l'honneur du second tour.

L'ex-président du MRP retombe tout naturellement, en l'élargissant, sur la clientèle démocrate-chrétienne et ses trois zones traditionnelles : l'Alsace-Lorraine, l'Ouest et la bordure orientale du Massif central. Le ralliement spectaculaire de M. Pflimlin l'a incontestablement aidé dans les deux départements alsaciens, mais la Moselle, la Meurthe-et-Moselle et les Vosges sont restées plus réticentes. Les meilleurs résultats de M. Lecanuet sont obtenus dans le bastion lyonnais de M. Pradel, dans le Massif central clérical (Aveyron, Loire, Haute-Loire), et surtout dans l'Ouest, où la paysannerie catholique lui a donné un pourcentage de voix très supérieur à sa moyenne nationale : le ballottage gaulliste s'est joué entre Cherbourg et Poitiers. Les mécontentements des campagnes, la crise du Marché commun, le sentiment que de Gaulle a cessé d'être un homme nécessaire ont dû peser sur le vote paysan. Mais en revanche, en dehors du cas lyonnais, la candidature Lecanuet n'a mordu sérieusement ni sur les centres industriels, ni sur les suffrages de la gauche.

Avec ses 7 700 000 voix — qui constituent la seule dérogation importante aux prévisions de l'IFOP — François Mitterrand a-t-il enfin permis à la gauche française de se rassembler ? Le chiffre global, qui est supérieur aux pronostics et même à bien des espérances, indique assez que la gauche a bien « tenu » dimanche. Il signifie que la masse de cet électorat a de moins en moins de réticence à mêler son bulletin à celui des communistes, ce qui pèsera probablement sur l'évolution à venir du Parti socialiste. Mais il reste que le pourcentage général des suffrages Mitterrand, sensiblement inférieur à celui obtenu par les diverses formations de gauche aux législatives de 1962, oblige à considérer de plus près la carte électorale.

Il est clair que c'est dans les régions ouvrières, et souvent à prépondérance communiste, qu'une certaine hémorragie des voix de gauche s'est produite en direction du général de Gaulle. Le phénomène était plus net encore en 1958. Mais dimanche dernier, Nanterre, Montreuil, Pierrefitte, Bonneuil, tous ces noms qui ont scandé au printemps dernier les victoires municipales communistes au premier tour, ont donné moins de la moitié de leurs voix à François Mitterrand. A Saint-Denis même, on constate une perte de 2 000 voix, plus grave encore si on la rapporte au nombre plus important des votants. Car l'étude des pourcentages, dans ces communes d'expansion démographique rapide, alourdit les pertes : 53 % de voix Mitterrand à Saint-Denis, où 70 % des votants ont porté, il y a six mois, un communiste à la mairie.

A Paris même, ce n'est pas le XVI^e^ arrondissement qui a infligé à François Mitterrand une défaite : il y a gagné des voix. Mais les arrondissements populaires l'ont boudé : le XIII^e^, le XVIII^e^, le XIX^e^, le XX^e^ ont moins voté pour le candidat unique de la gauche que pour les listes d'Union démocratique en mars dernier ; une étude plus détaillée — comparant par exemple les bureaux de vote du XIII^e^ arrondissement — fait apparaître les plus lourdes pertes là où l'emportaient naguère le PC et le PSU. Il est probable qu'une petite partie des électeurs communistes ont voté pour la politique extérieure du président de la République.

Le phénomène est identique dans le Nord. Certes, le Nord et la banlieue parisienne ont accordé au candidat unique de la gauche un pourcentage de voix supérieur à son pourcentage national. Mais ce succès relatif masque un reflux : le Nord l'illustre (35,6 % contre 48,6 % en 1962), comme le Pas-de-Calais (40 % contre 54 %), et aussi Le Havre et Marseille. Où se sont donc enfuis ces électeurs de gauche ? Comme ce ne peut être vers M. Lecanuet, qui fait ses plus mauvais pourcentages dans les fiefs de la tradition ouvrière, il faut bien admettre que de Gaulle continue à drainer un contingent de voix de gauche.

C'est vrai même à Grenoble, dont les élections municipales avaient fait un symbole de la rénovation de la gauche. Là encore, François Mitterrand ne réunit pas les voix qui ont installé M. Dubedout à la mairie : 4 000 voix lui manquent et le pourcentage de la gauche s'est affaissé : 35,7 % contre 51,8. Dans ce cas, le manque d'enthousiasme du PSU pour le candidat unique de la gauche a peut-être été plus déterminant que celui de l'électorat communiste.

Mais il y a une autre France de François Mitterrand où la décadence des voix de gauche est non seulement enrayée, mais vaincue, et où le sentiment de l'unité a eu un effet multiplicateur. C'est la France du sud de la Loire, qui avait déjà été le pôle de la résistance au moment du référendum de 1962 sur l'élection au suffrage universel du président de la République. Dans les régions traditionnellement à gauche, les appels des personnalités centristes à franchir les vieux clivages n'ont séduit aucun électeur : dans le Lot, où il jouit pourtant d'une situation locale très forte, M. Maurice Faure a été abandonné par une grande partie de ses électeurs, qui ont préféré François Mitterrand à Lecanuet. Plus généralement, la carte des voix de François Mitterrand, avec ses deux bastions de l'ouest du Massif central et du Midi, est donc bien celle de la tradition de gauche, laïque et républicaine. Elle recoupe aujourd'hui une France rurale et pauvre, où la décadence démographique est ancienne, et la protestation chronique. Il est d'ailleurs intéressant de noter que, même dans ces départements de tradition républicaine, c'est souvent grâce aux campagnes que François Mitterrand obtient ses meilleurs résultats : dans la Creuse, il devance légèrement de Gaulle pour l'ensemble du département, mais arrive derrière lui dans les villes.

Au reste, que le sentiment d'injustice et de persécution qui nourrit l'opposition au régime tende à devenir aujourd'hui aussi géographique que social et soit lié au retard de l'expansion économique, on peut en trouver une confirmation dans les suffrages de M. Lecanuet. Car entre la Bretagne et l'Alsace, ces deux bastions de l'électorat Lecanuet, la balance économique est inégale. Dans l'Alsace riche, le gaullisme a mieux résisté, malgré M. Pflimlin. En Bretagne au contraire, où le sentiment d'être abandonné est devenu très vif, les fiefs gaullistes ont cédé devant l'ex-président du MRP.

Ainsi la France a commencé à lâcher de Gaulle et à se passer de père, mais c'est pour se tourner autant vers son passé que vers son avenir.

A moins que François Mitterrand, fort du résultat de dimanche, n'arrive à créer une dynamique nouvelle à gauche ?

François Furet et Jacques Ozouf

# À QUI LA FAUTE ?

*3 juillet 1968*

Dimanche soir, à la télévision, c'est en vain que M. Georges Pompidou s'appliquait à la sobriété : sans cesse la satisfaction sournoise du sourire démentait l'austérité du propos. Inutile, en effet, ce dimanche soir, d'attendre comme l'an dernier le renfort d'un Bastiais mal élu, d'un représentant des Comores. La « majorité » a beau n'être toujours pas celle des électeurs, le 11 juillet, lorsque l'Assemblée nationale se réunira, trois places sur quatre seront tenues par des gaullistes de plus ou moins stricte obédience : 358 exactement, contre 198 en 1958 et 268 en 1962. La vague UDR porte très loin M. Giscard d'Estaing, plus loin sans doute qu'il ne le rêvait : on n'aura plus besoin de ses 64 élus pour faire la majorité parlementaire. Les vrais « godillots », enfin seuls, la dépassent de cinquante sièges.

En face, l'opposition en miettes a cessé de croire, sur ses souvenirs du ressac de 1967, aux vertus équilibrantes du second tour. Le 1^er^ juillet au matin, les centristes qui, avec leurs 27 élus, ne peuvent constituer un groupe parlementaire, en sont à quêter, dans les « divers », quelques élus de bonne volonté. Quant à la gauche, elle doit se résigner à ne pas même atteindre ses effectifs parlementaires de 1962 : avec 91 sièges au total, elle perd plus de la moitié de ses députés. Le PSU s'évapore, et c'est une piètre consolation pour la Fédération et le PC de partager équitablement l'adversité. Enfin, M. Pompidou le notait avec contentement — il n'y a même plus de « mezzogiorno » électoral : les fiefs de la gauche nouvelle — comme l'Isère —, ceux de la gauche traditionnelle — comme le Vaucluse — ont une représentation exclusivement gaulliste. C'est comme si, brusquement, la France tout entière était l'Alsace, ou la Vendée.

Pour que l'UDR, avec 6 % de suffrages supplémentaires, augmente de moitié ses sièges par rapport à 1967, qu'a-t-il fallu ?

En 1967, précisément, le second tour avait apporté deux surprises inégales : d'une part les électeurs de gauche avaient suivi avec une discipline sans défaillance les consignes de leurs états-majors ; mais, surtout, il s'était trouvé une fraction d'électeurs centre-démocrate — 20, 25 % parfois — pour apporter des voix aux candidats de gauche. A ce modeste mais insolite cadeau de voix centristes, bien des députés de gauche devaient leur siège : fédérés, comme Estier, PSU, comme Le Foll, communistes, comme Juquin. Trois noms, trois défaites, trois raisons.

C'est, pour commencer, que la situation de départ créée par le premier tour était beaucoup moins favorable qu'en 1967 : seules l'incurable foi dans le suffrage universel, à gauche, et la stratégie de la prudence, à droite, ont pu, toute la semaine dernière, entretenir l'illusion d'une situation ouverte. Car, dans la plupart des cas, il eût fallu, cette fois, pour que triomphât le candidat de la gauche, non une addition de voix, mais une multiplication : hypothèse que la conjoncture rendait folle. Et, de fait, l'addition elle-même a été manquée. Voici, par exemple, les circonscriptions du Pas-de-Calais restées en ballottage. Il s'en fallait, en 1967, de 16 000 voix pour y retrouver au second tour les 317 000 voix de gauche du premier tour. Sur 290 000, il en manque 30 000 aujourd'hui. Ce reflux suffit à faire perdre à la gauche trois des sièges qu'elle détenait ici.

A qui la faute ? Aux fédérés, dont l'ardeur à voter communiste est toujours suspecte ? Sans doute, l'électorat fédéré a été, cette fois-ci, beaucoup plus réticent. A Orange, au second tour de 1967, le communiste F. Marin avait fait plus que le plein des voix de gauche du premier tour : 1 500 électeurs nouveaux s'étaient ralliés. Le 30 juin 1968, 3 000 électeurs de gauche du dimanche précédent l'ont abandonné. A Saint-Denis, le candidat communiste ne recueille que 1 300 des 5 300 voix de la gauche non communiste.

Le phénomène, qui se reproduit à Pantin, à Montreuil, au Raincy, dans toute la Seine-Saint-Denis, et ailleurs dans la banlieue parisienne, atteint parfois des proportions étonnantes. Voici Montluçon, où le député sortant SFIO, arrivé le 23 juin en deuxième position, disposait d'un capital de 15 000 voix. Ce capital, si l'on ne tient pas compte des éventuels transferts à l'intérieur des abstentions, est dilapidé : 5 500 voix de plus au communiste, sans doute ; mais aussi 4 000 abstentionnistes de plus, et 6 000 voix de plus au candidat UDR. On peut y voir un nouveau succès de la propagande gaulliste : la crainte de la subversion communiste atteindrait jusqu'aux électeurs restés au premier tour fidèles à la FGDS.

Mais l'hypothèse est insuffisante, car les électeurs communistes, eux aussi, semblent souvent avoir éprouvé quelque peine à voter fédéré. Là où, en 1967 déjà, ils avaient boudé le report, le déficit s'accentue : à Tulle, à Marseille, où le score de Gaston Defferre s'en ressent. Là où le candidat fédéré avait gagné des voix sur le total des voix de gauche au premier tour, il lui arrive cette fois d'en perdre : à Nîmes, Georges Dayan avait, en 1967, dépassé de 7 000 voix la simple addition des voix de gauche : il s'en faut de 2 000 voix qu'il ne l'atteigne aujourd'hui. Même situation à Avignon, à La Rochelle, etc.

Ces exemples suggèrent que l'électorat communiste, comme il l'a déjà maintcs fois montré, est beaucoup moins monolithique que ne l'établit sa réputation. Pourtant, depuis la poussée gaulliste du premier tour, tout embarras avait disparu de la propagande communiste. « Serrez les rangs contre la réaction » est un mot d'ordre parfaitement clair. Où peuvent donc être allés ces électeurs communistes sourds à des injonctions aussi familières ? Dans l'abstention, sans doute. Mais peut-être aussi vers l'UDR ? Cette hypothèse, qui peut choquer, mérite examen ; car qui n'a dit et redit, depuis le 23 juin, que les candidats UDR avaient, au premier tour, fait le plein de leurs voix ? Qui n'a diagnostiqué, pour la déplorer, une abstentionnite de gauche ? Or, dans bien des cas, et dans l'absence même de toute candidature centriste au premier tour, l'UDR accroît ses voix : à Limoges, par exemple, d'un dimanche à l'autre, les candidats des deux circonscriptions fédérés ne retrouvent que 68 000 des 78 000 voix de gauche du premier tour. Et il y a en outre cinq mille abstentionnistes de plus. Mais il s'est trouvé aussi 5 000 électeurs de plus pour aller voter pour les candidats de l'UDR.

Dans cette débâcle de la pratique électorale, le PSU doit bien, lui aussi, avoir sa part. Sans doute a-t-il la conscience nette : il a bien appelé, après le premier tour, ses électeurs à reporter leurs voix sur « le candidat de gauche le mieux placé ». Mais il y a quelque paradoxe à prêcher à des électeurs un vieux langage dont on s'est ingénié à faire perdre le goût. Pourquoi les électeurs PSU se seraient-ils fait un devoir d'aller voter pour les hommes d'une vieille gauche décriée, présentée hier comme paralytique — au mieux —, comme complice du pouvoir gaulliste et de l'ordre établi — au pis ? Tel a été, semble-t-il, le réflexe de certains électeurs de Michel Rocard à La Celle-Saint-Cloud. Et ces répugnances ont contribué à faire, à gauche, bien des victimes : Charles Hernu à Châteauroux, C. Depietri à Thionville...

Enfin, surtout, les électeurs centristes, qui avaient en 1967, contre toutes leurs habitudes, fait l'appoint nécessaire à l'élection de beaucoup de candidats de gauche, les ont cette fois abandonnés. Un seul exemple : en mars 1967, 10 000 électeurs centristes avaient assuré l'élection des trois députés communistes de l'Essonne ; c'est très précisément ce qui leur manque aujourd'hui pour garder leurs sièges. Sans doute, ici ou là, il arrive encore à des candidats communistes de recueillir quelques voix du centre : à Nice, à Menton, à Confolens. Mais il s'agissait ici de l'héritage de candidats PDM dépourvus d'adversaires fédérés, et dont l'électorat était, dès l'abord, axé vers la gauche. Ces exceptions ne démentent donc pas la règle : c'est vers l'UDR que le report des voix centristes a été massif. Tout s'est passé comme si la commotion de mai, en balayant l'antigaullisme viscéral qui, lors de l'élection présidentielle, puis aux législatives de 1967, leur avait souvent tenu lieu de ligne politique, avait rendu les électeurs centristes à leurs tropismes. Pour combien de temps ?

A gauche, en tout cas, la stupeur morose de ce second tour fait pendant à l'allégresse du second tour de 1967. L'une et l'autre sont également injustifiées. Car le second tour, qui commande la liste des élus, détourne sur eux l'attention au détriment de l'examen plus austère, mais plus vrai, des voix. Avec ses élus de gauche, qu'on n'attendait plus, le second tour de 1967 avait fait figure de victoire de la gauche. Bien à tort. Avec ses élus « nationaux », qu'on n'attendait pas assez, le second tour de 1968 paraît un triomphe de l'UDR. C'est déjà un peu plus vrai. Pas tout à fait cependant.

Car, en 1967, où était exactement la « grande victoire de la gauche », que célébrait *L'Humanité* ? Et, parallèlement, la défaite du gaullisme ? On n'en trouve pas trace dans les chiffres du premier tour. Tout le monde, certes, avait gagné des voix : mais le pourcentage de la gauche avait fléchi — de 44,2 à 43,6 % —, celui de la V$^{e}$ République s'était gonflé — de 36,3 % à 37,7 %. Il faut rappeler ces résultats que, seule, l'euphorie artificielle du second tour avait fait oublier. Car ils rendent à ceux d'aujourd'hui de plus exactes proportions. Une fois de plus, le second tour brutalise le scrutin. Mais, cette année, en sens inverse. Il transforme en débâcle le recul de la gauche : 3 % des suffrages en moins, 60 % de sièges en moins. D'un succès UDR, il fait un triomphe : 6 % des suffrages en plus, 50 % de sièges en plus.

Six pour cent en plus au premier tour : c'est donc à ces justes proportions qu'il faut ramener le succès de l'UDR. Et, certes, c'est beaucoup ; d'autant qu'il ne faut pas trop se hâter de le mettre au compte d'une conjoncture exceptionnelle : l'examen des voix gaullistes depuis 1956 montre qu'il s'agit d'une conquête continue : 20,4 % en 1958, 36,3 % en 1962, 37,7 % en 1967, 43,6 % en 1968. Le succès gaulliste tient aussi à la diffusion plus régulière de son influence dans le pays ; la carte électorale du gaullisme est de moins en moins contrastée : non seulement parce que la France rouge du Midi, du Sud-Ouest et du Centre s'est laissé entamer, mais aussi parce que le gaullisme a cessé d'être un phénomène surtout urbain : c'est dans les villes cette fois, et notamment à Paris, qui pourtant vit l'émeute, que les progrès de l'UDR sont le moins nets ; dans les campagnes qu'ils sont spectaculaires. C'est à ces électeurs ruraux conquis que l'adversaire heureux du maire PDM de Rennes, H. Freville, déclarait, le 30 juin, devoir son imprévisible succès.

Trois pour cent en moins au premier tour. Voilà pour la gauche. Mais même si son échec évalué en voix est moindre que ne le donne à penser l'effondrement des sièges, il reste que l'effritement continu du pourcentage national des voix de gauche, depuis la Libération, pose un problème fondamental, qu'il serait absurde d'esquiver. La gauche française de juillet 1968, réduite à 90 députés, est délivrée de tout souci immédiat de stratégie parlementaire. A éviter un débat fondamental sur sa raison d'être et son avenir, elle n'aurait plus aucune excuse.

Ce à quoi nous avons assisté dimanche, c'est à l'échec politique de l'expérience Mitterrand, après celui de l'expérience Defferre : François Mitterrand a cru pouvoir entraîner le PC dans un regroupement réformiste qui eût été le prétendant légal à l'exercice du pouvoir et à la succession du général de Gaulle. Entre 1965 et 1967, et c'est notamment ce qui explique le ralliement d'une partie des centristes au second tour de 1967, il a multiplié les paroles rassurantes sur un éventuel gouvernement de gauche ; Waldeck Rochet lui a fait écho, abandonnant la dictature du prolétariat et le parti unique, insistant sur la « voie pacifique » vers le socialisme. Mais François Mitterrand, en échange de l'unité et de la réintégration politique qu'il a offerte au PC, n'a finalement obtenu aucune transformation fondamentale de l'attitude communiste.

Les événements de mai dernier montrent à l'évidence que le PC a contrôlé la crise sociale avec exactement la même stratégie que celle de 1936 ou de 1944-1945 : il n'a été ni révolutionnaire — ce qui l'eût amené à soutenir les étudiants et une petite minorité ouvrière —, ni réformiste — ce qui l'eût conduit à porter Mendès France au pouvoir. Le PC, fidèle à sa lourde croix soviétique, est trop révolutionnaire pour ce qu'il a de réformiste, trop réformiste pour ce qu'il a de révolutionnaire. Il conserve une idéologie révolutionnaire à l'intérieur d'une pratique réformiste ; surtout, il est un pouvoir à l'intérieur du pouvoir, il gère une société à l'intérieur de la société. Il a son Élysée carrefour de Châteaudun. Gelant l'esprit de sacrifice et le dévouement des meilleurs militants du pays, il ne leur offre qu'un genre de vie et qu'un groupe de pression, pas un avenir politique ; il ne sait plus ni la société qu'il veut, ni comment il y parviendra.

Seule nouvelle organisation de gauche depuis dix ans, le PSU semble s'attacher à caricaturer les impasses de la stratégie communiste, sans en posséder les vertus d'organisation. Il cherche à gérer d'une main les courants révolutionnaires de mai, tout en conservant dans l'autre ses trésors technocratico-réformistes. Comme toute organisation, il veut surtout grandir, paralysant sur sa gauche toute velléité de constitution d'un parti révolutionnaire, et gardant un œil sur ce qui pourrait être éventuellement récupéré d'un naufrage Mitterrand. Cette politique égocentrique et irresponsable, loin d'ouvrir vers un renouveau, vient de constituer un élément supplémentaire de démoralisation de la gauche.

Mitterrand, les communistes, le PSU : en ces temps difficiles, cette critique globale pourra paraître peu opportune. Mais, depuis la Libération, de la guerre froide à Budapest puis au gaullisme, quand la critique de la gauche l'a-t-elle jamais été ? Si juillet 1968 n'en sonne pas l'heure, craignons qu'elle ne vienne jamais.

François Furet et Jacques Ozouf

## D'UN RÉFÉRENDUM À L'AUTRE

*27 mars 1972*

Le rythme avec lequel la France enterre ses conflits politiques et constitutionnels s'est beaucoup accéléré depuis dix ou vingt ans. Le général de Gaulle a enterré la IVe République il n'y a pas si longtemps ; le président Pompidou a enterré le général de Gaulle — c'était hier. Mais qui, à part M. Maurice Faure, regrette la IVe République ? Qui, à part M. Michel Debré, regrette le général de Gaulle ? La France molle où nous vivons est a-républicaine ou post-républicaine, a-gaulliste ou post-gaulliste. Du coup, le titre du dernier livre de Charles Morazé m'a surpris comme une vieille bande d'actualités : *Le Général de Gaulle et la République*. Je suis entré dans ce théâtre d'ombres un peu par goût de l'histoire, et puis pour voir comment Morazé, qui fut proche à la fois de Mendès France et de De Gaulle, allait réconcilier ses souvenirs. Mais le livre n'offre aucune complaisance œcuménique : de Gaulle et la République y figurent les principes opposés d'une « logique » de l'histoire de France et, derrière les bandes d'actualités vécues, se constitue l'interprétation la plus intelligente qui ait été donnée, à ce jour, de notre histoire contemporaine.

La république de Charles Morazé est, comme celle de Montesquieu, inséparable d'un principe. Mais ce principe n'est pas, comme dans Montesquieu, la vertu des citoyens sur le modèle antique ; c'est le savoir, et l'idée qu'à travers le savoir on peut éduquer une communauté à obéir aux lois. Il a fallu plus de cent ans aux Français pour passer de la monarchie, c'est-à-dire de la légitimité de droit divin, à la république, c'est-à-dire au « système des lois » ; disons, en chiffres ronds, que cette révolution culturelle s'accomplit entre 1750 et 1880, entre Voltaire et Jules Ferry. Car c'est seulement la victoire de l'école laïque qui consacre les principes politiques élaborés par la « philosophie » du

XVIII$^{e}$ siècle. A travers une histoire politique chaotique et exemplaire, les valeurs nouvelles ont pénétré le tissu social jusqu'au moindre village. Si le combat de l'instituteur et du curé est entouré d'une telle passion, c'est qu'il porte bien au-delà d'un débat sur l'éducation des enfants. Il est au cœur de deux logiques contradictoires de l'histoire de France, la légitimité et la légalité. Toutes les deux prétendent fonder la nation dans l'universel, mais à partir de deux images contradictoires du pouvoir et du droit public.

Cette histoire peut être lue de bien d'autres manières, selon la dialectique marxiste des classes, par exemple, ou encore à travers les rapports complices de la France urbaine et de la France rurale : la première entraînant, dominant, éduquant la seconde jusqu'à ce qu'elle paie son succès même de la fin de cette prépondérance, au moins sur le plan politique, comme le montrent à la fois l'échec de la Commune et la victoire finale de la république au suffrage universel. Les paysans français, ces grands laissés-pour-compte de l'histoire du XIX$^{e}$ siècle, ces grands méprisés de l'historiographie socialiste, ces excommuniés de la civilisation, selon le Marx du *18 Brumaire*, finissent par accéder à la dignité de fondateurs de la république. Ce que l'approche de Charles Morazé a de particulièrement intéressant, c'est qu'elle souligne l'aspect culturel de cette promotion nationale ; la France des droits de l'homme a mis plus de cent ans à naître, et c'est alors la France de l'affaire Dreyfus. La république est inséparable de cet universalisme-là.

Elle est aussi la fondatrice de l'Empire, et elle a cru cette partie de son œuvre née du même mouvement, porteuse des mêmes valeurs qui avaient permis les grandes innovations intellectuelles. Elle est prise ici au piège de la puissance qui est celui de l'héritage monarchique, dont elle renouvelle les vieilles ambitions. L'histoire du XX$^{e}$ siècle va déchirer sans ménagement cette image missionnaire de la république jacobine. « Il faut donc, expérience faite, écrit Morazé, renverser les termes de l'admiration méritée par la république naissante, ne pas dire que sa politique internationale fut grande en dépit de ses difficultés internes, mais bien que sa vie intérieure fut puissante en dépit de ses contraintes d'ordre international. Dès lors, le désarroi de la république vieillie devient compréhensible : elle croit avoir été libre de construire un empire alors qu'elle le fit par imitation du passé ou imitation de ses voisins d'ouest, ou poussée par ceux de l'est : elle juge stériles les grands conflits politiques, intellectuels et sociaux, alors qu'ils avaient été la condition de nos meilleures inventions spirituelles. »

Dès lors s'explique aussi qu'à deux reprises, au milieu du XX^e^ siècle, la république, infidèle à ses lois, ait été abandonnée au bénéfice de la légitimité. Au pays rétréci et malthusien qui a acclamé Daladier au retour de Munich, l'histoire a offert le refuge Pétain, dans la période creuse, puis le mythe de Gaulle, dans les jours meilleurs. Quatorze ans après la Libération, quand la légalité républicaine s'embourbe dans les guerres coloniales, quand des gouvernements dirigés ou soutenus par des socialistes couvrent l'usage systématique de la torture en Algérie, l'arbitrage du héros historique demeure le recours d'un peuple qui a une longue histoire monarchique. La régression dans la légitimité a pour cause l'impuissance des lois.

Qu'elle soit résurgence de l'archaïsme, rien ne le montre mieux que la nature des rapports entre de Gaulle et les Français. Car ces rapports n'ont jamais été de nature démocratique ou, si l'on préfère, moderne. Ils sont, à l'origine, fondés sur une croyance imaginaire : que la France n'a pas perdu la guerre contre l'Allemagne, et qu'elle figure, au contraire, au nombre de ses vainqueurs. Le discours de juin 1940, qu'un nombre infime de Français ont entendu, devient la référence magique qui efface la défaite de Vichy. Il trace rétroactivement la ligne de partage entre le patriotisme et la trahison. Les acrobaties juridiques de la Libération n'ont d'autre source que la nécessité d'ajuster la légalité au légendaire de la légitimité. Mais elles nouent, en même temps, le malentendu entre de Gaulle et ce qu'il appelle « les partis ». Lui est le symbole de ce que la France n'a pas été et, de toute façon, n'est plus ; il reste fidèle à ce rôle en cherchant à restaurer, par-delà les républiques, une sorte de monarchie (selon le sens historique du mot, dont on sait qu'il signifie précisément non un pouvoir absolu mais une autorité tutélaire contrôlée par des dispositions non écrites, ancrées dans la tradition). Eux, les partis, n'ont accepté l'aspect « national » de la légitimité gaulliste que pour fonder une nouvelle légalité républicaine ; d'où le consensus, puis le désaccord.

De ce point de vue, le gaullisme façon 1958 est à la fois symétrique et inverse du gaullisme façon 1944-1946. Il n'a plus à faire ses preuves nationales ; pouvoir légitime en disponibilité, mais pouvoir légitime depuis la Seconde Guerre mondiale, il est insoupçonnable de défaitisme puisque la victoire nationale est sa nature même. D'où son aisance relative dans l'affaire algérienne. De ce point de vue, son rôle historique objectif est comparable à une somme algébriquement nulle : de Gaulle a rétabli l'empire colonial de la France en 1944-1946 pour lui donner l'indépendance en 1958-1962. Mais s'il conduit alors une politique qui aurait dû être celle de la république, il rétablit en échange le régime du monarque libéral. Il avait fait, à la Libération, la politique étrangère de la monarchie dans une constitution républicaine. Quatorze ans après, il fait la politique étrangère de la république dans une constitution monarchique. Le pays démissionnaire laisse le vieux roi libre de débrouiller l'écheveau algérien.

En réalité, les accords d'Évian font la part de l'inévitable plus qu'ils n'inaugurent un renoncement à la vie politique de puissance. Mais ils suffisent à ranimer la vie politique intérieure, le retour des citoyens et des partis à la vie publique, le désir d'un nouveau contrat légal entre le pouvoir et le pays. C'est le référendum de l'été 1962, aux termes duquel le président de la République est désormais élu au suffrage universel. La gauche crie au plébiscite alors qu'il s'agit en réalité de la concession capitale de De Gaulle à une légalité de type moderne : car la légitimité n'a que faire du suffrage universel. Si de Gaulle ne le comprend pas — peut-être, simplement, ne peut-il pas l'éviter —, les gaullistes, eux, en tirent les conséquences, et c'est ici que se noue la dialectique de Gaulle-Pompidou.

Pendant que le président de la République continue à appeler les Français à se rassembler autour de lui, en refusant de donner son accord, fût-ce sous la forme d'un adjectif, au regroupement de ses partisans et, par conséquent, à la bipartition de sa France légendaire, Pompidou joue les nouvelles règles du jeu et constitue sous sa houlette le nouveau parti de l'ordre. Comme l'a montré Jean Charlot dans une remarquable étude dont Charles Morazé reprend ici les conclusions, de Gaulle personnellement ne cesse de perdre des voix entre 1958 et 1969, alors que le parti gaulliste ne cesse d'en gagner.

La légitimité s'efface à nouveau au bénéfice d'un nouveau « système des lois », qu'elle a couvé sans le savoir nettement, sans le vouloir tout à fait. La bonne vieille droite française, d'une élasticité décidément inépuisable, passe contrat avec le Premier ministre, dans lequel elle reconnaît l'un des siens ; elle efface sans peine l'ardoise de l'imprévoyante gestion des années 1962-1968 : elle oublie l'absence d'imagination politique, le règne morne des bureaux et des affaires, l'ignorance des partenaires sociaux, la consolidation des privilèges d'une société corporative, la pauvreté d'une politique de l'éducation conçue en termes purement quantitatifs. Un seul mot sur l'« ordre » efface tout cela. Succédant à une république infidèle à ses principes, de Gaulle a couvé moins une nouvelle république qu'un nouveau parti de l'ordre. Pompidou est condamné à le trahir pour lui rester fidèle.

L'affaire de 1968 révèle tout cela avec une parfaite clarté. En face de l'émeute, Pompidou prend le pouvoir le 11 mai quand il fait prévaloir ses vues sur celles du chef de l'État. Les élections qui suivent sont *ses* élections, gagnées de la manière la plus classiquement conservatrice, grâce au spectre de la panique sociale. Dès lors, de Gaulle n'a plus qu'une idée, mais trop tardive et, de toute façon, utopique : briser cette nouvelle coalition de votes qui l'enferme. D'où l'éviction du Premier ministre, le soutien donné à la politique Edgar Faure (revanche sur les électeurs de Pompidou), le refus d'une dévaluation désirée par les affaires, enfin l'organisation d'un nouveau référendum, destiné à lui redonner, à lui cette fois, la bénédiction du pays.

La consultation du 27 avril 1969 n'est pas un suicide volontaire, bien que le résultat en ait été prévisible et prévu : c'est un appel très logique au pays, non sur la question régionale, mais sur la question : Pompidou ou moi ? Pompidou l'a clairement indiqué dans ses discours de Rome et de Genève. Entouré de ses deux grands saints innocents que sont Couve et Jeanneney (comme si la « haute société protestante » avait mobilisé ses notables pour faire face à la réaction catholique), de Gaulle accepte d'aller à ce combat inégal, qu'il a déjà perdu moins d'un an auparavant. La légitimité mourante est morte ce jour-là.

Le régime qui l'a remplacé — en dépit de la continuité des institutions — est moins la république de Morazé que celle des grandes dynasties bourgeoises. Comme tel, il est plus incapable encore que la monarchie gaulliste de faire face aux défis de l'histoire contemporaine, recensés par Morazé dans la dernière partie de son essai : la révolution des connaissances et celle de l'information, l'absurdité d'une croissance économique sans finalités sociales organisées, la demande d'éducation et de démocratie. Il a passé, avec la société qui l'a élu, en 1968 et en 1969, une sorte de contrat d'inertie, respecté de part et d'autre ; Marchais y tient la main aussi bien que Pompidou. Ballottée d'une mythologie de la légitimité à une gestion étroitement bourgeoise, notre vie publique manque d'oxygène et l'année électorale qui commence n'a pas l'air de devoir en apporter beaucoup. Faut-il donc s'en rapporter à ce que Morazé appelle la « logique » de l'histoire par où l'imprévisible devient probable ? A long terme, sûrement. Mais le plus tôt sera le mieux.

---

LE GÉNÉRAL DE GAULLE ET LA RÉPUBLIQUE
*par Charles Morazé, Flammarion.*

LE PHÉNOMÈNE GAULLISTE,
*par Jean Charlot, Fayard.*

---

## LE CULTE DE L'ÉTAT

*22 avril 1974*

Au moment où la mort de Georges Pompidou a jeté une lumière cruelle sur ce que la majorité appelle un peu trop fièrement les institutions de la V^e^ République, on n'entend chez les candidats à la succession que l'apologie inconditionnelle de ces institutions. Chaban-Delmas, qui est le mieux placé pour faire la sociologie des camarillas pompidoliennes, est le plus mal venu pour en parler. Giscard d'Estaing, qui a souffert plus qu'un autre des exclusives courtisanes de l'Élysée, se borne à souhaiter une présidence moins « guindée ». François Mitterrand, qui a souvent attaqué le pouvoir personnel, n'indique pas comment il compte l'exercer. Est-ce que chacun d'entre eux se réserve d'avoir aussi ses Pierre Juillet, ses Marie-France Garaud, son petit ministère parallèle ? Est-ce que chacun d'eux partage avec l'homme dont il brigue la succession cette image funèbre et archaïque du pouvoir suprême ? Est-ce que la France est prisonnière à ce point de son histoire ?

Les Français mêlent l'État à toute leur existence. Leur président meurt en charge, au terme d'une maladie dont l'issue était dès longtemps prévisible, ils saluent son courage privé comme s'il s'agissait d'une vertu publique. Ils le célèbrent comme si Georges Pompidou n'avait eu d'autre choix que de mourir au pouvoir ; comme si ce pouvoir suprême, dont il était par la volonté du peuple le détenteur provisoire, il l'avait incarné comme un roi, condamné à l'exercer jusqu'à la mort.

L'opinion publique a une excuse ; c'est que l'exemple vient d'en haut. De ce théâtre du pouvoir, le protocole est réglé par le pouvoir lui-même, et ses règles étroitement suivies par la cohorte des ministres, des familiers et des courtisans. La mort même n'en dérange pas l'ordonnance : le dernier conseil des ministres présidé par Georges Pompidou, tel que l'a reconstitué Jean Mauriac, pourrait être tiré des annales de la monarchie.

Étrange conseil ! Le gros homme fragile et pitoyable, fantôme déjà de ce qu'il a été, gagne son fauteuil à pas précautionneux. La mort l'enveloppe déjà, mais il est encore l'État : il lui faut donc obéir au cérémonial, présider, écouter, parler, trancher. Subitement, son sur-moi louis-quatorzien craque devant l'angoisse et délivre sa panique intérieure. Pompidou parle à ses ministres de sa maladie. Il dit que c'est dur, qu'il souffre, mais qu'il ira à Cajarc et qu'il va guérir, quêtant l'approbation et l'espoir dans les regards. Mais, déjà, la parenthèse est fermée, le conseil est fini, les ministres sortent sans parler, le roi est seul.

Aurait-il dû démissionner avant que son mal n'ait atteint le seuil critique ? On comprend au moins qu'il ne l'ait pas fait : quand on voit les difficultés que présente sa succession, lui disparu, on voit qu'il n'avait pas sans doute les moyens de les trancher de son vivant. Et, d'autre part, se retirer purement et simplement, en laissant le peuple choisir, en risquant d'assister à la percée de Chaban-Delmas, c'était mourir deux fois... De Gaulle avait eu le courage d'assister au couronnement de son successeur. Mais ces choses-là ne sont pas faciles. Quand il s'agit d'un immense pouvoir, et qu'il n'y a pas de règle héréditaire, c'est-à-dire d'inévitable, le rapport entre le titulaire et les éventuels héritiers est invivable.

Il l'est d'autant plus que, dans le cas de la V$^{e}$ République, au moins jusqu'à aujourd'hui, il y a contradiction entre la nature de ce pouvoir, qui est une légitimité démocratique, et son exercice, qui est une pratique monarchique.

C'est là, je crois, qu'est le secret de cette fin de règne tragique : Georges Pompidou, héritier d'un pouvoir trop grand pour lui, obsédé par la passion de n'en rien laisser prescrire, a voulu gouverner comme un roi. Je ne suggère pas par là qu'il aimait l'arbitraire — les rois de France n'en abusaient pas non plus, en règle générale —, ni même que, comme homme privé, il n'ait pas été un homme simple, pas plus narcissique que vous et moi. Je veux dire que l'image qu'il se faisait du pouvoir était une image sacrale, et qu'il a conformé sa pratique gouvernementale à cette image plus qu'à sa propre nature.

L'Élysée, c'était ce que les députés de la majorité appelaient, sans avoir lu Kafka, « le Château » : la manie du secret, la volonté permanente d'« évoquer » les affaires en les ôtant aux ministères compétents, l'intervention des conseillers et des officieux, l'atmosphère de courtisanerie et de soumission qui avait enveloppé la vie politique de la majorité. Ce n'est pas que l'autorité légitime de l'Élysée manquât de compétence ou de courage ; mais à travers le mépris qu'elle témoignait à la classe politique de ce pays perçait l'absence de considération à l'égard des citoyens. Une certaine tendance à la démagogie antipoliticienne est inséparable de la volonté d'exercer le pouvoir sans partage.

Personne ne saura jamais quelle part a eue, dans cette évolution néfaste, le mal dont était atteint Georges Pompidou. Un homme malade, soumis à des traitements fatigants, est enfermé dans un dialogue obsédant avec son corps ; comment les nouvelles du monde et les nécessités de l'action percent cette solitude affreuse, c'est un mystère individuel qu'il n'est pas utile, ni convenable de commenter. Il reste que cette fin de règne où la mort donne la main au pouvoir lègue aux Français une image de l'État qui n'est que trop conforme à leurs traditions : celle d'un monstre lointain, secret, funèbre.

La mêlée un peu hâtive qui a suivi, dans son propre parti, la mort du président n'est que l'envers de la médaille. Lui disparu, les hommes qui occupaient, après lui, les fonctions les plus importantes de l'État n'apparaissent subitement que comme ses clients. Le Premier ministre, le ministre de l'Intérieur sont tout surpris de n'être plus rien ! Quand ils le comprennent, leur premier geste, et d'ailleurs leur seul recours, est d'exciper du « testament » — comme si, dans une démocratie, le détenteur du pouvoir avait un droit de dévolution ! En face, chez les barons du gaullisme historique qui réinvestissent toute la mise sur Chaban, on a perçu comme un soulagement, une libération : mais aucun d'entre eux, dans les mois précédents, n'avait osé parler clairement à celui qui n'était pourtant qu'un des leurs. S'il est vrai que la semaine qui a suivi la mort de Pompidou aurait mérité un Tacite ou un Saint-Simon, c'est qu'il s'agissait de la plus ancienne des histoires : la mort du roi.

Le prochain sera-t-il roi encore ou, enfin, président ? La question n'est guère posée en ce début de campagne, bien qu'elle soit fondamentale. Ce n'est pas l'étendue des pouvoirs qui est en question ; c'est un style de gouvernement et de pensée politique, qui sacralise le secret et l'autorité. Il est grand temps, dans ce domaine, de mettre fin à une tradition gaulliste qui rassemble ce qu'il y a de pire dans l'Ancien Régime et la Révolution : le culte de l'État. Chaban l'incarne aujourd'hui, pourrait-il s'en libérer demain ? Giscard est un libéral, mais si fragilement libéral par rapport aux pesanteurs de la droite ! Mitterrand est sûrement, des trois, le plus attentif à la corruption des hommes par le pouvoir ; mais, s'il est élu, il aura besoin d'un si grand pouvoir personnel ! Je propose d'élire celui qui promettra de ne plus pasticher « la Cour », le feuilleton du *Canard*.

## LE COUREUR DE FOND

*24 juin 1974*

L'avènement de Giscard a été rendu possible par l'extraordinaire plasticité de l'électorat de droite en France : depuis plus de trente ans, cet électorat a été successivement pétainiste, puis gaulliste, MRP, indépendant type Pinay, re-gaulliste en 1958, pompidolien à partir de 1968, enfin giscardo-lecanuettiste cette année. En ce sens, Giscard est l'homme des retrouvailles, la réédition du Pinay 1953, fossoyeur du RPF, l'homme qui ferme la deuxième parenthèse gaulliste de notre histoire contemporaine.

Le talent de Giscard, pendant la campagne, a été de faire du neuf avec du vieux. Réunissant l'équation politique de Poher et la conviction « présidentielle » de Pompidou, il a réussi à incarner un avenir en fusionnant des traditions rivales. Du coup, Chaban n'était plus que l'ancien régime, et lui, l'inamovible ministre des Finances, le symbole du nouveau. Nous y sommes.

La tentation, pour l'opposition, consiste à attribuer tout cela au seul talent du candidat, et à n'y voir qu'un tour de passe-passe. A ne voir, dans ce tournant de notre vie politique, que ce qu'il fait revivre. Pinay derrière Giscard, Bidault derrière Lecanuet, Pleven derrière Durafour. Cette tentation est d'autant plus naturelle que l'électorat qui a porté Giscard au pouvoir a perdu un bon contingent de voix populaires par rapport à celui de De Gaulle et de Pompidou, et qu'à tort ou à raison le nouveau président de la République incarne mieux que ses prédécesseurs une classe, un milieu, un type social. J'entends déjà ici et là l'éternel refrain de la gauche maximaliste : « Rien de changé, les choses sont seulement plus claires : droite contre gauche. »

Eh bien si, il y a des données fondamentales de notre vie politique qui ont changé avec Giscard. Autant les analyser que de s'enfermer dans le prophétisme de café.

Les gaullistes gagnaient les élections en mobilisant leur majorité contre le péril communiste. Mais, après la victoire, ils gouvernaient sinon avec le PC, du moins sans hostilité acharnée de sa part : il y avait une sorte d'accord tacite sur les zones d'influence. En 1969, les communistes sont même allés plus loin dans cette politique de partage puisqu'ils ont assuré, par leur abstention, la victoire électorale de Pompidou en face de Poher. Or Giscard a gagné les élections de 1974 avec une autre stratégie et, visiblement, au nom d'une autre analyse : avec un recours minimal à la grosse caisse anticommuniste (je parle de ses propres interventions, non de celles de ses lieutenants), et en privilégiant le thème d'une bonne gestion de l'aventure industrielle et de ses bénéfices sociaux. Cette modernisation de notre répertoire politique n'est pas forcément d'une rentabilité immédiate : Giscard a frôlé la défaite que lui pronostiquaient, dans la dernière semaine, ses partisans les plus « anticommunistes ». Elle n'assure pas davantage à son inventeur le statut de belligérance contractuelle dont les communistes faisaient profiter les gaullistes : non seulement parce que le PC préfère être considéré comme l'adversaire principal plutôt que comme une sorte de phénomène politique résiduel, mais parce qu'il n'escompte pas de Giscard une diplomatie aussi « positive » que celle de Jobert.

Du coup, la modernisation de notre vie politique à droite conjugue ses effets avec sa normalisation à gauche : du jour où François Mitterrand a entrepris la reconstruction d'un Parti socialiste appelé à devenir la principale force de l'opposition, il a créé les conditions de l'alternance au pouvoir. Dans ce cadre, la fameuse hypothèque communiste, qui bloque le fonctionnement normal de la démocratie en France depuis si longtemps, et dont les gaullistes ont usé et abusé de façon si choquante, peut être levée. Je ne dis pas qu'elle le soit tout à fait ; mais, enfin, beaucoup de chemin a été fait, grâce à Mitterrand d'abord, mais aussi, tout récemment, grâce à Giscard.

Il en résulte, pour le nouveau président de la République, une situation singulière. Il a, comme tout élu intelligent et ambitieux, le désir de dépasser son électorat, c'est-à-dire de le trahir. A voir ses premiers actes publics, il semble même en ressentir le besoin plus qu'un autre. Est-ce le fait de sa très courte majorité qui lui fait obligation d'élargir à tout prix sa base de départ et de convaincre l'autre moitié de la France ? Pas seulement. Il faut tenir compte aussi de son équation personnelle. Giscard incarne probablement moins qu'on ne le dit son électorat. Il n'a pas du tout le profil Pompidou, qui était, à cet égard, parfait ; une promotion sociale modèle, de la terre aux bottes, la réussite gagée sur les concours, un socialiste tourné conservateur. Même ce qui manquait à cette étonnante carrière contribuait à sa réussite : absent de la Résistance et de la guerre, Pompidou avait échappé aux schismes de la droite française et constituait, après de Gaulle, un excellent « réconciliateur ». Giscard est enfermé dans une image sociale et politique beaucoup plus étroite ; mais il n'est pas sûr que ce fils de famille n'en tire pas plus de liberté. Psychologiquement, son problème est de s'en évader, alors que le drame de Pompidou était de l'avoir atteint.

Ce sentiment domine, il me semble, les débuts de son septennat. Plus encore que des calculs d'avenir, il explique l'abaissement de l'âge électoral, l'intermède Servan-Schreiber — Françoise Giroud et ce qu'on devine de sensibilité à la France contemporaine dans quelques-uns des secrétariats d'État nouvellement créés. Mais la marge de manœuvre reste extraordinairement étroite : à droite, l'UDR veille au grain. A gauche, le score atteint le 19 mai n'a pas entraîné de découragement, au contraire : aucun débauchage n'est possible dans un avenir prévisible. Enfin, la menace de dissolution, arme suprême, n'est pas réellement crédible tant que le risque d'une victoire de la gauche est si grand.

Reste le style, la fabrication d'une image présidentielle, la part donnée au rêve des Français. Comme Kennedy, Giscard incarne plutôt les superstitions de notre monde que ses profondeurs : le management, la jeunesse, le succès. Comme Kennedy, il peut avoir tendance à confondre la petite ivresse de l'histoire avec l'histoire elle-même. Il est monté tout de suite en ligne et il croit que les troupes suivent.

Or, derrière, c'est le temps de l'observation plus que de l'enthousiasme. La classe politique attend de voir quel type d'homme d'État va naître d'un ministre des Finances « compétent ». L'opinion publique attend, elle aussi, acceptant de juger sur pièces un peu plus tard. D'ici là, Giscard aura-t-il gagné la partie, sur les deux terrains où il s'est engagé : la démocratisation de notre vie publique et le redressement de la situation économique ? De ce programme qu'il s'est fixé, aucune des deux parties n'est facile à réaliser ; mais la seconde est davantage « dans ses cordes ». Le reste n'est pas moins important mais échappe à son savoir-faire habituel : libéraliser le régime, sous l'œil des anciens propriétaires de l'État, en présence d'une opposition renforcée, et, sans prendre de risques excessifs, c'est un art tout politique, qui ne s'apprend pas rue de Rivoli.

Dans ce domaine, Giscard tâtonne. En l'absence de Jean-Jacques Servan-Schreiber et de Françoise Giroud, il a perdu son *agit prop'* : il va falloir qu'il l'assume non seulement lui-même mais quasiment tout seul.

## DES GENDARMES, PAS DES IDÉES

*8 septembre 1975*

Que l'affaire corse ait complètement pris au dépourvu la classe politique française, la plupart des réactions enregistrées depuis deux semaines en témoignent un peu tristement. La représentation parlementaire de l'île n'y a joué aucun rôle, préventif ou curatif. Le ministre de l'Intérieur a envoyé des gendarmes, nommé un préfet mais n'a émis aucune idée. Le président de la République a dit son « affection », ce qui est une manière d'attendre. L'UDR, par la voix généralement plus imaginative d'Alexandre Sanguinetti, parle de « fascisme ». Le PS demande le départ de Poniatowski, et Georges Marchais donne pour responsable des événements la crise du système capitaliste.

Dans tout cela, qui parle de la Corse ? Personne. Cet abus de langage généralisé mérite un instant de réflexion ; toutes ces paroles sur rien, et pour ne rien dire, sont plus graves que le sang versé. Elles traduisent non pas la crise du capitalisme mais l'incapacité de nos idéologies nationales à penser les paradoxes d'un problème comme celui-là.

Premier paradoxe, qu'on pourrait baptiser l'« effet Tocqueville », du nom de son inventeur : la Corse est de plus en plus prospère, les Corses sont de plus en plus mécontents. Les chiffres de la production agricole, pour ne rien dire du tourisme, sont, en effet, depuis dix ou quinze ans, en hausse très rapide, et la Corse est l'un des départements français qui ont connu une des plus fortes croissances économiques. Du coup, les inégalités dans la distribution sociale de cette croissance attisent le mécontentement local, et par exemple la colère des petits exploitants contre la grosse agriculture. Et puis, l'augmentation générale de la richesse produite par l'île, en démentant la fatalité d'une civilisation égalitariste de la pauvreté, rend insupportable ce qui était hier perçu comme un sort commun. Une fois de plus, c'est l'idéologie technocratique de la croissance économique qui est en question dans la vendetta de la plaine d'Aléria.

Deuxième paradoxe, complémentaire du précédent, et qui va plus profond au cœur du problème. Si, de cette croissance largement financée par l'économie nationale, les Corses n'éprouvent aucune gratitude pour la France, ce n'est pas seulement parce qu'ils n'en perçoivent pas les bienfaits. C'est qu'ils ont envers elle la même attitude ambiguë qu'à l'égard de la vieille politique d'« assistance » de la métropole. En effet, la Corse jouit de privilèges souvent anciens, parfois non négligeables, comme son statut fiscal particulier.

Les avantages réels de ce statut d'assisté ont contribué à nourrir un phénomène qui paraît aujourd'hui anachronique : l'éminente participation des Corses au jacobinisme centralisateur, à travers l'émigration-promotion et le service de la France administrative et impériale. Mais ils peuvent aussi susciter l'humiliation et la révolte, et alimenter — l'esprit du temps aidant — l'accusation de colonialisme. L'exemple corse est typique des attitudes ambivalentes de bien des communautés « françaises » à l'égard de l'État centralisateur : ce sont celles qui en ont le plus espéré ou qui l'ont le plus servi au XIXe siècle — la Bretagne par exemple — qui en désespèrent le plus aujourd'hui.

A cela, j'aperçois deux raisons, qui achèvent de nouer le problème corse. La première tient au discrédit relatif où est tombé le jacobinisme dans la gauche, au moins intellectuelle, et à la remise en honneur, par cette même gauche, de ces provinces autonomes qui étaient la nostalgie de la pensée conservatrice. Les régions, hier, c'était Pétain ; aujourd'hui, c'est Rocard. Le jacobinisme, c'était Édouard Herriot ; aujourd'hui, c'est Michel Debré. En passant de la droite à la gauche, ces valeurs et ces revendications anticentralisatrices ont reçu une force supplémentaire : le baptême de la démocratie, la légitimité républicaine. Mais, en réalité, elles sont encore comme à mi-chemin, incertaines de leur avenir : assez fortes pour défier l'État, trop faibles pour le vaincre.

L'autre raison, bien sûr, c'est la résurgence des ethnies, que la Révolution et la République avaient cru enfouir à jamais au plus profond de notre histoire sédimentaire. Elle pourrait bien être, d'ailleurs, le socle sur lequel prend appui le courant décentralisateur, mais elle en complique l'équation. Car ce que les frères Simeoni reprochent à la France, ce n'est pas de ne pas aider *la* Corse, c'est de ne pas aider *les* Corses ; c'est d'aider *la*

Corse en éliminant *les* Corses. Les colons pieds-noirs, à quinze ans de distance, sont de nouveau les boucs émissaires d'une logique nationale.

C'est cette logique qu'il faut d'abord dénouer, parce qu'elle est, dans le cas corse, la plus fallacieuse, et potentiellement la plus meurtrière : un travestissement héroï-comique du jacobinisme, qu'elle prétend combattre et qu'elle imite. Depuis deux siècles, l'histoire de l'Europe est tissée par deux sentiments de l'appartenance collective : le premier intègre la civilisation de clocher dans la nation, en unifiant toutes les communautés dans les plis du drapeau. C'est, au mieux, le jacobinisme ; au pis, l'hitlérisme. Le second est fait de l'identité ethnique et culturelle des « pays », au vieux sens du mot : il y a une Bavière et il y a une Bretagne. Il serait temps, peut-être, que gouvernants et gouvernés renoncent, dans leurs rapports, au premier de ces modèles, pour tenter d'approfondir le second.

Cette prise en considération du problème culturel, au sens large du terme, est probablement plus importante qu'un effort mécanique de régionalisation, tel que l'a engagé timidement la loi de 1972. La société française est telle, après tant de siècles de centralisation, qu'elle n'est pour l'instant capable d'organiser sa décentralisation qu'à l'imitation de l'État central : les mêmes assemblées, les mêmes exécutifs, les mêmes partis. A quoi bon une assemblée corse, même élue au suffrage universel, si on doit y retrouver, affrontées et complices, une droite et une gauche véhiculant nos grandes idéologies nationales ? Les Corses ne veulent plus singer Paris ; ils souhaitent qu'on respecte leur différence. Rien de plus mais rien de moins.

# LES ÉTERNELLES FIANÇAILLES DES SOCIALISTES ET DU POUVOIR

*16 mars 1978*

Tout parti politique est fait pour arriver au pouvoir. Or le socialisme français a toujours été en délicatesse avec cette idée simple : puisque cette méfiance constitue à la fois sa fragilité et son honneur, c'est peut-être à partir d'elle qu'on peut comprendre le plus profondément son histoire et ses problèmes.

Depuis la fin du XIX^e^ siècle, l'Europe a deux types de partis socialistes. Elle a vu se développer, à partir de la tradition fabienne du travaillisme anglais, une social-démocratie réformiste, qui a toujours été étrangère au marxisme, sous toutes ses formes, qu'il s'agisse du marxisme II^e^ Internationale, dominé par Kautsky, l'héritier d'Engels, ou de celui de la III^e^, transformé après la Première Guerre mondiale par la révolution bolchevik. Cette tradition politique, qui domine toujours le socialisme de l'Europe protestante — Grande-Bretagne et Scandinavie —, est à la fois réformiste et ouvrière. Elle est invulnérable à la surenchère révolutionnaire, installée dans les alternances du suffrage universel, exerçant le pouvoir quand elle est majoritaire, le quittant quand elle ne l'est plus, sans complexes à l'égard du marxisme et de la théorie : elle a apprivoisé la lutte des classes à l'intérieur de la démocratie libérale. Mais elle est en même temps profondément ouvrière, rassemblant à l'heure des grands scrutins la majorité du monde du travail, et enrôlant ouvertement sous sa bannière les syndicats. Paradoxalement (au moins au regard des professions de foi respectives), ce sont les partis les moins messianiquement ouvriers qui sont le plus enracinés dans la classe ouvrière, et de ce fait le plus sensibles aux pressions de la base.

En effet, l'autre tradition socialiste européenne est à la fois plus marxiste et moins ouvrière. Elle a eu longtemps pour phare le parti social-démocrate allemand, héritier direct, à travers Bernstein, puis Kautsky, de la pensée des pères fondateurs, et inspirateur central, jusqu'en 1914, des thèses de la IIe Internationale. C'est autour d'elle que s'organise aussi le socialisme français, quand il s'unifie en un seul parti, dans les premières années du siècle. Non qu'elle soit unique mais elle est très vite dominante. Elle offre aux intellectuels qui dirigent le parti le vaste terrain des affrontements de doctrine, où s'illustrent Jules Guesde et Jaurès ; du coup, elle est en même temps socialement plus étroite, quant au monde ouvrier, que le réformisme anglo-saxon, et, en revanche, plus ouverte à la petite bourgeoisie intellectuelle et universitaire. Au fond, c'est Lénine qui a écrit l'apologie de cette pratique socialiste, en rejetant l'exemple anglais aux ténèbres par la thèse de « l'aristocratie ouvrière », et en justifiant le rôle des intellectuels, chargés d'apporter de l'extérieur, au mouvement ouvrier « spontané », la bonne doctrine. Bien avant que le bolchevisme en offre la théorie, ou la caricature, cette pratique n'a cessé d'être celle du socialisme européen continental ou méditerranéen.

Donnée historique fondamentale, et d'autant plus utile à exhumer qu'elle a été recouverte par la formidable polémique communiste, à partir de la Première Guerre mondiale et de la révolution russe. Que disent en effet les communistes, depuis 1920 ? Que la social-démocratie européenne a abandonné le marxisme, qu'elle est passée du côté du capitalisme et du pouvoir à n'importe quel prix, et qu'elle a renié l'idée du socialisme.

Or, il suffit d'examiner l'activité et l'idéologie du parti socialiste français entre les deux guerres pour voir au contraire à quel point elles restent dominées par la tradition marxiste de la IIe Internationale, même au moment des pires affrontements avec les communistes. Car c'est bien cet héritage commun qui est l'objet du conflit.

Léon Blum est un homme tout à fait différent de Jaurès, mais il a le même bagage de convictions et de doctrine. La rencontre et même l'amitié entre le député méridional, au génie puissant et simplificateur, et le jeune intellectuel juif si « intérieur » et un peu précieux n'est pas imaginable en dehors de la sédimentation normalienne, et de la pédagogie de Lucien Herr, le fameux bibliothécaire de « l'École ».

Et si, au lendemain de la Première Guerre mondiale, en face du défi communiste, le Parti socialiste se tourne vers ce conseiller d'État qui approche des cinquante ans sans avoir fait encore de politique militante, c'est parce que celui-ci lui restitue sa tradition et sa doctrine. Ancien compagnon de Jaurès, étranger aux luttes de l'appareil, et d'une qualité intellectuelle qui tranche sur la médiocrité générale, Blum s'impose comme naturellement à l'appareil guesdiste du parti : alliance à la fois curieuse et profonde, qui se scelle au congrès de Tours, au moment de la scission, non pas sur la base d'une liquidation doctrinale mais au contraire par la réaffirmation commune d'un héritage inchangé.

Car le débat de Tours, où Blum prononça le plus grand discours de sa carrière (avec la plaidoirie de Riom en 1942), n'est pas entre réforme et révolution, mais entre deux conceptions marxistes de la révolution. [1]

La scission de Tours se fait donc non pas sur le corps de doctrine mais sur la conception du Parti ; non pas sur le marxisme mais sur le léninisme : contre le monolithisme, le fameux « centralisme démocratique » qui fait son apparition dans l'histoire universelle, sous la forme des vingt et une conditions d'adhésion à l'Internationale communiste, Blum défend la liberté des tendances à l'intérieur du parti révolutionnaire. En défendant la tradition marxiste contre l'hérésie bolchevique, il a le premier compris deux choses essentielles, qui n'ont pas cessé d'être vraies : d'abord, que la révolution russe n'a pas de valeur exemplaire pour la France. Mais que, en revanche, la surenchère qu'exerce désormais le Parti communiste sur le socialisme français contraint la vieille SFIO, pour survivre, à veiller sur sa gauche.

Et d'abord à refuser d'« exercer » le pouvoir (au lieu de le « prendre ») avec les partis « bourgeois », y compris les radicaux, qui constituent à l'époque le grand parti de centre-gauche. Car cette participation au pouvoir permettrait au rival d'extrême gauche d'étendre son rayonnement grâce au monopole de l'opposition « ouvrière ». Entre le congrès de Tours et le Front populaire, c'est cette stratégie qui permet à Blum de reconstituer un parti socialiste très puissant, qui devient en 1932 la première force électorale du pays. « Pendant une période d'à peu près quinze ans, écrira-t-il plus tard, de 1921 à 1936, mon activité à l'intérieur du pays s'est principalement appliquée à écarter le parti socialiste du pouvoir. » Ainsi se noue, pendant cette période clé et autour de Blum, le paradoxe socialiste central, selon lequel le parti cultive l'éloignement du pouvoir comme le secret

1. Voir sur ce point l'article du 26 mars 1959 consacré à Blum, intitulé « L'homme que la bourgeoisie française a le plus haï », (pp. 194 et sq.). *(N.d.E.)*

de sa force, et l'attachement à la doctrine révolutionnaire comme la justification de cet éloignement.

Pourtant, dès cette époque, et dans le cadre d'un tout autre système politique que celui d'aujourd'hui, cette stratégie tend à bloquer le fonctionnement du régime parlementaire. Le Parti socialiste, qui est multiclasse (ouvriers, paysans, petite bourgeoisie de fonctionnaires et d'intellectuels) et constitue un grand parti à clientèle nationale, gèle une part trop importante de l'électorat pour qu'un gouvernement de centre-gauche soit possible : ni les élections de 1924 ni celles de 1932, qui sont « à gauche », ne permettent de ce fait une solution durable. Entre une droite qui est de moins en moins républicaine, et une gauche communiste qui n'envisage que les soviets, le dogme de la non-participation socialiste supprime la possibilité d'une alternative de gauche, et condamne le régime à trouver son centre de gravité au centre-droit, quel que soit le vote des électeurs.

C'est cette impasse que brise le Front populaire, par la réintégration volontaire du Parti communiste dans le jeu des institutions, réintégration qui entraîne, après les élections de mai 1936, l'inévitabilité d'un gouvernement Léon Blum. Mais la non-participation des communistes à ce gouvernement révèle tout de suite que la rivalité fondamentale des deux partis « ouvriers » n'a cessé d'être plus importante — au niveau des appareils politiques — que la conjoncture qui les a provisoirement unis, même quand cette conjoncture est caractérisée par les progrès du fascisme. Blum va se trouver face à Thorez dans la situation où, en 1924, Herriot se trouvait face à lui, Blum : dépendant, mais jamais assuré d'une solidarité dans la décision et l'exécution. Si on la dépouille de ce qui en a constitué l'essentiel, c'est-à-dire le mouvement populaire, et si on la réduit, pour les besoins de l'analyse, aux rapports des partis organisés, l'expérience de 1936 découvre le deuxième grand paradoxe de la gestion du socialisme français : à savoir que, si le Parti socialiste ne peut se développer que sur une ligne « de gauche », qui débouche, à plus ou moins long terme, sur une alliance avec les communistes, il ne peut pas gouverner avec les communistes. L'échec politique de Léon Blum — échec auquel il a donné l'éclat de son immense talent — tient dans ce constat simple. Léon Blum a « exercé » le pouvoir, il ne l'a jamais « conquis » pour le socialisme : distinction peut-être byzantine mais qu'il n'a cessé de vivre et d'approfondir avec tristesse, et qui est une bonne traduction des contraintes intellectuelles et pratiques du socialisme français au XXe siècle.

Si l'on cherche, d'ailleurs, une démonstration *a contrario* de la permanence de ces contraintes dans notre vie politique, on peut la trouver dans l'histoire de la IVe et de la Ve République. Guy Mollet devient le patron de la SFIO en septembre 1946, contre Daniel Mayer et Léon Blum, au nom de la tradition guesdiste et de la pureté doctrinale : une fois de plus, le « renouveau » du Parti est enveloppé dans l'invocation marxiste du retour aux sources. Commence alors, dès l'année suivante, la longue période pendant laquelle, pour des raisons de conjoncture, Guy Mollet engage le Parti socialiste dans la stratégie dite de « troisième force » : il n'y a presque plus de Parti radical, et la SFIO en tient lieu, gouvernant la république avec le MRP et le centre-droit, contre les communistes et les gaullistes. C'est, dans la casuistique mollettiste — il faut bien qu'il y ait casuistique puisqu'il y a doctrine —, le long purgatoire de « l'exercice » du pouvoir, qui se termine dans l'impasse algérienne et par le retour de De Gaulle.

Peu importe, dans le cadre de cette analyse, le bilan général de cette stratégie, qui n'est pas aussi inexistant que le donnent à croire aujourd'hui les gaullistes et les communistes ; ce qui compte pour l'histoire de la gauche, c'est son échec final et aussi l'affaiblissement spectaculaire du Parti socialiste, par rapport aux communistes. Politiquement, la SFIO termine ce cycle par l'appel à son vieil adversaire de Gaulle, par le rôle peu glorieux de petite force d'appoint au nouveau régime, avant de donner un dernier signe d'extinction, avec l'échec du « cartel des non », étendu jusqu'à la droite antigaulliste, contre l'élection du président au suffrage universel, en 1962. Le terrain de l'opposition de gauche a été abandonné aux communistes. Et sur les terres mêmes du socialisme, le PSU est venu concurrencer l'influence du social-mollettisme, expiation presque caricaturale du péché opportuniste : puisque la SFIO est devenue un parti happé par le pouvoir, agrippé aux ministères dans n'importe quelles conditions, le PSU est caractérisé par le puritanisme doctrinaire, tout entier dominé par la rigueur de l'esprit sectaire. Il recrute des couches nouvelles au service du socialisme, notamment dans les milieux catholiques, mais en redoublant les précautions traditionnelles à l'égard du monde bourgeois. Il fut — et il reste — la butte témoin de ce qui a été l'étiage le plus bas du socialisme français, dissocié entre l'opium du pouvoir et le musée de ses doctrines.

C'est à partir de là, après la paix en Algérie et l'échec du « cartel des non », que commence la nouvelle histoire du Parti socialiste : amorcée par Mollet, qui retrouve ses accents guesdistes de 1946, comme si cet esprit médiocre, mais fidèle à des convictions, avait successivement incarné (au lieu de les assumer ensemble, comme Blum) les deux missions incompatibles de sa famille politique : celle d'exercer le pouvoir au centre, et celle de prendre le pouvoir au nom de l'idée ouvrière. En retournant à ses origines, le socialisme français exorcise sa mauvaise conscience, et commence à renouveler ses troupes. Mais il retrouve le seul problème vraiment important pour son avenir, depuis un demi-siècle : celui des communistes.

Presque toute cette nouvelle période appartient à François Mitterrand. Ce qu'elle comporte de neuf tient donc d'abord à l'irruption de ce nouveau venu, qui a pénétré de l'extérieur dans le monde formidablement stable et fermé de la gauche française : Mitterrand s'impose en effet progressivement au Parti socialiste à partir du scrutin présidentiel de 1965. Dans le dialogue idéologique commencé entre le PC et les socialistes, il introduit une nouvelle dimension, qui est une stratégie de conquête du pouvoir dans les institutions de la V^e^ République, et à travers elles. C'est sur cette base qu'il conquiert le Parti socialiste à Épinay (1971) et qu'il en renouvelle profondément le recrutement et l'audience. Mais il n'en change pas l'espèce de nature profonde, héritée d'une longue histoire : le socialisme français reste un amalgame de classe ouvrière, de petite paysannerie et d'une bourgeoisie de fonctionnaires, encadré par des professeurs.

Il conserve aussi, de cette nouvelle renaissance à gauche, plus rapide encore que celle des années 1920, le goût de la vigilance doctrinale et de la surenchère marxiste. Blum avait eu Pivert, Mitterrand a Chevènement. S'il est vrai, comme l'a écrit Jacques Julliard ici même, que le marxisme est l'idéologie du pouvoir de l'intelligentsia, on retrouve par là les vieux traits distinctifs de la social-démocratie française dans ses bonnes périodes, c'est-à-dire la doctrine et les intellectuels. On peut aussi avoir du CERES une vision moins gratifiante : c'est l'inévitable prix, à l'intérieur du Parti socialiste, de la politique d'union avec les communistes car le militant socialiste, quand il rejette la « social-démocratie », rencontre forcément son sur-moi bolchevik.

Mais sur tout cela, François Mitterrand a régné un peu comme Blum, par la différence.

Il n'y a, dans sa stratégie, qu'un seul problème que, comme Blum, il n'ait pas résolu : c'est que, de cette société politique si représentative des espoirs de la gauche française d'aujourd'hui, il n'a pas transformé les lois qui gouvernent son rapport avec les communistes... Il est vrai qu'il a rééquilibré ce rapport, et de ce point de vue il a brillamment gagné son pari : la signature du « Programme commun » a davantage profité au Parti socialiste (qui, il est vrai, partait en 1972 d'un niveau particulièrement bas) qu'au Parti communiste. La règle selon laquelle on ne reconstruit le Parti socialiste qu'à gauche s'est révélée aussi forte dans les années 1970 que dans les années 1920. Mais l'autre règle, selon laquelle, une fois faite l'unité de la gauche, on ne peut gouverner avec les communistes, reste également et plus que jamais intacte. Blum, au moins, était allé jusqu'au pouvoir. Mitterrand le pourra-t-il ? Son drame est que la réponse ne lui appartient pas.

## LE PRIX DE L'UNION

*23 décembre 1978*

Au centre du dernier livre de Branko Lazitch, consacré à l'étude de l'Union de la gauche, en France, depuis dix ans, on trouve l'analyse d'un paradoxe qui peut être formulé ainsi : bien que l'expérience historique des partis social-démocrates, là où ils ont exercé le pouvoir, soit beaucoup moins catastrophique que celle des partis communistes, là où ils l'ont confisqué sans retour, il existe comme un complexe d'infériorité socialiste par rapport aux communistes. En d'autres termes, l'alliance socialiste-communiste fonctionne toujours sur la base de concessions socialistes au programme communiste, et non en sens inverse.

Lazitch, qui est probablement, aujourd'hui, l'un des meilleurs spécialistes du monde communiste et de son histoire, entend montrer qu'il s'agit d'un phénomène ancien et international. En effet, le bon terme de comparaison du « Programme commun » n'est pas, à ses yeux, le Front populaire de 1936 : car celui-ci ne visait que la défense ou le rétablissement de la démocratie « bourgeoise », alors que le texte de 1972 avait l'ambition explicite d'aller au-delà de 1936 ou 1945 et d'« ouvrir la voie » au socialisme. A cet égard, si l'on prend comme critère de la comparaison l'existence du triptyque alliance socialiste-communiste, programme commun de gouvernement et transition vers le socialisme, c'est avec des expériences étrangères que l'histoire récente, et avortée, de la gauche française doit être comparée : Lazitch cite à son tribunal l'accord gouvernemental conclu en 1945 entre communistes et socialistes tchécoslovaques, et, plus récemment, le programme commun d'édification du socialisme sur la base duquel Allende a été porté au pouvoir au Chili. Dans ces deux cas, le mécanisme préalable de la concession socialiste au maximalisme communiste a conduit à des issues contradictoires mais également déplorables : à la dictature communiste à

Prague et à l'échec tragique d'une coalition d'unité populaire à Santiago.

L'essentiel de l'analyse de Lazitch tient en un bilan minutieux et documenté du prix payé, à leur tour, par les socialistes français à l'union avec les communistes, entre 1972 et 1978. C'est en un sens, bien sûr, le « Programme commun » lui-même, qui est une idée communiste, longtemps refusée par les socialistes, notamment par Alain Savary, le premier secrétaire d'avant Épinay (1971). Le rapprochement entre communistes et socialistes, esquissé depuis la fin de la guerre d'Algérie et la rupture des socialistes avec la majorité gaulliste, ne s'inscrit, pendant dix ans, que dans la nécessité électorale : le second tour du scrutin majoritaire l'impose comme une tactique, non comme une stratégie.

C'est François Mitterrand qui en fait une stratégie, en juin 1972, en signant le « Programme commun ». Et Branko Lazitch s'attache à montrer qu'à partir de là le Parti socialiste non seulement multiplie les concessions intellectuelles aux communistes, mais qu'il est le théâtre d'une sorte de « bolchévisation » partielle, et positive. Témoin, par exemple, le silence prudent qu'il garde, dans l'hiver 1973-1974, sur l'« affaire Soljenitsyne », quand le PC cherche, en vain, à intimider le journal où j'écris ces lignes. Ou plus généralement la manière dont il accepte collectivement la condamnation de l'expérience social-démocrate, comme si, depuis cinquante ans, les partis socialistes européens n'avaient commis que des trahisons.

De cet état de choses, la raison n'est naturellement pas que la nouvelle direction du Parti socialiste, à partir d'Épinay, et notamment François Mitterrand, se sont convertis au marxisme-léninisme : en ce qui concerne le premier secrétaire, l'allégation est particulièrement absurde, et Branko Lazitch est bien trop attentif aux faits pour la suggérer. Le mécanisme par lequel des abandons idéologiques sont consentis aux communistes est largement indépendant des hommes, et d'ordre quasiment mécanique, parce qu'il ressortit à une physique élémentaire des forces : *la pression communiste divise le Parti socialiste, sans que la réciproque soit vraie*. Il y a donc un des partenaires de l'alliance en état de moindre résistance : il recule pour sauver, mais sur des positions affaiblies, un consensus minimal. L'analyse de l'idéologie et du rôle du CERES, à laquelle se livre Lazitch, est fondamentale dans la mise en œuvre de ce mécanisme depuis le congrès d'Épinay. Non que le CERES en soit le seul levier ;

mais plutôt l'illustration un peu caricaturale, avec ce qu'il comporte de « remake » bolchevik joué comme une farce de la rue Saint-Guillaume.

Faut-il pour autant refuser l'idée qu'il existe aussi, en sens inverse, une pression socialiste sur le PC ? Je crois que non, et c'est une analyse qui manque au livre de Lazitch. Car, à la différence de ce qui s'est passé en 1934-1936, où le Front populaire a donné une bénédiction nationale à l'épanouissement d'un stalinisme français, l'expérience récente de l'Union de la gauche a fait mûrir et éclater les contradictions du Parti communiste. Elle a largement contribué à le « déstabiliser », comme en témoigne l'agitation intérieure qui a succédé à l'échec électoral de mars. Il est vrai qu'à ce type de contestation, et pour des raisons qui tiennent à sa nature même, le PC ne réagit pas comme le PS : il a tendance à laisser partir ses militants plutôt qu'à leur consentir des abandons de doctrine ou de programme. Mais enfin le renoncement au drapeau de la « dictature du prolétariat » ou le refus du *leadership* soviétique, quelles qu'en soient les limites ou les arrière-pensées, ne sont pas forcément des concessions sans conséquence : il sera plus facile d'en juger dans dix ou vingt ans, avec le recul du temps.

En tout état de cause, il y a quelque chose d'unilatéral et d'injuste à ne pas créditer la stratégie socialiste d'union de la gauche de ses intentions courageuses et de sa part de réalisme : car, en allant à droite, la preuve a été faite que la social-démocratie ne cesse de s'effriter. Par la stratégie du programme commun — même si ce programme aurait pu être meilleur — elle fait face à ce qui est son problème central, qu'elle le veuille ou non : les communistes. Problème peut-être insoluble dans le court terme, mais imparable, inescamotable : si l'on pense qu'il vaut mieux l'ignorer, alors autant ne pas faire de politique à gauche. Le mérite historique de François Mitterrand aura tenu d'abord à l'acceptation de cette évidence difficile à vivre.

Au livre polémique et documenté de Lazitch, je vois encore deux questions à poser. L'une est de nature circonstancielle et concerne un épisode de l'alliance socialiste-communiste, celui de l'élection présidentielle de 1974 : comment expliquer que, pendant cette période essentielle, des communistes aient accepté toutes les prudences du candidat François Mitterrand, au risque de le faire élire ? A cette exception dans leur stratégie, je ne trouve pas d'explication dans le travail de Lazitch, et c'est pourtant cette exception qui reste l'énigme de la politique communiste en France depuis dix ans.

L'autre question est d'ordre philosophique. Si Branko Lazitch a raison, et s'il existe bien une espèce de mauvaise conscience socialiste par rapport aux communistes, il ne suffit pas de décrire les péripéties et les effets de ce sur-moi bolchevik dans la gauche française. Il faudrait en faire l'inventaire conceptuel et la sociologie. Comprendre d'abord à quels éléments s'adosse ce qui constitue, plus qu'une pratique politique réelle, un système de croyances constitutif de la gauche et relativement imperméable à l'expérience historique, ce qui explique à la fois son extraordinaire capacité à survivre à cette expérience et la supériorité, normale à l'intérieur d'une foi, du maximalisme sur le consentement attiédi.

Mais ce système de croyances ne comporte pas seulement des enjeux symboliques ; il est au centre d'une double lutte pour le pouvoir, lutte à l'intérieur du Parti, pour le pouvoir dans le Parti, et lutte à l'extérieur, pour le pouvoir dans la société. Or, s'il doit être attiédi pour être reçu par la société, il faut au contraire en réaffirmer sans cesse la valeur pour vaincre dans le Parti : le peuple des militants ne parle pas le même langage que le peuple tout court.

A cet égard, et dans cette mesure, le corps de doctrine marxiste reste le point de référence, exprimant non seulement une légitimité historique, mais des intérêts cachés dans les idées : une société dirigée par une petite bourgeoisie intellectuelle. De cette société, la version proposée par les communistes n'est pas enthousiasmante, puisque, au pis, elle est terroriste, au mieux, elle est bureaucratique ; mais elle a au moins le mérite d'exister. Il n'y en a pas d'autre, à ce jour. Et c'est bien autour de sa version « corrigée » que le socialisme français s'est reconstruit ; c'est à l'intérieur de cette réalité sociale et culturelle qu'il a refait, avec les communistes, cette unité conflictuelle qui l'a conduit à réexister, ce qui n'est pas rien, mais pour quoi faire ?

---

L'ÉCHEC PERMANENT,
*par Branko Lazitch, Robert Laffont.*

---

## ENCORE UN EFFORT, CAMARADES...

*23 avril 1979*

« Il n'y a qu'une chose pire que le marxisme, me disait un jour un ex-communiste polonais, c'est le révisionnisme. » Je pense souvent à cette phrase profonde en lisant tous ces jours les débats préparatoires au prochain congrès du PC : le révisionnisme ne sort pas du cadre idéologique qu'il est supposé critiquer, et qu'en fait il renforce. Car l'idéologie obéit aux mêmes lois que les sentiments. Elle cherche avant tout l'*indolore*. Son problème n'est pas d'analyser le monde comme il est mais de s'en nourrir. Alors que le premier élément de la pensée scientifique, premier dans l'ordre chronologique, est de l'ordre de la surprise, la première préoccupation de l'idéologie est de l'ordre de la digestion : il s'agit de fabriquer, avec l'historique, quelque chose de compatible avec le système de croyances et d'idées qui la constitue. D'en remanier inlassablement les matériaux toujours renouvelés pour les adapter à son schéma général d'interprétation. Dans ce dialogue entre « ce qui arrive » et ce qui permet de le penser, le postulat de l'idéologie est que l'historique est tout entier connaissable, et connaissable d'avance, à l'intérieur de ses grilles d'explication. Cette admirable police d'assurance contre l'angoisse du temps qui vient murmure à l'individu moderne une promesse plus radicale encore que celle des religions, puisqu'elle garantit l'avenir comme un savoir.

Promesse plus radicale, mais encore plus illusoire, à la mesure de ce qu'elle offre d'exorbitant : car l'historique ne cesse de surprendre ou de démentir l'idéologique. Et ce qui est intéressant à observer et à comprendre n'est pas que le second survive au premier, comme chacun peut le voir : c'est sa fonction, sa raison d'être. Ce qui est intéressant, c'est la double activité de remaniement et de renforcement dont l'idéologie est l'objet, de la part de l'individu qu'elle a investi, à la fois pour l'adapter à l'historique et pour l'aider à persévérer dans son être. Pour réduire ce qui a changé à l'inchangé, ce qui contredit à ce qui est conforme. C'est cette activité de rationalisation et de défense, à la fois extraordinairement raffinée et complètement stérile, qui meuble une grande partie de notre vie intellectuelle.

Le mode de pensée caractéristique de cette activité est ce qu'on pourrait appeler le mode *atténuatif.* Cela peut s'entendre en deux sens. Il s'agit d'abord, au sens élémentaire, d'amortir le ou les événements qui dérangent, d'en diminuer la portée ou d'en mettre en doute la dimension, exactement comme le duc de Guermantes, apprenant au moment où il part pour une soirée que son ami Swann est condamné à brève échéance, s'écrie à la cantonade que les médecins sont des ânes et que Swann se porte « comme le pont Neuf ». Chez l'idéologue comme dans l'esprit du duc, l'évidence douloureuse ne trace sa voie contre la résistance de l'idéologie qu'à travers un jeu complexe de dénégations et de concessions, dont par exemple l'œuvre de Jean Elleinstein, à propos de l'Union soviétique, offrirait une excellente illustration. D'ailleurs, ces concessions n'ont souvent qu'un effet temporaire, et l'idéologie peut réoccuper après coup, à la faveur des circonstances, le terrain qu'elle a un instant abandonné : la vérité sur les camps de concentration soviétiques, connue, ou connaissable, dès avant la guerre, a été successivement découverte par trois générations de militants communistes, celle des années 1930, celle d'après la guerre et la plus récente.

Mais si l'épreuve de vérité, c'est-à-dire la connaissance de l'historique, est toujours à refaire, sans présenter d'effet cumulatif d'une génération à l'autre, c'est que les concessions qui lui sont faites passent à côté de ce qui fait de l'idéologie un système ; elles ne touchent pas à sa structure. Il s'agit de sauver le principe grâce à une interprétation indolore de ses échecs ou de ses crimes. Dans le genre, une des trouvailles les plus intéressantes de ce mode de pensée a été le « culte de la personnalité » comme explication de la Terreur de masse : concept pris en dehors du corps de doctrine marxiste, n'offrant donc aucune prise à l'érosion par le commentaire des textes, sans rapport d'ailleurs avec la question à résoudre, et tirant sa valeur de cette étrangeté même puisqu'il s'agit de conjurer et non pas d'expliquer.

Bien d'autres réflexes intellectuels de la gauche ont exactement le même sens, bien que moins apparent : il faut bien penser *les* échecs du socialisme au XX^e^ siècle, mais tout en évitant la pensée qu'il existe un échec *du* socialisme. Donc chloroformer les causes pour pouvoir garder le culte de l'idée. La Terreur n'est pas dans Lénine ; c'est la faute à l'intervention. Le Goulag n'est pas lié à la collectivisation des moyens de production ; c'est sa déviation. La dictature policière n'est pas inscrite dans les mécanismes du système socialiste et dans le contrôle de la société par l'État qu'il instaure ; c'est un aléa dû à des circonstances antérieures à son apparition, ou indépendantes de sa nature.

Le socialisme vit ainsi, comme réalité historique, de l'absolution relative des circonstances atténuantes : il est bon malgré ses mauvais côtés. Comme le dit le texte de préparation au prochain congrès du PC, il « fournit les conditions » de la démocratie la plus parfaite : que celle-ci ne se soit pas produite est donc un simple accident, qui ne remet pas en question l'excellence du fondement. Le raisonnement complémentaire et inverse s'applique tout naturellement au capitalisme, qui, lui, ne saurait avoir ni accidents tragiques ni circonstances atténuantes, puisqu'il est, en soi, mauvais, et que la pathologie sociale découle de sa nature même. Le racisme existe à Moscou malgré le socialisme, il sévit à New York à cause du capitalisme.

Tant que cette grille d'interprétation « essentialiste » du monde contemporain reste celle des communistes, et, au-delà d'eux, de la gauche française, je ne vois pas comment les débats qui l'agitent pourraient ne pas être marqués par l'irréalité et le somnambulisme. A peu près rien de ce qui fait, chaque matin, « les nouvelles », n'est intelligible à travers elle : ni la guerre sino-vietnamienne, ni le conflit israélo-arabe, ni la politique intérieure soviétique ou la révolution technologique que nous vivons. La gauche a le goût des idées, c'est son honneur depuis deux siècles ; il faudrait qu'elle accepte aussi d'en renouveler le stock.

# LES DEUX PISTES DE FRANÇOIS MITTERRAND

*12 janvier 1981*

Dans quelques semaines, il n'y aura plus que deux manières simples de parler du dernier livre de François Mitterrand : c'est de le célébrer ou de l'assassiner. Un candidat à la présidence de la République, et celui-là surtout, n'est plus un auteur, c'est un homme qu'il faut aider ou combattre. Il faut donc se glisser, toutes affaires cessantes, dans ce mois de janvier encore un peu vide pour tenter d'en parler plus librement, comme s'il s'agissait encore d'un livre, écrit d'ailleurs l'été dernier, dans la suspension d'armes qui a précédé la décision.

Mitterrand facilite ce type de compte rendu dans la mesure où il ne bâcle jamais ce qu'il écrit ou dit. Il évite soigneusement ce travers, devenu général dans le milieu politique français (et au-delà), et aggravé par les mauvaises mœurs où s'enlisent de plus en plus les éditeurs. Lui est, au contraire, un méticuleux, un chercheur du mot juste ou rare, de la formule heureuse, un amateur du papier blanc, du stylo, des jeux d'épreuves, un amoureux de ce mélange étrange de peine et de plaisir qu'est l'écriture. Je ne suis pas un admirateur passionné de son style, qui me paraît un peu trop appliqué dans ce qu'il a de littéraire, mais j'admire le soin, le travail, le goût : *Ici et maintenant* n'est primitivement qu'un livre d'interviews, mais qu'il a retravaillées et récrites de façon à leur donner le caractère et la précision de l'écrit. Peut-être est-ce d'ailleurs ce secret de double fabrication du livre qui en est l'un des charmes : par rapport à d'autres ouvrages du même auteur, celui-là se recommande par un style plus libre et une manière plus naturelle, comme si la constitution préalable d'un matériau oral avait rendu de la souplesse à la plume.

Quant au fond, il me semble que Mitterrand reste bon, et même meilleur que jamais, là où il est bon ; et faible, plus faible que jamais, là où il est faible. Bon sur la critique du régime présidentiel et sur la revendication démocratique ; faible sur l'union de la gauche et les perspectives d'un socialisme qui n'est ni bolchevique ni social-démocrate. Si bien que, dans l'espèce de lassitude qui s'est manifestée à son égard avant qu'il soit candidat, et même depuis, il entre beaucoup d'injustice, en même temps qu'un sentiment juste ; et il vaut probablement mieux expliciter les deux choses plutôt que les garder par-devers soi. L'injustice tient à considérer comme fini, ou battu d'avance, un homme qui demeure de loin le meilleur professionnel de la politique que l'opposition possède, et dont le talent n'a pas pris une ride dans les temps difficiles. Mais le sentiment juste qui donne sa force à cette injustice générale consiste à tirer condamnation contre lui de la rupture de 1977 et de l'échec de 1978 : François Mitterrand est lié à une stratégie qui a fait faillite et qui n'existe plus.

On peut lire son livre en suivant ces deux pistes, la bonne et la mauvaise, celle où il caracole et celle où il peine.

La bonne, c'est la critique de la manière dont fonctionne dans notre pays l'institution présidentielle, la pente monarchique du système, la décrépitude du contrôle parlementaire, l'arbitraire dans les décisions et la courtisanerie dans les mœurs. François Mitterrand réaffûte à cet égard les vieux thèmes de l'héritage républicain, qui seront probablement un des centres politiques de sa prochaine campagne : domaine auquel il a toujours été attentif et dont il renouvelle les impératifs en les adaptant aux problèmes actuels de la société. Il y a, dans tout ce qu'il écrit sur la vie profonde du pays, une connaissance et un souci du « petit », du local et du quotidien qui rend sa voix très proche : le Morvan n'est jamais loin.

Sur la politique étrangère, même ton réaliste et convaincant. Mitterrand connaît les contraintes du jeu international pour n'importe quel gouvernement français (excepté une équipe communiste homogène) et trace à l'intérieur de ces contraintes un dessin qui ne s'abandonne pas aux données provisoires du déséquilibre actuel de la puissance. Une politique arabe, oui, mais pas au prix du lâchage d'Israël. Une politique de détente, oui, mais pas en échange de l'Afghanistan. Une politique africaine, oui, mais pas au prix de l'image de la France. Dans cette série de pesées successives du pour et du contre, le leader socialiste corrige avec sensibilité, et dans le bon sens, ce que la politique française, aujourd'hui comme hier, comporte d'abandon prématuré aux « fatalités » de l'histoire.

On pourrait résumer son propos en disant qu'il préconise à l'intérieur un New Deal social et démocratique, et, à l'extérieur, moins de consentement à l'apparence de l'inévitable. Ce qu'il reproche au président de la République, c'est que le septennat qui s'achève se caractérise justement par l'inverse de ce qu'il souhaite : immobilisme intérieur, et « munichisme » à l'extérieur. Et il y a dans cette critique quelque chose de profond, qui touche, au-delà de Giscard d'Estaing, la mentalité et le comportement des classes dirigeantes françaises : si la campagne électorale pouvait servir à en approfondir les termes et à en mesurer les enjeux, elle pourrait être moins inutile qu'il n'est d'usage, un peu partout, de le penser. Car je soupçonne le discours répétitif sur le ras-le-bol et la valeur exemplaire de la candidature Coluche de ne traduire que la vieille haine bien française de la démocratie représentative.

Reste l'autre versant du livre, celui qui concerne l'ex-Union de la gauche et le Parti communiste, le talon d'Achille de ce challenger par ailleurs aisé, serein, presque heureux. Chapitre difficile, presque héroïque, et d'ailleurs passionnant. Le premier secrétaire y fait une analyse désabusée des responsabilités du PC dans la rupture de 1977, en révélant au passage que l'affaire des nationalisations est loin d'en avoir été le seul support : les communistes incluaient dans l'actualisation du « Programme commun » non seulement leur version particulière de la dissuasion nucléaire, qui maintenait l'arsenal en annulant ses effets, mais tout un projet de réorganisation gouvernementale destiné à découper des baronnies indépendantes pour leurs futurs ministres. Surenchère qui signe aux yeux de François Mitterrand le choix délibéré du PC, retour à la pratique sectaire des « vingt et une conditions » posées par le Komintern au congrès de Tours. Mais que signifie au juste ce retour ? Tout est là.

Ou bien le PC n'a jamais cessé d'être fidèle à ses origines, comme il le dit d'ailleurs, et la politique du « Programme commun », de 1972 à 1977, fait partie de cette fidélité. Ou bien il s'était engagé, par sa signature de 1972, au-delà de son répertoire classique, et qu'est-ce qui s'est passé en 1977 ? François Mitterrand semble osciller entre les deux hypothèses, avec une préférence pour la première. En effet, il avance — pour expliquer le retournement antisocialiste de 1977 — des raisons qui appartiennent à la stratégie traditionnelle et constante du PC :

volonté d'hégémonie sur la gauche, subordination à une stratégie internationale construite autour de l'URSS. Et la comparaison qu'il fait de son action avec celle de Léon Blum suggère qu'à ses yeux la fragilité de toute politique unitaire avec le PC est restée à peu près inchangée depuis les années trente.

Mais, par ailleurs, il semble conserver l'espoir que ce type de stratégie, de la part du Parti socialiste, offrira un jour aux communistes l'occasion d'un tournant décisif. Quand, dans quelle situation, autour de quel programme, sur quel projet de société original, tout cela reste plus nébuleux que jamais. Dans tous les cas, la seule solution qui reste aujourd'hui à la disposition des socialistes, faute de pouvoir gouverner seuls, ou avec la droite, est de contraindre les leaders du PC à une politique qu'ils refusent : voie étroite, improbable, thèse faible, sur lesquelles François Mitterrand n'a qu'un commentaire court : « J'y crois toujours. »

L'essentiel, peut-être, est pour lui qu'il ne soit plus candidat au rôle de chef d'une majorité parlementaire, comme en 1978, mais au poste suprême de l'État : la nature de la fonction briguée rend plus facile un numéro de soliste indépendant de la stratégie des partis. D'une ambition plus vaste, le leader socialiste peut faire une campagne plus convaincante. Car ce qu'il y a d'usé dans sa prédication, et qui l'agace si visiblement, c'est moins sa personne que sa politique. Or, en s'opposant si fort à ce qu'il veut continuer à incarner, les communistes lui rendent presque malgré lui l'indépendance plénière de son talent. Et il aurait sans doute plus à craindre de l'indiscrétion de leur soutien que de la violence de leur hostilité. On en reparlera au lendemain du premier tour.

---

ICI ET MAINTENANT, conversations avec Guy Claisse,
*par François Mitterrand, Fayard.*

---

## MITTERRAND AU RENDEZ-VOUS DE L'HISTOIRE

*11 mai 1981*

« Le premier service que de Gaulle nous rend, c'est de faire que les républicains se retrouvent et se reconnaissent. La procédure n'est point forcément pour nous mais l'espérance est de notre côté. » Quand il jugeait ainsi, en 1962, l'élection du président de la République au suffrage universel, concédant cette unique vertu à un système « d'aventure », François Mitterrand n'imaginait pas qu'il en serait, dix-neuf ans plus tard, par un renversement ironique de la vie, le triomphateur et l'héritier légitime. Il en a pourtant parfaitement compris et préparé les conditions.

Dimanche, les Français ont voté sur le chômage et sur la crise. Mais, en profondeur, comme toujours, ils ont pris parti pour de grands symboles politiques. Giscard a payé la faiblesse de son pouvoir d'incarnation nationale. Mitterrand a gagné grâce à l'image qu'il a réussi à construire — ou à reconstruire — de lui-même. Pourtant, le résultat du 10 mai était écrit en filigrane dans le scrutin du 26 avril : car l'échec comme le succès se sont joués d'abord, et de façon décisive, à l'intérieur de chacun des deux camps. Mitterrand a gagné parce que le premier tour a marqué sa maîtrise, durement conquise, du problème communiste. Giscard a perdu faute d'avoir su rassembler sa majorité.

Au lendemain du premier tour les observateurs n'ont pas su apercevoir l'érosion de la droite : or l'examen des résultats montre que, si l'addition potentielle de François Mitterrand était en effet à peine plus heureuse qu'en 1974, celle de Valéry Giscard d'Estaing l'était, en revanche, beaucoup moins. Les 3,8 % de voix Lalonde (contre le 1,3 % de voix Dumont en 1974), qui ont cette fois fleuri dans la fracture entre les deux blocs, ont masqué la distorsion de leurs résultats et le tassement des voix conservatrices. Pour effacer ce mauvais départ, il aurait fallu, cette fois, beaucoup plus d'élan au candidat sortant.

D'autant que l'examen des chiffres remet en mémoire un autre fait, lui aussi bien oublié : en 1974, l'activisme électoral du second tour n'avait pas profité à la droite, malgré le talent de son candidat et contre le sentiment général. Sur cinq abstentionnistes du 5 mai 1974, trois s'étaient, le 19, décidés pour François Mitterrand. Quant à Valéry Giscard d'Estaing, il n'avait presque jamais réussi à simplement additionner les voix réunies par les différents candidats de droite du premier tour. De la Vendée blanche au Pas-de-Calais rouge, c'est encore ce qui vient de se passer. Même dans son Puy-de-Dôme natal, Giscard n'arrive pas à faire l'addition de tous les suffrages majoritaires.

C'est qu'il est à la fois un excellent candidat de primaires mais un mauvais rassembleur de la droite tout entière. Le premier trait a été illustré en 1974 par l'écrasement de Chaban : incarnant parfaitement l'une des familles de la droite, au sortir d'un gaullisme tombé en déshérence, il a donné à la tradition bourgeoise libérale l'éclat de son ambition et de sa rapidité d'esprit. Sa faiblesse de rassembleur, déjà visible alors, a éclaté dimanche : il est partout très au-dessous de l'addition potentielle des voix de la majorité. Trop autoritaire pour ce qu'il a de libéral, trop élégant pour ce qu'il a de féroce, marqué plus qu'il n'est nécessaire par les croyances d'un milieu et par l'assurance d'avoir épousé devant notaire « Madame la France », il a tous les talents sauf celui, où s'illustra de Gaulle, de convaincre et d'amarrer à droite les voix de l'électorat populiste et de la jeunesse. Son aisance télévisée — autant que sa courte victoire de 1974 — aura longtemps camouflé ce handicap, décisif dans un match de cette nature. Comme l'écrit (à peu près) Chateaubriand dans ses *Mémoires d'outre-tombe*, il est sage de ne montrer au peuple que des hommes populaires. Il y a dans les chiffres de ce second tour un aveu collectif de sensibilité : le rejet d'un homme et d'un style.

A l'heure où nous écrivons, il est impossible de savoir dans quelles proportions les électeurs qui manquent à Giscard sont des abstentionnistes du premier tour qui ont voté à gauche au second, des écologistes ou des chiraquiens. Il est clair pourtant que beaucoup de ces derniers, habitués à l'impétuosité de leur leader, ne se sont pas crus tenus cette fois par un appel à l'union majoritaire volontairement trop nuancé. La Corrèze, où François Mitterrand gagne treize points entre les deux tours, est l'exemple type. Mais la mauvaise grâce est perceptible dans les arrondissements parisiens, surtout ceux où Jacques Chirac avait obtenu le 26 avril la majorité : le XIIe, le XIXe, le XXe.

Mais, même lorsque l'on abandonne ces terres de clientèle pour faire la tournée des départements ruraux où Chirac, au premier tour, avait reconquis l'ensemble de l'électorat gaulliste partiellement perdu par Chaban, on retrouve les mêmes électeurs maussades ou déconcertés : de la Vendée (où Giscard manque son addition de plus de six points) aux Vosges (de 4 %) et au Calvados (de 4,5 %). Comme les électorats RPR et UDF se ressemblent beaucoup plus entre eux, sociologiquement et culturellement, que les deux électorats de gauche, on peut à coup sûr lire dans ces incartades massives la variante conservatrice de l'allergie au président sortant.

Peut-on aussi aisément retrouver dans les chiffres la trace de la mauvaise humeur des écologistes ? De tous les électeurs, ceux-ci sont les plus volatils, les plus indépendants du système des partis ; d'où la coquetterie mise par Brice Lalonde à ne pas désigner le candidat de son choix. Mais chacun sait aussi que le gros de la troupe écologiste campe dans les classes moyennes salariées et chez les jeunes électeurs : c'est-à-dire, très exactement, chez ceux qui votent majoritairement à gauche.

Finalement, ils ont suivi, pour les deux tiers d'entre eux, leur pente sociale et culturelle, si l'on en juge par les chiffres de la Savoie, du Loiret, de l'Aisne. Il semble même que le vote écologiste bascule d'autant plus à gauche que l'affrontement droite-gauche est plus ancien et plus brutal (comme dans le cas du Finistère, des Côtes-du-Nord et de la Loire-Atlantique).

Mais tout cela mis ensemble : la mauvaise humeur des chiraquiens, la fidélité des écologistes à leur logique, à quoi il faut ajouter sans doute un vote juif de sanction, tout cela n'aurait pas suffi à la victoire de François Mitterrand dimanche. Après tout, cinq cent mille voix Chaban avaient manqué à Giscard en 1974, et les voix Dumont, moins nombreuses que celles de Lalonde il est vrai, avaient aussi penché à gauche. Ce qui a assuré la victoire du candidat socialiste, et qui constitue le fait le plus important du scrutin, est la discipline de l'électorat communiste. C'est en même temps le vrai triomphe de François Mitterrand : car, s'il a bénéficié, négativement, de la lassitude d'une grande partie des Français à l'égard du président sortant, les voix communistes, au contraire, il lui a fallu des années de bataille pour les conquérir.

L'élection de dimanche couronne, à gauche, le déroulement

d'une histoire apparemment contradictoire et pourtant continue. François Mitterrand, qui a raté d'un cheveu la victoire il y a sept ans, est élu cette fois-ci comme sur la lancée d'une gauche qui, depuis lors, n'avait cessé de gagner du terrain : les départements qui basculent à gauche illustrent cette extension nationale du vote socialiste. Progression qui peut aussi s'écrire en termes de rapports internes à la gauche, comme si la gauche désunie avait plus de rayonnement électoral que la gauche unie et comme si François Mitterrand recueillait sans coup férir les petits héritiers fidèles de la gauche protestataire comme de la gauche libérale, ce qui se voit à plein dans la Charente-Maritime de Michel Crépeau. Plus, bien entendu, les voix communistes, passées sans aucun traumatisme de l'anathème au ralliement et qui ont apporté dans les terres rouges (la Somme, le Gard), comme dans les municipalités communistes (Reims et Le Havre) les 80 à 85 % des beaux soirs de l'unité.

Il faudra donc réviser la conviction classique selon laquelle une dynamique unitaire est indispensable à la gauche pour gagner un scrutin national. C'est que François Mitterrand a encaissé et quasiment unifié en sa personne les bénéfices des deux conjonctures, celle de l'unité et celle de la rupture de l'unité. Il a été l'homme de l'Union de la gauche, l'artisan de la réintégration des communistes dans la conquête du pouvoir d'État. Cette union brisée, par leur faute, non la sienne, François Mitterrand a le double privilège de mobiliser leurs souvenirs et de capitaliser leurs erreurs ; il est élu par les voix communistes mais il protège les Français contre les communistes. Il profite de l'union et de sa rupture. A l'inverse, le PC pâtit des deux : dans l'unité, son effritement n'a cessé de s'inscrire dans les chiffres par rapport au PS ; mais il était masqué par les progrès de l'ensemble de la gauche, notamment dans la conquête des municipalités ou au second tour des législatives. Dans la désunion, accompagnée par la violence sectaire et ouvriériste, voici que cet effritement prend une allure de catastrophe, accélérée par la brutalité du tournant antiunitaire : le PC illustre et cumule les inconvénients des deux politiques successives et contradictoires.

A la fin des fins, Mitterrand avait donc rendez-vous avec la chance. Lui qui, au jeu de l'oie de la politique, s'est souvent retrouvé à la case départ, le voilà qui termine premier et qui empoche toute la mise. Il a combattu la constitution qui lui donne le pouvoir. Il était l'homme de l'Union de la gauche, et c'est dans la désunion qu'il conquiert l'Élysée. Il était, depuis

1958, l'anti-de Gaulle et dimanche soir, depuis Château-Chinon, les Français ont vu revivre un certain style gaullien. Tout ce qu'il a été a fini par le servir. Tout ce dont il a été n'a plus, du coup, aucune importance. L'ardoise où ses adversaires inscrivent son itinéraire compliqué — les coups reçus et donnés, sa longue obstination de partisan — s'efface devant le rôle qui l'attend.

François Furet et Jacques Ozouf

## PCF : LE CŒUR MIS À NU

*25 juillet 1981*

Il y a dans l'idée de Philippe Robrieux d'écrire une histoire *intérieure* du Parti communiste français un diagnostic et un pari. Le diagnostic tient dans la conviction que l'intérieur l'emporte sur l'extérieur ; que ce qui se passe dans le Parti est plus caractéristique de sa nature que ses manifestations extérieures et que les lois de la lutte pour le pouvoir sur le Parti sont plus déterminantes que les stratégies de conquête du pouvoir tout court. Le pari, c'est qu'on peut écrire cette histoire intérieure, alors qu'elle comporte moins de sources écrites que celle du Conseil du roi au Moyen Age, puisque le PC conserve ses archives comme il cache ses secrets.

Heureusement, Robrieux a des souvenirs et des amis. Il appartient, il l'a raconté, à cette génération des militants de l'UEC — Union des étudiants communistes — pendant la guerre d'Algérie et, en un sens, il n'a jamais cessé de vivre sur cette expérience-là, qui commande son œuvre d'historien. Le mécanisme de la purge et de l'exclusion, dont il a été victime en 1961 avec le « groupe » Casanova-Servin, lui a légué un problème à comprendre et à résoudre, en même temps que des matériaux biographiques qui ont constitué le début d'une documentation. Et puis il y a les amis qui sont restés, tous les « camarades » de l'espèce un peu conspiratrice qui ne sont plus d'accord avec le Parti mais qui pensent qu'on ne peut rien faire en dehors : étape provisoire vers le départ, pour certains, et, pour d'autres, manière malheureuse de vivre un lien qu'on continue à aimer ou à subir. Robrieux les connaît tous, les sortis, les exclus, les restés. Il fréquente chez le vieux Souvarine, il est reçu chez Jeannette Vermeersch et il reçoit les confidences de certains membres du comité central. Il a connu Georges Cogniot et Laurent Casanova, Maurice Thorez et Marcel Servin, il a passé des jours avec Tillon, Lecœur, Pannequin, Valrimont, tout le gotha des grands exclus. Il connaît les cuvées, les charrettes, les générations ; et s'il s'est fait l'historien du Parti, c'est que c'est sa manière d'en être encore — un pied dedans, un pied dehors : bonne formule pour un historien du contemporain.

De ce minutieux travail de rassemblement, d'analyse, de recoupement de sources, l'oral servant à décrypter les codages de l'écrit, sort un livre interminable mais dont — exceptionnellement — une des vertus est peut-être d'être long. Ce deuxième volume, qui couvre la période allant de la Libération à l'avènement de Georges Marchais, a plus de sept cents pages, comme le premier, et il y en aura un troisième ! C'est que Robrieux est avant tout l'annaliste du PC, celui qui raconte sa vie quotidienne, ses hommes, ses crises, ses rois et leurs rivaux, le décor et l'envers du décor. C'est le Saint-Simon du PC avant d'être son Lavisse, chroniqueur d'une monarchie avant d'en être l'historien. Intéressant phénomène, d'ailleurs, que cette adaptation parfaite de la vieille curiosité anecdotique sur les caractères et la psychologie des hommes à un sujet apparemment peu fait pour en justifier l'emploi. En fait, rien ne se prête moins à une analyse marxiste que l'histoire du communisme ; au contraire, par la richesse de celle-ci en conflits de sérail et l'importance que les intrigues d'appareil y ont, la bonne vieille chronique politique y reprend tous ses droits.

Celle de Robrieux décrit le fonctionnement d'un appareil hypercentralisé, aux mains d'un secrétaire général tout-puissant, seul maître des secrets et des faveurs mais lui-même soumis à la toute-puissance de Staline sur l'ensemble du monde communiste. A la question classique « Où et comment s'élabore la politique du PC ? » Robrieux répond, au moins pour ces années-là : dans aucun des lieux où elle est censée être discutée, ni au comité central, ni au bureau politique, ni même au secrétariat. Le Parti constitue une cascade ininterrompue de soumissions volontaires et d'ignorances partagées, version plébienne de l'autorité absolue et du phénomène de cour. Version idéologique aussi, puisque tous les conflits, ou plutôt toutes les défaveurs, se couvrent du masque de la conformité à la doctrine. C'est ce mélange de subordination psychologique et de fidéisme politique que restituent à merveille les récits et les portraits de Robrieux.

Le fil rouge qui parcourt toute la première partie de son livre, c'est le retour du secrétaire général, l'effacement des années du pacte germano-soviétique, l'épanouissement du PC dans une sorte de 1936 retrouvé, mais en plus vaste, en plus « naturel », puisqu'il y a eu la Résistance et que Maurice Thorez est ministre, vice-président du Conseil. A l'intérieur du Parti, au contraire, cette période triomphale se traduit par une restauration de la direction d'avant-guerre et, par son intermédiaire, de l'autorité absolue de Moscou. L'élimination des hommes de la Résistance commence dès 1944, et elle ne cessera pas, témoignant à la fois de l'espèce de remords des années de guerre passées à Moscou, chez le couple Thorez-Vermeersch, et de la volonté de Staline de ne pas changer de têtes et de travailler avec des hommes formés à l'obéissance dès les années trente. Si bien que la Libération, qui renouvelle le personnel politique français presque tout entier, consolide au PC les hommes de la III^e République, parce que ce sont les hommes du Komintern. Jamais le contraste entre l'intérieur et l'extérieur et la prédominance du premier sur le second n'ont été plus clairs qu'à cette époque, où tout porte à croire le contraire.

La réalité, d'ailleurs, ne tarde pas à percer sous l'illusion : à l'automne de 1947, le Komintern, reconstitué sous un nom à peine différent, aligne l'ordre extérieur sur l'ordre intérieur et intègre le PCF dans le dispositif de la guerre froide. Du coup, les années cinquante constituent la période classique du phénomène stalinien en France : hors du pouvoir, dont il est plus que jamais exclu, le Parti fonctionne comme une machine au pouvoir, puisqu'il fait partie du réseau international qui règne sur l'autre moitié de l'Europe. Les purges et les procès truqués qui connaissent alors leurs beaux jours à Budapest et à Prague ont lieu aussi à Paris, mais limités par force à l'intérieur du Parti, comme le montre l'exclusion de Marty et de Tillon en 1952. L'absence provisoire de Thorez, frappé d'hémiplégie et continuant à diriger autocratiquement sa boutique d'une maison de santé soviétique, par l'intermédiaire de sa femme et de quelques privilégiés, ne fait qu'apporter une note de burlesque supplémentaire à ce microcosme français du grand despotisme asiatique.

Après la mort de Staline (mars 1953), le Parti entre dans cette période de délicatesse avec Moscou et dans ce début d'incertitude sur son projet lui-même, dont il n'est pas sorti. Thorez choisit de lutter contre la déstalinisation mais la crédibilité de cette stratégie disparaît avec la liquidation du groupe Molotov par Khrouchtchev. Ce qui ne veut pas dire que le pouvoir change de main, au contraire : c'est au moment où Thorez se rallie par force à Khrouchtchev, dans le mouvement communiste international, qu'il liquide son opposition intérieure khrouchtchevienne en la personne de Casanova, Servin, Kriegel-Valrimont et quelques figures de moindre importance, dont Robrieux. Toute cette période, reconstituée dans le détail par l'ancien militant des étudiants communistes, est probablement la partie la plus brillante de son livre. Elle offre l'exemple d'un système de pouvoir qui continue implacablement de fonctionner selon ses propres normes idéologico-policières, dans une indépendance totale par rapport à la politique qu'il propose à l'extérieur. La simple acceptation de ces normes fait que l'opposant a capitulé avant même d'avoir combattu : Laurent Casanova, pour qui Robrieux conserve une secrète tendresse, n'est pas sorti plus que les autres de ce cercle infernal.

Après Thorez (mort en 1964), le court épisode Waldeck Rochet correspond à une ouverture du PC sur l'extérieur et notamment sur le Parti socialiste, qui constituait peut-être la première étape d'un « révisionnisme » plus ambitieux. La plupart des observateurs créditent en effet l'ex-maraîcher bourguignon d'un projet de transformation du Parti, y compris dans ses structures intérieures, à partir du levier unitaire, utilisé comme une incitation à la réforme interne. Mais l'idée, si idée il y avait, meurt en 1968 avec le printemps étudiant et plus encore avec l'entrée des chars soviétiques à Prague.

Reste Marchais, à l'affût de cette autocratie en crise potentielle, Marchais qui est déjà secrétaire général adjoint. Il sera le personnage central du troisième volume ; mais dès celui-là, il n'est pas mal servi ! Marchais incarne en effet pour Robrieux le choix des Soviétiques, le retour à la dictature absolue de l'appareil, le poids des structures « kominterniennes » restées intactes. Dernier triomphe de l'intérieur sur l'extérieur ? Ce qui est sûr, c'est que le PC offre, depuis, le spectacle d'une oscillation constante entre la politique d'union de la gauche et le repli sectaire. Quel lien ce zigzag permanent a-t-il avec les batailles internes pour la mainmise sur l'appareil ? C'est la question la plus importante pour qui veut comprendre la politique communiste d'aujourd'hui ; elle ne comporte que des réponses incertaines, ce qui explique le faible pouvoir de prédiction des spécialistes du PCF. Mais l'ouvrage de Robrieux permet d'en saisir pleinement le caractère central.

---

HISTOIRE INTÉRIEURE DU PARTI COMMUNISTE, 1945-1972,
*par Philippe Robrieux, Fayard.*

---

# UN JUDOKA NOMMÉ MITTERRAND

*2 mai 1991*

Selon qu'on est porté à souligner le rôle des hommes dans l'histoire, ou au contraire celui des circonstances, on peut concevoir des vingt années Mitterrand — dix ans de conquête, dix ans d'exercice du pouvoir — deux versions différentes, qui ne sont pas incompatibles. La part de volonté apparaît particulièrement grande dans la conquête (ou la reconquête, comme en 1988) de l'Élysée ; celle des circonstances, prédominante dans ce qui se laisse voir du bilan.

Sans Mitterrand, pas de candidat unique de la gauche en 1965, pas de congrès d'Épinay, pas de reconstruction du Parti socialiste autour d'un leader unique, pas de crédibilité présidentielle de l'opposition. Il n'a pas été le premier, à gauche, à comprendre la portée politique des institutions de la V^e^ République : Jean-Jacques Servan-Schreiber et Defferre en avaient fait, avant lui, leur cheval de bataille. Ce qui lui appartient en propre est la combinaison de l'union PC-PS et de la candidature unique au deuxième tour. Ce ralliement implicite aux institutions de 1958-1962 ne lui est pas reproché par son camp, puisqu'il fait profession de combattre celles-ci. Et la vraie question qui l'occupe tout entier pendant dix ans est d'asseoir la domination du PS à l'intérieur de la gauche, c'est-à-dire sur les communistes.

Là encore, il doit faire le contraire de ce qu'il dit, pris dans une situation qui rencontre son talent. Non qu'il ait, lui seul, fait reculer le communisme en France : le déclin vient d'ailleurs, et de plus loin ! Mais il est le seul homme politique français à en avoir eu très tôt l'intuition, et dès lors son style inimitable de judoka fait merveille. J'embrasse mon rival, mais c'est pour l'étouffer. En 1981, il est encore assez l'homme de l'Union de la gauche pour obtenir un ralliement parfait de l'électorat communiste au second tour. Il s'est déjà assez querellé avec les chefs du PC pour gagner sur sa droite les centaines de milliers de suffrages indispensables à la victoire.

Car la France de cette fin de siècle n'a pas de vraie majorité de gauche. Pour gagner, Mitterrand a eu besoin des divisions ou des maladresses de la droite. Or elles ne lui ont pas été marchandées. Giscard, en faisant de Chirac son Premier ministre en 1974, a donné le signal aussitôt élu. Et Chirac a fait le reste, en 1981 et en 1988. Encore fallait-il un grand artiste de la politique pour en capitaliser les gains : là encore, Mitterrand a trouvé les conditions idéales d'emploi de son talent. Peut-être même en a-t-il abusé, dans le maniement par exemple de ce « mistigri » de la politique française qu'est devenu, dans les années 80, le Front national : l'histoire lui a offert en prime ce cadeau sans prix qu'est un allié objectif sous l'apparence d'un adversaire radical.

Donc, un parcours sans faute dans l'ordre du pouvoir, qui a fait de Mitterrand le deuxième grand personnage, après de Gaulle, des institutions de la Ve République. Il a eu la durée. Le voici qui va passer la borne des dix ans à l'Élysée. De de Gaulle, entre 1958 et 1969, on peut, avec le recul, dire qu'il aura fait les institutions et l'armement nucléaire. De lui, quoi retenir d'essentiel ?

D'abord, bien sûr, d'avoir fait de la gauche socialiste, pour la première fois, une force durable de gouvernement. Mais la plupart de ceux qui, à juste titre, l'en louent n'aiment pas l'idée qu'il a payé ce succès au prix fort : le socialisme lui-même. Or comment ne pas le voir ? Le résultat politique le plus clair de la décennie Mitterrand est d'avoir installé le Parti socialiste au centre, là où convergent les vœux de l'électorat, indépendamment de ses traditions, donc là où la France se gouverne. Giscard l'avait dit, mais n'a pas su le faire. Mitterrand l'a fait, sans pouvoir le dire.

L'a-t-il voulu ? Il s'y est en tout cas plié, comme à la force des choses. L'écart est si grand entre le Programme commun et la « Lettre à tous les Français », et le temps si court — un septennat —, que la trajectoire doit plus aux circonstances qu'aux intentions. Tout s'est passé comme si, en 1981, le nouveau président — et le Parti socialiste — s'était trompé sur le mandat reçu des électeurs : la victoire de la gauche cachait en effet un déclin brutal des votes communistes, qui transformait non seulement l'équilibre des forces à l'intérieur de la coalition victorieuse, mais le contenu traditionnel du vote à gauche. Les

Français avaient élu Mitterrand tout en désavouant du même mouvement les idées du Programme commun. Pendant trois ans, le président mit en route tant bien que mal ledit programme. Avec des institutions parlementaires classiques, la gauche eût été chassée du pouvoir à la deuxième dévaluation. Mais lui put tenir grâce au mandat présidentiel, jusqu'au moment où la manifestation massive de juin 1984 lui fit obligation (et lui fournit l'occasion) de changer de ministère et de cap.

Depuis, il gère avec finesse, en grand connaisseur du pays et de ses cantons, la grande mutation française qui avait commencé avant lui, et à laquelle le Programme commun avait voulu substituer ses recettes crépusculaires. Il gouverne à petits pas cette France où la gauche n'est plus révolutionnaire et où les catholiques ne sont plus contre-révolutionnaires, cette France qui veut à la fois, comme toutes les démocraties modernes, la liberté du marché et une forte protection sociale, ou encore moins d'impôts et plus de dépenses publiques.

Est-ce bien lui qui a réconcilié la gauche avec l'entreprise et l'économie ? L'Europe et l'évolution de l'opinion publique ne lui laissaient guère d'autre choix. Il a joué sans doute un rôle irremplaçable, mais sur un terrain moins vaste : comme pédagogue en chef du Parti socialiste. Là où Rocard, éternel suspect de déviation centriste, eût échoué, lui a réussi, qui avait célébré le Programme commun comme l'outil d'une renaissance. La politique est cet art étrange de capitaliser les erreurs avec les succès. Il en possède au plus haut point les talents : celui qui consiste à savoir durer au pouvoir est un des plus rares. Il en paie aussi le prix, qui est de regarder plus vers les équilibres du pouvoir que vers les réformes de la société. Sous sa direction, les socialistes sont devenus bons là où ils étaient mauvais, dans la gestion de l'économie, mais c'est au prix de leurs principes. Ils n'ont pas été fameux là où ils se croyaient bons, par exemple dans la gestion de l'Éducation nationale : par crainte, je crois, de prendre des risques politiques.

Personne ne sait de quoi va être faite cette seconde moitié du second mandat de Mitterrand, celle qu'il lui reste à traverser. Du fait que le terme de son mandat est connu, le temps qui passe affaiblira peu à peu son emprise sur la politique française. Il ne pourra pas choisir son successeur, et moins encore inspirer son action. Mais d'un autre côté, comme le théâtre de notre vie publique ne laisse voir que des ruines, sa force va rester assez longtemps faite de la faiblesse de ses adversaires ou de ses rivaux.

Les gaullistes et les communistes, ces vieux associés conflictuels de la Libération et de la V$^{e}$ République, ne sont plus que les buttes témoins d'une France d'un autre âge. De ce que le temps avait laissé debout le président s'est chargé aussi. Il a embauché une partie de la droite modérée, hypnotisé une autre partie, et condamné le reste à subir Le Pen. Le centre-gauche n'existe plus. Le Parti socialiste existe bien, mais dans quel état ! Armée de l'institution présidentielle, la subtilité politique de Mitterrand a agi comme un acide sur la politique française, adversaires et amis indistinctement.

Faut-il gémir sur cette progression du vide ? Je ne suis pas de ceux qui pleurent sur les grands enjeux perdus de la politique française. Deux cents ans après la Révolution française, la France et l'Europe sont entrées dans une nouvelle période de leur histoire, et c'est tant mieux : le fascisme et le communisme ont marqué ce siècle qui s'achève comme le plus tragique et le plus bête en matière de passions politiques. Il est bien vrai que, tout juste sortis de ces cauchemars, les peuples d'Europe n'aperçoivent plus d'autre horizon que celui de la démocratie libérale.

Ainsi le monde où nous vivons trace un cercle qui limite les audaces de la pensée. Mais c'est au moins une prison douce, où les peuples sont plus heureux ; et la pensée peut mettre à profit ce que le temps présent comporte de désinvestissement politique pour retrouver ses marques. Quant à notre histoire à nous Français, les dix années Mitterrand n'en incarnent pas mal le ton doux-amer, le prosaïsme mélancolique, le sens retrouvé de la complexité des choses et du caractère relatif de la politique.

# QUAND LA GAUCHE AVAIT DES IDÉES

*13 avril 1995*

Cette vaste histoire du PSU, dont voici seulement le premier volume, n'arrive pas mal à propos. Marc Heurgon nous y parle d'une situation politique que les Français d'aujourd'hui peuvent imaginer sans peine, puisqu'ils l'ont à nouveau devant les yeux : la crise de la gauche. A l'époque, c'est-à-dire vers 1958-1960, la gauche vient aussi d'exercer le pouvoir, à travers Mendès France d'abord, puis, à la suite des élections de 1956, à travers Guy Mollet. La première expérience a laissé de bons souvenirs, mais elle s'était située à la périphérie de la gauche constituée. La seconde se révèle désastreuse, par l'enlisement délibéré du Parti socialiste dans la guerre d'Algérie. Si désastreuse que le régime lui-même y perd ce qui lui restait de crédit dans l'opinion et doit passer la main en mai-juin 1958, à la suite de l'insurrection d'Alger. Le retour de De Gaulle au pouvoir, cautionné par Guy Mollet, se traduit aux élections de l'automne par une victoire écrasante de la droite sur la gauche.

L'unité du Parti socialiste ne résiste pas à ce séisme provoqué. Dès juin-juillet, des minoritaires du parti, sous la houlette de Daniel Mayer, ont rejoint un conglomérat d'organisations et de personnalités anti-gaullistes. En septembre, au 40e congrès de la SFIO, Depreux, Savary, Verdier mènent la bataille du non au référendum sur les nouvelles institutions. Battus, ils décident de fonder un nouveau parti, le PSA (Parti socialiste autonome). Ainsi, la crise du vieux parti socialiste forme le fond du paysage à gauche. Chose nouvelle, elle ne profite pas automatiquement au Parti communiste, lui-même toujours aux prises avec les problèmes posés par les suites du rapport Khrouchtchev dans ses propres rangs. Elle laisse ainsi un espace libre entre les impasses du mollétisme et les contradictions du khrouchtchévisme.

Mais le PSA n'a pas, tout seul, les moyens d'investir cet espace : il n'a fait qu'une brèche dans la vieille maison. Ses membres au demeurant sont d'incontestables anticolonialistes, mais ils ont grandi dans le sérail blumiste, ce qui n'est pas forcément un blanc-seing de marxisme révolutionnaire. Pour « mordre » sur la forteresse communiste, se forment d'autres petits groupes d'extrême-gauche dont l'essentiel est rassemblé depuis 1957 dans l'UGS (Union de la gauche socialiste) sous l'arbitrage de Gilles Martinet : de là sort le PSU (Parti socialiste unifié) en 1960. L'adjectif veut dire par antiphrase que la nouvelle organisation est tout sauf unie. Elle forme un extraordinaire kaléidoscope de militants et d'idées, à travers lequel on peut voir paraître à peu près toutes les traditions antagonistes du mouvement socialiste depuis la fin de la Première Guerre mondiale. L'élément inédit est fourni par la présence de quelques milliers de militants catholiques, activistes de terrain, férocement « basistes », hostiles à toute préoccupation électorale. Ils fournissent à ce rassemblement bigarré de marxistes-sociaux-démocrates ou révolutionnaires l'appoint d'une phalange de révolutionnaires non marxistes. L'ensemble est soudé par un accord sur ce qui le divise : un grand fanatisme « anti-chefs ». Mendès en fait le premier les frais, lui qui avait adhéré au PSA, pour se retrouver, en raison de sa notoriété, marginalisé au PSU. Mitterrand, lui, n'en passera pas le seuil, pour avoir été trop souvent ministre sous la IVe.

Tel est le milieu à la fois riche et étroit dont Marc Heurgon s'est fait l'historien, après en avoir été un des protagonistes. A voir le soin d'entomologiste qu'il prend à en peindre les débats, on comprend qu'il en avait accumulé à l'époque documents, déclarations, communiqués, motions de congrès, journaux, bref toutes les traces écrites, qui lui fournissent la matière d'un récit extraordinairement fouillé. Le lecteur y trouvera, en même temps que la chronique d'une époque, l'analyse d'un microcosme politique. L'époque est celle de la guerre d'Algérie, et des ambiguïtés de la politique gaulliste. Alors que la masse du pays, partis politiques compris, s'en remet plus ou moins au Général pour trouver une issue, c'est l'honneur du PSU, né de l'hostilité à cette guerre coloniale, de n'avoir jamais cessé d'en faire le thème principal de son action. Du même coup, la question algérienne classe les trois grandes tendances du petit parti : une gauche favorable au « défaitisme révolutionnaire » et à l'aide directe au FLN, une droite récusant au contraire ces mots d'ordre au profit de la seule action de masse, et un centre plus proche de cette seconde position mais sans désavouer la première. C'est là que se forme par synthèse la majorité du parti, autour d'hommes comme Depreux, Martinet, Poperen, Verlhac, Rocard. Et l'apogée de son influence pourrait bien avoir été cette journée du 27 octobre 1960 où le PSU, appuyé par l'Unef, parvient contre le PS et le PC à rassembler une très vaste manifestation.

Pourtant, même à cette époque, le plus intéressant du PSU n'est pas dans son influence politique, qui restera limitée, mais dans son effervescence d'idées. C'est dans ces années-là, et dans ses rangs, que se forme le stock intellectuel qui va être celui de la gauche tout entière dans les décennies suivantes. Soit qu'il s'agisse de rénover le communisme soviétique par un retour à ses origines ; soit qu'une vision écologico-libertaire de la société préfigure plutôt l'esprit de 1968 ; soit enfin qu'une analyse des mutations rapides du capitalisme annonce la deuxième gauche. A lire Heurgon, on comprend pourquoi le PSU, plus qu'un instrument de conquête du pouvoir, a été un laboratoire d'idées : il s'est voulu tel. C'est à la fois son échec et son succès.

---

HISTOIRE DU PSU. Tome 1 : La Fondation et la guerre d'Algérie (1958-1962),
*par Marc Heurgon, La Découverte.*

---

# II

# L'HISTORIEN JOURNALISTE

# L'HISTOIRE EN UNION SOVIÉTIQUE

*6 mars 1958*

Sous le titre « Histoire et esprit de parti », *La Nouvelle Critique*[1] a traduit pour les lecteurs français un éditorial de la revue soviétique *Questions d'histoire*. Le XX^e^ congrès du PC de l'URSS a, selon l'éditorialiste, « porté une condamnation définitive du dogmatisme ». On aimerait le croire, mais le contenu de cet éditorial infirme une telle appréciation.

« Nos chercheurs — écrit-on — défendent un point de vue de classe, le point de vue marxiste-léniniste. Il ne peut y avoir d'idéologie au-dessus des classes, il n'y a pas et il ne peut y avoir de science sociale au-dessus des classes qui puisse servir à la fois les intérêts des différents groupes sociaux. »

Pour l'éditorialiste de *Questions d'histoire*, il y a deux sortes d'historiens. Les historiens bourgeois à qui il reconnaît le seul mérite de fournir « des données de fait » mais dont il faut dénoncer le reste, à savoir l'idéologie, et les historiens « marxistes » qui éclairent les données de fait à la lumière de leur idéologie. Dans les deux cas, l'idéologie recouvre directement l'érudition (élaboration des faits bruts). Mais il y a idéologie vraie et idéologie fausse. Et il loue Alpatov d'avoir dénoncé l'essence réactionnaire des idées de Tocqueville et de Fustel de Coulanges.

Que l'ambiance idéologique dans laquelle vit l'historien pèse d'un poids certain sur son travail, c'est indéniable, et nous aurons l'occasion d'y revenir. Qu'il soit donc d'un grand intérêt d'étudier son idéologie et de la confronter avec ses racines sociales, l'étude d'Alpatov le démontre. Encore faudrait-il éviter deux méthodes trop souvent en usage dans la revue soviétique. D'abord celle qui consiste à « subjectiviser » la critique en attribuant aux historiens sérieux des intentions telles que la défense de leur classe, alors que c'est souvent à leur insu que cet objectif

1. N° 89.

apparaît dans leurs œuvres. Comme l'écrivait Georges Lefebvre[1] précisément à propos d'Alpatov et de Tocqueville : « Si fondée que soit la critique dont il vient d'être fait mention, on n'est pas en droit d'en déduire qu'une intelligence droite et formée à la méthode scientifique de recherche se laisse aller nécessairement à altérer les faits. »

Il nous semble qu'entre le niveau de l'investigation des faits (l'érudition) et celui de l'idéologie, s'interposent deux plans, d'ailleurs organiquement liés entre eux : celui de la recherche théorique et celui de la recherche historique proprement dite, recherches qui se recoupent sans se confondre.

Sur le premier plan, la recherche théorique, la supériorité de la revue soviétique sur nos revues françaises est indéniable, encore qu'elle soit gâtée, nous l'avons vu, par la confusion initiale entre idéologie et théorie. Mais enfin s'il y a dogmatisme, il y a effort de réflexion, discussion, et cette richesse tranche heureusement avec le parti pris d'inculture théorique glorifié à la Sorbonne.

Des discussions comme celle qui a eu lieu à propos des travaux de Porchneev sur les contradictions de la société féodale, des réflexions comme celles d'Outchenko[2] sur la structure de classe de la société esclavagiste, nous intéressent, même si la fréquence des références à Lénine et à Marx traduit une fâcheuse persistance du dogmatisme.

Mais le second plan — celui du travail historique proprement dit — est complètement négligé. C'est pourtant ce domaine qui est le fonds commun de tous les historiens, qui s'enrichit à chaque époque, et qui fait de l'historien non seulement ni essentiellement un érudit et un théoricien, mais avant tout et en même temps un historien. Si l'on jugeait l'ensemble du travail historique en URSS d'après la revue *Questions d'histoire* (ce qui serait une erreur) on serait tenté de croire qu'il tient une place très secondaire par rapport à la théorie, et que l'histoire est là-bas en retard de cinquante ans par rapport au niveau où elle est parvenue en France. Aucun des progrès accomplis pour rapprocher l'histoire des sciences expérimentales (en particulier l'emploi de la méthode quantitative) n'y apparaît. Il est vrai que ce retard n'est pas imputable aux historiens, mais à la conception des rapports entre le parti et les historiens. Il est vrai également

1. « Réflexions sur l'histoire », *La Pensée*, n° 81.
2. Voir « États et classes dans la société esclavagiste », *Recherches internationales*, éditions de la Nouvelle Critique, mai-juin 1957.

que la revue *Questions d'histoire* contrôlée de près par le Comité central du PC ne traduit pas fidèlement l'ensemble de la production historique soviétique.

Tentons maintenant de répondre à la question que nous avions posée : à quel niveau s'insère l'idéologie dans la démarche de l'historien ? C'est sans doute sur ce point que les sciences sociales diffèrent des sciences de la nature. L'idéologie agit non seulement sur la recherche théorique (ce qui est vrai de toute science), mais ici également sur le travail spécifique de l'historien. Cette double insertion vient de l'objet même de l'histoire — étude des rapports sociaux — et de la tendance qu'a tout historien à projeter, malgré lui, sur la réalité, le voile, parfois léger, de sa propre sensibilité et des rapports idéaux qu'il présuppose.

Mais cette tendance n'est ni absolue ni uniquement négative. D'une part, elle est sans cesse combattue par le fruit même de la recherche historique et l'efficacité des méthodes qu'emploie l'historien moderne. Il est fréquent de voir une contradiction entre les idées de tel historien — telles, par exemple, qu'elles affleurent dans les préfaces — et les conclusions que son travail a dégagées d'une étude scientifique des rapports sociaux. Ce qui importe pour le monde scientifique, ce sont ces conclusions. D'autre part, cette idéologie elle-même (et Engels le soulignait) a conduit les historiens à découvrir, de par leurs préférences, de nouveaux pans de la réalité, enrichissant ainsi le fonds commun de l'histoire.

C'est ce que Georges Lefebvre a très bien noté dans les réflexions que lui suggérait l'article d'Alpatov sur Tocqueville : « Bien plus, il advient que le point de vue même que l'historien tient de son temps et de sa classe lui fasse apparaître dans le passé des traits qui, jusqu'alors, demeuraient dans l'ombre. Tocqueville renouvela notre conception des origines de la Révolution française parce qu'il se rendit compte qu'elle ne serait point concevable, telle que l'histoire l'enregistre, sans la convocation des États Généraux, et que cet appel fut imposé à Louis XVI par l'aristocratie... Or pourquoi Tocqueville jouit-il de pareille perspicacité ? C'est qu'il demeura toujours un aristocrate qui regardait comme un des traits essentiels de l'ancienne histoire de la France la lutte maintes fois séculaire entre la royauté et la noblesse féodale et seigneuriale. »

Et le marxisme, me dira-t-on, qu'en faites-vous ? Ce sont les idéologies qui se réclament de l'orthodoxie marxiste qui en ont fait l'inverse de ce qu'il était : une idéologie. Je ne parle ici que des sciences sociales, et plus précisément de l'histoire. Alors que le marxisme, *en ce domaine*, s'est posé à la fois comme la recherche des rapports réels dans la nature et la société (donc l'a-idéologie) et comme une méthode pour guider les chercheurs vers ce but, il est devenu peu à peu, chez ses disciples officiels, une nouvelle idéologie, celle de la classe ouvrière et des idéologues qui s'en réclament et comme telle présente inévitablement des aspects (dogmatisme, partialité, sclérose) qui sont inhérents à toute idéologie, à toute déformation idéale de la réalité.

Quand, par exemple, l'éditorialiste de *Questions d'histoire* critique en ces termes certains articles de la revue : « En publiant ces articles... la revue... entrait en *contradiction* avec certaines des *idées* du parti sur le déroulement et l'issue de la révolution russe », il est clair qu'il est aux antipodes de la méthode de Marx. De deux choses l'une : ou les idées incriminées étaient en contradiction avec les faits eux-mêmes, et c'est alors la tâche, non du parti mais des historiens, de le démontrer scientifiquement, ou ce sont les « idées » anciennes du parti qui ne correspondaient pas aux faits, et c'est alors au parti d'éliminer ces idées.

Il y a là une déviation qui a plutôt freiné que stimulé l'orientation de la recherche historique. A l'époque où elle se produisait, alors que dans beaucoup de pays les efforts des historiens tendaient à accélérer la constitution de l'histoire en sciences (et cela, en partie sous l'influence des idées de Marx), elle a contribué à couper les chercheurs soviétiques du reste du monde scientifique.

Il ne s'agit pas de nier l'utilité pour l'historien de tirer parti et même de participer aux luttes de la classe objectivement progressive de leur époque. Avant Marx, les Guizot, les Augustin Thierry, les Michelet l'avaient compris. Et Marx a montré d'une façon claire que cette utilité était du même ordre que celle de l'expérience pour un physicien. Encore faut-il prendre conscience des différences de situation ; comme le notait Marc Bloch, le laboratoire fait défaut à l'historien, et le lien entre la théorie et la pratique ne se fait pas de façon immédiate, mais médiate. C'est là où les historiens peuvent et doivent tirer parti de l'expérience accumulée par l'histoire contemporaine.

La façon dont le lien est compris en Union soviétique ne peut cependant nous satisfaire, car elle réduit le secteur historique de la science à une tâche subalterne, elle confond le lien entre théorie et pratique avec un « actualisme » et un « pragmatisme » sans principes. Empruntons un dernier exemple à l'éditorial en question. Il concerne « le rôle progressiste de la réunion du Caucase à la Russie » à propos du soulèvement de Shamil, sous la domination de Staline : les historiens soviétiques qui montraient sous un jour trop favorable les révoltes des colonies tsaristes contre Moscou étaient sévèrement censurés.

Certains avaient cru, après le XX^e Congrès, comme Pikman, revenir sur ce point : ils sont aujourd'hui à nouveau condamnés. N'est-ce point pourtant Lénine qui avait montré que le contenu progressiste d'un mouvement colonial était déterminé, non d'après l'idéologie, ni la classe à laquelle appartenaient ses dirigeants, mais par les coups qu'il portait à l'impérialisme contre lequel il se dressait. Que dirions-nous si, dans cinquante ans, la France socialiste soulignait le rôle progressiste du rattachement de l'Algérie à la France ? Certes, il ne s'agit pas de nier les aspects *aujourd'hui* positifs du rattachement du Caucase à la Russie, mais l'histoire n'a pas à transposer le reflet de la réalité d'aujourd'hui sur celle d'hier.

Nous souhaitons aux historiens soviétiques de nous montrer bientôt que les défauts que nous avons cru devoir signaler sont corrigibles et qu'en histoire comme en physique, la science soviétique puisse s'affirmer victorieusement. Nous ne leur demandons qu'une chose : d'être véritablement des historiens marxistes.

# LES HISTORIENS ET ROBESPIERRE

*8 mai 1958*

C'est le deux-centième anniversaire de sa naissance ; et voici cent soixante-quatre ans qu'il est mort sous la guillotine des thermidoriens. Et rien de ce qui concerne son histoire n'est abordé sans les plus vives passions ; sa vie et son action sont encore loin d'être un de ces secteurs abrités des études historiques, où les héritiers dressent un monument durable à tel grand homme en signe d'hommage, mais aussi d'oubli. Non, aucune thèse, aucun livre n'a enterré Robespierre ; au contraire, toutes les thèses, tous les livres qui le concernent l'auréolent de leurs passions, de leurs partialités, de leurs mythologies — qui sont les passions, les partialités, les mythologies de la France du XIX^e^ et du XX^e^ siècle.

C'est qu'en réalité il incarne d'une part le *jacobinisme*, qui n'a cessé de jouer un rôle très actif dans notre société depuis cent cinquante ans, comme idéologie de la petite bourgeoisie urbaine et rurale, et que d'autre part il est également aux origines du mouvement ouvrier français : de Babeuf à Buonarroti, de Blanqui aux communards, on peut suivre les progrès confus d'une doctrine de la démocratie sociale qui remonte aux lois de Ventôse an II.

Les historiens de Robespierre sont ainsi, peu ou prou, ses amis. Car ses ennemis, jusqu'à aujourd'hui, se contentent de le haïr sans le connaître. Curieuse haine d'ailleurs, que celle qui fait de ce modéré un sanguinaire, de cet homme de cabinet un démagogue, de ce bourgeois démocrate un dictateur, de ce déiste intransigeant un négateur de la religion. Mais l'ignorance est toujours sereine : cent cinquante ans après, les manuels d'histoire des établissements privés continuent à faire écho au déferlement des calomnies thermidoriennes de 1795-1796.

Tournons-nous donc vers les hommes qui l'ont étudié avec le minimum de sympathie nécessaire à la compréhension historique. Auprès de la première génération romantique, sa mémoire est éclipsée par la gloire du bonapartisme, qui résume pour ces jeunes bourgeois révoltés mais conservateurs à la fois la révolution et l'ordre, les victoires extérieures et la paix civile. Mais elle est bientôt servie par la haine de l'aristocratie et de l'Église, qui domine les milieux bourgeois sous la Restauration et la monarchie de Juillet. C'est l'époque où se multiplient les « histoires de la Révolution française » ; la « réhabilitation » de Robespierre, commencée en 1820 en pleine réaction royaliste, fut poursuivie par les saint-simoniens, et surtout par le « communiste » Laponneraye (1832) : nous voyons se rejoindre ici la tradition robespierriste divinisée, et les balbutiements du socialisme qui se trouve un précurseur au prix d'un contresens.

Mais c'est la génération de 1848 qui va commencer l'histoire réelle de Robespierre. Les démocrates républicains, dont certains, comme Louis Blanc, se veulent socialistes, lui sont pour la plupart favorables, sauf à leur droite Lamartine, admirateur passionné des Girondins. Et il faut dire ici tout ce que l'histoire de la Révolution et de Robespierre doit à Michelet dont le récit est extraordinaire de savoir, d'intuition, de vie. Michelet n'aime pas Robespierre, et comment l'aimerait-il ? Tout le sépare de ce « sombre personnage », de cet intellectuel au vocabulaire dogmatique où il flaire perpétuellement le fanatique, le « prêtre ».

D'instinct, cet immense et génial naïf, dont les plus grandes passions politiques sont un patriotisme souvent chauvin et une vive hostilité à l'Église catholique, se sent plus proche de l'expansionnisme idéaliste des Girondins, de la démagogie populiste à la Danton, ou de la libre-pensée hébertiste ; il comprend mal l'opposition de Robespierre à la guerre en 1792 ou à la déchristianisation en 1793. Surtout ce libéral souffre, comme d'un malheur dans sa propre vie, de la division des révolutionnaires et du « monolithisme » de la politique robespierriste, qu'il attribue plus à l'idéologie et au caractère de son chef qu'aux contradictions réelles dont elle est prisonnière. Mais qu'importe ! Pour lui, la Révolution française est un tout qu'il accepte en bloc et dont il décrit les progrès successifs avec un admirable sens du peuple ; nulle pensée n'est plus étrangère à ce sectarisme de personnalité qui n'épargnera pas tous ses successeurs ; par là, il rend justice à tous, Mirabeau, Barnave, Mme Roland, Danton, Robespierre.

Dans un certain sens, on ne fera jamais *mieux*.

Après Michelet, Robespierre est plus lié que jamais à la tradition démocratique française. Sous le Second Empire, A. Hamel fait de sa biographie hagiographique une arme contre le régime dictatorial, cependant qu'à l'inverse, Taine fournit à la droite française un de ses arguments les plus superficiels : l'accusation d'abstraction et d'irréalisme que toute étude un peu minutieuse de l'activité politique de Robespierre dément. L'université radicalisante de la III^e République ouvre largement le dossier ; la Révolution est devenue *la période* par excellence de l'Histoire de France ; celle des « grands ancêtres de 89 ». Mais les radicaux qui conquièrent progressivement le pouvoir de 1880 à 1906 préfèrent Danton à Robespierre : l'homme qui a esquissé une démocratie sociale, qui a pratiqué l'économie dirigée, qui a refusé la déchristianisation, qui a guillotiné les ancêtres de notre droite ne peut être un bon drapeau pour couvrir les compromis politiques, le libéralisme économique, la politique anticléricale et la répression sociale du cartel des gauches ou du gouvernement Clemenceau.

Dans l'œuvre d'Aulard, c'est la figure de Danton qui passe au premier plan. Mais les déceptions entraînées par cette politique radicale rajeunissent bientôt avec Mathiez, la pureté de l'Incorruptible face au corrompu Danton. Le glissement de Mathiez sur des positions de plus en plus socialistes (il soutiendra l'expérience soviétique à ses débuts avant de s'en séparer vers 1930) ramène ainsi l'historiographie robespierriste au point de confluence entre la tradition démocratique bourgeoise et le mouvement ouvrier, pour lequel Jaurès, à la même époque, écrit sa grande *Histoire socialiste de la Révolution française*, dont il fait revivre magnifiquement l'héritage démocratique, enrichissant Michelet à la lumière de Marx. Mathiez lègue au mouvement ouvrier français un Robespierre, figure de proue de la démocratie politique et sociale, et ouvrant une transition possible de la démocratie bourgeoise au socialisme : l'antagonisme entre les Jacobins robespierristes et les sans-culottes parisiens est sous-estimé, en même temps que l'exécution des hébertistes, dont Michelet avait bien vu qu'elle marquait le début du reflux de la Révolution.

C'est cette tradition que Mathiez a, dans l'ensemble, transmise au communisme français, et qui est analysée d'autre part. L'œuvre de Daniel Guérin a beaucoup contribué à sa critique en ajoutant à l'historiographie robespierriste une passion nouvelle, celle de l'antistalinisme, qui éclaire les aspects bourgeois de la politique jacobine, mais conduit son auteur à un anachronisme fondamental : comme si, en 1793, une autre classe de la société française que la bourgeoisie aurait pu conduire la Révolution !

De nos jours, parallèlement aux progrès très rapides en France de l'histoire économique et sociale, il appartenait à Georges Lefebvre et A. Soboul d'analyser les contradictions sociales que reflète le robespierrisme : politique d'alliance entre la bourgeoisie révolutionnaire des villes et des campagnes et des sans-culottes parisiens, formant la masse de choc de la Révolution. Alliance fragile dans la mesure où le libéralisme économique de la bourgeoisie est en contradiction avec l'économie dirigée des sans-culottes, et qui se rompra en même temps que s'améliore après Fleurus la situation exceptionnellement difficile qui l'a justifié. Robespierre n'avait pu la cimenter par son seul talent, ni même, comme il l'a cru, par la vertu.

## DU PAIN ET DES TÊTES

*29 janvier 1959*

L'historiographie la plus récente de la Révolution française s'est orientée autour de deux grands problèmes d'histoire sociale : les conditions de l'alliance entre la bourgeoisie jacobine et les masses paysannes contre l'aristocratie foncière ont été remarquablement éclairées par les travaux de MM. G. Lefebvre et E. Labrousse. Et il y a plusieurs années maintenant Daniel Guérin, travaillant dans une voie ouverte par Mathiez et sa *Vie chère et le mouvement social sous la Terreur*, insistait sur les contradictions économiques et politiques qui minaient la grande alliance révolutionnaire dans les villes, déchirant « bourgeois » derrière Robespierre et « bras nus » derrière J. Roux, puis Hébert.

Albert Soboul a repris ce problème dans une grande thèse qu'il vient de soutenir en Sorbonne. Ce remarquable travail, qui s'appuie selon les meilleures lois du genre sur une érudition minutieuse, mais qui n'a pas peur des idées ni des conclusions, met en lumière *l'autonomie* du mouvement populaire en l'an II, par rapport aux groupes qui dirigent la Révolution : les robespierristes, la Montagne, la Jacobins, maîtres de la Convention et les Comités. Cette autonomie et cette volonté d'autonomie sont bien nettes sur tous les plans : les *sans-culottes* — puisque c'est ce détail vestimentaire qui définit le moins mal le petit peuple parisien — sont organisés dans leurs sections, d'où ils dominent le quartier par leur activisme politique ; économiquement, leurs revendications sont celles de consommateurs dressés contre le producteur ou le vendeur, surtout le négociant, pour qui *Le Père Duchesne* réclame chaque jour la guillotine.

Politiquement, leur attitude est dominée par le pain quotidien et par la haine de l'aristocratie, l'attachement à une révolution faite par et pour les « petits ». Toute crise de subsistance est imputée par les sans-culottes des Gravilliers ou du faubourg Saint-Antoine, non aux malheurs des temps, non à des conditions techniques archaïques, mais aux complots des aristocrates et des accapareurs. Un seul remède à sa faim : punir. On voit comment ce mouvement populaire, très fermement organisé à partir du 10 août, développe un programme original : contre le libéralisme économique de la Montagne, il réclame la taxation, le maximum ; contre le gouvernement des avocats de la Convention, il veut les places ; contre le « modérantisme » des Comités, il exige la violence révolutionnaire pour prévenir la trahison : la Terreur. C'est en s'appuyant sur lui que la Montagne, le 2 juin 1793, écrasa les Girondins ; mais elle paie cette victoire de concessions que lui arrache peu à peu la pression populaire : les grandes lois de septembre 1793, l'armée révolutionnaire, la loi des suspects, le maximum général, surtout l'établissement du gouvernement révolutionnaire « jusqu'à la paix ».

Mais qui sont ces sans-culottes ? Daniel Guérin y voyait l'embryon d'un prolétariat moderne, en même temps qu'il faisait de la dictature robespierriste le premier type historique des dictatures réactionnaires bourgeoises. La réalité est sans doute moins simple : dans la partie centrale de son étude, A. Soboul tente une description sociologique du mouvement sans-culotte ; faite à partir de documents presque uniquement politiques (les papiers des sections parisiennes), en l'absence de sources fiscales ou statistiques, cette description est forcément critiquable : mais elle nous restitue pour l'essentiel l'atmosphère et le milieu sans-culotte. Il s'agit d'un petit peuple urbain, mal défini économiquement, puisque viennent s'y mêler le salariat, l'artisanat et la boutique, mais que nivellent socialement un faible revenu et la hantise alimentaire : contre le libéralisme économique de la bourgeoisie, la revendication réglementaire des sans culottes prend appui sur la tradition monarchique et sur les anciens cadres économiques du colbertisme. Elle n'est pas au-delà de la révolution bourgeoise, mais en deçà ; elle n'est pas un communisme de producteurs, mais un égalitarisme de consommateurs.

A la vérité, c'est sur le plan politique et idéologique que la sans-culotterie se définit le plus facilement.

C'est là qu'on peut suivre pas à pas ses progrès ou son recul, et apprécier toute l'importance de son rôle dans la destruction radicale de l'Ancien Régime en France. Dans ce domaine il serait d'ailleurs intéressant de savoir si le « sans-culottisme » a été un phénomène spécifiquement parisien : car il semble qu'en province les Jacobins n'aient jamais perdu le contrôle ni la direction du mouvement populaire. Cette haine exacerbée de l'aristocratie et des riches en général, cette hantise du complot, ce recours permanent à la guillotine pour régler les problèmes politiques, ce culte des martyrs révolutionnaires, ce dévouement sans limites à la révolution nous apparaissent ainsi plus essentiels à la définition des sans-culottes que l'appartenance à une couche sociale impossible à cerner. Et le moralisme presque désespéré de tout ce petit peuple, n'est-ce pas la traduction même de son impuissance historique à être autre chose qu'une force d'appoint de la grande épopée bourgeoise ?

Quoi qu'il en soit, A. Soboul nous montre bien le déclin du mouvement sans-culotte à partir du moment où, arbitres entre la Convention et les sections parisiennes, Robespierre et ses amis contrôlent la machine révolutionnaire. Dès septembre 1793, au moment même où la plupart des revendications sans-culottes prennent force de loi, Jacques Roux, leur chef le plus sincère, et sans doute le plus authentique, est jeté en prison, la permanence des assemblées sectionnaires est abolie. A l'automne, le gouvernement révolutionnaire prend position contre la déchristianisation, et esquisse un pas vers les « indulgents » de Danton et Desmoulins, pour faire face à l'offensive sans-culotte. En ventôse an II, se noue le drame : le club des Cordeliers, cœur du mouvement avec Momoro, comme les bureaux de la guerre en sont le bastion avec Vincent, et comme *Le Père Duchesne* d'Hébert en est le journal, lance l'attaque contre le modérantisme des Comités, et leur faiblesse devant les Dantonistes. Dans la nuit du 23 au 24 ventôse, les principaux dirigeants cordeliers, Hébert, Ronsin, Vincent, Momoro, étaient arrêtés. Ils seront guillotinés dans les premiers jours de germinal. Les observateurs de police s'accordent à souligner la stupeur qui s'empare de l'opinion populaire, Saint-Just dira plus noblement : « La révolution est glacée. »

Renouant avec la tradition de Michelet, que Mathiez avait rompu par son souci d'apologétique robespierriste, A. Soboul nous montre ainsi que c'est en germinal que commence le grand reflux de la Révolution française, non en thermidor. Désormais, le Comité de Salut public continue sa tâche écrasante au milieu d'un Paris stupéfait et désorienté, d'une presse et d'une opinion conformistes dont le ressort a été brisé. Dans la nuit du 9 au 10 thermidor, les sans-culottes ne se lèveront pas pour sauver Robespierre et ses amis menacés par les troupes que la Convention vient de lever dans les quartiers riches de Paris. Quand la guillotine a tranché les têtes des Hébertistes, elle a décidé déjà du destin de Robespierre.

---

LES SANS-CULOTTES PARISIENS EN L'AN II,
*par Albert Soboul, librairie Clavreuil, 1958.*

LA LUTTE DES CLASSES SOUS LA Ire RÉPUBLIQUE, Bourgeois et Bras nus,
*par Daniel Guérin, NRF.*

---

# L'HOMME QUE LA BOURGEOISIE FRANÇAISE A LE PLUS HAÏ

*26 mars 1959*

Il y a peu d'exemples en politique d'une pareille carrière : un écrivain qui devient chef de gouvernement, un membre du Conseil d'État dirigeant ouvrier, un découvreur de Proust théoricien socialiste. On ne trouve pas dans la vie de Léon Blum cette unité qui caractérise tant de biographies révolutionnaires : une enfance studieuse et difficile, la jeunesse militante, les responsabilités confiées enfin à celui qui peut se prévaloir d'une longue expérience du parti. On découvre un Swann qui aurait été l'ami de Jaurès, puis un leader socialiste qui se souvient encore d'avoir été Swann. Entre les deux périodes, la grande rupture de la guerre 14-18 qui précipite, comme par hasard et presque contre son gré, Léon Blum dans la vie publique.

Quand il est élu pour la première fois député en 1919, Léon Blum a quarante-sept ans et toute une existence déjà derrière lui. Né dans une famille de la petite bourgeoisie juive, qui vendait des soieries rue Saint-Denis, il entre à Normale après des études brillantes, puis au Conseil d'État. C'est la voie royale d'une promotion et d'une réussite bourgeoise, et à la suivre sans écart, le jeune Blum fût rapidement parvenu à l'une ou l'autre de ces consécrations classiques : un fauteuil d'académicien, un siège dans un conseil financier ou gouvernemental ou encore une réputation mondaine. La qualité de ses dons intellectuels, sa distinction physique et morale le destinent à ce qu'on appelle une « brillante » carrière.

Mais dès cette époque, alors qu'il fait très sérieusement son métier au Conseil d'État, deux autres orientations l'attirent : la littérature, et des amitiés socialistes.

La littérature, c'est le symbolisme : mais passons vite sur les débuts du jeune esthète anarchisant, qui répand dans des petites revues d'avant-garde une prose maniérée aujourd'hui difficile à relire. De la même façon, ses critiques, ses essais, ses poèmes de *La Revue Blanche*, et les *Nouvelles Conversations de Goethe avec Eckermann* écrites à vingt-cinq ans, témoignent davantage de la multiplicité de ses dons, et déjà d'un style très pur, que d'un véritable talent créateur. On se défend mal contre l'idée qu'il n'a pas grand-chose à dire.

Son deuxième livre, *Du mariage*, révèle le singulier mélange d'une expérience sociale purement bourgeoise et mondaine, et d'un certain non-conformisme à l'intérieur de ce cadre étroit : Blum prêche la liberté sexuelle de la jeune fille, et il fait de cette thèse féministe la condition de l'équilibre du mariage ultérieur. L'analyse se situe presque toujours sur le plan des mœurs, sans éclairer nettement l'aspect politique et social du problème. En fait, le livre de littérature le plus intéressant de Léon Blum, qui paraît à la veille de la guerre, c'est son *Stendhal*. Analyse moderne et intelligente du « beylisme », défini comme la coexistence historique d'éléments contradictoires dans le même individu : romantisme et esprit critique, passion et sécheresse, « Stendhal est l'homme des moments confus, des mélanges sociaux, des périodes désordonnées... Chaque fois que, par le développement naturel de l'histoire, les classes sociales se trouveront brouillées en surface et séparées dans leur fondement, de larges catégories de jeunes gens occuperont vis-à-vis du monde la même situation équivoque, risqueront les mêmes stations douloureuses. » A travers Stendhal, on sent bien que Blum parle de lui-même.

Car il est, lui aussi, dans une « situation équivoque » vis-à-vis du monde bourgeois. Cette intelligence, si merveilleusement outillée pour une réussite classique, est une intelligence critique. Dès vingt ans, Blum est à gauche, mais cette gauche est un anarchisme littéraire. C'est l'affaire Dreyfus qui le force à la politique : au début, comme presque tout le monde, il croit à la culpabilité de Dreyfus, décourageant même une démarche de Bernard Lazare. Un jour de 1897, Lucien Herr, le bibliothécaire de l'École normale, lui en démontre l'innocence. Et les deux ans qui suivent sont décisifs dans la vie de Blum : c'est le combat du jeune démocrate pour la justice ; c'est l'initiation à la vie publique ; c'est le début de l'amitié avec Jaurès. On imagine mal les premières rencontres des deux hommes : le député méridional, court sur pattes, débraillé, crachant volontiers dans son mouchoir, débordant d'activité, de culture et d'éloquence, et le jeune Blum, flexible et distingué, avec un rien de préciosité dans les manières. On aimerait savoir si Jaurès a pressenti dans cette fragilité l'avenir du parti socialiste français, et son continuateur ; mais Blum est trop intelligent pour ne pas incliner sa jeunesse devant une expérience politique, une honnêteté et un talent qui n'ont pas d'égal à l'époque au Parlement français.

De l'affaire Dreyfus, Blum garde le goût de la politique. Ses amis sont désormais les universitaires de gauche, non seulement Lucien Herr, mais Mathiez, Simiand, Andler. Le groupe reprend la librairie de la rue Cujas, après la rupture avec Péguy. Blum a adhéré au « groupe de l'unité socialiste », dont le but était de réunifier l'ensemble des mouvements socialistes en France ; en décembre 1899, il assiste à un congrès de l'unification qui n'obtiendra d'ailleurs qu'un résultat provisoire.

Son adhésion au socialisme, il en a bien lui-même indiqué les circonstances : « Tout le travail négatif était fait chez moi. Il s'agissait de trouver une forme déjà prête... Mais Herr m'apporta l'idée d'organisation, le collectivisme. Ce fut l'opération de la cataracte, la mise en cause du socialisme. » Mais si Herr apporte l'idée, c'est Jaurès qui donne la doctrine : toute sa vie, Blum se présentera comme son disciple, comme son fils spirituel. Et cette filiation est réelle : les deux hommes ont suivi le même itinéraire politique, de la revendication démocratique jacobine, qui s'articule sur la justice, au socialisme marxiste, qui prend appui sur la connaissance des lois sociales. Tous les deux, ils garderont de leur jeunesse politique, et au surplus Blum héritera de Jaurès un idéalisme moral qui leur paraît un des pôles de la définition socialiste. Jaurès disait : « Marx et Michelet. » Blum dira : « Marx et Jaurès. » Écoutons-le parler, en 1933, dans une conférence aux Ambassadeurs consacrée à Jaurès : « La synthèse jauressiste, ici, a consisté à montrer que la révolution sociale, que l'installation du régime social nouveau, en même temps qu'elle serait le résultat logiquement inéluctable d'une loi, répondait en même temps à autre chose, répondait au sentiment de la solidarité humaine, répondait aux exigences de la conscience morale. Jaurès a moralisé la nécessité, ou du moins il a donné à l'idéal moral, dès aujourd'hui, la force de sa victoire nécessaire et inévitable. »

Jaurès est assassiné à la veille de la guerre. La SFIO fait l'union sacrée après Charleroi, et Jules Guesde, le marxiste sectaire, l'adversaire de toute collaboration avec un pouvoir bourgeois, devient ministre d'État. Marcel Sembat, ministre des Travaux publics, fait appel à Léon Blum, que son extrême myopie écarte de tout service militaire actif. Ainsi, c'est comme directeur de cabinet que le littérateur et le maître des requêtes au Conseil d'État, qui n'a jamais été un militant, fait l'apprentissage de la machine politique. Ce chef socialiste connaîtra les rouages du gouvernement bourgeois avant ceux de l'appareil du parti. Il les connaîtra même si bien que sa *Lettre sur la réforme gouvernementale*, parue en 1918, se propose d'en améliorer le fonctionnement.

En fait, c'est donc à un haut fonctionnaire que la SFIO propose en 1918 un rôle de chef politique. Que lui apporte-t-il donc de si important ? Ce n'est pas tellement sa compétence, pourtant réelle : c'est surtout que, au lendemain de la guerre, il lui restitue sa tradition, son unité et sa doctrine.

Sa tradition : il est l'homme chez qui Jaurès déjeunait presque quotidiennement pendant les sessions parlementaires, et il n'entre dans la vie publique que « pour préserver son œuvre », comme il le dira souvent. Œuvre triplement compromise en 1919, par la guerre qu'elle n'a pas su conjurer, par la révolution russe qu'elle n'a pas prévue, et par le mouvement gréviste en France qu'elle est impuissante à diriger. La longueur et la cruauté de la guerre ont déchiré le parti entre une droite social-patriote et une gauche pacifiste (mais non défaitiste, comme l'aurait voulu Lénine), d'abord très faible et très timide, mais qui devient majoritaire dès avant l'armistice. Entre Renaudel et Longuet, leaders très inégaux à l'enjeu de ce grand débat, Blum s'impose naturellement : ancien compagnon de Jaurès, étranger aux luttes de l'appareil, et d'une qualité intellectuelle qui tranche sur la médiocrité générale, il est l'arbitrage fait homme. L'appareil guesdiste du vieux Parti socialiste accepte ce « brillant » haut fonctionnaire : curieuse alliance qui établit sur des bases très solides, pour ainsi dire sans efforts, le prestige qu'aura jusqu'à sa mort Léon Blum sur la SFIO.

Mais c'est immédiatement l'épreuve : le problème de la révolution russe et le congrès de Tours. Ce jour-là, dans le discours peut-être le plus remarquable de sa carrière, Blum rend ce qui lui a été donné ; il fixe la doctrine du vieux parti, de ceux qui restent « dans la vieille maison », par rapport au bolchevisme alors majoritaire. C'est la défense de Jaurès contre Lénine. Il faut s'arrêter un peu à ce texte qui est le constat objectif de la scission, et dont les idées ne cesseront plus de guider l'action de Léon Blum. La rupture de 1920 a ceci de particulièrement tragique que, née d'un désaccord sur la question du socialisme en Russie, elle bloque face à face deux traditions sentimentales et intellectuelles et interdit pour trente ans toute discussion sérieuse et réaliste des conditions d'une révolution socialiste en France.

Ce n'est pas le débat entre réformisme et révolution, mais entre deux conceptions également théoriques de la Révolution. « Je ne connais qu'un socialisme, déclare Blum, le socialisme révolutionnaire, puisque le socialisme est un mouvement d'idées et d'action qui mène à une transformation du régime de la propriété, et que la révolution, c'est par définition cette transformation même. » Par rapport à cette orthodoxie marxiste, qui n'exclut pas les moyens illégaux pour la conquête du pouvoir, et à laquelle Blum se déclara fidèle toute sa vie, le réformisme est analysé comme une déviation de droite, fondée sur l'idée que la transformation peut se faire sans crise préalable du pouvoir politique, et le bolchevisme, comme une déviation de gauche, comme un néo-blanquisme pour lequel la conquête du pouvoir est une fin en elle-même, et la dictature du prolétariat non un pouvoir provisoire, mais un véritable système de gouvernement. « La dictature du prolétariat ? » lance Blum aux congressistes de Tours, « nous en sommes partisans... Nous n'avons donc peur ni du mot, ni de la chose... La différence tient à nos divergences sur l'organisation et sur la conception révolutionnaire. Dictature exercée par le parti, oui, mais par un parti organisé comme le nôtre, et non pas comme le vôtre. » Car, contre le monolithisme et l'organisation quasi militaire exigée dans les vingt et une conditions de l'Internationale communiste, Blum revendique la liberté des tendances, à l'intérieur du parti révolutionnaire.

Le fond de sa pensée, c'est qu'il refuse que la révolution russe ait pour la France une valeur exemplaire ; il comprend qu'elle tire une partie de sa force de la mauvaise conscience des rescapés de l'union sacrée réunis à Tours, et analyse son manque de prise réelle sur la société française. Reste qu'il la combat non pas au nom d'une politique d'avenir, mais au nom de la tradition marxiste classique, et d'une révolution qui n'est définie qu'abstraitement. Avec Blum le socialisme français conserve sa doctrine révolutionnaire, mais il n'en acquiert pas une politique révolutionnaire. Dès l'origine, le jeune Parti communiste guidé par l'Internationale, et la vieille maison où veille Léon Blum se réfugient dans la phrase. Avant d'être une psychologie, le « blumisme » est ainsi la défense de la tradition marxiste contre l'hérésie bolchevique.

Dans l'intelligent petit livre qu'elle a consacré à Léon Blum, Colette Audry fige Léon Blum dans une psychanalyse du « juste ». Plus que le succès d'une révolution qui ne cesse pas d'être un idéal, Blum recherche dans l'histoire la réalisation de sa personne morale, conditionnée par l'universalisme juif et la soif d'être « reconnu » par la communauté française tout entière. Mais le moralisme de ce kantien égaré dans le marxisme et dans la politique, son désir de ne pas additionner l'exil juif et l'exil socialiste servent en définitive les intérêts de la bourgeoisie française : Blum sauve son âme et perd le socialisme. La psychanalyse de Colette Audry rejoint la critique communiste du « bourgeois » Léon Blum.

Il y a du vrai dans cette critique, qui met l'accent sur le moralisme constant de l'analyse chez Blum. Mais les causes n'en sont pas seulement, ni peut-être surtout, psychologiques. C'est l'histoire réelle qui conditionne le blocage de cette pensée théorique, et sa fuite vers la morale : car Blum dirigera la SFIO à l'époque la plus aiguë du grand schisme ouvrier, dans un temps où le PC, orienté par l'Internationale communiste et par Staline, creuse le fossé qui s'est ouvert à Tours, et rend impossible tout accord durable sur une stratégie unique de la classe ouvrière. De ce fait, la révolution socialiste est forcément ajournée en France, même si les conditions objectives — ce qui resterait à discuter — peuvent s'y trouver réunies à tel ou tel moment. Le dogmatisme stalinien, figé dans l'exemple soviétique, adosse la SFIO à son passé, Blum maintient Jaurès.

Toute sa vie, il se déclarera hostile au réformisme, partisan de la conquête socialiste du pouvoir : il le réaffirmera en 1947 devant les élèves de l'École normale supérieure. Toute sa vie, il luttera contre la tension internationale, contre le chauvinisme, au nom de l'« arbitrage », vieux legs du pacifisme bourgeois des années 1900 et du jauressisme : politique qui lui permet une attitude courageuse et lucide en 1923 contre l'occupation de la Ruhr, mais qui se révèle singulièrement fragile face au fascisme hitlérien. Toute sa vie, ce fils des années faciles du début du siècle ignorera l'importance de la question coloniale pour la société française contemporaine : en 1925 lors de la guerre du Rif, comme en 1946 aux origines de la guerre d'Indochine.

Cette pureté, ou ce conservatisme doctrinal, repose aussi sur une crainte du pouvoir.

Il a tout fait pour l'éviter. D'abord, ce n'est pas un ambitieux vulgaire. Mais surtout, c'est pour lui l'épreuve la plus redoutable, en tant que chef révolutionnaire : c'est le maçon au pied du mur.

« Pendant une période d'à peu près quinze ans, écrira-t-il plus tard, de 1921 à 1936, mon activité à l'intérieur du pays, en même temps que celle de mon camarade Vincent Auriol, s'est principalement appliquée à écarter les partis socialistes de l'exercice du pouvoir. » Ce faisant, il a regroupé à la SFIO, autour de la révolution jauressienne, l'essentiel des transfuges de 1920, et augmenté régulièrement l'audience électorale du Parti jusqu'en 1932. Mais s'il a soutenu le cartel des gauches en 1924, il a soigneusement exclu toute participation au pouvoir.

Indépendamment de sa volonté même, d'ailleurs, tout l'en écarte : il est l'homme le plus haï de la droite française, de la grande presse et des banques. Une immense campagne de calomnie et de violence accompagne le moindre de ses gestes publics. Le 23 janvier 1935, *La Solidarité française*, de Bucard, publie en première page une immense photo de lui, ainsi commentée : « Il faut que chacun se pénètre bien des traits et du visage de cet homme néfaste, dont la vie n'est qu'un constant complot contre la patrie. » En février 1936, il échappe de justesse au lynchage par les jeunes de l'Action française.

Pendant toute cette période, le PC surenchérit contre lui ; les communistes rejettent toute proposition d'unité, même tactique, venant des « social-fascistes », figés dans leur politique sectaire « classe contre classe », et dans le principe stalinien que la destruction du capitalisme passe par l'écrasement politique de la social-démocratie. En 1928, c'est Duclos qui bat Léon Blum dans le 18e arrondissement à la suite d'une campagne électorale acharnée.

Dans ces conditions, Blum n'a pas de grandes difficultés à orienter le parti sur une ligne « révolutionnaire » de non-participation : l'appareil guesdiste l'appuie contre la droite de Renaudel et Déat, qui fera la scission « néo- » en 1933. Mais il est trop intelligent pour ne pas comprendre, surtout après l'échec du cartel des gauches, que la question ne pourra être toujours résolue aussi simplement. Entre une droite qui est de moins en moins républicaine, et une extrême gauche qui n'envisage que les Soviets, la non-participation socialiste bloque le régime parlementaire, car elle en supprime l'alternative gouvernementale droite-gauche. C'est pourquoi Blum ajoute ici à la tradition social-démocrate et à Jaurès une doctrine nouvelle de l'exercice du pouvoir qui est son apport original, et sans doute le cœur de sa pensée politique.

Il distingue soigneusement l'*exercice* et la *conquête* du pouvoir. La conquête, c'est la révolution sociale, dont il continue à proclamer la nécessité, face au réformisme. Par exemple, en 1927, fixant pour A. Sarraut les limites entre socialisme et radicalisme : « Nous ne pensons pas qu'on puisse passer du régime actuel de la propriété au régime nouveau par une série de transitions, de dégradations presque insensibles. Nous croyons que nous nous trouverons un jour devant une large solution de continuité. Et nous sommes des révolutionnaires parce que nous sommes résolus, nous, à sauter le fossé. » Mais quel est ce jour ? Et quelles sont les conditions qui en déterminent l'échéance ? Blum est muet sur ce point capital.

L'exercice du pouvoir, c'est une simple gestion du régime et des institutions existantes, par la SFIO, portée régulièrement aux affaires par le jeu parlementaire, en l'absence d'un mouvement révolutionnaire de la classe ouvrière. Dans cette hypothèse, Blum envisage une gestion loyale, et condamne catégoriquement par avance « cette espèce d'escroquerie qui consisterait à profiter de notre présence à l'intérieur du gouvernement pour transformer l'exercice du pouvoir en conquête du pouvoir ». (Discours à la Bellevilloise, 10 janvier 1926.)

En apparence, pour ce Platon de la révolution socialiste, les choses sont donc claires, et classées pour l'éternité : non-participation, exercice du pouvoir, ou conquête révolutionnaire — telles sont les notions par lesquelles Blum renouvelle la vieille discussion du congrès d'Amsterdam. Les choses sont claires, mais c'est qu'elles sont *abstraites*. Dans la réalité, quel critère décidera du caractère révolutionnaire ou non de la situation ?

Avril-mai 1935. Laval signe à Moscou le pacte franco-soviétique, arrachant à Staline la célèbre déclaration sur les crédits de la défense nationale française ; tirant les leçons de l'échec allemand, le Komintern opère un spectaculaire tournant politique ; le PC français, renonçant dans l'immédiat aux soviets, est à la pointe de la défense de la démocratie contre le fascisme. Hitler vient de remilitariser la Rhénanie. Avril-mai 1936 : l'unité ouvrière est redevenue possible et nécessaire contre la menace fasciste intérieure et internationale ; les élections législatives portent Blum au pouvoir avec un groupe socialiste de cent quarante-six élus, et une large majorité parlementaire de Front populaire. Aussitôt se développe un mouvement gréviste dont l'histoire de France n'offre pas d'exemple : fraternels, enthousiastes, vainqueurs enfin, les ouvriers français, à l'exemple des métallurgistes parisiens, occupent les usines au nom de leur avenir.

Est-ce la révolution ? Ou l'exercice du pouvoir ?

A droite, on voit, dans les occupations d'usines, cette violation de la propriété privée, les prémisses de la révolution sociale, et tout ce que la bourgeoisie compte d'hommes influents se précipite quai Bourbon, au domicile de Léon Blum, pour le supplier d'« exercer » le pouvoir. Exercer le pouvoir ? Mais il semble qu'il n'ait jamais, ni à l'époque, ni plus tard, envisagé autre chose ; alors qu'il est porté au gouvernement par les masses pour appliquer le programme du Front populaire, il forme son équipe selon le procédé parlementaire classique des dosages entre partis et tendances ; alors qu'il préside le premier gouvernement soutenu par le mouvement ouvrier, sa première préoccupation est d'endiguer le flot révolutionnaire. Il en témoignera lui-même à Riom : « Je dois vous dire qu'à ce moment, dans la bourgeoisie et en particulier dans le monde patronal, on me considérait, on m'attendait, on m'espérait comme un sauveur. Les circonstances étaient si angoissantes, on était si près de quelque chose qui ressemblait à la guerre civile, qu'on n'espérait plus que dans une sorte d'intervention providentielle : je veux dire, l'arrivée au pouvoir d'un homme auquel on attribuait sur la classe ouvrière un pouvoir suffisant de persuasion, un ascendant suffisant pour qu'il lui fît entendre raison et qu'il la décidât à ne pas user, à ne pas abuser de sa force. » C'est l'arbitrage Matignon. Cette politique est d'ailleurs défendable : mais ce qui est surprenant, c'est qu'à aucun moment, Blum ne semble en avoir envisagé d'autre.

Elle est d'ailleurs approuvée par un PC devenu très prudent. Dès le 17 mai 1936, Waldeck Rochet indique : « Nous prendrons nos responsabilités en collaborant à l'amélioration du sort des classes laborieuses, dans le cadre de la société actuelle. » Et, en juin, répondant à Marceau Pivert et aux gauchistes de la fédération SFIO de la Seine, Thorez dira : « Non, tout n'est pas possible », dans ce même discours, où il invite la classe ouvrière à « savoir terminer une grève dès que satisfaction a été obtenue ».

Le « blumisme » est ainsi soumis à l'épreuve des faits. Sur le plan intérieur, l'exercice du pouvoir se heurte à de multiples obstacles. Résistance des grands corps de l'État, attitude très réservée de l'armée, sabotage des banques, hostilité du Sénat : il ne suffit pas d'être au pouvoir pour gouverner, encore faut-il être obéi. Moins d'un an après les accords Matignon, la classe ouvrière est à nouveau sur la défensive, et l'inflation lui a repris l'essentiel des améliorations de juin 1936. Mais c'est sur le plan international que se joue la partie principale : accroché à l'alliance anglaise face au danger allemand, Blum laisse étrangler la République espagnole au nom de la non-intervention. Naïveté ou duperie, qui accélère la dislocation de l'alliance populaire en France et compromet même l'unité de la SFIO, bientôt déchirée entre munichois et anti-munichois.

En somme, aux deux grands problèmes qui agitent la social-démocratie européenne depuis 1900 : la participation au pouvoir et la guerre, il a proposé deux solutions, la distinction entre l'exercice et la conquête du pouvoir, et l'idée de l'arbitrage international. Dès Pâques 1937, l'histoire en montre la fragilité : Blum démissionne devant l'hostilité du Sénat. Hitler envahit l'Autriche. Le Front populaire devient un grand souvenir.

La guerre ramène Blum à l'Union nationale. La défaite, l'occupation, la captivité surtout le rendent à un rôle individuel de témoin des malheurs du pays et de l'injustice des vainqueurs. En ce sens, le procès de Riom couronne sa carrière politique. Jamais son talent n'a été plus éclatant et plus libre que dans ces temps de captivité ; libéré de toute sujétion tactique, de toute solidarité de parti, son rôle individuel devient celui de la France même. De la France de 1789, de 1848 et de 1936 contre le fascisme étranger et une droite française qui en est ouvertement complice. Ainsi la défense de Blum n'est pas essentiellement une défense révolutionnaire ; c'est la défense de la nation tout entière, de son passé et de son avenir. Face aux juges de l'ennemi, le leader socialiste retrouve les grands thèmes de Jaurès, qui n'ont cessé d'habiter son cœur depuis le début du siècle : l'histoire leur donne enfin une pleine signification nationale.

Déporté par les Allemands, il écrit *A l'échelle humaine*, qui accentue cette orientation doctrinale : coupé de son parti, au-dessus de la mêlée, Blum insiste sur l'importance de l'idéalisme moral dans la lutte socialiste ; sans renoncer à l'objectif révolutionnaire, il en prévoit, dans l'Europe victorieuse du fascisme, les chances de réalisation pacifique. Jamais il n'a cru davantage, au milieu du déferlement des violences, à la valeur de la persuasion et de la morale politique.

C'est de cette sagesse qu'il cherchera à entourer le Parti socialiste à la Libération. Ambassadeur extraordinaire à Washington, puis chef d'un bref gouvernement socialiste, il est devenu un des conseillers unanimement respectés de la IVe République. L'exercice du pouvoir par la SFIO est devenu une constante du régime parlementaire français. Mais, rallié à une pratique réformiste, Blum n'en reste pas moins un doctrinaire socialiste. Les soucis d'une stratégie politique le rendent à ses anciens thèmes : conquête et exercice du pouvoir, problème de l'unité avec les communistes, composition du programme socialiste, morale et marxisme, etc.

L'ironie de l'histoire veut qu'en septembre 1946 c'est contre Léon Blum, et au nom d'un « marxisme révolutionnaire » que Guy Mollet bat Daniel Mayer, au sein du Parti socialiste. Le discours du vieux leader décortique bien l'équivoque politique de l'opération : « Vous invoquez la nécessité du renouveau. Mais, plus que de tout le reste, vous avez peur de la nouveauté, vous avez la nostalgie de tout ce qui peut vous rapprocher de ce parti tel que vous l'avez autrefois connu et pratiqué... »... « Le vote pour la motion Guy Mollet, savez-vous ce que c'est ? c'est une espèce d'alibi moral par lequel vous avez cherché à abuser votre mauvaise conscience. »

Mais c'est un nouveau chapitre de l'histoire de la SFIO qui commence.

# QUAND JAURÈS N'ÉTAIT PAS SOCIALISTE

*18 juin 1959*

Le 8 février 1893, au cours d'une intervention de Jaurès sur le scandale de Panama, le leader socialiste est interrompu par Emmanuel Arène : « Il y a sept ans, vous étiez centre gauche. » Jaurès : « Vous monsieur, qui m'interrompez ainsi, vous êtes excusable de n'avoir pas suivi le mouvement loyal et sincère de ma pensée ; mais, en tout cas, lorsque je vois des représentants de ce qu'on appelait autrefois le centre gauche, comme M. Cavaignac, comme M. le président du Conseil, apporter ici une critique socialiste de l'état actuel..., j'ai bien le droit, à mon sens, j'ai bien le droit, moi aussi, de rendre témoignage aux idées qu'en dépit de vous, depuis des années, je soutiens dans le pays. »

Car Jaurès est entré dans la vie publique comme un républicain du centre : en octobre 1885, aux élections législatives, deux listes se disputent les suffrages des électeurs du Tarn : la liste conservatrice, conduite par le baron Reille, député depuis 1876, ancien sous-secrétaire d'État pendant l'Ordre moral, et disposant d'une influence locale prépondérante ; baron d'Empire, c'est aussi un baron du charbon et de la terre. Les vieilles familles royalistes et leur clientèle traditionnelle le rejoignent dans l'union sacrée des grands intérêts : l'ordre social, la propriété, la religion, la famille. En face des six candidats de la liste conservatrice, six républicains de nuance modérée, de tradition gambettiste, pour qui la lutte républicaine contre le royalisme et le cléricalisme reste l'impératif politique primordial. C'est un combat de l'autre siècle, mais en 1885 il vient tout juste d'être gagné, et la tragédie de cette victoire domine encore la vie publique. En deuxième position sur la liste républicaine, un jeune agrégé de philosophie, maître de conférence à l'université de Toulouse, Jean Jaurès.

C'est un enfant du pays. Il est né à Castres, en 1859, d'une alliance de familles du cru, qui évoluent lentement depuis un siècle et demi de la paysannerie à la bourgeoisie, de la terre au négoce. C'est le rythme et le mouvement mêmes de l'histoire de France. Le père, Jules Jaurès, est un petit négociant : il achète à Beaucaire et revend dans la montagne castraise ; il reste propriétaire d'une petite métairie de six hectares dont le petit revenu aide à joindre les deux bouts. Le commerce du drap a donné l'aisance, et une certaine notoriété locale, à la famille Barbaza, où est née Mme Jaurès. Ainsi, c'est toute l'ancienne France qui veille sur le berceau du futur leader socialiste. C'est le Languedoc hérétique, c'est le Midi jacobin qui nourrissent son enfance. Le jeune phénix du lycée de Castres, remarqué par un inspecteur général, obtient bientôt une bourse pour « monter à Paris » poursuivre des études supérieures. Et, par la filière classique des ascensions sociales et politiques, dans la France de la III^e^ République, la rue d'Ulm et l'agrégation, il apporte à l'étroitesse familiale les promesses d'une carrière où s'est déjà illustré un cousin devenu amiral : la fonction publique. D'abord professeur au lycée d'Albi, rapidement nommé à la faculté de Toulouse, ses débuts dans l'enseignement public, à l'époque du grand combat scolaire de Jules Ferry, renforcent sa vocation républicaine.

En 1885, à vingt-six ans, il arrive en tête des douze candidats du Tarn. Quatre de ses colistiers sont élus avec lui ; seul le baron Reille échappe au naufrage conservateur.

A quel groupe s'inscrire dans cette chambre dominée par les républicains, mais divisée aussi par leurs rivalités ? Car les deux cent cinquante « opportunistes » de Jules Ferry se heurtent aux cent vingt radicaux de Clemenceau, le tombeur du « Tonkinois », au moment de l'affaire de Lang-Son. Aux idéalistes et aux affairistes de la conquête coloniale, s'opposent les maniaques de la ligne bleue des Vosges ; dans ce débat déjà périmé, où un même chauvinisme justifie deux politiques, Jaurès ne prend pas parti. Mais par crainte du sectarisme radical, et par admiration pour Gambetta, il veut avant tout consolider la victoire de la République, et pour cela faire l'union la plus large des républicains : c'est un centre gauche. Un jour de 1885 qu'il croise dans les couloirs de la Chambre Jules Ferry, à l'affût de jeunes talents pour ses futurs ministères, un curieux dialogue s'instaure entre l'expérience du vieux leader républicain et l'intelligence abstraite du jeune universitaire, déjà à la recherche de l'avenir : « Quel est donc votre idéal ? » demande Jaurès. « Laissez donc ces choses, répond Ferry. Un gouvernement n'est pas la trompette de l'avenir. » « Mais pourtant, insiste Jaurès, vous n'êtes pas un empirique, vous avez nécessairement une conception générale du monde et de l'histoire. Quel est donc votre but final ? » Et Jules Ferry : « Mon but, c'est d'organiser l'humanité sans Dieu et sans roi. »

Cette réponse, déjà, ne satisfait pas toutes les ambitions politiques de Jaurès. Car son premier acte de député, le 8 avril 1886, est le dépôt d'un projet de loi sur les caisses de retraites ouvrières. Non que Jaurès soit gagné à une idéologie nouvelle : le sectarisme du petit groupe socialiste à la Chambre (six députés, dont Camélinat, Basly, Clovis Hugues), la faiblesse et la division du mouvement ouvrier, depuis la répression de 1871, ne peuvent, à cette époque, retenir son attention. Mais cet agrégé de philosophie, qui par tempérament et par formation est le contraire d'un empirique, ce jeune parlementaire resté étranger aux séductions du pouvoir, ne peut envisager la politique que comme le service d'un idéal.

Aussi, c'est à travers sa propre formation idéologique, et par le biais d'une morale kantienne qui domine alors l'enseignement philosophique français que Jaurès aborde la question sociale. L'universalisme abstrait de la notion de justice lui permet de réconcilier la tradition de 1789, son passé, et le souci du monde du travail, première forme de son avenir.

Cette orientation sociale du jeune député ne l'empêche pas d'ailleurs de voter avec le centre : en décembre 1885, il vote pour le crédit de quatre-vingts millions au corps expéditionnaire du Tonkin, pour le crédit de quatre-vingt mille francs destiné au service des cultes. Il a voté aussi contre l'amnistie des délits politiques demandée par Rochefort.

En 1889, après le rétablissement du scrutin d'arrondissement, qu'il a en vain combattu, Jaurès est battu par un concurrent monarchiste dans la circonscription de Castres. Il reprend ses cours à Toulouse, sans abandonner la lutte politique, puisqu'il est élu conseiller municipal, puis adjoint au maire. En 1891, la thèse annexe qu'il soutient en Sorbonne concerne le socialisme allemand : il ne l'envisage encore que comme doctrine philosophique, procédant directement des grandes philosophies idéalistes allemandes, Kant, Fichte, Hegel. De Marx il accepte la doctrine économique, mais rejette les conceptions philosophiques matérialistes, dont il ne connaît d'ailleurs que peu de chose à cette époque, puisque la plus grande partie de l'œuvre de Marx n'est pas éditée en français. Mais en réalité, ni le kantisme de ses maîtres, ni le jacobinisme familial, ni la République de ses amis politiques, ne lui permettent d'aborder concrètement la question ouvrière et le socialisme. Ce sont les ouvriers de Carmaux qui vont lui ouvrir le chemin du socialisme pratique.

Le 31 juillet 1892, le nouveau maire de Carmaux, l'ouvrier Calvignac, est élu conseiller d'arrondissement contre le candidat de la Compagnie minière. Il est mis à pied quinze jours après ; les mineurs se mettent en grève pour défendre leurs droits politiques et Calvignac sera réintégré dans ses fonctions à la mine, en même temps qu'il obtiendra les facilités nécessaires pour remplir les mandats dont l'ont chargé ses camarades. Devant ce succès ouvrier, le marquis de Solages, administrateur de la Compagnie, député monarchiste de la 2e circonscription d'Albi, remet sa démission entre les mains du président de la Chambre. C'est alors qu'un télégramme atteint Jaurès à la mairie de Toulouse : « Le Congrès républicain socialiste vous offre la candidature avec le programme du parti ouvrier rédigé au Congrès de Marseille. Si vous acceptez venez de suite à Carmaux, au siège du Congrès. » Jaurès accepte, et il est élu, le 20 janvier 1893, député socialiste des ouvriers de Carmaux contre le républicain modéré Heral. Le voici maître de son avenir.

Avant même de faciliter sa fixation politique, les ouvriers de Carmaux lui donnent un milieu humain. Malgré les réticences familiales, malgré le conformisme de son épouse, cet homme expansif et bon, qui n'a pas d'efforts à faire pour se rapprocher du peuple parce qu'il ne s'en est jamais senti séparé, trouve comme naturellement son point d'équilibre moral dans cette classe ouvrière méridionale, proche encore de la petite paysannerie, mais à qui l'usine et la mine ont apporté le sens de la lutte et de la solidarité politique. Et de cette promotion il n'y a pas de meilleur symbole que Jaurès.

D'un Jaurès, dont désormais — il a trente-deux ans — la doctrine et la politique sont clairement tracées. Dès 1893, le député de Carmaux devient la voix du socialisme français. Le 21 novembre 1893, c'est lui qui répond à la déclaration violemment antisocialiste du président du Conseil, Charles Dupuy, par une analyse marxiste du socialisme : « Si, au contraire, un mouvement socialiste est déterminé tout à la fois par la forme de la production dans le monde contemporain et par l'état des sociétés politiques, s'il tient tout ensemble au cœur même des choses et aux entrailles du prolétariat, en engageant la majorité gouvernementale dans la lutte contre lui, vous l'engagez, monsieur le président du Conseil..., dans le plus hasardeux des combats... vous avez institué entre l'ordre politique et l'ordre économique dans notre pays une intolérable contradiction. Dans l'ordre politique, la nation est souveraine et elle a brisé toutes les oligarchies du passé ; dans l'ordre économique, la nation est soumise à beaucoup de ces oligarchies... Au moment même où le salarié est souverain dans l'ordre politique, il est dans l'ordre économique réduit à une sorte de servage. »

C'est ainsi que, face à ses anciens amis, face à la République bourgeoise, Jaurès en appelle désormais à la République socialiste.

## LA PREMIÈRE HISTOIRE DU NAZISME

*18 mai 1961*

En mai 1945, au moment de l'effondrement allemand, les troupes américaines s'emparaient, dans divers châteaux du Harz, de quatre cent quatre-vingt-cinq tonnes de documents allemands provenant des Affaires étrangères, à l'instant même où Berlin donnait l'ordre de les brûler. La majeure partie des dossiers confidentiels du III$^e$ Reich fut ainsi emportée aux États-Unis, Là-bas, William Shirer, qui avait été correspondant de presse à Berlin de 1933 à 1939, put, pendant plusieurs années, consulter ces documents avant qu'ils soient rendus à l'Allemagne avec une singulière précipitation.

C'est un gros livre de sept cents pages, que rien apparemment ne signale à l'attention : une œuvre de patience, beaucoup de documents, un style un peu gris. Mais de ce tissage monotone naît un récit passionnant, non seulement parce qu'il est fait avec notre passé récent, mais parce que, pour la première fois, les mécanismes intérieurs du nazisme sont décrits avec précision et objectivité.

C'est ce qui explique que la première partie de l'ouvrage ne soit pas la meilleure. Car sur la période qui va de l'enfance de Hitler à la prise du pouvoir, en janvier 1933, William Shirer, qui ne dispose pas d'une documentation inédite, est amené à reprendre un certain nombre de choses déjà connues. Son Allemagne de Weimar est plutôt moins parlante que celle de Benoist-Méchin. L'enfance autrichienne de Hitler, le caporal de la Première Guerre mondiale, l'aventure manquée de Munich à l'automne 1923 sont autant de jalons dans le développement de cette personnalité qui reste mystérieuse. Car William Shirer a, bien sûr, raison de montrer qu'il est l'héritier de toutes les banalités et de toutes les sottises du vieux pangermanisme allemand ; mais il y a dans la démence hitlérienne, en même temps que dans la pauvreté de la vie privée du futur chancelier, une névrose individuelle que l'analyse de Shirer ne réduit pas.

A partir de 1924, le nazisme semble s'assoupir dans la prospérité allemande. La grande crise politique qui a suivi la défaite est terminée ; les partis du centre reprennent du terrain dans cette république sans républicains. Le talent de Hitler, qui ne dispose pas alors d'appuis importants, est fait, dans cette période, de patience et d'habileté. Il groupe peu à peu autour de lui une équipe d'hommes, et un appareil politique. Alors que l'aristocratie prussienne l'a abandonné avec Luddendorf en 1923, la plèbe du nationalisme allemand, les aventuriers de la revanche lui restent fidèles ou le rejoignent : Goering, l'as de l'aviation, Goebbels, l'écrivain raté, les frères Strasser qui veulent parler à la classe ouvrière, Roehm, le soldat déclassé, enfin Rudolf Hess, qui est le compagnon le plus proche.

La crise économique de 1929 permet au parti nazi d'embrayer sur une réalité politique de masse. Le développement du chômage, la multiplication des faillites, les difficultés paysannes viennent s'ajouter au désespoir national qui est né du traité de Versailles. Le nazisme devient non seulement une force électorale, dont Goering préside avec cynisme le groupe parlementaire, mais un parti dressé à la bataille de rues. Roehm embrigade dans les SA des centaines de milliers de malheurs individuels : chômeurs, artisans en faillite, commerçants ruinés. L'état-major allemand voit d'un mauvais œil ces milices partisanes qui concurrencent la vieille armée de métier, mais déjà il songe à les utiliser contre l'ennemi commun, un parti communiste puissant. Et le grand capitalisme allemand commence à regarder aussi du côté de Hitler.

L'ouvrage de William Shirer montre bien que la « révolution nazie » s'est faite en deux étapes. La première se situe dans les années 1932-1934. A la fin de 1932, le parti nazi enregistre un échec sensible aux élections législatives, cependant que le parti communiste progresse. C'est dans cette conjoncture apparemment défavorable que Hitler fait preuve de ses dons incontestables de manœuvrier politique. Il a compris depuis 1923, au moment de l'échec munichois, qu'il est un faux révolutionnaire, et qu'il ne pourra prendre le pouvoir que de l'intérieur, avec l'aide des deux grandes forces traditionnelles de la société allemande : l'état-major et le grand capitalisme de la Ruhr. A la fin de 1932, devant le danger communiste, et devant la faillite de plus en plus évidente du régime parlementaire, qui ne trouve pas de majorité entre l'opposition nazie et l'opposition communiste, ces deux forces font le choix décisif : elles imposent au vieux maréchal Hindenburg, malgré ses réticences d'aristocrate, le choix du petit caporal de 1914 comme chancelier du Reich. Celui-ci accepte de diriger un ministère où figurent seulement trois nazis, et où le reste des portefeuilles est donné à la droite traditionnelle des barons et des industriels.

Mais dès lors, tout est joué dans l'année : grâce à la « loi de protection du Reich », à l'incendie du Reichstag et à l'impuissance des partis républicains allemands, Hitler interdit successivement le Parti communiste, la social-démocratie, le centre catholique. Il n'y a plus d'opposition de gauche en Allemagne dès le printemps 1933. Hitler n'a plus à compter qu'avec ses alliés de droite : en 1934, il leur sacrifie la « gauche » du parti nazi, c'est-à-dire Strasser et Roehm, d'autant plus volontiers que sa domination sur le parti est dès lors incontestée.

Dans l'après-midi du 5 novembre 1937, arrivent successivement par la Wilhelmstrasse, jusqu'à la chancellerie du IIIe Reich, pour y conférer avec Hitler, six grands personnages : le feld-maréchal von Blomberg, ministre de la Guerre et commandant des Forces armées, le colonel-général baron von Fritsch, commandant en chef de l'armée, l'amiral Raeder, commandant en chef de la marine, le colonel général Goering, chef de l'aviation, le baron von Neurath, ministre des Affaires étrangères, enfin le colonel Hossbach, adjoint militaire du Führer. Ce dernier est le moins connu de cette redoutable équipe, mais, dans cette journée, il joue inconsciemment un rôle capital : il est le sténographe de l'avenir de l'Allemagne. Car il note toutes les paroles de Hitler, et c'est à travers lui qu'elles sont parvenues jusqu'à nous.

La réunion, ouverte à 16 h 15, dure jusqu'à 20 h 30. Ce fut, comme d'habitude, un quasi-monologue du Führer. Après avoir indiqué d'entrée de jeu que toute la politique extérieure allemande est subordonnée à la recherche d'un espace vital en Europe par le « recours à la force », Hitler fixe les premiers objectifs : l'Autriche et la Tchécoslovaquie, et les délais : 1943-1945 au plus tard. « A notre point de vue — le rapport de Hossbach est rédigé en discours indirect — la situation ne pouvait qu'empirer, l'équipement de l'armée, de la marine, de l'aviation était presque achevé ; l'équipement et l'armement risquaient d'amener un vieillissement. » Au cas où la France et l'Angleterre seraient immobilisées par une crise intérieure ou par un conflit avec l'Italie, la guerre pourrait être envisagée immédiatement « fût-ce en 1938 ».

Quand la séance est levée, à 20 h 30, l'état-major de la Wehrmacht est en face de la réalité : la guerre pour très bientôt. Dans l'espace vital du petit caporal autrichien, les officiers prussiens ne reconnaissent plus « leur » pangermanisme. Ils avaient pris *Mein Kampf*, comme le dit plus tard le maréchal von Blomberg, pour « un ouvrage de propagande largement répandu à la suite de ventes forcées », sans voir qu'il s'agissait d'une caricature plébéienne de leurs rêves traditionnels. Le délai surtout les effraie : ils vivent sur l'idée de l'armée française de 1918, et aussi sur celle du rapport des forces mondiales, au cas où l'Allemagne affronterait seule, à l'Est et à l'Ouest, les démocraties occidentales et l'URSS. Aussi Blomberg, Fritsch et Neurath discutent-ils mollement les propositions du Führer : c'est la dernière bataille de la Wehrmacht contre Hitler, avant le complot de juillet 1944.

Car dès le début de 1938, le haut commandement est totalement remanié. Blomberg est écarté à la suite d'un mariage « déshonorant », Fritsch par une machination de la Gestapo qui l'accuse d'homosexualité. Le 4 février, Hitler annonce : « Dorénavant, je prends personnellement le commandement des forces armées. » En même temps, Neurath est remplacé par Ribbentrop, Schacht par Goering. Ainsi sont démantelées les dernières citadelles du conservatisme aristocratique : l'armée, les affaires étrangères, l'économie. Les complices de 1933 sont écartés ; le pouvoir absolu est aux mains de Hitler et du parti nazi. Le grand capitalisme et l'état-major prussien qui ont l'habitude, depuis Bismarck, de contrôler étroitement l'État sont désormais prisonniers d'une aventure dont la direction leur échappe : mais ils serviront Hitler, non seulement par lâcheté et par discipline, mais aussi par suite d'un accord fondamental sur le fond de sa politique impérialiste, sinon sur ses méthodes et sur ses rythmes.

Dès lors la « révolution nazie » est accomplie : la route est libre pour le plan que Hitler a défini dès 1933, et plus précisément à la fin de 1937. Les étapes en sont connues, rythmant les vacances inquiètes de l'Europe : Pâques 1938, l'Anschluss ; l'été 1938, les Sudètes ; Pâques 1939, Praque ; l'été 1930, Dantzig, la Pologne et la guerre.

Dans chaque cas, les procédés de Hitler sont identiques : mélange de provocation cynique et d'habileté manœuvrière. Dans un premier temps, le chancelier allemand lance sa revendication territoriale au nom de la grande Allemagne démembrée à Versailles, et tout de suite il demande le maximum de façon à pouvoir abandonner un peu de terrain dans une négociation. Puis il joue sur deux tableaux : il terrorise, par ses agents locaux ou directement, le chef du pays convoité, qu'il s'agisse de Schuschnigg ou du malheureux Dr Hacha, qui s'évanouit en sortant du cabinet de Hitler. En même temps, il proteste de son désir d'un règlement pacifique, comme si la tension était née spontanément, et malgré lui. Dernier stade : l'entrée de la Wehrmacht à Vienne ou à Prague, après une longue crise qui a mis en évidence les hésitations des démocraties occidentales et le pacifisme de l'opinion internationale.

L'analyse de William Shirer devient ici très sévère pour la politique étrangère des démocraties occidentales, et surtout pour celle des conservateurs anglais et de Chamberlain, qui est l'homme clé de la politique d'apaisement à l'égard de Hitler. Mais cette sévérité ne repose pas sur l'étude détaillée de la politique anglo-française, qui reste très panoramique. Elle tire son origine de l'analyse des sources allemandes : les déclarations du procès de Nuremberg, que des polémiques rétrospectives ont déjà beaucoup utilisées depuis 1945, et surtout, éléments beaucoup plus sûrs, les archives de la Wilhelmstrasse, et les journaux confidentiels de personnalités allemandes, qui sont pour la première fois livrés au grand public. Sur cette base, William Shirer critique la politique de Munich avec d'autant plus de force qu'à ses yeux non seulement son fondement pacifiste était illusoire, mais qu'elle a en même temps compromis les chances d'un renversement intérieur de Hitler, en offrant au chancelier allemand un succès diplomatique qu'il n'espérait même pas.

Par ailleurs, sur un autre point essentiel de cette période, l'étude des sources allemandes permet à l'auteur de confirmer dans l'ensemble les thèses soviétiques sur le rapprochement soviéto-allemand de 1939. Les documents cités — les seuls qu'on puisse utiliser en l'absence d'archives soviétiques — montrent en effet que le rapprochement *politique* est une initiative allemande qui date du printemps 1939, et qu'un accord de non-agression, qui laisserait à Hitler les mains libres à l'Ouest, est recherché avec fébrilité par la Wilhelmstrasse à partir de juillet, au moment où la guerre polonaise paraît inévitable. L'Union soviétique semble bien laisser les deux voies ouvertes jusqu'au mois d'août, et ne se déterminer à l'accord avec Hitler qu'à la mi-août 1939, soit une semaine avant l'atterrissage de Ribbentrop à Moscou. Quoi qu'il en soit, Hitler a gagné la première manche : il attaque la Pologne dans des conditions très favorables, après avoir divisé les forces de l'antifascisme et de la paix. Voici l'homme de *Mein Kampf* qui entre dans son rêve. On attend avec passion le deuxième tome de William Shirer.

---

LE TROISIÈME REICH,
*par Willliam Shirer, Stock, 1961.*

---

# TURGOT SOUS L'ŒIL D'EDGAR FAURE

*21 septembre 1961*

On entend dire qu'Edgar Faure est frivole. Mais depuis qu'il a quitté le pouvoir, il livre avec beaucoup de sérieux une bataille contre sa réputation. Il multiplie ici et là les articles hyper-techniques, ici sur les finances du pays, là sur celles du bas-empire romain. Il se présente ce mois-ci à l'agrégation de droit romain : c'est ce qu'on fait de plus solide dans l'Université, jusqu'à nouvel ordre. Entre-temps, il a utilisé les loisirs politiques de cette république désertique pour aborder le vieux problème du caractère accidentel, ou inévitable, de la Révolution française.

Pour sa collection, l'éditeur voulait une « journée », mais on pouvait la choisir dans plusieurs biographies symboliques. Il a fallu écarter les banqueroutiers comme Law, les frivoles comme Calonne, ou les sots comme Necker, pour élire le personnage le plus sérieux du siècle, autour duquel se joue, pendant deux ans, le sort du très jeune roi et de la très vieille monarchie : Turgot. N'ayant à choisir qu'entre des échecs, Edgar Faure a choisi l'échec le plus noble, la meilleure réputation historique. Il est allé tout droit à la disgrâce de l'intelligence et de l'honnêteté : comment ne pas partager sa tendresse pour son héros ?

D'ailleurs, il s'en explique clairement dans un parallèle qui compare Choiseul à Turgot, mais qui fera rêver, peut-être, à d'autres rivages politiques : « On peut distinguer chez les hommes d'État supérieurs deux types contrastés (avec des nuances intermédiaires) : le type providentiel ou machiavélique, avec une carrière offerte aux grands coups du destin, un génie orienté vers les problèmes de puissance : guerre, diplomatie, domination nationale. Et le type réaliste et logicien, porté aux promotions régulières, tiré par l'économie, les finances, les problèmes dynamiques de la vie des sociétés. L'histoire montre que ces deux types se rencontrent rarement. Ils ne se comprennent jamais. » D'où les vacances actuelles du sénateur du Jura...

Il faut en remercier la V^e République. Car, bien sûr, puisque l'auteur nous y autorise lui-même, on pourrait continuer à broder sur le thème « Edgar Faure et Turgot », vérifier la solidité de la filiation, et la véracité des rapprochements implicites. Mais ce serait assez sottement parisien. Car Edgar Faure vient d'écrire un des livres d'histoire les plus remarquables qui aient paru depuis longtemps en France. Dans ce début d'automne encombré de centaines de petits romans qui prennent le départ d'une course annuelle et décevante, mettons au premier plan ces cinq cents pages sérieuses et brillantes, qui apportent la clarté et la précision de l'intelligence dans un dossier historique encore assez mal connu.

L'histoire de l'expérience Turgot, car il s'agit bien de cela, et pas seulement de celle de sa disgrâce, est d'abord celle de l'espoir, de la nomination du nouveau contrôleur général des Finances, à la fin août 1774, un peu plus de trois mois après la mort de Louis XV, jusqu'au printemps 1775, où éclate la « guerre des farines ». Louis XVI a vingt ans. Pour éviter le retour aux affaires de Choiseul et de son parti disgraciés par son grand-père, il a recours à un revenant des débuts du règne de Louis XV, le comte de Maurepas, qui devient, à soixante-dix ans, ministre d'État. C'est un vieillard sceptique et habile, habité par la passion de « tenir », dans un régime où tout dépend de la parole du roi, c'est-à-dire, sous le malheureux Louis XVI, de la femme du roi, des tantes du roi, des domestiques du roi, des amis du roi, etc. Mais dès sa nomination, Turgot apparaît comme l'autre tête du ministère. Car il y apporte l'air du siècle et des idées.

Edgar Faure passe vite sur ces idées qui sont, comme on disait au XVIII^e siècle, celles du « parti », c'est-à-dire celles de l'école physiocratique et du libéralisme économique, puisqu'il se réserve de les étudier plus tard dans un autre ouvrage. Mais il nous montre l'équipe de Turgot, ces cerveaux encyclopédiques du merveilleux XVIII^e siècle, où les salons parisiens débattaient de la liberté du commerce des grains ou de la libre introduction des toiles peintes dans le royaume : c'est l'abbé Morellet, ce sont surtout Dupont de Nemours et Condorcet, conseillers amicaux et intelligents, et puis cet abbé de Véri, type éternel de ces personnages qui aiment l'atmosphère du pouvoir sans ses responsabilités, et dont Edgar Faure utilise avec beaucoup de bonheur les passionnants mémoires.

Cette équipe qui n'est pas révolutionnaire, mais qui veut moderniser la monarchie — c'est-à-dire la sauver — est confrontée à trois grands problèmes de gouvernement : d'abord celui du retour des Parlements, supprimés en 1771 par Louis XV à la suite d'un long conflit avec l'absolutisme royal. Curieux destin que celui de ces cours judiciaires devenues peu à peu des interprètes politiques de l'opinion, et que celui de ces apprentis sorciers de grande noblesse, propriétaires de leurs charges, qui ouvrent la voie à la révolution populaire : Turgot, cédant à Malesherbes, contre Condorcet, approuve le rétablissement de parlementaires qu'il méprise. Concession inutile, note Edgar Faure, dans une période montante du ministère où la confiance du roi et de l'opinion rendait la résistance possible.

Deuxième problème : l'option budgétaire — les économies — qui se présente dans des conditions favorables à la suite de l'abbé Terray : car « il y a toujours quelque avantage, pour un ministre des Finances, à prendre la suite d'une gestion impopulaire ». D'autant plus que cette gestion impopulaire a été techniquement efficace : dans des pages originales et documentées, Edgar Faure utilise une habitude des affaires de l'État et une compétence financière, qui manquent souvent aux historiens, pour nous décrire dans le détail les mécanismes de la gestion des finances sous l'Ancien Régime. Il réduit à leur véritable masse budgétaire — 7 % du budget global pour la maison civile du roi — les célèbres dépenses de la cour, mais critique pourtant les hésitations de Turgot à s'y attaquer : car, « en tourmentant tout un petit monde pour quelques millions, on aurait réjoui un bien plus grand nombre pour une valeur psychologiquement bien supérieure, surtout si cette tendance avait pu être affirmée lors du tournant décisif de 1774 ».

Mais Turgot est plus économiste que financier. Et cela l'amène à porter avant tout son attention à la question économique capitale du XVIII^e^ siècle, celle des grains. Question capitale, en effet, au regard d'une production dominée par un secteur agricole très largement prépondérant, et au regard de la consommation, puisque le pain absorbe la moitié du pouvoir d'achat populaire, et davantage en temps de crise, c'est-à-dire en temps de hausse saisonnière du prix des grains. Le volume tout juste suffisant d'une production annuelle « normale », l'autarcie jalouse et traditionnelle des différentes provinces, la baisse relative du salaire au XVIII^e^ siècle expliquent les misères de la vie populaire en période normale. Mais que vienne une mauvaise année, une mauvaise récolte, c'est la disette, et c'est l'explosion du mécontentement populaire.

C'est pourquoi l'Ancien Régime, notamment depuis Colbert, avait pratiqué une politique des grains étroitement réglementaire, nous dirons aujourd'hui dirigiste : par souci de l'ordre public, autant que pour amortir au maximum les à-coups d'une économie agraire soumise aux aléas du ciel. Or Turgot prend le contre-pied du colbertisme. C'est un partisan absolu et dogmatique — lui qui l'est si peu, dans sa démarche politique — de la liberté du commerce : il y voit le remède contre les marchés fermés des villes et des provinces, par la possibilité de stockage et de transport, en même temps qu'une garantie de stabilité relative des prix à la production, par une compensation automatique entre le volume de la production annuelle et son prix unitaire. Ce faisant, il accepte implicitement une hausse vraisemblable des prix, avec l'idée que la multiplication d'ateliers de charité pourra en atténuer les conséquences sociales provisoires. On trouve au fond de ces analyses nouvelles, qui marquent le début de l'économie politique en France, le cœur même de la pensée physiocratique, cette théologie de la libre concurrence, selon laquelle les lois internes du marché conduisent automatiquement à l'ordre naturel.

Mais les mesures libérales de Turgot — c'est-à-dire le grand édit de septembre 1774 — se heurtent à une mauvaise récolte. Le contrôleur général va-t-il reculer ? Il ne peut plus éviter à la fois la cherté et la disette comme dans une année abondante. Mais il s'accroche à son expérience et *joue la cherté contre la disette* : au printemps 1775, c'est la « guerre des farines », le grand morceau de bravoure du récit d'Edgar Faure.

Du soulèvement populaire d'avril-mai 1775, l'ancien président du Conseil a étudié minutieusement tous les aspects, déchiffré toutes les traces écrites ; il publie même un document inédit très intéressant, communiqué par les archives de Leningrad. De quoi s'agit-il ? D'un complot aristocratique dont le prince de Conti tirerait les ficelles ? D'un pillage de brigands spontanés ou stipendiés se déplaçant par étapes, comme une troupe en campagne ? Edgar Faure fait justice de ces légendes nées de l'imagination populaire ou de la piété turgotiste. La « guerre des farines », ce sont des soulèvements populaires sporadiques contre la cherté du prix du pain, des pillages et des meurtres, mais aussi des taxations et des ventes autoritaires au « juste prix », c'est-à-dire au prix *possible* à l'échelle des revenus populaires. De telles révoltes jalonnent l'histoire de la monarchie française, notamment au XVIIe siècle. Mais il y a dans celles de 1775 un élément nouveau qu'Edgar Faure appelle à juste titre le fait révolutionnaire : « La masse ne se conçoit plus seulement comme une force, mais comme une autorité. Il y a déjà là, dans la confusion ténébreuse de la subconscience collective, quelque chose qui ressemble à une saisie de souveraineté. »

On peut rêver longtemps sur cet épisode de notre histoire qui préfigure effectivement la grande révolte agraire de 1789, et, sur cet exemple, d'un malentendu fréquent dans l'histoire entre les masses populaires et un ministre de progrès. Ce qui revient à l'inconscience des unes et à la maladresse de l'autre appartient à la philosophie de l'histoire et des révolutions. Il faudrait même aller plus loin, et réfléchir aux causes qui font que l'hostilité populaire bloque en France une expérience de despotisme éclairé qui triomphe à la même époque en Europe continentale.

Car, à partir du printemps 1775, la révolte des privilégiés a trouvé l'alibi populaire. C'est le réveil des intrigues choiseulistes, la jalousie de Maurepas, l'hostilité de Marie-Antoinette, bientôt la méfiance du roi. L'opposition du Parlement de Paris aux édits de février 1776 sur l'abolition des jurandes et de la corvée cristallise toutes ces violences croissantes. L'histoire de Turgot se déplace du plan de la grande politique à celui des intrigues de cour : Edgar Faure est aussi subtil et précis dans l'anecdote qu'il a été complet dans l'étude des causalités économiques. Il suit au jour le jour la dégradation de ce que nous appellerions l'atmosphère politique, les petits complots des vanités et des intérêts qui amènent finalement la disgrâce du 12 mai 1776. L'échec d'une politique se dégrade dans la frivolité d'une cour. Les lubies de la reine et la lâcheté du roi sont les nouvelles traductions « accidentelles » d'une nécessité dont l'échec de Turgot aura finalement rapproché l'échéance.

---

LA DISGRÂCE DE TURGOT, « Trente journées qui ont fait la France », *par Edgar Faure, Gallimard.*

---

## DU PRÊCHE À LA BOMBE

*27 novembre 1972*

En plein XIXe siècle, quand les sociétés d'Occident ont à jamais largué leurs amarres, l'histoire de Russie reste le monopole de ses trois acteurs traditionnels : le paysan, le seigneur, l'État. Cette vaste « frontière » de l'Europe déplace très lentement vers l'est, depuis des siècles, non ces déracinés de la libre entreprise qui s'en vont, à la même époque, construire l'Amérique mais d'immenses masses de paysans-serfs attachés à la terre qui leur est assignée. Vivant en petites communautés complètement isolées et complètement solidaires, prisonniers d'une agriculture extensive fondée sur le vieil assolement triennal, ces paysans ignorent la propriété privée de la terre. Cultivant de père en fils les mêmes domaines, qui appartiennent soit au seigneur, soit à l'État, ils animent une civilisation organisée autour de la communauté de village, l'*obstchina*, dont l'assemblée — le mir — répartit annuellement les terres, les façons, les redevances. A travers eux survit le monde archaïque des campagnes européennes, d'autant plus intact qu'il est volontairement préservé par les bénéficiaires du système, le seigneur et l'État.

Mais les seigneurs russes n'ont jamais constitué, comme leurs homologues d'Occident, une « société » indépendante de l'État ; une aristocratie jalouse de ses pouvoirs, et porteuse, comme dans l'histoire d'Angleterre ou de France, d'une revendication constitutionnelle ou libérale. Pierre le Grand, au début du XVIIIe siècle, l'a sortie de la barbarie à grands coups de knout, cette noblesse ; mais il l'a, du même coup, arrimée à l'autocratie ; il l'a enchaînée, bureaucratisée, asservie : quand les seigneurs russes cessent de boire, c'est pour obéir.

Autre manière de dire que, dans le jeu triangulaire de l'histoire russe, c'est l'État qui mène la danse. L'inertie paysanne et la servitude nobiliaire définissent le néant de la société civile :

en face, un pouvoir autocratique construit sur le modèle prussien et tout-puissant, sauf, précisément, sur l'esprit d'inertie et de servitude. La Russie n'a été modernisée qu'à travers ce qu'elle a d'archaïque : une paysannerie du Moyen Age, une noblesse qui est une police.

La nouveauté — tardive — de la seconde moitié du XIXe siècle, c'est l'intervention d'un quatrième acteur : les intellectuels. C'est ici que Franco Venturi nous prend par la main pour nous guider dans cette longue aventure, avec un livre lent comme un fleuve, interminable comme un roman russe, traversé d'anecdotes, de biographies, de citations : de l'histoire qui n'est plus guère à la mode, et qui ne l'était déjà plus, d'ailleurs, quand le livre parut en italien, en 1952. Je conseille donc au lecteur pressé, comme au fanatique de l'histoire « non événementielle », de se jeter sur les cent pages d'introduction que Venturi a rédigées pour cette nouvelle édition en français : il y trouvera, en même temps qu'une bibliographie récente du sujet, un remarquable exposé des problèmes de chronologie et d'interprétation qu'il soulève. Le reste — plus de mille pages — peut attendre des vacances studieuses. Mais quelles vacances ! C'est un livre d'histoire qu'il faut lire comme un tout jeune homme lit dans un grenier : pour rêver.

Au départ de cette histoire, il y a une absence et un mythe. L'absence, c'est celle de forces libérales dans la société russe. La bourgeoisie marginale de marchands est tout juste bonne à aggraver le pillage des campagnes ; elle n'a ni la puissance matérielle ni les moyens intellectuels d'animer le développement d'une culture rationaliste et libérale. A travers le service de l'État, et l'influence de l'Occident, une noblesse « éclairée » serait le seul recours pour une évolution à l'européenne : mais la route a été barrée dans cette journée de 1825 où Nicolas Ier a fait exécuter les « décembristes », ces jeunes nobles animateurs du seul complot libéral de l'histoire russe. Dès lors s'opère le détour par l'utopie, comme la recherche d'une solution miracle aux problèmes de la société russe.

Comme il arrive souvent, l'utopie révolutionnaire a été élaborée par le courant le plus passéiste, le plus réactionnaire de la culture russe : par haine des tsars modernisateurs et du modèle occidental qu'ils cherchent à importer en Russie, les « slavophiles » ont idéalisé la communauté paysanne comme le grand refuge de l'âme russe ; ils en ont fait le symbole de la vérité religieuse et de la fraternité humaine, tuées par les réformes de

Pierre le Grand. Au fond, ils rationalisent ainsi l'opposition des « vieux-croyants », ces *raskolniki* qui n'ont jamais courbé la tête devant les tsars usurpateurs du pouvoir religieux, et qui, de père en fils, alimentent dans les campagnes russes l'espoir millénariste d'un retour des bons tsars et d'un châtiment des méchants.

Or le mythe des slavophiles devient, vers le milieu du XIXe siècle, celui des socialistes. Il est en quelque sorte laïcisé comme la forme russe du socialisme, et comme l'instrument possible d'un grand court-circuit historique : si en effet la Russie possède avec l'*obstchina* une institution socialiste embryonnaire, elle peut et doit faire l'économie de l'étape bourgeoise-libérale que connaît l'Europe occidentale et passer directement d'un régime autocratique et féodal au socialisme. Des marques même de son arriération, elle fera le moyen, non de son rattrapage mais de son avance sur l'Europe ; le retard est une rédemption, les derniers seront les premiers. Dans l'élaboration de ce phantasme compensateur, dont Herzen et Tchernychevski sont les pères fondateurs, les déceptions du socialisme européen ont leur part, notamment l'échec des révolutions de 1848. Mais on comprend comment le poids de la société russe y conduisait naturellement les esprits et les impatiences : l'inertie change de signe et devient changement.

Du coup, le populisme est né : de 1848 aux années 1880, c'est la doctrine, la culture, la pratique de la révolution en Russie. Dans la même période, où Marx ne voit dans les peuples slaves qu'une immense paysannerie réactionnaire, le socialisme russe fait du moujik son dieu, mêlant Pougatchev à Proudhon, la vieille jacquerie à la révolution socialiste. Le caractère fanatiquement égalitaire et antilibéral du populisme ne fera que s'accentuer avec les années, au rythme de la radicalisation du mouvement.

Dans cette image de la révolution à venir, les intellectuels russes retrouvent leur identité perdue. Ils sont, comme groupe social, et comme classe d'âge, le produit des « gymnases » à l'allemande qu'Alexandre et Nicolas Ier ont bien dû multiplier un peu, pour répondre à l'esprit du temps et aux besoins supposés de l'administration : des enfants de marchands, des fils de popes y côtoient les jeunes nobles.

Mais, comme Venturi le montre dans un excellent chapitre, la société russe de ces années n'est pas assez développée pour donner des emplois à tous ses diplômés. Les universités, où l'on enseigne Hegel, sur l'exemple allemand, et les sciences naturelles, par crainte de l'histoire, forment des révoltés : les fils contre les pères. Ainsi se constitue la génération populiste des années 1860, qu'un historien américain appelle assez drôlement, mais non sans raison, la génération des « fils de popes » : par l'intermédiaire de ces ex-séminaristes, la vieille Russie chrétienne réinvestit dans la révolution sa tradition religieuse.

Car, plus qu'une idéologie, le populisme est une culture, un ensemble d'attitudes intellectuelles et morales. Les idéologies qu'habille cette culture sont diverses et vont de l'hégélianisme de gauche (Tchernychevski) aux certitudes scientistes (Pisarev), en passant par toutes les nuances des socialismes de la première Internationale (Bakounine, Lavrov). Mais, sous ces oripeaux empruntés à l'Occident, dont il fait soigneusement l'inventaire, Venturi ne montre peut-être pas assez le fonds culturel commun où viennent s'alimenter les dévouements et les sacrifices des populistes : le sentiment de culpabilité à l'égard du pays, la honte inépuisable d'être un privilégié social, la passion de la rédemption par une vie offerte au peuple. Sous son vernis scientiste, la révolution populiste est un fruit tardif et bâtard du christianisme russe, enracinée dans un mythe originel et dans une attente du retour.

Un mot jaillit alors pour nommer cette génération d'hommes jeunes qui partagent tant de choses : l'intelligentsia. Par opposition à celui d'« intellectuel », il désigne plus étroitement ces *drop out* des universités russes, qui ont fait du combat révolutionnaire la raison d'être de leur vie. Dans les années 1860, au moment de l'ébranlement social et de l'immense espoir que fait naître l'abolition du servage (1861), l'intelligentsia russe regroupe pratiquement tous les intellectuels. Puis, entre 1860 et 1880, son histoire est celle d'un isolement croissant : isolement par rapport au peuple paysan, qu'elle ne parvient pas à toucher, par rapport à la « société » cultivée, dont elle refuse le statut, par rapport même aux intellectuels, que ses méthodes effraient de plus en plus. Le récit minutieux de Franco Venturi est la chronologie de cet échec.

Vivant dans et par un peuple imaginaire, comment les populistes eussent-ils rencontré le peuple réel ? Quand les paysans russes bougent, dans ces années où ils cristallisent tant d'illusions, c'est au nom du bon tsar contre le mauvais seigneur : cette masse illettrée et misérable n'imagine d'autre recours que celui de la tradition. Quand les bons jeunes gens des villes se jettent à corps perdu dans le prêche révolutionnaire au village, d'abord au début des années 1860, puis dans « l'été fou » de 1873, ils sont reçus à coups de pierre. Certains d'entre eux imagineront alors de soulever l'immense pâte paysanne à l'aide de fausses déclarations du tsar, rédigées pour la circonstance : mais, si le populisme doit descendre à Machiavel, alors, en vérité, pourquoi le populisme ?

Ainsi s'explique le recours croissant du mouvement à une pratique terroriste. Faute de soutien dans l'opinion publique, l'intelligentsia révolutionnaire se trouve seule en face de la répression, enfermée dans un tête-à-tête avec l'État. Faute d'un substrat libéral, l'utopie moralisante tourne au terrorisme doctrinaire, le prêche des nouveaux *raskolniki* devient un drame de sang ; c'est l'heure de Bakounine et de Netchaiev. Les organisations successives du mouvement — et notamment les deux groupes Terre et Liberté, celui des années 1860, celui des années 1870 — passent du prêche à la bombe ; le tsar, de la velléité réformatrice aux affreuses exécutions capitales.

Quand Vera Zassoulitch, en 1878, tire sur Trepov, le gouverneur de Pétersbourg, elle donne le signal d'une série d'attentats, dont le dernier, le 1er mars 1881, réussira enfin : ce jour-là, le traîneau d'Alexandre II saute sur une bombe en quittant le Palais d'Hiver. Cette image clôt le récit de Venturi : car cette bombe a tué aussi le populisme, non seulement par la répression féroce qu'elle entraîne, le règne ultra-réactionnaire qu'elle inaugure, mais par la solitude irrémédiable dont elle enveloppe désormais ceux qui avaient rêvé d'aller au peuple.

---

LES INTELLECTUELS, LE PEUPLE ET LA RÉVOLUTION. Le populisme russe au XIXe siècle,
*par Franco Venturi, Gallimard, 2 vol.*

---

## FRANÇAIS, QUE SAUREZ-VOUS ?

*23 mars 1973*

L'affaire du *Chagrin et la Pitié* a donc recommencé avec *Français, si vous saviez...*, dont la sortie sur les écrans a été entourée de tracasseries administratives. Coauteurs — avec Marcel Ophuls — du premier film, les récidivistes Harris et Sédouy ont rencontré à nouveau le sectarisme et la sottise du côté du gouvernement. Georges Pompidou raisonne comme M. Brejnev : pour qu'il soit un héritier légitime, il faut que l'histoire contemporaine de son pays reste une propriété de l'État.

Armé de ce certificat involontairement délivré par le pouvoir, et par le grand souvenir du *Chagrin et la Pitié*, j'attendais beaucoup de cette nouvelle performance. Comment, au fil des longues heures de projection, cette attente a tourné à une lassitude trouée d'instants de joie, puis au malaise et presque au sentiment d'être victime d'un abus de confiance, c'est une question qui mérite peut-être un instant d'analyse de la part d'un historien, puisque, si subjectif et partiel que veuille être ce reportage, il n'en est pas moins de l'histoire.

Ce film est trop long ou trop court. Neuf heures, pour cinquante ans de mémoire française, méritaient qu'on adoptât un style plus vif, ou qu'on organisât plus systématiquement la matière. Or Harris et Sédouy, quand ils tiennent un bon numéro, ont toujours tendance à en faire trop, à « en remettre ». C'est bien de nous montrer par exemple la foule parisienne acclamant Pétain à Notre-Dame, en avril 1944, et aussitôt après, la même foule, au même endroit, autour de De Gaulle, en août. Mais pourquoi affaiblir l'effet en le répétant ?

La « bonne » idée, le « bon » portrait gouvernent ainsi, un peu anarchiquement, cet interminable fleuve d'images qui se traîne sans qu'on sache jamais où il va. Tout le premier épisode (l'entre-deux-guerres) cherche son sujet sans jamais le trouver, malgré de beaux morceaux de bravoure (les Alsaciens acclament l'armée allemande en 1940 par exemple) et une bonne idée : celle qui suggère l'importance du traumatisme de 1940 dans notre histoire contemporaine. Le deuxième (Vichy-de Gaulle) m'a paru plus arbitraire encore, mêlant dans une extraordinaire confusion Pétain, de Gaulle et la déstalinisation (?), et faisant la part belle à l'éternelle plaidoirie de Me Isorni : s'il s'agit de montrer que les Français, à droite et à gauche, ont besoin d'un « père », alors il fallait prendre moins de chemins de traverse, élaguer impitoyablement les images... Bref, les auteurs sont dominés par leur matériau plus qu'ils ne l'organisent. Sauf, dans la troisième partie, quand, enfin, cesse cette longue école buissonnière et jaillit, bien tard, le vrai sujet du film, qui était d'ailleurs le projet original : de Gaulle et les Français.

C'est pourquoi, à mon avis, cet épisode est aussi le meilleur, et le plus important à discuter : pourquoi m'a-t-il laissé comme une amertume et comme le sentiment d'être victime d'un montage ? La comparaison avec *Le Chagrin et la Pitié* peut permettre de le comprendre.

Les images du *Chagrin* nous montraient, à côté de l'humanité « moyenne » enlisée dans le débrouillage individuel, quelques individus aimables, comme les deux paysans socialistes, l'agent de l'Intelligence Service, ou Christian de La Mazière, volontaire français de la Waffen SS. Étaient-ils « mieux » que les autres parce que individuellement plus sensibles et plus généreux, ou parce qu'ils payaient le prix à la guerre en y participant, au lieu de la subir ? Probablement pour les deux raisons. Mais, dans les deux cas, la sympathie du spectateur leur était acquise pour leurs qualités individuelles, indépendamment de leurs choix politiques.

Ce parti pris, qui gênait la critique « de gauche », avait des aspects salubres. Il permit aux Français de 1970 de redécouvrir par exemple, à travers Christian de La Mazière, que le nazisme, avant d'être un cauchemar, avait été un espoir ; ou que, à l'inverse, les patriotes d'août-septembre 1944 avaient pu être, aussi, des bourreaux. C'est qu'il était manié avec une grande subtilité, sans que jamais les grands enjeux politiques de la Seconde Guerre mondiale cessent de constituer la toile de fond des portraits. Personne n'était sûr que les deux vignerons socialistes aient été récompensés de leur héroïsme ; mais tout le monde comprenait, devant La Mazière à Sigmaringen, à quel point une guerre mal choisie avait pu casser une vie.

Or, dans *Français, si vous saviez...*, la politique comme telle n'existe plus : les hommes sont devenus complètement indépendants d'elle ! Ce qui ne serait rien si les auteurs nous racontaient une histoire d'amour : mais il s'agit de la Seconde Guerre mondiale et de la guerre d'Algérie ! L'humanité de Harris et Sédouy, réchauffée par le souvenir qu'elle conserve d'elle-même, revit l'histoire de France comme la succession de ses drames privés.

Voici Favelière, le parachutiste français qui déserta avec son prisonnier algérien plutôt que de le laisser exécuter. L'héroïsme de son acte n'est pas en question. Mais on peut se demander si cet épisode, par son caractère tout à fait exceptionnel, est bien révélateur de l'opposition d'une partie des Français à la guerre d'Algérie, et s'il n'a pas été choisi précisément parce qu'il est exceptionnel, c'est-à-dire individuel. D'ailleurs, Favelière parle de sa désertion comme il l'a sentie : un acte plus moral que politique, une réaction spontanée à l'injustice et à la cruauté.

De l'autre côté, Argoud, la rancune intarissable, l'autojustification sans failles, le malheur à fleur de peau ; guignol désarticulé par la tragédie, ou bien, hélas ! désespérément fidèle à lui-même ? Je crains que nous n'ayons, à l'époque, surestimé nos adversaires. Celui qui passait alors pour un brillant polytechnicien n'est donc que ce pauvre paquet de souvenirs obsédants et d'idées puériles ? Il joue le rôle de La Mazière dans *Le Chagrin* : le vaincu de l'histoire. Mais La Mazière comprenait, expliquait sa propre histoire : d'où son extraordinaire présence. Argoud est à jamais un absent, parce qu'il ne livre que des rêves. S'il est un si bon témoin pour Harris et Sédouy, c'est parce qu'il n'a rien compris. Tel il était en 1957, au moment de la bataille d'Alger, tel il demeure en 1973, dans la solitude des forêts vosgiennes, un croisé de l'Algérie française à qui on mentait, à qui on a menti : une dupe.

Reste le menteur, que tout désigne : de Gaulle. Il a menti à la droite et à la gauche. Le procès est donc instruit des deux côtés, côté torturé, côté tortionnaire, côté Boumaza et côté Argoud, côté Paul Teitgen et côté Soustelle : un habile montage permet à n'importe quelle interview de cautionner le discours des accusateurs publics, selon lequel le grand menteur est le grand coupable. Mais qui a obligé le menteur à mentir ? Voilà une question qui ne sera jamais posée : car elle appartient à la politique et non plus à la morale.

Je crois me souvenir qu'une des causes de la longueur de la guerre d'Algérie fut cette légère obstination des Français d'Algérie à vivre en dehors des réalités, et cette propension des officiers français à entretenir leurs rêves... Sont-ils vraiment représentés, ces Français d'Algérie, par cette sympathique pied-noir rescapée d'un massacre, dont le langage si tempéré ne me rappelle guère les vociférations de Bab el-Oued, les manœuvres des Borgeaud et autres Serigny, les cruautés froides de Susini et ce long lamento d'un million de Français qui éveillait en métropole les échos d'une solidarité compréhensible ? Cette pauvre femme pleurant son Algérie, qui l'a dupée davantage qu'un homme comme Argoud, aujourd'hui pourtant, comme elle, dans le camp des dupes ? Qui lui a soufflé ses rêves sans espoir, qui a alimenté ses passions sans grandeur sinon ces redoutables imbéciles de l'état-major de Massu ? Il ne suffit pas d'être un « petit », ou d'avoir perdu le pouvoir, pour incarner les valeurs dans l'histoire ! Il y a dans cette leçon de morale poujadiste un aspect « feuilleton » qui est plus faux encore que la légende gaulliste.

C'est l'envers de la légende mais c'est encore la légende. La démystification se retourne en contre-mystification, partageant le même univers que le gaullisme, se bornant tout juste à en inverser les signes. Tout comme le gaullisme prétendait réunir tous les Français, en dehors de leur appartenance politique, l'antigaullisme à la mode Harris et Sédouy mobilise Argoud et Paul Teitgen, Isorni et Mendès France. Pour faire bonne mesure, il donne le rôle final de défenseur de la V^e^ République à Pierre Boutang, doctrinaire maurrassien rescapé du régime de Vichy : à travers le monologue de ce cagneux lunaire, privé, faute de talent, des honneurs posthumes réservés à Brasillach, tout le monde aura compris que les hontes de Pétain et de De Gaulle, loin de se contredire, s'additionnent.

S'il s'agit de dire que les Français ne sont pas exceptionnellement doués pour la démocratie, et qu'ils ont investi successivement, sur Pétain, puis sur de Gaulle, leur volonté collective d'oublier 1940, c'est une idée à la fois banale et naïve : les peuples vaincus se jettent aux légendes. Mais faire d'Isorni ou de Boutang les porte-parole de cette idée, c'est suggérer la réhabilitation de Pétain plus encore que la critique de De Gaulle !

A travers ces choix, ces finasseries, ces clins d'œil à tous les camps à la fois, c'est le contraire d'une pédagogie qui prend corps : un monument de démagogie sournoise. Transformer de Gaulle de sauveur en bouc émissaire ne représente pas un immense progrès dans la conscience politique des Français, ou dans la vision qu'ils ont de leur histoire contemporaine.

# COMMENT NOUS MOURIONS...

*9 juin 1973*

La mort est le dernier en date des grands sujets historiques. Il y a deux ans, François Lebrun publiait sa grande étude sur *Les Hommes et la Mort en Anjou au* XVIII^e^ *siècle* [1] : dans cette province relativement archaïque du royaume, où le progrès agricole n'a pas pénétré, le Français de l'Ancien Régime est un survivant. Rescapé des famines et plus encore des épidémies (car les famines ont tendance à disparaître au XVIII^e^), il a vu, tout jeune, mourir plusieurs de ses frères et sœurs. Il a de grandes chances de voir mourir sa mère en couches et de succéder assez tôt à son père. Derrière les reconstitutions comptables de la démographie historique, se dresse ainsi la grande figure blême de la mort, lieu des pensées non dites, centre d'une angoisse permanente, l'objet des rites destinés à l'exorciser.

Car la démographie mesure le fait biologique. L'histoire analyse le fait social et culturel : la mort est aussi un rituel, et, à l'époque classique, quel rituel ! François Lebrun a décrit longuement l'extraordinaire théâtre qui l'accompagne et la conjure : l'exposition du corps, le deuil et la participation de la communauté, la longue procession, derrière le convoi, des pénitents encapuchonnés, spécialistes du passage dans l'au-delà, enfin l'ensemble des commémorations par lesquelles le mort a voulu se concilier d'avance les bonnes grâces divines. De ce théâtre, Michel Vovelle découvre aujourd'hui les ordonnateurs posthumes : la plupart des Français de l'Ancien Régime — même les « petits » — rédigeaient un testament. Les notaires les ont conservés.

Cette source unique, maniée de façon massive, à partir d'un bon échantillonnage régional et chronologique — Vovelle parle pour la Provence du XVIII^e^ siècle —, révèle le paysage religieux

1. Mouton, 1971.

d'une époque. Le testament obéit bien sûr au formulaire notarial mais, derrière le notaire, on devine le mourant ; son texte ne découvre que les formes extérieures de la piété, mais en si grand nombre, et si diverses, que leur convergence vaut preuve : le testateur de l'Ancien Régime fixe sa sépulture, règle la cérémonie, répartit son argent en demandes de messe pour son âme, donations aux confréries, etc. Tous ces indices constituent le matériau d'une sociologie historique du sentiment religieux. La voici.

Au début du siècle, prédominance partout de ce que Vovelle appelle une « piété baroque », caractérisée par l'exubérance de la mise en scène macabre ; c'est l'âge d'or des pompes funèbres, des élections de sépulture, des demandes de messe, de legs et des donations dévotes. Un siècle et demi après le début de sa grande contre-offensive contre la Réforme, l'Église catholique est maîtresse des âmes. C'est avec son aide, en organisant d'avance les modalités de son appui, que le pécheur repenti affronte le grand passage.

Or cette socialisation religieuse et cléricale de la mort subit au cours du XVIII^e^ siècle, en Provence, une transformation massive. Les rites traditionnels de cette angoisse apprivoisée s'atténuent dès le milieu du siècle. Le nombre des demandes de messes diminue, les legs se font moins importants, le cérémonial anticipé de l'enterrement se simplifie. A partir des années 1790, les courbes de Vovelle décrochent plus nettement encore vers le bas : le XVIII^e^ siècle a choisi le bonheur terrestre, autre obsession panique dont nous commençons tout juste à mesurer les limites.

J'entends d'ici murmurer les esprits distingués et conservateurs, de droite et de gauche : toutes ces courbes pour une idée si simple ? Qui ignorait cela ? Voire ! On pouvait sans doute deviner — mais deviner n'est pas savoir — qu'à Marseille la déchristianisation des notables avait à peu près les rythmes chronologiques établis par Vovelle : il s'agit des lecteurs de Voltaire. Mais les testaments vont bien au-delà : ils touchent presque toutes les couches de la population et permettent d'établir une sociologie et une chronologie différentielles de cette déchristianisation. De la même façon, ils autorisent les comparaisons géographiques entre régions voisines et pourtant différentes : entre le pays niçois par exemple, ou la vallée de Barcelonnette, véritables conservatoires de la tradition baroque, et la Provence marseillaise, avant-garde de la révolution culturelle.

Procédant ainsi par étapes, avançant à travers un échantillon de tests villageois, semi-urbains et urbains, Vovelle est le nouveau Siegfried de cette histoire du comportement religieux. Son livre, peut-être, est un peu lent, alourdi de certaines longueurs de convention, amidonné par une prudence académique qui lui ôte de la nervosité. Si nous n'y prenons garde, l'histoire universitaire s'écrira bientôt comme un éditorial de la *Pravda* : le minimum d'information dans le maximum de place ! Pourtant, pour peu qu'on entre dans ce livre, quel beau XVIIIe siècle ! Une première moitié marquée par un épanouissement religieux trop souvent ignoré : c'est à l'époque où Montesquieu écrit les *Lettres persanes* que l'Église de la Contre-Réforme arrive dans les villages les plus reculés du royaume. Et puis, à partir des années 1750, c'est notre monde qui commence, d'abord dans les villes, mais très vite, ensuite, dans les campagnes éduquées, civilisées par l'Église. La naissance de la modernité est une aventure nationale.

---

PIÉTÉ BAROQUE ET DÉCHRISTIANISATION,
*par Michel Vovelle, Plon, « Civilisations et mentalités ».*

---

# LES DEUX HEXAGONES

*14 juillet 1973*

Professeur d'histoire de France à Cornell University, Edward Fox a une qualité rare chez les historiens : le sens de la généralisation, l'esprit systématique. Il n'a pas seulement lu, il a profondément médité Montesquieu. Marx, Weber, Polanyi, Pirenne, Tawney et quelques autres seigneurs du concept. Avec leur aide, il a forgé ses propres outils, dont il teste aujourd'hui la valeur sur un immense terrain : l'histoire de France.

Cette histoire peut être organisée, à ses yeux, autour du conflit des deux sociétés rivales, qui n'ont cessé de s'affronter depuis les Carolingiens jusqu'à la V^e^ République. D'un côté, la France lourde des exploitations rurales vivant en économie fermée, la France qui échange des messages, non des marchandises, et qui suscite une administration territoriale et centralisée : c'est la France des paysans et du roi. En face, l'« autre France », la France légère du négoce et des ports, la France des grandes villes maritimes sensibles à l'appel des marchés internationaux, la France organisée comme les villes grecques de l'Antiquité, de la Ligue hanséatique du deuxième Moyen Age, hostile à l'administration centrale, favorable à l'initiative privée et au contrôle parlementaire, c'est-à-dire oligarchique, de l'État.

L'« autre France », c'est donc une Angleterre en puissance : Edward Fox voit, en effet, dans la révolution anglaise du XVII^e^ siècle le triomphe de son second modèle, la consécration d'une agriculture subordonnée aux grands marchés, la mainmise des marchands sur l'État, le gouvernement léger d'une aristocratie financière et parlementaire. Si la France n'a pas eu son Cromwell, c'est que son histoire est caractérisée, au contraire, par l'emprise croissante de la monarchie administrative.

L'« autre France » existe bien, comme le montre la prospérité de Marseille et du couloir rhodanien ; et aussi, au moment où s'ouvre l'horizon atlantique, l'essor particulièrement rapide de Bordeaux, Nantes, Saint-Malo et de toute la façade occidentale du royaume. Mais ces pôles du développement n'« embrayent » jamais sur l'*hinterland*, qui reste soumis aux vieilles règles de l'autarcie paysanne. Même si des villes s'y développent, ce sont ou bien des bourgs semi-ruraux, où s'échangent les produits des campagnes, ou bien les sièges de l'administration territoriale et du fisc ; la croissance monstrueuse de Paris est celle du pouvoir central, non celle de la richesse.

L'histoire de France consacre donc la prépondérance de l'État territorial-paysan sur la ville marchande. Mais, avant de se retrouver face à face avec sa vieille rivale, cet État a dû vaincre préalablement, et avec sa complicité, une troisième société, qui lui disputait le contrôle des campagnes : la société féodale, communauté militaire fluide, peu à peu figée et soumise par les rois unificateurs du territoire. La Révolution française de l'historien américain est au confluent des trois sociétés : la plus faible, celle qui n'est déjà plus, depuis des siècles, qu'une survivance, disparaît dès l'été de 1789 avec l'abolition de la féodalité. Mais les deux autres ? Qui a gagné au change ?

D'abord la France des marchands, qui prend sa revanche d'un long assujettissement et impose un régime constitutionnel là où les paysans ne demandaient qu'une administration plus efficace. Pendant quelques courtes années, celles de la Constituante et de la Législative, l'« autre France » est au pouvoir et elle se nomme enfin avec le groupe girondin ! Mais la guerre ranime, avec Robespierre et les Jacobins, le vieux système territorial, que Bonaparte va par excellence incarner : la voici enfin portée à son point de perfection, cette monarchie paysanne, militaire et fiscale, dont l'Ancien Régime a dessiné les traits sans parvenir à en maîtriser tous les agents. Les ports languissent, Bordeaux se meurt ; l'économie a désormais pour priorité absolue l'intérêt continental, fermé au trafic de la mer : une armée immense de paysans, une vaste démocratie militaire qui a enfin trouvé son chef, veille à travers l'Europe au salut de l'Empire. Pendant plus de vingt ans, de 1792 à 1815, les deux sociétés « foxiennes » sont devenues les agents antagonistes de l'histoire universelle. La France incarne l'une, l'Angleterre l'autre : d'où cette guerre sans autre issue que la victoire ou la défaite.

La disparition du système napoléonien réintroduit alors, à l'intérieur de notre histoire de France, son pôle urbain et commercial. Mais comme il a du mal à rayonner sur la vieille France paysanne ! Même le développement du capitalisme industriel ne parvient pas à entamer sérieusement cette société agricole qui vient du fond des âges : la monarchie de Juillet, régime « bourgeois » s'il en fut, compose avec elle ; 1848 ramène le jacobinisme, puis le règne des propriétaires. Et la paysannerie réintronise un Bonaparte ! Ce qui avait tant surpris Marx conforte le théoricien de Cornell : ce n'est pas une classe qui se défend, c'est toute une société.

Le second Bonaparte, comme le premier, finira dans la défaite, non dans l'impopularité. Et la IIIe République, par les lois Méline de la fin du siècle, veillera à protéger soigneusement la France agraire. A travers Pétain, puis de Gaulle, celle-ci se survit à elle-même, imposant son *pattern* de démocratie autoritaire aux institutions contemporaines du pays. Bref, l'Auvergne est à l'Élysée...

L'essai d'Eward Fox nous rappelle que l'histoire est une discipline d'imagination. Il recompose un immense matériau autour d'une intuition centrale dont bien des analyses, anciennes ou récentes, montrent la justesse : il est vrai que le tissu fondamental de l'histoire de France est fait d'exploitations paysannes constituées en territoire national par un État fiscal et militaire. Vrai aussi que l'appel du grand large, qui anime les villes de la périphérie du royaume, n'a jamais mordu profondément sur la civilisation rurale de l'intérieur. De Colbert à de Gaulle, en passant par Robespierre et Napoléon, ce qu'on appelle la France est une aventure de la terre.

L'historien de Cornell, visiblement, souhaiterait une revanche de l'« autre France », qu'il croit deviner à travers la disparition rapide de la paysannerie traditionnelle, la croissance économique récente, l'ouverture à l'Europe. Après le règne balzacien d'un Auvergnat, qui sera l'homme du grand large dans l'histoire de France ? Mitterrand, né dans les Charentes ? Le Rouennais Lecanuet ? Chaban, fidèle à Bordeaux ? Ou encore Edgar Faure, jurassien polymorphe en perpétuel avenir ?

---

L'AUTRE FRANCE,
*par Edward W. Fox, Flammarion, coll. « Nouvelle Bibliothèque scientifique ».*

---

# LE MÉGALOMANE ÉTRIQUÉ

*15 octobre 1973*

Au palmarès des ouvrages sur Hitler, je ne donnerais pas le grand prix d'interprétation à Joachim Fest : quand on referme son second volume, on ne se sent pas en possession d'une nouvelle clé et l'on se dit un peu qu'un aussi long voyage aurait mérité une récompense intellectuelle plus substantielle, une grande lueur, peut-être une idée... Les historiens en sont si avares ! Donc, Joachim Fest ne nous fera oublier ni Alan Bullock ni même William Shirer : mais il est plus complet que le premier, plus sérieux que le second. Il a tout lu sur Hitler, et pas seulement les livres de ses prédécesseurs : il maîtrise l'ensemble de la documentation allemande et anglo-saxonne, dont il fait la synthèse avec une sorte de modestie. Alors, ne chicanons pas notre plaisir : pouvoir lire, même en mille pages, tout ce qu'on sait de Hitler, aujourd'hui, ce n'est pas rien.

Mais que sait-on ?

Dans Hitler, l'homme privé n'est jamais intéressant, à aucune période de sa vie. Jeune, c'est un marginal conformiste, happé par les médias de l'époque, réfugié dans l'idéologie pangermaniste et antisémite à la mode. Sa solitude, son malheur ne touchent à aucun moment ; non pas parce qu'on sait à l'avance la fin de l'histoire et qu'il s'agit d'un « monstre naissant », mais parce que, simplement, il a déjà la comédie du malheur ou de la solitude. C'est un interminable bavard de brasserie, entouré de clochards analphabètes, et pour toujours fermé à toute parole vraie, sur lui ou sur le monde. Un de ces « petits » que la crainte de descendre rend implacable sur les hiérarchies sociales et que l'angoisse de vivre porte à souhaiter l'apocalypse. Le grand rêve, c'est naturellement la guerre.

Il y a dans les illustrations du livre de Fest une photographie inoubliable. C'est le 1er août 1914, sur la place de l'Odéon, à Munich ; une foule immense acclame la catastrophe qui vient ;

perdu dans cette foule, dans la mer des chapeaux melons et des canotiers, Adolf Hitler, en habit noir et col dur, le visage extatique. C'est la grande vie qui commence.

Ni sa notoriété, après la guerre, ni le pouvoir, à partir de 1933, ne changeront cette lugubre inhumanité de l'existence privée. Hitler ne grandit pas avec l'événement. Il ne cesse jamais d'être ce petit-bourgeois allemand muré dans un mensonge impénétrable, inapte au moindre échange, tout entier fabriqué par sa panique. On chercherait en vain, dans sa vie, un mot, un seul mot vrai qui lui ait échappé, quelque chose, par exemple, comme la phrase charmante que Napoléon jette à son frère aîné, au moment du sacre : « Joseph, si papa nous voyait ! »

Non. Même quand il est au pouvoir, son proche entourage reste constitué de chauffeurs, de « gorilles » et d'anciens soldats, qui refont autour de lui l'auditoire des foyers de clochards de Munich et de Vienne. Les soirées à la chancellerie, les journées de repos à Berchtesgaden, que les Mémoires de Speer permettent d'imaginer, mêlent à cette troupe de voyous des dignitaires du régime et quelques dames bien convenables. Hitler reste parmi eux l'homme sans parents, sans profession et sans amis, qui parle, parle, parle interminablement. C'est une chance quand la projection d'un film, ou la musique de *La Veuve joyeuse* interrompt pour un temps sa métaphysique planétaire, car on ne se couche qu'après que le Führer a donné le signal, c'est-à-dire très avant dans la nuit. La chancellerie, où rôde l'ombre de Bismarck, est plus sévère. Le chalet de Berchtesgaden, avec ses rideaux de cretonne et son mobilier en faux rustique, plus *heimlich*. Mais joue dans les deux endroits la même pièce : le Café du Commerce pour gangsters arrivés, pendant que les dames servent la fameuse pâtisserie autrichienne.

Cette fidélité méticuleuse à l'instabilité de l'adolescence est rare chez un dictateur au pouvoir. Napoléon III, aux Tuileries, conserve autour de lui la clientèle d'aventuriers qui a partagé ses aventures de jeunesse ; mais son nom, à lui seul, constitue un rempart, un protocole, un ordre. L'ancien séminariste Djougatchvili apporte au palais des tsars la brutalité de son milieu et de son éducation mais le pouvoir donne au Staline des beuveries nocturnes du Kremlin une dimension shakespearienne.

Hitler, lui, reste toute sa vie le peintre clochardisé de Vienne : ce discoureur paresseux, ce cœur sentimental et cruel, ce paquet de nerfs fragile et implacable. Il ne saura jamais rien d'autre que ses rêves d'autodidacte. Il n'aura jamais d'autres projets que ceux d'une imagination à la fois scolaire et folle, bloquée très tôt sur ses délires. Chancelier du Reich, il continuera à passer des heures à dessiner des villes, des tours, des palais, des ordonnances de fêtes colossales ; il conservera cette manie enfantine du record, tout heureux si on lui dit que le pont qui va être construit est « le plus long du monde » ou la tour plus haute que celle du Kremlin : un enfant de six ans qui aurait un Meccano « en vrai ».

Plus tard, à l'heure des premiers désastres, vieillard prématuré et surmené, bourré de drogues, le bras secoué de tremblements convulsifs, il s'enferme à Rastenburg, en Prusse-Orientale, dans un PC qui tient à la fois du cloître et du camp de concentration. Goering vit comme un nabab, mais lui continue à être fidèle à l'image du régime qu'il a fondé sur ses rêves : entouré d'immenses cartes d'état-major, il insulte ses généraux et pérore toute la nuit devant ses secrétaires et ses affidés.

Pas de place, dans cette vie, pour les femmes. Avec elles, il est timide et méprisant. Eva Braun est rarement admise à table et jamais à donner un avis ; il la cache du mieux qu'il peut, comme si l'activité sexuelle du Führer constituait une sorte de concession honteuse à l'humanité moyenne. Même son mariage avec elle, à la veille de leur suicide commun, dans le bunker de la Chancellerie, ne parvient à évoquer que la régularisation bourgeoise d'une liaison. De l'Anouilh beaucoup plus que du Wagner.

Comment cette pauvre vie est-elle devenue exemplaire ? Comment cet esprit fruste est-il devenu infaillible pour tout un peuple ? Toute personnalité de type charismatique nous interroge sur ce qui lui a donné l'étrange puissance d'incarner. Un des mérites de l'ouvrage de Fest est de rester constamment obsédé par cette question qui est véritablement *la* question. Hitler n'est ni une marionnette du capital financier, ni un simple « produit » de la Première Guerre mondiale et de la crise économique, ni ce lieu géométrique abstrait où s'investit la peur du communisme de toute l'Europe occidentale. Bien sûr, tous ces éléments externes ont favorisé sa tragique réussite mais il existe en dehors d'eux parce qu'il existe d'abord comme incarnation du peuple allemand dans la première moitié du XX^e^ siècle.

A cette question bien posée, Fest apporte une réponse mal assurée. Hitler incarne à ses yeux la schizophrénie de l'esprit allemand, complètement étranger à la pratique quotidienne de la politique, tout entier réfugié dans le domaine des idées abstraites, écartelé entre la soumission et le rêve : la belle âme devenue folle à force de se vouloir belle. Mais la part de vérité qui entre dans cette analyse de la culture allemande mérite plus que les quelques pages consacrées à l'Autriche d'avant 1914, berceau de ce qu'il y a en même temps de plus brillant et de plus vénéneux dans cette culture : Freud, Kafka, Musil, Klee mais aussi le pangermanisme, l'antisémitisme doctrinaire, les navrants ravages du darwinisme social et de l'idéologie de taverne. La Vienne de cette époque attend encore son historien. De même, d'ailleurs, sur ce plan, que l'Allemagne de Weimar. Ce livre de mille pages est étrangement court sur le riche terreau culturel allemand des années 1920.

Au moins permet-il de cerner un trait qui me paraît essentiel : Hitler a régné sur le peuple allemand moins par ses différences que par sa conformité à une attente nationale. C'est une sorte de monstrueux multiplicateur. Ce qu'il porte au carré, par la violence de son tempérament et son talent de propagandiste, c'est ce qu'on pourrait appeler une névrose collective, si on arrivait un jour à définir ce terme de manière non analogique. Névrose bien plus ancienne et bien plus « stable », pour ainsi dire, que celle qui naît du déracinement social ou national. Car il est bien vrai que le nazisme se développe d'abord, autour de Munich, comme un mouvement de bourgeois et de petits-bourgeois prolétarisés et désespérés par la défaite de 1918. Mais, au fur et à mesure qu'il s'étend en Allemagne du Nord — dans la « vraie » Allemagne, celle qui a fondé l'État au XIXe siècle —, après l'échec du putsch bavarois de 1923, il touche les classes moyennes les plus traditionnelles (ou traditionalistes) : moins les grands centres et les régions industrielles que les petites villes et les campagnes. Cela reste vrai, contrairement à ce qui est souvent dit, pendant la dépression : les cartes électorales de l'Allemagne entre 1930 et 1933 montrent qu'il n'y a pas de relation entre l'ampleur du chômage et le vote pour Hitler et que le nazisme touche plus particulièrement les régions agricoles qui souffrent moins de la crise que, par exemple, la Ruhr ou Berlin.

Ce qui est en question est donc une « personnalité » allemande plus ancienne et plus profonde que celle de la défaite et du déracinement. Dans cet empire qui n'a qu'un demi-siècle, il n'existe que deux forces : les notables traditionnels (armée, industrie, propriété foncière) et le mouvement ouvrier. La démocratie de Weimar, qui s'ouvre par la faillite de l'armée et l'échec du socialisme, donne sa chance à ce qu'on a appelé, dans la

France des débuts de la IIIe République, les « couches nouvelles » : la paysannerie propriétaire, la petite et moyenne bourgeoisie des villes, les « capacités ». Mais voilà : leur Gambetta, ce sera Hitler. L'avènement de la démocratie politique est une aventure pleine de surprises ; dans l'histoire de France, les deux Napoléon en sont issus !

Il reste que Hitler n'a pas pris le pouvoir à la suite d'un triomphe électoral. Chacun sait au contraire que le mouvement nazi était en reflux aux élections de novembre 1932, avec une perte de deux millions de voix par rapport au printemps. L'avènement de Hitler à la chancellerie du Reich, trois mois après, et dans ces circonstances, est dû à la pusillanimité des classes dirigeantes traditionnelles. Ironie suprême ! C'est le vieil Hindenburg qui cède le dernier ! Longtemps, le président de la République a refusé même toute tractation avec l'agitateur autrichien, scandalisé moins par ses idées que par ses origines et ses méthodes. La capitulation de janvier, préparée de longue main par son entourage, est vraiment celle d'un milieu.

Cette classe politique allemande, Hitler ne l'a jamais aimée ; il la détestera, il la méprisera de plus en plus. Tout l'en sépare : ses origines, ses habitudes, ses amis, c'est-à-dire bien plus que ses idées. Jeune, il a cru pouvoir la vaincre à l'aide de ses seules troupes, les SA ; mais l'échec sans phrases du putsch de Munich, à l'automne de 1923, lui enseigne qu'il ne prendra pas le pouvoir contre l'armée et ses chefs.

Dès lors, commencent les dix années où cet agitateur de génie va se doubler d'un remarquable stratège : il lui faut, à chaque étape, neutraliser la Reichswehr, avoir l'œil sur les grands industriels, faire figure d'homme d'État possible et, en même temps, calmer ses fanatiques. Les lâcher juste assez pour qu'ils fassent peur, mais pas trop. Tuer des ouvriers communistes, saccager des magasins juifs, mais au nom de l'ordre et de la paix sociale. Donner la rue à ses tueurs mais sans prendre le risque d'un affrontement avec l'armée.

C'est la sinistre histoire de ces années-là. Hitler modère, puis élimine sa « gauche » anticapitaliste, animée par Gregor Strasser. Il prend garde que les SA restent sous son contrôle strict, avant d'éliminer leurs chefs en juin 1934, comme cadeau d'avènement à l'armée régulière ; à cette époque, il n'en a plus besoin. Il passe son temps, à partir de 1930, à faire front unique avec la droite bourgeoise, pour trahir aussitôt l'alliance et surenchérir ; ce qu'il fera avec Chamberlain et Daladier, il l'a essayé, les années précédentes, avec Hugenberg et von Papen. Il a sur ses adversaires, dans les deux cas, un autre avantage que le culot : il les connaît, eux ne le connaissent pas. Il sait les règles de leur jeu, eux ignorent celles du sien.

C'est probablement ce qui explique une chose qui m'a frappé en lisant Fest. Les discours « de masse » de Hitler sont proprement illisibles : cet orateur génial n'a trouvé aucune formule qui puisse encore émouvoir, ou instruire, ou simplement évoquer. Alors que ses interventions en petit comité — comme par exemple son célèbre discours devant le club industriel de Düsseldorf, le 28 janvier 1932 — sont remarquables d'intelligence maîtrisée : l'idéologie nazie y est dosée sur la tolérance supposée de l'auditeur ; l'appel aux intérêts, le spectre du communisme, le sentiment national, subtilement mêlés.

Il y a à cette époque, à côté du paranoïaque, un Hitler rationnel qui contrôle encore son double. C'est ce Hitler-là que von Papen et Hindenburg installent à la chancellerie en pensant l'amadouer par les délices du pouvoir. Ils n'ont pas encore l'expérience qui fera dire un peu plus tard à l'un des leurs : « Cet homme, en fait, n'appartient pas à la même race que nous. Il y a en lui quelque chose de tout à fait insolite, quelque chose qui l'apparente à une race éteinte. »

Cette capitulation de janvier 1933, comme la classe politique allemande va vite la regretter ! Mussolini avait mis cinq ou six ans pour investir l'État ; Hitler règle tout en quelques mois : avant l'été, il n'y a plus qu'un parti et qu'un chef dans l'Allemagne du silence. Le charme — au sens fort du mot — de Hitler sur le peuple allemand durera jusqu'à la fin, sans qu'apparaisse à aucun moment, même en 1945, la moindre révolte populaire. Restent les complots, c'est-à-dire la lente expiation des débris d'une classe dirigeante vaincue.

Le plus important, avant la guerre, se noue autour de la crise de Munich, dans les milieux dirigeants de la Reichswehr, inquiets du poker hitlérien ; mais la capitulation occidentale ne laisse aucune chance aux conjurés ! Le livre de Fest, qui surestime peut-être leur esprit de décision, fait de Chamberlain le sauveur de Hitler. Par la suite, il y a plus de velléités que d'actions : le succès appelle le succès, et puis on ne transforme pas facilement un junker en blanquiste ! Le seul complot sérieux, organisé pour aller jusqu'au bout, est celui qui aboutit à l'attentat raté du 20 juillet 1944. Le comte von Stauffenberg a assumé ce jour-là le risque politique d'incarner la défaite de l'Allemagne pour sauver son honneur.

Après l'échec des conjurés, Hitler dévore avec avidité les nouvelles d'une répression féroce dont il a méticuleusement organisé le protocole ; le soir de la pendaison de la première fournée d'officiers, il s'en fait présenter le film, jusqu'au dernier tressaillement des traîtres. C'est le soir de sa victoire définitive sur les notables, la mort de tous ses Mac-Mahon, son 16 mai : la fin sanglante d'une Allemagne pendant que l'autre, la sienne, entre en agonie. L'année 1945 sera bien l'année zéro.

---

HITLER,
*par Joachim Fest, Gallimard, vol. I, vol. II.*

# LA FOURCHETTE DE BYZANCE

*26 novembre 1973*

Un jour, au XIe siècle, un doge vénitien épousa une princesse grecque. Celle-ci apporta dans sa corbeille de noces un instrument inédit à Venise : « de petites fourches en or et à deux dents », pour porter la nourriture jusqu'à sa bouche. Une chronique rapporte que cette nouveauté passa pour une marque de raffinement si scandaleuse que les autorités ecclésiastiques tancèrent la jeune princesse, qui s'attira finalement la colère divine : elle fut atteinte bientôt d'une maladie repoussante et sans remède.

Ainsi, la fourchette nous vient de Byzance, via l'Italie. Mais, même en Italie, les petites cours urbaines et sophistiquées ne l'adoptent qu'à la Renaissance. Quand Henri III en importe l'usage en France, dans la seconde moitié du XIIe siècle, ses courtisans, pour lui plaire, adoptent l'ustensile, mais non sans maladresse : le clan antifourchette plaisante sur toute cette nourriture qui retombe « entre le plat et la bouche ». Et, jusqu'au XVIIIe siècle, la fourchette restera un objet de luxe, réservé à l'aristocratie : non seulement le bon peuple mais aussi les classes urbaines continueront à manger comme par le passé, en prenant dans le plat, avec leurs doigts, le morceau qui leur convient, et en s'aidant, éventuellement, du couteau pour le découper.

Je tire cette brève histoire de la fourchette du livre, à la fois charmant et profond, de Norbert Elias, un historien allemand, qui vient de paraître chez Calmann-Lévy. J'ai pris tant de plaisir à le lire que je me suis senti un peu honteux de l'avoir ignoré si longtemps. Ma seule excuse est que *La Civilisation des mœurs* a paru en allemand et à Berne dans l'été 1939, quand le monde avait d'autres chats à fouetter, et que le livre a disparu dans les malheurs de la civilisation et des mœurs avant d'être réédité en 1969. Raison de plus pour remercier Jean Baechler de l'avoir exhumé et donné aux lecteurs français.

Donc Norbert Elias, pendant que ses compatriotes s'adonnaient à des passions plus coupables (lui s'était réfugié à Londres), a écrit ce livre, assez extraordinaire pour l'époque, sur l'histoire de la « civilisation ». Le mot est pris dans son acception du XVIIIe siècle, qui définit à la fois un état et une évolution. L'état de civilisation s'oppose à celui de barbarie parce qu'il est fondé sur la richesse sociale et les bonnes manières. Mais il figure aussi un point d'arrivée de l'histoire de l'humanité ; après le sauvage, puis le barbare, le civilisé incarne la bénédiction de l'histoire sur les quelques nations de l'Europe occidentale qui en ont inventé et réalisé le modèle. La France des Lumières, héritière du Grand Roi, a plus que toute autre intériorisé cette image confortable de nation pilote, à la pointe du progrès humain.

Cette notion de « civilisation » à la française, dont les « manières » forment le code, domine les cours européennes — au moins d'Europe continentale — de l'Ancien Régime. Mais alors qu'elle est l'objet d'un vaste consensus en France, où la bourgeoisie urbaine épouse le modèle culturel venu d'en haut, les intellectuels allemands, Kant en tête, lui opposent la *Kultur*, où le fond prime la forme, où la sincérité de l'âme a le pas sur les gestes du grand monde, où la connaissance a plus d'importance que la conversation : une sorte de culture universitaire et bourgeoise opposée à l'art de vivre du courtisan. C'est ce grand débat du XVIIIe siècle finissant qui donne à Norbert Elias le sujet de son livre, qu'on dirait écrit hier tant il est proche des curiosités actuelles des historiens.

Qu'est-ce que cette « civilisation » ? Avant d'être le sens de l'histoire, c'est une série de changements mineurs mais convergents, insignifiants mais significatifs, dans le comportement quotidien des élites européennes. Elias a bien lu Huysinga, dont il est proche à tant d'égards : tout commence à la charnière de ce que nous appelons le Moyen Age et la Renaissance. Non que le Moyen Age puisse, à aucun titre, incarner, comme l'a cru l'époque des Lumières, une sorte de degré zéro de la civilisation : il possède ses normes de sociabilité, ses règles de « courtoisie », répertoriées, enseignées, célébrées. Mais précisément ce code, inlassablement répété et recopié, est presque étranger à l'expérience des hommes de ce temps : un devoir-être bien plus qu'un vécu. La grande mutation de la Renaissance consiste à déraciner l'humanité occidentale, à la faire bouger, voyager, et monter, descendre l'échelle sociale : si Érasme consacre tout un traité aux problèmes du savoir-vivre, c'est que les convenances qui règlent les contacts entre les hommes ne sont plus des objets poétiques mais des impératifs nés de l'observation quotidienne. La « civilité » érasienne assouplit et démocratise la « courtoisie » médiévale.

Mais, du coup, cette civilité devient plus contraignante. Dans une communauté pacifiée, le contrôle social est plus étroit ; dans un monde plus individualiste, la censure des émotions est plus nécessaire ; dans une humanité plus mobile et plus ambitieuse, le code des conduites et des rôles doit être d'autant plus intériorisé. D'ailleurs, la relative liberté sociale de l'Europe du XVIe siècle se fige bientôt dans une définition très stricte de la pyramide des rangs, scellée par l'autorité de l'État absolutiste : les comportements individuels sont, dès lors, étroitement codifiés comme autant de rôles dont il faut à tout prix, pour paraître dans la société, connaître exactement le livret. C'est en ce sens que la cour de Versailles est vraiment la pépinière de la « civilisation », l'école et le modèle des manières.

Je regrette un peu qu'à ce point de son analyse Norbert Elias dise si peu de chose des grands événements de la culture européenne. Dans la sociogenèse de ce surmoi collectif qui va envelopper et réprimer les affects de l'Europe classique, il ne suffit pas de parler de la tragédie classique. Et la Réforme ? Le pauvre Max Weber n'a pas l'honneur d'une ligne ? Et Descartes ? La révolution scientifique du XVIIe siècle, le croisement de la mathématique et de la physique, où se noue l'aventure moderne, la pensée cartésienne enfin ne sont pas sans rapports avec l'intériorisation des règles et des codes de savoir-vivre. Chez l'« honnête homme » de la culture française, l'ascèse individuelle n'est pas seulement modèle de cour, ou censure psychosociale, elle est aussi une représentation de l'homme dans la nature.

Mais Norbert Elias s'intéresse encore davantage aux symptômes de la « civilisation » qu'à leur interprétation. Dans ce domaine, il est inégalable et son livre est un véritable enchantement. Reprenons les manières de table : au Moyen Age, et même dans la société courtoise chevaleresque, on mange avec les mains. Les interdictions, par rapport à ce qui va suivre, sont vraiment minimales : ne pas cracher sur la table, ne se moucher ni dans la nappe (qui sert à s'essuyer les mains) ni dans ses doigts, qu'on plonge dans le plat commun. Deux ustensiles : le verre et le couteau. Pas d'assiettes individuelles. On boit la soupe à la soupière.

Les ouvrages d'Érasme s'adressent à ce qu'on pourrait appeler le convive de transition, entre le sans-gêne médiéval et le rituel « civilisé » : la fourchette apparaît, mais uniquement pour piquer les morceaux dans le plat central, en même temps que la serviette et le mouchoir. Deux cents ans après, la civilisation « absolutiste curiale » a fait son œuvre, et le rituel de table, sur lequel nous vivons, est fixé dans les classes supérieures : chacun mange dans son assiette à l'aide de ses propres couverts, dont l'usage est méticuleusement fixé. Le couteau, figure de la violence conjurée, mais toujours menaçante, est l'objet d'un code particulièrement restrictif : défense de le garder en main, défense de s'en servir pour couper le pain ! Le mangeur en société est dès lors soumis à des règles qui excluent toute improvisation.

Il en va de même du parleur : le langage de cour est devenu le seul usage admissible du français, et le moindre écart par rapport à ses normes ou à ses modes signale le rustaud ou le bourgeois. Quant à l'écrit, gare aux formules de politesse ! La manière de terminer une lettre en français n'a jamais cessé d'être, depuis lors, un exercice proprement diabolique pour un étranger, même cultivé.

Plus que toute autre, enfin la « civilisation » classique manifeste une véritable phobie à l'égard du corps. Déjà Érasme interdit strictement aux hommes qui couchent dans le même lit, en voyage, au hasard des auberges, le moindre frôlement. Les manuels scolaires du XVII^e^ et du XVIII^e^ siècle, notamment ceux des écoles élémentaires, sont impitoyables sur le chapitre de la pudeur : défense de pisser en plein air et défense d'aller faire ses besoins à plusieurs ensemble. A cet égard, Norbert Elias esquisse également une bien intéressante histoire du pet. Les auteurs du XVI^e^ et du XVII^e^ siècle n'osent pas encore l'exclure de l'économie corporelle, car un pet retenu est supposé néfaste pour la santé : au moins demandent-ils la discrétion. Mais ce dernier vestige de la spontanéité physiologique disparaît bientôt sous la nécessité de l'autocontrôle individuel, plus fondamental que les impératifs supposés de la santé.

C'est une assez étrange chose que cette Europe classique de moins en moins religieuse et de plus en plus moralisatrice, laïcisant le vieil enseignement de l'Église en moralité bourgeoise par l'intermédiaire des manières de cour. Naturellement, c'est le domaine des rapports sexuels qui est l'objet des tabous et des contrôles les plus sévères, la véritable obsession des éducateurs de l'époque. J'admire sur ce point l'extraordinaire prescience de Norbert Elias, qui anticipe de vingt ou trente ans les résultats actuels de l'historiographie, sans se laisser prendre au mythe du fameux libertinage français. Ce qu'il avance dans ce livre de 1939 a été démontré depuis par les recherches de démographie historique : à savoir que les réalités psychologiques et sociales de la civilisation classique sont la famille conjugale, le mariage-établissement, la rareté statistique des rapports hors mariage, l'âge tardif au mariage au prix d'un strict contrôle des pulsions sexuelles. Ce modèle culturel des comportements est en place dans toute l'Europe « développée », c'est-à-dire de Londres à Genève, en passant par la Hollande, la France du Nord et la vallée du Rhin, dès le début du XVII^e siècle.

Resterait à savoir quels rapports il entretient, précisément, avec le « développement ». A lire cet admirable livre, ce traité de savoir-vivre à l'usage des vieilles générations, on ne cesse en effet de se poser des questions. La première est celle de Max Weber à propos de « l'éthique protestante », pour peu qu'on l'élargisse à la « civilisation » décrite par Elias : cette « civilisation », fondée sur une nouvelle économie pulsionnelle, sur l'intériorisation d'un formidable sur-moi social, objet d'inlassables soins pédagogiques, a-t-elle été un élément clé de la mobilisation des forces nécessaires à l'aventure du capitalisme et de la croissance économique ?

La seconde question nous concerne directement : sommes-nous sortis, en train de sortir, de cette grande barricade à l'intérieur de nous-mêmes ? Est-ce que l'homme « autocontrôlé » (« *inner-directed* », disait David Riesman dans *La Foule solitaire*) disparaît à l'horizon de l'histoire ? Bien des événements contemporains suggèrent que la socialisation traditionnelle de l'ego occidental est en crise : du régime pénitentiaire à l'école, de la famille au métier, de la sociologie à la psychanalyse, quelle institution, et même quel discours n'est pas aujourd'hui soupçonné d'une intolérable fonction répressive ? Pourtant, la famille est plus forte que jamais, les Œdipes florissants, la psychanalyse merci pour elle, les grandes organisations implacables, les prisons inchangées, l'école intouchable ; et, si les femmes vont seins nus sur nos plages, c'est que nous sommes plus autocontrôlés que jamais, non l'inverse ! O Jean-Jacques ! La « civilisation » a la vie dure.

---

LA CIVILISATION DES MŒURS,
*par Norbert Elias, Calmann-Lévy, coll. « Archives des sciences sociales », dirigée par J. Baechler.*

---

# LE JOURNALISTE ACCOUCHEUR

*23 décembre 1974*

Jadis, l'événement recevait son label des chancelleries. Il était baptisé, discuté, dignifié par les commentaires de la classe politique : quelques centaines de personnes. Mais il allait rarement au-delà — sauf quand il bousculait la vie courante, la vie quotidienne de telle ou telle communauté : c'est qu'il recevait alors son sens du malheur qu'il incarnait.

Aujourd'hui, l'événement a un enregistreur spécialisé : le journaliste. Ce n'est pas que l'événement existe plus qu'hier. Il continue à être fait de tout « ce qui arrive », selon le sens proprement inépuisable donné à « ce qui arrive ». Mais, justement, il possède aujourd'hui un spécialiste du sens, un interprète privilégié, un professionnel chargé de célébrer son existence. Le journaliste est un infatigable médiateur entre le bruit de l'histoire et le sens qu'il est chargé de lui donner.

Fabriquer du sens avec du bruit : on reconnaîtra dans cette définition de la profession, qui sert de base à l'analyse de Marc Paillet, l'influence des sciences humaines et, notamment, de la linguistique et de la théorie de l'information. J'entends ici gémir les juristes, qui se plaindront de ce que Marc Paillet exprime parfois des choses simples en un langage compliqué ; de ce que, pour parler du journalisme, il a rompu avec la règle sacro-sainte du métier, qui est une certaine transparence du style. J'aime au contraire cette espèce d'honnêteté qui consiste à reconnaître ses dettes : elle donne sa densité au livre.

Donc, il n'y a pas d'objectivité. Il y a seulement du sens, produit à l'intérieur de la relation entre observateur et chose observée, et destiné ensuite, à travers le support des médias, à un vaste public. La première chose est donc d'analyser à quelles contraintes est soumise l'élaboration du sens de l'événement par le journaliste — et Dieu sait qu'il y en a !

Celles qui sont externes sont les plus claires — et il n'y a pas de bon professionnel qui n'en soit conscient. Les rapports entre journalisme et pouvoir n'ont jamais été fameux, et ne peuvent pas l'être, même dans les pays démocratiques. Et il est clair que l'information est plus facile pour le reporter dévoué au pouvoir que pour celui qui est supposé critique, ou hostile. Mais les contraintes intérieures au message journalistique, plus sournoises, tirent leur force particulière de n'être jamais explicites : c'est la grille d'interprétation héritée d'une culture ou d'un milieu, ou des deux, la complicité d'un langage, l'anticipation spontanée des réactions d'un certain public, c'est-à-dire l'exclusion des autres.

A ces limites individuelles du message, il faut joindre celles qui naissent de son caractère institutionnel. Un journal, une chaîne de télévision ne sont pas des endroits neutres d'où jaillit une information innocente. Ce sont des institutions qui ont une place et un rôle sur l'échiquier social, des valeurs et des intérêts à défendre, un public à flatter ou au moins à privilégier. Elles aussi contrôlent l'émission du message et sa destination.

Mais il reste qu'on ne saurait tirer d'une analyse de ce genre la justification d'une sorte de pessimisme universel à l'égard des médias. De ce qu'il n'y a pas d'objectivité de l'information, il ne faut pas conclure qu'il n'y a pas de liberté de la presse ! A cet égard, Marc Paillet a mille fois raison de souligner qu'il subsiste une différence profonde entre les démocraties libérales et les régimes communistes, à l'avantage des premières. Car, chez celles-ci, la pluralité des moyens d'information y fait jouer à plein, par le caractère différent ou même contradictoire des messages, la fonction critique des médias. Alors que les régimes de type soviétique sont organisés très soigneusement pour empêcher, à tous les niveaux, que l'information ne circule dans la société.

De ce décryptage quotidien des données du monde qu'est le journalisme, le paradoxe est donc le suivant : moins elle a de prétention à l'objectivité « scientifique », plus il y a de chances que l'information exerce une fonction démocratique dans la vie sociale. Le journalisme est comme la science, il procède d'erreur en erreur : encore faut-il que ces erreurs, toutes ces erreurs, puissent s'exprimer.

---

LE JOURNALISME,
*par Marc Paillet, Denoël.*

---

## ROBESPIERRE : LA STATUE DES PRINCIPES

*10 février 1975*

Les générations républicaines d'avant 1914, nourries des livres d'Aulard, préféraient Danton. Ils aimaient ses grands coups de gueule, son débraillé humanitaire, sa tripe républicaine et patriote. Robespierre, Michelet l'avait dit : il avait un côté « prêtre » qui n'avait rien pour plaire aux successeurs de Gambetta. Et puis Mathiez vint, dans la foulée de la révolution d'Octobre, historien considérable, grand fouilleur de biographies, tempérament sectaire et passionné. Comment savoir s'il prit pour cible Aulard ou bien Danton ? Mais, l'un poussant l'autre, Danton fut expulsé du panthéon universitaire, où Robespierre fit, au contraire, une rentrée triomphale. Ainsi s'était rejoué, plus de cent ans après et sur un théâtre, il est vrai, plus restreint, le drame un peu macabre dont avait été l'objet la dépouille de Mirabeau, solennellement portée au Panthéon en 1791 et expulsée en 1793, après la découverte des liens qu'il avait entretenus avec la Cour. L'histoire des révolutions n'est pas assurée contre les péripéties des révolutions.

De cette péripétie posthume, les Éditions sociales rééditent aujourd'hui une pièce : le *Robespierre* de Mathiez. C'est presque dommage que nous n'en ayons pas en même temps l'envers, la série des articles célèbres qui ont établi la corruption de Danton. Dommage pour Mathiez, surtout, car, à relire ses différents portraits de l'Incorruptible (il s'agit d'un recueil d'articles), il m'a semblé qu'il était bien meilleur dans la critique que dans l'apologétique.

Car l'ennui, c'est que, même si on accordé tout à l'érudition pointilliste de Mathiez, même si on change de tête de Turc, même si on lui abandonne Danton pour aimer Robespierre, on n'a pas un personnage bien consistant pour meubler ses loisirs ou ses rêves. Le Robespierre de Mathiez, c'est le premier de la classe devenu le premier de la République : la vie toute droite d'une âme « douce et humaine », du barreau d'Arras au Comité de Salut public. C'est à peine si l'on peut imaginer que cette vie a été mêlée à de si grands événements politiques : elle est constamment définie en termes de moralité privée. Il incarne le bien comme ses adversaires incarnent le mal.

« Hélas, écrit Mathiez, si Robespierre avait pu (au lendemain de la fête de l'Être suprême) réunir dans un même sentiment patriotique la majorité des Français, cet instant fut court et son triomphe sans lendemain. La calomnie, l'envie, la peur et le crime allaient miner son œuvre et la République elle-même » (p. 182). On aura remarqué, à lire ces lignes, extraordinaires chez un historien de tradition positiviste, que Mathiez pousse l'amour de son héros jusqu'à lui emprunter son vocabulaire.

Mais ce vocabulaire, cette assimilation permanente de la politique à la morale déguisent des problèmes essentiels que l'éminent magister de la IIIe République, tout entier à sa passion, ne paraît pas même avoir soupçonnés. Le premier est d'ordre biographique : quand et comment Robespierre devient-il Robespierre ? Car dans l'enfance et dans l'adolescence du studieux boursier, puis dans la vie étroite de l'avocat d'Arras, il n'y a rien qui laisse présager un destin. Il n'y a rien dans cette vie que ce qui la rend pareille aux autres. A l'heure où Robespierre vit entre sa sœur et ses tantes, gâté, dira Charlotte dans ses Mémoires, « par une foule de petites attentions dont les femmes seules sont capables », Mirabeau a connu la révolte, le scandale, l'exil, la prison. Lui n'a rien choisi que d'épouser un avenir d'Ancien Régime : les femmes de la famille, la situation sur mesure (avec piston de l'évêché), les plaidoyers platement « éclairés », l'académie d'Arras, la poésie pour dames, ce jeune homme est d'un conformisme !

Bien sûr, personne, dans sa génération, sauf Mirabeau, par instants, n'a prévu l'imprévisible. A l'inverse des bolcheviks de 1917, les hommes de 1789 n'avaient pas d'exemple sur quoi modeler leur attente et investir leurs espoirs. Mais quand même ! Brissot, Marat, Barnave se sont heurtés à l'Ancien Régime. Carnot a aimé une jeune fille noble que les usages lui ont interdit d'épouser. Chez Robespierre, avant 1788-1789, rien de semblable. Une vie toute lisse, qui n'offre aucune prise à l'histoire ; tout juste une existence. Il y a là un mystère qui n'est pas facile à comprendre. Qu'est-ce qui prend feu dans ce moteur pauvre avec les événements de 1787-1789 ?

Autre problème, autre question : où ce moraliste va-t-il puiser ses extraordinaires capacités manœuvrières ? Car s'il faut être l'image de la vertu pour incarner la Révolution, cela ne saurait suffire pour en prendre et en garder le contrôle, même provisoirement. Et, de fait, il y a aussi en Robespierre un grand homme politique, au sens parlementaire du terme : un tacticien raffiné, qui sait le prix du temps et des circonstances. Au printemps de 1791, après l'épisode de Varennes, comme il utilise prudemment son capital politique patiemment accumulé ! L'opinion des militants parisiens est à la République. Lui sait qu'il peut faire un pas en avant, puisque Louis XVI, par sa fuite, vient de casser le ressort monarchique chez beaucoup de Français. Mais il se méfie ; il connaît le poids du passé, il n'aime pas être à la remorque d'un courant, et puis il perçoit — c'est un expert — quelques voix suspectes dans le concert républicain ; le voici, du coup, défenseur intransigeant d'une constitution dont il a lui-même combattu certaines des principales dispositions : toute la constitution mais rien que la constitution.

Il est là à chaque tournant de la Révolution, jamais en tête (sauf sur la guerre, où justement il est battu), mais jamais non plus dans le flot : en marge, prêt à le canaliser. Préparant soigneusement l'isolement politique des adversaires, et puis laissant agir la rue, pour réintervenir en statue de la légitimité : comme avant le 10 août 1792 ou avant le 2 juin 1793. Il est vrai que ce Robespierre « centriste », c'est un livre postérieur à Mathiez qui l'a révélé, celui de Daniel Guérin[1]. Si Guérin n'aime pas Robespierre, ce n'est pas parce qu'il préfère Danton : c'est parce qu'en bon vieil anarchiste il a découvert et choisi le camp des « bras nus » (autre nom des « sans-culottes » de Soboul), les gauchistes de l'époque, ces fanatiques du vote à main levée, de la taxation et de la guillotine.

Même pendant l'année où il domine la Révolution, entre le printemps de 1793 et le printemps de 1794, Robespierre ne cesse de naviguer entre ce peuple militant et les notables de la Convention. Tout le temps de sa « dictature », il lui faut arracher, jour après jour, mois après mois, le soutien du « Marais » et le consentement des sections. Qu'il vienne à perdre l'un et l'autre, comme au printemps de 1794, et son destin est scellé non par la coalition des méchants mais par les règles de la physique politique.

1. *Bourgeois et bras nus sous la Ire République*, 2 vol., Gallimard.

Il faut donc lire ses discours, comme tout texte politique, mais peut-être plus encore que tout autre, avec des prudences de traducteur. Le décodage de cette langue abstraite peut se faire de plusieurs manières ; la plus simple est tirée des circonstances, c'est-à-dire des données changeantes de la lutte politique. On pourra trouver ce type de commentaire dans les discours choisis de Robespierre, que viennent de rééditer les Éditions sociales, sous la plume de Jean Poperen. Je ne suis pas sûr que le député socialiste du Rhône récrirait de la même façon cette analyse, qui verse ici et là dans le ton hagiographique. Mais, en la relisant, j'ai été frappé de voir à quel point elle demeure, dans l'ensemble, solide, argumentée, précise et toujours *politique*. Robespierre a bien été le plus grand tacticien de la Révolution française, jusqu'à ce 8 thermidor de l'année 1794 où il s'avance imprudemment contre la majorité de la Convention, alors qu'il n'a plus les moyens de la contraindre.

Il reste que ce tacticien est tout entier enveloppé dans une prédication, et que là est son secret fondamental. Aucun contemporain n'a davantage intériorisé la nature idéologique du phénomène révolutionnaire. La Révolution n'est pas un événement, c'est un principe. Il est ce principe. « Il a la force de la ligne droite » (V. Hugo). Alors que Mirabeau et Danton, autres virtuoses de la parole révolutionnaire, sont des artistes dédoublés, des bilingues de l'action, Robespierre est un prophète : il colle à sa prophétie. Dès la Constituante, il est la statue des principes, déjà l'incorruptible. Dans l'hiver de 1791-1792, il se bat à contre-courant : cette guerre dont il dénonce les risques par trois admirables discours, il ne sait pas qu'elle va le porter au pouvoir contre les Girondins qui l'ont voulue et déclarée. De fait, elle ouvre un champ immense à son génie manichéen. Elle inaugure la période où sa grande voix dénonciatrice mobilise l'énergie nationale contre les armées des rois et l'ennemi de l'intérieur : amalgame redoutable qui conduira à l'échafaud non seulement Louis XVI et Brissot mais aussi Danton et Hébert. A travers Robespierre, la Révolution donne un sens à la mort de ses ennemis et à celle de ses soldats.

C'est pourquoi le problème n'est pas qu'il ait eu une âme tendre, un cœur compatissant, ou qu'il ait protégé un moment tel ou tel de ses adversaires, comme le montre dévotement Mathiez. Le rapport de Robespierre avec la Terreur n'est pas d'ordre psychologique. C'est à son discours sur les bons et sur les méchants que s'alimente la guillotine. Et, dans cette mesure, sa propre consécration, la fête de l'Être suprême, qui a longtemps choqué les historiens républicains bien plus que la guillotine, remplit pourtant les mêmes fonctions que la Terreur. Le discours sur l'égalité et sur la vertu qui anime l'action de tout un peuple trouve son fondement dans la mort des coupables ; mais il conjure en même temps cette nécessité lugubre par l'affirmation solennelle d'une caution providentielle. Ce sont deux faces complémentaires de l'illusion révolutionnaire.

Au fond, ce qui fait la faiblesse de l'argumentation de Mathiez, c'est qu'il cherche à détruire une image réactionnaire de Robespierre en posant le problème dans les mêmes termes que ses adversaires. Bien sûr, il est absurde de faire de l'avocat d'Arras un monstre d'usurpation, de cet homme de cabinet un démagogue, de ce modéré un sanguinaire, de ce démocrate un dictateur. Mais on ne comprend guère plus son destin quand on a prouvé qu'il était bien l'Incorruptible ! Le contresens commun aux deux écoles vient de ce qu'on attribue aux qualités de l'homme le rôle historique auquel les événements l'ont haussé, et de ce qu'on continue à prendre pour argent comptant, en positif ou en négatif, le mythe de la Révolution sur elle-même. Le destin de Robespierre se noue au point de rencontre de la banalité d'une vie et de ce qui rend cette vie exemplaire. Ce qui fait du petit-bourgeois d'Arras une figure immortelle, c'est d'incarner plus totalement qu'aucun de ses contemporains un milieu, une idée, une passion, au moment où ce milieu, cette idée, cette passion sont la France elle-même.

---

ÉTUDES SUR ROBESPIERRE,
*par Albert Mathiez, Éditions sociales.*

ROBESPIERRE, TEXTES CHOISIS,
*présentés par Jean Poperen, Éditions sociales, 3 vol.*

## VIEUX COMME L'AVENIR

*24 mars 1975*

Ce livre, qui cherche à déchiffrer notre avenir, est né de la passion de connaître le passé. Nouveau venu à la prospective, Pierre Chaunu est l'un des meilleurs historiens français de la période dite « moderne » (XVe-XVIIIe siècles). Il s'agace, à juste titre, de ce que nos contemporains, ahuris par le bombardement d'informations auquel ils sont soumis, déracinés du temps plus encore que de l'espace par le rythme du changement matériel, ignorent de plus en plus les déterminations de leur passé. Il note encore que les prévisions et les calculs « prospectifs » ne prennent le plus souvent appui que sur une écume de ce passé, trente, quarante, cinquante ans ; bref, une mémoire humaine, ou une culture journalistique ! Lui s'intéresse au « tuf » judéo-chrétien, à la révolution agraire du temps des cathédrales, au miracle industriel de l'Occident. Il prend son élan sur dix ou quinze mille ans ; rien d'étonnant s'il entre dans l'avenir un peu comme un éléphant dans un magasin de porcelaine.

Mais ce qu'il dit est capital, parce qu'il prend comme postulat ce que la futurologie cache : que toute pensée sur l'avenir est inséparable d'un choix de valeurs et d'une pesanteur très ancienne d'histoire. Lui affiche son drapeau, sa famille, son passé : la chrétienté, qui devint l'Europe.

Un intellectuel européocentrique : il y a des années qu'on n'avait pas fait cet aveu à Paris. Car, depuis la fin du marxisme stalinien, qui était, à sa manière, un historicisme, une théorie, folle mais cohérente, de l'évolution nécessaire de l'humanité sur le modèle des « étapes » européennes, la cure de désintoxication a été rude ! Elle s'est nourrie de toute main : de l'écroulement de l'image de l'URSS, fille aînée du progrès, de la culpabilité européenne dans la crise de la décolonisation, de la découverte des impasses de la croissance, de la mode de l'anthropologie et de l'histoire structurale, qui ont fait des sociétés immobiles les sociétés exemplaires. Les saturés de la richesse ont fui à la campagne. L'intelligentsia, qui rêvait des plaies et des bosses de l'histoire, a découvert les communautés rurales et les fleurs sauvages. Par un mouvement qui n'est paradoxal qu'en apparence, c'est au moment où il changeait à toute allure que l'Occident a redécouvert les vertus de l'âge d'or, dérive imaginaire en sens inverse.

Or Chaunu déteste ce néo-rousseauisme d'une civilisation masochiste et fatiguée. Il incarne un type d'esprit et de sensibilité très rares dans la culture française d'aujourd'hui : protestant prophétique nourri de l'Ancien Testament, en même temps que partisan sans complexe du progrès matériel. Fondamentaliste religieux, et fasciné par la croissance économique. Conservateur en politique, et nourri de pensées généreuses, audacieuses, visionnaires. A la pointe du combat contre l'avortement, où il voit une rupture majeure de notre civilisation avec sa tradition judéo-chrétienne, mais sans dolorisme réactionnaire à l'égard des femmes : au nom de la démographie et d'une croyance quasiment organique dans les vertus de la multiplication.

De fait, deux images européennes dominent sa lecture de l'histoire universelle : la chrétienté latine de notre ancien régime et sa version laïcisée, le monde bourgeois industriel du XIXe et du XXe siècle. Bossuet et Auguste Comte réconciliés. Pourquoi la chrétienté latine ? Pour deux raisons : d'abord parce qu'elle assure, après celle du néolithique, la deuxième grande révolution agricole de l'histoire humaine, ce grand « bond en avant » des XIe-XIIIe siècles, qui détermine pour des siècles la carte des communautés et des terroirs. Ensuite parce que la mise en culture de cette « frontière » agraire installe sur les régions élues de l'Europe occidentale une population plus nombreuse, les fameux quarante au kilomètre carré qui sont pour Chaunu le seuil du progès cumulatif de l'Occident. Enfin, cette chrétienté latine invente sa propre régulation démographique, en passant du mariage pubertaire des filles à un âge moyen, au mariage, qui recule jusqu'à vingt-cinq-vingt-six ans dans l'Europe classique du XVIIe siècle : cette ascèse sexuelle, ce réinvestissement cérébral et religieux de la libido, c'est le vrai test de la modernité et du progrès. Chaunu fait bénéficier toute la chrétienté latine du privilège que Max Weber donnait à l'éthique protestante.

Comment, de là, il passe à l'apologie de ce qu'il appelle la « version laïcisée » de cette civilisation — c'est-à-dire notre monde —, j'avoue que je ne trouve pas cela très clair. A moins que ce fondamentaliste de la Bible ne soit plus proche de la philosophie des Lumières qu'il ne le croit lui-même : ce sont les mystères du protestantisme accoucheur du monde moderne au nom de son livre le plus ancien... Chaunu est notre Condorcet ; il croit aux progrès de l'esprit humain, à la multiplication des connaissances, des richesses et des hommes. Et ces progrès s'incarnent dans une lecture de l'histoire directement héritée du XVIIIe siècle, où tous les « temps » essentiels de l'humanité sont localisés sur une étroite bande de territoire qui irait du golfe Persique à Londres : des peuples du Croissant fertile qui ont inventé l'agriculture, l'écriture, les trois grandes religions monothéistes, jusqu'à la mutation scientifique et industrielle de l'Occident européen, en passant par le relais grec, hellénistique et romain. Dix à douze mille ans d'histoire qui constituent la ligne de crête de l'humanité, et dont les États-Unis, expérience un peu miraculeuse et fragile, et l'Union soviétique, empêtrée dans son retard historique, ne sont les bénéficiaires actuels qu'à titre précaire. C'est l'Europe, demain, qui peut assumer le plus naturellement cet héritage, puisqu'il lui vient en ligne directe.

Les autres civilisations, Chaunu est bien trop attentif à leurs caractères et, d'ailleurs, bien trop cultivé pour les mépriser. Mais voilà : elles n'ont pas, à ses yeux, cumulé les bénédictions de l'histoire. Prenons la Chine, la plus brillante d'entre elles, la seule qui ait très tôt, aussi tôt que la nôtre, fondé l'agriculture, peuplé sa « frontière », multiplié ses hommes, développé une culture. La Chine est très vieille : mais vieille, répond Chaunu, d'une « illusion de durée », faite d'une accumulation de blocages. Pour commencer, elle n'a jamais accédé à cette invention fondamentale, multiplicatrice par excellence de la civilisation : l'alphabet. Loin, très loin des pôles successifs de la croissance, elle a traversé les siècles dans une écriture figée et dans une structure immobile de la communication. « C'est un peu un Occident qui n'aurait pas eu la chance de la destruction de l'Empire romain et qui aurait payé au prix du maintien de la culture du Bas-Empire le tribut d'une illusion d'unité. »

Là est le secret du livre, le cœur de ce néo-historicisme : pour Chaunu, il y a une histoire-multiplication, qui est l'héritage de l'Europe, et une histoire immobile, où s'est enlisé le reste de l'humanité. C'est le rapport au temps qui est fondamental. Le retard ne se rachète pas : il n'y a pas de court-circuit historique. Le socialisme de type autoritaire, stalinien et poststalinien, loin d'être un moyen de rattrapage accéléré, n'est qu'une illustration, une résultante du retard, qu'il contribue à figer.

D'où une prospective tout entière tournée vers la fidélité de l'Europe à sa propre histoire : loin d'entretenir le mythe sophistiqué de la croissance zéro, il faut forcer la cadence ! Résoudre les problèmes techniques de la pollution, de l'encombrement, de l'épuisement des matières premières et des sols, non pas par la réduction des hommes et de leurs activités, mais par la multiplication des hommes, des connaissances et donc des richesses, en commençant par celles des investissements culturels et sociaux. Il y a du Michel Debré en Chaunu.

Cela ne me paraît pas une raison suffisante pour récuser en bloc ses arguments, dont certains sont forts. Par exemple, en démographie, je ne vois aucune raison pour extrapoler à l'Europe les problèmes de surpopulation d'une partie du tiers-monde alors que presque tous les pays européens connaissent, depuis la fin des années 1950, un déclin des taux de fécondité et de natalité. L'idée du *zero demographic growth*, si à la mode aux États-Unis, traduit des paniques psychologiques, probablement fort complexes, beaucoup plus qu'un examen rationnel de la situation. Par le camouflage des situations nationales derrière des données universelles qui n'ont aucune valeur concrète, l'idéologie de la « non-croissance » véhicule une culpabilité suspecte. Champions toutes catégories de la naïveté psychologique et du calcul exponentiel, les Américains s'y sont taillé la part du lion. Mais je n'ai jamais compris comment on pouvait concilier, par exemple, cette idéologie et les valeurs égalitaires dont notre civilisation est faite.

Il est donc salubre d'introduire les pesanteurs de l'histoire, l'analyse des expériences anciennes, les apports qu'on peut y discerner, les valeurs qui en sont inséparables, et qui ont la vie dure, dans la prospective d'aujourd'hui. C'est le point fort du livre de Chaunu, mélange de savoir, de vision et de foi, qui a le mérite d'expliciter toujours ses valeurs et ses choix. Si le style en avait été mieux maîtrisé, la tempête morale qui affleure sous les mots un peu plus dominée, nous aurions eu un très grand texte : Chaunu est l'une des personnalités intellectuelles les plus intéressantes du monde d'aujourd'hui.

Ce qui devrait être discuté le plus, dans sa méditation du futur, ce n'est donc pas sa méthode, ni même ses à-peu-près, inévitables dans ce genre difficile ; ce sont ses principes spirituels et intellectuels. C'est la laïcisation protestante de la tradition juive du peuple élu, étendue au bénéfice de l'Europe occidentale : la bénédiction divine, chez Chaunu, ne cesse de croiser celle de l'histoire économique, dans la mesure où le vieux fond calviniste ne cesse d'être l'ancrage profond de cette immense culture profane. Pourtant l'européanisation du monde, le découpage irréversible de tout l'espace humain en nations, l'obsession généralisée de la croissance et de la richesse n'ont pas étendu à l'humanité les grandes certitudes réconciliées de la Bible et du Nouveau Testament. Senghor rêve à l'industrie mais aussi à la négritude. Mao a l'œil sur le PNB mais polémique avec Confucius.

L'Europe n'a transmis son élection divine qu'à un seul héritier : les États-Unis, qui l'ont payée — prouvée ? — par la destruction des occupants originaires du sol. Elle n'a répandu, partout ailleurs, que les bienfaits ambigus de l'universalisme laïque : son credo national, politique et économique — qu'il soit libéral ou marxiste. Elle rencontre partout le défi de la pluralité des cultures, qu'elle tranche aveuglément par la puissance, quand ses intellectuels exaltent cette pluralité au nom de l'égalité. Est-ce que, dans les circonstances présentes, l'élection de l'Europe comme figure exemplaire du passé et de l'avenir peut signifier autre chose qu'un messianisme religieux ou un revenu par tête ? Il me semble que non ; et, de ce point de vue, la pensée de Chaunu, qui mêle les deux finalités, est tout à fait cohérente. Mais la première de ces finalités n'est pas universelle et la seconde n'est porteuse d'aucun consensus profond. C'est pourquoi l'européanisation du monde est un procès si incertain, si chaotique, si imprévisible. Le contraire d'un ordre, ce rêve par excellence de la prospective. La promesse d'un immense désordre, où nous sommes.

---

DE L'HISTOIRE À LA PROSPECTIVE,
*par Pierre Chaunu, Robert Laffont, coll. « Libertés 2000 ».*

---

# LES QUARANTE-HUITARDS

*Décembre 1975*

Dans le dernier-né de la collection « Archives », qui me paraît un des meilleurs livres de cette glorieuse série, on ne trouvera pas le récit des événements de 1848, ou l'analyse d'une révolution manquée. Ce qui intéresse Agulhon, c'est le portrait d'une génération : les quarante-huitards. Le film des événements de l'année sert bien de fil directeur au livre, de l'explosion « romantique » de février jusqu'à l'élection de Bonaparte en décembre, en passant par la répression antiouvrière de juin. Mais c'est simplement le décor dramatique de ces vies, leur part de communauté, qui définit une génération. Agulhon vise au-delà, ou à côté : il veut refaire le parcours de *L'Éducation sentimentale* et nous restituer, en historien, ces sentiments, ces espoirs et ces idées qui ont fait 1848.

Les quarante-huitards, c'est à peine un milieu ; ou c'est un milieu si flou qu'il se définit par ce qu'il exclut : pas d'ouvriers (sauf le mécanicien Albert, raccroché, in extremis, au gouvernement de février), moins encore de paysans ; pas de nobles ou de notables (sauf Lamartine). Ce qui palpite dans ce vaste corps de bourgeoisie, aisée ou besogneuse, où dominent les professions libérales, c'est une culture commune, riche et confuse, comme tous les syncrétismes : il y a l'héritage de la Révolution française, lui-même divers, sinon contradictoire, 1789 et 1793 mêlés. Plus la sédimentation républicaine de la première moitié du XIXe siècle, le nationalisme des grands souvenirs, la révolte contre le paupérisme urbain, les idéologies socialistes, la redécouverte d'un christianisme des pauvres.

Pour que ces nobles idées, ces bons sentiments, ces hommes généreux marchent ensemble, il faut encore une croyance partagée dans les bienfaits du pouvoir républicain ; c'est cette croyance qui porte les émeutiers de février, pour quelques semaines.

De cette fraternité, ou de cet équilibre instable, deux contemporains ont dénoncé les illusions : Tocqueville, qui siège à la droite de l'Assemblée élue en avril, et qui craint la démocratie au nom du libéralisme, et Marx, à l'autre bord, qui déteste les pensées confuses et la phraséologie « française ». Mais Agulhon n'abuse pas de leurs témoignages extérieurs ; il reste constamment à l'intérieur de son drame, de ses héros déchirés, de son année cruciale. Il faut lire, avec plus d'attention encore que les textes qu'il nous propose, l'analyse qu'il en fait, chef-d'œuvre de modération et de justesse. Tocqueville et Marx ont détesté les petits-bourgeois de 1848 ? Agulhon nous suggère que le dossier n'est pas aussi simple.

Ce qui brise à jamais la fraternité républicaine, c'est juin, la répression par l'Assemblée constituante de l'insurrection ouvrière. En juin, éclate le mythe de l'innocence du pouvoir républicain, ébréché jour après jour par l'échec des Ateliers nationaux. C'est la victoire de Tocqueville, et c'est pour Marx l'évanouissement de la république imaginaire des phraseurs. Mais Agulhon reste attentif au drame complexe de ses « petits-bourgeois » quarante-huitards : dans la victoire de juin, il n'y a pas seulement le parti de l'ordre, encore qu'il en soit, avant Louis-Napoléon Bonaparte, le bénéficiaire provisoire ; il y a aussi tous les républicains libéraux, et même des socialistes, qui n'ont pas voulu sacrifier le nouveau droit de la souveraineté populaire à la révolte des chômeurs.

Si l'immense majorité du pays se dresse contre les ouvriers parisiens, c'est qu'elle défend aussi, par là, à côté de la propriété, la légitimité de la République. « Vous étiez les soldats de la République, cela est vrai, dira un peu plus tard Proudhon à l'adresse des vaincus, et les républicains ne le comprirent pas, mais les gardes nationaux étaient aussi les soldats de la République, les soldats du suffrage universel et de la liberté. »

Ainsi, le droit et le fait, utopiquement identifiés par « l'illusion lyrique » de février, redeviennent le tourment de l'idéologie républicaine. Faut-il rire de ces ingénus qui découvrent la violence et le sang avec horreur ? Il suffit de lire George Sand et Victor Hugo pour voir que cette rencontre des sentiments et de l'histoire, cette contradiction entre le droit « formel » et les révoltes des pauvres n'agitent pas seulement des têtes creuses ; 1848 cristallise le dilemme central de la gauche européenne, et je ne fais guère confiance aux esprits forts qui le tournent en ridicule. A partir du moment — notre XIX$^{e}$ siècle — où la politique est investie par le sentiment religieux, il est dans la nature de ce dilemme de n'avoir pas de solution ; mais il est toujours inquiétant qu'il n'ait pas été vécu.

Quelques mois après, en décembre, les quarante-huitards font une deuxième expérience clé : quand les paysans français élisent Louis-Napoléon Bonaparte président de la jeune République, ils découvrent la nature conservatrice du suffrage universel.

Aujourd'hui encore, en pleine période de « personnalisation » des pouvoirs démocratiques, Agulhon partage l'explication qu'à l'époque ses héros se sont donnée de leur échec électoral : l'ignorance du peuple, le recours des illettrés à une personnalité charismatique. C'est peut-être aller un peu vite, quand tant d'exemples contemporains, après des décennies d'école universelle, illustrent la pente conservatrice des majorités silencieuses. Mais c'est le prix payé par l'historien à la sympathie pleine de charme qu'il a pour ces républicains préhistoriques dont nous sommes pourtant les fils. Car ils incarnent une civilisation politique où nous sommes encore.

---

LES QUARANTE-HUITARDS,
*par Maurice Agulhon, Gallimard, coll. « Archives ».*

---

# LE PLUS VIEUX MIROIR DU MONDE

*1er mars 1976*

Le terme d'« histoire de l'éducation » a longtemps recouvert deux sujets parallèles, mais distincts précisément comme des parallèles : l'histoire des idées sur l'éducation, et l'histoire de l'éducation elle-même. La première est allègre comme les idées, sautant d'Érasme à Montaigne, et de Rousseau à Condorcet, cherchant à fabriquer, puis à généraliser l'homme rationnel et l'homme moral. La seconde est lente, inerte comme les sociétés, reproduisant, génération après génération, les fils sur le modèle des pères. Je crois que c'est Durkheim qui, dans son admirable *Évolution pédagogique en France*, expliquait en 1905 que rien n'aurait moins étonné l'étudiant du XIIIe siècle que le curriculum du XXe : tout était déjà en place, baccalauréat, licence, doctorat.

L'intérêt majeur des travaux actuels sur l'éducation, sociologiques ou historiques, et notamment des deux livres d'histoire cités à la fin de l'article, est de centrer leurs descriptions et leurs analyses sur le fonctionnement réel des institutions scolaires dans la société française. Dominique Julia et ses coauteurs, en traitant de l'éducation sous l'Ancien Régime, entre le XVIe siècle et la Révolution, étudient un système largement parvenu jusqu'à nous, à tous les niveaux d'enseignement : c'est même probablement sa crise actuelle et sa remise en question qui expliquent cette recherche des origines, cette plongée de quatre siècles dans le passé. Il faut au moins cette épaisseur de temps pour comprendre.

Pourquoi le XVIe siècle ? Parce que c'est à partir de cette époque que la société européenne investit massivement sur l'école ce qui était auparavant laissé aux hasards du milieu familial, du voisinage ou de l'apprentissage : l'éducation constitue la matière d'une activité spécialisée et d'institutions particulières. Elle a pour tâche d'enseigner à tous la culture écrite, qui était au

Moyen Age le monopole des clercs, et dont Gutenberg et Luther inventent, chacun à sa manière, la démocratisation : de ce qui est devenu, par l'imprimerie, une possibilité technique, la Réforme fait une nécessité du salut. La lecture de la Bible commande pour chaque fidèle l'accès au royaume de Dieu.

Ce défi protestant suscite la riposte de la Contre-Réforme catholique, qui cherche à retourner l'arme de l'école contre l'hérésie, et c'est cette dialectique religieuse qui constitue la dynamique scolaire de l'ancienne France, au moins du côté de l'Église et de l'État, c'est-à-dire du côté de l'offre éducative. L'Église multiplie les congrégations enseignantes et les fondations d'écoles ; et il est significatif que l'État ne commence à bouger, dans ce domaine, qu'au moment de la révocation de l'édit de Nantes, pour donner un coup de main à l'Église.

Mais sous l'Ancien Régime, la plupart des « petites écoles » — c'est-à-dire des écoles élémentaires — sont payantes ; pour qu'elles puissent se développer, il ne suffit pas que l'Église de la Contre-Réforme offre des enseignants, ou même, éventuellement, une salle de classe ; il faut encore qu'existe une demande sociale à leur égard. Le livre de Julia-Chartier-Compère montre bien, à partir d'exemples précis, à quel point cette demande est étroitement soumise à des facteurs économiques et sociaux : type d'habitat, type de culture, taille des agglomérations, importance des voies de communication, richesse des paroisses. La ville ne cesse d'avoir, à cet égard, une avance considérable sur la campagne. A la campagne, c'est une paysannerie relativement aisée qui est à la fois l'initiatrice et la principale bénéficiaire de la scolarisation.

Ce phénomène social fut perçu dès le XIX^e^ siècle : l'enquête menée par un recteur d'Académie, avec l'aide de milliers d'instituteurs bénévoles, permit de dresser en 1880 une carte départementale de l'alphabétisation à différentes époques, entre Louis XIV et Jules Ferry. La France sous-alphabétisée est la France rurale pauvre, au sud d'une ligne imaginaire qui joindrait Saint-Malo et le lac de Genève ; et les terroirs les plus retardataires sous ce rapport (encore en plein XIX^e^ siècle) constituent une sorte de triangle grossier dont la base irait de Brest à Bayonne, et la pointe se situerait vers l'Allier ou la Creuse, enfermant la Bretagne, tout l'ouest du Massif central et le Sud-Ouest aquitain. Cette géographie du retard « cartographie » avant tout le poids des structures sociales sur l'école, qui les reflète bien plus qu'elle ne les transforme.

Reste qu'un Français sur deux, une Française sur quatre savent grossièrement lire et écrire dès la fin du XVIIIe siècle. Mais de l'effort scolaire de l'Église, ils ont reçu plus que l'alphabétisation : une nouvelle « civilisation ». C'est que l'école est plus qu'un apprentissage technique ou qu'une initiation religieuse ; elle enseigne aussi la vie sociale, les manières, une morale de la famille et de la vertu. Déracinant les cultures anciennes, elle impose la nouvelle au nom des pouvoirs de l'écriture ; et, ce faisant, de moyen d'évangélisation elle devient peu à peu promesse de promotion sociale.

Mais si tout le monde va à l'école, interrogent la plupart des grands esprits « éclairés » du XVIIIe siècle, qui labourera les champs ? Et l'État monarchique, dans la personne de la plupart de ses intendants, pense la même chose. Une fois laïcisé, l'effort de scolarisation accompli par l'Église conduit à une image émancipatrice de l'école et aux impasses logiques de la pure « méritocratie ». Bien creusé, vieille taupe !

Même chose au niveau de l'enseignement secondaire. Il semble y avoir eu, à la fin du XVIe siècle et dans la première moitié du XVIIe, dans toute l'Europe occidentale, un véritable boom de la scolarisation dans les nouveaux collèges. En France, le modèle de ce type d'établissement, de sa discipline et de son curriculum super-latinisant a été imaginé et répandu par les jésuites, qui retournent l'innovation protestante contre elle-même, au profit du catholicisme militant. Leurs collèges, vite imités, notamment par les oratoriens, font rapidement une concurrence victorieuse à ceux des universités, dans les villes où ces derniers existent ; dans les autres, ils se développent généralement avec l'appui sans partage de l'opinion.

Or, il semble que cette scolarisation relativement massive dès le début du XVIIe siècle atteigne vite une sorte de plafond, et ait même une tendance à décroître au siècle des Lumières. Tout se passe comme si la conjoncture scolaire avait obéi aux innombrables mises en garde qui, depuis Richelieu jusqu'à Voltaire et au-delà, s'indignent de la multiplication anarchique des collèges et du trop grand nombre de leurs élèves : la surproduction d'hommes instruits est une des craintes les plus constantes de l'administration monarchique et de l'opinion éclairée au XVIIIe siècle. Du coup, le nombre d'élèves du secondaire sera bloqué, en France, autour de 50 000, jusqu'au milieu du XIXe.

Qui va au collège, sous l'Ancien Régime ? C'est la question centrale du deuxième livre de Dominique Julia (écrit en collaboration avec Willem Frijhoff) : le titre peut-être un peu large habille une œuvre originale de sociologie rétrospective, faite dans l'esprit de l'école Bourdieu, à partir des catalogues d'élèves de quatre collèges de l'ancienne France (XVII^e^ et XVIII^e^ siècles), l'un jésuite, l'autre oratorien, le troisième tenu par des pères de la Doctrine chrétienne, le quatrième par des prêtres séculiers. Les auteurs posent à ces vieux documents, encore écrits en latin, les questions d'une sociologie critique. Le recrutement des collèges, les cursus scolaires, l'effet de l'origine sociale sur la scolarisation et la réussite scolaire, la relation entre scolarisation et mobilité sociale.

De ces analyses émerge finalement un tableau extrêmement moderne, proche de ce lycée qui a été et qui reste l'une des institutions centrales de la France contemporaine. Le modèle en est déjà fixé dans ces collèges de l'Ancien Régime et dans la *ratio studiorum* (programme des études) jésuite de 1598. Le recrutement privilégie la ville mais draine les bons sujets d'alentour, triés notamment par les « régences latines » des gros villages ou des bourgs, qui préparent le décisif « passage en sixième » ; il est ouvert non seulement à la bourgeoisie mais à beaucoup d'enfants d'origine plus modeste, et tout particulièrement à une bourgeoisie et petite bourgeoisie d'offices et de professions intellectuelles, dont l'investissement scolaire, dès cette époque, est très fort : déjà, le fils du maître d'école a plus de chances d'aller au collège (et d'y réussir) que celui de l'artisan — à niveau socio-économique comparable.

Les groupes d'âge des élèves se modèlent progressivement, au XVII^e^ siècle, sur les classes du collège ; mais au XVIII^e^ siècle encore, la dispersion des âges dans chaque classe reste beaucoup plus forte qu'aujourd'hui : c'est le lycée du XIX^e^ siècle qui unifiera les stocks démographiques. Le cursus scolaire, lui, est en place très tôt, avec les classes de « grammaire » de la sixième à la troisième, la seconde, et la sacro-sainte rhétorique, qui ouvre l'accès à la philosophie. L'analyse des « parcours » scolaires des différents élèves montre que l'inégalité sociale devant la scolarisation se double d'une inégalité sociale de la réussite au collège. Enfin, si, après le collège, les études de droit sont les plus convoitées, et les plus suivies, chez les élèves des milieux aisés, la cléricature est le débouché quasi unique des élèves des catégories sociales inférieures (artisans, marchands, laboureurs, maîtres d'école).

Comme toutes ces images ont eu la vie dure ! Ce qui est

prodigieux, dans l'histoire de l'éducation en France, c'est l'épaisseur de durée qu'enjambent les institutions. Cette école paroissiale, qui deviendra communale, ce collège jésuite, qui deviendra le lycée napoléonien, l'Église et l'État ont beau s'en disputer le contrôle, tout au long du XIXe siècle, ils n'en changent ni le contenu, ni les principes, ni les filières sociales. Ils partagent simplement cette conviction, toute-puissante dans notre histoire, que l'école n'est pas innocente : c'est le centre, la raison d'être de leur combat.

Pourtant, entre 1762, date de l'expulsion des jésuites par Louis XV, et la restauration napoléonienne, une masse d'idées neuves et de plans de réforme sont versés au débat national sur l'éducation des garçons et des filles, notamment pendant la Révolution française. Mais les réformes réelles, jusqu'à ce que l'Empire remette irrévocablement ses pas dans les traces laissées par la vieille monarchie, poursuivent la politique élitiste des grandes écoles inaugurée par les rois de France pour pallier le sommeil des universités, consolident l'enseignement secondaire jésuite et la dignité suréminente du latin, isolent les enfants des paysans dans le circuit fermé des « petites écoles » payantes. Constituée en enjeu explicite de la lutte politique, l'institution scolaire est devenue de plus en plus clairement l'instrument de la reproduction sociale.

---

L'ÉDUCATION EN FRANCE DU XVIe AU XVIIIe SIÈCLE,
*par Roger Chartier, Marie-Madeleine Compère, Dominique Julia, Sedes, 1976.*

ÉCOLE ET SOCIÉTÉ DANS LA FRANCE D'ANCIEN RÉGIME,
*par Willem Frijhoff, Dominique Julia, « Cahiers des Annales », n° 35, Armand Colin, 1975.*

---

# LES DÉCOMBRES

*5 juillet 1976*

Dans un pays comme la France, où le fait littéraire a valeur de sacrement, la réédition des *Décombres* risque de provoquer une bataille de commentaires sur les rapports de la littérature et de la politique, et sur les droits de la justice par rapport au sacerdotal. Je propose au contraire de « laïciser » le livre, l'auteur, le problème ; d'oublier que *Les Décombres* a été le best-seller de l'Occupation, et que Lucien Rebatet a été condamné à mort avant d'être gracié. De prendre le livre comme il vient aujourd'hui, augmenté d'un second volume de souvenirs écrit bien plus tard, le tout sous un titre drapeau : *Mémoires d'un fasciste*. Il n'est que de prendre ce titre au sérieux, comme une définition d'histoire, et de redescendre, par là, de la littérature au fascisme.

Ce n'est pas seulement nécessaire, c'est relativement facile : je viens de relire *Les Décombres* d'un trait et je n'y retrouve pas ce talent littéraire de premier ordre dont j'avais gardé le souvenir. En perdant leur actualité, ces six cents pages ont perdu beaucoup de ce qui les faisait vivre ; privées de leur complicité avec un certain masochisme français qui fleurit sous l'Occupation, comme elles paraissent longues ! Rebatet n'a pas, comme Céline, inventé un style, ou une langue. Sa manière vient tout entière de la tradition pamphlétaire de droite, et notamment des deux Léon, le catholique et l'autre, Bloy et Daudet. Elle en a hérité le goût de l'invective, l'abus des adjectifs, la boursouflure verbale : elle habille trop large une pensée courte. Elle a pour référence affective le monde de la « chambrée » virile, normalienne ou militaire, à laquelle je me sens particulièrement allergique.

De ce livre où l'on respire mal, les points forts sont faits de la description féroce de la veulerie française en face des dictatures fascistes, juste avant la guerre et pendant la « drôle de guerre ». Mais les morceaux de bravoure sont gâchés par la contradiction intellectuelle où s'est enfermé Rebatet, dès 1938. Car la condamnation de l'indécision française n'implique pas du tout la politique de capitulation qu'il appelle de ses vœux, sans pouvoir l'avouer comme telle, en 1938-1939. Ce qui me paraît intéressant, surtout, dans son récit de ces années-là, c'est de voir comment il anticipe, comment il prépare la religion de la culpabilité nationale, qui sera celle de Vichy et de la collaboration.

Avec Rebatet, le grand style national prophétique se retourne sur lui-même en contre-prophétie. Sa peinture des soldats de 1939-1940 et des Français de l'exode est même le contraire, trait pour trait, de l'exaltation nationaliste : Bordeaux au lieu de Verdun, Courteline au lieu de Péguy, l'immense frousse de la France du Front populaire au lieu des célébrations de la Marne. Curieuse, dans la droite de cette époque (et d'avant), cette ambivalence, quand il s'agit du national, entre l'épique et le ridicule, l'exaltation du soldat et le mépris du peuple. C'est trop simple, je crois, de dire comme Guillemin que cette droite trahit purement et simplement la nation dans la défaite. Ce qui se passe, c'est que, victoire ou défaite, la droite se pense dans tous les cas comme la seule référence nationale, en vertu d'une délégation essentielle, au sens plein du mot : le peuple n'a plus le choix qu'entre être fidèle ou être coupable.

En 1940, il est donc le grand coupable. Mais si cette idée, commune à toute la droite, est le terrain de développement du fascisme, elle ne suffit pas à le créer. Après tout, ni Pétain ni Laval, qui règnent ces années-là en prenant appui sur ces sentiments, ne sont fascistes. Rebatet, lui, l'est. Il a, de ce fait, une raison supplémentaire de mépriser les Français, plus fort et plus tôt que les autres : c'est qu'il n'y a jamais eu en France, dans les années de l'avant-guerre, et même en 1940, de soutien populaire puissant à des idées spécifiquement fascistes. Du coup, son itinéraire politique, comme celui du petit groupe de « Je suis partout » qui se reconstitue à Paris au début de 1941, le mène droit aux nazis. C'est cet itinéraire dont *Les Décombres* fait l'histoire, au point apparemment triomphal de sa courbe, juste avant qu'il ne tourne au tragique.

Tout part de l'Action française. Ce qui peut sembler naturel mais ne l'est pas : il y a un abîme entre le milieu d'académies et de notables où recrute l'AF et le caractère populaire de l'expérience fasciste. En France, à cette époque, quand la rue est royaliste, c'est seulement au quartier Latin. Alors que le fascisme joint nationalisme et culture de masse, empruntant au bolchevisme, dont il inverse les valeurs, la tradition populiste, l'Action française n'a jamais été un mouvement populaire. Elle l'est moins que jamais comme le pamphlétaire Pierre Boutang.

La défaite de 1940 et l'avènement de Pétain ouvrent l'heure du règlement de compte. Seuls deux de ces groupes, les maurrassiens et les fascistes, s'y engouffrent comme intellectuels de service. Les premiers, doctrinaires anachroniques de l'antigermanisme, vivent de l'idée d'un Pétain-bouclier, à l'abri duquel ils animent, *proprio motu*, sans intervention allemande, la violente campagne antisémite de la Révolution nationale. Les seconds, comme Rebatet le raconte, quittent rapidement Vichy, qu'ils soupçonnent d'attentisme, pour relancer à Paris le *Je suis partout* de la surenchère nazie. En 1941-1942, l'histoire, c'est-à-dire les choix des uns et des autres par rapport à l'Allemagne, sépareront les destins. Mais rien ne peut effacer qu'ils aient été unis, au moment crucial, par une passion centrale qu'il faut nommer : la haine des juifs.

C'est une passion qui m'est étrangère, et en même temps, comme à n'importe quel Français de ma génération, tout à fait familière. Je l'ai rencontrée dès l'enfance, dans ce lycée du 16e arrondissement où le Front populaire divisait même les toutes petites classes à partir de l'élémentaire, entre prosémites et antisémites. Je ne l'ai vraiment mesurée qu'en 1945, au retour des camps. Je l'ai revue depuis chez des hommes et dans des pays très divers, déguisée, dès lors, par décence et par nécessité, mais insubmersible : la Pologne de 1968... C'est ce mystère d'un mal apparemment imprescriptible qui parvient parfois à me faire perdre mon sang-froid, en face des intellectuels qu'il a élus pour le servir... Non que je croie que les juifs soient des Français exactement comme les autres (j'espère qu'on verra ce que je veux dire) ; mais je n'arrive pas à comprendre que, de cette différence qui est une richesse, un intellectuel puisse se sentir menacé et tirer une idéologie.

Or il est clair, à relire Rebatet, que là est la pulsion existentielle de son nazisme. Cet homme qui est critique musical, amateur de peinture, admirateur de Gide, cet homme hait les juifs. Physiquement, morphologiquement. Il les décrit visqueux, tremblants, serviles, signes concrets, immanquables, du maléfice social. Il y a à cet égard un passage prodigieux dans le récit de ses « prisons », publié en 1953 par *Le Crapouillot* et repris dans le tome II de l'édition Pauvert. La scène se passe à Fresnes, en 1947, au quartier des condamnés à mort. Il y a là une petite troupe pitoyable de « collabos » tournant dans la courette de promenade, fers aux pieds. Dans cette troupe, courageuse et même « joviale », que Rebatet décrit avec tendresse, un seul trembleur, et qui ? « Le juif Lopatka, peut-être allemand, peut-être russe, peut-être hongrois, accusé d'avoir fait déporter huit cents de ses coreligionnaires. » C'est, à ma connaissance, la seule allusion de Rebatet, deux ans après la fin de la guerre, aux camps d'extermination : encore un coup des juifs !

Ce mystère compact de l'idéologie, qui se noue bien évidemment à un autre niveau que celui de la raison, le livre de Rebatet peut aider à l'éclairer, dans la mesure où le fascisme français, expérience marginale d'intellectuels et de truands, a été privé par l'histoire du support national qui avait élevé Mussolini et Hitler. De ce fascisme chimiquement pur, réduit à ses éléments culturels propres, le noyau est le racisme, et l'idée de race, impossible à penser clairement, est faite d'une anti-image, celle du juif. Je me demande si l'on ne fait pas fausse route en cherchant si souvent les racines de l'idéologie fasciste dans le national, alors qu'il n'en est que la couverture, ou l'occasion historique. Les fantasmes de la race et du sang, comme principes organisateurs du social, ressortissent à une autre logique ; leur fonction n'est pas une justification supplémentaire du national mais, en face de l'universalisme démocratique, une légitimation de l'inégalité naturelle ; ou plutôt, comme le suggère Louis Dumont, un retour pathologique du principe hiérarchique refoulé par les sociétés égalitaires.

Constituée à ce niveau de profondeur psychologique, l'idéologie fasciste est complètement imperméable à l'expérience historique : Rebatet, sorti de prison en 1952, vivra vingt ans sur cet astre mort. Quand il rédige, en 1970, cette suite aux *Décombres* qui est aujourd'hui publiée, il a renoncé aux plus meurtriers de ses adjectifs mais les nazis restent les défenseurs de la civilisation et les juifs les responsables des malheurs de la guerre. On éprouve une sorte de stupeur à penser qu'il y a tout juste quelques années, tout près, tout près de nous, ce vieux rescapé de la catastrophe continuait *Les Décombres*, dinosaure miraculeusement intact au sein d'un autre continent... Mais cette glaciation de l'esprit fait le prix documentaire de ces nouveaux « Mémoires » : elle donne au souvenir son horrible fraîcheur. Ce qui a protégé Rebatet contre la culpabilité l'a transformé en survivant.

---

MÉMOIRES D'UN FASCISTE. Tome 1 : Les Décombres. Tome 2 : 1941-1947, *par Lucien Rebatet, J.-J. Pauvert.*

---

# LA GUERRE DE DEUX CENTS ANS...

*28 mars 1977*

En face du vacarme qui s'est élevé autour de la mairie de Paris, on ne peut s'empêcher de penser, une fois de plus, à la vieille remarque de Marx selon laquelle l'histoire de France se répète, mais en passant de la tragédie à la farce.

Paris, qui a arbitré entre Louis XVI et Mirabeau, entre les Orléans et la branche aînée, entre Louis-Philippe et Lamartine, doit trancher aujourd'hui entre M. d'Ornano et M. Chirac. Ce qui veut dire deux choses, dont la première était connue, et la seconde, au contraire, imprévue : d'abord, que le vote de Paris est acquis d'avance à la majorité (qui aura donc aussi la mairie). Ensuite, que le poids du nouveau poste dans la politique nationale risque d'être tel qu'il constitue un enjeu impossible à abandonner au leader du RPR. Ce qui s'est cassé à Paris, ce n'est plus, comme au XIXe siècle, l'unité de la nation. Mais l'unité de la majorité. C'est l'écho, très affaibli, d'un très vieux sortilège que Giscard voulait conjurer.

La peur qu'inspire Paris à tous les gouvernements est plus ancienne que la Révolution ; les rois de France, logés au Louvre, si près de cette foule incontrôlable des bords de Seine, n'ont jamais cessé de vivre avec. Quand ce qui compte dans l'ancienne société reste uni — les hommes du roi, les corps des marchands, le Parlement et sa clientèle, l'Église —, Paris vaque à ses occupations. Mais, en temps de crise politique, dans cette grande ville presque sans police, le petit peuple forme l'immense masse de manœuvre des agitateurs : c'est la Commune d'Étienne Marcel qui refuse l'impôt à Jean le Bon, au XIVe siècle ; la Ligue ultra-catholique qui refuse la Ville au nouveau roi protestant Henri IV, à la fin du XVIe ; la Fronde de 1648 qui chasse Anne d'Autriche et le petit Louis XIV à Saint-Germain. L'épisode a fixé dans la mémoire de l'enfant-roi le souhait de cet ailleurs, qui sera Versailles : c'est à vingt kilomètres de Paris que la Cour déploiera ses fastes, et la bureaucratie royale ses ordonnances. Comme les autres villes du royaume, d'ailleurs, la capitale perd ce qui lui restait de « franchises ». Elle y perd la relative indépendance de son corps municipal oligarchique — les échevins et le prévôt des marchands — et elle y gagne un lieutenant de police.

Cette séparation de corps entre le pouvoir et Paris ne dura qu'un peu plus de cent ans. 1789 : Paris, qui atteint autour de six cent mille habitants, est une ville en croissance, grossie chaque année d'une immigration rurale à la recherche d'un emploi. Des dizaines de milliers de personnes, mobilisées par l'intelligentsia du Palais-Royal, encadrées par l'artisanat et par la boutique, assurent en juillet la victoire du tiers état, et ramènent en octobre le roi de France aux Tuileries. Entre-temps, l'agitation et les insurrections paysannes de l'été ont soudé les campagnes à la révolution urbaine. Mais c'est Paris qui, pour quelques années, donne le ton à l'histoire de France. Non seulement la vieille monarchie, mais l'Assemblée constituante, l'Assemblée législative, enfin la Convention sont sous le contrôle étroit de ses sections et de ses clubs.

La première de ces assemblées a très vite cherché à faire rentrer le torrent dans son lit. Par la loi du 21 mai 1790, elle institue un corps municipal, élu, mais elle le subordonne à l'administration du département — également élue au suffrage censitaire —, qui regroupe, en plus de Paris proprement dit, les cantons ruraux de Saint-Denis et de Sceaux. En réalité, la poussée révolutionnaire parisienne, un moment contenue au moment de la fuite à Varennes (juin 1791), déborde l'année suivante les institutions légales : c'est une Commune insurrectionnelle qui anime la journée du 10 août 1792 et instaure le contre-pouvoir des sections et des clubs — qui va partager avec la Convention (et, par moments, dicter à la Convention) la politique égalitariste de la Terreur et du Salut public.

Ce qui se met en place à cette époque n'est pas seulement la tradition révolutionnaire de Paris et l'image d'une capitale adorée ou abusive. C'est aussi sa partition politique est-ouest, l'affrontement de deux populations presque étrangères à l'intérieur d'une seule ville, de chaque côté de l'axe central formé par la rue Saint-Denis et la rue Saint-Jacques, comme si la géographie urbaine avait tracé par avance les camps. Les faubourgs Saint-Antoine et Saint-Marcel, les sections des Gravilliers, des Arcis, des Lombards ou de la Maison commune animent l'action des sans-culottes. Celles du Mail, du Théâtre-Français, du Mont-Blanc ou des Champs-Élysées avaient soutenu les Girondins. Mais elles prennent leur revanche au 9 thermidor 1794, quand elles se mobilisent pour soutenir la Convention et perdre Robespierre, que la Commune de Paris cherche à sauver.

La législation municipale thermidorienne et post-thermidorienne consacre la fin de la dictature révolutionnaire parisienne, en même temps que les traces qu'elle a laissées dans les esprits. Dès août 1794, un mois et demi après la chute de Robespierre, on modifie les circonscriptions parisiennes en démembrant les sections jacobines et en les rattachant à des sections modérées : le faubourg Saint-Antoine est rattaché au Marais, le faubourg Saint-Denis à Bonne-Nouvelle, le faubourg Saint-Martin à Montorgueil. Après le désarmement du faubourg Saint-Antoine, au printemps de 1795, les institutions municipales sont modifiées dans le sens d'un assujettissement plus étroit au département ; les sections révolutionnaires sont remplacées par douze arrondissements, qui subsistent jusqu'en 1860. Enfin, Bonaparte verrouille Paris par la loi du 28 pluviôse an VIII (17 février 1800). C'est le préfet de la Seine le patron de Paris. Un conseil général de vingt-quatre membres, censé représenter le département (c'est-à-dire Paris, Saint-Denis, Sceaux), fait office de conseil municipal. Il y a un maire, nommé, pour chaque arrondissement parisien : charge purement honorifique, sans autorité ni pouvoir. Bientôt, d'ailleurs, le conseil général se voit ôter même l'examen du budget.

De toute façon, à cette date, le grand théâtre de la politique nationale est fermé pour trente ans. Mais, à partir de 1830, il va rejouer la pièce trois fois, 1830, 1848, 1871, sans obtenir, comme pour l'inauguration de 1789, le soutien de la province rurale. A chaque fois, c'est l'Hôtel de ville, au cœur du Paris populaire, le centre de la révolution : comme si ces institutions municipales, qui n'existent pas, n'en figuraient que d'autant plus la République, la liberté, l'égalité, c'est-à-dire beaucoup plus qu'elles-mêmes, la nation elle-même. L'Hôtel de ville est un rêve bien trop vaste pour loger un conseil municipal : c'est un mythe fondateur de la République, brisé, à chaque fois, par les revanches des quartiers riches, alliés aux campagnes.

En février 1848, Paris reçoit son premier maire depuis la Révolution française : l'avocat Garnier-Pagès. Mais l'institution ne survit pas aux journées de juin et au massacre des ouvriers parisiens ; elle est supprimée en juillet, et la préfecture rétablie. Même scénario en 1870-1871, puisque, dans l'écroulement du second Empire, Paris récupère un maire après le 4 septembre, en la personne de Jules Ferry. Mais, au printemps, en face de l'assemblée des propriétaires qui traite avec Bismarck, la Commune est le dernier éclat de cette municipalité imaginaire qui se propose en modèle à la nation régénérée, image centenaire de notre histoire habillée du drapeau rouge des artisans et des ouvriers.

Paris n'aura désormais plus de maire, tout juste un conseil municipal, impuissant devant les préfets jumeaux. Pour les mariages, le ministre de l'Intérieur nommera un maire dans chaque arrondissement (qui sont devenus vingt en 1860). C'est cette situation qui a duré jusqu'à la réforme Giscard.

Si bien que ce qui surprend le plus, dans cette histoire, ce n'est pas qu'un statut de tutelle ait été imposé au Paris du XIXe siècle ; c'est plutôt le maintien de cette tutelle pendant les cent dernières années de notre histoire, alors que les Français ont conquis la République et que Paris a abdiqué la Révolution.

La Commune est la dernière des révolutions parisiennes. Et, à la fin du XIXe siècle, même le vote de Paris est passé à droite. Pendant les débuts de la IIIe République, la capitale reste fermement républicaine et même radicale. Aux élections législatives de 1885, les radicaux ont la majorité ; en avril 1888, le conseil municipal vote un ordre du jour contre la « campagne plébiscitaire et boulangiste ». Pourtant, au début de 1889, premier signe d'un basculement d'opinion : le général Boulanger, incarnation du nationalisme revanchard, bat à Paris le radical Jacques, « candidat de la République », au surplus président du conseil général de la Seine. Boulanger a la majorité dans toute la banlieue et dans tous les arrondissements de Paris sauf un, le troisième. Il est vrai que l'année suivante, le « parti national » est battu aux élections municipales. C'est très exactement en 1900 que le Conseil de Paris passe « définitivement » à droite avec trente-deux élus nationalistes et neuf conservateurs, contre seize radicaux et dix-neuf socialistes ; la gauche n'y a jamais eu, depuis, de majorité.

Une des raisons de cette évolution est d'ordre sociologique. Depuis qu'Haussmann a éventré ses quartiers populaires et donné le signal à une immense spéculation foncière qui tend à rejeter les pauvres à la périphérie, Paris est de moins en moins une ville ouvrière, au moment où, au contraire, la gauche est de plus en plus une gauche socialiste, cherchant à attirer les ouvriers et paniquant la bourgeoisie, grande ou petite. Si on la considère à long terme, pendant les cent dernières années, il est évident que cette évolution urbaine a contribué à vider Paris, notamment l'est de Paris, d'une partie de ses votes « rouges », qu'on a bientôt retrouvés dans les nouvelles banlieues. Et, à cet égard, les trente dernières années, dominées par le RPF, puis par l'UDR au conseil municipal de Paris, n'ont fait qu'accélérer le phénomène, sans que les gérants gaullistes de la capitale aient, comme Haussmann, l'excuse d'une « vision », ou même d'une vraie politique urbaine.

Mais il me semble que l'évolution politique de Paris a aussi des raisons proprement politiques. A partir des années 1870, la IIIe République gagne ses galons de régime stable, fondé sur l'acceptation de la Révolution, le suffrage universel, et la montée d'une nouvelle classe politique bourgeoise et petite-bourgeoise. Les Républicains deviennent des ministres ; même les radicaux, les plus « extrêmes » d'entre eux, sont au cœur des affaires à partir de la fin du siècle. L'Hôtel de ville perd sa fonction de mythe ; il n'incarne plus la République, puisque c'est le vote de tous les Français qui l'a établie. La même raison qui fait que Paris cesse de régler la succession de nos régimes explique qu'il devienne, du même coup, conservateur de la République.

Il ne reste de vivant, dans sa tradition de gauche, que la protestation contre un régime qui, bien qu'il soit républicain, est né, comme celui de 1815, de la défaite nationale. C'est toute l'affaire Boulanger. Elle fait apparaître que Paris, qui n'a plus de République à fonder, peut avoir une République à détruire, pour peu que la fierté nationale paraisse menacée : tournant capital, où le jacobinisme vient alimenter le nationalisme, dans une sorte de farce bonapartiste mort-née. Toute une partie de la gauche ouvrière petite-bourgeoise et cocardière de Paris bascule sans le savoir dans une droite nouvelle, promise à un bel avenir. Cette fois-ci, c'est bien la fin de la Révolution française.

Mais Paris ne rentre pas pour autant dans le droit commun municipal. Les républicains provinciaux, qui peuplent les gouvernements de la IIIe République, sont d'autant moins pressés de le doter d'une vie municipale « normale » que s'y manifeste désormais cette sensibilité particulière au nationalisme, et plus généralement cette tendance à l'emballement plébiscitaire du mécanisme électoral. Privés de cet élément stabilisateur que constitue la discussion véritable des intérêts locaux, les électeurs parisiens amplifient les courants nationaux. Si bien que l'octroi d'une vie municipale autonome à Paris risque d'en accroître démesurément l'influence politique, à travers le personnage du maire. Au XX^e^ siècle, le maintien de la tutelle administrative sur Paris a probablement été une sûreté républicaine, après avoir été si longtemps un impératif autoritaire ; mais, dans les deux cas, il s'agit d'une prudence provinciale.

Le problème est de parvenir à décentraliser la gestion de la capitale sans recentraliser immédiatement sur Paris le débat politique national. A cet égard, le président de la République, en pré-nommant M. d'Ornano, et le député de la Corrèze, en imaginant sa stratégie parisienne, restent strictement à l'intérieur de la vieille logique centralisatrice, bien qu'ils prétendent tous les deux le contraire.

# DES ARISTOCRATES AUX YEUX GRANDS OUVERTS

*11 mars 1978*

Louis de Kergorlay était le meilleur ami d'Alexis de Tocqueville. A vrai dire ils étaient un peu cousins, à travers un ancêtre commun, Guillaume de Lamoignon (lui-même père de Malesherbes), qui les apparentait tous les deux à ce que l'Ancien Régime appelait la « grande robe ». Du même milieu et de la même famille intellectuelle et morale, ils étaient aussi du même âge, à un an près : nés au tout début du XIXe siècle, ils seront élevés, comme toute la génération romantique, dans le bruit des événements et la violence des souvenirs. Ils sont trop jeunes pour y avoir une part directe, mais pas assez vieux pour échapper à leur tyrannie : leurs familles ont traversé la Révolution comme un malheur et comme un crime ; l'Empire, comme une usurpation. Eux sont nés avec cet héritage sur les bras.

Amis et presque frères, donc, à tant de titres, ils se sont écrit toute leur vie, depuis leur adolescence — la première lettre est de 1822 — jusqu'à la mort de Tocqueville, au printemps de 1859. Voici enfin cette correspondance intégralement disponible, dans le cadre de la publication des *Œuvres complètes* de Tocqueville. Ouvrons ici une très courte parenthèse pour déplorer la lenteur de cette publication, dont le rythme est de plus en plus languissant, et pour en louer la qualité : de la lenteur je ne sais qui accuser, sinon les malheurs du temps et J.-P. Mayer, qui est responsable de l'ensemble des papiers Tocqueville. De la qualité, en revanche, je connais le bon ouvrier : André Jardin, qui a consacré vingt ans de sa vie à établir et à éclairer les textes, et qui nous donnera un jour la grande biographie de Tocqueville qui nous manque.

Je reviens à cette correspondance, qui apporte autant de plaisir que celle qu'échangea Tocqueville avec son grand ami Gustave de Beaumont, et qui est l'une des plus intéressantes du siècle, avec celle de George Sand et celle de Flaubert. Formidable document d'époque que cet échange à cœur ouvert de deux fils de l'aristocratie française, dans le demi-siècle qui suit l'abaissement de l'aristocratie, et qu'ils vivent comme tel. Ils ne cessent de s'étonner que leur classe n'ait pas eu (ou tout simplement n'ait pas) leurs qualités de caractère et d'intelligence, et d'abord l'esprit de liberté qu'ils considèrent comme l'essence même de l'aristocratie, sa contribution à l'histoire de l'humanité. Leur manière d'assumer l'héritage familial n'est pas de gémir sur le passé, mais d'idéaliser la vertu sociale de leur tradition : ainsi, ils se fabriquent à la fois un espace de retrait pour observer leur temps, et un principe pour le juger.

Non qu'ils soient toujours d'accord sur tout. Kergorlay est un légitimiste sans faille : polytechnicien, puis officier d'artillerie, commandant une batterie au moment de la prise d'Alger, en 1830, il démissionne de l'armée quand Louis-Philippe exige un serment d'allégeance après avoir détrôné son cousin de la branche aînée. Le magistrat Tocqueville, lui, prête ce serment, avant de partir faire son voyage d'étude aux États-Unis. Quand il en revient, en 1832, c'est tout juste au moment où son ami Kergorlay est arrêté, pour avoir participé à la folle équipée de la duchesse de Berry[1]. Tocqueville le défend et obtient l'acquittement. Mais leurs vies sont désormais séparées, si leurs cœurs restent unis. La carrière de Kergorlay est terminée à vingt-six ans, alors que Tocqueville devient conseiller général de Valognes, puis député, décoré de la Légion d'honneur (malgré les objurgations de son ami), membre de l'Académie française ; il a publié en deux fois *De la démocratie en Amérique*. Il n'est pas pour autant orléaniste ; mais il est, au fond, assez indifférent à la famille qui règne, pourvu que les principes (c'est-à-dire les libertés) soient saufs (lettre du 26 décembre 1836).

C'est finalement la République de 1848, devenue conservatrice après le vote d'avril et les journées de juin, qui réalisera le mieux son idéal politique : une démocratie du suffrage universel tempérée par une oligarchie de nobles libéraux. Malheureusement, pendant ces trois ou quatre années qui ont dû réconcilier leurs opinions, la correspondance des deux amis est presque inexistante, peut-être parce que Tocqueville, député influent, puis ministre des Affaires étrangères, a peu de loisirs, probablement aussi parce que tous les deux ne cessent d'habiter Paris ou

1. La duchesse de Berry, mère de l'héritier légitime du trône, tenta en 1832 de provoquer un soulèvement en faveur de son fils.

près de Paris. C'est le coup d'État du 2 décembre 1851 qui relance l'activité épistolaire parce qu'il recrée l'exil intérieur : « La Révolution de 1830 a brisé ta carrière comme celle-ci la mienne », écrira Tocqueville à Kergorlay. Mais il approche de la cinquantaine, et le repli sur les châteaux, la province et l'étude n'a pas pour lui le caractère un peu masochiste qu'a pris en 1830 le retrait définitif de Kergorlay. D'ailleurs, ce sont les années où il écrit les *Souvenirs* et *L'Ancien Régime et la Révolution* ; encore deux livres immortels dont nous devons au moins l'occasion au deuxième Bonaparte, en plus des *Châtiments*.

De ces deux existences parallèles, mais décalées dans le temps, si bien que l'une est stérilisée très tôt, alors que l'autre accueille le succès et l'échec comme deux bénédictions successives, le secret de fraternité est d'abord un style de vie. Tocqueville et Kergorlay n'ont pas de « métier » ; ce sont des propriétaires, qui vivent de leurs rentes, Tocqueville plus largement d'ailleurs que son ami. Comme leurs grands-parents sous l'Ancien Régime, ils habitent la moitié du temps leurs hôtels parisiens, et l'autre moitié leurs châteaux : seul le malheur des temps oblige Kergorlay à se fixer à la campagne. La grande affaire de leur vie privée est le choix d'une femme, je veux dire de la bonne, de la seule, de l'épouse. Le reste de l'espèce constitue *les* femmes et sur ce chapitre Tocqueville, avant et après son mariage, manifeste un tempérament que je ne lui soupçonnais pas, et qui entraîne d'affreuses scènes conjugales (lettre du 27 septembre 1843). Mais le mariage reste le choix social par excellence, longuement discuté par les deux correspondants : le pauvre Kergorlay met quinze ans à trouver sa belle, après avoir visité bien des châteaux, et avoir presque désespéré des héritières de son milieu.

L'étrange, dans ces deux vies, si conformes aux valeurs et aux usages de leur monde, c'est l'espace qu'elles ont ménagé au non-conformisme intellectuel. Les deux aristocrates ne sont pas des nostalgiques de l'Ancien Régime, et ils connaissent les erreurs de la Restauration, mais ils n'aiment pas pour autant le dur monde bourgeois de l'industrie et de l'argent, qui s'installe sous leurs yeux. Ils ont leurs entrées partout mais ne sont prisonniers de rien ni de personne. Ils ont en commun, pour parler des affaires de leur temps, non pas des passions, des préjugés ou des intérêts (bien que ces passions, ces préjugés et ces intérêts soient manifestes dans leurs vies), mais des concepts, et des concepts à eux, qu'on chercherait en vain ailleurs, chez les intellectuels ou les hommes politiques qui sont leurs contemporains.

C'est Tocqueville qui invente, mais Kergorlay n'est pas du tout un mauvais interlocuteur.

Ainsi de la *démocratie*, entendue à la fois comme l'égalité de plus en plus grande des conditions et comme un état de société pouvant permettre une participation des citoyens à la gestion de leurs affaires. C'est un concept difficile, parce que les deux contenus ne sont pas forcément liés. Le premier est ce qui pour Tocqueville définit le sens de l'évolution historique, mis en évidence par la Révolution française ; mais cette égalité civile et sociale, qui succède au monde aristocratique, il n'en recherche pas les raisons, ou l'espèce de nécessité qui le pousse en avant : c'est une donnée, un phénomène irréversible, peut-être la manière dont cette intelligence théorique, assez unique dans la génération romantique, imagine une forme abstraite du fameux « destin ». Ce qu'il cherche au moins à explorer, en revanche, et qui constitue *la* réflexion de sa vie, ce sont les conséquences de l'égalité : « Pourquoi nous entraîne-t-il ainsi vers la démocratie, je l'ignore ; mais embarqué sur un vaisseau que je n'ai pas construit, je cherche au moins à m'en servir pour gagner le port le plus proche » (janvier 1835).

D'où le glissement constant vers l'autre contenu de la démocratie, qui n'est pas, lui, de l'ordre du seul constat, mais aussi de l'action : l'égalité des conditions, qui est contradictoire avec le gouvernement aristocratique, peut amener, selon les circonstances et les pays, au gouvernement démocratique ou au gouvernement despotique. Tout le voyage américain tient dans cette proposition, que Tocqueville formule à vingt ans. C'est le choix, pour lui, du moindre mal.

« Je ne me dissimule point, écrit-il à Kergorlay dans cette même lettre de janvier 1835, après la publication du premier tome *De la démocratie en Amérique*, ce qu'il y a fâcheux dans ma position : elle ne doit m'assurer de sympathies vives de personne. Les uns trouveront qu'au fond je n'aime point la démocratie et que je suis sévère envers elle, les autres penseront que je favorise imprudemment son développement. Ce qu'il y aurait de plus heureux pour moi c'est qu'on ne lût pas mon livre, et c'est un bonheur qui m'arrivera peut-être. Je sais tout cela, mais voici ma réponse : il y a déjà près de dix ans que je pense une partie des choses que je t'exposais tout l'heure. Je n'ai été en Amérique que pour m'éclairer sur ce point. Le système pénitentiaire était un prétexte... »

Ainsi Tocqueville a en Kergorlay plus qu'un ami : quelqu'un devant qui, avec qui discuter les implications et les ramifications de l'idée qui gouverne sa vie. Comme c'est un esprit théorique et déductif (« Il a commencé à penser avant d'avoir rien appris », dira merveilleusement Sainte-Beuve), il a constamment besoin d'éprouver si telle conséquence de son hypothèse centrale, dont il a pu constater les effets aux États-Unis, est vraie aussi dans la France de Louis-Philippe : par exemple, si un état social comme la démocratie multiplie les petites ambitions mais diminue le nombre des grandes (2 février 1838). Et Kergorlay renvoie de longues lettres, qui sont autant de dossiers préparatoires du tome 2 de *De la Démocratie...*, alors en préparation.

Même chose vingt ans plus tard, quand Tocqueville, qui vient de publier (en 1856) *L'Ancien Régime et la Révolution*, qui est le premier volume de son projet, prépare le deuxième, qui doit être consacré à la Révolution elle-même, entre 1789 et Bonaparte. Tocqueville a écrit par avance, tout au début de son enquête, les deux chapitres consacrés à la France post-révolutionnaire, à la veille du 18 Brumaire. Puis il a travaillé sur l'Ancien Régime, ce qui lui donne la matière du volume qu'il publie en 1856, avec un grand succès : mais si, comme il le montre, le sens de la Révolution est de parachever l'œuvre de l'ancienne monarchie, c'est-à-dire la construction d'un État centralisé, qu'est-ce que la Révolution elle-même ? Qu'est-ce que cette rupture qui instaure, ou qui masque, une continuité ?

A cette question qui est au cœur de sa vie intellectuelle, Tocqueville consacre ses dernières années. Il écrit à cet égard une lettre essentielle à Kergorlay, le 16 mai 1858, où, après s'être plaint de l'immensité de la bibliographie, il parle en ces termes de l'événement révolutionnaire : « Mon esprit s'épuise à concevoir une notion nette de cet objet et à chercher les moyens de le bien peindre. Indépendamment de tout ce qui s'explique dans la Révolution française, il y a quelque chose dans son esprit et dans ses actes d'inexpliqué. Je sens où est l'objet inconnu, mais j'ai beau faire, je ne puis lever le voile qui le couvre. »

Tocqueville n'en dira jamais plus, comme en témoignent ses notes de travail. Il meurt au printemps suivant dans les bras de son ami Louis de Kergorlay.

---

CORRESPONDANCE D'ALEXIS DE TOCQUEVILLE ET DE LOUIS DE KERGORLAY,
*Gallimard, 2 vol.*

SOUVENIRS,
*d'Alexis de Tocqueville, Folio.*

# LES NOUVELLES CLÉS POUR LE PASSÉ

*14 avril 1980*

Ce qu'il y a d'ennuyeux avec l'histoire, à l'école, c'est qu'elle est sans bornes. Comme elle n'a pas de définition, elle n'a pas de limites : en ce sens, le « passé » de l'humanité, bien qu'il soit par définition accompli, donc fermé, ne présente pas un caractère plus « fini » que son avenir.

Cette difficulté d'enfermer l'histoire dans des frontières se double d'un deuxième problème, intellectuellement aussi insoluble que le premier : supposé qu'on puisse trouver un cadre externe définissant le domaine de la connaissance historique, reste à savoir ce qui, à l'intérieur de ce cadre, est « historique » ; que choisir dans l'océan des vies, des actions, des sociétés, des États, des croyances, des idées, pour faire avec cette masse informe qu'on appelle le passé ce qu'on appelle de l'histoire ? Vertige épistémologique qui recouvre, et explique, le vertige scolaire devant le dramatique effort de mémoire qu'exige classiquement la leçon d'histoire : toutes ces dates à connaître, et toutes celles qui les relient entre elles, et toutes celles que l'ensemble chronologique commande et suppose connues, etc.

C'est pourquoi la définition de l'histoire comme matière pédagogique a été un processus long et compliqué, dont l'aboutissement est relativement récent : la seconde moitié du XIXe siècle. Sous l'Ancien Régime, celle-ci n'est enseignée que dans les marges des classiques grecs et surtout latins, comme un savoir annexe à l'explication de Cicéron ou de Tite-Live, et monopolisé par le commentaire de l'Antiquité. Il faut attendre la Révolution de juillet 1830 pour que l'histoire nationale devienne le centre d'un enseignement historique dans le secondaire ; Victor Duruy et Jules Ferry, pour que se constituent, jusqu'à l'école élémentaire, les programmes scolaires d'histoire dont l'esprit aura régné cent ans sur nos lycées, nos collèges et nos communales, puisque la réforme actuellement en cours, et si discutée, en marque l'épuisement.

De quoi s'agit-il ? D'une réforme fondée sur deux orientations : accent mis sur l'histoire tout à fait contemporaine (depuis la Seconde Guerre mondiale) et désinvestissement par rapport au sacro-saint ordre chronologique, qui était supposé être, dans l'ancien cursus, le sens même de la discipline. Non que les programmes nouveaux modifient les horaires qui lui sont consacrés : à cet égard, le secondaire « tient » encore, alors que l'histoire a disparu du cycle élémentaire. Ce qui va changer dans les lycées et collèges, ce sont les programmes du second cycle, à partir de la seconde. L'histoire linéaire de l'humanité sera enseignée en quatre ans, de la sixième à la troisième, au bénéfice du « tronc commun » de la réforme Haby. Mais alors que les élèves de seconde, actuellement, étudient la période de 1789 à nos jours, ils auront au menu, en 1981, deux civilisations, la civilisation européenne depuis l'Antiquité jusqu'à aujourd'hui, et « une autre civilisation », au choix, Islam, Extrême-Orient, ou Afrique. Comme il n'est évidemment pas question pour le professeur de traiter deux « ensembles » de cette dimension dans leur continuité chronologique, celui-ci devra faire des choix, illustrer historiquement des questions ou des problèmes plutôt que de retisser la trame du temps. On lui demande donc — ainsi qu'au potache — un double effort : de conceptualisation du matériau historique classique, d'une part, et de décentrement par rapport à l'histoire nationale ou européenne, de l'autre. L'ordre chronologique reprend ses droits en première et en terminale, mais uniquement sur le XX^e^ siècle : 1914-1939 en première, et l'après-Seconde Guerre mondiale en terminale.

Ce qui se brise, ou au moins s'estompe dans cette configuration nouvelle des programmes, ce sont bien effectivement les deux idées qui avaient permis aux libéraux et aux républicains du XIX^e^ siècle de définir l'histoire et l'historique comme éléments fondamentaux d'une pédagogie démocratique. D'une part, une idée de la nation ; de l'autre, une idée de l'évolution. La nation et ses racines, sa *généalogie* : tel était bien l'axe, qu'on pourrait facilement reconstituer en relisant le fameux *Petit Lavisse*, d'un enseignement de l'histoire qui, de la Gaule romaine à la République en passant par les rois et la Révolution française, était une pédagogie du citoyen. Mais cette histoire nationale elle-même ne prenait tout son sens que comme figure de proue d'une « évolution de l'humanité » (pour reprendre le titre admirable, et combien significatif, d'une des grandes collections d'histoire de cette époque). A travers la France, et sa sœur l'Europe, le temps historique façonnait les images complémentaires de la démocratie, de la science, de l'industrie, du progrès, comme autant de finalités pour l'humanité tout entière. La chronologie devait être à tout prix l'objet d'une mémoire, puisqu'elle était dépositaire de ce *sens*.

Or nous vivons la crise de l'idée selon laquelle le temps est le vecteur du progrès. Cette idée de l'évolution, si forte au XIXe siècle, et qui, jointe au sentiment national, a mobilisé tant d'énergie spirituelle et morale, a été érodée par l'affaiblissement relatif du pays dans la balance des forces mondiales, la crise politique et morale du leadership européen, la mise en cause de ses « bienfaits ». L'uniformisation progressive du monde sur le modèle européen se fait sous nos yeux à travers les réactions anti-européennes de la décolonisation et des révolutions contre l'impérialisme ; elle s'accompagne, paradoxalement, du rejet de l'idée selon laquelle l'histoire universelle est tracée par l'histoire de l'Europe. La gauche française, de son côté, n'a cessé d'alimenter de son sentiment de culpabilité le reniement de l'universalisme jacobin du XIXe siècle.

On pourrait suivre les contrecoups de cette situation générale dans la conscience savante, notamment à travers le développement de l'anthropologie, qui nous restitue les multiples visages des sociétés humaines à travers l'espace habité et fait de cette diversité une valeur d'autant plus précieuse qu'elle est plus menacée : un des secrets du rayonnement sociologique de l'œuvre de Lévi-Strauss est là. Mais l'histoire elle-même, comme discipline, a subi une mutation qui a transformé le champ de ses curiosités. Elle a cessé d'être une généalogie du fait national, pour étendre la dignité de l'historique à tout le social. De ce fait, elle a multiplié à l'infini ses matériaux possibles, elle a tendu à diminuer relativement la part des événements politiques, enfin elle a emprunté beaucoup de ses concepts et de son langage aux sciences sociales. Comme le montrerait par exemple la mode de l'histoire rurale, dans ces vingt dernières années, c'est tout le social qu'elle doit désormais enraciner dans le passé, et non plus seulement le phénomène national.

Mais si l'histoire est devenue cela, en faisant sauter les clôtures dont le XIXe siècle avait entouré la dignité du fait historique, comment faire de ce savoir polymorphe et sans limites un enseignement de lycée ? Tel est le problème posé, et on ne le résoudra pas par la bonne vieille nostalgie de la France seule, et par le retour à une pédagogie de type IIIe République. Ni le développement intellectuel de la discipline, ni les conditions sociales du recrutement des élèves ne le permettent. Les gémissements alternés de M. Debré et de M. Chevènement n'y peuvent rien changer : de même que le personnel politique d'aujourd'hui n'interprète pas sa propre action dans les mêmes termes que Briand, Jaurès ou Daladier, et tend à parler économie et sociologie au lieu d'histoire et humanités, de même les jeunes Français ont comme principal accès à la connaissance historique la curiosité sur le social, et sur le social contemporain. On peut le regretter ; mais l'ignorer, c'est ignorer que l'enseignement de l'histoire est aussi dans l'histoire.

A partir de là, que peut-on faire, que peut-on penser de ce qu'on fait ? D'abord donner raison indistinctement à tous ceux qui prennent la défense de l'histoire, car les pressions qui s'exercent vers une professionnalisation étroite de l'école sont si fortes que le combat pour le maintien d'un enseignement approfondi de la culture générale n'aura jamais trop de soldats. A cet égard, concentrer les attaques contre la récente réforme des programmes n'est pas équitable, dans la mesure où la décadence de l'enseignement de l'histoire dans le secondaire (et plus encore dans le primaire) lui est très antérieure, liée à des raisons plus profondes qu'un arrêté du ministre de l'Éducation.

Mais cet arrêté, disent ses détracteurs, va accélérer cette décadence : là est l'enjeu des années qui viennent.

Comment en juger d'avance ? Beaucoup, presque tout va dépendre des professeurs du secondaire, et notamment à partir de la seconde. Il va leur falloir un minimum de familiarité avec les deux types d'histoire qu'on leur demande désormais d'enseigner, sinon ensemble, du moins successivement ou alternativement : le premier, qui reste absolument indispensable, et qui est chronologique, fondé sur la double idée de la continuité et de l'évolution. Le second, plus proche de la recherche, sélectionnant des problèmes dans la trame du temps, maniant le langage des sciences sociales, éveillant les esprits à la comparaison des sociétés et des civilisations. Le risque est bien évidemment que, tiraillés entre deux conceptions et deux exigences, les maîtres y perdent, si je puis dire, leur latin, et l'histoire son intérêt ou sa saveur. Mais, puisqu'il est impossible à éviter, il faut essayer de le conjurer.

Une autre réforme pourrait à cet égard être utile : elle consisterait à modifier, en même temps que les programmes des lycées, ce qui se situe en amont, c'est-à-dire le découpage des études d'histoire dans les universités et la formation des futurs professeurs. Vaste programme...

## DES ANTISÉMITES BIEN DE CHEZ NOUS

*28 avril 1981*

Le régime de Vichy a été porté au pouvoir par la victoire allemande en 1940, et pourtant il constitue un type de pouvoir très distinctement français, indépendant sous bien des rapports de son protecteur nazi : tel est le paradoxe qu'explique à nouveau l'historien américain Robert Paxton, dans un travail consacré non plus à l'histoire générale de Vichy mais à sa politique à l'égard des juifs. C'est pourquoi sans doute il s'est adjoint la collaboration d'un autre historien américain, spécialiste, lui, de la question juive dans la France contemporaine, Michael Marrus.

La défaite de la France amène en effet au pouvoir des milieux et des hommes qui n'y sont pas directement installés par les Allemands (même si, sans eux, ils n'eussent eu aucune chance d'y parvenir), mais par leur volonté d'en faire une revanche contre la République. Ils n'y investissent pas des idées étrangères, ils y investissent une tradition nationale : de leur politique, la victoire de Hitler offre l'occasion, non la substance. Et la question juive fournit une illustration quasiment parfaite de cette récupération nationaliste de la défaite. La preuve, c'est qu'il n'existe pas de rapport clair, avant et pendant la guerre, à Vichy et à Paris, entre les sympathies idéologiques pour l'Allemagne nazie et l'intensité de l'antisémitisme : Doriot est fasciste, et peu porté à la haine des juifs ; Xavier Vallat, de tradition anti-allemande, ministre antisémite de Vichy ; Céline, antisémite de type nazi, mais hostile à Vichy. La politique et l'idéologie des deux premières années de Vichy seront d'ailleurs moins marquées par le racisme, au sens biologique et nazi, que par des considérations ou des prétextes tenant à la cohésion culturelle de la communauté nationale.

C'est que la France des années vingt et trente a accueilli beaucoup d'étrangers, plus que n'importe quel autre pays du monde.

États-Unis compris : d'abord une émigration du travail, puis un afflux de réfugiés politiques. D'abord avec une hospitalité intéressée, puis avec une mauvaise grâce croissante, tenant à la fois à la dépression économique et à la conjoncture politique. L'« étranger » devient le bouc émissaire des complications internationales par lesquelles la France munichoise sent venir la guerre. Et de cet « étranger » le juif devient l'incarnation par excellence, puisque de la guerre qui vient il est l'un des enjeux les plus spectaculaires. La guerre perdue, il en est donc encore un des « responsables » les plus évidents. De cette croyance folle, non seulement une partie de la gauche mais une partie des juifs français sont prisonniers. Il suffit de relire ce qu'écrit en 1938-1939 un homme aussi intelligent et aussi raffiné qu'Emmanuel Berl pour mesurer à quel point la tragédie de cette époque s'avance masquée, dans un mystère profond.

Paxton et Marrus rappellent d'ailleurs les deux décrets-lois du printemps et de l'automne de 1938, qui renforcent les mesures de contrôle des étrangers, notamment par l'extension de l'obligation à résidence, et prescrivent l'organisation de « centres spéciaux », notamment contre les républicains espagnols, pour ceux d'entre eux censés constituer une menace contre l'ordre public. Ainsi, Vichy héritera des camps de concentration datant de la période Daladier ; il en fera un usage systématique contre les juifs étrangers, avant même que l'Allemagne ne les juge recommandables. L'un des épisodes les plus déshonorants de cette histoire est par exemple l'internement de plusieurs milliers de juifs allemands fuyant dans l'été 1940 la zone occupée, et si désespérés par leur internement que certains se retournent vers les nazis pour leur demander protection contre la France ! C'est que, jusqu'à la fin de 1941, la politique hitlérienne vise moins à exterminer les juifs qu'à les chasser d'Allemagne. En les enfermant derrière les barbelés de Gurs ou d'ailleurs, femmes et enfants compris, dans des conditions d'entassement et d'insalubrité affreuses, Vichy est un peu en avance sur le calendrier allemand. Sans le savoir, mais sans pouvoir non plus en exclure l'hypothèse, il en prépare avec soin les échéances tragiques.

En effet, la thèse antisémite française n'est pas celle de l'émigration forcée : très peu de juifs parviendront à quitter la zone occupée entre 1940 et 1942. En dehors de l'internement, sort réservé aux étrangers, c'est celle du statut spécial, reprise de la tradition régalienne et de l'Action française : elle vise à définir pour les juifs français une citoyenneté de seconde zone dans le cadre de la loi. C'est le sens du texte du 18 octobre 1940, préparé par le garde des Sceaux du premier ministère Laval, Raphaël Alibert, ancien membre du Conseil d'État, fidèle de Maurras. Mais ce texte lui-même, qui interdit la fonction publique aux juifs, est durci le 14 juin 1941 par un nouveau statut, qui étend l'interdiction aux professions libérales et aux affaires ; œuvre du commissaire général aux questions juives sous le ministère Darlan, Xavier Vallat. Personnage plus typique encore que ce parlementaire bien-pensant de la IIIe République, ancien professeur d'enseignement libre devenu ancien combattant professionnel après la guerre, monarchiste catholique qui a fait le tour de tous les partis de droite : non pas fasciste, moins encore de sympathie pro-allemande, simplement symbole d'un milieu et d'une culture qui prend enfin sa revanche sur la démocratie. Professant un antisémitisme d'« intérêt national », en butte d'ailleurs aux attaques des « collaborateurs » parisiens, Xavier Vallat incarne parfaitement bien ce qui est pire que la soumission de Vichy : son mensonge. Il pousse sur tous les plans la politique antisémite plus loin que les Allemands ne le demandent, mais au nom de ses convictions contre les leurs. Il ouvre le marchandage inégal avec le vainqueur, qui est à la fois le principe et le prétexte de Vichy, du drapeau intérieur du nationalisme français ; de ce fait il trouve son espace d'originalité dans la surenchère par rapport à la politique nazie.

Ce qu'il y a de plus surprenant dans le constat impitoyable de Paxton et Marrus, ce n'est d'ailleurs pas l'existence de ministres ou doctrines antisémites à Vichy ; ni l'espèce de passivité de l'opinion, foudroyée par une défaite aussi radicale que celle de juin 1940. Car et ce type de politique et ce profil de personnages ministériels, et ce consentement mou de l'opinion trouvent leur explication dernière dans la victoire nazie et l'état politique de la France. Ce qu'il y a de plus surprenant, et d'effrayant, c'est l'absence de réaction de la part de la fonction publique, qui met en œuvre toutes ces mesures, toutes ces poursuites, toutes ces confiscations. Le Conseil d'État examine ces statuts des juifs comme s'il s'agissait de n'importe quelles lois. Les professeurs de droit en démontrent le bien-fondé dans la nouveauté. Les préfets les font exécuter. La police est aux ordres. Jamais, nulle part, une démission, même une protestation ! L'appareil administratif français tout entier obéit aux nouveaux ministres comme s'ils tenaient normalement leur autorité du peuple.

Tous ces fonctionnaires ont servi la France républicaine : on ne peut facilement rendre compte de leur comportement ni par une explication tirée de convictions antérieures, comme dans le cas d'Alibert ou de Vallat, ni par l'excuse du recours au plus vieux mythe d'exorcisme de la France catholique, comme dans le cas du Français moyen. Cette sinistre histoire semble pourtant montrer deux choses : d'une part, que ce qu'on peut appeler les élites françaises de cette époque étaient beaucoup plus pénétrées par des sentiments antisémites profonds et vifs que ne le donnerait à croire la représentation de l'extrême droite aux parlements de 1928, 1932 ou 1936. D'autre part, que le recours conjuratoire au complot ou à l'empoisonnement juif a été peut-être plus indispensable à la France bourgeoise qu'à la France profonde, dans la mesure où la défaite offrait à la première une double revanche sur l'affaire Dreyfus et sur le gouvernement Léon Blum, alors que l'autre n'en demandait pas tant. De ce fait, ce recours a pris davantage la forme d'une technique de conquête du pouvoir et de l'opinion que celle d'une communion idéologique et émotionnelle active. Des deux pôles classiques de l'antisémitisme, Vichy incarne la manipulation bien plus que le prêche. Ce trait lui donne, il me semble, un caractère distinctif, et d'ailleurs particulièrement vil, dans les annales de cette passion inépuisable.

Par souci de centrer ce compte rendu sur le principal problème posé par Paxton et Marrus : celui de l'antisémitisme français sous Vichy, je suis contraint d'abandonner au lecteur la seconde partie de leur livre, qui concerne la période de 1942 à 1944. Non qu'elle ne soit pas, hélas, essentielle. Mais elle est mieux connue, et tragiquement simple : à partir de la conférence de Wannsee (20 janvier 1942) qui décide l'extermination des juifs et inaugure la politique de déportation à l'Est, politique qui sera étendue à la France en juin, c'est la fin de l'« indépendance » de Vichy en matière antisémite. Darquier de Pellepoix, le voyou affairiste, remplace Xavier Vallat, le député catholique. Les fichiers du recensement juif, patiemment constitués par l'administration et la police françaises entre 1940 et 1942, deviennent la matrice de la déportation juive, qui commence avec la grande rafle du Vel' d'Hiv' les 16 et 17 juillet 1942, effectuée par neuf mille policiers français. Vichy tient en réserve, dans ses camps, des milliers d'autres juifs étrangers, que Laval livrera peu à peu, à la demande. A la fin de l'année 1944 un peu plus de soixante-quinze mille juifs (sur trois cent mille) ont été déportés de France vers les camps de concentration situés sur l'ancien territoire de la Pologne. Environ deux mille cinq cents reviendront...

---

VICHY ET LES JUIFS,
*par Michael R. Marrus et Robert O. Paxton, Calmann-Lévy.*

## ALLONS ENFANTS...

*18 décembre 1982*

Claude Nicolet est un des meilleurs historiens de la Rome antique à l'époque classique. Or voici qu'après plusieurs livres consacrés aux Gracques, à Cicéron, à l'ordre équestre au Ier siècle avant Jésus-Christ, il transgresse les lois non écrites de sa corporation en nous donnant un gros livre sur l'idée républicaine en France au XIXe siècle. De ce bond de vingt siècles hors de sa spécialité, il s'excuse dans sa préface, craignant peut-être la Sorbonne, gardienne des règlements, et les mânes de Theodor Mommsen, veilleur d'outre-tombe sur l'histoire romaine. Sur ce point, que tout le monde se rassure ! Ce dernier livre est plein de notes au bas des pages, bourré de références savantes, attestant des lectures très vastes. C'est que Nicolet a réinvesti son métier sur la deuxième passion de sa vie, en dehors de l'histoire romaine : tout simplement la « République », comme on disait il y a cent ans. Le vieux militant radical, le fidèle d'entre les fidèles de Pierre Mendès France, l'opposant irréductible au présidentialisme de nos institutions actuelles — il persiste et signe —, est allé à la recherche de ses ancêtres. L'historien a voulu faire l'histoire de ses convictions.

Il avait une raison supplémentaire à cette entreprise, c'est que cette histoire n'avait pas été écrite. Il y a des livres honorables, bien qu'anciens, sur le parti républicain au XIXe siècle, mais aucun sur l'idée républicaine qui a été à son principe et qui l'a fait agir et vaincre dans un combat qui a duré presque cent ans, de Danton à Jules Ferry. Est-ce parce que cette idée, après avoir mobilisé tant d'énergies et de passions, a basculé à la Libération, avec la IIIe République, dans le démodé, d'où elle n'est pas encore sortie ? Est-ce à cause de la misère où est tombée en France l'histoire des idées ? Les deux raisons ont joué dans le même sens. Nicolet relève brillamment le double défi. Ce grognard inconditionnel des fondateurs de la Troisième peut d'autant mieux réinventer à leur profit un type d'histoire, hors duquel ils sont inintelligibles.

Mais cette situation de butte témoin de la III^e^ République, si naturelle à l'auteur, explique aussi les contraintes de sa perspective historique et de sa chronologie. L'histoire de l'idée républicaine commence au XVI^e^ siècle avec la Réforme, mais c'est la Révolution française qui lui donne sa profondeur sédimentaire, par le dévoilement soudain de sa plasticité. En douze ans, le drapeau républicain recouvre aussi bien l'utopie rationnelle de Condorcet, le libéralisme girondin, la dictature jacobine, la constitution démocratique de 1793, la constitution censitaire de l'an III, le régime parlementaire du Directoire, la philosophie politique des idéologues et le début du règne de Bonaparte (puisque l'Empire date de 1804 et que les pièces de monnaie conserveront encore pendant quelques années cette inscription singulière : « République française, Napoléon Empereur ».

De cet empilement accéléré de régimes, réels ou imaginés, la tradition républicaine tire dans notre histoire sa richesse mais aussi ses contradictions. Or, s'il l'examine à partir de l'observatoire 1880, au moment de sa victoire définitive, l'historien est conduit à en surestimer la cohérence. Cherchant à comprendre comment et pourquoi l'idée républicaine a permis une synthèse durable, après quatre-vingt-dix ans de luttes civiles et de régimes provisoires, il est porté à faire de l'héritage révolutionnaire une analyse à mon goût trop œcuménique. Sans aller jusqu'à dire, comme les pères fondateurs de 1880, que « la Révolution est un bloc », il passe peut-être un peu vite, dans sa hâte d'arriver à la synthèse, sur les incompatibilités de son legs, sur lesquelles médite et agit tout notre XIX^e^ siècle.

En effet, la Révolution française a offert à la pensée libérale un héritage ambigu : 1789, mais aussi 1793. Tout le problème des hommes de 1830, qui sont souvent, comme Thiers et Mignet, des historiens de la Révolution, est là : refaire 89 sans risquer 93. D'où leur crainte de la République, assimilée au jacobinisme, et le recours à la monarchie Orléans. Cinquante ans avant Jules Ferry, c'est la première tentative de synthèse de l'histoire révolutionnaire, dont le nom et l'œuvre de Guizot restent inséparables : synthèse trop étroite, dénoncée très vite comme telle non seulement par les républicains déçus mais par des hommes comme Chateaubriand ou Tocqueville, convaincus que ce qu'ils appellent non pas la République mais la « démocratie » — l'égalisation des conditions — a l'avenir devant elle. De fait, l'orléanisme au pouvoir voit fleurir les premiers bourgeons de la pensée socialiste, qui se réclame, elle aussi, de la Révolution, mais pas de la même Révolution. Buchez, Louis Blanc — historiens de la Révolution eux aussi — et leurs disciples rejettent 1789 et veulent refaire 1793.

Quand Guizot tombe, en 1848, renversé encore et toujours par la révolution, la IIIe République et le suffrage universel révèlent très clairement cette cassure : beaucoup de députés libéraux ne sont pas républicains, comme les orléanistes, et beaucoup de républicains ne sont pas libéraux, néo-jacobins et socialistes mêlés. Entre les deux, une minorité de républicains libéraux, dont l'archétype pourrait être Edgar Quinet, futur auteur, comme par hasard, d'une histoire antijacobine de la Révolution qui provoquera un beau tapage à l'intérieur de l'opposition de gauche au second Empire. Si Guizot a raté la synthèse républicaine par l'étroitesse de ses conceptions politiques, la IIIe République n'en a jamais eu les moyens : tiraillée entre une gauche divisée qui réinstalle vite une droite non moins divisée, elle n'existe que par défaut, jusqu'à ce qu'un nouveau Bonaparte la confisque.

L'échec final du bonapartisme, vingt ans après, me ramène au livre de Nicolet et au centre de son analyse. Voici enfin réunies, avec les années 1870, les conditions de la synthèse républicaine. Politiquement, d'abord : le mythe bonapartiste est exorcisé, le jacobinisme de rue, éliminé avec la Commune, le royalisme, immobilisé par ses querelles dynastiques et la surenchère légitimiste. C'est l'heure du rassemblement des centres et du ralliement orléaniste à la République, « le régime qui nous divise le moins », selon la formule de Thiers. Mais de cette situation politique favorable, que traduira le fameux « amendement Wallon », voté en 1875, les républicains ne vont tirer une victoire définitive que parce qu'ils sont prêts à offrir au pays une synthèse de son histoire infiniment plus large que celle de 1830 ou de 1848.

La République n'est pas seulement le régime né d'une conjoncture provisoire ou de l'habileté de ses partisans. C'est une idéologie, un ensemble d'idées et de convictions enfin capables de rassembler la nation autour de son héritage. La Révolution française entre au port.

Elle y ramène l'idée libérale et l'idée démocratique réconciliées, 1789 incarnant les droits de l'homme, et non la monarchie constitutionnelle ; 1793 ramené à la constitution idéale votée par la Convention montagnarde, et non pas à la dictature de fait exercée par les comités et les clubs. Aux données de cette synthèse historique relativement facile à élaborer — il suffit d'en choisir les références successives — se joignent des éléments de doctrine et de philosophie infiniment plus difficiles à concilier, parce qu'ils viennent de traditions intellectuelles contradictoires. En effet, Gambetta et Jules Ferry ne sont pas seulement des républicains et des démocrates, partisans du suffrage universel, d'une Assemblée investie de la souveraineté populaire et du régime parlementaire. Ce sont aussi des positivistes, à l'exemple de l'un de leurs inspirateurs, Émile Littré, l'homme du dictionnaire et l'un des plus illustres républicains de l'époque. Or le positivisme d'Auguste Comte est radicalement hostile à l'idée de la souveraineté du peuple, dogme « métaphysique » indémontrable et dangereux, étranger à la connaissance scientifique qui doit régner sur « l'âge positif » et donner son sens au progrès de l'humanité.

En ce sens, donc, la III^e^ République, qui fonde le régime parlementaire sur la souveraineté du peuple, est infidèle au legs d'Auguste Comte ; mais Nicolet montre brillamment qu'elle ne le trahit pas pour autant. Il analyse avec une incomparable érudition tout ce que Gambetta et Jules Ferry transmettent, du positivisme, au nouveau consensus républicain.

La République, d'abord, permet de dépasser une conception strictement individualiste du pacte social, telle que l'a forgée la pensée libérale, de Benjamin Constant à Guizot. Ou plutôt en substituant à l'individu porteur d'intérêts privés l'individu-citoyen, dont elle est la figure collective, elle récupère au service des droits de l'homme l'image des républiques de l'Antiquité, la tradition rousseauiste, enfin Saint-Simon et Auguste Comte. Elle intègre ainsi à son trousseau idéologique non seulement le discours de 1789 et celui de 1793, mais aussi les élaborations contradictoires de la philosophie politique française pendant un siècle.

De la même façon, elle reprend l'idée classique des droits naturels, commune au libéralisme et au républicanisme, mais elle ne l'enracine plus dans une conception a priori de l'individu, antérieure au lien social, comme les philosophies du XVIII^e^ siècle. Elle en trouve l'origine dans l'activité historique de l'homme, animal social, dont l'humanité même ne se réalise qu'à travers son activité d'échange et de communication avec ses semblables. La République s'installe ainsi dans l'idée d'une connaissance scientifique de l'histoire et dans celle du progrès, dont elle constitue, bien sûr, une étape essentielle. Elle s'y donne en même temps la garantie de l'ordre et la permission du réformisme, par quoi elle exorcise la peur de la violence révolutionnaire : si l'important est d'avancer sur la voie connaissable et prévisible d'une Raison dont l'histoire figure le développement, alors les compromis politiques sont non seulement utiles mais nécessaires, les « opportunistes » — Gambetta et Ferry — ne sont que les précurseurs des radicaux — Clemenceau —, qui poursuivent la même tâche. Par cette récupération-réinterprétation de la tradition intellectuelle qui va de Condorcet à Auguste Comte, en passant par les idéologues, la République se donne le double avantage de la légitimité scientifique et de la souplesse politique. Elle bénit d'avance à la fois Durkheim et Aristide Briand.

Enfin, ce double accent mis sur l'individu-citoyen et sur l'idée d'un progrès à réaliser dans et par l'histoire comporte une conséquence fondamentale : il n'y aura de vraie République que fondée sur l'éducation républicaine de ses membres. En effet, le suffrage universel, s'il matérialise un droit de l'homme, suppose en même temps des citoyens éclairés. L'État doit donc être l'instrument d'une pédagogie méticuleuse. Nicolet remarque finement qu'à cet égard la République continue et transforme à la fois l'Ancien Régime par la substitution de l'école à l'Église. Dans la vieille monarchie, l'Église fournissait les principes et le dogme, théoriquement au-dessus de l'État, dépositaire de sa légitimité et en même temps soumise à lui, dans la main du roi de France. L'école se trouve dans la même situation par rapport à la République : subordonnée à l'État, dont elle n'est qu'une des administrations, et constituant pourtant la condition, le fondement de son existence. C'est ce qui explique que la laïcité, et d'abord la laïcité de l'école, ait été si longtemps, dans notre histoire, la pierre de touche du républicanisme et l'enjeu de tant de batailles. Elle exprime en effet le nouveau régime, tout en inversant une structure fondamentale de l'ancien ; l'instituteur a remplacé le curé. C'est que, pour les Français, la République n'est pas simplement un régime mais une civilisation.

---

L'IDÉE RÉPUBLICAINE EN FRANCE,
*par Claude Nicolet, Gallimard.*

---

## CAMARADE DANTON ?

*14 janvier 1983*

Sinistre printemps 1794. Il pleut sur la ville, les héros sont fatigués, Paris tremble autour de la guillotine, que contourne la voiture qui ramène Danton à Paris. Pour lui, ce printemps sera court, puisqu'il est envoyé à la guillotine le 5 avril. De fait, le film de Wajda ne peint quasiment que huit jours de la Révolution française, la dernière semaine de Danton — bien qu'il y mêle, pour l'intelligence du récit, la scène, un peu antérieure, du saccage de l'imprimerie du Vieux Cordelier sur ordre de Robespierre.

Le journal de Camille Desmoulins demandait la fin de la Terreur. C'est le programme de Danton. Mais, après avoir liquidé les Exagérés (Hébert et ses amis), exécutés le 24 mars, le Comité de Salut public, où règne Robespierre, se tourne contre les Indulgents : « Ils veulent briser les échafauds parce qu'ils craignent d'y monter » (Saint-Just). « Ils » : ce sont Danton, Desmoulins et leurs amis, arrêtés le 31 mars, jugés par le tribunal révolutionnaire les 2 et 3 avril. Devant les éclats de Danton, Robespierre obtient de la Convention, le 4, un décret permettant de mettre hors des débats du tribunal « tout accusé qui résiste ou insulte ». Le 5, Danton est mis hors des débats, condamné à mort et exécuté.

Ainsi, ce *Danton* de Wajda est une nouvelle *Mort de Danton*, reprise de la tradition romantique à travers une pièce polonaise adaptée par Jean-Claude Carrière. C'est de cette origine que le film tire sans doute son unité de temps, de lieu et d'action. Il en hérite aussi l'émotion particulière dont la littérature européenne du XIXe siècle a entouré la mort de Danton. La Révolution française a dévoré beaucoup de ses enfants ; mais Danton seul donne à cette tragédie la double illustration psychologique et politique dont l'artiste a besoin pour s'approprier l'histoire.

Danton a été, et reste jusqu'à la dernière semaine, l'ami de Robespierre ; d'ailleurs, il a comme allié de son dernier combat Camille Desmoulins, qui a toujours eu une place particulière dans le cœur de l'Incorruptible. Mais si son exécution touche les cœurs comme aucune autre, c'est plus encore parce qu'il a incarné la nation moins de six mois auparavant, dans la tourmente du dernier été, et qu'il réclame, dans cette triste fin d'hiver 1794, la clémence et la liberté. Étant une voix, et même une « gueule », à lui tout seul une force, et même un volcan, il a reçu, tout comme Robespierre mais avec des moyens différents, le don d'incarner. Sa mort met en scène, plus que n'importe quelle autre, toute la Révolution, en même temps qu'elle émeut, plus que n'importe quelle autre, tous ceux qui y soupçonnent une tragédie mère de la démocratie. Elle est un événement historique par ce qu'elle a d'unique, un événement philosophique par ce qu'elle a d'exemplaire.

Mais le cinéaste polonais qui tourne aujourd'hui une nouvelle mort de Danton ajoute à la tradition romantique un autre souci, propre à son temps et à sa génération. A travers la Révolution française, il parle du bolchevisme. A travers les procès de mars 1794, il raconte les procès staliniens. A travers les comités jacobins, il décrit les partis communistes. Si ce long film ne retrace que quelques jours, si ce film consacré à la Révolution française ne peint que des intrigues de cabinet, des rivalités de personnes, des hommes politiques fanatiques ou terrorisés, un langage mensonger ou illuminé, c'est pour illustrer ce propos central. En effet, au printemps 1794, la contre-révolution a été battue, mais la Révolution, comme le dira un peu plus tard Saint-Just, est « glacée » : les masses s'en désintéressent, quand elles ne lui sont pas hostiles, les clubs sont fermés, l'opinion a peur. Le jacobinisme des sections parisiennes a laissé place au jacobinisme des comités — essentiellement Salut public et Sûreté générale — où Robespierre exerce une influence prépondérante.

C'est pourquoi Wajda ne montre le « peuple » que sous la forme de longues files d'attente à la porte des boulangeries. Une brève scène, il est vrai, fait voir une petite foule en train d'acclamer Danton rentrant à Paris au retour de sa campagne. Mais Danton ne joue jamais cette carte-là : il manœuvre à la Convention, il cherche à neutraliser ses adversaires et à convaincre Robespierre. Il ne retrouvera le chemin des masses qu'à son procès, comme une tentative de désespoir, quand son sort est scellé. Le film de Wajda, respectant en cela le laps de temps qu'il a choisi de raconter, est un film sans société et sans peuple. La Révolution est devenue un théâtre à quelques dizaines de personnages, qui arbitrent un duel, ou plutôt qui y assistent en cherchant à deviner qui gagnera. La machine marche toute seule, sans que les volontés humaines — y compris celle de Robespierre — y puissent grand-chose. Le film restitue avec une formidable évidence ce sentiment dont ont témoigné tous les grands acteurs de la Révolution : que l'histoire passait à travers eux, plus encore que par eux.

Un langage devenu fou, et une crainte universelle : telles sont les règles du jeu politique que Wajda dévoile sous nos yeux, en montrant que ce langage et cette crainte, qui transforment les hommes en objets de la politique révolutionnaire, neutralisent et finalement brisent ceux qui cherchent à y échapper. Il y a cet enfant, tyrannisé par une des filles Duplay, hôtesse de Robespierre, bigote du robespierrisme, et qui apprend par cœur sous la menace de ses claques la « Déclaration des droits ». Il y a ces séances du Comité de Salut public, où tout le monde s'observe, craignant de paraître craindre la surenchère terroriste, acceptant ainsi d'avance n'importe quelle justification de la mort et n'importe quel accusé dans l'amalgame tragique. Il y a Danton, fataliste ou rassuré de ce que le temps de la plus grande alarme lui paraît passé, et saisi dans son lit, au petit matin, avec une fille, par les sbires des comités. Et le député Legendre, dantoniste convaincu, criant sa réprobation à la Convention à l'annonce de l'arrestation, le 31 mars, et tournant casaque quand Robespierre a réussi à retourner l'Assemblée : anecdote vraie, à ceci près seulement que l'« autocritique » de Legendre, si je puis dire, sans être infidèle à l'esprit du film, a lieu le soir aux Jacobins.

Pour que rien ne manque à sa pédagogie, Wajda nous montre encore l'asservissement d'un artiste : le travestissement du langage par le pouvoir est illustré par la visite de Robespierre à l'atelier de David. Pendant que ses élèves s'essaient à composer des nus, dans des poses néoclassiques, le peintre engagé, député montagnard à la Convention, est en train de peindre une grande fresque révolutionnaire consacrée au serment du Jeu de paume. Dans les membres de l'Assemblée constituante qui prêtent le serment solennel du 20 juin 1789, il y a Fabre d'Églantine, un des coaccusés du « complot » dantoniste. « Il y était », dit David, comme pour s'excuser. Robespierre fait pourtant signe qu'on l'enlève du tableau.

Ainsi, vaincus par le mensonge et par la crainte, les dantonistes marchent par gradations successives vers une mort inscrite, jusqu'au moment où le chef ressaisit la parole vraie, au deuxième jour du procès : grand moment du film, grande scène de Danton-Depardieu, réapparition d'un peuple qui applaudit son héros emprisonné, mais il est trop tard. Et d'ailleurs, Robespierre sait aussi — il y rêve — que le système finira par l'ensevelir. Le spectacle se termine sur le cauchemar du vainqueur. La politique révolutionnaire est aussi un pacte avec la mort.

Le miracle de ce film, c'est qu'il n'est jamais anachronique, bien qu'il ne cesse, à travers Danton et Robespierre, de nous parler d'aujourd'hui. Alors que tant de navets historiques à grand spectacle nous apparaissent si faux, bien qu'ils n'aient comme ambition que de reconstituer le passé, celui-ci ne cesse de nous émouvoir par sa vraisemblance, bien qu'il mêle deux histoires superposées, et notre présent à notre passé. C'est naturellement dû au talent de l'auteur, au soin de la mise en scène, au bon découpage des textes, au naturel des acteurs (tous excellents, il me semble, sauf un Saint-Just ridicule, mais Depardieu est superbe) ; mais tout cela n'eût pas suffi à nous toucher avec cette force sans l'étincelle qui renaît constamment du télescopage des époques et qui fournit à Wajda la puissance et l'ampleur de son interprétation d'ensemble. Bizarrement, ce film montre mieux que n'importe quel livre d'histoire à quel point tout travail historique ne cesse jamais d'être un anachronisme vaincu.

L'exemple jacobin a obsédé les chefs bolcheviks pendant la période héroïque, c'est-à-dire sous Lénine et Trotski, tout au début du siècle. Après la victoire de la Révolution de 1917 s'est produit un mouvement en sens inverse : c'est l'exemple bolchevik qui a ranimé la tradition jacobine, non seulement dans et par le Parti communiste, mais aussi dans l'historiographie savante. Celle-ci a exalté la dictature de salut public, la terreur et le robespierrisme. Fournisseur posthume des « preuves » qui avaient manqué à Fouquier-Tinville au printemps 1794, Mathiez[1] a refait le procès de Danton en prouvant qu'il aimait l'argent. De héros romantique, Danton s'est retrouvé taillé sur mesure pour inaugurer le rôle de la duplicité révolutionnaire et constituer

1. Albert Mathiez a été un des plus fameux titulaires de la chaire d'histoire de la Révolution française à la Sorbonne, après la Première Guerre mondiale. Une partie de son œuvre est consacrée au débat Danton-Robespierre. Contrairement à son prédécesseur, Alphonse Aulard, Mathiez célèbre Robespierre au détriment de la mémoire de Danton.

ainsi une présomption de culpabilité contre les accusés des procès staliniens.

Aujourd'hui, l'analogie jacobinisme-bolchevisme revient frapper comme un boomerang ceux qui l'ont imprudemment brandie comme une arme, en dévoilant l'insignifiance des interprétations fondées sur la célébration commune des deux héritages. Vénal, Danton ? Wajda n'en parle guère. Il le sait, bien sûr, mais à cette question j'imagine sa réaction : la vénalité de Danton n'a aucun rapport avec son procès et sa mort. Le cinéaste polonais répond ainsi au professeur de la Sorbonne, à l'autre bout du siècle. Et si sa réponse est plus pertinente, l'interprétation qu'il suggère plus profonde, ce n'est pas nécessairement qu'il est plus intelligent. C'est qu'il vient d'un autre monde et qu'il a vécu un demi-siècle de plus.

## LA MORT, LA LIBERTÉ...

*8 juillet 1983*

*Louis XVI et Robespierre — deux personnages essentiels de l'histoire de France au moment où celle-ci se casse en deux : le roi de l'Ancien Régime et celui de la Révolution. Dès lors, les Français seront ce peuple étrange qui ne peut aimer ensemble les deux parties de son histoire et les nostalgiques de Louis XVI vont haïr le parricide révolutionnaire alors que les inconsolables du 9-Thermidor adorent en l'Incorruptible la République de l'avenir. Pourtant, il existe entre ces deux figures ennemies un lien secret, par lequel elles jouent un rôle comparable bien qu'inverse, dans la mémoire nationale : si Louis XVI est la dernière image de la légitimité monarchique, Robespierre incarne la tentative la plus systématique pour réoccuper l'espace symbolique de la souveraineté au pays de la Révolution.*

Écrire la biographie de Robespierre est un exercice difficile parce qu'on ne connaît de cette vie que la partie publique. Sa partie privée nous échappe complètement, au point qu'on ne sait même pas s'il y en eut une : comme nous, les contemporains en doutèrent. Autour de lui, qu'il s'agisse de sa famille par le sang ou de sa famille d'adoption, celle du menuisier Duplay, il n'y a que des sœurs abusives, des adoratrices chastes, ou bien des relations politiques, des propos de courtisanerie ou la convenance. Rien, pas un morceau de lettre, pas un fragment de conversation qui permette d'imaginer ceux qu'il a aimés ou détestés autrement qu'en idée, ou encore comment et quand il est devenu, dans son for intérieur, le personnage d'incarnation qui domine la scène révolutionnaire.

L'hypothèse la plus simple, pour rendre compte d'une si extraordinaire absence de témoignages, consiste à penser que chez Robespierre la dénivellation entre public et privé n'existait pas, ou existait à peine. Et que son magistère révolutionnaire l'a absorbé tout entier, sans laisser de place ni à son existence personnelle ni même au commentaire par-devers soi ou entre amis de son activité publique. Mais il reste que cette particularité elle-même a une histoire, avant de constituer la nature même du personnage.

Contrairement à Lénine, qui est un révolutionnaire obsédé pendant vingt ans par la révolution avant de la faire, Robespierre est un révolutionnaire qui naît avec la Révolution elle-même : avant 1789, il n'y a rien dans sa vie que ce qui la rend pareille aux autres. Un boursier studieux à Louis-le-Grand, une carrière classique d'avocat provincial, protégé par l'évêché, membre de l'académie locale et du cénacle littéraire des Rosati, un pied dans la tradition, l'autre dans la mode, mais presque toujours plat dans l'un et l'autre genre, comme en témoignent à cette époque ses plaidoiries, ses dissertations académiques et sa poésie pour dames. Dans la vie de Robespierre, on ne peut pas faire l'impasse sur le problème de sa double naissance : né en 1758, il est né une deuxième fois à la révolution, et même à la politique, en 1789.

Il existe pourtant un moyen simple de contourner la question : c'est de raconter les trente premières années de sa vie comme une simple préparation au personnage public de la Révolution française. C'est une solution paresseuse mais classique, et c'est celle qu'a adoptée Jean-Claude Frère, dans un livre qui a d'ailleurs un titre qui dit tout : *La Victoire ou la Mort, Robespierre et la Révolution*. A le suivre, Robespierre est Robespierre dès 1783, quand il plaide contre une riche abbaye bénédictine la cause d'un pauvre maître cordier, accusé d'avoir dérobé de l'argent à la communauté. Étant déjà la Révolution avant que celle-ci n'éclate, ce n'est pas lui qui doit reconvertir toute sa mise en fonction d'elle, c'est elle qui vient comme naturellement à sa rencontre, pour le mettre bientôt à sa tête. Tout le passé de cette vie est happé par son futur. Ainsi le biographe réduit-il facilement, comme naïvement, le mystère central de son personnage, qui est d'arriver à n'être qu'une incarnation de principes, sans qu'on puisse cerner dans quelles particularités d'existence s'est formé ce maniement presque parfait d'un art aussi abstrait.

Le reste du livre est à l'avenant, comme si rien n'avait été écrit depuis Mathiez : puisque l'essence de Robespierre est d'être la Révolution, ses adversaires, à droite et à gauche, sont des adversaires de la Révolution. Jean-Claude Frère va même jusqu'à célébrer avec son héros la fête de l'Être suprême, qu'il caractérise, contre toute évidence, comme un déferlement populaire, alors que la grande Terreur bat son plein et que Robespierre est déjà un dictateur détesté. Mais qu'importe : en 1993, si le bicentenaire étend sa main commémoratrice jusqu'à l'an II, l'Incorruptible aura son prêtre.

Dans le livre de Norman Hampson, qui vient d'être traduit, la difficulté de l'historiographie robespierriste est également contournée, mais autrement et plus subtilement : par un procédé de présentation. Comme l'historien anglais n'éprouve pas à l'égard de son héros de passion forte, positive ou négative, il a imaginé de faire raconter les « faits » de cette vie par un narrateur supposé neutre, et de les faire commenter par trois interlocuteurs socialement définis, un fonctionnaire, un militant, un prêtre, allégories respectives de l'esprit critique, de l'engagement révolutionnaire et de la compassion morale. Le narrateur sait mais ne tranche pas ; les trois autres croisent questions et jugements.

Le dialogue est un genre littéraire difficile, où il arrive même aux bons écrivains de patauger. Dans le *Robespierre* de Norman Hampson, il sert de convention à l'empirisme anglais, en séparant le discours des faits historiques de celui des idées, comme si les premiers existaient tout seuls et que les seconds étaient juste matière d'opinion. Mais par l'abandon du récit, qui fait le charme du genre biographique, l'auteur est condamné à un ouvrage très artificiel, dans lequel les interventions de Ted, de Mac et de Henry (nos trois gentlemen) constituent de constants pataquès. De cette moulinette laborieuse Robespierre sort haché menu, découpé en discussions partielles, sans que le lecteur puisse jamais saisir ni l'unité de cette vie ni ce qu'y cherche celui qui tente de la comprendre.

Il y a pourtant un usage possible de ce non-livre, si on arrive à sauter les commentaires ridicules des trois faux naïfs, c'est de choisir ici et là quelques bons morceaux du « narrateur ». Car Norman Hampson est un bon connaisseur de l'historiographie révolutionnaire, et il est par exemple substantiel sur le Robespierre du Comité de Salut public, l'analyse des alliances, des rivalités et des excommunications qui traversent le gouvernement révolutionnaire et dont il est à la fois le modérateur et le bénéficiaire ; jusqu'au jour où, n'ayant plus de querelles à arbitrer, puisqu'il a finalement consenti à l'exécution de Danton après celle d'Hébert, cet homme de cabinet devient lui-même l'incarnation de la Terreur. Alors la Révolution, celle au moins à laquelle il a prêté son langage manichéen, a fini sa course.

Quelques mots, pour finir cette revue des mauvais livres, en attendant des temps meilleurs, sur un petit ouvrage de Serge Bianchi, que le lecteur peut s'épargner la peine de lire, tant la banalité de l'information le dispute au caractère sommaire des idées. Pourtant, de cette *Révolution culturelle de l'an II*, la platitude même est intéressante, dans la mesure où elle permet de saisir, dans sa pureté quasiment chimique, la séduction de simplicité qu'offre la vision jacobino-communiste de la Révolution française. Bianchi a eu l'idée de baptiser la période de l'an II (septembre 1793-septembre 1794) « révolution culturelle », par opposition à une première phase élitiste et bourgeoise de la Révolution française. A l'intérieur d'une conception générale où tout s'explique par les stratégies des classes sociales, même ce qui leur échappe le plus spectaculairement, la bourgeoisie caméléon fait d'abord un compromis avec la noblesse, puis quelques années plus tard, sous sa forme montagnarde, accepte l'alliance du peuple, avant de réintégrer sa vraie nature antipopulaire, après Thermidor. Par où s'explique la floraison, en l'an II, d'une culture populaire caractérisée par la passion égalitaire et antireligieuse.

De la sorte, l'historien jacobin continue à raconter l'an II comme celui-ci s'est décrit lui-même. Il voit commencer une révolution populaire exactement au moment où la Révolution retire la parole au peuple. Car dès après 1792, et plus encore dès après l'été 1793, comme l'écrit Michelet, « le peuple est rentré chez lui ». L'an II est l'heure des minorités activistes, des clubs manipulés et des appareils centralisés, comme les Jacobins : la culture populaire de Bianchi est une culture bureaucratique de la Terreur, de plus en plus détestée par la masse de la population. Le concept de « peuple » et de « populaire » ne permet de comprendre à peu près rien de cette période, si ce n'est, indirectement, son obsession d'une nouvelle légitimité. Il n'offre de lumières ni sur le rapport entre la dictature et la passion égalitaire, ni sur l'affrontement entre les nouvelles valeurs et la tradition catholique, ni sur la lutte des factions et la victoire provisoire de Robespierre.

Mais par l'usage quasiment incantatoire qu'ils continuent à en faire, des livres comme celui de Serge Bianchi démontrent à leur manière la fraîcheur intacte de cette obsession de légitimité, et son pouvoir, également intact, de mystification. Courage, camarades : de révolution jacobine en révolution culturelle, de Marat à Mao, le bicentenaire, c'est promis, sera œcuménique.

---

LA VICTOIRE OU LA MORT, ROBESPIERRE ET LA RÉVOLUTION,
*par Jean-Claude Frère, Flammarion.*

MAXIMILIEN ROBESPIERRE,
*par Norman Hampson, Montalba.*

LA RÉVOLUTION CULTURELLE DE L'AN II,
*par Serge Blanchi, Aubier.*

---

# LE MOYEN ÂGE SELON KANTOROWICZ

*28 septembre 1984*

Personne ne se plaindra que paraisse enfin en français, sous le titre général de l'un d'entre eux, quelques articles du grand médiéviste Ernst Kantorowicz, mort en 1963. On aimerait même féliciter sans réserves les auteurs de cette heureuse initiative, pour faire honte à la maison Gallimard, qui tient sous le coude, depuis des années, la traduction de l'ouvrage fondamental de l'historien germano-américain, *The King's Two Bodies*, *Les Deux Corps du roi*. Hélas, concernant ce hors-d'œuvre, mes compliments resteront un peu retenus, non pas à cause des textes choisis, passionnants, traduits avec soin, munis des interminables et savantes notes qui sont caractéristiques de la prose de Kantorowicz, mais pourquoi faut-il que la préface de M. Pierre Legendre soit aussi inutilement alambiquée ? Là où le public est en droit d'attendre une présentation de l'auteur et de l'œuvre, il ne trouve que des généralités vides et des préciosités obscures. Mais s'il survit à cette irruption inattendue du vocabulaire lacanien dans l'histoire du Moyen Age, il sera récompensé par les textes du maître.

De celui-ci, très largement inconnu en France, malgré les efforts récents de Claude Lefort et de Marcel Gauchet, la biographie illustre la tragédie allemande du XX^e^ siècle. Kantorowicz est le fils d'une riche famille juive allemande de Prusse orientale : né en 1895 à Posen, aujourd'hui le Poznań polonais, il commence de brillantes études universitaires au moment où éclate la Première Guerre mondiale. Très patriote, il s'engage avant l'âge ; il est blessé à Verdun et sert ensuite sur le front ottoman. En 1918-1919, il guerroie un moment dans les corps francs reconstitués secrètement par l'armée pour combattre, notamment à Munich, les tentatives de putsch des communistes : il y a chez cet homosexuel juif allemand, à côté d'un esthète raffiné, un admirateur de la tradition militaire prussienne, une passion pour la nation, ses instruments et ses images. Héritier de la grande tradition de l'érudition historique allemande, Kantorowicz se plonge avec délices, après la guerre, dans l'histoire du Moyen Age à l'université de Heidelberg. Il y est en même temps une des figures les plus assidues du cercle ésotérique qui se réunit autour du poète Stefan George : dans cette dernière période de sa vie, l'ex-admirateur des symbolistes n'a gardé de l'avant-garde esthétique que la passion d'être au centre d'un petit groupe d'élus. Car celui qu'il forme après la guerre à Heidelberg, s'il conserve ce sens initiatique, partage plutôt une image littéraire et mystique de la renaissance de l'Allemagne. Et c'est cette image que le jeune Kantorowicz exhume aussi du Moyen Age allemand, avec son premier livre de 1927 sur Frédéric II Hohenstaufen, le grand empereur du XIIIe siècle ; il y a tout, dans cette histoire flamboyante, pour plaire à son esthétique baroque : une formidable personnalité, les Croisades, la lutte pour la domination du monde entre l'empereur et le pape, un conflit dynastique dans une Allemagne divisée, enfin le vieux mirage méditerranéen de la culture allemande.

Mais le nationalisme allemand du XXe siècle va triompher en 1933 sous un tout autre visage, qui humiliera ses plus nobles interprètes dans l'objet même de leur amour. Un des plus jeunes membres du cercle Stefan George, le comte Claus von Stauffenberg, sera onze ans plus tard l'organisateur de l'attentat manqué contre Hitler. Stefan George, lui, tergiverse puis s'exile en Suisse, tandis que Kantorowicz, récemment nommé à l'université de Francfort, en démissionnera en 1934 plutôt que de prêter serment au régime nazi. C'est le début d'années solitaires et mélancoliques, jusqu'à ce que le pogrom berlinois de novembre 1938 — la Nuit de cristal — le contraigne à l'émigration. Il trouve alors un refuge providentiel à Berkeley où il enseignera jusqu'en 1951, refusant de rentrer dans son pays après la guerre. La fin de son enseignement californien est marqué par le renouvellement de l'épisode de la rupture avec sa patrie — mais c'est sa patrie d'adoption, cette fois —, quand il refuse de prêter le serment de loyalisme politique exigé par les régents de l'Université à l'époque du maccarthysme : dans les textes qu'il rédige à cette occasion, en 1949, où il prend appui sur son précédent refus de 1934, on peut lire les certitudes résiduelles, si chèrement acquises, de son existence, le conservatisme libéral, les traditions académiques, la fraternité libre des savants, l'éthique universitaire. De Berkeley, il trouve refuge au fameux « Institut » de Princeton, où il publiera son deuxième grand livre, *Les Deux Corps du roi*, couronnement de toute son œuvre. Il y meurt en 1963, en laissant à ses disciples, avec sa fameuse cave pleine de très vieilles bouteilles, une tradition historiographique féconde, notamment aux États-Unis.

L'essentiel de son travail, après son Frédéric II, a été consacré à retracer l'histoire des représentations du pouvoir monarchique en Europe occidentale, à travers le marivaudage entre l'héritage romain et l'Église catholique, le droit public romano-byzantin et l'imitation de la monarchie pontificale dont cette histoire est tissée. On peut partir, pour comprendre l'inspiration générale de son œuvre, de l'article qui donne son titre au recueil : *Mourir pour la patrie*. En prenant prétexte d'un débat intervenu entre deux cardinaux pendant la guerre de 14, Kantorowicz s'y interroge sur le caractère sacré de la mort pour la patrie, notamment par rapport au salut chrétien, et sur l'évolution de cette idée dans l'histoire européenne. C'est une manière pour lui de parler, au second degré, de sa jeunesse, et d'amadouer par l'histoire l'affreuse déception de son histoire : jamais le fond existentiel de son œuvre si méticuleusement savante n'est aussi manifeste que dans cet article-là, qui berce la mélancolie d'une vie.

L'histoire montre en effet que la mort pour la patrie — c'est-à-dire pour la cité — héroïse et divinise presque les combattants dans l'antiquité grecque et romaine, mais que le christianisme, dans ce domaine comme dans les autres, bouleverse cette tradition : la mort civique perd sa valeur religieuse ou quasi religieuse, puisque le chrétien n'a qu'une patrie, celle de Dieu, et qu'il est citoyen d'un autre monde. Pour que s'opère la « redescente » du concept du ciel vers la terre, il faudra qu'existent, ou commencent à exister, vers les XIIe-XIIIe siècles, les grands États nationaux et les couronnes qui en sont les incarnations. C'est cet itinéraire que Kantorowicz retrace, à travers les Croisades, qui mêlent héroïsme militaire et devoir religieux, et surtout à travers les différentes élaborations symboliques de l'État monarchique moderne, qui extrapolent le concept de « corps mystique » de l'Église au royaume et permettent ainsi à l'idée du sacrifice de soi de transiter de la communauté céleste à la communauté terrestre. Dès lors, l'abstraction de l'État peut être l'objet non seulement d'un sacrifice altruiste mais d'un culte fanatique, et l'émigré de Princeton laisse à son lecteur, à l'aube des temps modernes, le soin de repérer les affreuses distorsions nationalistes de l'idée sécularisée de « corps mystique ».

Il faudra attendre la parution des *Deux Corps du roi* pour que le public français puisse découvrir l'exceptionnelle étendue de l'érudition de Kantorowicz. Mais les trois autres articles du présent recueil, que je ne puis commenter en détail, donnent une idée de sa subtilité et de sa méthode : il ne s'agit pas pour lui, comme par exemple pour Marc Bloch dans *Les Rois thaumaturges*, de jeter un regard anthropologique sur le caractère sacral des anciennes monarchies européennes, mais plutôt de refaire, chronologiquement, l'inventaire des matériaux de la culture savante qui en sont les fondements symboliques. Leur croisement définit, depuis le haut Moyen Age jusqu'à l'absolutisme, des figures successives du pouvoir royal, où la sécularisation juridique de la royauté s'opère dans des formes léguées par la théologie catholique. Bref, Kantorowicz a voulu faire la généalogie de l'État moderne et, comme il dit, de ses « mystères » : question qu'il est le seul grand historien de sa génération à formuler, et à traiter, avec cette ampleur chronologique et philosophique ; elle nous revient aujourd'hui, à travers lui, grâce à lui, incroyablement présente.

---

MOURIR POUR LA PATRIE,
*par Ernst Kantorowicz, PUF.*

---

## LA GRANDE VAINCUE

*3 janvier 1986*

C'est une bonne idée qu'ont eue les éditions Fayard de rééditer la traduction parue chez Stock, et épuisée, du livre d'Eugen Weber consacré à l'histoire de l'Action française. Bien que ce livre soit déjà relativement ancien (1962), il n'a en effet aucun équivalent en français. Comme Paxton, Eugen Weber appartient à cette brillante cohorte des historiens américains de la France contemporaine, qui abordent et traitent les grandes querelles franco-françaises avec un détachement professionnel, et auxquels les témoins et les héritiers de ces querelles confient plus volontiers leurs souvenirs et leurs papiers de famille qu'à des historiens français, toujours un peu suspects d'être eux-mêmes des enquêteurs trop intéressés. Cette *Action française* est une somme de connaissances, d'informations et même d'anecdotes intelligemment regroupées dans un récit chronologique qui se lit comme un roman : travail très documenté auquel l'écriture imperceptiblement ironique du professeur californien donne le charme retrouvé d'un paysage oublié.

C'était hier, et pourtant comme c'est loin ! Née de l'affaire Dreyfus, l'Action française est fondée au printemps 1898, en pleine bataille électorale, par deux inconnus, Vaugeois et Pujo, autour du nationalisme. A l'origine, rien ne voue le mouvement au monarchisme ; les deux fondateurs viennent plutôt de la gauche, et le nationalisme de cette époque trouve assez facilement des accents jacobins. C'est Maurras qui va transformer l'initiative, en lui apportant presque aussitôt son bagage d'idées : l'*Enquête sur la monarchie* paraît en 1900. L'Action française se distingue vite des autres organisations nationalistes par une doctrine, et même une doctrine assez rigide, définissant un patriotisme dogmatique, une élaboration rationnelle de la tradition monarchique.

Maurras n'est pas un grand penseur, mais c'est un esprit systématique et un bon écrivain. Il emballe bien le vieux stock, la critique de la démocratie abstraite et de l'individualisme libéral, l'exaltation d'une conception corporatiste de la société, et il l'orne de l'héritage du positivisme : les noces de la nation et de la monarchie deviennent par lui une nécessité de la Raison ; la figure par excellence de la physique politique. Bref, il redonne une nouvelle jeunesse à l'idée royaliste, la grande vaincue de notre XIXe siècle.

L'Action française a une autre chance, c'est d'avoir son enfant terrible, l'autre vedette, Léon Daudet, écrivain un peu relâché mais polémiste infatigable et brillant, capable de survivre même à ses pires excès de plume, toujours à mi-chemin entre la provocation politique et la littérature. Ainsi se cristallise peu à peu autour d'un journal et de deux écrivains quelque chose de très français, fait d'une agrégation de clientèles et de publics très divers, réunis par la tradition philosophique et littéraire, la puissance des souvenirs et le mépris de la République. La duchesse y côtoie l'étudiant, et le bourgeois bien-pensant l'intellectuel marginalisé.

Le paradoxe du mouvement, c'est qu'il est massivement catholique alors que son chef est agnostique. Il tire son rayonnement social de ce qui reste dans les esprits de l'alliance du trône et de l'autel qui a fait les beaux jours de la droite royaliste la plus classique, alors que Maurras est un doctrinaire de la monarchie selon la Raison, soumis à l'Église catholique au nom de l'ordre, mais sur ses gardes quant aux ferments révolutionnaires du christianisme. Cette contradiction reste vivable longtemps, et la lettre pontificale de 1910, qui condamne en même temps que le mouvement de Marc Sangnier le principe d'une démocratie chrétienne, scelle au contraire pour près de vingt ans l'alliance de l'Action française et du Vatican. Les années qui précèdent la Première Guerre mondiale voient l'apogée du néoroyalisme maurrassien, à l'ombre protectrice de l'Église et du nationalisme.

La guerre de 14 est bien celle de l'Action française, mais c'est la République qui la gagne : Clemenceau devient le héros du « nationalisme intégral » après en avoir été la bête noire. Signe que le mouvement, apparemment triomphant dans les années qui suivent la victoire, commence, en réalité, à décliner. En 1925, Georges Valois, un des pionniers, se sépare de l'obédience royaliste pour loucher du côté de Mussolini et fonder le Faisceau. Surtout, l'année suivante, le Vatican condamne la doctrine de Maurras. Coup fatal à l'influence de l'Action française, et sur lequel Eugen Weber n'apporte pas de diagnostic catégorique : la part de l'hostilité romaine à l'agnosticisme maurrassien, et celle de la stratégie politique (rallier les catholiques à une République modérée), n'est pas facile à faire. Mais l'Action française ne se relèvera pas de cette rupture. Et le désaveu du comte de Paris, juste avant la guerre, lui enlèvera le dernier élément de sa fiction doctrinaire : le candidat au trône, tout simplement.

Il ne faudra rien moins que la défaite pour apporter le renouveau. Comme l'écrit Pierre Nora dans un brillant article de 1964[1], « le second apogée du nationalisme intégral sort de la défaite », et l'Action française, « comme toutes les idéologies de compensation, doit ses plus belles heures à une fausse victoire et à une vraie défaite ». C'est ce dernier feu qui donne au régime de Vichy, dans l'été et l'automne 1940, ce parfum si français de sénilité doctrinaire ; et c'est ce qui explique cet acharnement sans excuse à abuser de la tragédie nationale et internationale. Les lois revanchardes 1940-1941, la Cour suprême pour juger les ministres de la IIIe République, la loi du 13 août contre la maçonnerie, le statut des juifs du 3 octobre, la Charte du Travail de 1941, les chantiers de jeunesse, et jusqu'à la devise du régime, « Travail, Famille, Patrie », tel est le testament de l'Action française, qui découvre aussi sa vérité.

Ainsi, l'Action française a eu le même destin que sa vieille ennemie, la IIIe République. Contre elle, synthèse enfin trouvée de l'héritage démocratique national, elle avait reconstruit à sa façon la tradition monarchique vaincue, en lui donnant une doctrine et un style. Elle disparaît avec la Seconde Guerre mondiale, dans une tourmente imprévisible pour la « politique naturelle », et où meurt aussi avec l'ancienne France ce qui lui restait de troupes. A qui voudrait entendre son oraison funèbre, prononcée par la nouvelle France, je conseille de lire celle que vient de lui consacrer Bertrand Renouvin[2], leader du jeune royalisme français, aujourd'hui mitterrandiste par défaut, après avoir été gaulliste par espoir. Son projet est de faire renaître la monarchie dans le berceau de la République, dont le faux monarque deviendrait un vrai roi. A cette confusion des espèces on peut mesurer le gouffre qui nous sépare de nos grands-parents.

---

L'ACTION FRANÇAISE,
*par Eugen Weber, Fayard.*

---

1. *Les Deux Apogées de l'Action française*, in « Annales » 1964.
2. *La République au roi dormant*, par Bertrand Renouvin, Hachette, 264 p.

## UNE RÉVOLUTION SANS RÉVOLUTION ?

*28 février 1986*

*Ce sont deux oubliés, l'un depuis longtemps, Edgar Quinet, l'autre depuis peu, Marx, auxquels François Furet vient de consacrer deux livres importants. Deux interprètes de la Révolution française qui posent chacun à sa façon le problème de la filiation entre 1789 et 1793, entre la démocratie et le despotisme. « La Révolution est terminée », écrivait François Furet en 1977 dans* Penser la Révolution française. *Au moment où la droite fait resurgir le débat sur les massacres de Vendée, et quand on songe que le* Danton *de Wajda fut sifflé en janvier 1983 par une assemblée de ministres socialistes, est-ce si sûr ?*

**Le Nouvel Observateur.** — *Depuis trente-cinq ans que vous l'étudiez, qu'est-ce qui vous étonne encore dans la Révolution française ?*

**François Furet.** — Ce qui m'étonne, c'est ce qui étonne la plupart des observateurs de cet événement depuis deux siècles, ceux au moins qui sont étonnés, c'est son caractère polymorphe ; cette Révolution, qu'on a l'habitude d'appeler « la » Révolution (comme si c'était un phénomène unique, homogène, compréhensible comme un tout), présente en réalité des formes bizarrement multiples, et même contradictoires. On a une monarchie constitutionnelle, une République parlementaire, un Empire napoléonien, à l'intérieur d'un événement qu'on appelle du même nom.

**N. O.** — *Vous avez écrit, dans un livre précédent, que la Révolution française était terminée. Tout est-il vraiment terminé ?*

**F. F.** — Quand j'ai écrit *La Révolution est terminée*, c'était une manière d'exprimer un vœu et un constat : un vœu parce que je pense que la Révolution n'a plus grand-chose à gagner à être investie par des passions politiques. Un constat : je voulais dire que la Révolution ne comportait plus d'enjeu politique absolument clair, dans la politique française, entre la droite et la gauche. Car la droite a cessé, depuis 1945, de se caractériser par l'hostilité à la Révolution française. Le dernier épisode où elle l'ait manifestée, c'est à Vichy, au prix d'ailleurs de la défaite nationale et de l'occupation du territoire par les Allemands. Depuis 1945 je ne vois pas ce qui peut séparer, dans l'héritage de 1789, la droite et la gauche.

Mais il reste vrai que subsiste encore une discussion importante sur 1793, non plus sur 1789 ; elle oppose les communistes, qui ont fait de 1793 une sorte de patrimoine qu'ils chérissent particulièrement, et tous les autres. Et dans cette mesure, la discussion sur 1793 n'oppose pas seulement la gauche et la droite, mais aussi la gauche et la gauche.

**N. O.** — *Est-ce cela, pour vous, qui fait l'actualité de Quinet ?*

**F. F.** — Quinet est actuel justement par ce qu'il a d'intemporel. Il pose une question philosophique et analytique profonde : quel est le lien secret qui, en France, relie le phénomène révolutionnaire à l'instauration d'un despotisme d'État ? Quinet, en décembre 1851, est un homme qui vient de revivre la Révolution, puisque les Français ont, d'une certaine manière, en 1848, refait la Révolution française, répétition sur laquelle Marx a écrit une phrase qui m'amuse toujours : « Les Français rejouent toujours la même Histoire, la première fois en tragédie, la deuxième fois, en une farce. » Or Quinet était à la fin de la farce et il se posait la même question que Tocqueville, exactement à la même époque : pourquoi la révolution démocratique est-elle porteuse à la fois d'une potentialité despotique et d'une potentialité libertaire, ou libérale ? Question qui a été pratiquement escamotée au XX$^{e}$ siècle, sous l'influence du marxisme-léninisme, et qui revient très fort, à la fin du XX$^{e}$ siècle précisément, parce que se déconstruit complètement la vision marxiste de la démocratie sur la base du naufrage de l'expérience soviétique.

**N. O.** — *Vous ne trouvez pas que la contestation de la Révolution française à droite s'est réactivée ces dernières années ?*

*Probablement à cause de l'expérience socialiste, comme le montre tout le débat mené autour du génocide vendéen ?*

**F. F.** — Oui, mais ce ne sont pas des polémiques sur 1789, ce sont des polémiques sur 1793, autour du problème de la Terreur, du nombre de victimes, de la nécessité ou non de la répression. Il y a d'ailleurs dans la campagne qui est menée à droite beaucoup d'excès : à mes yeux le terme de « génocide » est tout à fait hors de propos. Le génocide turc ou le génocide hitlérien se sont faits au nom d'une idéologie nationaliste et particulariste, et la Révolution française s'est faite au nom de l'universalisme démocratique ; et la guerre de Vendée s'apparente plus à une guerre civile qu'au génocide.

Mais là où la campagne de droite n'a pas tort, c'est que cette question a été complètement gommée par l'historiographie républicaine ; pour les républicains du XIX^e^ siècle et pour les Jacobins du XX^e^, il est difficile de comprendre qu'une partie du peuple se dresse contre la Révolution, puisque la Révolution est considérée, par définition, comme émancipatrice du peuple. Par conséquent, il y a là un problème que la question vendéenne fait resurgir, et je trouve bon qu'elle resurgisse si on ne la traite pas en termes étroitement polémiques ; on n'avance en rien dans l'intelligibilité du phénomène en parlant de génocide et en comparant la révolution au pouvoir totalitaire. Je suis absolument hostile à tout anachronisme de cette nature.

**N. O.** — *Diriez-vous que la crédibilité de la gauche, aujourd'hui comme à l'époque de Quinet, est atteinte par la non-dénonciation de la Terreur ?*

**F. F.** — C'est vrai que les républicains du XIX^e^ siècle, de La Fayette à Jules Ferry, en passant par Hugo, Michelet, George Sand, ont vécu dans la hantise que les atteintes à la liberté et la pratique de la répression aveugle, qui ont caractérisé la Terreur, ne déshonorent à jamais dans la vie politique française l'idée de République, et ils avaient largement raison. La République n'a eu tant de mal à s'installer en France au XIX^e^ siècle que parce qu'elle a été liée, pour ainsi dire, génétiquement et dans son acte de naissance, à l'exercice de la terreur, ce qui donnait à la droite des arguments très forts pour la repousser. Mais je crois que tout cela est oublié au XX^e^ siècle et que, de ce point de vue, les républicains du XIX^e^ siècle ont très bien travaillé : la République en France s'est avérée depuis 1880 un système suffisamment viable et consensuel pour qu'elle ait cessé d'être liée à 1793.

**N. O.** — *Oui, mais le problème n'est-il pas relancé aujourd'hui par la terreur hitlérienne, ou stalinienne, qui modifient rétrospectivement notre vision de 1793 ? Du coup, la Terreur de 1793-1794, ce n'est pas seulement un épisode qui a coûté quelques milliers, peut-être quelques dizaines de milliers de victimes ; ne pourrait-on dire que c'est l'acte de naissance d'une forme de la politique moderne ?*

**F. F.** — Il s'est passé au XXe siècle quelque chose de très important dans la politique française et dans la démocratie française, c'est le relais du jacobinisme par le communisme. C'est un phénomène absolument clé, qui s'opère à la hauteur de 1920, très clairement.

Nous avons des textes de 1920 qui disent que la Révolution soviétique est tout à fait comparable à la Révolution française de 1793 : l'intervention étrangère, le gouvernement de Salut public, la Terreur, l'économie dirigée, etc. On a écrit pendant cinquante ans une histoire de la Révolution française avec l'exemple soviétique comme matrice explicative de ce qui s'était passé sous la Révolution française. Mais ce n'est pas « toute la gauche française » qui est atteinte par cet amalgame, c'est la gauche communiste. La gauche socialiste française n'a jamais fait l'apologie de l'expérience soviétique, même quand elle s'est trouvée — c'est arrivé dans son histoire — un peu intimidée par le modèle communiste.

**N. O.** — *Le thème de la Révolution comme un bloc est pourtant un thème de gauche...*

**F. F.** — Oui, c'est vrai, il y a une partie de la gauche qui a eu toujours des réticences à critiquer ne fût-ce qu'une partie de la Révolution française, de peur d'offrir des armes à la droite. C'est un sentiment très fort au début de la IIIe République ; ça correspond à Clemenceau sur le plan politique, à Aulard sur le plan historiographique, et c'est un sentiment dont les communistes ont toujours su jouer en disant : le premier qui critique la Révolution française, même minimalement, se met sur les positions de l'adversaire.

Mais même la gauche jacobine, à cette époque, ne traite que défensivement le dossier de la terreur : chez Louis Blanc par exemple. Il a fallu attendre le XXe siècle pour qu'on se livre à des apologies de la Terreur. Il a fallu une historiographie, que je n'appelle pas « marxiste » — je reviendrai là-dessus —, mais que j'appellerai plutôt léniniste, qui fait une sorte d'apologie tous azimuts de la violence révolutionnaire, parce qu'à travers la justification de la Terreur française on pouvait justifier ce qui se passait en Union soviétique. Un texte communiste, de Jean Bruhat, et intitulé *Le Châtiment des traîtres et des espions dans la République française* — qui date de 1937, au moment de l'affaire du procès de Moscou —, est typique de cette assimilation.

**N. O.** — *Mais fait-on une révolution sans violence ?*

**F. F.** — Précisément, une chose qui est brillante et profonde chez Quinet, c'est la distinction entre la violence révolutionnaire, née de l'insurrection populaire, née du sentiment que les choses ne peuvent plus continuer comme avant (violence qui apparaît d'ailleurs en France dès 1789 puisque le mois de juillet est marqué par des assassinats et que les journées d'octobre peuvent être décrites comme un modèle de convoi pacifique ramenant la famille royale à Paris), et la terreur, comme système politique, exercée par un État au nom d'une nécessité historique, qu'on appelle en France le gouvernement révolutionnaire, et qui comporte ses appareils institutionnels, le tribunal révolutionnaire, ses lois spéciales qui définissent les suspects, les privent de tout moyen de défense. Bref, un régime de violence terroriste par en haut.

Tout le savoir historique que nous possédons aujourd'hui montre que c'est un système qui s'est installé peu à peu sur une vue manichéenne du monde politique, sur une impossibilité à penser l'adversaire politique en d'autres termes que celui de complot, et sur une croyance presque magique au volontarisme politique, c'est-à-dire sur la croyance fondamentale que la politique va changer la société en une nuit, en une semaine si l'État recourt suffisamment à la violence. Autrement dit, pour moi la terreur est inséparable de la culture politique révolutionnaire française, et elle n'est pas née de façon quasi fortuite, de circonstances extérieures.

**N. O.** — *Nous n'avons parlé jusqu'ici que de deux révolutions : la Révolution française, la Révolution russe. Il semble qu'il faut ajouter la Révolution américaine, pensons à Hannah*

*Arendt qui dit que la Révolution américaine a fondé la liberté parce qu'elle se bornait à créer un droit, un droit nouveau, mais un droit, alors que la Révolution française, comme la Révolution russe, a voulu non pas seulement changer le droit, mais changer la société. Qu'en pensez-vous ?*

**F. F.** — Je ne me sens pas en accord avec Hannah Arendt et sa critique radicale de la Révolution française. Je suis un grand admirateur de 1789 ; je pense que c'est un événement magnifique et je n'aime pas les historiens qui essaient de rabaisser la dimension de cet événement, un des rares grands événements universels de l'histoire, qui se trouve être un événement français. Il y a deux attitudes que je récuse : la première, c'est le refus de la démocratie ; je trouve absolument puéril de refuser la démocratie qui est notre monde social et politique depuis deux siècles ; je pense, comme beaucoup de grands auteurs à l'époque, que la dynamique de la Révolution est celle de l'égalité, et qu'elle accouche d'un monde plus noble que celui qui l'a précédé, parce que c'est un monde de l'universalité des hommes. Mais il y a une seconde attitude que je trouve absurde, c'est la naïveté démocratique qui consiste à croire qu'il suffit d'instaurer l'égalité pour que la liberté suive.

Pour en revenir à l'Amérique, ce qui me sépare encore de Hannah Arendt, c'est qu'elle fait de l'expérience américaine un exemple possible à suivre, une espèce de règle, alors qu'il s'agit pour moi d'une histoire tout à fait exceptionnelle. La Révolution américaine, qui survient à la même époque que la Révolution française, n'a pas grand-chose en commun avec elle. C'est une révolution qui commence par une révolte contre une puissance coloniale, et qui trouve son couronnement dans la fondation d'une nation autour de ses institutions. Les valeurs inséparables de cette fondation sont non seulement les droits de l'homme, tels que les a élaborés la philosophie du XVIIIe siècle, mais les libertés traditionnelles de la vie politique anglaise, trahies par le gouvernement de Londres. La Révolution américaine cherche moins à instaurer une société universelle d'individus libres et égaux contre un héritage féodal et monarchique qu'à restaurer les droits imprescriptibles des colons anglais, et qu'à rendre à l'Amérique la vérité de ses origines : l'Amérique est le plus grand succès historique de la Révolution anglaise du XVIIe siècle.

D'un côté une révolution qui fonde une nation et son consensus institutionnel autour de sa réalité généalogique. De l'autre, en France, une révolution qui doit briser « l'ancien régime », qui casse en deux l'histoire nationale, brise la légitimité politique pour cent ans, et instaure autour de la politique une sorte de guerre de religion.

**N. O.** — *A la lumière de ce que vous venez de dire, de la différence entre les deux révolutions, ne retrouve-t-on pas Marx ? Marx introduit dans l'historiographie l'idée que les révolutions bourgeoises, dont la Révolution française est le prototype, sont grosses des révolutions sociales, dont 1917 sera le prototype. Cette vision a-t-elle encore un sens pour vous ?*

**F. F.** — Je ne le crois pas. Tout mon travail consiste à établir, en face de l'interprétation sociale de la Révolution, l'autonomie du politique.

Marx raisonne fondamentalement comme les libéraux, c'est dire que ce qu'il écrit sur la Révolution française, il le tire surtout de l'historiographie libérale française : Constant, Thiers, Guizot. Son autre source, c'est Hegel, mais il fait subir à Hegel un retournement « dialectique », puisque chez Hegel c'est l'État qui est la figure dominante de l'Histoire, alors que, pour lui, l'État est une figure seconde de l'Histoire, et la figure centrale, essentielle, c'est la Société.

Comme c'est au niveau du social que se passent les choses importantes, il retombe sur le même type d'interprétation que les libéraux, c'est-à-dire que 1789 est moins un événement directement politique que l'avènement de la société bourgeoise. Pour Marx, 1789 c'est la réalisation de la société de marché, à l'exemple de ce qu'avaient fait les Anglais au XVIIe siècle. Marx unifie donc l'Histoire européenne en donnant à la Révolution anglaise du XVIIe, à la Révolution française du XVIIIe siècle, un sens unique et linéaire, et ces révolutions assurent le passage des monarchies absolues, et des sociétés disons féodales, à la société bourgeoise. Et ceci crée immédiatement une difficulté qui est celle de toute interprétation sociale de la révolution : en effet, si la Révolution française a pour fonction centrale et comme sens l'avènement de la société bourgeoise, elle est faite dès 1789. Le problème, c'est de comprendre comment cette société bourgeoise, qui est censément advenue à l'été 1789, après les décrets du 4 août, après la destruction de la société féodale, comment cette société bourgeoise va être grosse de tant de formes politiques contradictoires : Marx va traîner ce « boulet » français, si j'ose dire, constamment, puisque la France change de régime, comme vous le savez, tous les dix ou quinze ans, au XIXe siècle, jusqu'à la mort de Marx ; Marx meurt au moment où les Français commencent à trouver un régime qui a un minimum de consensualité. Voilà le problème de Marx : si la Révolution française est l'avènement de la société bourgeoise, thèse commune aux libéraux et à Marx, le problème est de comprendre comment elle produit à la fois Mirabeau et la monarchie constitutionnelle, Robespierre et la dictature jacobine, Barras et la République thermidorienne, Bonaparte et le despotisme de l'État centralisé.

La grandeur de Marx, c'est qu'il se rend constamment compte que sa théorie n'arrive pas à rendre compte de l'histoire de France, alors qu'elle est très bonne sur l'histoire anglaise : c'est pourquoi le grand livre de Marx reste *Le Capital* : soit l'histoire de l'Angleterre et l'avènement du capitalisme, parce que ce qui intéresse Marx, c'est ce qui se passe dans la société, c'est-à-dire la maturation du capitalisme. Il pense que c'est la seule réalité, que le reste suit. Et la France lui offre l'exemple inverse d'une société censément bourgeoise depuis la fin du XVIIIe siècle, mais qui multiplie ses formes d'État. C'est un problème qu'il traite avec extraordinairement de brio et de talent, notamment dans tous ses livres sur le XIXe siècle français mais dont, à mon avis, il ne se sort pas.

Et là, nous sommes au cœur de ce qui est, pour moi, le point aveugle du marxisme. Le marxisme est, par ailleurs, une doctrine fondamentale sur l'histoire du capitalisme. Je pense que Marx est incontournable, si on cherche à faire l'histoire du capitalisme européen. Mais je pense aussi que Marx n'est pas très utile pour un événement comme la Révolution française, parce que la Révolution française constitue pour Marx ce qu'il est le moins préparé à comprendre, à savoir une multiplicité de formes d'État, à partir d'une même société. D'ailleurs il me semble que c'est toujours le problème du marxisme au XXe siècle.

Le marxisme ne permet pas de comprendre l'autonomie de l'État ; c'est pour cela que c'est la doctrine qui permet le moins de comprendre l'Union soviétique, alors qu'on pourrait plus facilement élaborer une interprétation marxiste de Reagan...

**N. O.** — *Diriez-vous que les histoires marxistes de la Révolution française ont été infidèles à Marx, et en quoi ?*

**F. F.** — Les successeurs de Marx, au moins certains d'entre eux, ont caricaturé sa thèse de la dépendance de l'État — n'importe quel État — par rapport à la société civile. Cette simplification est particulièrement visible chez Lénine, qui en fait la pierre angulaire du bolchevisme, variante subjectiviste du marxisme. Sous sa plume, l'État est à la fois magnifié comme le lien de la révolution et du pouvoir, instrument privilégié du changement historique, et réduit purement et simplement à son contenu de classe. Si bien que les historiens « marxistes » de la Révolution française, en suivant plus Lénine que Marx, inventent le concept d'une monarchie absolue aux mains de l'aristocratie — alors que Marx, fidèle à Guizot en cela, y avait toujours vu un pouvoir provisoire arbitré entre l'aristocratie et la bourgeoisie.

**N. O.** — *N'y a-t-il eu aucun acquis historiographique au XXe siècle, dans cette histoire que vous critiquez ?*

**F. F.** — Il y a en eu beaucoup en termes d'érudition. Dans nos disciplines, il faut toujours distinguer entre la richesse des concepts explicatifs et le trésor de l'érudition, du travail d'archives et de documentation. Si l'historiographie universitaire de la Révolution française, au XXe siècle, est faible sur le plan conceptuel, en recul sur les questions que posaient les historiens du XIXe siècle, elle a apporté, même à l'intérieur d'une problématique que je trouve pauvre, beaucoup d'éléments neufs, et les éléments les plus neufs, il me semble, sont les éléments qui ont trait à notre connaissance de la société : comme cette historiographie met l'accent sur les classes pauvres, elle est obsédée à la fois par le monde paysan et les interventions populaires dans la Révolution. Ce qu'elle a de plus fort, il me semble, c'est l'approfondissement du rapport entre la Révolution française et la paysannerie. Ce que Michelet a appelé le mariage du paysan français et de la terre par la Révolution française a été très travaillé depuis cinquante ans ; et puis il y a aussi le travail sur ce qu'on pourrait appeler l'activisme militant : Jacobins, sectionnaires, sans-culottes.

**N. O.** — *Vous aimez dans la Révolution française la naissance et l'avènement de la société moderne. Sont-elles séparables du phénomène révolutionnaire ? Là-dessus, n'êtes-vous pas ambigu ?*

**F. F.** — Si, je me sens ambigu et double, et je ne pense pas qu'il puisse en être autrement. On ne peut pas récuser le phénomène révolutionnaire, bien qu'il soit impossible par définition à penser en termes de droit. D'un côté, il vaudrait mieux que l'évolution de l'Histoire se fasse sans révolution. Mais on ne peut pas non plus l'exclure, dans certaines situations. Ainsi, si aujourd'hui il y a une révolution en Haïti et si la pression populaire a eu raison de Duvalier, personne ne va dire que c'est une mauvaise chose. Je pense pourtant que les révolutions ont intérêt à être le plus possible des parenthèses courtes. Le pire, ce sont les révolutions très longues, une interminable absence du droit. De ce point de vue, l'exemple soviétique est une révolution dont il n'est pas possible de dater la fin. Il continue à montrer dans les faits un parti qui domine un État, c'est-à-dire un État sans droit, qui continue à se définir plus de soixante ans après la révolution comme une pure situation de fait, ou de force.

Tout le problème des révolutions, c'est d'arriver à les terminer. Thème qui domine la Révolution française dès 1789, et qui a une longue carrière tout au long du XIX^e siècle.

**N. O.** — *Une dernière question. Tocqueville a dit que la Révolution française était le culte de l'impossible et Quinet qu'elle était la foi dans l'impossible. Entre ces deux définitions, laquelle choisiriez-vous ?*

**F. F.** — Les deux ont raison, et d'ailleurs ne sont pas si loin l'un de l'autre. La Révolution fait apparaître dans l'histoire l'idée démocratique, qui est à la fois un constat et une promesse d'égalité entre les individus-citoyens, alors que la nature et la société ne cessent de produire des hommes, c'est-à-dire des individus égaux. Elle nous fait vivre, depuis, dans cette tension entre une égalité qui ne pourra jamais être réalisée entre les hommes réels — sauf sous un despotisme universel de l'État — et une intention d'égalité qu'il ne faut jamais abandonner puisque c'est elle aussi qui donne avec la liberté son sens et sa noblesse à la civilisation où nous vivons.

Propos recueillis par
MONA OZOUF, JACQUES JULLIARD et JEAN DANIEL

---

MARX ET LA RÉVOLUTION FRANÇAISE,
*Flammarion.*

LA GAUCHE ET LA RÉVOLUTION AU MILIEU DU XIX^e SIÈCLE,
*Hachette.*

## MON DIEU ET MON DROIT !

*27 mars 1987*

Si la Vendée est à la mode, ce n'est pas que les Français jouent de nouveau le grand combat des Blancs et des Bleus : le spectacle offert par notre vie politique, en cette fin de siècle, est au contraire exceptionnellement consensuel. L'air du temps n'est pas à l'extrême gauche, mais il n'est pas non plus à la contre-révolution : la preuve, c'est que les nouveaux croisés du drapeau vendéen, l'année dernière, instruisaient le procès du « génocide » commis par les républicains non plus au nom de la monarchie, mais en plaidant les droits de l'homme et cet héritage de 1789 qui nous enveloppe tous.

Et puis il y a un autre signe. Il y a eu très longtemps, et jusqu'à hier, deux histoires de la Vendée qui ne communiquaient pas. Celle qui exaltait dans le paysan vendéen le défenseur du trône et de l'autel vivait dans les sociétés savantes de l'Ouest, le monde des notables et des académies. Celle qui le décrivait comme un pauvre bougre manipulé par les nobles et les curés régnait à l'Université et dans les manuels de l'école républicaine. Aujourd'hui, la fameuse insurrection a reconquis son autonomie, à droite et à gauche ; et ses historiens partagent les règles d'un même métier. Du coup l'histoire de la guerre de Vendée progresse. Deux livres permettent de la mesurer.

Le premier n'a pas trait directement à l'affaire vendéenne, puisque c'est un livre sur l'Église catholique et la Révolution française, écrit par un historien américain, Timothy Tackett, et tout juste traduit en français. Mais il la recoupe en son centre, puisque la réorganisation de l'Église de France par l'Assemblée constituante, en juin-juillet 1790, est à l'origine de l'opposition populaire à la Révolution française, qui ne cessera dès lors de grandir. Le texte voté fait obligation aux prêtres de prêter serment aux nouvelles dispositions ; il divise le clergé, à peu près par moitié, en jureurs et en réfractaires, et le pays comme le clergé.

La partie centrale du livre de Tackett est consacrée à l'examen de ces deux France, divisées par la question du serment. L'Ouest tout entier figure un vaste espace réfractaire à la constitution civile du clergé : la Vendée donc, mais beaucoup plus que la Vendée, cet immense bocage qui commence à l'Ouest de Paris et s'étend jusqu'à Brest. L'historien américain retraite sur un théâtre plus vaste et pour une période un peu antérieure la question classique des causes sociales de l'insurrection vendéenne ou de la chouannerie ; comme ses prédécesseurs, il note que l'accueil fait à 1789 a été un peu partout favorable et, mieux qu'eux, il montre qu'on ne peut assigner au conflit entre les villes et les campagnes, typique de la résistance paysanne à l'administration révolutionnaire, aucune raison particulière tirée des structures de l'économie ou de la société. Ce qui est encore le plus clair, dans la cartographie qu'il essaie d'interpréter, c'est que la France réfractaire — notamment l'Ouest — est fortement cléricalisée, caractérisée par la présence d'un clergé dense et recruté sur place, soit : que le religieux s'explique... par le religieux.

Je ne l'écris pas ironiquement. Car le travail de l'historien américain est probe, bien documenté, quasiment complet, et donne beaucoup à penser. Ce qu'il dit de la crise du serment dans l'Ouest est vrai aussi de la Vendée en 1793 : il n'y a aucune des tentatives faites depuis les années 60 pour trouver les secrets de l'insurrection dans l'économique et le social qui ait pu rester à l'abri de la réfutation. Le facteur religieux, de son côté, même s'il reste largement mystérieux, n'explique en tout état de cause rien de particulier à la Vendée, puisqu'il déborde largement le territoire qui allait être le théâtre de la révolte. Alors ?

C'est ici qu'intervient Jean-Clément Martin, avec une idée nouvelle. Celle-ci consiste à porter le regard moins en amont de l'insurrection qu'en aval. En amont, en effet, la Vendée n'offre rien qui la distingue nettement du reste de l'Ouest qui n'a connu qu'un brigandage intermittent ou de la bordure catholique du Massif central, Lozère et Rouergue où la révolte rurale de 1793 a été très vite matée. Par contre, en aval, c'est-à-dire après coup, elle est pour deux siècles l'incarnation de la contre-révolution, le symbole unique de la fidélité à l'Église et au roi. D'où la question de Martin : et si c'était non plus la Vendée qui avait nourri la guerre mais la guerre qui avait créé la Vendée ?

Dès lors, l'événement de mars 1793 constitue le point tournant de l'histoire. Il tient lui-même à un hasard, à savoir que les troupes républicaines, dispersées et mal commandées, ont perdu tout de suite une bataille et abandonné aux Blancs un vaste territoire. Mais du coup tout change : puisque l'insoumission latente des campagnes est devenue guerre dans ce quadrilatère autour de Cholet, il n'y a qu'un nom pour cette guerre dans le contexte de l'an II, c'est celui de contre-révolution.

Car les paysans révoltés ont bien vite mis à leur tête, contre les armées de Paris, des nobles qu'ils sont allés cueillir dans leurs châteaux ; et l'Église réfractaire est là, de son côté, pour donner à leur révolte le sens d'une fidélité à la parole de Dieu. Voici donc que ces cohues belliqueuses de ruraux sont « l'armée catholique et royale ». Message que la Convention peut comprendre, puisque c'est aussi le sien ; simplement, elle le retraduit dans son langage, celui d'un complot des aristocrates et des prêtres réfractaires, longtemps tramé dans les ténèbres, enfin venu au jour par la guerre ouverte, au moment du plus grand danger national. Le combat sera donc exterminateur et durera aussi longtemps que brûleront les cendres de la contre-révolution. Pour être tout à fait victorieuse, la Révolution doit détruire son anti-principe, le rayer de l'histoire. De fait, la région et ses bourgs furent débaptisés, le département de la Vendée est devenu le département Vengé ; Fontenay-le-Comte, Fontenay-le-Peuple ; Noirmoutier, l'île de la Montagne ; le massacre des Vendéens après leur défaite, joint au ravage du territoire, fut la plus grande tuerie collective de la Terreur révolutionnaire.

Cet acharnement a légué à la région martyre, depuis deux cents ans, une grande part de son identité ; une pareille longévité dans la mémoire du malheur n'est pas le moins du monde exceptionnelle, pour peu qu'on songe aux dimensions de la catastrophe (cent vingt mille victimes) en même temps qu'aux soins méticuleux dont cette mémoire n'a cessé d'être l'objet.

Mais elle s'explique sans doute aussi, plus que Jean-Clément Martin ne le dit, par le caractère religieux de la guerre de Vendée : car ce trait met l'événement à part jusque dans l'élection de haine dont il a été l'objet. Bordeaux, Marseille, Caen, la Normandie se sont levés pour les Girondins ; Lyon s'est battu sous le drapeau du royalisme ; mais le peuple vendéen à redemandé son prêtre et son Église. Contre lui, la Convention a mis à la tête des armées de la République des généraux sans-culottes, terroristes, déchristianisateurs. Ainsi, bien que la Révolution française n'ait jamais eu l'ambition de déraciner le christianisme — Robespierre le dira bien haut lui aussi, après les constituants —, la force des choses a pourtant mis face à face, en Vendée, un peuple catholique et un peuple républicain : par où cette guerre exprime par excellence la profondeur du conflit qui s'ouvre dans l'histoire de France entre la tradition religieuse et la fondation révolutionnaire de la démocratie.

---

LA RÉVOLUTION, L'ÉGLISE, LA FRANCE,
*par Timothy Tackett, éditions du Cerf.*

LA VENDÉE ET LA FRANCE,
*par Jean-Clément Martin, Seuil.*

---

# À L'AUBE DU PROLÉTARIAT OUVRIER

*Mars 1988*

Ce gros livre d'E. P. Thompson, qui a exercé une très forte influence sur les études historiques depuis un quart de siècle, traite d'un sujet traditionnel et même canonique : la révolution industrielle anglaise ; mais il en renouvelle largement le contenu en l'abordant sous un angle inséparablement social et culturel. Thompson est marxiste, ce qui rafraîchira les mémoires de ce côté-ci de la Manche ; mais c'est un marxiste tout pénétré d'empirisme anglais, métissage improbable qui a produit là-bas d'excellents historiens comme lui. De son étude savante le public français devrait goûter à la fois le caractère insulaire et la passion démocratique ; il y trouvera en tout cas le double plaisir de l'excentrique et du familier, qui forme le secret des lectures heureuses.

Partons du familier : l'importance donnée par l'historien anglais à la Révolution française et à un « jacobinisme » anglais. On sait qu'il y eut en 1789-1790 de nombreux partisans de la Révolution française à Londres et dans les villes anglaises, puisque Burke écrivit ses fameuses *Réflexions* en 1790 pour briser leur enthousiasme. Mais ce que montre Thompson est bien autre chose : c'est l'existence d'un réseau de sociétés populaires aux mailles serrées, constituant l'armature d'un mouvement révolutionnaire inspiré par l'égalitarisme français, après même que l'Angleterre fut entrée en guerre avec la France de la Révolution. Il ne faut pas pousser la comparaison trop loin, car le jacobinisme anglais n'est jamais terroriste, et il reste pénétré de religiosité et de la croyance traditionnelle aux droits immémoriaux des « Anglais nés libres ». Il est plus libéral que son équivalent français. Son penseur principal, Thomas Paine, membre de la Convention, n'a pas voté la mort du roi ; mais il a publié en 1792, en réponse à Burke, *Les Droits de l'homme*, où il célèbre le credo français par excellence, les noces de la démocratie et de la raison.

L'idée de Thompson est que ce vaste mouvement populaire, virtuellement porteur d'une révolution et d'une démocratie à l'anglaise, n'est abattu si vite par les tories au pouvoir que grâce à la complicité de la bourgeoisie industrielle, effrayée par le cours des événements français : ainsi n'a pu se réaliser à Londres l'alliance des sans-culottes et des bourgeois jacobins, qui triomphe à Paris entre 1792 et 1794. Interprétation probablement trop simple, telle quelle, car le compromis entre l'aristocratie et la classe moyenne présente dans l'histoire anglaise des traits antérieurs à cette fin du XVIIIe siècle. Reste que la victoire de ce que Thompson appelle la « contre-révolution » anglaise, en la personne de Pitt, marque très fortement la société anglaise pour les siècles à venir. Comme la France, bien qu'autrement, l'Angleterre moderne est traversée par de formidables sentiments de classe. Le radicalisme anglais pourra se détacher complètement du jacobinisme français, d'ailleurs déshonoré par l'Empire napoléonien ; il reste constitutif d'une « deuxième » Angleterre, dressée contre l'establishment.

La surprise du lecteur français d'E. P. Thompson, par contre, c'est l'omniprésence du fond chrétien dans la conscience populaire. L'Angleterre a créé son Église anglicane, sans pouvoir bloquer la prolifération de cultes dissidents déclenchée par la rupture avec le dogme romain ; mais les *dissenters* les plus radicaux ont émigré dans les colonies américaines, et une espèce de tolérance curieuse s'est instaurée en Angleterre ; sous le vaste abri du christianisme national existe au XVIIIe siècle tout un continuum de croyances entre l'anglicanisme et les courants les plus extrêmes du protestantisme. Ce paradoxe tient largement à l'enseignement et à l'action inlassable du pasteur John Wesley, fondateur du méthodisme, qui a voulu réveiller l'esprit chrétien dans toute sa force sans rompre avec l'Église anglicane. Une thèse trop simple n'y a vu que le gendarme idéologique de la mutation industrielle anglaise. L'ouvrage de Thompson montre au contraire l'extraordinaire complexité de l'impact du méthodisme sur la société. L'establishment aristocratique et industriel l'a souvent craint et combattu, avant de l'utiliser. Mais dans le prêche omniprésent des disciples de Wesley, au tournant du XVIIIe et du XIXe siècle, toute une population déracinée et soumise à la dure discipline de la fabrique trouve aussi des éléments de cohésion et même de révolte. Il existe un « wesleyisme » officiel, petite Église d'activistes dans la grande Église, au service de l'ordre social : ce mouvement où Daniel Halévy, dans son histoire du peuple anglais, a vu ce qui a empêché une révolution démocratique d'éclater en Angleterre à la fin du XVIII^e siècle. Mais Thompson montre qu'il a aussi un envers, dans la mesure où il porte, comme tant de christianismes séparés, une surenchère d'égalité des hommes, progressivement étendue à un réseau de sociétés politico-religieuses. L'historien anglais, qui enrichit une piste ouverte par Hobsbawm, est très sensible au caractère polymorphe du message méthodiste, selon qu'il s'ajuste à la conscience aristocratique ou à l'esprit démocratique. D'ailleurs, celui-ci n'est pas sans rapport avec la renaissance, dans les années 1800, d'un vrai millénarisme de pauvres, qui a ses traditions dans la révolution anglaise des années 1640.

Reste que ce radicalisme politique et religieux, qui fournit ses matériaux à la conscience naissante de la classe ouvrière, est sans cesse remodelé par le bouleversement social le plus inédit qu'ait connu un pays moderne : la première révolution industrielle de l'histoire, à laquelle Thompson restitue son caractère de formidable déracinement d'une société. Tout un mode de vie rural villageois disparaît en cinquante ans, abandonnant la scène aux multitudes asservies à la discipline des *fabriques*. Le centre de ce livre fluvial est là, dans l'examen des idées, des valeurs, des sentiments qu'ont fabriqués pour pouvoir la vivre les acteurs involontaires de cette mutation violente. Plus encore que la formation d'une conscience ouvrière proprement dite, Thompson peint et analyse la sociabilité politique des classes populaires anglaises, artisans, travailleurs à domicile, salariés ruraux, ouvriers des fabriques nouvelles. L'idée de classe ouvrière forme l'horizon de son travail, mais elle n'appauvrit pas l'extraordinaire diversité de son tableau, dont il ne cesse de retraiter les nuances et les couleurs. Si bien qu'on peut ne pas être convaincu par l'économie conceptuelle de son livre, comme c'est mon cas, et rester très admiratif de son érudition et de son talent.

Le lecteur trouvera dans cette véritable somme à la fois la préhistoire du mouvement ouvrier et les origines de la démocratie en Angleterre. Cette longue bataille de cinquante ans rassemble des acteurs très divers : sociétés jacobines, mutuelles ouvrières, sectes évangéliques, complots clandestins, syndicats naissants. Elle mêle des éléments politiques et intellectuels très hétérogènes : tradition luthérienne, philosophie des lumières, constitutionnalisme anglais, droit naturel, nostalgie de la bonne *merry old England* et socialisme coopératif. L'élément unificateur en est sans doute, en fin de compte, le droit de suffrage égal pour tous, réclamé contre la corruption fameuse du système électoral anglais : en effet, il ne s'opère pas dans la culture démocratique anglaise, au début du XIXe siècle, cette coupure entre libertés politiques et droits sociaux qui est si caractéristique du socialisme français. Pourtant, malgré cela, la bataille politique des mouvements populaires est perdue deux fois. D'abord dans les toutes dernières années du siècle (1795-1798), quand le jacobinisme anglais (ou anglo-irlandais) est brisé par les tories en guerre avec la France. Ensuite, après la victoire anglaise, par la répression féroce qui s'abat sur l'agitation ouvrière et démocratique (1817-1819). Finalement, c'est une solution de compromis entre l'establishment et la bourgeoisie libérale, donc très « anglaise », qui sera élaborée par le Reform Bill de 1832 : un élargissement du suffrage, mais laissant en dehors du droit de vote le monde du travail. C'est là que Thompson pose sa plume, historien d'une révolution qui n'a pas eu lieu, mais qui n'a cessé de gronder, et qui laisse un vaste héritage.

---

LA FORMATION DE LA CLASSE OUVRIÈRE ANGLAISE,
*par Edward P. Thompson, Gallimard-Seuil, coll. « Hautes Études ».*

---

# L'INSOUTENABLE PESANTEUR DE L'HÉRITAGE

*Juin 1988*

L'Allemagne d'aujourd'hui n'est pas seulement une nation qui a deux États ; c'est une histoire dont la continuité a été spectaculairement brisée par le nazisme et la catastrophe finale à laquelle Hitler a conduit le pays. Catastrophe politique, matérielle, nationale, mais aussi morale et intellectuelle : l'effondrement du national-socialisme en 1945, accompagné de la vérité sur les crimes du régime, figure comme une liquidation générale de l'histoire allemande ; tragique table rase qui arrache les Allemands à leur passé, tout entier contaminé par l'entreprise nazie.

Mais l'idée d'une discontinuité historique n'est jamais possible à vivre bien longtemps dans l'être-ensemble d'un peuple. L'histoire nationale est redevenue récemment, dans les deux Allemagnes, une obsession étalée en pleine lumière. A l'Est sous la forme d'une tentative de récupération officielle de la tradition, de Luther à Bismarck ; dans la République fédérale, à travers cette vaste et libre polémique sur le caractère et les origines du nazisme, qui vient d'être mise à la disposition du public français.

Les protagonistes en sont surtout des historiens de l'Allemagne contemporaine, comme Broszat, Bracher, les deux frères Mommsen, Nolte ; plus des philosophes, comme Habermas. Mais ce qui frappe le plus dans ce débat presque entièrement universitaire, c'est la vivacité du ton et le cortège de lettres rectificatives, de notes additionnelles et de post-scriptums inséparable de toute violence polémique : la réalisation du livre a été elle-même un petit miracle diplomatique, compte tenu de l'état des esprits. De fait, cette discussion historiographique sur le nazisme met face à face, au-delà de simples spécialistes, la droite et la gauche allemandes d'aujourd'hui. Les conservateurs et les sociaux-démocrates.

Le lecteur trouvera l'argumentation conservatrice chez Nolte et Hillgruber, par exemple. Aucun des deux ne nie les crimes du nazisme, l'étendue du génocide juif ou les chambres à gaz. Leur idée n'est pas de disculper directement l'hitlérisme, mais de l'interpréter en termes de *réaction* : réaction à l'idée (folle, mais existant dans l'esprit des nazis) du complot juif, réaction surtout à la révolution de 1917, qui ouvre la voie en matière d'extermination massive ; réaction enfin, dans les dernières années, à l'échec ou à la défaite militaire, qui met en jeu l'existence de la nation allemande. Sous-jacente à ces arguments, on retrouve à des doses diverses l'inculpation de la modernité démocratique : les Lumières, la Révolution française, le progrès technique auraient rendu l'univers humain vulnérable à des tragédies inédites.

Ce que ces thèses ont d'implicitement défensif, bien que leurs auteurs rejettent l'idée d'une justification du nazisme, a suscité une levée de boucliers dans la gauche universitaire de la République fédérale. Dans ce camp-ci, les auteurs (Kocka, les deux Mommsen, Jäckel, par exemple) insistent sur le caractère unique de l'extermination des juifs par les nazis, la nécessité de conserver la référence à une culpabilité allemande ; ils refusent d'ouvrir le moindre espace à une renaissance du nationalisme. Le critique le plus féroce des conservateurs est Habermas, qui plaide la coresponsabilité des générations allemandes depuis 1933, y compris les plus jeunes, celles qui n'ont connu du nazisme que l'héritage tragique : la référence à la période 1933-1945 est à ses yeux le prix inévitable que les Allemands doivent désormais payer pour mesurer leur fidélité aux idées des Lumières et à l'universalité de l'homme.

Pourtant, suffit-il à la démocratie allemande d'être arrimée sans concession à l'Occident, et d'avoir courageusement assumé, notamment à l'égard d'Israël, les responsabilités du passé, pour retrouver son assiette nationale ? Non, bien sûr. Habermas sait bien lui-même, comme le note Luc Ferry dans sa préface, que la crise d'identité historique consécutive à 1945 travaille non seulement la droite mais aussi la gauche ; elle est présente à la fois dans le conservatisme des bourgeois et dans le pacifisme des Verts. Si bien qu'à donner raison au philosophe, comme c'est la pente naturelle d'un lecteur français, on s'expose à trouver derrière ce premier obstacle franchi des questions encore plus redoutables : quelle est la préhistoire allemande du nazisme ? Jusqu'où faut-il chercher les origines de la catastrophe ? Quelle histoire nationale possède depuis 1945 la démocratie allemande ? Vaste programme pour les années qui viennent et pour les générations qui suivent, y compris de notre côté du Rhin, s'il doit exister un jour une conscience européenne.

---

DEVANT L'HISTOIRE. LES DOCUMENTS DE LA CONTROVERSE SUR LA SINGULARITÉ DE L'EXTERMINATION DES JUIFS PAR LE RÉGIME NAZI, *éditions du Cerf, coll. « Passages ».*

---

## UNE ARCHÉOLOGIE DES DROITS DE L'HOMME

*Mars 1989*

Le retour en force des droits de l'homme dans la France actuelle s'accompagne d'une renaissance historiographique sur les circonstances de leur naissance. Dans les nombreux ouvrages dont le Bicentenaire de la Révolution est l'occasion, la fameuse Déclaration des droits de l'homme et du citoyen, votée le 26 août 1789, forme le sujet d'une moisson d'études où les Français d'aujourd'hui peuvent retrouver utilement les ambitions, les certitudes et aussi les perplexités de leurs ancêtres. Avant toute chose, d'ailleurs, ils trouveront dans ces livres les textes de l'époque, ces quelques dizaines de projets de Déclaration des droits rédigés en prévision du débat de juillet-août 1789, documents indispensables à lire ou à relire pour se mettre dans l'air du temps : tant Antoine de Baecque que Stéphane Rials les publient en dossiers annexés à leurs analyses, et Marcel Gauchet pousse la curiosité jusqu'aux Déclarations de 1793 et de 1795, afin d'englober toute la Révolution.

La multiplicité des projets traduit à la fois un esprit commun et l'âpre complexité des débats. En effet, le principe d'une Déclaration a été retenu très tôt et l'Assemblée commence à en discuter au début de juillet 1789. D'entrée de jeu, les députés ont reconnu et mesuré la difficulté qu'il y a, dans un vieux pays comme le royaume de France, si différent à cet égard de la jeune République américaine, à proclamer comme fondements de la société des droits naturels de l'homme : comment combler l'écart qui sépare le naturel du civil, comment éviter de faire des droits naturels, abstraits par définition, une cour d'appel permanente contre les maux de l'état social ? Aussi bien les premiers débats portent-ils sur la question de savoir si une Déclaration des droits doit précéder la Constitution, porteuse, elle, de la loi positive. En décidant de commencer par une Déclaration solennelle, ils font admirablement apparaître très tôt l'esprit de la Révolution française. Cette Assemblée devenue constituante a été convoquée par le roi de France, à l'ancienne mode, comme ses états généraux ; elle est obsédée par le fondement de sa légitimité. Avec la Déclaration elle se donne le droit de produire un univers social nouveau.

La Fayette présente le 11 juillet un projet, longuement travaillé malgré sa brièveté, discuté d'ailleurs avec Jefferson, ambassadeur à Paris. Alors s'ouvre une discussion qui ne s'achèvera que le 26 août, jour du vote du texte final. Le long film parlementaire dont la Déclaration est l'objet, de rédaction en rédaction, de comité en comité, est très bien reconstitué par Antoine de Baecque. Ce qui rend difficile l'étude de ce débat capital est qu'il mêle des questions, des philosophies et des enjeux divers, que ne recoupe pas facilement la division entre droite et gauche, qui est en train pourtant de naître. Aux risques d'une Déclaration pensée comme une pure exposition des principes sur lesquels reconstruire une société conforme aux droits naturels des contractants, c'est bien la droite « monarchienne » qui s'oppose, Mounier en tête, au nom de l'histoire du vieux royaume et de la « gouvernementabilité » du nouveau. Mais à la proposition de joindre à une déclaration des droits une déclaration des devoirs, destinée à compenser par la seconde ce que la première peut avoir de potentiellement anarchique, d'autres députés du camp « patriote » souscrivent, dans la conviction que l'obéissance civique est une obligation sacrée.

Pourtant, l'idée de juxtaposer des « devoirs » aux « droits » est battue, mais moins comme réactionnaire que comme redondante : si la loi doit garantir les droits, elle fixe par là même l'étendue des devoirs. De fait, après La Fayette et Mounier, et quelques autres, l'abbé Sieyès est entré en lice le 20 juillet avec un projet de Déclaration en forme d'exposition raisonnée : un de ces textes déductifs dont il a le secret, et qui donne à la discussion l'idée-force qui irriguera le texte final : à savoir qu'en s'associant le contractant multiplie les avantages de sa liberté naturelle ; et qu'au moment même où la loi civile définit cette liberté, elle en assure et en étend l'usage.

Par la même occasion, ce « légicentrisme » français permettra de traiter la contradiction, ressentie par tous les députés, entre une société définie par l'individualisme des droits et une nation possédant une volonté une. Pour qui veut entrer dans les sources intellectuelles de ce grand débat de l'Assemblée constituante, il n'existe pas d'introduction meilleure que l'étude de Stéphane Rials. Celui-ci voit dans le texte l'influence dominante de Locke chez les hommes de 1789.

Marcel Gauchet traite le même sujet que Stéphane Rials, mais il emprunte une autre voie. A le suivre, le sens de la Déclaration de 1789 ne peut être extrait tout uniment de l'histoire des idées. Il naît plutôt au confluent d'un héritage et d'une situation gérés par des hommes formés naturellement par les idées du siècle, mais qui font, de ces idées, des emplois et des réemplois inédits, en fonction des circonstances uniques de 1789. Prenons encore Sieyès : il y a du Locke (qu'il a beaucoup lu) en lui, dans sa conception de la société moderne par exemple. Et il y a aussi tout autre chose, dans son idée de la Nation comme figure imprescriptible du droit naturel, et fondant en dernier ressort, même à travers sa représentation, la volonté générale. On peut bien dire qu'il y a là-dedans du Rousseau (que Sieyès n'aimait guère).

C'est ce que pense Gauchet, qui l'explique dans son premier chapitre, le plus profond de ce livre profond, mais aussi le plus difficile. Une fois franchi l'escarpement, le paysage s'ouvre aux yeux du lecteur, et la montée en vaut la peine. L'intention de l'auteur est de montrer que dans la figure de la nation souveraine s'opère la dévolution de l'absolutisme à la Révolution, par où se conserve, sous une forme nouvelle dans la démocratie française, la matrice absolutiste du corps politique. Les députés de 1789 séparent la nation du roi. Mais c'est pour occuper vis-à-vis d'elle la position qu'avait le monarque. De là cette poursuite sans fin d'une « représentation » qui n'en trahisse pas la volonté. De là aussi l'extrême difficulté qu'il y a à faire coïncider, dans la Déclaration notamment, la liberté subjective des associés qui fondent le contrat social, et la vieille image du corps unique de l'être-ensemble constitué par la monarchie absolue comme une seule volonté collective. Le formidable investissement dans « la loi, expression de la volonté générale », qui traverse le fameux texte du 26 août, n'a pas d'autre origine.

Mais Gauchet ne s'en dispense pas pour autant de parcourir lui aussi l'ensemble des débats de juillet-août, qu'il traverse au contraire avec lenteur et minutie, ajoutant à la discussion parlementaire les commentaires de la presse, qui en forment un bon contrepoint. Il montre très justement, à mon sens, que les Constituants de 1789 ont parfaitement bien vu la contradiction qu'ils inaugurent entre les principes abstraits de la démocratie moderne

— la société des individus libres et égaux — et la réalité de la division sociale en pauvres et en riches. Leur grandeur, ou leur innocence, est de n'avoir pas reculé devant les risques du mouvement perpétuel que leur Déclaration imprimait au corps social : et à cet égard, contrairement à ce qui s'est écrit souvent, ni celle de 1793 ni celle de 1795, auxquelles Gauchet consacre ses deux derniers chapitres, ne modifient substantiellement, en avant ou en retrait, les principes fondateurs de 1789.

De ces principes nous avons fini par apprivoiser le caractère volcanique de leur apparition, mais non l'extraordinaire force qu'ils impriment à l'activité sociale. Ils sont plus que jamais parmi nous, à mesure que s'efface le rêve d'en faire disparaître la tension dans une synthèse supérieure. La Révolution des droits de l'homme, conclut Marcel Gauchet, c'est « la redécouverte du sens fondateur des contradictions insurmontables et fécondes qu'elle nous a léguées ».

---

LA RÉVOLUTION DES DROITS DE L'HOMME,
*par Marcel Gauchet, Gallimard, « Bibliothèque des Histoires ».*

LA DÉCLARATION DES DROITS DE L'HOMME ET DU CITOYEN,
*par Stéphane Rials, Hachette, « Pluriel ».* (Lire aussi *La Déclaration de 1789,* numéro de la revue *Droits,* sous la direction de Stéphane Rials, PUF.)

L'AN I DES DROITS DE L'HOMME,
*par Antoine de Baecque, Wolfgang Schmale et Michel Vovelle, Presses du CNRS.*

---

# LA LONGUE MARCHE DE L'ÉMANCIPATION

*22 juin 1989*

En cette fin de siècle, la Révolution française n'a pas par rapport aux juifs aussi bonne réputation qu'il y a cent ou cent cinquante ans. Alors, aux beaux temps du XIXe, elle était encore, tout uniment, le symbole de l'émancipation : en son nom les juifs éclairés et persécutés dans l'Europe combattaient la violence qui leur était faite, l'esprit tourné vers Paris. Aujourd'hui, nous avons perdu cette belle assurance démocratique sur les vertus de l'assimilation à la française. Le génocide hitlérien a tragiquement montré ce que conserve de fragile et de révocable l'intégration des juifs dans les sociétés libérales. Le sionisme a donné chair à une figure antagoniste du destin juif, la nation rassemblée, l'État d'Israël. Si bien que 1789 a perdu de son éclat, victime tardive de l'épouvantable XXe siècle.

Robert Badinter veut réagir contre cette vision anachronique de la Révolution française. Il cherche à reconstituer une histoire qui s'est passée à la fin du XVIIIe siècle, et qui peut se comprendre davantage par ce qui l'a précédée que par ce qui l'a suivie. Le premier constitutionnaliste de la République, devenu historien pour notre plaisir, transpose sans difficulté la rigueur de l'analyse juridique dans son nouveau domaine d'élection. Il en tire un livre bien informé, intelligent, bien écrit, traversé par ce qu'il faut de l'émotion qui attache l'historien à son sujet. Grâce à lui, le lecteur retrouve un lien propre naturel avec un passé qu'il avait perdu, et qui revient pourtant avec le charme étrange de ce qui n'a pas été vraiment oublié.

La moitié du livre est consacrée à la situation des juifs en France à la veille de la Révolution. De quarante à cinquante mille « sujets » du roi de France, très inégalement répartis sur le territoire, puisque la grande majorité d'entre eux s'est installée depuis deux siècles en Alsace et en Lorraine, et très diversement accueillis par le vieux royaume : les juifs du Midi, surtout ceux du Sud-Ouest, vivent au XVIIIe siècle une sécularisation sans drame, de plus en plus intégrés dans la culture des Lumières, à travers le déisme et la franc-maçonnerie par exemple. A l'inverse de ce judaïsme « portugais » ou « espagnol », les juifs « allemands » de l'Est, les ashkenazes, continuent dans leurs ghettos l'existence collective du « shtetl », enfermés dans la culture biblico-talmudique sous l'autorité de leurs rabbins, soumis à des règles discriminatoires qui les excluent de la vie économique et sociale.

C'est ce judaïsme alsacien et lorrain en qui s'incarne par excellence au XVIIe siècle la « question juive ». La philosophie des Lumières en a modifié les termes sans en faciliter la solution. Elle n'a mis fin à la vieille malédiction chrétienne du « peuple déicide » que pour englober les juifs dans la condamnation globale portée sur la superstition religieuse. Les deux jugements sont incompatibles, mais comme ils vont dans le même sens et trouvent des publics différents, ils peuvent aussi s'appuyer l'un l'autre. Pourtant, le deuxième, celui des Lumières, est moins radicalement définitif : le tribunal du progrès reste plus susceptible d'appel que celui de l'Inquisition. Si les juifs de l'Est constituent les habitants les plus exotiques du royaume par leurs croyances et leurs mœurs, l'histoire, un jour, pourra aussi les « régénérer » : le terme est antérieur à la Révolution, qui en fera un si vaste usage.

De fait, la Révolution « régénère » d'abord les Français, en les débarrassant des structures « gothiques » de la société aristocratique : après le 4 août 1789, les voici autant d'individus libres et égaux, libérés de leurs dépendances ancestrales, définis par leur égalité civile et civique, et non plus par leurs appartenances corporatives ou religieuses. Que faire dès lors des juifs ? Robert Badinter se mue à partir de là en grand commentateur des débats parlementaires de l'Assemblée constituante. Le vrai, le seul problème à régler est celui des juifs de l'Est, symboles d'une étrangeté irréductible à l'égalité citoyenne. La discussion s'ouvre à leur propos en décembre 1789, sur l'attribution du droit de vote. Elle est justement célèbre parce qu'elle met aux prises les principes et les circonstances : un de ces affrontements inséparablement politiques et moraux qui font la grandeur de l'époque. Si la religion n'est plus qu'une affaire privée, comme l'a dit la « Déclaration des droits », comment exclure les juifs, n'importe quel juif, de la cité ? A cette logique imparable l'abbé Maury, le principal orateur de la droite, n'oppose plus que l'étrangeté des mœurs. Mais l'abbé Grégoire, dont Robert Badinter parle si bien, réitère la conviction qui aura une si longue vie dans la démocratie française : que c'est la persécution, elle seule, qui met les juifs à part. Et Clermont-Tonnerre, un des meilleurs esprits de l'Assemblée, définit la doctrine de l'émancipation : « Refuser tout aux juifs comme nation, et accorder tout aux juifs comme individus. » Le prix de la citoyenneté est l'abandon des juridictions communautaires : pas de nation dans la nation.

Dans le vote de janvier 1790, néanmoins, la Constituante hésite à sauter le pas. Elle restreint le droit de vote aux juifs sépharades du Midi, sans prendre aucun risque puisqu'il s'agit d'une confirmation. Pourtant les constituants n'échappent pas au génie abstrait et déductif de la Révolution : un peu moins de deux ans après, en septembre 1791, au terme d'un « lobbying » que Robert Badinter retrace dans le détail, les juifs de l'Est seront à leur tour émancipés.

---

LIBRES ET ÉGAUX... L'ÉMANCIPATION DES JUIFS 1789-1791,
*par Robert Badinter, Fayard.*

---

## UN SIÈCLE D'AFFAIRE DREYFUS

*10 mars 1994*

Ce qui rend l'affaire Dreyfus si difficile à raconter n'est pas seulement sa double complexité, comme fait-divers et comme événement politique. C'est aussi qu'elle mêle constamment les différents niveaux dont elle est faite : l'histoire militaire, judiciaire, politique, intellectuelle, celle d'un homme, d'une famille, d'une société, d'une nation. Par chance, ce dédale a trouvé son guide, en la personne de Jean-Denis Bredin : si bien qu'en cette année du centenaire les Français vont pouvoir, à l'aide de son gros livre tout juste réédité et refondu, s'orienter dans ce labyrinthe. Ceux d'entre eux qui, cédant à l'esprit du temps, seraient découragés par les huit cents pages du Bredin peuvent se rabattre sur les cent pages de Vincent Duclert à La Découverte, qui constituent à leur manière et dans le genre de la miniature un tour de force de clarté concise. A moins que, alléchés par l'excellent petit livre, ils ne se lancent dans le récit fluvial de Bredin, ce qui serait l'idéal.

Car ce gros ouvrage se lit comme un roman, descendant le fil dont il décompose les multiples éléments au fur et à mesure que ceux-ci, en se mêlant, constituent un événement politique fondamental. L'auteur a trouvé la meilleure manière de peindre une histoire qui possède tant de rebondissements et des facettes aussi nombreuses : une multiplicité de chapitres courts. Ainsi, il peut rester fidèle à l'entrelacement des faits et des hasards qui fabriquent en quelques années ce qu'on appellera « l'affaire Dreyfus », et qui en métamorphosent en cours de route la nature. Ce qui lui permet aussi, pour le plaisir du lecteur, de marier sa précision d'historien à son talent de romancier.

Au départ, le fait-divers judiciaire, concocté en 1894 au sein des services de renseignement français — la section de statistique — avec l'aide du ministre de la Guerre, Mercier, ressemble à une conspiration militaire. Un petit groupe d'officiers du service, Sandherr, Henry, du Paty de Clam, couverts par l'état-major, s'auto-intoxique jusqu'à arrêter pour trahison leur collègue juif, le capitaine Alfred Dreyfus, sur l'examen d'un « bordereau » repêché dans les corbeilles à papier de l'ambassade d'Allemagne : l'écriture du bordereau ressemble à celle de Dreyfus. Dès l'origine, toute la procédure respire l'illégalité : l'arrestation dramatique, avec la fameuse scène de la « dictée », pour authentifier l'identité des écritures, alors que celle-ci est tenue d'avance pour certaine ; la mise au secret de Dreyfus à la prison du Cherche-Midi, les interrogatoires bâclés, l'expertise graphologique fantaisiste, l'ensemble étant couronné par une condamnation à la déportation obtenue grâce à la communication secrète d'un document truqué aux juges du conseil de guerre. En pleine IIIe République, l'épisode en dit long sur la fragilité de l'État de droit en France, et sur l'extraordinaire pouvoir d'intimidation qu'y possède l'armée sur l'autorité civile, au nom de la passion nationaliste.

Seule ou presque, au départ, la famille Dreyfus, épouse et frère en tête, flaire la machination, sans avoir les moyens de la prouver. Mais deux événements vont la sortir de cet isolement. Le hasard d'une nomination militaire introduit le soupçon à l'intérieur du saint des saints : le commandant Picquart, qui succède en 1895 au colonel Sandherr à la tête du service de statistique, découvre à la faveur d'un nouveau document, puisé à la même source que le bordereau (le « petit bleu »), non seulement que le commerce des renseignements de l'armée française vers l'ambassade d'Allemagne continue, mais qu'il a pour pivot le commandant Esterhazy — dont l'écriture s'avère être la même que celle du bordereau de 1894. Il faut lire dans Bredin le chapitre consacré au commandant-comte Walsin-Esterhazy, descendant par la main gauche d'une vieille noblesse hongroise, reître professionnel qui s'est trompé d'époque, mercenaire égaré dans une armée nationale, mythomane paresseux et charmeur, toujours à court d'argent, un peu escroc, un peu maquereau, type accompli d'une bohème militaire qui se survit dans l'âge bourgeois, et que le besoin conduit finalement à frapper à la porte de l'ambassade allemande.

Avec lui commence la deuxième phase de « l'Affaire ». Elle conduit les comploteurs de 1894 à étayer leur « dossier », pour contrer les révélations de Picquart. Car il ne suffira pas de faire éloigner ce dernier de Paris. Il faut encore, pour être vraiment à l'abri, pouvoir produire un document massue. Celui-ci n'existe pas : on va le fabriquer. C'est le « faux Henry », réalisé par l'homme en second du service de statistique dans la nuit du 31 octobre au 1er novembre 1896, en intercalant le nom de Dreyfus à l'intérieur d'une lettre également dérobée à l'attaché militaire allemand à Paris. Le truquage de 1894 a entraîné celui de 1896. L'état-major, qui suit les hommes du service de statistique, s'enferme aussi dans leur logique. Il se barricade derrière un empilement de mensonges, dont chacun le rend au contraire plus vulnérable. La cause de Dreyfus ne mobilise encore qu'un très petit nombre de gens — Bernard Lazare, Joseph Reinach en tête — mais au milieu de 1897 elle s'agrège son premier homme politique, le sénateur alsacien, et protestant, Scheurer-Kestner.

A l'automne, quelque chose comme un mouvement prend figure, quand Clemenceau, Zola puis Jaurès entrent dans le combat pour Dreyfus. L'affaire Esterhazy est devenue publique, comme offrant la clé de l'autre.

L'état-major peut bien faire acquitter l'aventurier en janvier 1898, la droite nationaliste peut bien encore faire condamner Zola peu après en punition de son « J'accuse », la troisième phase de l'affaire a le caractère inévitable de la vérité, dès lors que le dossier Dreyfus a pu être arraché au silence de la raison d'État. Sorti du huis clos des bureaux et des faussaires, comment tiendrait-il ? Le caractère secret des documents montrés aux juges de 1894 et cachés à la défense de Dreyfus suffit à entraîner une révision. En août 1898, c'est par le cabinet du ministre de la Guerre, pourtant hostile aux dreyfusards, qu'est découvert le faux Henry de 1896. L'affaire est loin d'être terminée, mais elle est désormais politique. Non pas, pour autant, moins intéressante ; mais d'un ordre moins extraordinaire que ces quatre années qui séparent le procès du capitaine Dreyfus du suicide du commandant Henry, pendant lesquelles un si petit nombre d'hommes, disposant de si peu d'appuis et d'informations, fait éclater l'innocence d'un condamné contre les deux formidables puissances que sont l'État et l'opinion coalisés.

Que cette préhistoire héroïque de l'Affaire, précédant son entrée en fanfare sur la scène publique, passionne encore les historiens, je n'en veux pour preuve que le livre de Jean Doise, *Un secret bien gardé. Histoire militaire de l'affaire Dreyfus*, paru au Seuil, puisque l'auteur y avance une nouvelle thèse sur Esterhazy. Non qu'il doute de la machination contre Dreyfus ou qu'il remette en cause le mépris dans lequel la plupart des auteurs ont tenu le caractère de l'auteur véritable du bordereau. Mais, faute d'aveux formels, le personnage d'Esterhazy se trouve périodiquement au centre de nouvelles investigations. A en croire Jean Doise, celui-ci n'a offert ses services aux Allemands qu'en service commandé, et en mission d'« intoxication ». L'affaire Dreyfus serait née du croisement inattendu de deux intrigues. D'un côté, Dreyfus aurait été dénoncé dès 1894 au service de statistique par une lettre venue d'Alsace, faisant état des séjours familiaux du capitaine à Mulhouse. De l'autre, l'état-major français aurait monté une « intox » à destination de l'attaché militaire allemand à Paris, « intox » dont Esterhazy aurait été l'instrument consentant. Si le fameux bordereau de 1894, écrit par lui, fait état du canon 120 C, c'est pour cacher aux Allemands l'intérêt passionné que l'armée française porte à l'époque à la mise au point du canon de 75. De sorte que le document dérobé aurait eu deux usages : tromper l'adversaire sur l'évolution de l'armement français, et arrêter Dreyfus, mais sur la foi d'une dénonciation venue d'ailleurs.

L'hypothèse serait plus convaincante si l'auteur en disait plus long sur cette lettre venue d'Alsace, au lieu d'en déduire l'existence de propos postérieurs et ambigus sans en produire aucune preuve.

L'affaire Dreyfus naît au sein de la société militaire, et même dans ce concentré qu'en offre un service de renseignement, auréolé, dans la paix comme dans la guerre, du contact quotidien avec l'ennemi, et par là justifié d'avance dans tout ce qu'il entreprend. Un jeune homme d'aujourd'hui ne peut imaginer de quelle vénération l'armée était alors entourée dans l'opinion. Refuge des enfants de l'aristocratie, elle était aussi la promesse d'une revanche sur l'Allemagne. A travers elle, l'ancien monde social avait trouvé son insertion dans la nation moderne ; plus encore que ses rejetons, ses traditions y avaient trouvé un prolongement de vie. Les Français pouvaient y aimer, réconciliés par l'idée nationale, l'aristocratie et la démocratie.

Microsociété à statuts, dont l'avancement dans les grades est le côté cour et la gloire nationale le côté rue, l'armée partage contre les juifs les préjugés anciens et modernes. Catholique, imbue d'esprit aristocratique, elle ressent ceux-ci comme des étrangers. Nationale, incarnation de la patrie, elle les craint comme une menace. Même sorti de l'École de Guerre, le capitaine Dreyfus n'est un vrai soldat ni pour l'officier de caste ni pour l'officier sorti du rang ; ni pour le commandant du Paty de Clam, son interrogateur, issu d'une grande famille d'Ancien Régime, ni pour le commandant Henry, son persécuteur, le brave soldat de 1870. L'aristocratie et le peuple font cause commune contre ce capitaine fils de bourgeois riches, sorti des écoles — et juif par surcroît, étranger même à la nation. Barrès, hélas, pensera et dira à peu près la même chose.

Dans cette galerie de portraits militaires, l'exception, et même l'énigme, n'est pas Dreyfus lui-même mais Picquart. Dreyfus, on le sait, n'est pas dreyfusard : ses partisans découvriront avec stupeur, à son retour de l'île du Diable, quelqu'un qui n'a pas souffert comme eux, bien qu'il ait souffert plus que quiconque. Qu'on lise son journal de captivité, qui vient d'être republié. C'est le cri, bouleversant, d'un officier injustement condamné : non pas d'un officier juif, mais d'un officier français, de qui l'honneur a été bafoué par une erreur judiciaire. Personnage tragique qui refuse de sortir d'une vie ordinaire, Dreyfus tire son énergie farouche de cette étroitesse même.

Picquart, lui, choisit d'entrer dans la tragédie. Alsacien, comme Dreyfus, mais catholique, il n'aime pas beaucoup les juifs, comme un bon officier d'époque, et il sait où il met les pieds quand il découvre que Dreyfus a été condamné à la place d'Esterhazy. Alors pourquoi ? J'ai sous les yeux une esquisse de sa biographie encore inédite, rédigée par les soins d'un petit-neveu, M. Pierre Gay, et j'y trouve une vie jusque-là tout entière organisée autour du métier militaire ; une famille traditionaliste, une vocation précoce, Saint-Cyr, l'Algérie, le Tonkin, commandant à trente-trois ans. Un officier cultivé, au surplus, sachant bien plusieurs langues, amoureux de littérature et de musique. Son choix de 1896 défie les lois de la sociologie militaire. Comme les hommes qui se ruinent pour une femme qui n'est pas leur « genre », le commandant Picquart ira en prison pour une cause dont il n'était pas le héros naturel. La carrière militaire le rattrapera plus tard, puisqu'il sera ministre de la Guerre du gouvernement Clemenceau — mais dix ans après qu'il eut accepté d'y renoncer par amour de la vérité.

L'Affaire est en réalité terminée en 1899-1900, avec la cassation de la condamnation de 1894, le retour du condamné, le nouveau procès de Rennes (août 1899), suivi d'une nouvelle condamnation aussitôt assortie de la grâce présidentielle, préambule d'une amnistie de tous les acteurs — c'est-à-dire avant tout des coupables —, en 1900. La réhabilitation juridique de Dreyfus n'interviendra qu'en 1906, par un arrêt de la Cour de cassation. Mais le droit retarde sur le fait : le jugement du conseil de guerre de 1894 a reçu dans l'opinion un coup décisif de la révélation du faux Henry. Ce qui s'est passé à partir de là dépasse Dreyfus, bien que son martyre en soit le point de départ ; et d'ailleurs Dreyfus s'en séparera lui-même, quand il acceptera l'année suivante de renoncer à son recours en révision contre le jugement de Rennes en échange de la grâce présidentielle.

Ce qui a commencé à la fin de 1898 est moins un combat pour que soit reconnue l'innocence d'un condamné qu'une bataille politique acharnée qui renouvelle les éléments de l'affrontement gauche-droite : la démocratie contre l'antisémitisme, les droits de l'homme contre la raison d'État, la justice contre l'ordre. La scène politique française va s'en trouver transformée en un an. Le ministère Waldeck-Rousseau, formé en juin 1899, constitue le premier signe de la victoire de la gauche dreyfusienne sur la droite nationaliste.

Ces deux années — 1899 surtout, et 1900 — où culmine l'Affaire dans l'opinion publique sont un des observatoires préférés des historiens des passions politiques françaises : un fait-divers militaire, coupant la nation en deux, quelle meilleure radioscopie de l'état des esprits ? Sur le sujet, le Bredin encore, le Bredin toujours, offre la meilleure chronique, puisée aux bonnes sources ; et le lecteur pourra y ajouter, dans les republications récentes, la préface de Vidal-Naquet au *Journal* de Dreyfus, car elle fait bien comprendre le dilemme et la division des dreyfusards au moment du jugement de Rennes. Mais il vient de paraître aussi, chez Gallimard, sous la direction de Pierre Birnbaum, un vaste recueil d'essais sur *La France de l'affaire Dreyfus*. C'est là qu'il faut aller chercher les études les plus récentes.

L'ouvrage mêle des études de corps professionnels — militaires, avocats, magistrats, préfets —, des monographies politiques locales, l'examen des confessions religieuses et des classes sociales à l'heure de l'Affaire. Il va donc plus loin que la sociologie des intellectuels qui a été jusqu'ici le terrain favori des historiens ; il étend sa curiosité à toute la société. A l'époque, en décembre 1898, une souscription ouverte pour venir en aide à la veuve du commandant Henry avait réuni en moins d'un mois vingt-cinq mille dons : les noms, les milieux et les commentaires des souscripteurs servent encore ici de points de départ aux enquêtes, qui brodent tout autour une information beaucoup plus riche et nuancée.

Prenons par exemple l'article d'Yves Lequin, consacré au monde ouvrier. Ce n'est pas assez de dire que le sort du capitaine Dreyfus n'a pas bouleversé les usines ou les ateliers dans la France de la fin du siècle. Au moment, pourtant tardif, où Jaurès fait sienne la cause de Dreyfus et commence sa longue marche pour marier l'idée socialiste à l'idée républicaine, bien des ouvriers, plus qu'aux idéaux de 1789, sont sensibles à la xénophobie et à la propagande antisémite. Même du côté des socialistes ou des anarchistes, le capitaine Dreyfus passe souvent plus pour un bourgeois juif que pour un martyr persécuté par l'armée. Reste que les attaques des nationalistes contre la République, dans les premiers mois de 1899, rangent les organisations ouvrières du côté du dreyfusisme : mais c'est pour y retrouver, comme ministre de la Guerre du ministère Waldeck-Rousseau, le général de Galliffet, le fusilleur de la Commune.

Dreyfusards contre antisémites, républicains contre catholiques, défenseurs de 1789 contre nationalistes : l'affaire Dreyfus organise bien autour d'elle ces affrontements binaires, dont il ne serait pas difficile d'allonger la liste. Mais si, au tournant du siècle dernier, elle possède, sur le tard, une telle puissance de recomposition de la vie politique nationale, dans la distribution des partis, des alliances et des idées, c'est qu'elle s'inscrit dans une mutation profonde, qu'elle habille et qu'elle cache à la fois. Telle est l'idée vers laquelle tendent les études savantes présentées par Pierre Birnbaum. La France de cette époque vit encore du conflit entre la Révolution et l'Ancien Régime quand elle doit affronter une angoisse nouvelle de la dislocation sociale : celle qui est inséparable de la société vraiment moderne. Les juifs en sont les symboles et les boucs émissaires. La réhabilitation du capitaine Dreyfus et la formation du bloc des gauches ne mettront pas un terme à cette histoire.

---

L'AFFAIRE,
*par Jean-Denis Bredin, Fayard-Julliard.*

LA FRANCE DE L'AFFAIRE DREYFUS,
*sous la direction de Pierre Birnbaum, Gallimard, « Bibliothèque des Histoires ».*

CINQ ANNÉES DE MA VIE,
*par Alfred Dreyfus, préface de Pierre Vidal-Naquet, La Découverte.*

UN SECRET BIEN GARDÉ, HISTOIRE MILITAIRE DE L'AFFAIRE DREYFUS,
*par Jean Doise, Seuil.*

L'AFFAIRE DREYFUS,
*par Vincent Duclert, La Découverte, « Repères ».*

REGARDS SUR L'AFFAIRE DREYFUS,
*par Daniel Halévy, éditions De Fallois.*

# III

# LE PHÉNOMÈNE COMMUNISTE

## QUAND L'IDÉOLOGIE DEVIENT FOLLE...

*9 octobre 1972*

Il ne faut pas lire ce livre comme un bon Français d'aujourd'hui, propriétaire d'une histoire contemporaine lisse et simple. Il ne faut pas entrer dans cette histoire du stalinisme comme quelqu'un qui aurait vécu simplement nos petits déchirements nationaux, de Gaulle ou Pétain, la guerre d'Algérie, celle des Républiques. Tout cela était dramatique mais pas sérieux : la preuve, c'est que les traces, dans la conscience nationale, en sont comme effacées et que M. Pompidou a remarié sans grande difficulté toutes ces France un instant divorcées. Au temps où les Français « ne s'aimaient pas », comme dit le président de la République, chacun des camps en présence continuait — Dieu sait ! — à aimer la France et à en cultiver une image finalement assez proche de celle de l'autre camp, sinon commune. L'histoire de France ne s'était pas perdue.

Ce dont nous parle Roy Medvedev est autrement grave et tient en une constatation simple : l'Union soviétique d'aujourd'hui, tout comme l'Allemagne, n'a pas d'histoire contemporaine. La comparaison avec l'Allemagne suggère qu'il y a à cet état de choses des raisons plus profondes que la censure : car rien, sinon eux-mêmes, n'a empêché depuis vingt-cinq ans les historiens allemands de nous donner une histoire du nazisme. C'est pourquoi le courage intellectuel de Roy Medvedev est encore plus admirable que son courage politique.

L'Union soviétique n'a plus d'histoire depuis le fameux jour de 1956 où Khrouchtchev, au XX^e^ congrès, a déchiré, dans le temps d'un discours, tous les manuels en usage. Roy Medvedev a entrepris de lui en redonner une, et tout son effort tient dans les quelques mots qui terminent son livre : « On n'a pas encore fini de purifier le mouvement communiste ni de déblayer toutes les couches de l'ordure stalinienne. Il reste qu'il faut aller jusqu'au bout. »

Autant dire que ce livre d'histoire a eu, en Union soviétique, une histoire. Roy Medvedev est le frère jumeau du biologiste Jaurès Medvedev, qui a raconté dans un livre passionnant toute l'affaire Lyssenko. Fils d'un philosophe arrêté en 1937, et qui mourut dans le camp de Kolyma en 1941, il est, comme son frère, un représentant typique de cette intelligentsia soviétique contestataire qui a pris le XXe congrès au sérieux.

Comme Georges Haupt l'indique dans sa préface, Roy Medvedev adhère au PC d'après le XXe congrès, au PC qui lui a restitué son père (réhabilité peu après) et donc rouvert à la fois le passé et l'avenir. Dès lors, il participe activement au mouvement dit des « démocrates du Parti », qui a dû être (qui est ?) une bien étrange aventure dans le Moscou des années 60. Les vieux bolcheviks rescapés des camps y côtoient les intellectuels de la génération suivante, et cette résurrection de l'intelligentsia dans l'histoire russe cherche des antennes à l'intérieur du Parti.

Roy Medvedev s'explique là-dessus très clairement dans son dernier livre, qui vient aussi de paraître en français [1] (et qui circule clandestinement en URSS) ; il distingue à l'intérieur du PC de l'URSS trois tendances : les néo-staliniens, nationalistes et réactionnaires, qui cherchent à effacer la parenthèse khrouchtchévienne et à revenir au « bon vieux temps ». Les « conservateurs modérés », qui naviguent au plus près, hostiles à la réhabilitation de Staline, mais refusent aussi de rien abandonner des méthodes traditionnelles de la dictature du Parti : c'est le groupe au pouvoir, la « plaine » ou le « marais » de la Révolution russe ; Brejnev est le patron provisoire de ce syndicat de bureaucrates agrippés à un héritage complexe.

Enfin, Medvedev situe à la gauche du Parti le courant des « démocrates », pour qui la dictature totalitaire est une déviation du léninisme, et qui cherche à démocratiser la vie politique soviétique tout en restant fidèle à ses origines. Bref, Medvedev n'est pas un désespéré, un esprit apocalyptique, comme l'héroïque Amalrik ; mais je me demande qui est le plus admirable, dans l'Union soviétique d'aujourd'hui, du chrétien « radical » ou du marxiste « révisionniste ».

Le combat des « démocrates » a connu plus de bas que de hauts. La fin des années 60, notamment, a vu se multiplier les procès politiques pour délits d'opinion, les internements des intellectuels non conformistes ; la guerre des Six-Jours a ravivé

1. *De la démocratie socialiste*, Grasset.

l'antisémitisme d'État ; l'invasion de la Tchécoslovaquie, dans l'été de 1968, marque probablement une concession capitale des « conservateurs modérés » aux « néo-staliniens ». Dans les années noires, une seule victoire : au printemps de 1970, Roy mobilise la communauté scientifique soviétique pour sauver son frère Jaurès, conduit de force, sous prétexte d'examen, dans son hôpital psychiatrique ; le pouvoir est obligé de céder et de relâcher Jaurès. Entre-temps, Roy a été exclu du Parti parce que, après avoir écrit son livre sur le stalinisme, il a soumis son manuscrit au comité central. Verdict : « Sous l'apparence d'une critique du culte de la personnalité de Staline, l'auteur calomnie le système social soviétique. » Rideau. Le livre paraît en Occident : preuve que Roy Medvedev, etc., le lecteur aura fini la phrase, bouclé la terrible boucle.

C'est que ce livre touche l'*establishment* soviétique au point sensible : Staline. Il faut, à toute société, et plus encore aux sociétés récentes nées d'une révolution, un minimum de consensus sur leurs origines, c'est-à-dire sur leur histoire. Or l'Union soviétique fait à cet égard penser à la France post-robespierriste : les thermidoriens ne pouvaient ni renier complètement la Terreur, à laquelle ils avaient participé, ni l'accepter pleinement, sous peine de remettre en question le 9 Thermidor. Ils tenaient leur pouvoir, inséparablement, de ce que la Terreur avait eu lieu et de ce qu'elle était terminée. Aussi bien sont-ils parvenus, dans la complicité tacite de l'amnésie générale, à *jouer* un double rôle historique. Mais ils n'ont jamais pu le *penser*, et ont échoué par là même à créer une légitimité. Nouveau Barras, Brejnev est un peu dans la même situation, prisonnier d'un héritage qu'il ne peut ni renier ni accepter. Comme les centaines de milliers d'*apparatchiki* dont il incarne les intérêts et les souvenirs, il a besoin, avant tout, du silence ; tout ce qui brise ce silence menace effectivement « l'ordre », en atteignant l'immense amnésie de mauvaise conscience qui berce une société fragile.

C'est dans cette espèce de vide intellectuel, mal rempli par le *bruit* de l'idéologie, que Roy Medvedev a reconstruit l'histoire du stalinisme. Pas une histoire officielle : une histoire vraie, si ce mot, pour une fois, peut signifier quelque chose. Medvedev a lu la plupart des livres écrits sur le sujet en Occident ; il n'ignore rien des nuances entre les différents courants oppositionnels de la IIIe Internationale qui ont alimenté cette littérature depuis les années 30, du trotskisme au post-khrouchtchévisme.

Et, s'il manque à sa biographie quelques ouvrages universitaires anglo-saxons, ce doit être plutôt par prudence que par ignorance. Car Medvedev brise délibérément l'affreuse litote du « culte de la personnalité ». Il appelle les choses par leur nom : la Terreur. Il leur donne leur dimension : une terreur de masse, des millions de morts. Il en décrit les résultats : la liquidation du Parti. Il désigne le responsable : Staline. Le constat est donc sans complaisance : « Aucun tyran, aucun despote de l'histoire n'a massacré et persécuté un aussi grand nombre de ses compatriotes. »

Qu'est-ce qui donne à cette terrible petite phrase une sorte de résonance infinie qu'elle n'aurait pas, disons, si elle était écrite par Thierry Maulnier ? Ce n'est pas seulement que, sous la plume d'un citoyen soviétique d'aujourd'hui, elle témoigne d'un héroïsme intellectuel et civique. C'est qu'elle est parcourue du frémissement d'espérance qui accompagne le sentiment d'avoir touché le fond du désespoir. Roy Medvedev n'a pas seulement lu, de seconde main, des ouvrages sur le stalinisme. Cette histoire, c'est son enfance et sa jeunesse, la mort de son père, les camps, la guerre, mal préparée, gagnée davantage par les sacrifices du peuple que par la clairvoyance du chef. Et puis, quand Roy avait tout juste trente ans, le fameux discours de Khrouchtchev au XX$^{e}$ congrès ouvre les camps et les bouches : c'est le retour des vieux bolcheviks qui ont survécu, l'interminable discussion du comment et du pourquoi, la naissance de toute une tradition orale soigneusement recueillie par notre historien et qui donne à son livre une exceptionnelle valeur documentaire.

A lire, par exemple, l'extraordinaire témoignage d'un rescapé de vingt-quatre années de camp, Jakoubovitch, condamné en 1931 pour appartenance à un fantasmatique « bureau national menchevik », on peut voir à quel point le système judiciaire de la Terreur, combinant torture physique, privation de sommeil, démence logique, chantage intellectuel et moral, est au point dès cette époque, et que rien ne lui sera ajouté.

Le malheureux Jakoubovitch, ancien dirigeant de l'Office des produits industriels, a donc « avoué » être une des pierres angulaires du complot antisoviétique d'un « bureau national menchevik ». Mais il faut encore « meubler » cet organisme ! L'enquêteur confronte alors Jakoubovitch avec un autre fonctionnaire arrêté, Teitelbaum, inculpé, lui, de corruption. Teitelbaum, à qui le choix est donné, préfère le crime politique à la délinquance de droit commun, et l'étrange dialogue se noue : « Camarade Jakoubovitch, je t'en supplie, accepte-moi au bureau national.

Je préfère mourir en contre-révolutionnaire qu'en vulgaire escroc. » A ce moment, Apresian (l'enquêteur) entra dans la pièce. « Eh bien, vous êtes-vous mis d'accord ? », me demanda-t-il avec un sourire sarcastique. Je restai silencieux. Teitelbaum fixa sur moi un regard désespéré et suppliant. « Je suis d'accord, dis-je, et te confirme que Teitelbaum a bien fait partie du bureau national. »

A travers mille exemples de ce genre, Roy Medvedev est ainsi le greffier exemplaire d'une société sans archives, et pourtant malade de sa mémoire. A l'Union soviétique d'aujourd'hui, il restitue non pas l'une des interprétations possibles de son histoire contemporaine, mais d'abord son passé brut, toujours vivant, indéracinable : rien que cela mérite un immense, un respectueux coup de chapeau. C'est pourquoi je me sens peu de goût pour discuter, comme si nous étions avec lui dans un séminaire feutré de Princeton ou de l'École pratique, de la part d'interprétation que comporte son livre, et, pour reprendre à cette occasion le « topo » académique sur les responsabilités respectives de Lénine et de Staline, sur la question de savoir si la Terreur stalinienne était en germe ou non dans l'interdiction des fractions prononcée au X^e congrès du parti bolchevik... Cette « histoire du stalinisme » n'est pas un livre académique ; c'est l'irruption du langage vrai dans l'idéologie devenue folle.

---

LE STALINISME,
*par Roy Medvedev, Seuil.*

---

## UNE BOUTEILLE À LA MER

*5 août 1974*

Édouard Kouznetsov est ce jeune Soviétique qui fut la figure de proue du « procès de Leningrad », il y a bientôt quatre ans. Il était l'animateur d'un projet rocambolesque destiné à faire passer quelques dizaines de ses compatriotes en Israël, via Stockholm : il s'agissait de détourner un des petits avions réguliers qui font la navette entre Leningrad et le lac Ladoga. La petite troupe projetait de ficeler le pilote, d'installer un des siens aux commandes de l'appareil et de mettre le cap sur la Suède.

Mais l'affaire est éventée depuis longtemps et le KGB coffre tous ces conjurés amateurs sur la route de l'aéroport. Le procès a lieu en décembre 1970, avec gros accompagnement de tambour antisioniste. Kouznetsov est condamné à mort, en même temps que l'un des coïnculpés. Il a trente et un ans.

C'est l'époque du procès de Burgos, et la vague d'indignation qui se lève contre l'injustice espagnole sert aussi, pour une fois, les condamnés de Leningrad. Même les gouvernements s'émeuvent et l'Élysée intervient. Moscou fait machine arrière, stoppe la campagne antisioniste en cours, commue les peines capitales en quinze ans de bagne. Kouznetsov s'y trouve donc depuis 1971.

C'est de là qu'il nous envoie ce livre improbable et déchirant, bouteille à la mer qui touche à son rivage ! C'est de là qu'il a réussi à faire sortir cette centaine de feuillets dactylographiés incroyablement surchargés (près de soixante lignes par page), sans marges, sans alinéas, sans titres, sans autre fin qu'un mystérieux prénom — Serguei — sur quoi s'achève, provisoirement, ce texte, en novembre 1971. Ce sont les « souvenirs de la maison des morts » du XX^e^ siècle. La prison, le procès, l'attente sinistre, enfin le bagne.

Ce *Journal* n'est pas triste, ou accusateur, ou ce qu'on voudra. Il est au-delà. Il ne partage aucun des espoirs entretenus par les grandes figures de l'opposition soviétique, ni le patriotisme russe de Soljenitsyne, ni le progressisme libéral de Sakharov, moins encore le révisionnisme marxiste de Medvedev. Il n'est même pas sioniste, lié à une communauté d'attente et de culture. Il est tout entier jugement, refus, solitude assumés, mélange extraordinaire d'extrême intelligence et de désespoir absolu. S'il s'adresse à quelqu'un, s'il interpelle quelque chose, c'est plus l'histoire à venir que nous autres, ses contemporains ou notre monde, dont, visiblement, il n'attend rien que la persécution ou l'indifférence — les deux grandes images d'autrui, dans l'expérience de ce jeune intellectuel soviétique.

Kouznetsov, né d'un père juif, mort peu après sa naissance, a été élevé par une mère russe dont il porte le nom de jeune fille, repris par elle en 1953. On devine une enfance déchirée par le problème juif et les grandes persécutions de la fin de la période stalinienne, et puis l'absence du père juif, la lâcheté de la mère russe, autour de quoi se préparent les choix de l'enfant : c'est un peu l'histoire du jeune Peter Schiefert[1], à ceci près qu'ici c'est le père, et non la mère, qui est juif. Mais, dans les deux cas, le judaïsme reste le recours contre le spectacle du monde.

« Quand j'eus seize ans et reçus mon passeport, écrit Kouznetsov, pouvais-je deviner, komsomol godiche, la situation équivoque où j'allais me mettre en cédant aux instances de ma mère pour que je m'y déclare russe ? C'est en constatant les manifestations de l'antisémitisme viscéral des masses et leur coïncidence avec certains aspects de la politique de l'État, après avoir assez mûri pour penser par moi-même, que je tins pour mon devoir de rallier les persécutés. » Et ailleurs : « Je ne sais quoi me pousse aujourd'hui à honnir mes ancêtres en ligne maternelle. Cela me prend parfois. Comme si le tord-boyaux patriotard qu'on nous ingurgite depuis le berceau me remontait à la gorge. »

Kouznetsov n'est donc pas un juif ordinaire (au vrai, il n'est même pas juif du tout au regard de la loi juive). L'excellente présentation de Jean Cathala, remarquable préfacier et traducteur tout à fait exceptionnel, permet de reconstituer l'histoire de ce que les tribunaux de Brejnev appellent son « sionisme » : c'est le refus d'être russe, le choix « sartrien » d'être juif en face de l'oppression. Le jeune Kouznetsov fait ses études de philosophie à Moscou à la fin des années 50 ; profitant du dégel khroucht-

1. *L'oiseau n'a plus d'ailes*, Gallimard, coll. « Témoins ».

chévien, il participe à l'agitation libérale de petits groupes d'étudiants ; emporté par le reflux, il est arrêté en 1961 pour « agitation et propagande antisoviétiques » : sept ans de détention. Il sort du bagne en 1968 en exigeant un passeport juif, qui lui est refusé.

Ce Russe malgré lui épouse alors une juive militante, et le couple, qui vit désormais à Riga, demande à partir pour Israël. Mais comment obtiendra-t-il, lui, sa *kharaktéristika*, cette pièce indispensable au départ, qui est une attestation de civisme délivrée par l'employeur et contresignée par le syndicat et la cellule du Parti ? Il court un peu partout : en vain. D'où l'aventure de l'avion, dans laquelle sa femme écope aussi de dix ans.

C'est une aventure-suicide, mal préparée, imprudemment exécutée : le maximum de risques, avec des chances minimes. Mais, d'une certaine manière, Kouznetsov ne le regrette pas : depuis qu'il a goûté, entre vingt-deux et vingt-neuf ans, à l'envers du monde soviétique, il ne s'y supporte pas à l'endroit — c'est-à-dire en liberté, dans le mensonge de la mythologie officielle. Il faut qu'on le laisse sortir d'URSS ou qu'on l'y enferme. Prisonnier, il préserve au moins son droit à l'étrangeté sans avoir de concessions à faire à personne. L'argot des prisons qu'il parle avec les maquereaux est une langue moins menteuse que celle de la *Pravda* ; c'est, comme dans Genet, le drapeau de sa solitude.

En ce sens, Kouznetsov est un anti-Soljenitsyne. Aussi athée que l'autre est croyant. Aussi anarchiste que l'exilé de Zurich croit à l'ordre. Juif par haine de la Russie, alors que Soljenitsyne est nationaliste par amour pour elle. Le procureur de *L'Archipel du goulag* a institué son tribunal de Nuremberg pour les crimes du régime soviétique ; mais c'est aussi pour en disculper l'histoire russe, le peuple russe. Kouznetsov ne nourrit pas cet espoir, ou cette illusion : « J'estime que la culture politique du peuple russe appartient au type dit despotique. Les variations historiques de ce type structurel ont été de faible amplitude : Ivan le Terrible et Pierre I^er^ en délimitent le cadre. Et je vois dans le pouvoir soviétique l'héritier naturel de ces deux souverains, chacun idéal en son genre pour la Russie. Me considérant comme juif, aussi peu enclin à exercer le pouvoir qu'à m'y soumettre docilement, ayant abandonné l'espoir d'une démocratisation radicale — dans un avenir à notre portée — d'un régime qui fut de tout temps répressif, et, en ma qualité de citoyen de ce pays, me tenant pour responsable — serait-ce indirectement — de toutes ses turpitudes, j'ai décidé de quitter l'URSS. Quant à combattre ce pouvoir soviétique, je tiens l'entreprise pour plus inutile encore qu'irréalisable, ledit pouvoir répondant aux aspirations profondes de la plus grande partie — non la meilleure — de la population. »

Où a-t-il pris, ce jeune Soviétique, cette attitude stoïcienne et cette analyse à la Custine ? Où a-t-il pris cette liberté intérieure par rapport au problème de l'émigration, qui a pesé depuis tant de dizaines, de centaines d'années, sur tant d'intellectuels soviétiques ? Où puise-t-il le courage de parler, et d'écrire, dans des conditions où survivre sans se renier constitue déjà une performance exceptionnelle ? Où puise-t-il le ton de son journal, qui mêle l'ironie tendre sur lui-même et l'indomptable lucidité ?

Les amis qui l'ont connu là-bas, dans ses brèves années de liberté surveillée, entre 1968 et 1971, me disent qu'il était hanté par le manque de livres : il demandait qu'on lui envoie Freud, Sartre, Nabokov. Même s'il n'a pu les avoir, c'est comme s'il les avait lus. Ce qu'il y a de proprement miraculeux dans ce *Journal*, c'est une sorte de réinvention de la culture vivante, un autre Pascal redécouvrant une géométrie perdue. De l'endroit où il a choisi de parler, Kouznetsov n'a plus à traverser les nuages épais du langage officiel ou à vaincre les tentations de l'habileté. Dans ce monde dont l'idéologie gâteuse a souvent contaminé jusqu'à ses adversaires, il est la figure intransigeante et juvénile de la révolte. Rarement une voix aussi pure nous est parvenue d'Union soviétique.

C'est pourquoi elle est si fragile. Le 30 avril 1971, un gardien découvre sa cachette et son trésor ; Kouznetsov se jette sur lui, reprend ses feuillets qu'il déchire en mille morceaux dans la cuvette des cabinets : passage à tabac. C'est la moindre des choses mais, surtout, il faut tout recommencer. Tout est recommencé, et puis tout est continué dans le camp où il est bientôt transféré. Cette chronique dont nous n'avons que le début, j'imagine qu'aujourd'hui même, à l'autre bout de l'Europe, dans le coin d'un baraquement, après une journée épuisante de travail et de tracasseries, Kouznetsov l'écrit pour lui, pour nous... Au moins je l'espère...

C'est pourquoi je résiste à l'envie d'en restituer l'aspect documentaire, bien qu'il y ait dans ce livre toute une sociologie des camps brejnéviens, faite avec un immense talent, et beaucoup de drôlerie triste. Dans un journal de gauche, aujourd'hui, en Occident, il est plus important d'écrire que Kouznetsov est à la fois un héros et un grand écrivain, qu'il nous est, à ce titre, précieux, qu'il faut qu'il vive libre, en URSS ou (préférablement) ailleurs.

Quinze ans, à partir du jugement de 1970, cela fait 1985. Cette idée n'est pas tolérable.

---

JOURNAL D'UN CONDAMNÉ À MORT,
*par Édouard Kouznetsov, Gallimard, coll. « Témoins ».*

---

## LE MOTEUR INUSABLE DE SOLJENITSYNE

*21 avril 1975*

En 1961, l'année où bascule sa vie, Soljenitsyne est instituteur à Riazan, à soixante roubles par mois. Il a commencé à écrire au Goulag, dont il est sorti en 1953, et il continue, pendant plus de dix ans, à noircir d'une écriture minuscule des manuscrits qu'il cache comme un trésor ; à l'écart de tout contact social, jouant au citoyen docile, à l'instituteur modèle, il fabrique fébrilement son stock de dynamite. En 1956, au moment du XX^e^ congrès, il a mis le nez dehors mais il a replongé « dans le souterrain » : il n'est pas prêt, ou bien ce n'est pas le moment. La bataille s'engage dans cette année 1961 seulement, quand il envoie à la revue *Novy Mir* le premier de ses explosifs : *Une journée d'Ivan Denissovitch.*

Ce n'est pas la liberté, ce n'est plus la terreur. Khrouchtchev règne encore, grignoté, menacé par la coalition « collégiale » des conservateurs et des prudents qui le battra l'année suivante. Au XXII^e^ congrès, il vient de relancer l'offensive contre Staline pour faire reculer ses adversaires.

Or *Novy Mir* est l'un des hauts lieux du « khrouchtchévisme ». Car *Novy Mir*, à l'époque, c'est Tvardovsky. Et Tvardovsky, ce n'est pas seulement un libéral, c'est un vrai rédacteur en chef, un vrai éditeur — la figure centrale, avec Soljenitsyne lui-même, de la chronique de ces dix années. Ce moujik coléreux, porté sur la bouteille, est un extraordinaire lecteur, à l'affût des bons manuscrits. « Candidat » au comité central, il est l'homme du Parti, il connaît les ficelles du régime, il devine les moindres signes d'« en haut », le plus petit contre-courant. Mais il aime la littérature, et Khrouchtchev, le « moujik numéro un », lui permet, depuis 1956, de concilier ces amours contradictoires.

Or c'est sur sa table qu'atterrit, un soir de décembre 1961, le manuscrit d'*Ivan Denissovitch.* Il flaire le texte de sa vie, l'emporte chez lui, se met au lit pour le savourer, se rhabille au bout de trente pages pour le déguster plus dignement : nuit d'enthousiasme solitaire, chargée d'ombres tutélaires, où commence, en même temps que naît l'astre Soljenitsyne, une liaison tumultueuse entre ces deux hommes que tout unit, la violence de caractère, la passion de la littérature et de la tradition, l'amour de la liberté, l'héritage commun de Pouchkine et de Tolstoï, mais que tout sépare, puisque Tvardovsky est un khrouchtchévien qui a intériorisé les règles du système et que l'autre a brûlé ses vaisseaux sans espoir de retour... S'il n'y avait eu que la littérature, comme ils auraient été amis ! Mais, comme toujours dans l'histoire russe, les enjeux de la littérature vont bien au-delà de la littérature : ils sont politiques et métaphysiques. Tvardovsky s'apercevra vite que son nouveau poulain n'est pas facilement manipulable ! Il ne cesse d'être exaspéré par lui, tout en l'aimant et en le soutenant.

Dans cette affaire, c'est Soljenitsyne l'homme politique, le bon léniniste, lui qui utilise les contradictions chez l'adversaire et qui prend appui sur les éléments libéraux d'un régime qu'il déteste et qu'il veut détruire. Il n'est pas question de reprendre dans le détail la matière de son livre passionnant : les péripéties de cette histoire, depuis la publication d'*Ivan Denissovitch* jusqu'au bannissement de 1974, se lisent comme un roman policier, même si on en connaissait déjà l'essentiel, grâce au livre de Pierre Daix [1].

C'est que le personnage de Soljenitsyne y apparaît avec une clarté et une densité historique nouvelles. L'auteur du Goulag n'est pas seulement le notaire méticuleux des crimes staliniens ou le prophète resurgi de la vieille Russie. C'est un formidable stratège qui connaît mieux que personne les forces et les faiblesses du régime policier. Les dépressions dostoïevskiennes et les saouleries, c'est bon pour Tvardovsky, qui est un tendre, un homme fêlé, trop libéral pour ce régime, trop compromis pour en être l'adversaire. Soljenitsyne, lui, c'est un bloc, tendu vers son règlement de compte d'ancien bagnard, obsédé par son dialogue avec Lénine, organisant patiemment son réseau, sa filière vers l'Ouest, mettant au point, comme un artificier, l'escalade de ses fusées successives jusqu'au tir final du Goulag. C'est un dur, un rusé, bourré d'énergie intérieure, alimentant son narcis-

1. *Ce que je sais de Soljenitsyne*, Seuil.

sisme littéraire du sentiment de sa mission, bref, un moteur inusable.

Parfois, on l'aimerait plus tendre ou, simplement, plus juste, par exemple quand il écrit un paragraphe un peu « frais » sur Rostropovitch, coupable de ne l'avoir hébergé dans sa datcha *que* quatre hivers. Mais il fallait probablement un esprit et un cœur de cette nature, d'abord pour survivre, ensuite pour se battre, enfin pour gagner. Traverser ce monde-là en force, et en sortir complètement intact, il y en a peu qui l'aient fait ; à travers lui, nous pouvons saluer les autres, Sakharov, Kouznetsov, Amalrik, Medvedev...

Voilà pour le « veau », avec les honneurs de la bataille. Reste le « chêne », qu'il a ébranlé, et ce n'est pas le moins étonnant de l'histoire. Le régime soviétique apparaît, en effet, tout au long du récit, comme impitoyablement policier et étrangement archaïque. L'intelligentsia contestataire, qu'elle soit révisionniste, libérale, ou (faute d'un adjectif meilleur que je ne trouve pas) soljenitsynienne, y constitue la seule interlocutrice du pouvoir, substituée en quelque sorte à tous les groupes sociaux. C'est que, plus encore qu'au XIX^e^ siècle, par suite de la véritable destruction de la société civile qu'a constituée la terreur stalinienne, il n'y a de pression sociale sur le pouvoir que celle de l'intelligentsia. Le reste de la population ne dispose même plus, comme elle, de lambeaux d'institutions ou d'instruments culturels potentiellement autonomes. C'est pourquoi cette intelligentsia est tenue en si étroite surveillance : quand un intellectuel tousse, c'est la société qui s'enrhume.

Qui tient l'œil sur le baromètre ? Le Parti, bien sûr. Mais comme, dans le Parti, on ne décide que tout en haut, toute affaire d'intellectuels remonte au comité central, au bureau politique et très vite au secrétaire général. C'est Khrouchtchev lui-même qui décide la publication d'*Une journée d'Ivan Denissovitch*, en 1961. Quant aux autres manuscrits de Soljenitsyne, lorsqu'ils tombent aux mains du Parti, on en fait un tout petit nombre de copies confidentielles, pour que les plus hauts responsables puissent en décider le sort en toute connaissance de cause. Ainsi s'établit un système de contrôle des idées apparemment extravagant, mais qui a sa vérité profonde, et selon lequel les débats au comité de rédaction de *Novy Mir* sont plus importants pour le pouvoir que ceux de l'Union des syndicats.

La rançon du système, dans la mesure où le régime ne liquide plus les opposants mais mêle à leur égard, à doses variables, l'avertissement, la tracasserie et l'arrestation, c'est l'existence plus ou moins tolérée, mais toujours soigneusement circonscrite, d'un réseau parallèle où circule librement l'information non conformiste. L'impact de Soljenitsyne sur le régime et la société soviétiques vient naturellement de son talent et de la force de ce qu'il dit. Mais il tient aussi à une utilisation géniale des circuits de communication de cette société. Mis sur orbite par le succès d'*Ivan Denissovitch* et de *La Maison de Matriona*, auteur célèbre du jour au lendemain, Soljenitsyne trouve ensuite un triple relais : la circulation clandestine de ses ouvrages interdits et de ses déclarations, la persécution bruyante de la presse officielle, l'audience internationale et le prix Nobel. Il a battu Brejnev à son propre jeu, gardant presque toujours l'initiative, acculant le régime à la maladresse, trop célèbre pour être arrêté, trop combatif pour être toléré. A côté de lui, pour ce qui est de la provocation littéraire, les surréalistes sont des enfants de chœur.

Il faut à tout prix lire les documents annexes de son livre, chefs-d'œuvre de littérature combattante et d'habileté stratégique. Soljenitsyne est un grand artiste du scandale. Il excelle à juxtaposer la langue morte de l'idéologie et sa prose abrupte et « paysanne ». Passe-t-il en jugement devant les trente secrétaires de l'Union des écrivains ? Il amène son bloc-notes comme un reporter, exaspère un peu tous ces bureaucrates, histoire de les mettre en condition, pour immortaliser les paroles d'un certain Korneitchouk : « Vous ironisez sur les voyages à l'étranger en les définissant comme des parties de plaisir ; au contraire, nous allons à l'étranger pour mener la lutte et nous en revenons rompus de fatigue, épuisés, mais avec le sentiment du devoir accompli. » O Flaubert, Bouvard et Pécuchet, au moins, étaient sans pouvoir...

Mais il faut des Korneitchouk pour que la voix de Soljenitsyne nous parvienne pour ce qu'elle est : la plus improbable et la plus nécessaire de ce monde-là. Non seulement libre mais juge ! A mille lieux du minimum de consensus requis d'un citoyen soviétique : délibérément ailleurs et touchant, pourtant, au cœur l'Union soviétique d'aujourd'hui. Soljenitsyne demande simplement — mais tout est là — que son pays accepte de penser son passé. Il menace le silence des coupables et des nostalgiques, il bouscule la roublardise du « culte de la personnalité », il mobilise la force torrentielle des mots pour débloquer, en profondeur, les contraintes lugubres du discours officiel. Du fait qu'il parle, et qu'il écrit, l'histoire russe reste ouverte : et il y a une logique à ce que son « cas » ait été, toutes ces années, traité en si haut lieu. A force de s'instituer en tribunal de Nuremberg, il a fini par figurer une opposition formidable comme un cauchemar.

Le bannissement a éloigné le cauchemar. Mais la « petite » question demeure : « Qu'est-ce que le stalinisme ? » Il n'y a probablement pas moyen d'y échapper.

---

LE CHÊNE ET LE VEAU,
*par Alexandre Soljenitsyne, Seuil.*

---

## FIN DE PARTI

*18 octobre 1976*

*La Chute finale* est un livre assez inhabituel dans la culture française d'aujourd'hui, antisoviétique sans être réactionnaire, ou Mao prophétique sans vibrato transcendantal, juvénile et sensible sans être confus, et tranquillement porteur d'une affirmation scandaleuse : ce n'est pas le capitalisme occidental mais le régime soviétique, dans son état poststalinien, qui touche à sa fin. On voit à des détails, et d'abord à ses lectures, qu'Emmanuel Todd a fait ses études chez les Anglo-Saxons, où la soviétologie est moins respectueuse que chez nous, et que la liberté de son livre est en partie faite de son exil provisoire. Mais de là à pronostiquer la fin imminente de l'empire soviétique ! Ce que personne n'imagine encore, lui il l'annonce.

Sur quelles bases ? Fragiles bien sûr, il le sait mieux que personne, puisque les statistiques publiées sont souvent fausses, les vrais voyages d'étude impossibles, les témoins rares. La méthode qu'il propose est de combiner les chiffres fiables (par exemple l'évolution du commerce soviétique avec l'Occident) avec l'anecdote, le témoignage, le « pifomètre ». J'entends d'ici murmurer les économistes de la place du Colonel-Fabien. J'aggrave mon cas : il me semble qu'Emmanuel Todd possède à la fois, assez étrangement, une allergie complète et une naïve sensibilité au monde soviétique. Il en déteste la police mais il en comprend mieux que personne la tristesse générale, la pauvreté, la détresse culturelle, les banlieues infinies que sont ces villes neuves, et les campagnes soumises à une organisation néoféodale du travail.

Ce très vieux monde n'en finit pas de décoller, siège d'un paradoxe unique dans les économies contemporaines : il combine la croissance de son taux d'investissement annuel et la stagnation du produit national. La contradiction entre ces deux données normalement complémentaires mesure ce que Todd appelle le « degré de désordre global » de l'économie, cœur de la stagnation et de la faillite du système. Double désordre, d'en haut et d'en bas, bureaucratique et ouvrier, délire de planification centralisée et résistance passive des travailleurs. En Union soviétique, la lutte des classes n'apparaît (encore ?) que sous sa forme économique : la corruption des bureaucrates et le sabotage ouvrier et paysan.

Or cet univers en crise permanente, structurelle, est soumis à un triple défi. Les nationalités non russes, les démocraties populaires, l'Occident. Le Parti, donc le régime, est aux mains des Russes et des Ukrainiens, les deux masses démographiques de l'Union, les deux vieilles nations rivales un peu réconciliées par les massacres nazis, mais le nationalisme ukrainien est probablement aujourd'hui plus fort que jamais, stimulé par les difficultés économiques. Les irréconciliables minorités européennes (pays Baltes, Polonais, juifs, Arméniens, Géorgiens) peuvent espérer ainsi, à terme, le soutien des républiques d'Asie centrale, dont la natalité galopante menacera dans vingt ou trente ans l'équilibre actuel de l'ensemble soviétique.

Autour de ce conglomérat instable, une ceinture de satellites qui, comme toute l'histoire récente du monde, ne tient que par la crainte qu'inspire l'armée soviétique. Emmanuel Todd voit dans la relative prospérité et le relatif libéralisme des démocraties populaires un des éléments fondamentaux de la rupture prochaine du système impérial soviétique. Je ne suis pas sûr qu'il n'exagère pas et cette prospérité et ce libéralisme (peut-être parce qu'il centre ses analyses sur la Hongrie, probablement le plus vivable des pays de l'Europe de l'Est). Il a peint l'URSS en noir, il décrit ses satellites en rose : l'économie polonaise ne me paraît pas en meilleure santé que l'agriculture soviétique, et la Roumanie de Ceausescu, bien qu'indépendante du Kremlin, n'a rien à lui envier en matière de « social-fascisme ». La seule grande force historique à l'œuvre dans toutes les démocraties populaires, et dans toutes les classes sociales de ce pays, ce n'est pas la liberté, hélas (bien que la liberté y soit toujours vivante), c'est le nationalisme.

Reste que ce nationalisme prend aussi, comme on l'a vu à Prague, en 1968, le visage de la liberté — et que la liberté constitue le plus grand défi au système soviétique : là est la victoire, l'annonce de l'Occident. Si l'URSS se barricade si soigneusement, même par rapport aux « pays frères », si elle interdit à ses citoyens les voitures, les voyages, les journaux, c'est qu'elle a irrémédiablement perdu ce que ses dirigeants appellent la « lutte idéologique ». C'est qu'elle est faible, archaïque, inavouable, le vieux monde de la pauvreté et du despotisme fasciné par la richesse et la liberté de l'Occident.

Todd croit que ses dirigeants savent tout cela ; il postule leur cynisme, c'est-à-dire leur détachement de l'idéologie, ce qui lui permet d'assimiler, peut-être un peu vite, le régime né de la révolution d'Octobre à un vaste empire colonial panrusse de type classique, aux mains de bureaucrates conservateurs. Bizarrement, c'est l'hypothèse optimiste : car le cynisme conduit à un minimum de rationalité et constitue la condition d'un déblocage progressif du système, par le renoncement à ses délires gestionnaires. Ce que Todd appelle le russo-poujadisme poststalinien pourrait alors évoluer sans trop de casse. Mais il peut aussi, prisonnier de cette langue imaginaire que parlent ensemble le pouvoir et la société, et qui est son idiome fondateur, chercher à vaincre les compensations de la domination militaire. La partie n'est pas jouée.

J'accorderai volontiers à Emmanuel Todd que, pour y tenir son rôle, il faut que l'Occident cesse de penser le système soviétique en termes idéologiques, comme le communisme. Cette bipolarisation du monde — capitalisme/communisme — n'a aucune réalité politique. L'Amérique l'a compris — bien tard — en ce qui concerne la Chine mais continue à l'ignorer en Europe, fascinée qu'elle est par la géopolitique et l'équilibre nucléaire URSS-États-Unis. Ce qui l'amène sinon à soutenir, du moins à consolider, « le » communisme là où il est impopulaire — non seulement en URSS mais par là même dans les pays d'Europe centrale et occidentale — et à le combattre là où il est populaire — non seulement au Vietnam mais en Italie. Cette sélection absurde des cibles, héritage posthume de Foster Dulles et de Staline, gèle aussi bien l'évolution de l'URSS que celle des autres pays communistes. Si l'on transpose à la politique un terme de vocabulaire stratégique, il me semble que l'heure est à la « riposte graduée ».

---

LA CHUTE FINALE,
*par Emmanuel Todd, Robert Laffont, coll. « Libertés 2000 ».*

---

# LA GLOIRE DE TROTSKI

*24 novembre 1988*

Aux hommes vaincus par les révolutions qu'ils ont faites l'histoire est plus douce que la vie. Elle leur accorde le bénéfice de l'action émancipatrice sans les inculper pour le mauvais tour pris par les événements, puisqu'ils en ont été victimes. De cette espèce de règle Danton a tiré tout son éclat, ainsi que ses statues sur les places de nos villes, il y a un siècle : la III^e^ République se voulait un ancêtre républicain, ce qui excluait Mirabeau, mais un républicain qui ait été victime et par conséquent innocent de la Terreur, ce qui excluait Robespierre. En cette fin du XX^e^ siècle où la Révolution russe sombre dans l'opinion avec le naufrage des espoirs qu'elle avait ouverts, la grande lueur d'octobre 1917 ne survit plus qu'à travers les hommes qu'elle a fini par vaincre, exiler, assassiner. Trotski est son Danton.

En France, Pierre Broué est par excellence l'historien du grand révolutionnaire russe. Il y a consacré toute sa vie. C'est peu de dire qu'il aime et qu'il admire son héros ; il y est si attaché qu'il le défend bec et ongles, à tous les tournants de sa vie, même quand Trotski, installé au pouvoir, fabrique lui-même le dogmatisme partisan et la militarisation de la vie sociale dont il sera ensuite la victime. La vision de l'histoire soviétique dont ce livre est fait est donc celle d'un bonne révolution, celle de Lénine et Trotski, suivie, ou plutôt trahie par le despotisme de Staline. Vision qui n'est pas sans analogie — *mutatis mutandis* — avec celle des libéraux français du XIX^e^ siècle distinguant un bon 1789 d'un mauvais 1793 et qui ne me paraît pas vraiment défendable. Staline est différent de Lénine, bien sûr, et pourtant sa dictature ne peut être entièrement coupée de ses origines. Mais l'espèce d'ingénuité avec laquelle Pierre Broué manie ce problème central est rachetée par le souffle qui porte son livre interminable comme un fleuve, et pourtant passionnant comme un roman.

La grande réussite de cette biographie tient en effet à l'heureux mariage de l'érudition et du récit, qui ne sont pas faciles à combiner. L'historien sait sur son héros tout ce qu'on peut savoir aujourd'hui, en attendant l'ouverture des sources soviétiques ; il a tout consulté, tout lu, interrogé tous les témoins. Il est bon dans tous les registres de cette vie extraordinaire, dans l'analyse des batailles d'idées entre groupuscules qui tissent la préhistoire bolchevique, dans la peinture du révolutionnaire au pouvoir et du chef de l'Armée rouge en manteau de cuir, enfin dans les combats de l'indomptable exilé. Je signale notamment au lecteur les magistrales cent cinquante pages (du chapitre 28 au chapitre 36 de la troisième partie) qui décrivent la bataille de succession de l'après-Lénine, entre 1923 et 1928, y compris l'année 1928, que Trotski passe à Alma-Ata, relégué dans la capitale du Turkestan. Sur ces années très complexes où se décide l'avenir de l'Union soviétique, et sur la manière dont Trotski en a perçu les enjeux, avec son obsession d'un « Thermidor » stalinien, il n'existe pas de travail à la fois plus synthétique, plus clair et plus savant.

A partir de là, Trotski n'est plus seulement un révolutionnaire vaincu : ce qui donne un relief exceptionnel à sa figure d'exil est qu'il reste un révolutionnaire militant, animateur inlassable d'un réseau international de partisans, pourchassé de lieu en lieu par l'implacable police secrète de Staline qui finira par l'abattre après avoir tué ses enfants et ses proches. De ce versant mélancolique de la vie de Trotski, le livre de Broué traite minutieusement la partie politique, qui est constamment au centre des activités de l'exilé. Chassé d'Union soviétique, l'ancien leader d'Octobre 1917 ne quitte pas un instant l'univers culturel du léninisme : ce qui donne à cet esprit inusable une présence constante dans les affaires du monde et une formidable fixité dans le type d'analyse proposé. Révolutionnaire qui survit à la faillite de la Révolution et qui ne cesse d'en réassembler les fils sur la même trame, ce voyageur traqué, errant de Turquie à la Norvège avant de trouver un havre au Mexique, ne vit que d'un rêve : le recommencement d'Octobre. A l'heure de son naufrage, la Révolution des Soviets a trouvé le messager infatigable de sa grandeur.

Au lecteur qui voudrait ajouter à la science de Pierre Broué des documents de première main, les hasards de l'édition offrent la republication des souvenirs de plusieurs de ses fidèles : Pierre Naville, qui fut un des jeunes « trotskistes » accourus aussitôt après l'expulsion d'URSS, dans l'exil turc ; Gérard Rosenthal, qui a été son avocat ; et proche d'entre les proches, Jean Van Heijenoort, présence vigilante auprès du « Vieux » de 1932 à 1939, secrétaire, confident, garde du corps, de l'île de Prinkipo à la villa de Coyoacan. Trois livres qui offrent des portraits comparables et complémentaires du héros, tout à sa passion de reprendre l'histoire là où l'histoire l'avait laissé. Mais à qui veut rêver sur lui, je conseille surtout d'ouvrir le livre de photographies tout juste publié par Payot sur l'époque mexicaine de Trotski (et auquel Pierre Broué a aussi mis la main) : les travaux et les jours des dernières années, Trotski et Natalia, Trotski et André Breton, Trotski et Frida, son dernier coup de cœur, Trotski en pique-nique, à la pêche en mer, ou éleveur de lapins... Admirables documents, à la fois familiers et « historiques », plus évocateurs que n'importe quelle histoire, sur le plus fameux exilé de notre époque, à la veille du plus sordide assassinat du siècle.

---

TROTSKI,
*par Pierre Broué, Fayard.*

AVOCAT DE TROTSKI,
*par Gérard Rosenthal, Robert Laffont, coll. « Vécu ».*

TROTSKI VIVANT,
*par Pierre Naville, Maurice Nadeau.*

SEPT ANS AUPRÈS DE LÉON TROTSKI,
*par Jean Van Heijenoort, Maurice Nadeau.*

TROTSKI, MEXICO 1937-1940,
*par Alain Dugrand et Pierre Broué, Documents Payot.*

---

# LA RÉVOLUTION COMMENCE

*4 janvier 1990*

Voici donc que le fameux « sens de l'histoire » s'inverse sous nos yeux. Le communisme a cessé d'être l'avenir de la démocratie ; la démocratie est devenue l'avenir du communisme. Car ce qui nous vient de ce qui s'est passé cet automne à Prague, Berlin, Bucarest, après Varsovie et Budapest, n'est autre que les idées de 1789, ou encore celles de la révolution américaine : les droits de l'homme, la souveraineté des peuples, les élections libres, le marché. Non seulement les régimes communistes doivent assumer la situation d'« Anciens Régimes » détestés tout autant que la monarchie absolue dans la France du XVIIIe siècle, mais ce rejet passionné n'est alimenté — différence radicale avec 1789 — que par des idées anciennes : ce qui nous arrive des nations de l'Est est la victoire du XVIIIe siècle sur le XXe. Même l'Union soviétique de Gorbatchev découvre dans les ruines du monde léniniste les vertus à la fois contradictoires et indissociables de l'économie de marché et des droits de l'homme.

Ainsi la fin du communisme, ou plus exactement de l'idée communiste, porte-t-elle en terre une vision de l'histoire inséparable de la gauche européenne depuis deux siècles, selon laquelle la démocratie « bourgeoise », ou « formelle », pour user du vocabulaire consacré, était grosse d'une révolution prolétarienne destinée à en réaliser vraiment les promesses. C'est cette vision qui explique par exemple l'interminable illusion, renouvelée à chaque génération, au sujet de la révolution soviétique ; elle encore qui permet de comprendre comment, une fois détruit le mythe soviétique avec Khrouchtchev, l'espérance révolutionnaire s'est réinvestie sur des pays encore plus improbables, l'Algérie, Cuba, la Chine. La nécessité philosophique de l'événement faisait oublier chaque fois l'excentricité des lieux où il se produisait : la conviction pliait l'histoire à ce qu'elle croyait savoir.

Or ce qu'il y a d'unique dans ce qui s'est passé cette année, sous la houlette d'une providence ironique, deux cents ans après 1789, c'est le spectacle de révolutions qui sont en même temps des contre-révolutions ; le déroulement d'insurrections populaires au nom de la restauration (ou de l'instauration) de la démocratie libérale ; bref, la fin de l'idée révolutionnaire telle que celle-ci constituait, depuis deux siècles, l'horizon de la gauche, au-delà même des rangs strictement marxistes-léninistes. C'est même l'un des résultats fous de la tyrannie communiste que d'avoir transformé la société occidentale de consommation en quelque chose qui ressemble à une nouvelle utopie sociale : nous découvrons, légèrement ébahis, que les Polonais ou les Hongrois réagissent à la dictature passée et au naufrage de leur économie par un véritable culte de la libre entreprise. Une fois de plus resurgit dans l'histoire l'inséparable couple de la démocratie et du capitalisme, qui définit plus que jamais la modernité. Dans les décombres économiques et politiques où ils sont, les peuples de l'Europe séparée vont en redécouvrir les vertus ; mais si l'utopie de la société sans classes est morte, à quoi servirait-il de lui substituer celle de l'harmonie du marché ? Le jour se lève pour la deuxième fois sur l'Europe du XXᵉ siècle. Après 1945, 1989. Après la fin du nazisme, celle du communisme, et une Europe, enfin, des nations et d'hommes libres. Mais cette libération va nous conduire forcément à un réaménagement en profondeur de notre culture politique telle que l'ont façonnée les deux derniers siècles de l'histoire européenne ; tout spécialement en France, cette terre classique entre toutes de la politique moderne, et qui lui a servi de premier laboratoire. L'histoire cesse d'être inscrite dans un programme que la droite doit combattre et la gauche accomplir. Mais son indétermination retrouvée laisse et la droite et la gauche dans une situation ou elles ont perdu leurs marques. Avec le communisme, la première a perdu son ennemi héréditaire, et la seconde la vision qui lui était consubstantielle d'un au-delà de la démocratie « bourgeoise ». Il ne suffira ni d'un culte de la croissance économique ni d'un bricolage de l'héritage de Jules Ferry pour fermer le gouffre qui s'est ouvert sous nos pas. Nous voici condamnés à vivre dans le monde où nous vivons, alors que les passions démocratiques ne s'alimentent qu'à l'utopie du futur.

## CESSONS D'IDOLÂTRER GORBATCHEV !

*5 juillet 1990*

Gorbatchev remplit cette fin de siècle à travers des réactions contradictoires à sa personne. Il est populaire à l'Ouest, impopulaire en Union soviétique. Les Américains l'aiment sans savoir comment l'aider, les Russes lui sont hostiles sans savoir comment le renverser. Les uns et les autres lui savent gré de la liberté revenue, mais les premiers le voient en plus comme l'artisan volontaire de la reconstruction d'une société démocratique, alors que les seconds ne parviennent pas à oublier le secrétaire général du PCUS qu'il fut à l'origine et qu'il est encore.

Il y a dans cette opposition des éléments qui tiennent simplement à la situation respective des peuples. A l'Ouest, les citoyens craignent l'instabilité et plus encore l'inconnu. A l'Est, ils voudraient vivre moins mal. Gorbatchev protège un peu magiquement l'Occident contre un avenir impénétrable, mais il n'arrive pas à remplir les magasins de Moscou ou de Kiev. Du coup, d'ailleurs, l'Occident prête à sa politique un suivi, une cohérence, qui est l'expression d'un vœu secret plus que de l'évidence des faits. Car après avoir servi d'illustration à la nécessité des lois de l'histoire, l'Union soviétique incarne aujourd'hui par excellence l'imprévisibilité de l'avenir, alors que nous aimerions plus que jamais savoir, ou au moins deviner un peu, ce qui mijote dans la marmite des rescapés du communisme. Gorbatchev nous donne le sentiment d'avoir une certaine maîtrise sur les événements, puisque après tout il les a largement déclenchés.

Comment les Russes le croiraient-ils si fort puisqu'il est incapable d'empêcher même la dégradation de la situation économique, et, par exemple, d'assurer l'approvisionnement des villes ? A leurs yeux, le nouveau président de l'Union n'est toujours que le chef du Parti. Il est le mandataire choisi par les responsables collectifs du désastre, non pour liquider le système mais pour l'aménager. Et les Occidentaux, détenteurs d'une si longue tradition de crédulité vis-à-vis du monde soviétique, ont une fois de plus emboîté le pas aux sollicitations du Kremlin...

Sur cet état d'esprit d'une certaine opinion publique russe (ou de ce qui en tient lieu, les milieux de l'intelligentsia), il n'existe pas de meilleur témoignage que le dernier livre de Vladimir Boukovski, un des plus célèbres dissidents des années héroïques. Comme ses compatriotes, Boukovski procède aujourd'hui à un état des lieux, qu'il définit par son titre : *URSS : de l'utopie au désastre*. Ce qui, en soi, n'est pas original, puisque le naufrage de la pensée utopique dans le cauchemar totalitaire est un parcours balisé par d'autres livres, et notamment par celui de Michel Heller [1], qui constitue toujours à ce jour la meilleure histoire de l'URSS que nous ayons. Le nouveau, dans ce livre de Boukovski, tient plutôt à ce que ce diagnostic devenu général, désormais inévitable puisqu'il est fait par les communistes eux-mêmes (au moins ceux de l'Est européen, les premiers concernés), ne modère pas l'indignation des intellectuels russes contre l'incompréhension de la tragédie soviétique par l'Occident. Au contraire. Boukovski « en remettrait » plutôt. Il vaut la peine d'examiner les éléments de son réquisitoire.

Le premier, le moins intéressant il me semble, concerne l'élaboration de l'utopie, ses racines, qui sont, comme chacun sait, en Occident. Boukovski reprend le dossier Marx-Lénine, et ne fait pas de cadeau à l'auteur du *Capital*, qu'il inculpe de coresponsabilité dans le léninisme. Lénine, à ses yeux, est le seul véritable disciple de Marx, qui fut trahi par tous ses successeurs réformistes. C'est le type du débat où personne ne peut tout uniment avoir raison ou tort, puisqu'il existe dans le marxisme une antinomie fondamentale entre l'idée des lois de l'histoire, qui porterait à une interprétation sociale-démocrate, et la valorisation d'une avant-garde, qui conduit au bolchevisme. L'accent mis sur la filiation de Lénine par rapport à Marx permet à Boukovski de remonter en amont jusqu'au principal accusé, et d'inculper l'Ouest avant la Russie. Nous n'en avons pas fini de mesurer les dommages qu'aura causés l'expérience soviétique à des pans entiers de la culture européenne. L'important est moins de savoir dans quelle mesure on peut donner raison à Boukovski

1. *L'Utopie au pouvoir. Histoire de l'URSS de 1917 à nos jours,* par Michel Heller et Alexandre Nekrich, Calmann-Lévy, 1982.

que de mesurer le gouffre qui s'est creusé entre les intellectuels de l'Ouest et les rescapés des goulags. A Paris, pour ne rien dire de Londres, ou de New York, une grande partie des efforts de la gauche intellectuelle est consacrée à limiter les dégâts plus qu'à comprendre les questions qui lui viennent de si loin, et qui dérangent ses habitudes.

Bref, la crise générale du communisme approfondit encore l'incompréhension que le communisme a si longtemps nourrie entre l'Est et l'Ouest. Boukovski n'accorde au régime soviétique aucune des circonstances atténuantes que même la pensée de droite lui consent généralement en France. Loin d'en atténuer les fautes ou d'en excuser les crimes par l'état d'arriération relatif de la Russie tsariste, il y voit au contraire un tragique recul par rapport à l'état social et politique de son pays d'avant 1917, trois ou quatre générations sacrifiées, témoins impuissants de la destruction progressive de leur territoire, de leur culture, et de leurs concitoyens. Octobre a bien été une rupture de la chaîne du temps, mais dans le sens du pire. Or cette Union soviétique de plus en plus défaite au fil des ans était condamnée aussi par la nature de son gouvernement au messianisme idéologique et à la politique de grande puissance, facteur supplémentaire d'appauvrissement. A la fin des fins, Gorbatchev n'a pas eu le choix de sa politique, qui d'ailleurs a commencé avec Andropov, fruit d'une décision du Parti. Il a fallu sauver les meubles, pour pouvoir conserver la maison, c'est-à-dire le régime.

Si Gorbatchev a pourtant fissuré les murs de la maison, c'est que le nouveau cours a déclenché une dynamique imprévue et incontrôlable. En Europe centrale et orientale, la fin de la menace d'intervention militaire russe a ouvert la voie non pas à des régimes communistes rénovés, mais à la démocratie. Et l'exception roumaine montre probablement ce qu'eût été l'aune de cette « rénovation ». En Union soviétique, la suspension de la terreur policière a laissé voir une demande de démocratie à quoi Gorbatchev a cédé par la force des circonstances : menacé d'être mis en minorité dans le Parti, comme Khrouchtchev, il a réanimé le parlement, et il a dû prendre appui sur des fragments d'opinion publique, comme les intellectuels. Mais ce faisant, il a liquidé ce qui restait d'ordre dans l'économie étatisée. Comme me l'a dit récemment à Moscou un de ses partisans, « en supprimant la terreur, il a aussi supprimé la confiance » ; mot terrible mais mot profond, qui définit bien le caractère fragile et bâtard de son pouvoir, trop communiste pour ce qu'il a ouvert de liberté. Là est le secret de son impopularité chez lui.

Or c'est aussi ce qui le rend populaire à l'Ouest. Il suffit de regarder la scène française pour le comprendre. Les socialistes viennent de montrer que le matraquage des étudiants roumains par des milices du pouvoir n'était à leurs yeux qu'un incident de parcours. Plus généralement, la gauche préfère mille fois l'idée d'une « révision » du communisme à celle d'une rupture avec le communisme : c'est peu de dire qu'elle la préfère, elle en vit littéralement, depuis le rapport Khrouchtchev. L'apartheid en Afrique du Sud doit être supprimé en un jour, mais le communisme en URSS doit être réformé pas à pas. Enfin, la droite voit dans Gorbatchev un ordre minimal, une protection contre l'inconnu. En somme, tout le monde méprise assez le malheureux peuple russe pour le supposer incapable d'une vie démocratique. C'est ce que Boukovski appelle amèrement « la trahison de l'Occident ». L'entendons-nous, pouvons-nous l'entendre ? Question capitale pour l'avenir de l'Europe.

---

URSS : DE L'UTOPIE AU DÉSASTRE,
*par Vladimir Boukovski, Robert Laffont.*

---

## COMMUNISME : DES DRAPEAUX SOUS LES RUINES

*12 septembre 1991*

Dans ce qui nous arrive de Moscou cet été, le caractère le plus évident est celui de la table rase. Il s'agit de revenir sur plus de soixante-dix années d'histoire et de défaire un ordre qui non seulement a été créé par la révolution d'Octobre 1917 mais n'a jamais eu d'autre légitimité que cette révolution : c'était en effet l'une des particularités du régime soviétique que de n'avoir aucun vrai fondement constitutionnel mais un socle « révolutionnaire » ; aucun véritable État mais un Parti-État dépositaire d'Octobre.

Gorbatchev n'avait pas voulu, ou pas osé, toucher à ce symbole. Eltsine et ses amis l'ont fait. Mais comment appeler les destructeurs d'un mythe révolutionnaire ? Des révolutionnaires ? Sûrement pas. Mais le terme de « contre-révolutionnaires » ne convient guère non plus — encore qu'un de ces jours M. Marchais risque de l'employer — car une contre-révolution ne tient pas seulement dans la négation d'une révolution mais dans la volonté d'une restauration. Or que restaurer en l'occurrence ? L'empire tsariste faisait déjà vieillot en 1914. La révolution de 1917 ? Elle n'a pas si bien tourné...

De là vient cette étrange impression de vide que dégage la scène soviétique, au milieu même de son tumulte. Une révolution, une contre-révolution sont des aventures de la volonté. Le putsch du 19 août, pour le peu qu'on en sait, a été une entreprise sans chefs et sans ressort, un « tir téléphoné », comme disent les joueurs de foot, peut-être une tentative de leurre qui a mal tourné. Ses vainqueurs n'impressionnent pas non plus par leur maîtrise ou leur vision. Le monde a dû se résigner à Eltsine plus qu'il ne l'a plébiscité. Gorbatchev avait eu une politique, mais fondée sur une idée fausse, à savoir qu'on pouvait réformer le communisme avec le Parti communiste. Ses successeurs ne possèdent sur lui que cette supériorité, toute négative, de rejeter tout l'ancien système et de n'avoir plus par conséquent aucun instrument d'action ni aucun moyen stratégique. Le dernier mystère du régime soviétique aura été sa capacité à s'autodétruire sans pour autant donner vie à des forces ou à des idées de substitution.

Comme nous sommes loin, là encore, d'une conception libérale ou marxiste d'un événement révolutionnaire ! Selon l'une et l'autre, les révolutions n'éclatent que lorsqu'elles sont « mûres », quand les forces du nouveau régime se sont suffisamment développées au sein de l'ancien. « Les révolutions déclarent ce qui s'est passé avant elles » : formule de Guizot que Marx aurait pu contresigner. Or, dans le cas de l'Union soviétique, la dictature communiste non seulement n'a rien laissé croître en dehors d'elle mais a voulu détruire tout ce qui n'était pas elle, Églises, partis, livres, idées, classes sociales : sans parler même de bourgeoisie, on n'y discerne plus d'intelligentsia, de paysannerie, de classe ouvrière, rien qui puisse former l'assiette d'un renouveau, le milieu d'où naîtraient des idées, des programmes ou des richesses. Le postfranquisme avait commencé sous Franco, alors que le postcommunisme, après six ans de perestroïka, n'a pas encore de visage. C'est ce qui donne aux scènes de Moscou, même par rapport à celles de l'Europe centrale de 1989, leur caractère si mélancolique au sein même de la liberté recouvrée. L'Occident guette passionnément les signes d'une reconstruction, alors que la perestroïka n'a fait voir que les étapes successives d'une désagrégation.

Ainsi le mouvement de réforme du communisme a-t-il dérivé vers la destruction du communisme sans que ni l'un ni l'autre ait trouvé d'appui organisé ni de programme de renouveau dans l'économie, dans la société ou dans la vie intellectuelle du pays. Négativement, il existe une opinion publique opposée au rétablissement du despotisme policier et de la langue de bois. Mais en positif, il n'y a qu'un seul sentiment collectif disponible, découvert par le refus du communisme : c'est celui de l'appartenance nationale. Un sentiment qui est à la fois la part la plus intacte dans le patrimoine des siècles, le retour d'une ancienne vérité dans le naufrage de l'idéologie, la vraie pierre d'angle de l'être-ensemble, si longtemps recouverte par le mensonge léniniste. Dans les ruines d'un messianisme de la classe sociale, les peuples victimes du communisme voient d'autant plus l'idée nationale comme la recette du salut qu'ils n'ont généralement pas de passé démocratique à quoi accrocher une vraie restauration. Les Croates ou les Serbes n'imaginent pas d'autre ambition à leur sanglant conflit que de redevenir eux-mêmes. En Union soviétique, la fin du communisme passe par la dissolution de l'empire, c'est-à-dire de l'Union. Nous y sommes.

On peut comprendre l'effroi des chancelleries, dans les démocraties pacifiées où nous vivons, devant ce qui leur apparaît comme une régression vers le XIXe siècle, avec les risques supplémentaires inséparables de la technologie militaire du XXe. D'un côté, en Europe de l'Ouest, la prospérité d'après-guerre, jointe à l'expérience des deux guerres, a affaibli les passions nationales, en même temps d'ailleurs que le ressort civique. A l'Est, leur retard économique, enveloppé dans le mensonge universaliste, a fortifié la nation dans son rôle d'idée refuge de la liberté. Les crimes du nationalisme, si évidents en 1945, tendent à y être effacés par ceux du communisme. Les deux Europes se parlent beaucoup mais ont du mal à se comprendre, tant leurs routes ont divergé. Pourtant la première, celle qui est puissante et riche, n'a pas à creuser bien loin dans ses souvenirs pour imaginer et reconnaître dans la seconde la primauté du facteur national. Il lui suffit d'enjamber le siècle à reculons, jusqu'à 1914, pour retrouver l'antagonisme de ses différentes patries, avec l'origine de ses tragédies. Examen rétrospectif inévitable, qui est le meilleur chemin vers les retrouvailles des deux Europes. Car il pourrait y avoir pire que de revenir au XIXe siècle : ce serait de refaire les tragédies du XXe.

## OUI, L'HISTOIRE DU COMMUNISME RESTE À ÉCRIRE

*25 février 1992*

*Un débat incertain à « La Marche du siècle » et un article de François Furet ici même ont fait rebondir la polémique autour du* Grand Recrutement *de Thierry Wolton, un livre qui touche au sacré parce qu'il met en cause Jean Moulin, héros de la Résistance. Jean Lacouture avait, la semaine dernière, réagi vivement. L'historien de* La Révolution française *lui répond.*

Je suis naturellement désolé d'avoir choqué Jean Lacouture, et d'autres avec lui, par mon compte rendu du livre de Thierry Wolton sur l'activité du réseau soviétique Robinson dans la France des années 30. Peut-être n'aurais-je pas dû commencer cet article par l'évocation de ce qu'Henri Frenay a appelé dans son dernier livre *L'Énigme Jean Moulin*. Car sur ce point, comme je l'indique d'ailleurs, Wolton n'apporte rien de décisif. Je dois confesser que, personnellement, je penche vers la thèse Frenay depuis longtemps — depuis des conversations que j'ai eues avec l'ancien chef de Combat il y a vingt ans — mais, dans l'état actuel des choses, cette thèse n'est pas démontrable [1]. Et les deux premiers volumes de la biographie de Jean Moulin par Daniel Cordier ont présenté l'argumentation inverse à celle de Frenay avec un souci du détail qui force le respect. La meilleure mise au point de la question vient d'être faite, à mon avis, par Pierre Daix dans *Le Quotidien de Paris* du 12 février dernier.

Cela dit, je n'en suis que plus à l'aise pour dire à Jean Lacouture que je trouve sa réponse aussi peu convaincante sur le fond

1. Précisons que cette thèse faisait de Jean Moulin un « crypto-communiste » et non un agent soviétique.

qu'elle se veut blessante dans la forme. Lacouture a le droit de détester l'enquête de Wolton sur le réseau Robinson. Mais s'il décide d'en parler, il faut la réfuter, montrer que son auteur a été mystifié, ou qu'il sollicite ses documents, ou que ses conclusions sur les personnes sont invraisemblables, que sais-je encore. Il ne fait rien de pareil. Et je m'étonne qu'il ose mêler le nom de Mendès France au milieu radical de gauche qui a été le vivier de Robinson. Invoquer la grande ombre de Mendès — et pourquoi pas celle de De Gaulle — pour couvrir la personnalité de Pierre Cot et de ses amis, voilà qui n'a pas l'air de lui faire problème.

Un mot maintenant sur le fond. L'histoire du communisme est particulièrement complexe parce qu'une grande partie en est secrète. Tous les spécialistes le savent et d'ailleurs les communistes eux-mêmes, à la grande époque, n'en ont jamais fait mystère : le caractère indispensable de l'action clandestine, à côté de l'action publique, figure au nombre des fameuses 21 conditions d'adhésion à l'Internationale communiste, en 1919. Et Dieu sait qu'en la matière les annales du communisme sont riches ! A côté des partis communistes, il y a les envoyés de l'Internationale, à peu près répertoriés aujourd'hui par les historiens, et investis d'une autorité très grande sur leur secteur respectif : Fried est probablement plus important que Thorez dans la détermination de la politique du PCF des années 30, et personne pourtant ne le sait à l'époque. Il est admis par les spécialistes aujourd'hui que le mouvement d'Amsterdam Pleyel ou le Rassemblement universel pour la Paix ont été conçus et manipulés comme des instruments de l'Internationale communiste. Si Lacouture l'ignore, je tiens les travaux sur le sujet à sa disposition. Et puis il y a les réseaux d'influence ou d'information liés à l'Union soviétique, qui sont eux-mêmes divers car dépendant à Moscou de diverses instances. Gilles Perrault a écrit *L'Orchestre rouge*, et maintenant Thierry Wolton nous révèle le réseau Robinson. Nul doute que l'ouverture (encore relative) des archives russes et soviétiques nous fera voir plus clair dans l'incroyable enchevêtrement de ces activités par définition mal connues.

Faire ce constat n'est pas le moins du monde entrer dans une vision conspirative de l'histoire. C'est simplement regarder le mouvement communiste pour ce qu'il a voulu être et a été : à la fois public et secret, et dans les deux cas très étroitement contrôlé à partir du centre. C'est pourquoi, d'ailleurs, le terme d'« agent », que notre vocabulaire réserve le plus souvent aux professionnels de l'espionnage, n'est pas très adapté en l'espèce. Quand ils sont clandestins, les communistes sont encore des militants, mus presque toujours par la conviction idéologique et non par l'argent. De là vient qu'ils peuvent être aussi des héros et atteindre à une grandeur que la dénomination d'« agent » semble leur interdire : le Robinson de Wolton est mort en héros, après avoir été torturé par la Gestapo.

De là aussi, pour l'historien, l'obligation de comprendre leurs convictions. Celles des hommes du réseau Robinson sont claires. Elles reposent sur l'idée qu'en face de la menace hitlérienne les démocrates français doivent s'allier à l'Union soviétique et au PCF. Il faudrait plus de place que je n'en ai ici pour montrer comment, à partir de là, les plus lucides sur Hitler sont devenus les dupes de Staline, aboutissant à la conviction que le meilleur moyen de défendre la liberté contre Hitler était de servir Staline ; ou, en termes plus généraux, qu'on ne pouvait lutter contre le fascisme en étant anticommuniste. Comment ne reconnaîtrais-je pas cette croyance, puisque je l'ai partagée dans ma jeunesse, sur l'élan de la victoire de l'armée rouge contre Hitler ? Pourtant elle est fausse et dangereuse, et je m'étonne tous les jours qu'elle soit encore si répandue presque un demi-siècle après 1945.

Une chose a été, en effet, de choisir l'alliance soviétique en face de Hitler, une autre de diviniser cet allié. Le premier choix était sage, le second absurde. Bien des hommes, d'ailleurs, n'ont fait que le premier : Léon Blum, par exemple, est resté constamment et antifasciste et anticommuniste. Ou Mendès France encore. Car le XX$^{e}$ siècle ne comporte pas qu'un seul type de régime totalitaire mais deux : le fascisme et le communisme. La vérité sur l'Union soviétique a pu se savoir très tôt : Souvarine publie son *Staline* en 1935. Et si l'histoire de la Seconde Guerre mondiale a abouti finalement à l'alliance des démocraties et du communisme soviétique, ce n'est pas parce que Staline ou Molotov aimaient la liberté. A qui veut comprendre que l'antifascisme n'est qu'un épisode ou un prétexte de l'histoire du communisme, il suffit de considérer les dictatures qui se sont établies sous son drapeau mensonger en Europe de l'Est, après 1945.

Tout cela fait partie d'un inventaire auquel les Européens de l'Ouest n'échapperont pas s'ils veulent être entendus à Prague, à Varsovie ou à Moscou. Oui, Jean Lacouture, je crois que l'histoire du XX$^{e}$ siècle reste largement à écrire, puisqu'elle vient de se terminer avec la deuxième victoire de la liberté, 1989 après 1945. N'essayez pas d'épouvanter quiconque avec le spectre du « révisionnisme », et laissez donc à la pensée conservatrice le rôle de gardien des lieux saints. La gauche se meurt de célébrer son passé au lieu d'y réfléchir.

# LA DOUBLE VIE DE BORIS SOUVARINE

*23 septembre 1993*

Boris Souvarine a une vie coupée en deux, autour d'un seul sujet : le communisme. Il a mis dans sa jeunesse autant d'énergie à le servir qu'il en consacrera à le combattre pendant le reste de sa vie. Dans les deux rôles, pourtant, il est resté un écrivain politique, solitaire, méconnu, et il y a peu d'exemples d'une vie si mêlée au siècle et restée marginale. Tel est le paradoxe que l'excellente biographie de Jean-Louis Panné veut explorer.

Fils de petits joailliers juifs venus de Kiev à Paris à la fin du siècle dernier, et devenu militant socialiste tout jeune, il se prend de passion, en octobre 1917, pour ce qui se passe dans son pays natal. Cet enfant de l'école française, pétri de culture rationaliste et démocratique, reconnaît en Russie la promesse révolutionnaire de 1793, et devient un des leaders de l'extrême gauche du Parti socialiste. En 1920, de la prison de la Santé où l'ont enfermé pour « menées anarchistes » les gouvernements de la droite française, il est l'un des hommes par lesquels passe la négociation entre courants qui aboutit au ralliement des socialistes français à la III^e^ Internationale. Le voici un des fondateurs du PCF, non pas l'un des plus connus mais l'un des plus influents.

Jean-Louis Panné montre bien son originalité dans l'extrême gauche de l'époque. D'un côté, il est un militant révolutionnaire à plein temps : à peine sorti de prison, en mars 1921, il passe son temps à Moscou, bientôt membre du présidium de l'Internationale, puis secrétaire de l'exécutif, familier de ces personnages légendaires que sont Zinoviev, Boukharine, Karl Radek ou Béla Kun. D'autre part, il garde dans sa dévotion à Lénine un esprit d'examen ; il s'informe, visite, discute, insiste, par exemple en 1922, pour que les socialistes révolutionnaires inculpés en Russie puissent avoir des avocats de leur choix. C'est un tempérament d'argumentateur. Une pareille disposition d'esprit n'est pas compatible longtemps, même à cette époque, avec le rôle d'homme du Komintern. De fait, pris à partir de 1923 dans les batailles de succession au sein du parti bolchevik, il en est une des premières victimes, dès mai 1924.

Alors commence pour lui, alors qu'il n'a pas trente ans, la deuxième période de sa vie, qui va en occuper la plus grande part. L'autodidacte passionné de lecture s'y découvre historien. La nature de son esprit l'y conduit, portée par le goût de la précision et du document. La passion révolutionnaire en reflux laisse paraître ses dons intellectuels, contrariés dans ses précédents emplois. Ce qui frappe très tôt dans ses écrits d'après la rupture est le recours à un argument par lequel, beaucoup plus tard, dans d'autres conditions, Soljenitsyne donnera le coup de grâce à l'emprise du soviétisme sur les esprits : le pire du communisme n'est pas l'oppression mais le mensonge. Ce trait le distingue déjà, par exemple, de Trotski, pour qui il a pourtant de la sympathie. Mais l'ancien chef de l'Armée rouge combat Staline en se soumettant d'avance au Parti. L'État soviétique, qui va l'exiler avant de l'assassiner, garde à ses yeux quelque chose de « l'État prolétarien ». Souvarine sort très tôt de cette mythologie, quitte à inculper sa jeunesse.

Il n'est pour s'en convaincre que de lire son petit ouvrage de 1929, publié sous le nom d'un autre désenchanté, l'écrivain roumain Panaït Istrati. Il s'agit d'un tableau très sombre de l'URSS à la veille de la collectivisation agraire et du plan quinquennal. Souvarine, déjà plein de colère — il le sera toute sa vie — contre les récits naïfs des voyageurs trop bien reçus, y utilise une documentation impressionnante, d'origine soviétique. Déjà paraissent la misère matérielle et intellectuelle, les déportations, l'antisémitisme, la police toute-puissante, le pouvoir absolu du secrétaire général. Après viendra, en 1935, sous son nom cette fois, son admirable biographie de Staline.

L'ouvrage, qui fait reculer plusieurs éditeurs, tombe dans l'époque du Front populaire comme un pavé dans la mare. Souvarine a brûlé ses vaisseaux. A travers Staline, c'est toute l'expérience historique d'Octobre qu'il remet en question, avec une sorte de distance et même d'impartialité surprenante chez un historien qui a été aussi engagé. Ce regard lucide le sépare de presque toute la gauche, y compris ses vieux amis de la gauche libertaire, sans lui valoir les applaudissements de la droite.

Ce livre est l'essentiel de son œuvre d'historien. Mais tout le reste de sa vie sera pourtant consacré à écrire pour critiquer la politique soviétique, analyser les mensonges de sa propagande, attaquer ses admirateurs. La passion de la polémique était au fond ce qui lui restait de sa jeunesse bolchevique, et il ne l'avait pas perdue avec ses illusions. Ce qui l'aura rendu parfois acariâtre et presque obsessionnel, mais l'aura protégé aussi contre l'embourgeoisement : car cet ascète du communisme a été aussi un ascète de l'anticommunisme, toujours en peine de joindre les deux bouts, méprisant le succès public, payant comptant la liberté de parler à contre-courant. Ce n'est pas un des moindres plaisirs procurés par le livre de Jean-Louis Panné que cette longue promenade à travers la petite bohème à la fois antibourgeoise et anticommuniste dont Souvarine a été si longtemps un des personnages clés. Le lecteur y rencontrera Monatte, Rosmer, Simone Weil, Bataille, Leiris et puis, après la guerre et l'exil américain, aux temps de *Preuves*, d'*Est-Ouest* et du *Contrat social*, David Rousset, Branko Lazitch, Kot Jelenski, Kostas Papaioannou... C'est comme si on se promenait sur un versant longtemps resté obscur de la vie intellectuelle et qui resplendit soudain.

---

BORIS SOUVARINE, LE PREMIER DÉSENCHANTÉ DU COMMUNISME,
*par Jean-Louis Panné, Laffont.*

---

## LES ARCHIVES DE LA TERREUR

*29 décembre 1994*

Les spécialistes du sujet découvrent aujourd'hui ce qu'ils savaient d'avance, mais qu'ils ne pouvaient vérifier sur pièces : que l'Union soviétique a été une gigantesque fabrique de rapports. Longtemps ils n'ont eu accès qu'à ces fameuses « archives de Smolensk », déménagées par les nazis en 1941 et transportées en 1945 d'Allemagne aux États-Unis : cette double prise de guerre aura eu une extraordinaire importance dans le développement de la soviétologie occidentale. Mais aujourd'hui c'est une masse vertigineuse de documents qui est peu à peu offerte à la curiosité des historiens, dans des conditions assez variables, si j'en crois les courageux qui ouvrent ce nouveau chantier dont ils ne verront pas la fin : il faudra des générations de chercheurs pour dévorer cet océan de papier...

En voici un échantillon. Nicolas Werth et Gaël Moullec, qui appartiennent à la jeune génération de la soviétologie française, ont traduit et présentent au public plusieurs centaines de rapports, choisis en fonction de leur sujet : rédigés par les hommes des différents organes de la bureaucratie soviétique — Parti, administration, police —, ceux-ci rendent compte des différentes tâches accomplies sur le terrain, et des réactions ou des résistances rencontrées. Quelque chose comme une vaste littérature inséparablement politique, administrative et policière, selon le génie du régime, et allant du début de l'URSS à sa fin, entre 1921 et 1991. Ces pièces sont prises dans différents fonds, mais elles ont en commun d'éclairer la question centrale des relations entre le Parti-État et ce qu'il vaut peut-être mieux appeler, plutôt que la « société » russe, détruite par la révolution, les différents segments de société sur lesquels pèse la dictature du centre. Tous les documents traduits sont répartis en grandes catégories qui permettent au lecteur de s'orienter : désordres divers, collectivisation des campagnes, situation économique et grèves ouvrières, question religieuse, la gestion du Goulag, la hantise de l'étranger, les affaires « particulières », de Kirov à Soljenitsyne. De sorte que ce gros livre, intéressant de bout en bout, peut aussi être lu — l'index et l'excellent appareil critique aidant — comme un dictionnaire.

Le premier sentiment que provoque cette lecture est celui d'une grande uniformité dans le caractère de ces textes, tout au long des soixante-dix ans d'existence du régime. L'URSS a traversé des époques différentes, et ses fonctionnaires ne cessent d'ajuster leurs rapports aux directives du moment ou à la campagne en cours, mais ils parlent d'un bout à l'autre la même langue, et ils sont chargés de la même tâche : un contrôle de la population qui n'a pas d'exemple dans l'histoire de l'humanité. Ils commentent avec le même vocabulaire la situation d'apocalypse des années 30, quand ils décrivent la déportation des koulaks ukrainiens dans le Grand Nord, et le cours quasiment « normal » de la répression sous Brejnev, quand Boukovski ou Sakharov doivent être retirés de la circulation parce qu'un seul dissident menace la nature du système. Une armée de bureaucrates est attelée à ce travail aveugle dont rien ne doit transpirer au-dehors. Elle ne voit le monde extérieur que sous la forme du complot. Et il n'y a pas à ses yeux d'incident ou de détail qui ne puisse devenir dangereux. Le 2 février 1970, le président du KGB, Andropov, signale confidentiellement à Souslov, l'éternel numéro deux du régime, que des magazines pornographiques en couleurs ont été abandonnés par des lycéens australiens dans un hôtel de Moscou, au risque de tomber dans les mains des citoyens soviétiques.

Mais par le soin qu'ils consacrent à informer le centre des moindres infractions à la norme, ces rapports constituent aussi une mine de renseignements inédits sur l'histoire sociale de l'Union soviétique. En même temps qu'ils permettent d'étudier la mentalité d'une bureaucratie, ils laissent voir, à travers ce prisme, ce que les peuples soumis à cette main de fer conservent de capacité de résistance, d'indifférence ou simplement de désordre. A ce titre, l'ensemble des textes qui concernent le mécontentement ouvrier — c'est-à-dire le plus gros de la population urbaine — présente un intérêt particulier, puisqu'il révèle un aspect relativement peu connu de la scène soviétique : non seulement l'ivrognerie, l'absentéisme, le vol, mais aussi les grèves de salaires, les mouvements de protestation contre le régime ont scandé un peu partout la vie des usines, même au début de la guerre.

En même temps qu'un ordre totalitaire, l'univers soviétique est aussi une immense pagaille. Les deux aspects ne sont d'ailleurs pas sans lien, puisque la révolution ne cesse de détruire les rapports sociaux sous prétexte de les recomposer selon son idée de l'avenir. Travail de Sisyphe dont ce gros livre expose pour la première fois l'économie quotidienne.

En matière d'histoire de l'URSS, l'actualité offre un ouvrage d'un autre genre, mais tout aussi passionnant, avec le récit d'Andreï Gratchev sur *La Chute du Kremlin*. Andreï Gratchev, tous ceux qui ont suivi de près les dernières années de l'URSS le connaissent bien pour l'avoir rencontré à Moscou quand il a été un des soutiens de Gorbatchev et son dernier porte-parole en 1991 : cet homme subtil et informé, qui avait été élevé dans le sérail, était le meilleur interprète de la situation, en même temps qu'un des inspirateurs de la perestroïka. Le voici aujourd'hui, par force, historien de sa propre histoire, sans rien avoir perdu de son charme ironique et lucide. Il a connu assez jeune le régime soviétique de l'intérieur pour en faire l'analyse la plus vivante, alors qu'il n'est pas vieux encore. Fils de ce qu'il appelle le « socialisme mûr », il raconte le crépuscule du monde où il a grandi. Il connaît les lieux, les habitudes, les têtes, et personne n'a encore parlé comme lui de l'époque Brejnev et du vieux chef gâteux, grand intoxiqué de cadeaux et de médailles, sous l'autorité duquel prospère un appareil tout-puissant. Il y a du Suétone dans les premiers chapitres de son livre, tant la peinture du système en crise terminale est cruelle. Le curieux est que ces vieillards dogmatiques et corrompus, si immobilistes en politique intérieure, songent à des gains d'influence à l'extérieur. Ils se lancent dans la guerre d'Afghanistan. La combinaison du repos et de la conquête leur est fatale. D'ailleurs eux-mêmes passent la main, frappés par la mort après l'avoir été par l'histoire.

Enfin Gorbatchev vint. Mais il était trop tard. Cette formule lapidaire résume le fond du diagnostic de notre auteur : la société issue de la révolution d'Octobre avait été trop brisée pour être capable du ressort civique collectif qui eût sauvé son réformateur. Le communisme se révélait impuissant à réussir à Moscou, dans le berceau du soviétisme, ce qui avait été brisé à Prague en 1968. Mais Gratchev n'accuse pas seulement la résistance des choses. Il montre aussi ce que l'échec a dû aux erreurs du dernier secrétaire général du Parti : contre les conservateurs, Gorbatchev n'a pas osé prendre les moyens de sa politique, et il n'a pas non plus vraiment cherché les termes d'un compromis avec Eltsine. Par petites touches, le chroniqueur laisse entendre que l'exécution du grand dessein a été moins audacieuse que sa conception.

---

RAPPORTS SECRETS SOVIÉTIQUES, 1921-1991.
LA SOCIÉTÉ RUSSE DANS LES DOCUMENTS CONFIDENTIELS,
*par Nicolas Werth, Gaël Moullec, Gallimard.*

LA CHUTE DU KREMLIN,
*par Andreï Gratchev, Hachette, coll. « La Vie quotidienne ».*

# FRIED SORT DE L'OMBRE

*6 février 1997*

Quand Annie Kriegel est morte, l'été 1995, elle avait rédigé sa part d'une longue biographie consacrée à Eugen Fried, l'éminence grise du Parti communiste français des grandes années, avant et après le Front populaire. Sa part, puisqu'elle s'était partagé l'ouvrage avec son ancien étudiant, Stéphane Courtois, qui a dû terminer sans elle le travail commun. Le livre ne souffre pas de cette mélancolique distribution des rôles, tant le disciple est resté fidèle à l'esprit de l'entreprise. Annie Kriegel en a écrit une grosse moitié, conduisant son héros jusqu'à la veille du Front populaire ; Stéphane Courtois a traité le reste, entre 1935 et 1943, tout en revoyant à la lumière de sources nouvelles certaines parts de la période 1931-1935. Grâce à lui, cette biographie est une victoire contre la mort. Elle constitue comme un monument durable à celle qui a inventé l'histoire du communisme et à son école.

Qu'est-ce qu'elle comporte de si neuf et de si passionnant ? Qu'est-ce qui explique qu'on lit ce récit si savant, si encombré de détails, à propos d'une époque qui semble perdue déjà dans la nuit des temps, comme un roman policier ? C'est à la fois, bien sûr, le héros, mystérieux comme un passe-muraille, les sources utilisées pour le peindre, le renouvellement apporté à ce que nous pensions savoir. Dans le gratin du communisme français, tout le monde a connu, avant la guerre, le « camarade Clément », inséparable de Maurice Thorez. Mais après la guerre, personne n'en souffle mot ; chacun est pris dans la vaste censure des souvenirs qui n'atteint pas que la droite ; la conspiration de silence qui a entouré sa vie semble le rayer aussi de l'histoire.

Ainsi, cette biographie est une exhumation. Eugen Fried est rendu à l'existence, c'est-à-dire restitué à l'histoire, grâce aux traces qu'il y a laissées, mais qui se trouvaient à Moscou. Et quelles traces ! Le mouvement communiste est à la fois très secret et très bavard. C'est, selon le mot d'un de ses historiens, une « civilisation du rapport », où l'obligation du compte rendu écrit compense celle de la clandestinité dans l'action. La chose ne date pas de Staline, mais de Lénine, qui a délibérément voulu fonder, en 1919, une Internationale très centralisée de la subversion révolutionnaire, qu'il avait définie par avance, en 1902, dans son célèbre *Que faire ?*, comme « une organisation militaire d'agents ». La contribution particulière de Staline sera d'en liquider un grand nombre et de semer la terreur chez les autres, sans rien changer à leurs habitudes écrivassières, seul moyen de témoigner leur subordination inconditionnelle au « centre ». Le caractère conspiratif du mouvement communiste international n'est donc pas une affaire de circonstance. Il en exprime la doctrine et la nature. L'utilisation des archives du Komintern ne traduit donc pas chez l'historien je ne sais quel privilège donné à l'« histoire-complot » dans la causalité historique. Elle reflète simplement l'obligation où il est pris, de par ces sources mêmes, de restituer la manière dont ces hommes qu'il cherche à décrire ont vécu leur temps et leur action.

Eugen Fried a voué sa vie au service du Komintern, comme en témoignent des centaines de rapports écrits de sa main. Les auteurs de cette biographie n'ont pas la prétention de penser que leur étude épuise l'histoire du communisme en notre siècle, qui a naturellement d'autres faces. Mais de cette histoire, elle touche pourtant, et pour la première fois, à la lumière de sources de première main, quelque chose d'essentiel, qui n'a pas fini de nous intriguer et parfois de nous tourmenter.

On peut le résumer d'un mot, après avoir fermé ce livre : Eugen Fried a été un homme sympathique et impitoyable, intelligent et aveugle, courageux et servile, admirable et fanatique. Annie Kriegel enveloppe son héros d'un regard plutôt indulgent, alors que Stéphane Courtois, dans les chapitres de la fin, juge sévèrement sa participation à l'hystérie antitrotskiste et son consentement aux grandes purges des années 1936-1939, où il laisse tomber des proches. Au fil du livre, le lecteur peut ainsi percevoir deux sensibilités subtilement différentes.

Mais il est temps, après ces prolégomènes, de présenter l'homme. Fried est né en 1900 en Slovaquie orientale, dans la partie hongroise de la double monarchie de François-Joseph. Il est l'enfant doué d'une pauvre famille juive, qui tient le magasin du village, et du coup il va au lycée, seul parmi ses frères et sœurs, passe son bachot et commence même des études de chimie à l'université de Budapest. Mais l'histoire le happe dès 1918 avec l'effondrement de l'Empire austro-hongrois et la révolution de Béla Kun à Budapest l'année suivante. Au milieu des ruines d'une monarchie qui a été plutôt douce aux siens, l'adolescent juif émancipé choisit, comme tant d'autres, le bolchevisme de préférence au sionisme : voie qui paraît, à l'époque, à la fois plus pratique et plus universaliste, combinant la part du rêve et celle du réalisme. C'est un itinéraire qu'on retrouve chez beaucoup de kominterniens, et qui nourrira le slogan hitlérien du « judéo-bolchevisme ». Au vrai, ces jeunes juifs ont cru voir naître avec le bolchevisme un nouvel internationalisme, que tout les prédispose à aimer. En plus, nés en Europe centrale, ils savent les langues de l'Europe. Fried parle et écrit le hongrois, le tchèque, le slovaque, l'allemand (et le yiddish), le français, moins bien le russe et l'anglais ! Il s'exprime très tôt dans la langue de bois universelle du communisme, mais il sait la traduire dans beaucoup de langues.

Son existence, privée et politique, n'aura jamais d'autre cadre que le Komintern. Dans l'ordre privé, il aura un enfant d'Ana Pauker, la future pasionaria du communisme roumain entre 1945 et 1952 ; et il aura comme dernière compagne la première femme de Maurice Thorez, dont il élèvera ainsi le fils. Dans l'ordre politique, il est très vite, après l'échec de la révolution hongroise et le redécoupage des frontières d'Europe centrale, un des dirigeants du Parti tchécoslovaque, mis en prison entre 1925 et 1928, puis soupçonné de gauchisme par Moscou en 1929, mais rentré en grâce après une autocritique, et envoyé en France en 1930 comme représentant du comité exécutif de l'Internationale.

Alors commence la période la plus féconde de sa vie politique, et peut-être la plus heureuse, car Fried aime la France, son histoire, ses mœurs, même s'il trouve les militants un peu bavards et pagailleux. C'est un vrai Parisien d'adoption, qui promène sa haute silhouette dans les bistros et au hasard des bancs publics, où il fixe ses rendez-vous, au point que son mode de vie bohème est dénoncé par un rapport de Togliatti, en 1934, après une brève mission à Paris. « Clément, écrit-il à Manouilski, le grand chef, n'a aucun souci de la conspiration. » Pourtant, cet homme aux multiples passeports est un champion de l'anonymat.

Son activité, depuis 1930, s'apparente à ce qu'on appellerait aujourd'hui celle d'un chasseur de têtes. Il doit sélectionner, former, conseiller la direction du Parti communiste français : ce qui se nomme à l'époque la « bolchevisation ». Et il y parvient en quelques années, qui sont des années cruciales, entre 1930 et 1934, puisque après la prise du pouvoir par Hitler et la débâcle du communisme allemand, Paris est devenu la plaque tournante des activités et des ambitions du Komintern. Le choix de Thorez contre Doriot, au printemps 1934, achève le long travail de sélection par lequel « Clément » a réussi à former un noyau de direction stable et inconditionnel. A côté de Thorez, Duclos, Frachon et Marty constituent pour un quart de siècle l'état-major du communisme français. Et c'est précisément à ce moment que le tournant antifasciste pris par Staline va permettre au couple Fried-Thorez de faire enfin « de la politique », c'est-à-dire de lancer la formule du « Front populaire », sans être infidèle à Moscou.

Fried a-t-il été affecté par l'anéantissement de tous les progrès accomplis sous sa houlette depuis 1930, au moment de la signature du pacte germano-soviétique d'août 1939 et du retournement stratégique qui l'a suivi ? Rien n'en transparaît dans ce qu'il écrit. Il reste debout au milieu du désastre, sans états d'âme, impavide dans l'obéissance à Staline, tâchant de sauver, de Bruxelles où il s'est replié, ce qui peut être sauvé de l'appareil qu'il a eu tant de mal à former, à commencer par le secrétaire général. En un sens, il n'a que trop bien réussi, puisque « son » Parti communiste français est si bien devenu un parti de masse qu'il a perdu beaucoup de son aptitude à la sacro-sainte clandestinité léniniste. Il doit donc, une fois encore, retisser la toile, refaire une structure avec des fragments épars, reconstruire une organisation : c'est cela son métier, plus que la haute politique. Il n'évite pas à ce qui reste du PCF, sous l'autorité de Duclos, les errements pro-allemands de juillet-août 1940, mais il reprend vite, de Bruxelles, son rôle de coordinateur entre Moscou et les partis communistes de l'Ouest, bientôt dressés à nouveau contre le nazisme. C'est alors que la Gestapo l'assassine sans le reconnaître, au hasard d'une vaste traque des réseaux communistes installés en Belgique ; consacrant l'« anonymité » d'une vie tout entière cachée dans le service de la Cause.

---

EUGEN FRIED, LE GRAND SECRET DU PCF,
*par Annie Kriegel et Stéphane Courtois, Seuil.*

# IV

# L'AMÉRIQUE

## ÉTATS-UNIS : LE NOUVEAU PATRON

*5 décembre 1963*

Cette semaine encore, Dallas reste le centre de la presse internationale. Des centaines de journalistes qui s'y trouvent, la plupart s'ingénient à refaire le travail de la police, arpentent Main Street, reconstituent pour la centième fois le chemin supposé de Lee Oswald après son crime supposé, et passent leurs soirées chez les strip-teaseuses de Jack Ruby. Un îlot de calme dans cette agitation : les journalistes américains. Ils « font » les conférences quotidiennes de la police locale, et ils suivent tranquillement les petites nouvelles, bref ils sont dans le train-train. Le crime de Dallas n'est plus à la une.

Car il n'y a pas là-bas, comme en Europe, un scandale de Dallas. Aucune société n'aime s'accuser elle-même, et il est évident qu'à défaut de l'attentat communiste, qui apparaît peu vraisemblable, le crime « irrationnel » d'un instable comme Oswald est la meilleure solution pour la bonne conscience américaine. Mais dans cette relative indifférence de l'opinion, il y a autre chose qu'une sorte de mauvaise foi nationale : pour le citoyen américain moyen, on a tué à Dallas, il y a quinze jours, *un* président américain — immédiatement remplacé par un autre président. Pour la plupart des Européens, on a tué *le* président Kennedy. Il y a une nuance.

Car il y a eu un « Kennedy » hors des États-Unis, et spécialement en Europe : en Union soviétique et dans tout l'Est européen, le jeune président incarnait la détente, la coexistence pacifique, la discussion avec Khrouchtchev. En Occident, il avait réussi à transformer l'image que l'opinion se faisait des États-Unis. A travers le dynamisme du nouveau style gouvernemental, l'Europe atlantique avait retrouvé une Amérique confiante et jeune, réconciliée avec le « mouvement » et avec le progrès. On l'a bien vu ces jours derniers : la gauche européenne, tout spécialement, pleure Kennedy.

Mais le paradoxe de cette vie trop courte est que, populaire dans le monde, le président assassiné n'avait pas gagné la partie à l'intérieur de son propre pays. Il n'avait renversé que superficiellement les grands courants de la tradition. L'Amérique ronronnante d'Eisenhower et du Congrès est toujours là. C'est une chose qui frappait beaucoup tous les récents voyageurs aux États-Unis : il y avait peu de « kennedystes » dans l'opinion américaine. La richesse et la chance de cet Irlandais de l'Est, son cosmopolitisme affiché, son goût des intellectuels en faisaient un peu un étranger dans les profondeurs provinciales du pays. Même dans des secteurs plus restreints, et comme spontanément favorables, chez ces professeurs « libéraux » (au sens américain du terme) qu'il avait réintégrés dans la vie publique des États-Unis, il subsistait pas mal de scepticisme sur sa volonté de résoudre les grands problèmes intérieurs de la société américaine. « C'est sans doute le meilleur politicien, le plus intelligent que nous puissions avoir, m'avait dit cet été l'un d'eux, mais il reste essentiellement un politicien. La "Nouvelle Frontière" ? C'était avant tout un mot d'ordre électoral. »

Bref, à condition de ne pas se placer à un point de vue européen, il n'y a rien d'obscur dans l'évolution de l'opinion américaine. Il y entre de l'oubli naturel, une certaine fierté du fonctionnement parfait d'institutions qui sont quasi sacrées, et la curiosité de ce que va être le nouveau président. « Qui est M. Johnson ? » intéresse déjà plus que « qui a tué M. Kennedy ? ».

Au fait, qui est M. Johnson ? Tout le monde est d'accord pour dire que cet homme du Sud est le politicien le plus roué que les États-Unis aient connu depuis longtemps. Tout le monde rappelle la phrase de Kennedy qui le considérait comme le plus capable — après lui — de devenir président des États-Unis. Il est très habile, et il en a donné une nouvelle preuve en faisant couvrir l'enquête de Dallas par une Commission parlementaire d'hommes irréprochables. Mais c'est en même temps une forte personnalité, qu'on annonce souvent à Washington comme un nouveau Truman. Et on ajoute : en plus intelligent.

Que ce soit au Texas ou dans la capitale fédérale, Lyndon Johnson a deux groupes d'ennemis. A gauche, on l'accuse de corruption. On n'oublie pas que le « Profumo » américain, Robert Baker, secrétaire de la majorité démocrate du Sénat, a été un de ses protégés. On souligne qu'une partie de l'activité parlementaire du nouveau président a consisté à obtenir pour son

Texas natal des contrats ou des décrets lucratifs. Bref, sans qu'on puisse rien prouver, on laisse entendre que M. Johnson n'est pas indifférent à l'argent. Dès le 29 novembre, le *New York Times* s'en est fait l'écho.

A Wall Street, la chute des valeurs américaines provoquée par l'assassinat du président Kennedy a été effacée en une séance. Ce boom a pour origine l'expansion de la production industrielle américaine et surtout les résultats bénéficiaires sans précédent annoncés par les grandes sociétés, en particulier par l'Americain Telegraph and Telephone.

Le « big business » est plutôt favorable au président Johnson qui, estime-t-il, jouit d'une meilleure audience que son prédécesseur auprès du Congrès.

Mais le nouveau président a aussi des ennemis à droite : il y a trois ans, et dans son propre État, le Texas, il fut la première victime d'une manifestation organisée par les mouvements d'extrême droite, qui lui reprochent son opportunisme politique. Quand il s'est rallié en 1960 à Kennedy, après avoir été son adversaire à l'intérieur du parti démocrate, la droite sudiste a violemment attaqué son retournement, qu'elle ne lui a toujours pas pardonné. En ce domaine, et notamment sur le problème noir, Lyndon Johnson n'a pas plus intérêt à reculer que John Kennedy.

Que changera-t-il au gouvernement de son prédécesseur ? Pas grand-chose sans doute dans l'immédiat. Il a pris conseil, pour son premier discours, de MM. Ted Sorensen et A. Schlesinger, qui étaient les intimes de Kennedy. Il a gardé à la Défense M. Mac Namara, derrière lequel travaillent les « whiz kids », les « petits malins » de la « Rand Corporation », les stratèges de la « réplique graduée », MM. Rowen, Enthoven et Hitch ; il est vraisemblable que les vieux généraux du Congrès devront attendre un peu pour obtenir la tête de ces technocrates militaires de l'époque Kennedy. Une seule personnalité risque de prendre un rôle grandissant en politique étrangère : c'est l'ancien chef de la diplomatie américaine sous Truman, M. Dean Acheson, qui est un ami très proche du nouveau président. Mais ces dernières années, M. Dean Acheson a tellement multiplié les affirmations de la suprématie américaine dans le monde atlantique, et les provocations à l'égard de l'Angleterre et de la France, qu'il est peu probable que sa promotion puisse devenir officielle. Pour l'instant, M. Dean Rusk semble avoir les choses bien en main.

Le nouveau président des États-Unis sera-t-il le candidat du parti démocrate ? C'est très probable. On dit qu'il lui sera difficile de succéder à Kennedy. Mais les observateurs américains les plus cyniques remarquent que s'il a fallu au clan Kennedy trois générations pour se hisser au pouvoir, il aura peut-être suffi de trois coups de feu pour l'en détrôner.

Toute la question est là. Dans quelles conditions les Kennedy peuvent-ils reprendre le fanion du parti démocrate ? Ils ont tout de suite réagi ; la journée du Thanksgiving Day les a réunis à Hyannis Port, et l'assemblée de famille — qui groupe alors tous les frères et sœurs de Kennedy, plus Jacqueline Kennedy, mais tient à l'écart les gendres et belles-filles — a préparé l'avenir, Première question : Bob Kennedy doit-il rester au gouvernement ? A Washington, les avis sont partagés. Oui, disent certains, pour venger son frère, user de son influence pour que Johnson poursuive la politique de JFK, maintenir le nom de Kennedy au sommet de l'administration américaine. Mais d'autres disent à l'inverse que Bobby doit se retirer provisoirement de la scène politique, où il s'est trop compromis jusqu'ici, et préparer pour 1968, soit son propre retour, soit celui du jeune frère, dont bien des gens à Washington affirment qu'il est plus intelligent, plus fort, plus brutal et plus ambitieux que tous les Kennedy réunis.

Dans ce cas, Bob Kennedy jouerait auprès de Ted le rôle qu'il a déjà joué auprès de son frère aîné, celui d'organisateur de la victoire et d'éminence grise du pouvoir. Une anecdote circule à Washington qui montre bien l'énergie du clan Kennedy et illustre comment la veuve du président assassiné y est complètement intégrée. On dit qu'à son arrivée à Washington, le vendredi soir, dans l'avion qui transportait le cercueil de son mari, la première question qu'elle posa à M. Kenneth O'Donnel, conseiller intime de JFK, fut celle-ci : « Donnez-moi tous les détails sur la façon dont ont été célébrées les obsèques de Lincoln. »

Mais, quoi qu'il en soit, les Kennedy travaillent maintenant pour 1968. Dans l'immédiat, l'extrême probabilité de la candidature Johnson à l'automne bouleverse toutes les données tactiques de la prochaine campagne électorale. Car toute la hargne des républicains était axée contre le « clan Kennedy » ; toute leur stratégie visait à opposer à une riche famille de l'Est un sénateur ultra-conservateur de l'Arizona, Barry Goldwater, qui aurait pu enlever aux démocrates l'essentiel des suffrages du Sud. Mais contre Johnson, homme du Texas, fortement implanté dans le Sud, les républicains peuvent être amenés à chercher un candidat plus libéral, susceptible de lui ravir des voix hors de son propre fief, dans le Middle West ou dans le Nord-Est : M. Nixon retrouve ses chances d'être candidat, dans la mesure où M. Rockefeller reste disqualifié par son divorce. La bataille est plus ouverte encore qu'au temps de JFK.

# LES DEUX CENTS BOUGIES DE L'AMÉRIQUE

*10 mai 1976*

Il est rare que les anniversaires apportent grand-chose à la connaissance : commémorer n'est pas la meilleure manière d'écrire l'histoire, si elle est une des plus pratiquées. Le bicentenaire américain n'échappe pas à la règle, et je frémis d'avance du nôtre, à nous Français, 1989 ! Mais enfin prenons le vent d'où qu'il souffle, l'histoire d'où qu'elle vienne, il peut aussi y avoir, comme de toute chose, un bon ou un mauvais usage des anniversaires. Deux livres viennent à point nommé illustrer cette lapalissade ; je commencerai par le mauvais exemple.

Ce qui me gêne dans le livre de Claude Julien, c'est que c'est un pamphlet. Je n'ai rien contre les pamphlets. J'aime l'histoire. Mais les deux genres sont rarement compatibles. Dans le cas qui m'occupe, en plus, le pamphlet s'avance masqué : il emprunte son sujet, son ton à l'histoire, il nous promet « deux siècles d'Amérique » et il débite deux siècles d'anti-Amérique. Si bien qu'il parvient à cumuler les inconvénients des deux genres, et qu'il est à la fois collet monté comme un traité et partisan comme un tract.

De Claude Julien, pourtant, nous étions en droit d'attendre et nous attendions le meilleur. Auteur de l'une des premières initiations à la révolution cubaine, il avait fait paraître sa grande enquête *L'Empire américain*, dont *Le Nouvel Observateur* avait à l'époque publié des extraits annoncés en couverture. Or voici notre confrère qui cède au pire. Gageons que ce qui reste en lui d'historien ne se trouvera pas longtemps à l'aise dans un tel choix. C'est avec une amicale tristesse que l'on voit se déchaîner le schématisme de l'esprit partisan chez un homme d'ordinaire soucieux de rigueur. Que fait-il en effet ?

Il prend la « Déclaration d'indépendance », charte fondamentale du « rêve américain ». Il ne se demande pas pourquoi l'Amérique a été fondée sur un rêve, ce qui est, après tout, assez singulier dans l'histoire humaine ; ni ce qui a meublé ce rêve, quels espoirs, quelles pensées, quels esprits, quelle figure de l'homme. Il met simplement en parallèle au texte de la déclaration le développement d'un capitalisme sauvage, le culte du profit, la corruption, le maccarthysme, le Ku Klux Klan, la guerre d'Indochine, et le tour est joué : dans cette histoire manichéenne, les méchants ont toujours le pas sur les bons, qui n'ont pour eux que la fidélité au discours des origines.

Ce mélange de morale kantienne et de simplicité historique mériterait de figurer dans une anthologie de l'anachronisme, ou même de l'a-chronisme : c'est un discours de l'idéologie anti-impérialiste du XXe siècle sur l'idéologie anticolonialiste du XVIIIe siècle. Et ces deux discours naïvement superposés ne nous apprennent rien que les illusions contenues à l'avance dans ce jeu de miroirs qui ne dit jamais son nom. Que le « capitalisme », par exemple, en quoi Claude Julien voit le principal obstacle historique à la démocratie américaine, ne soit pas revendiqué dans la « Déclaration » de 1776 ne suffit pas à montrer qu'il est contradictoire avec le célèbre texte des pères fondateurs. On sait assez, notamment depuis Marx, que l'idéal jeffersonien d'une démocratie égalitaire de petits propriétaires accompagne et transfigure la légitimation d'une économie de marché. D'autre part, si l'on se situe à l'autre bout du raisonnement implicite de l'auteur, du côté de ses partis pris destinés à l'édification du tiers-monde d'aujourd'hui, c'est un contresens historique que de faire du capitalisme la figure antinomique de la démocratie : les deux phénomènes, au contraire, sont si liés que leur articulation est apparue à Tocqueville comme la clé de l'histoire américaine !

L'opposition entre liberté réelle et liberté formelle, qui fonde sur ce point l'argumentation de Claude Julien, n'appartient pas au monde intellectuel des fondateurs des États-Unis, qui n'avaient pas anticipé Marx mais lu Locke et Hume. Et si fédéralistes et républicains, jeffersoniens et hamiltoniens se battent très tôt, dans l'histoire américaine, pour des conceptions de la démocratie, l'enjeu de ces luttes n'est sûrement pas le régime de la propriété. Cette opposition, d'ailleurs, me paraît l'un des concepts les plus faibles et les moins élaborés du marxisme : et il y a un étrange paradoxe à en faire le fondement d'une histoire des États-Unis, juste au moment où les partis communistes, notamment en Occident, redécouvrent le caractère imprescriptible, irréductible des libertés dites formelles...

C'est naturellement le problème noir qui fournit à Claude Julien la tentation idéale d'anachronisme : le Noir n'est pas seulement exclu de l'histoire américaine, il est absent aussi de ses principes ; il ne figure pas dans le « rêve américain » ; il est, dès l'origine, un non-être, quelle que soit à cet égard la mauvaise conscience d'un certain nombre des « pères fondateurs ». Si bien qu'en ce qui le concerne il faut très exactement retourner la problématique de Claude Julien : si l'histoire a été infidèle au rêve américain, depuis deux cents ans, c'est, exceptionnellement, dans le bon sens, en brisant le rêve d'une communauté blanche et en élargissant par force aux Noirs l'universalisme de la « Déclaration », le droit à l'égalité et au bonheur.

Par chance, il vient de sortir un livre qui constitue l'exact antidote à celui de Claude Julien : c'est celui d'Élise Marienstras, consacré précisément à l'inventaire du rêve américain des origines. Ce rêve, incontestablement, exclut le Noir parce que la communauté fondatrice du nouveau contrat social se pense comme ethniquement homogène : même Jefferson l'abolitionniste ne voit d'autre solution au problème que l'émigration massive des Noirs, que viendra relayer une immigration blanche complémentaire. C'est que le Noir est perçu comme indigne de cette élection historique de la nouvelle nation qui en fait le vecteur de la démocratie ; s'il en est rejeté, ce n'est pas *bien que* cette nation soit égalitaire, c'est *parce qu'*elle est égalitaire. Accepté, intégré, l'esclave, même affranchi, eût recréé la hiérarchie entre citoyens — contradiction dans les termes. Mais oui, la philosophie des Lumières a eu de ces ruses qui ont constitué le vécu collectif d'une opinion, soumise pour la première fois au problème de la pluralité des races dans un cadre national.

Quant à l'Indien, possesseur primitif du sol, la philosophie du siècle fournit au contraire les moyens de l'intégrer à la nation américaine. L'intégrer, c'est-à-dire le conquérir, le christianiser, le policer, étendre toujours vers l'ouest la frontière de la civilisation. C'est que l'Indien n'est pas marqué par ce rapport social corrupteur qu'est l'esclavage : il incarne « le sauvage », cette figure centrale de l'anthropologie européenne naissante, c'est-à-dire un matériau humain vierge, innocent, généreux comme la nature même du continent nouveau. Or la chance de ce sauvage, c'est d'échapper, pour une fois, à la corruption par la civilisation. Car, si l'Europe est corrompue, le colon américain, qui l'a fuie pour cette raison, figure cette chose unique au monde, une civilisation neuve et pure. Il gagne donc sur les deux tableaux, et par rapport à la sauvagerie, naturelle et humaine, dont il reçoit les vertus, et par rapport à la civilisation, dont il a choisi, en traversant l'Atlantique, de refuser les vices. La naissance des États-Unis d'Amérique est une nouvelle version du peuple élu.

Élise Marienstras montre bien que cette patrie choisie, et non pas simplement acceptée, ce pays d'immigrants, et non de paysans, est inséparable d'un formidable investissement social. Cette trop brève histoire n'offre comme expérience commune qu'un refus : le déracinement européen. En faisant de ce refus son drapeau, par la conquête de l'indépendance, qui réaffirme au niveau collectif le geste originel du colon et le transforme en citoyenneté, la nation américaine s'enracine dans sa séparation d'avec l'Europe, c'est-à-dire dans l'idéologie. Elle se pense non pas comme une histoire mais comme une création : c'est probablement là le secret de son rayonnement universel, et notamment de sa fraternité vécue avec la Révolution française. Les deux événements sont des origines de l'humanité. Les Français diront « régénération ».

L'Amérique y investit plus de sensibilité religieuse : elle a derrière elle, par définition, ce qui constitue la séparation originelle, l'arrachement d'avec l'Église établie, et elle n'a plus besoin de libérer ses nouveaux citoyens de cette servitude-là. D'où l'extraordinaire mélange de messianisme religieux et de philosophie des Lumières qui caractérise sa lutte politique et qui consacre, au plein sens du terme, les nouvelles institutions : celles-ci incarnent des valeurs sacrées. Elles constituent, par là même, l'enracinement à la fois national et universel de la nation. L'Amérique n'a pas d'idéologie, puisqu'elle est une.

Ce qui resterait alors à comprendre, à partir de l'intelligent livre d'Élise Marienstras, c'est comment cette idéologie a modelé les rapports des Américains avec leur histoire réelle, depuis deux cents ans, et notamment depuis qu'ils sont devenus une puissance mondiale dominante. Histoire émancipatrice et néocoloniale, démocratique et capitaliste à la fois, moins simplette que ne l'imagine Claude Julien, puisque l'ambivalence est dès l'origine dans l'idéologie et qu'elle est redoublée par les rapports de cette idéologie et de la puissance. Avec Watergate, les Américains ont fêté par avance le bicentenaire, dans un vaste retour aux sources ; mais cette communion retrouvée n'a rien changé aux réalités de la puissance.

---

LE RÊVE ET L'HISTOIRE, DEUX SIÈCLES D'AMÉRIQUE,
*par Claude Julien, Grasset.*

LES MYTHES FONDATEURS DE LA NATION AMÉRICAINE,
*par Élise Marienstras, François Maspero.*

---

## UN SPRINT DE TORTUES

*30 octobre 1976*

La campagne électorale américaine se termine comme un match de tennis entre deux joueurs médiocres : l'important n'est pas de faire le point gagnant mais d'attendre la faute de l'adversaire. Juste après le deuxième grand débat télévisé, moins gagné par Carter que perdu par Ford, la compétition s'était subitement animée. Ford avait des ennuis supplémentaires du côté de son témoignage sur Watergate, Carter abandonnait son sourire pour lâcher bride à l'impitoyable énergie intérieure qui l'anime : il interpellait le président de tous les coins du pays. Et puis tout s'est tassé. L'espace d'un sondage. Les conseillers de Carter lui ont représenté qu'il risquait de provoquer un choc en retour de l'opinion en faveur de Ford. On a donc retrouvé, dans le troisième débat télévisé, les mêmes discussions insipides entre deux candidats qui avaient préparé et appris par cœur les réponses à toutes les questions possibles, et qui, de toute façon, en face d'une question inédite, se repliaient tout de suite sur une réponse apprise.

Si aucun d'entre eux n'a pris le risque de changer de vitesse, c'est moins pour des raisons intellectuelles (en tout cas en ce qui concerne Carter) que pour des raisons politiques. La course au centre, qui est leur stratégie commune, les rapproche. C'est une compétition faite de fair-play ostensible et de nuances subtiles. Les lois mécaniques de l'élection présidentielle américaine y conduisent, dans la mesure où la victoire se joue dans la zone la plus indistincte des deux électorats, c'est-à-dire au centre. Mais Ford et Carter n'ont pas eu besoin de forcer beaucoup leur talent pour entrer dans cette stratégie. L'un est un conservateur modéré, l'autre un libéral modéré. Où voulait-on qu'ils se rencontrent sinon au centre ? Les républicains ont bien tiré les leçons de l'épisode Goldwater [1], et les démocrates de la candidature McGovern [2].

1. Battu en 1964 par Johnson.
2. Battu en 1972 par Nixon.

C'est ce qui explique que la discussion la plus intéressante, au point de vue des problèmes posés, ait été celle qui a mis aux prises les deux aspirants vice-présidents, Mondale et Dole. Parce que eux sont vraiment à chaque bout du spectre politique. Ford a pris Dole pour se couvrir à droite, du côté de l'électorat de Reagan. Carter a pris Mondale pour se couvrir à gauche, du côté des libéraux, des syndicats, des Noirs. Dole, sénateur du Kansas, spirituel et drôle, est aussi un des esprits les plus réactionnaires du Sénat, opposé à toute la législation sociale. Au contraire, Walter Mondale n'a cessé d'y défendre des programmes d'assistance médicale gratuite, une politique de l'environnement et notamment des villes, un combat actif du gouvernement fédéral contre l'inflation et le chômage. Il était clair, à les entendre, que, sur le plan intérieur au moins, il y avait bien deux politiques en présence, deux sensibilités, deux héritages, le *New Deal* contre le *Big Business*, l'État redistributeur contre les mécanismes du marché, l'égalité contre l'argent. Un Français y aurait reconnu et délimité son camp.

Ainsi, les vice-présidents ont été chargés de donner sa dimension politique à la campagne. Mais l'autre dimension ne pouvait être déléguée parce qu'elle colle à la peau des deux prétendants, parce qu'elle met en jeu leur image, la nature de leur *leadership*. Aidé par Mondale, Carter a vaincu dans la bataille d'idées ; mais il était tout seul pour livrer l'autre, et il me semble qu'il ne l'a qu'à moitié gagnée.

Il parle un anglais teinté d'un fort accent du Sud. « Jamais je ne voterai pour un type qui a cet accent », m'a dit l'autre jour mon voisin, que je soupçonne, de toute façon, de voter républicain. Mais l'argument porte, et compte un peu partout, sauf dans le Sud, bien sûr. L'image du Sud reste, dans bien des cas, celle d'un pays arriéré, vaincu, marginal, un peu à l'écart de l'Union.

L'ancien gouverneur de Géorgie incarne, il est vrai, une nouvelle génération de politiciens, enfin délivrée des malédictions de la guerre de Sécession, née avec le Mouvement des Droits civiques des années 1960, réconciliée avec l'universalisme du rêve américain. En ce sens, comme il le dit lui-même, c'est Martin Luther King qui, s'il n'a pas fabriqué Carter, du moins l'a rendu possible. Mais tout le problème est de savoir si cette nouvelle image « passe » — et jusqu'à quel point — dans l'Amérique *yankee*, dépossédée de son *leadership* traditionnel sur l'Union. L'accent de Carter, c'est le symbole de cette incertitude.

La machine démocrate a fini par l'accepter mais non sans difficulté, non sans soupçons. Ni les syndicats ni les traditionnels *president-makers* que sont les patrons des grandes villes démocrates, comme Daley à Chicago, ni les puissantes communautés juives de New York et de l'Est, ni les Américains « ethniques », descendants d'immigrés d'Europe centrale, orientale ou méditerranéenne, massivement catholiques, n'aimaient spontanément cet outsider de la politique, ce prédicateur baptiste imprévu, cet homme venu de nulle part, c'est-à-dire une petite ville de Géorgie : l'endroit le plus extravagant où puisse naître un futur président des États-Unis. De cette extravagance, Carter avait fait son atout principal pour gagner les primaires : il a offert à une opinion dégoûtée de son *establishment* politique l'image d'un candidat ridiculement étranger au petit monde de Washington. A partir de là, prenant appui sur cette série de plébiscites partiels, il a forcé la décision à l'intérieur du parti démocrate, qui n'avait plus guère le choix, et qu'il a rassuré en embarquant Mondale.

Devenu candidat officiel du parti, il doit en assumer l'héritage. Il cite les grands ancêtres, évoque ici et là Truman, Kennedy et Johnson. Mais on sent bien, à l'écouter, qu'il vient d'ailleurs, et que le thème d'un commencement, si familier à la conscience américaine, et dont il serait le symbole, lui est plus naturel que celui de la tradition démocrate. Il est très largement, depuis le début, un candidat hors parti, une nouvelle figure, complètement inédite, du populisme américain. Si bien que la bénédiction indispensable mais tardive du parti ne lui donne pas l'assurance de rassembler tout le vote démocrate, condition minimale du succès. Dans son cas, la machine est moins que jamais propriétaire de son électorat. Là est l'incertitude du 2 novembre.

Car, sur le principe, il doit gagner : le parti démocrate est normalement majoritaire dans l'opinion américaine et il l'est probablement plus que jamais. Les républicains sont au pouvoir depuis huit ans et leur image est bien fanée, non seulement par l'affaire du Watergate, qui a éclaboussé l'ensemble de l'*establishment*, mais par la balourdise de Ford, trop gaffeur pour ce qu'il a d'honnêteté, et par le laisser-aller de son administration en matière économique et sociale. L'Amérique veut du changement, c'est certain. Mais il n'est pas certain qu'une majorité américaine reconnaisse en Carter l'homme de ce changement.

Les données de base de l'équation démocrate n'ont jamais été faciles à réunir. Ce sont celles qui avaient assuré le triomphe du

*New Deal* et le long règne de Roosevelt. Il faut additionner deux majorités massives, qui constituent le minimum indispensable à l'obtention d'une majorité d'électeurs présidentiels (puisque l'élection est à deux degrés) : l'une dans les États du Sud, l'autre dans l'Amérique industrielle du Nord-Est. En 1960, Kennedy n'est passé que d'extrême justesse. C'est en partie parce que, catholique et bostonien, il avait perdu une partie des voix démocrates sudistes. L'inverse peut se produire en 1976, pour Carter, avec les voix démocrates du Nord et du Nord-Est.

Il y est assuré, il est vrai, de l'essentiel du vote noir, peu enthousiaste mais qui n'a guère le choix. Il peut compter aussi sur la cohésion du Sud en sa faveur, puisqu'il a contribué plus qu'aucun autre, au moment des primaires, à effacer le ségrégationnisme blanc et à sortir ses compatriotes d'une sorte de particularisme mi-arrogant mi-coupable. Mais les fermiers du Middle West continuent à avoir des tendresses pour l'administration Ford, qui a veillé sur leurs intérêts. Le Far West reste majoritairement républicain. La Californie, qui y dispose de la moitié des grands électeurs, va constituer un enjeu très discuté et qui reste très incertain. Carter ne peut donc pas se permettre de perdre même une partie des voix démocrates entre les Grands Lacs et New York. Il lui faut le vote libéral, le vote ouvrier, le vote anglo-protestant, le vote juif, le vote catholique, le vote italien, le vote irlandais, le vote polonais ; bref, il lui faut l'Amérique *yankee* et son immense clientèle, qui l'écoute et le regarde faire d'un œil un peu surpris, comme quelqu'un qui leur aurait volé la clé de la maison.

Bien que le système des deux partis soit agonisant, en termes d'institutionnel, il reste un facteur fondamental en ce qui concerne les motivations de vote, même quand les candidats sont perçus par les électeurs comme des « extrémistes » : la majorité des républicains a voté Goldwater en 1964, et la majorité des démocrates McGovern en 1972. Mais précisément, cette majorité de l'électorat fidèle dans tous les cas au choix du parti ne fait pas une majorité présidentielle. Ce qui décide de l'élection, c'est la capacité d'un des candidats à faire le plein des voix du parti, et, par là, à rallier le gros de l'électorat flottant. Les sondages d'octobre attribuent à Carter 80 % des suffrages démocrates, ce qui lui donne encore un électeur sur cinq à convaincre à l'intérieur de la famille démocrate. Mais il découvre surtout plusieurs dizaines de millions d'électeurs qui n'ont pas encore fait leur choix, ou qui changent d'opinion, ou qui vont s'abstenir.

Le pronostic le plus fréquent est qu'il y aura, le 2 novembre, autour de 50 % d'abstentionnistes. Et l'opinion courante, impossible à démontrer mais probable, est que plus il y aura d'abstentions, moins Carter aura de chances de gagner.

Dans l'Amérique *yankee*, il obtiendra probablement un soutien massif dans les bastions démocrates de Nouvelle-Angleterre, et aussi à New York, où l'immense communauté juive, d'abord méfiante, a été progressivement rassurée, ralliée. Mais l'issue est plus incertaine dans les États industriels qui forment un vaste arc de cercle autour des Grands Lacs : la Pennsylvanie, l'Ohio, le Michigan, l'Indiana, l'Illinois, le Wisconsin. Là, l'élément décisif pourrait bien être le vote de ces communautés d'origine est-européenne — polonaise, tchèque, hongroise, slovaque, lituanienne — particulièrement nombreuses dans les villes ouvrières et assidûment courtisées par les deux candidats.

Traditionnellement, elles votent démocrate, comme le gros des minorités plus ou moins récemment immigrées. Mais elles sont passionnément catholiques, et le fondamentalisme baptiste de Carter est très loin de leur tradition. Elles sont aussi profondément attachées à leur homogénéité ethnique, et hostiles à l'intégration raciale : car l'installation des Noirs dans les grandes villes a bouleversé la vie quotidienne des ouvriers bien plus que celle des riches, que l'argent met de toute façon à l'écart des uns et des autres. Bref, la vie traditionnelle que ces communautés avaient reconstituée aux États-Unis est aujourd'hui menacée par le changement. Même l'Église catholique, depuis Vatican II, n'est plus un ancrage certain. D'où une certaine désaffection à l'égard du parti démocrate. Carter reste l'homme des zones rurales, plus anciennes, et fidèles au protestantisme évangélique ; mais au moment des élections primaires, il a fait des scores très médiocres dans les secteurs industriels, par exemple chez les mineurs de Pennsylvanie.

Il est vrai qu'il a reçu sur ce terrain, de la part de son adversaire, un renfort inattendu. L'extraordinaire gaffe de Ford, affirmant, dans le deuxième débat télévisé, l'indépendance des pays de l'Est européen par rapport à l'URSS, a provoqué l'indignation générale de cette partie de l'opinion américaine, particulièrement anticommuniste et qu'inquiète, de toute façon, la politique de détente. Mais même cette bourde, suivie d'excuses laborieuses, n'a peut-être pas suffi à réarrimer tous les Polono-Américains au char démocrate. A voir l'obstination avec laquelle Carter affirmait, dans son dernier débat avec Ford, son opposition convaincue à l'avortement et renouvelait ses excuses pour l'interview de *Playboy*, il était clair que la mère de famille de Parme (Ohio), faubourg polonais de Cleveland, restait l'un des arbitres du destin.

Il y a donc sûrement, dans le mystère Carter, dans cet essoufflement de sa campagne, la nécessité d'un équilibrisme méticuleux, que ses conseillers les plus proches n'ont cessé de lui rappeler. A côté d'une élection française ou britannique, une élection américaine comporte un nombre presque monstrueux de variables, dont la prise en compte tend à immobiliser le candidat. L'équation démocrate victorieuse est particulièrement difficile à trouver, puisqu'elle doit concilier toutes les cultures européennes, réunir des Églises séparées par l'histoire, mobiliser les Noirs, séduire les pauvres et les minorités sans déplaire aux gens établis ni toucher au mythe national, promettre le changement au nom des origines. Dans la course par étapes des élections primaires, le gouverneur de Géorgie s'est révélé un merveilleux spécialiste du porte-à-porte à l'échelle d'un seul État. Mais, promu si rapidement sur le théâtre de l'Union, il a eu un peu de mal à constituer et à vendre une image nationale de lui-même. Si bien qu'à quelques jours d'un scrutin où il devrait normalement l'emporter, il reste une sorte de demi-question dans l'air : peut-on faire confiance à Jimmy Carter ? Réponse mercredi matin.

# JIMMY CARTER : UNE RÉVOLUTION À L'AMÉRICAINE

*24 janvier 1977*

Dans un tout récent article de la revue *Foreign Policy Magazine*, le principal conseiller de Jimmy Carter en politique étrangère, Zbigniew Brzezinski, parle d'une crise et même d'une faillite des classes dirigeantes américaines. L'ancien professeur à Columbia, qui hérite de la moitié des attributions de Kissinger en devenant *assistant for national security affairs* — l'autre moitié allant au secrétaire d'État Cyrus Vance —, écrit que la guerre du Vietnam a été « le Waterloo de l'élite WASP »[1]. La fin de cet *establishment* blanc, anglo-saxon et protestant qui n'a cessé de gouverner les États-Unis par droit de fondation.

Il va peut-être vite en besogne. Dans le nouveau cabinet Carter, si l'on excepte le clan des amis géorgiens, on voit surtout d'anciens *managers* kennedyens revenus aux affaires, comme Brown, secrétaire à la Défense, ou Blumenthal, secrétaire au Trésor, sans parler d'Arthur Schlesinger, chargé des problèmes de l'énergie, qui a servi Nixon et Ford. L'*establishment* américain traditionnel n'est pas encore à Sainte-Hélène. Mais il est vrai qu'il traverse depuis dix ans une crise profonde, que symbolisera peut-être pour l'histoire la présidence de Nixon, entouré d'une part de son gang californien, de l'autre du théâtral juif allemand, qui a meublé la scène mondiale au nom d'un pouvoir qui n'avait plus de visage. Et, à cet égard, l'élection à la présidence d'un modeste politicien sudiste, encore inconnu il y a un an, marque bien un tournant de l'histoire américaine.

Il ne s'agit pas seulement des séquelles politiques ou morales de la guerre du Vietnam. Il s'agit d'une crise sociale profonde de toute l'Amérique *yankee*, celle qui a donné, jusqu'à présent, son modèle et son visage à la nation.

Le trait majeur, qui saute aux yeux de tout voyageur, c'est la

1. WASP : *White anglo-saxon protestant.*

crise urbaine. Elle frappe par excellence cette partie des États-Unis qui est la plus anciennement industrialisée — le Nord-Est, la région des Grands Lacs — et la plus traditionnellement symbolique de la réussite américaine. Ces terres d'élection de la démocratie, de la richesse et de la promotion individuelle sont devenues les lieux de la révolte collective et de la pauvreté sans espoir. Hier, elles incarnaient les promesses de la nation ; aujourd'hui, la fragilité des valeurs et des principes fondamentaux : l'égalité des chances, la réussite individuelle, la libre-entreprise, la liberté.

Tout a commencé avec la migration des Noirs, chassés du Sud par la mécanisation agricole, attirés au Nord par les salaires de l'industrie. Le mouvement date des lendemains de la Première Guerre mondiale mais il ne prend de proportions massives que pendant et après la Seconde. Les grandes villes américaines, au XIXe siècle, s'étaient construites sur l'immigration européenne, qui ne cessait de les agrandir, de les élever, de les enrichir. Les voici, au milieu du XXe, aux mains des seuls paysans qu'ait connus l'histoire américaine : les Noirs de l'ancienne économie de plantation.

Car les Noirs se sont installés au cœur des villes. C'est un spectacle prodigieux, pour un Européen habitué aux tristes HLM des banlieues ouvrières et à la concentration des riches au centre des villes, que d'observer le phénomène inverse aux États-Unis : les pauvres, c'est-à-dire les Noirs, au cœur de la cité, et l'immense *middle class* autour, dans un rayon de vingt, trente ou cinquante kilomètres. Ce qui étonne n'est pas que Noirs et Blancs ne puissent pas vivre ensemble : l'histoire urbaine de l'Europe est faite aussi de la séparation des quartiers riches et des quartiers pauvres et même, plus récemment, de la ségrégation ethnique des Nord-Africains, des Pakistanais ou des Turcs. Ce sont les traits particuliers de cette ségrégation américaine qui intriguent. Sa distribution inverse dans l'espace, et son rythme extraordinairement rapide.

Le premier de ces traits est souvent attribué à des raisons économiques, comme l'existence d'un système bon marché de prêts à la construction, pour le nouveau « suburbain » désireux de faire bâtir sa maison, ou le désir de fuir les impôts municipaux trop lourds de la grande ville pour les entreprises qui désertent le centre. Mais ces raisons accompagnent et accélèrent à leur tour le phénomène, plutôt qu'elles ne le provoquent. Je soupçonne qu'il y a au fond de l'exode blanc, dans cet abandon du centre urbain aux pauvres, un choix culturel conforme aux origines historiques de la nation : la maison individuelle de bois et de briques contre le gratte-ciel ; un petit morceau de nature contre la pollution-corruption de la grande ville ; la communauté homogène, le *nice neighbourhood*, autour des églises et du supermarché, contre l'atomisation anonyme de l'individu dans la métropole.

L'Amérique profonde a toujours été faite de ces villes moyennes et petites, à peine distinctes de ce que nous appelons « la campagne » : agglomérats de maisons de bois si étendus dans l'espace qu'ils n'ont guère de centre géographique ou architectural mais qui regroupent des communautés vivantes, gardiennes d'une tradition pionnière domestiquée, où la pelouse a remplacé la forêt, et la tondeuse du dimanche matin, la hache des fondateurs. Depuis vingt ans, la *middle class* américaine des grandes villes a retrouvé, reconstruit son habitat traditionnel. Dans ce pays, si proche, à bien des égards, de la philosophie du XVIII^e siècle, l'écologie est une idéologie plus qu'une mode, et il ne faudrait pas beaucoup gratter pour trouver au fond des consciences l'idée que la vie rurale prédispose à la vertu et que les métropoles sont les mères de tous les vices.

A cet égard, l'exemple noir offre la contre-épreuve. Car si l'exode blanc vers les pelouses des banlieues riches a été un plébiscite si massif, c'est aussi que l'urbanisation accélérée des Noirs a cassé tous les équilibres traditionnels du milieu, à commencer par le plus fondamental : la famille. C'est une histoire encore mal connue, dans ses mécanismes et dans ses causes, mais dont les effets sont clairs : une clochardisation de vastes populations noires au centre des villes, des cellules familiales fragiles, un niveau de vie trop bas pour financer longtemps des services municipaux convenables, une délinquance (notamment juvénile) en rapide croissance, tous ces traits, qui se renforcent l'un l'autre, ont finalement dessiné de lugubres ghettos, logés au cœur des grandes villes, et plus ou moins « autogérés » par des gangs dont les Noirs étaient d'ailleurs les premières victimes.

Même à l'époque de la grande prospérité, dans les années 60, en période de plein-emploi, beaucoup de mères de famille noires n'arrivaient à survivre, avec leurs enfants à charge, qu'à l'aide du chèque hebdomadaire de l'assistance municipale. Aujourd'hui, où le chômage touche tout particulièrement les jeunes Noirs, ce système d'assistance (le *welfare system*) est à la fois plus nécessaire encore, et plus coûteux. Mauvais palliatif d'une urbanisation ratée et d'une économie en semi-crise, il contribue à éterniser le mal qu'il était destiné à guérir. Il mécontente les contribuables tout en démoralisant ses bénéficiaires. Il ruine les finances municipales sans empêcher la ruine de la ville.

La banqueroute de New York est la plus célèbre, depuis que Ford, au printemps, a refusé avec éclat tout concours fédéral (ce qui lui a valu les applaudissements enthousiastes de l'Amérique « profonde », au nom de la morale et de l'orthodoxie budgétaire, mais lui a coûté, sans doute, des voix décisives le 2 novembre). Elle n'est pas la seule, et Gary, Newark, Cleveland, Detroit, par exemple, sont en face des mêmes échéances, pour les mêmes raisons. L'exemple new-yorkais fera date, pour le meilleur ou pour le pire.

Le problème, en termes économiques, est simple. Dans un système de gestion municipale décentralisée comme celui des États-Unis, la comptabilité d'une ville comme New York obéit aux mêmes règles que n'importe quelle comptabilité d'entreprise : les recettes doivent équilibrer les dépenses. Or, côté recettes, les richesses produites, qui constituent l'assiette de l'impôt local, ne cessent de décroître. Il y a encore vingt ans, New York était une grande métropole industrielle, fondée sur de très nombreuses petites et moyennes entreprises produisant des biens de consommation (bière et vêtements par exemple). La grande ville était créatrice d'emplois et absorbait tant bien que mal l'immigration, qui a porté sa population jusqu'à huit millions d'habitants.

Aujourd'hui, l'industrie quitte New York : aucun des avantages qu'elle offrait n'existe plus. Les transports sont déplorables, le chemin de fer en ruine, les camions englués dans les encombrements ; la main-d'œuvre relativement bon marché existe aujourd'hui partout ; les coûts de production au cœur de la ville ne cessent de s'élever, avec les problèmes de la circulation, la hausse des prix de l'énergie (et par exemple des ascenseurs), les conflits sociaux.

Quand la municipalité cherche à compenser ces désavantages en offrant des exemptions fiscales à des industries nouvelles, elle se heurte aux anciennes, qui ne voient pas de raison à ce traitement inégal, et à l'activisme écologique, qui l'accuse de privilégier le business aux dépens des intérêts du peuple. La détérioration des conditions de vie urbaine risque même, dans un proche avenir, de réduire le volume des activités tertiaires.

Elle n'est pas non plus favorable au développement du tourisme, que la dépression économique mondiale frappe de toute façon. D'où une crise structurelle de l'emploi (aggravée par la récession conjoncturelle depuis 1975), une contraction de la matière imposable, un appauvrissement de New York.

Dans le même temps, la ville doit dépenser beaucoup plus, non seulement pour faire face au coût croissant des services municipaux, mais pour financer l'assistance sociale aux pauvres. Les services sont bien plus étendus que dans un pays centralisé comme la France : en plus de l'ordre public, de l'entretien de la ville, de la protection contre l'incendie, ils comprennent le réseau scolaire, de l'école à l'université, et l'ensemble hospitalier. Ils comportent ainsi des charges salariales considérables, y compris le paiement des retraites — échéance d'autant plus redoutable que les récents maires de New York, faute de pouvoir consentir les augmentations de salaires périodiquement revendiquées par le personnel municipal, ont garanti en échange l'amélioration du taux de ces retraites, « repassant » ainsi le problème à leurs successeurs.

Mais, à ces dépenses « normales », sont venues s'adjoindre, dans les années 60, et notamment sous la magistrature Lindsay, celles du *welfare*, consécutives à l'afflux d'une population noire déracinée et misérable : qu'il s'agisse de l'entretien par la ville des familles sans ressources (notamment celles, très nombreuses, où le chef de famille a disparu sans laisser d'adresse) ou d'un minimum de remboursement des frais médicaux. Immense programme, qui a donné naissance à une nouvelle bureaucratie municipale, mal adaptée à des fonctions de recensement et de triage si complexes, et qui a provoqué une fraude généralisée dans le public des ayants droit... et des autres.

Bref, tout conspire à plonger l'administration new-yorkaise dans un déficit de plus en plus vertigineux : des rentrées fiscales en diminution, des coûts de gestion énormes, un *welfare state* urbain qui fait vivre, ou contribue à faire vivre, plusieurs millions de personnes. Au point où en sont les choses, toutes les données du problème jouent dans le sens du pire. Les difficultés économiques font croître la population « assistée », par suite du chômage, en même temps qu'elles réduisent encore les recettes fiscales. La municipalité rogne sur ses dépenses, réduit ses effectifs de police et donc leurs attributions, supprime des écoles ou des équipes d'entretien dans certains quartiers. Mais la détérioration de tous ces services urbains, qui affaiblit d'autant les mécanismes de contrôle social, entraîne un redoublement de la délinquance, qui provoque à son tour l'exode de la *middle class*, donc l'appauvrissement de la ville...

Il y a des lieux à New York, dans le Bronx par exemple, qui ressemblent aujourd'hui à des blocs témoins d'une ville bombardée : pas une vitre aux fenêtres, des portes enfoncées ; tout y respire la désolation de ce qui fut, un jour, habité. Même dans Manhattan, quand on marche vers le sud, à partir de la 38e ou 36e Rue, et jusqu'à hauteur du « Village », la « désertification » progressive de la ville saute aux yeux. Il y a à New York plusieurs centaines de milliers de logements abandonnés, alors que s'est produit au contraire depuis dix ou quinze ans un boom spéculatif sur les terrains suburbains. La banqueroute financière de la ville se lit à livre ouvert dans le paysage urbain, comme une des grandes crises sociales et politiques qu'ait traversées le pays.

On ne peut reprocher aux États-Unis de ne pas avoir l'honnêteté de leurs crises. Ce pays réformiste est un pays violent. Ce qu'il montre si fort, ce qu'il paie si visiblement, c'est encore le problème noir. La vieille malédiction du rêve américain, que les militants des droits civiques avaient cru exorciser, dans les années 60, et que voici revenue dans l'histoire américaine, sous une forme nouvelle, inattendue, diaboliquement *retournée* : un problème du Nord, au lieu d'être une civilisation du Sud. Une menace pour le tissu même de l'Amérique *yankee*, au lieu des liens immémoriaux de haine et de complicité qui avaient fabriqué le vieux monde de la plantation.

Les Sudistes ont vécu dans une sorte de familiarité avec leur crime contre l'égalité ; ils en connaissent l'étendue et la profondeur historique, ils savent le prix du temps, et que la réparation sera longue. La génération américaine des droits civiques, au contraire, ces jeunes étudiants qui sont descendus voici dix ou quinze ans prêcher la bonne parole au Sud, a cru à la régénération par l'idée. Elle a retourné, réinstauré, renouvelé une pédagogie des grands principes fondateurs, étendu enfin aux Noirs, ces exclus de la promesse originelle, les bienfaits de la philosophie des Lumières. Elle a fondé ainsi un progrès et une illusion. Le progrès, c'est la législation Johnson, l'interdiction légale de la discrimination raciale, l'inscription massive des Noirs sur les listes électorales, la promotion forcée de tout un peuple dans l'esprit public américain. L'illusion, c'est que cette pédagogie morale allait suffire à transformer le sort des Noirs — au moment où précisément s'opérait leur déracinement massif et la modification radicale de leurs conditions d'existence. La puissance des idées ne s'est pas seulement heurtée à l'inertie de l'histoire : elle a rencontré des forces du marché.

Ici, il faut bien s'entendre. Il ne manque pas d'intellectuels « radicaux », dans l'extrême gauche américaine, pour dire que le puritanisme moral de la jeunesse, la campagne antiraciste, la législation Johnson n'ont rien changé au sort réel des Noirs ; qu'il s'agit d'une nouvelle ruse de la bonne conscience des Blancs. Je suis d'un avis contraire. Le maximalisme politique porte toujours à considérer que si tout n'est pas transformé, rien ne l'est. C'est l'envers de l'illusion idéaliste. En l'occurrence, il passe à côté d'une formidable entreprise de réforme de l'esprit public américain, sans exemple dans le monde contemporain : les Noirs ont été intégrés dans l'idéologie égalitaire de la nation. Ce qui ne veut pas dire que le racisme comme idéologie ou que toute forme de discrimination raciale (par exemple à l'embauche) aient disparu. Mais il y a une différence énorme entre une société où ceux-ci sont tolérés, ou même entretenus par le consensus public, et une société où ils sont condamnés et combattus par l'insistance explicite des pouvoirs publics, des moyens d'information et de la loi.

Cette différence est d'autant plus grande que la société américaine est plus flexible, plus réceptive à la pédagogie des médias, plus habituée, aussi, à épouser et à valoriser le consensus démocratique. Il n'existe pas au monde de machine sociale plus *intégratrice*, en raison de sa souplesse, de sa malléabilité, de ses traditions, de son credo originel. De ses qualités et de ses défauts, conformisme et innovation mêlés. Or l'Américain des années 60 a décidé d'intégrer la minorité noire, et d'en payer tout de suite le prix idéologique, politique et moral. Ce n'est pas un petit changement.

Il reste qu'au même moment, et pour des raisons d'une autre nature, cette population noire changeait de civilisation, et posait des problèmes inédits. Les deux phénomènes ne sont pas sans liens : c'est en devenant un problème du Nord que la minorité noire a échappé au vieux ségrégationnisme sudiste, et a pu forcer le barrage mental qui l'excluait du credo égalitaire *yankee*. Cette vaste migration, cette urbanisation massive, qui présentent tant d'aspects de pathologie sociale, ont été aussi une chance d'émancipation collective. Depuis la fin du XIXe siècle, l'Amérique *yankee* est le refuge des immigrants pauvres, à la recherche d'une identité plus heureuse. Les Noirs du Sud — grossis des Portoricains et des Jamaïquains à New York, des Chicanos à l'Ouest — constituent la dernière et immense vague de ces immigrants pauvres, venue cette fois-ci de l'intérieur du pays, mais de sa part vaincue et maudite, porteuse par cela même d'un défi particulier, qui touche aux racines de la nation. Cette Amérique qui a été l'image du paradis et la réalité d'une chance pour tant de pauvres de l'Europe saura-t-elle, pourra-t-elle être aussi la providence tardive de ses Noirs ?

Problème infiniment plus difficile que de donner un avenir nouveau aux Grecs, aux Juifs, aux Irlandais ou aux Siciliens. Car les Noirs n'ont jamais choisi l'Amérique ; ils l'ont subie. Même quand ils sont « montés » massivement vers le Nord et ses métropoles, l'investissement d'espoir y a joué un rôle bien moindre que le simple jeu des lois du marché : la mécanisation agricole au Sud, et l'appel de main-d'œuvre au Nord. Ils sont à la fois beaucoup plus étrangers à l'Amérique que les Grecs ou les Irlandais, et beaucoup plus proches d'elle. Étrangers complètement au modèle culturel blanc, anglo-saxon, protestant, de la méritocratie par le travail, pourtant et complètement mêlés à son histoire, dont ils constituent le côté tragique. Également impossibles à assimiler et à oublier.

L'espèce d'obstination avec laquelle tout ce qu'il y a d'officiel aux États-Unis, relayé par les journaux et la télévision, prêche l'antiracisme et l'égalité, traduit cette obsession psychologique, en même temps que la confiance traditionnelle dans la répétition des grands idéaux intégrateurs. Mais la « ghettoïsation » des Noirs, la délinquance, la désagrégation des villes, les drames de l'intégration scolaire signalent qu'avec la question noire d'autres forces sont à l'œuvre que celles qui ont permis, depuis l'origine, le consensus d'une nation pluraliste. Et que d'autres réponses sont nécessaires, dont l'affirmation de l'égalité n'est que la condition. C'est dire que le recours aux traditions ne suffira pas.

L'une de ces réponses depuis les années 30, a été précisément le recours à une législation sociale, dont le *welfare* est l'aboutissement actuel. Il s'agit d'un transfert de revenus, à l'échelon fédéral, à celui des États, ou des municipalités, visant à assurer un niveau de vie minimal aux couches les plus pauvres de la population. A l'origine, avec le New Deal, il s'agissait de les protéger contre la conjoncture de crise. La législation Kennedy, puis les programmes ambitieux de Johnson, en agissant sur le logement, l'emploi, l'école, l'hôpital, ont eu essentiellement pour objet de hâter l'intégration urbaine de la minorité noire — sans pour autant décharger les pouvoirs locaux, c'est-à-dire municipaux, de la part principale de la facture.

On a vu que le système coûte cher et passe à côté de ses objectifs. Au niveau fédéral, ou au niveau de l'État, il trouve ses limites dans l'hostilité des contribuables américains au *big spending*, c'est-à-dire à l'accroissement des charges publiques, donc des impôts. Au niveau municipal, il a le soutien de ses bénéficiaires, principalement noirs, et des travailleurs municipaux qu'il fait vivre : c'est la masse de la clientèle démocrate des grandes villes. Mais faute d'être relayée par une aide fédérale massive, qui est improbable, il est à bout de course, obéré par les dettes, en état de banqueroute. Il a été juste assez efficace pour accélérer une vaste immigration noire mais pas assez pour l'intégrer.

Le prix payé par la société américaine pour tenter de résoudre « sa » question noire est donc double : d'une part l'existence d'une vaste population urbaine « ghettoïsée » et assistée, d'autre part une extraordinaire « social-démocratisation » de la gestion de ses grandes villes. Le second de ces traits nouveaux était primitivement destiné à remédier au premier. Mais les voici maintenant indissociables et complémentaires, comme si le bénéfice d'un régime social de type suédois était contradictoirement et durablement accordé, au nom de l'égalité, et au sein d'une société fondée sur des principes inverses, à une minorité ethnique.

L'événement mérite qu'on s'y arrête, car il marque probablement une date importante de l'histoire des États-Unis. Il figure d'abord une prise en charge de la société par l'État, ou au moins par des institutions politiques : si Washington n'intervient encore que par l'intermédiaire de programmes sociaux à durée limitée, il reste que la survie des différents systèmes municipaux du *welfare* va dépendre, dépend déjà de l'aide du pouvoir central. Or, cette intervention du politique dans le social, cette redistribution systématique des revenus par des institutions démocratiquement élues, l'inflation bureaucratique qu'elles entraînent sont des traits de la société américaine contradictoires avec sa tradition, selon laquelle l'initiative sociale libre offre les meilleures solutions à la pauvreté et à l'inégalité.

La conviction que chaque individu pouvait trouver dans la nation nouvelle la réussite et la fortune correspondant à son mérite a été consubstantielle aux États-Unis. Elle ne permettait d'imaginer que des pauvretés individuelles et provisoires, auxquelles devait porter remède la charité des riches, la philanthropie des fondations privées, des associations religieuses ou des communautés locales. L'État n'avait aucune juridiction sur le social : la haine de la « bureaucratie » est encore un des traits fondamentaux de la conscience politique américaine, comme on l'a bien vu avec la campagne victorieuse de Jimmy Carter. Elle a survécu, comme le témoin d'un autre âge, à la fabuleuse croissance de l'administration centrale américaine, depuis trente ans, et aussi à ce que Touraine appelle la « social-démocratisation » des grandes villes.

Mais, en se frayant un chemin dans un milieu humain et contre des traditions historiques si contraires, le *welfare state* urbain de l'Amérique *yankee* a transformé le credo traditionnel de l'égalité des chances et le rapport du succès avec le mérite. Si, en effet, les États-Unis ont développé tardivement, en même temps qu'une législation interdisant la discrimination raciale, une politique d'aide sociale massive aux plus pauvres, c'est-à-dire à la population d'origine non européenne, c'est que l'entrée des Noirs dans le prétendu *melting-pot yankee* a fait apparaître le mensonge, ou plutôt les limites de l'égalité des chances : si celle-ci n'assume pas, dans les faits, une distribution statistique des performances et des emplois comparables, chez les Noirs, à celle du reste de la population, c'est qu'un certain nombre d'éléments jouent, *à l'échelle du groupe ethnique*, contre l'égalité.

L'important n'est pas que cette évidence sociologique ait été établie, elle l'est depuis longtemps. L'important est qu'elle ait été intégrée dans l'idéologie égalitaire américaine, et qu'elle ait produit si rapidement un nouveau consensus, visant à l'égalisation des chances, non à l'échelle des individus mais des groupes. C'est une ambition qui va loin et qui est, dans bien des cas, contradictoire avec le stock d'idées originel : la législation antidiscriminatoire, et sa jurisprudence, récuse par exemple la liberté des employeurs, ou celle des propriétaires d'immeubles locatifs. Plus profondément, elle conduit à l'idée de traitement préférentiel en faveur de l'individu membre d'une minorité opprimée, c'est-à-dire à la discrimination en sens inverse, dont on attend un effet correcteur.

De ce point de vue, la société américaine actuelle continue à constituer ce qu'elle était déjà pour Tocqueville, il y a cent cinquante ans : le laboratoire de l'idée d'égalité. Le secret de cette longévité expérimentale, c'est qu'il n'y a toujours pas chez elle, après deux cents ans, ce consentement historique à l'injustice au nom du « rien de nouveau sous le soleil ». C'est qu'elle s'acharne à se penser à la fois comme l'incarnation de valeurs et comme un ensemble de performances statistiquement mesurables : une religion et une sociologie de l'égalité. Du coup, la voici aujourd'hui aux prises avec l'idée de l'égalité *réelle*, qui est proprement vertigineuse !

Les Noirs l'ont imposée, en même temps que la jeunesse étudiante des années 60. C'est alors que l'égalité a commencé à être pensée au niveau collectif comme l'égalisation des chances d'accès aux emplois, pour les différents groupes ethniques. Formidable dynamique, dans une société si diverse, et nouvel enjeu des luttes sociales, autour du logement, de l'emploi, de l'intégration scolaire, etc. Je ne suggère pas que les Américains se sont tous réveillés un beau matin antiracistes, et décidés à « réparer », comme on dit. Beaucoup d'entre eux, comme dans n'importe quelle société, n'ont pas aimé, ou simplement pas pris, ce tournant de la déségrégation, même des démocrates, même des membres de minorités traditionnellement libérales : un des éléments (non le seul) de l'hostilité latente entre juifs et Noirs, aux États-Unis est l'attachement des juifs au modèle méritocratique, individualiste, leur méfiance devant l'idée de garantir ou d'offrir des avantages sur la base d'une appartenance ethnique. Ce que je veux dire n'est donc pas que tout est réglé, mais bien au contraire que tout a été « déstabilisé » par la définition d'une nouvelle règle du jeu égalitaire. Règle tendancielle, idéale, jamais atteinte, inatteignable, tout ce qu'on voudra encore, mais qui pourtant, en un sens, change tout.

C'est le prix payé, non pas à l'intégration des Noirs, mais à la possibilité de leur intégration, qui reste le grand problème de cette société. D'un côté, le *welfare state* urbain. De l'autre, un élargissement de la légitimité égalitaire au groupe. Bref, la fin de l'individualisme libéral. Rien, de cette Amérique idéale que dessinent ces choix, ne marche vraiment bien. Le *welfare* coûte trop cher à une économie encore faiblarde, éternise la décadence des villes et sans doute la démoralisation des Noirs. La politique de non-discrimination facilite plus la promotion d'une bourgeoisie noire qu'elle ne modifie le sort des pauvres. Enfin, l'orientation générale de ces mesures suscite dans l'Amérique profonde, provinciale et traditionaliste, des réflexes d'hostilité, comme ceux qui ont été mobilisés par Reagan dans sa course presque victorieuse à la candidature républicaine.

Pourtant, même si les faits sont loin, encore, derrière les idées, même si les réformes, comme toujours, sont formidablement coûteuses en termes financiers et psychologiques par rapport à leur impact réel, il me semble que la dynamique du nouveau consensus américain est irréversible. C'est qu'elle est portée moins par les pouvoirs publics (puisqu'elle a survécu aux huit années Nixon-Ford d'immobilisme intérieur) que par la société elle-même, et la multiplicité des associations et des institutions locales qu'elle continue à contrôler, à animer. Or cette société a beau apparaître, en surface, comme revenue au consensus conservateur des années 50, après les turbulences des années 60, je crois que c'est le contraire qui est vrai : que la revendication démocratique élargie des années 60 a été intégrée par le corps social, et qu'elle sert de modèle au nouveau consensus réformateur.

Qu'on regarde par exemple le mouvement des femmes, infiniment plus puissant qu'en Europe : il s'est calqué sur le modèle noir, au point que les femmes américaines demandent par exemple l'accès égal aux différents emplois au titre d'un *minority group*. Revendication absurde si on l'examine à la lettre, et qui ne prend son sens et sa force que par rapport à cette modification du consensus démocratique américain, introduite en réponse au nationalisme noir. Si le féminisme a pu s'engouffrer dans la brèche ouverte par la revendication ethnique, c'est que l'opinion publique est moins sensible à l'absurdité de cette analogie que familiarisée avec l'idée d'un certain nombre d'inégalités *collectives* à racheter. En passant de la libre concurrence des mérites individuels à une volonté d'égalisation sociale au niveau des groupes, l'idéologie dominante, si essentielle à l'existence de cette société segmentée, offre au fameux *melting-pot* une élasticité quasi infinie, dans ses objectifs et dans ses bilans — aussi infinie qu'il existe de groupes sociaux imaginables, et qu'il subsistera entre eux d'inégalité.

Ainsi l'Amérique continue à vivre de son message original, tout en l'adaptant aux circonstances de cette seconde moitié du XX$^{e}$ siècle, c'est-à-dire au déracinement et à la réintégration des Noirs. Il est vrai qu'elle avait cessé d'être, depuis les années 30 et le New Deal, une économie et une société de pure libre entreprise ; mais elle avait conservé cette représentation d'elle-même. Aujourd'hui, elle a cessé de se penser comme telle. Ce faisant, elle est engagée dans une dynamique qui effraie, par les coûts sociaux qu'elle implique, tout l'*establishment* conservateur : le dernier prix Nobel d'économie, par exemple, Milton Friedman, qui multiplie les appels à la déflation des dépenses sociales ; l'ancien secrétaire au Trésor de l'administration Ford, Simon, qui agite le spectre du socialisme ; et naturellement, au niveau politique, Reagan, qui cherche à refaire sur cette base l'unité du parti républicain.

Mais, à cet égard, la victoire de Jimmy Carter traduit la force du nouveau consensus. Non que l'ancien gouverneur de Géorgie ait rien d'un révolutionnaire. De ce pays sans racines, il incarne au contraire la plus vieille civilisation, celle des petits planteurs du Sud : la terre, la Bible, les vertus des origines. Mais il est en même temps l'élu de toutes les minorités coalisées, de tous les candidats à une nouvelle Amérique. Dans l'accession du premier Sudiste à la présidence, depuis plus de cent ans, il n'y a pas seulement la consécration de cette fin de la guerre de Sécession, qui était inscrite, depuis la grande migration des Noirs, dans la société et dans l'économie. Il y a aussi cette croyance diffuse que le plus ancien passé est le garant de l'avenir, et ce qui pourrait s'appeler, si nous n'étions pas si prisonniers de notre gallocentrisme politique, une révolution à l'américaine : la légitimation du changement au nom de la tradition.

Les hasards de la conjoncture font que le nouveau président accède au pouvoir en période de crise économique, avec des millions de chômeurs. Mais la restauration du plein-emploi et de la prospérité, qui est son premier problème et qui conditionne effectivement les autres, ne doit pas cacher les questions plus fondamentales qui sont l'enjeu de la présidence. Il faut reconstruire les villes, intégrer les Noirs et les minorités, accomplir les promesses de l'égalité. Dans ces derniers mots, il y a à la fois un réformisme et un rêve : l'histoire américaine vit traditionnellement de ce double moteur, qui lui tient lieu de ce que nous appelons révolution.

## LE MYSTÈRE CARTER

*1er janvier 1978*

J'imagine Giscard et Carter ensemble et je me dis qu'ils risquent de se prendre réciproquement pour des images quasiment trop parfaites de leurs pays respectifs vus à travers le regard de l'autre. Giscard, parce qu'il incarne une élégance qui vient de l'histoire et un « chic » qui reste, comme la cuisine et les vins, l'un des sujets préférés de la rhétorique américaine sur la France. Carter, parce qu'il est à la fois un petit *businessman*, un *self-made man* passionné d'électronique en même temps que de la parole de Dieu. Bref, un vrai Américain.

Or ce qui rapproche Giscard et Carter est exactement l'inverse de cette image d'Épinal : c'est que l'un et l'autre, bien qu'ils apportent un soin visible à leur lien respectif à l'histoire, ont encore chacun avec son pays des rapports un peu flous. De cet écart, qu'il passe son temps à cultiver ou à tenter de réduire, Giscard a fini par faire le principal sujet de sa politique. Mais Carter donne l'impression de ne pas l'avoir accepté et de continuer à se chercher.

Entre l'Amérique et le président Carter, le contact n'est pas plus clair qu'il y a un peu plus d'un an entre l'Amérique et le candidat Jimmy Carter. Il avait tout pour triompher haut la main : Watergate, l'usure des républicains, l'appel au changement et à la morale, et il ne gagna cette élection que de justesse. Il avait fait merveille dans les primaires contre les autres candidats démocrates, et il fut médiocre contre Ford. Son image d'*outsider*, de petit *businessman* baptiste du Sud, étranger aux intrigues de Washington, avait électrisé le New Hampshire, mais elle ne suffisait pas à coaguler un personnage politique national. De la grande coalition qui fait aux États-Unis les présidents démocrates, Carter n'avait le soutien enthousiaste que du Sud et des Noirs. Il a été l'homme du renouvellement du Sud, ce qui n'est pas rien — mais c'est Watergate qui l'a élu président des États-Unis.

Faute d'être lui-même une promesse, il a pris, pendant cette campagne, beaucoup d'engagements. Aujourd'hui, quand la presse américaine en refait un peu cruellement la liste, elle la termine infailliblement en reprenant la question d'il y a quinze mois : qui est Jimmy Carter ? Elle pose sur un autre mode et dans un autre contexte l'interrogation qui ne cesse d'intriguer aussi la classe politique européenne : Carter est-il l'homme qui a écrit à Sakharov, ou celui qui, sous la pression de Brejnev, ne lui écrira plus ? Est-il l'homme qui envoie son ami Andrew Young prêcher de par le monde une diplomatie ouverte ou celui qui écoute Brzezinski analyser le rapport de forces mondial ? Est-ce le président qui fait pression sur l'Afrique du Sud et la Rhodésie ou celui qui s'indigne de la présence de l'armée cubaine en Angola ? Etc.

Du président des États-Unis, les chancelleries étrangères tiennent au jour le jour une comptabilité à partie double ; mais le citoyen américain, lui, veille sur sa *checklist* de promesses.

Carter avait promis l'honnêteté partout. Il a protégé très longtemps son directeur du Budget et ami intime, Bert Lance, technicien du découvert bancaire, avant de se résigner à sa démission tout en louant ses qualités. L'incident est surtout révélateur du climat de puritanisme qui règne sur la politique américaine d'après Watergate ; mais, comme le nouveau président doit sa carrière à ce climat, la longue et inutile défense de Bert Lance n'a pas « collé » à son personnage.

Il était aussi l'homme des grandes réformes de structure : la réforme administrative, la réforme fiscale, celle des dépenses sociales, pour ne parler que des principales. Il s'agit à la fois de rationaliser le fonctionnement des grandes bureaucraties fédérales, notamment le *welfare*, en réduisant férocement aussi bien leur nombre que leur coût, de rendre plus juste et plus simple l'impôt sur le revenu et de lancer de nouveaux programmes d'aide sociale (notamment en ce qui concerne les dépenses de santé, qui restent jusqu'à aujourd'hui à la charge des familles à travers des primes d'assurances). Cette simple énumération des promesses ou des objets a d'ailleurs toujours été ambiguë dans la mesure où elle mêle une volonté de faire des économies sur les dépenses fédérales et l'intention de les augmenter par le lancement de programmes sociaux. L'électeur américain souhaite contradictoirement les deux choses mais l'administration ne peut faire les deux politiques en même temps.

En réalité, Carter est un démocrate de l'école conservatrice, c'est-à-dire peu enclin à la dépense et à l'accroissement des responsabilités sociales de l'État. Mais il est aussi l'élu des Noirs et des grandes villes industrielles en crise du Nord et du Nord-Est. Pour l'instant, il a sacrifié l'essentiel de son programme social à des impératifs budgétaires, et ce qui en subsiste pour les années à venir est beaucoup moins ambitieux. La réforme fiscale, par exemple, s'est transformée, entre septembre et décembre, en « réformettes », puisque l'exécutif a abandonné en route l'assimilation des plus-values à un revenu ordinaire imposable en totalité au taux correspondant à la branche normale du barème.

Il est vrai que le président a au moins une circonstance atténuante : le Congrès. L'année qui commence est une année électorale, et les parlementaires sont moins disposés que jamais à voter des textes qui passent pour impopulaires dans un pays où l'argent n'est pas suspect mais régnant. On l'a bien vu à propos de l'énergie. Carter avait solennellement présenté, au printemps, un projet courageux et important préparé par son ministre James Schlesinger et destiné à réduire la formidable consommation américaine d'énergie qui pèse à la fois sur la politique extérieure — notamment par la dépendance à l'égard de l'Arabie saoudite —, sur le déficit commercial des États-Unis — par les importations qu'elle provoque — et sur l'avenir économique — par suite de l'épuisement rapide des réserves. Ce plan combinait une forte élévation des prix intérieurs épongée au profit de l'État par des taxes, une fiscalisation modulée de la consommation d'essence, une série d'incitations aux économies d'énergie et à la reconversion charbonnière. Ce plan a suscité l'hostilité immédiate du Sénat, interprète des deux divinités tutélaires du capitalisme américain : le pétrole et l'automobile. Il est aujourd'hui dépecé par une commission parlementaire, qui est en train de lui enlever l'essentiel de sa portée.

Le plus important, dans cet échec parlementaire, n'est pas que Carter ait sous-estimé par inexpérience la force du Congrès et surtout celle du Sénat : tout le monde l'avait prédit. C'est plutôt que ce président démocrate ait échoué alors que, à l'inverse de ses prédécesseurs républicains, qui ne cessaient de se heurter à des chambres démocrates leur reprochant leur avarice « sociale », il appartient au même parti que la majorité parlementaire et, plus encore, à la même famille politique : la plupart des élus démocrates d'aujourd'hui sont nettement plus conservateurs en matière fiscale et budgétaire que leurs « anciens » du New Deal ou de la « Grande Société » de l'époque Kennedy-Johnson et à peine moins conservateurs que le président lui-même. Avec eux, Carter n'a même pas la ressource d'un vrai conflit qui dégagerait sa vraie image : il doit au contraire les conduire à la réélection.

Sa prudence en matière sociale a-t-elle été payante, au moins en matière économique ? Même cela n'est pas sûr. Il avait hérité d'une économie en redémarrage depuis 1975, d'un chômage qui avait tendance à décroître, d'une inflation réduite à un taux annuel de 4 à 5 %. Son idée principale, pendant sa campagne, avait été un abattement fiscal destiné à stimuler la relance économique comme dans les années 60. Pratiquement, il n'a rien fait que d'accepter une augmentation du salaire horaire minimal et des charges sociales des entreprises et des salariés. Le chômage stagne. Le taux d'inflation a monté dans les derniers mois de l'année. La balance commerciale est de plus en plus déficitaire. Le dollar perd de sa valeur sur le yen japonais, le mark allemand ou le franc suisse. La Bourse est morose. Le *business* américain est inquiet et il avait son interprète : Arthur Burns, le puissant président de la Banque de Réserve fédérale, qui n'a cessé de rappeler à l'exécutif les recettes de l'orthodoxie financière, la restriction des moyens de paiement, une politique fiscale favorisant l'investissement. Son mandat venant à expiration, il sera remplacé à la fin de janvier par un grand patron d'affaires, William Miller, dont les prises de position seront un bon test des projets économiques de Carter.

Bref, le président n'a pas fait de vraie politique sociale ; mais il en a fait assez pour s'aliéner le *business*. Il n'a pas fait de vraie politique d'austérité ; mais il en a fait assez pour mécontenter les syndicats. Il a exploré plusieurs politiques sans en faire aucune. La seule dans laquelle il ait essayé d'avancer est pour l'instant dans l'impasse : celle de l'énergie.

C'est de cette espèce d'immobilité mi-forcée, mi-volontaire que naît et perdure le fameux mystère Carter. Un an après sa prise de fonction, le président des États-Unis ne possède encore aucune image politique claire. Il reste un étranger, c'est-à-dire un homme aux réactions imprévisibles dans tous les secteurs organisés de l'opinion, trop économe pour les syndicats ouvriers, trop dépensier pour le grand *business*, trop sudiste pour les grandes villes-ghettos, trop baptiste pour les juifs, trop écologiste pour les pétroliers, trop pétrolier pour les écologistes, etc.

De cette indistinction, il a fait sa force pour arriver au pouvoir : contre les appareils de l'opinion publique, il s'est adressé à l'électeur moyen, mobilisant à son profit l'*appeal* populiste. Mais aujourd'hui il est en face des problèmes. Faute de les attaquer sur une base claire, il me semble que l'Amérique dérive vers la droite, prisonnière de ses peurs plus que de ses projets : peur de la concurrence japonaise ou allemande, peur de tous les prix payés pour sa puissance, peur de ses propres villes, peur de son émancipation morale. Or Jimmy Carter ne lui a encore presque rien dit sur elle-même à cette échéance de l'histoire : les deux partenaires continuent à se chercher sans se voir.

# LE PARADOXE AMÉRICAIN

*15 décembre 1980*

La discussion, la devinette, dans les universités américaines, depuis l'élection de Reagan, c'est de savoir si la victoire républicaine du 4 novembre est un tournant de l'histoire du pays, analogue par exemple au triomphe démocrate de 1932, ou simplement une oscillation de conjoncture. Bien des choses plaident en faveur de la première hypothèse : la dimension du succès (surtout la conquête de la majorité au Sénat), l'épuisement intellectuel et moral du Parti démocrate, la redistribution des votes au profit des républicains (qui gagnent le Sud, et conquièrent largement les minorités ethniques et religieuses traditionnellement démocrates, sauf les Noirs). Mais, s'il y a vraiment tournant historique, nous ne le saurons que plus tard : non seulement parce que nous aurons du recul, mais parce que l'essentiel va dépendre de ce que fera, ou ne fera pas, le nouveau président, qui n'a pas l'air, précisément, d'un homme de l'histoire...

Ce qui est sûr, c'est que les États-Unis sont en crise. Et le meilleur signe en est que leur système politique, cet objet par excellence du consensus national, ne fonctionne plus très bien. Il y a un peu moins de vingt ans s'est ouverte l'ère des présidents improbables : le hasard d'un assassinat a substitué Johnson à Kennedy. La révolte « sauvage » de l'opinion publique contre la guerre du Vietnam a éliminé Johnson et Humphrey pour amener au pouvoir un politicien méprisé qui en avait perdu l'espoir. Watergate sonne l'heure de la revanche de la classe politique. Mais Watergate installe aussi à la Maison-Blanche, par réaction, un démocrate inattendu, venu de nulle part, qui campera à Washington comme dans une Babylone conquise. Et puis Reagan, cet automne, lui aussi le moins probable des candidats républicains, mobilise à son tour, comme Carter, mais contre lui, l'hostilité de l'Amérique profonde à l'égard de l'État fédéral.

Cette crise, Michel Crozier la baptise, dans un livre qui vient de paraître : *Le Mal américain.* Emprunter à Peyrefitte, qui lui a emprunté tant d'idées, la moitié du titre de son best-seller, n'est qu'un juste retour des choses ; mais d'autant plus ironique que Crozier efface ses propres traces, et vole aussi à Peyrefitte son modèle, pour en faire une cible. Au lieu d'une critique du type français de modernisation bureaucratique, voici une analyse des impasses du développement libéral à l'anglo-saxonne. Chez un sociologue qui a consacré sa vie à l'étude du modèle administratif français, ce détour marque à la fois une déception et un renouveau. Et personne ne se plaindra que pour une fois un Français parle des États-Unis sans ce fantasme jaloux de pauvre par rapport au riche, ou cette condescendance de peuple vieux par rapport à un peuple récent, bref, sans ce mélange d'aigreur, de supériorité et d'ignorance où beaucoup de familles politiques de notre pays se complaisent, la palme revenant sans conteste, dans ce domaine, aux gaullistes « de gauche ». Crozier connaît bien les États-Unis : il y a voyagé, vécu, enseigné, et c'est aussi de lui qu'il parle en parlant d'eux, sur un ton intelligent et proche.

L'ennui, avec son livre, c'est même qu'il en sait trop, qu'il veut trop en dire, dans le cadre d'un court essai. Il a l'ambition d'être complet en trois cents pages, écrites en quelques mois, tout juste prêtes pour l'élection, ce qui n'est pas raisonnable s'agissant d'un pays à propos duquel presque toute proposition peut être suivie de la proposition contraire, également vraie. Ainsi, Crozier passe en revue, dans son diagnostic du mal américain, le mauvais fonctionnement du système politique (notamment le système des primaires, devenu épuisant et aléatoire, le blocage des mécanismes de décision, la crise du modèle culturel anglo-saxon protestant, la bureaucratisation de l'État en guise de solution du problème noir, l'obsession du droit dégénérant en gouvernement des juges, l'angélisme moral devenu principe de politique internationale, la permissivité individualiste érigée en tabou social, et j'en passe). Traits de la société américaine contemporaine qui ne sont pas faux, mais qui, faute d'être rapportés à un principe commun, ou à une explication, figurent de façon un peu simplette une sorte de négativité générale succédant à la période faste des années de l'après-guerre.

Car la vraie architecture intellectuelle du livre est chronologique : Crozier a connu l'Amérique de l'espoir et du progrès (les années 50), puis celle des grandes tragédies (de Kennedy à

Nixon), enfin celle de la crise dont elle n'arrive pas à sortir, depuis bientôt dix ans. Le plan même de l'essai traduit qu'il est écrit sur le mode principal du constat historique, et c'est probablement ce qu'il comporte à mes yeux de plus gênant, s'il est vrai que c'est non seulement dans les croyances et les espoirs de l'Amérique des années 50 mais dans ses progrès mêmes que se situent les problèmes d'aujourd'hui. Dans ses croyances et ses espoirs : Crozier l'indique lui-même, quand il montre la guerre du Vietnam planifiée par les plus brillants technocrates du pays au nom de la rationalité technique, mais au mépris des réalités nationales les plus évidentes, dont les Français avaient déjà fait l'expérience ; sans parler de la méconnaissance de l'opinion publique américaine, qui allait montrer son poids, et d'ailleurs retourner, dans bien des têtes, la rationalité en culpabilité. Il existe un aveuglement particulier de l'Amérique en matière de politique internationale, aveuglement qui naît d'un système de convictions qui reste très proche, extraordinairement proche pour un Européen, du XVIII$^{e}$ siècle et de la philosophie des Lumières. Mais cette donnée n'était pas nouvelle en 1950, et elle n'a pas disparu aujourd'hui. Le paradoxe reste entier d'un pays doté d'une opinion publique aussi insulaire, qui joue pourtant, par la force de l'économie et les circonstances, un rôle dominant dans le monde.

En outre, l'Amérique d'aujourd'hui, loin de renier ses promesses de 1950, paie le début de leur accomplissement, c'est-à-dire ses progrès. De cette dialectique, le problème noir, qui a été et qui demeure le seul problème capital de son histoire intérieure, est une bonne illustration. En effet, le chemin accompli est considérable, et l'existence d'une bourgeoisie noire relativement nombreuse témoigne des vertus d'intégration contenues dans la législation Johnson des années 60. Mais cette intégration, elle-même précédée d'un immense déracinement géographique et social, a infléchi les règles méritocratiques du système, en substituant à l'idée de la promotion individuelle celle d'une protection législative particulière à l'égard des minorités ethniques. Par ailleurs, elle a été payée, en termes économiques et sociaux, de la ghettoïsation des Noirs au cœur des grandes villes : d'où la mise en œuvre et l'extension d'une politique d'assistance, à la fois fédérale, locale et municipale, qui, tout indispensable qu'elle soit, consolide jour après jour cette ghettoïsation au lieu d'y porter remède. Aujourd'hui, à nouveau, la délinquance urbaine est en hausse, et le sous-prolétariat noir constitue plus que jamais un milieu misérable, démoralisé, presque en dehors du pacte social. Si bien que la mise en œuvre de la politique d'égalité des droits a fait du problème noir un problème économique et social de classe, sans rien lui enlever, au contraire, de son poids culturel et moral sur la société américaine. Les États-Unis, à cet égard, sont au milieu du gué, et Reagan ne pourra pas plus qu'un autre retourner en arrière, sauf à prendre des risques inconsidérés d'explosion sociale. Mais cette espèce de certitude négative ne constitue pas une véritable politique, qui est à inventer.

Ainsi, le mal américain ne me paraît ni indépendant des années d'optimisme et de la politique de redistribution mise en œuvre depuis le New Deal, ni différent par nature de celui dont souffrent les sociétés de l'Europe de l'Ouest. Comme toujours, avec les États-Unis, il est particulièrement visible, non seulement parce que la question noire lui donne un tour dramatique, mais parce que la société américaine offre ce paradoxe d'être la société au monde qui célèbre le plus son consensus et qui exprime le plus clairement ses conflits. Aujourd'hui, comme à l'époque de Tocqueville, elle pose les questions qui concernent tous les Européens : à quel prix, et dans quelle mesure, les libertés individuelles sont-elles compatibles avec l'extension de l'État-providence et de l'idéal égalitaire ?

---

LE MAL AMÉRICAIN,
*par Michel Crozier, Fayard.*

---

## LA GRANDE BASCULE

*26 octobre 1984*

Reagan avait nettement perdu le premier débat qu'il a eu avec Mondale, sur les problèmes de politique intérieure. Dimanche soir, sur les questions internationales, il a fait jeu égal avec son challenger (sans d'ailleurs qu'aucun des deux n'ait paru vraiment bon), ce qui lui suffisait pour gagner, tant son avance est restée importante dans les sondages, même après sa performance très médiocre d'il y a quinze jours. Si bien qu'il faudrait un événement extraordinaire pour renverser maintenant la vapeur en faveur des démocrates. Pourtant, la campagne de Mondale reste importante jusqu'au dernier jour, car elle aura une influence déterminante sur l'élection des représentants au Congrès, qui a lieu le même jour.

En effet, les enjeux de la campagne américaine sont plus larges que l'élection du président. La moitié des sièges de la Chambre des représentants et du Sénat viennent à échéance, en même temps, et c'est donc tout le problème du pouvoir législatif qui se trouve posé aussi. En 1980, le raz de marée Reagan avait été accompagné d'un renversement des majorités parlementaires. Les républicains avaient gagné la majorité à la Chambre des représentants pour la première fois depuis 1955.

Ils l'ont perdue en 1982, après avoir fait passer l'essentiel de leur législation, mais ils la conservent au Sénat. Leur espoir est de reprendre de vingt à vingt-cinq des sièges perdus en 1982, de façon à contrôler de nouveau les deux assemblées, faute de quoi leur liberté d'action serait sérieusement entravée. Il leur faut donc une victoire présidentielle assez large pour avoir un effet d'entraînement décisif sur le score législatif.

Les stratèges républicains croient cette victoire possible, et même logique, puisqu'ils attribuent la popularité du président non seulement à son charme personnel mais aussi à un reclassement profond de l'opinion publique dont il serait seulement le témoin et le symbole. C'est la fameuse question du *Party alignment*, agitée par les spécialistes de sciences politiques depuis le scrutin de 1980 : la victoire de Reagan a-t-elle traduit un basculement historique de l'électorat américain comparable à celui du New Deal des années trente ? Le Parti républicain a-t-il remplacé les démocrates dans le rôle d'un parti majoritaire ? Les spécialistes qui répondent oui sont généralement aussi ceux qui le souhaitent, mais leur analyse est intéressante.

Elle remonte jusqu'aux années 60, marquées par le mouvement des droits civils et la deuxième émancipation des Noirs, un siècle après la guerre de Sécession, période cruciale dans l'histoire récente des États-Unis, dans la mesure où la politique intérieure américaine n'a jamais connu qu'un problème dramatique, qui est précisément la citoyenneté des Noirs. Or, alors qu'elle semble marquer la victoire définitive du libéralisme rooseveltien, par l'intégration nationale de la dernière grande minorité restée à l'écart de la démocratie américaine, cette période suscite un contre-courant de réactions conservatrices.

Dès 1964, le triomphe de Johnson sur Goldwater cache un phénomène important : à savoir que le programme ultraconservateur défendu pour la première fois par le sénateur de l'Arizona emporte les suffrages des électeurs blancs du Sud, jusque-là solidement amarrés à la coalition démocrate. En 1968, Nixon conserve cet acquis, auquel il ajoute, pour vaincre de justesse le candidat démocrate Humphrey, de nouvelles déceptions dans la clientèle démocrate des grandes villes du Nord, notamment chez les catholiques et les minorités d'Europe centrale et méditerranéenne.

C'est cette émergence d'une nouvelle majorité républicaine que vient compromettre l'« accident » de Watergate, mais sans pourtant l'arrêter. En effet, Carter, qui succède à Nixon après l'intermède Ford, est bien un politicien démocrate, mais c'est un démocrate très particulier, unique dans l'histoire du parti. Petit planteur géorgien, il vient de ce Sud dont il partage le fondamentalisme religieux et la méfiance à l'égard des politiciens de Washington. Partisan sincère et courageux de l'égalité raciale, il n'en est pas moins très conservateur dans ses conceptions économiques. Étranger à l'appareil du parti, hostile d'ailleurs à l'*establishment* politique américain, il s'impose à l'opinion publique par cette étrangeté et cette hostilité même, comme le président qui rachète les péchés de Watergate. Les démocrates ont bien dû l'accepter mais il n'a jamais été des leurs. Reagan, qui l'a écrasé en 1980, est à certains égards plus proche de sa vision de l'Amérique que Mondale, qui fut pourtant vice-président.

On peut ainsi repenser la politique américaine depuis vingt ans non seulement comme un mouvement conscient vers la droite mais comme la constitution progressive d'une coalition républicaine majoritaire. La providence aurait ainsi confié à un vieil acteur le plus grand emploi du répertoire américain, celui d'entraîner cette rotation cyclique entre les deux grands partis et d'être, après un demi-siècle, le Roosevelt des républicains.

Cette rationalisation de la popularité de Reagan, dont l'avenir montrera la portée, met au moins le doigt sur la crise du Parti démocrate, que traduit la campagne de Mondale. En effet, les démocrates continuent à vivre sur l'héritage des années 30 et 60, qui sont leurs deux grandes périodes de référence. Ils ont sorti le pays de la « grande dépression ». Ils ont animé la législation sociale des années 60 et fait faire au pays un grand pas vers l'égalité civile des minorités. Mais ils ont légué un État-providence contraire à une forte tradition nationale et, surtout, difficile à gérer en temps de crise. Carter en a fait l'amère expérience.

Dans les années qui ont suivi l'effort législatif égalitaire de la présidence Johnson, on a vu peu à peu s'effriter les éléments divers de la coalition démocrate : d'abord les Blancs du Sud, ensuite, dans l'Amérique urbaine, les juifs, les catholiques, les différentes minorités ethniques. Aujourd'hui, les sondages indiquent que ces catégories de l'électorat se divisent entre les deux candidats en blocs comparables. Même la classe ouvrière syndiquée du Nord et du Middle West, bastions par excellence des démocrates, et tout particulièrement de Mondale, est hésitante. Il n'y a que les Noirs pour rester massivement fidèles au message des années 60 : encore est-ce sans enthousiasme spécial pour le candidat qui l'incarne aujourd'hui et comme faute de mieux.

La crise de la campagne démocrate, c'est donc aussi celle de l'idée même de coalition. Faute de pouvoir célébrer l'État-providence comme instrument d'égalité sociale, avec son inévitable contrepartie fiscale, Mondale a le plus grand mal à trouver un message politique commun aux différents segments traditionnels de sa clientèle. Il apparaît souvent à la jeunesse comme l'homme de la bureaucratie fédérale et du corporatisme syndical, porte-parole des privilèges coûteux qui entravent la reprise économique. *Mutatis mutandis*, il est dans une situation comparable à celle de la gauche européenne en face du problème des dépenses sociales. Mais Mondale perd avec le thème de l'État-providence encore plus qu'une référence idéologique : un thème intégrateur d'éléments divers et largement étrangers les uns aux autres.

En face, au contraire, Reagan joue sur deux appels unificateurs, la religion et la prospérité, et sur deux clientèles transethniques : les croyants et les contribuables. Son discours dévoile et caricature les deux images successives de l'identité américaine dans l'histoire, la terre bénie par Dieu et le paradis des pauvres, l'homme du christianisme originel et celui de l'économie politique anglaise. La première, j'en ai assez parlé dans mon précédent article pour n'en dire guère plus aujourd'hui. Elle sous-tend ce qu'il y a de plus extravagant, moins dans la campagne de Reagan lui-même que dans le messianisme embourgeoisé des Églises baptistes. Le président n'a pas cédé grand-chose à leurs pressions pendant son premier mandat. Mais, s'il est réélu, il aura probablement à nommer au moins deux nouveaux membres à la Cour suprême (qui en comporte neuf, nommés à vie, mais dont cinq ont plus de soixante-quinze ans) : ce qui pourrait modifier la majorité de la Cour dans un sens conservateur et conduire à une révision de la jurisprudence libérale des années 60.

Mais l'essentiel de l'image Reagan, dans les États-Unis d'aujourd'hui, c'est la reprise économique. Comme tous les peuples, les Américains votent d'abord sur l'économie et les impôts. Plus encore que les autres peuples, ils chérissent la richesse comme une mythologie nationale. Les démocrates ont longtemps incarné la prospérité, pour l'avoir rétablie, eux, après la catastrophe de 1929. Reagan leur a volé le thème puisque, à partir de 1982, la reprise économique a commencé. Il est vrai qu'il l'avait orchestrée par avance par une politique fiscale particulièrement douce aux riches et favorable à l'immense *middle class*. Le secret de sa popularité est là, et il touche bien au-delà de cette partie de la population qui bénéficie d'une reprise des affaires ou d'une réduction des impôts.

L'image d'une Amérique ouverte au travail et au talent, et où les chances des derniers arrivants sont garanties par une économie en croissance, reste une patrie commune au banquier de Wall Street et à l'immigrant mexicain. Même si la gauche européenne a du mal à le comprendre, on ne peut pas interpréter autrement le soutien majoritaire dont jouit la candidature du président sortant dans des catégories aussi différentes que les jeunes et les Hispaniques. L'étudiant qui sort de l'université souhaite avoir un métier bien payé, le prolétaire portoricain veut ouvrir sa boutique. Dans les États-Unis d'aujourd'hui, le marché est redevenu l'idéologie de la nation.

C'est bien aussi le sens du patriotisme retrouvé que célèbre Reagan. Son Amérique est moins interventionniste que simplement chauvine. Elle est fière d'avoir gagné les Jeux de Los Angeles mais n'a pas oublié le Vietnam. Son espace de prédilection n'est pas celui des conflits militaires mais le marché international. L'exploitation patriotique n'y est pas exclusive d'un certain isolationnisme qui fait partie du retour aux origines. Elle constitue surtout l'enveloppe populaire de sa véritable ambition, qui est d'ordre économique. Plus que le patriarche des Églises, Reagan est l'homme du *big business*, auquel il donne une assise sociale incomparablement plus large que n'importe quel politicien qui en serait directement issu. S'il est, comme il est probable, réélu le 6 novembre, ce sont les contradictions qui apparaissent qui vont être le plus intéressantes à suivre : le conflit entre la société fermée des prêcheurs baptistes et le monde postmoderne des yuppies ; la manière dont le néolibéralisme militant va gérer le *welfare state* ; l'impossibilité qu'il y a à réduire l'énorme déficit budgétaire sans augmenter les impôts ; le prix social que coûtera la modernisation des grandes industries traditionnelles du Nord-Est ; l'avenir qui sera offert aux minorités les plus pauvres — et d'abord aux Noirs. Immense ensemble de problèmes dont l'avenir dira si l'Amérique de Reagan est faite pour les conjurer ou pour les traiter.

# LES AVENTURES DE LA LIBERTÉ, ACTE I

*28 octobre 1988*

L'histoire de la Révolution américaine commence à sortir en France d'un long et injuste oubli. Petite sœur exotique de la « grande » Révolution française, elle a souffert très longtemps chez nous de la comparaison implicite avec l'immense événement national : bien qu'elle eût précédé celui-ci, dans l'ordre chronologique, elle n'a eu ni son éclat théâtral ni son rayonnement dans l'histoire universelle.

Cette indifférence est en train de céder la place à une curiosité tardive, caractéristique du remue-ménage intellectuel français qui marque cette fin de siècle. Témoin le livre important d'Élise Marienstras. Écrit par la meilleure spécialiste du sujet que nous possédions, l'ouvrage se propose un but original : étudier non pas la révolution américaine, mais, à propos d'elle, et tout au long de son cours, la manière dont s'est formé ce que l'auteur appelle le « nationalisme » américain, par quoi il faut entendre à la fois le sentiment national et l'idée de la nation, ses matériaux constitutifs. Admirable sujet, si l'on songe que privés d'un enracinement séculaire, et n'ayant de souveraineté commune que celle du roi d'Angleterre, les colons d'Amérique ont inventé pourtant à la fin du XVIII^e^ siècle une « nation », unie autour d'éléments jusqu'à eux inédits dans l'histoire européenne. Élise Marienstras en refait patiemment l'histoire, en faisant connaître aux lecteurs français les livres et les débats de l'historiographie américaine sur le sujet. Au départ, il y a une population relativement petite — un million et demi d'habitants au milieu du XVIII^e^ siècle —, éparpillée dans un vaste espace, moins inégale qu'en Europe, unie par l'aventure commune, soumise à une double allégeance collective : celle qui est due au terroir choisi et mis en valeur, et celle qui va au roi d'Angleterre, leur souverain lointain. La première se renforce au fil des décennies, avec le développement de l'économie et la suite des générations, la seconde se fait au contraire de plus en plus abstraite avec le temps. L'Angleterre tend à n'être guère plus à leurs yeux, dès la mi-XVIIIe siècle, qu'une puissance protectrice et alliée.

Pourtant, même cette relation se dégrade, dans les années qui suivent, avec le ressentiment croissant contre les abus de l'administration anglaise. Le Parlement de Londres cherche à faire payer aux colons les frais de guerre en aggravant par une série de dispositions fiscales le prélèvement anglais sur le commerce américain. C'est l'origine du conflit (1763-1770) qui va finalement conduire les colons à la révolte et à la guerre d'Indépendance. Mais Élise Marienstras montre bien que leur éveil à la conscience nationale passe par la tradition politique anglaise. D'abord, leur protestation contre les impôts nouveaux se drape dans les droits immémoriaux du peuple anglais et de sa Constitution : le conflit fiscal soulève un débat constitutionnel avec la Couronne. Ensuite, à partir de 1770 environ, s'opère bien une rupture avec les institutions britanniques : la société libre des colons est opposée à l'Angleterre « féodale ». Mais alors même qu'ils prennent conscience d'un être-ensemble original, qui va fonder leur droit à l'indépendance, les futurs « Américains » se réinventent comme des Anglais libres, antérieurs à l'époque féodale : des « Saxons », qui ont effacé par l'émigration et la fondation d'une nouvelle société toutes les traces de la conquête normande.

Enfin dernière étape, la révolution et l'indépendance. Dès 1776, Thomas Paine donne de la nationalité américaine une définition à la fois territoriale et contractuelle, radicalement anti-anglaise et antimonarchique. La rupture avec le Commonwealth, en replongeant les colons dans l'état de nature, les oblige à rejouer la scène du contrat primitif. De cette période décisive, entre 1774 et 1787, qui comporte à la fois la Révolution (1774-1776), l'Indépendance (1776), la guerre d'Indépendance (victorieuse en 1783) et l'établissement des nouvelles constitutions, locale et fédérale, Élise Marienstras montre que sort une nation définie par la volonté et l'invention politique de ses élites, selon une modalité historique qui ne s'était encore jamais vue. Avec la Constitution (1787), le territoire des treize colonies et sa population de fermiers et d'artisans ont trouvé une identité nationale, qui sécularise l'idée de la Terre promise : la jeune République figure l'aventure de la liberté. L'Amérique est à la fois un espace, une communauté et une idée.

---

NOUS, LE PEUPLE. LES ORIGINES DU NATIONALISME AMÉRICAIN,
*par Élise Marienstras, Gallimard, « Bibliothèque des Histoires ».*

## LES FOUS DE L'ÉGALITÉ

*20 août 1991*

**Le Nouvel Observateur.** — *Vous êtes professeur à l'université de Chicago. Avez-vous été sensible à la montée du mouvement « PC » ?*

**François Furet.** — Bien sûr. Il est impossible de n'y être pas sensible puisque c'est depuis cinq à dix ans la forme principale de politisation des campus aux États-Unis. Dans l'ensemble, l'atmosphère des universités américaines dans les années 80 a plutôt été conservatrice, comme celle du pays. Mais il s'est développé parmi les « libéraux » (terme qui signifie « de gauche », aux États-Unis) un activisme politique en faveur des droits des minorités. Mouvement qui regroupe à la fois des professeurs et des étudiants, et qui en soi n'aurait rien que de louable s'il ne s'efforçait, au fil des ans, d'établir une orthodoxie idéologique et une police morale.

**N. O.** — *Comment définiriez-vous les principales idées du mouvement ?*

**F. F.** — A partir de l'idée révolutionnaire classique que « tout est politique », qu'il n'y a pas d'inégalités naturelles mais seulement des injustices sociales, le militant PC dénonce comme les marxistes le mensonge des droits formels. Mais il se sépare du répertoire européen en avançant comme remède principal la promotion volontariste des minorités sociales, auxquelles la société doit non seulement garantir désormais l'égalité réelle mais aussi offrir des compensations pour les injustices du passé. Or ce concept de « minorité » englobe l'essentiel de la société, à l'exception des « hommes blancs » *(white males)* : les Noirs, les femmes, les Hispaniques, les Asiatiques... Il comprend aussi les minorités sexuelles, si bien que les *white males* sont disculpés de leur situation d'oppresseurs s'ils sont homosexuels. Il s'étend non seulement à la situation matérielle de ces groupes mais à leur culture. Ce terme de « culture », mis à toutes les sauces dans la gauche américaine aujourd'hui, cherche à définir quelque chose comme le sentiment d'identité que chaque groupe peut ou doit avoir de lui-même.

Le produit de cet amalgame, et l'obsession du mouvement PC, est donc la critique de l'universalité de la démocratie américaine, au nom d'une lutte pour l'égalité « vraie » : économique, sociale, politique, culturelle. Car c'est seulement si on les considère comme membres de leur groupe particulier que les individus peuvent recevoir la part de justice sociale qui leur est due. Le mouvement est ainsi conduit à un relativisme culturel généralisé, qui trouve son inspiration philosophique dans la critique de la raison occidentale, souvent à travers des interprétations de Foucault et de Derrida. On entend ces temps-ci cette chose extravagante dans les universités américaines : des professeurs parlent par exemple de la science telle qu'elle s'est développée en Occident depuis trois ou quatre siècles *(western science)* comme d'un *white male business*.

**N. O.** — *Dans quelle mesure est-ce une menace pour le système universitaire américain ?*

**F. F.** — C'est une menace à la fois pour la liberté et pour la qualité de l'enseignement et de la recherche. Le mouvement possède cette analogie avec les groupes européens d'extrême gauche qu'il est dominé par la surenchère et procède par intimidation. Il est devenu par exemple impossible de discuter la définition d'une « culture des femmes » ou d'une « culture afro-américaine » et de débattre de la pertinence des nouveaux départements universitaires qui sont affectés à ces disciplines. Non que les deux idées soient absurdes ou inintéressantes, prises séparément. Non que l'histoire, la sociologie et d'autres disciplines n'aient intérêt à travailler dans ces domaines. La question est de savoir, premièrement, si on peut les constituer comme des spécialités séparées de l'histoire générale, et dans quelle mesure. Deuxièmement, s'il y a intérêt à en faire des ghettos politiques, réservés à des étudiants et à des enseignants d'une obédience idéologique donnée. Un des plus grands historiens américains de l'histoire des Noirs, marxiste au surplus, Eugene Genovese, a récemment écrit quelque chose avec quoi je me sens profondément d'accord : c'est qu'il n'y aurait que des avantages à avoir des départements d'histoire afro-américaine ou d'histoire des femmes, si ces départements n'étaient pas des enclaves idéologiques, composées uniquement d'enseignants qui « pensent bien ».

**N. O.** — *Comment la société américaine a-t-elle pu produire un tel phénomène ?*

**F. F.** — Ce n'est pas une grande découverte que de voir la passion égalitaire menacer la liberté. Les Français connaissent la musique. Le mouvement PC tend à établir une orthodoxie de pensée et même de vocabulaire, contradictoire par exemple avec le premier amendement de la Constitution. La question alimente déjà de nombreux procès, bien dans le génie américain.

Quant au fond du problème, on peut songer à différents types d'explication. Sociologiquement, l'idéologie PC est fille de la génération des années 60, aujourd'hui installée aux postes de responsabilité, pas seulement dans les universités. Le gauchisme des sixties a trouvé un débouché dans cet hyperindividualisme égalitaire, caché dans les droits des minorités. Il a perdu sa forme révolutionnaire classique puisqu'il parle aujourd'hui essentiellement au nom du droit et de la Constitution. Mais il a gardé son caractère foncièrement « illibéral ». D'autre part, l'opinion américaine, à gauche comme à droite, est portée au conformisme, et elle prend d'autant plus facilement feu et flamme pour un mouvement que celui-ci parle au nom de la démocratie, qui est comme la religion nationale, inscrite dans l'acte de naissance du pays. L'Amérique a, moins que l'Europe — et pour cause —, le sentiment des contradictions de la société moderne. L'idée que l'égalité peut faire l'objet d'une fondation conventionnelle satisfaisante et acceptée par tous y trouve plus de partisans que dans la vieille Europe. C'est ce qu'on appelle, selon les cas, la « naïveté » ou l'« optimisme » américains.

Enfin il y a la question des Noirs. C'est la seule tragédie de l'histoire américaine, mais elle est gigantesque. Elle domine depuis deux siècles toute la politique intérieure. La guerre de Sécession, on l'oublie trop souvent, a fait six cent mille morts, sans aboutir pour autant à une vraie émancipation des anciens esclaves. Or l'idée des droits des minorités a pour origine le mouvement des droits civiques, qui a progressivement mis fin à partir des années 50 à la ségrégation des Noirs. Le mouvement a écrit une des plus belles pages de l'histoire américaine d'après-guerre, et il a rapidement avancé l'idée que la dé-ségrégation, pour être vraiment achevée, devait être accompagnée de mesures et de lois destinées à promouvoir l'égalité réelle des nouveaux citoyens. Chaque Américain à qui l'on parle des droits des minorités pense d'abord au problème noir, qui reste le problème clé de la société. Car si l'intégration économique a permis la formation d'une bourgeoisie noire, elle a laissé en chemin des millions de Noirs déclassés et déracinés, vivant souvent de l'aide publique et qui peuplent de vastes ghettos urbains.

**N. O.** — *Comment interpréter la violence du féminisme américain ?*

**F. F.** — Le mouvement féministe a effectivement constitué le principal relais dans la formation de l'idéologie PC, après les Noirs. En effet, la séquence « Noirs, femmes, minorités » fait aujourd'hui partie du vocabulaire standard de la gauche américaine, sans que personne ne s'étonne de son extravagance. L'inégalité dont souffrent les femmes aux États-Unis n'a en effet rien à voir avec l'esclavage des Noirs. Elle est d'une autre nature, a d'autres sources, relève d'une autre histoire, et disparaîtra beaucoup plus vite. D'ailleurs c'est une inégalité commune à toutes les démocraties de type européen et mise en cause dans toutes. Mais le féminisme américain seul, à l'exception peut-être de l'ex-Allemagne de l'Ouest, atteint ce degré de militantisme un peu fanatique, qui dépasse les objectifs de l'égalité sociale. Il veut étendre à la vie privée des individus les règles abstraites de la vie publique, transformer d'un seul coup les mœurs et les habitudes sexuelles et sentimentales de la population. Dans l'Amérique d'aujourd'hui, on n'ose plus faire compliment à une femme de sa coiffure ou de sa beauté, on risque une dénonciation pour machisme.

Pourquoi cette exception américaine ? Peut-être les femmes ont-elles été aux États-Unis plus isolées à l'intérieur de la famille, moins liées à la vie mondaine et sociale qu'en France par exemple : élément qui expliquerait le caractère si spécifiquement *upper-class*, on dirait ici « bourgeois », du mouvement féministe américain. Mais il y a aussi des raisons plus générales. L'obsession de la réussite professionnelle aux États-Unis laisse peu de temps et de goût pour la vie sentimentale : à soupçonner celle-ci de ne pas obéir à l'obligation égalitaire, les Américains ne font donc pas un grand sacrifice, puisqu'ils n'en abusent pas.

D'autre part, il n'existe pas de pays de filiation européenne où la vie sexuelle soit autant cernée par l'idée de culpabilité. Le féminisme surenchérit sur ce sentiment général, en cherchant à codifier le rapport privé des sexes. Enfin, en s'engouffrant derrière les Noirs, les différents mouvements féministes touchent une corde sensible dans l'opinion américaine. Non seulement l'analogie avec les Noirs ajoute de l'urgence au problème des femmes, mais le traitement juridique de l'égalité démocratique reçoit ainsi sa dimension universelle.

**N. O.** — *Tout cela remet-il en question l'identité nationale américaine ?*

**F. F.** — Probablement pas, car les « libéraux » américains sont persuadés qu'en essayant d'imposer leurs convictions ils sont fidèles à la mission américaine dans le monde, qui consiste à être à l'avant-garde de la démocratie. Comme les Français, les Américains regardent leur histoire particulière comme investie d'un rôle universel.

Propos recueillis par Dominique Nora

## LES DÉFIS DU PRÉSIDENT

*5 novembre 1992*

Le vainqueur de l'élection américaine va avoir ses cent ou deux cents jours heureux où il pourra agir sans rencontrer trop de résistance, porté par l'élan de sa victoire. Mais le caractère étrange de la situation, au jour de l'élection, est que personne ne peut savoir comment ces fameux premiers mois seront utilisés. Car aucun des candidats n'a demandé, et par conséquent n'a reçu, de mandat direct du peuple américain.

La situation économique a dominé toute la campagne, à l'exclusion de toute autre question. Sortis de la guerre avec le communisme, les Américains ne demandent plus à leur président que de leur garantir une prospérité qui les fuit. Indifférents à leurs victoires, qu'il s'agisse de la fin du communisme ou de la guerre du Golfe, les voici maintenant en face des échéances de l'économie politique reaganienne, c'est-à-dire d'un déficit budgétaire gigantesque, au moment même où la conjoncture économique reste maussade et le chômage important. La situation n'est pas si mauvaise qu'elle puisse être comparée à la crise de 1929, comme on a pu l'entendre ici et là chez les démocrates. Mais le fait même que l'analogie puisse être brandie comme un souvenir traumatique indique assez comment les Américains ressentent la situation. Les États-Unis sont comme toutes les démocraties riches : quand le niveau de vie n'y augmente pas, il est perçu comme en recul. Et le gouvernement est tenu pour responsable de la fiche de paie de chacun.

Or les remèdes possibles à la stagnation économique et au chômage ne sont faciles ni à trouver ni à concilier. Une relance est improbable sans une politique d'investissements publics qui accroîtrait le déficit, lequel ronge peu à peu l'économie. La réduction du déficit peut être obtenue par une diminution importante des dépenses militaires, mais il s'ensuivra la fermeture d'usines et l'augmentation du chômage. Les bas taux d'intérêt, qui encouragent les investissements américains à l'étranger et la consommation domestique, découragent les investissements étrangers en Amérique. Enfin, toute politique de protection sociale risque soit d'aggraver le déficit budgétaire, soit, mise à la charge des entreprises, de diminuer leur compétitivité.

Le problème se complique encore si l'on rapporte à la situation économique l'état de l'opinion publique. Les temps sont passés, y compris chez les démocrates, des vastes projets coûteux comme le New Deal de Roosevelt ou la « grande société » de Johnson. Les Américains veulent bien réduire le déficit mais ils ne veulent pas payer plus d'impôts. Ils demandent une relance de l'économie mais refusent ce qu'ils appellent la politique du *big government*, c'est-à-dire une croissance des dépenses publiques. Ils souhaitent plus de *welfare*, notamment en matière médicale, mais ils font profession de détester le *Welfare State*, étranger au « rêve américain ». Ils constituent, là encore, un miroir grossissant de l'état d'esprit aujourd'hui dominant des peuples démocratiques. Ils demandent plus de sécurité et moins d'impôts. Plus de protection et moins d'État.

De là le vague des propositions économiques des deux grands candidats, Bush surtout, mais Clinton aussi. Perot seul a cherché à donner au pays un cours télévisé d'économie en lui présentant une médecine de cheval qui pourrait d'ailleurs tuer le patient avant de le guérir. Au moins a-t-il eu, sur ce plan, le mérite de poser devant l'opinion publique la question du déficit et de faire entrevoir le spectre d'une décadence industrielle. Bush et Clinton n'ont, eux, proposé que des remèdes indolores, d'où il ne peut naître que des contrats équivoques.

Soit, par exemple, le problème du financement des soins médicaux, inscrit depuis si longtemps à l'agenda des démocrates. Ce financement est assuré aux États-Unis par le biais d'assurances individuelles, que complètent deux programmes d'aide publique, Medicare et Medicaid, à destination des vieux et des pauvres. Le premier, qui garantit la gratuité des soins à tous à partir de soixante-cinq ans, constitue le principal dispositif d'assistance mais il coûte cher, de plus en plus cher, comme partout. Bush, sans le dire directement, en a implicitement proposé la réduction. Clinton a surtout insisté sur le plafonnement indispensable du coût des soins médicaux, sans dire comment un pareil objectif pouvait être atteint. Pour obtenir un élargissement de l'aide gratuite aux catégories pauvres, il compte en faire porter la charge aux entreprises : plus vite dit que fait.

En réalité, tous les experts savent qu'il faudra augmenter la charge fiscale. Mais Bush et Clinton ont proposé des diminutions d'impôts pour la *middle-class*, cible commune de leurs efforts, et synonyme de l'Amérique profonde, avec, chez Clinton, une augmentation, plus symbolique qu'opératoire, pour les revenus annuels supérieurs à deux cent mille dollars (dix millions de francs).

On peut mesurer encore cette espèce d'anesthésie politique, au milieu de l'agitation spectaculaire d'une campagne électorale, au silence absolu gardé partout et par tous sur les ghettos noirs, tout juste au lendemain de l'émeute tragique de Los Angeles. On ne parle plus guère du problème des Noirs, dans l'Amérique d'aujourd'hui, qu'à travers un vocabulaire destiné à en conjurer la spécificité : les minorités, la pauvreté urbaine, la délinquance, etc. Pourtant, il y a peu d'exemples dans le monde d'une anomie sociale comparable à celle que manifestent les immenses ghettos noirs de la plupart des métropoles américaines. Dislocation familiale, abandon scolaire, violence, insécurité y cumulent leurs effets. La ségrégation sociale dans les grandes villes a relayé la ségrégation raciale de la plantation et en prolonge le souvenir. Mais l'héritage est si lourd que l'Amérique politique semble avoir renoncé à l'assumer autrement que par l'invocation antiraciste, qui ne coûte rien.

L'Amérique politique : l'ampleur prise par la candidature Perot a montré qu'elle aussi est en crise. En juillet, quand il a quitté l'arène, Perot était presque à égalité avec Bush. Le terrain qu'il a repris si rapidement au début d'octobre a montré à nouveau qu'il aurait pu, à quelques erreurs près, changer complètement l'allure de la campagne. Il fallait l'entendre. Autant, sur le plan économique, il a joué un rôle pédagogique, autant il est extravagant, mais dangereux par cela même, sur le plan politique. Son répertoire est connu en Europe : démocratie directe, dénonciation des partis et des politiciens, mépris des règles et des procédures de la démocratie représentative. Ce qu'il a de spécifiquement américain tient à l'assimilation du pouvoir politique à la gestion d'une affaire commerciale, et au personnage lui-même, tirant ses titres à gouverner de sa richesse. Le peuple américain aime plus que nous (mais nous y venons...) les milliardaires sortis de rien.

Un homme a ainsi pu fasciner des électeurs parce qu'il était riche et (bizarrement) télégénique, les deux allant d'ailleurs ensemble puisqu'il a dépensé soixante millions de dollars en achat de spots commerciaux. A cette échelle, c'est du jamais-vu dans le métier politique. Du jamais-vu d'autant plus inquiétant qu'il nous vient du pays qui a la plus vieille constitution démocratique du monde et la mieux adaptée — elle a été faite pour cela — à répartir le pouvoir pour en freiner les excès éventuels. L'Amérique d'aujourd'hui n'échappe pas au malaise politique qui frappe aussi l'Europe et qui fait partie de l'univers post-communiste (bien qu'il soit plus ancien) : une grande partie de l'opinion se cherche des porte-parole extérieurs aux partis. Les électorats ne se retrouvent plus dans ce que disent ou pensent les militants.

Voilà donc une dernière tâche qui attend le nouveau président : réconcilier les Américains avec leur système politique, ou du moins avec son fonctionnement. Mais là non plus, rien n'a été dit, puisque le milliardaire du Texas était « propriétaire » d'un capital électoral convoité.

Reste qu'un vainqueur sans mandat n'est pas forcément un mauvais président, pour peu qu'il ait en réserve, pour les jours et les mois qui suivent sa victoire, une idée de l'avenir. Nous le saurons très vite.

# UNE DÉMOCRATIE FOLLE

*3 novembre 1994*

Le communisme est mort, vaincu par la démocratie, à une époque où la démocratie n'est pas en grande forme. Annoncé et exploré par Soljenitsyne il y a vingt ans, ce paradoxe hante la scène publique de l'Occident, éclatant par exemple en Italie ou en France. Mais il n'est pas moins visible aux États-Unis, où il est plus lourd encore de conséquences : avec la crise de la démocratie, c'est un peu de l'identité du pays le plus puissant du monde qui est en cause.

On peut entrer dans l'examen de cette crise par la curieuse situation où se trouve Clinton dans l'opinion publique, deux ans après son élection : détesté par ses adversaires, ce qui est classique, mais peu soutenu, et même peu estimé par ses partisans, ce qui l'est moins. Les Américains l'ont porté à la présidence, en 1992, plus pour battre Bush qu'enthousiasmés par lui. Dès cette époque, le nombre important de suffrages obtenu par l'outsider richissime Ross Perot a manifesté une désaffection de l'électorat par rapport aux candidats des deux partis traditionnels : Bush trop patricien, mais Clinton trop peu fiable. De fait, le nouveau président n'a pas connu d'état de grâce. Cet enfant du Sud, comme ses deux prédécesseurs démocrates, n'était ni un politicien chevronné comme Johnson ni un prêcheur baptiste comme Carter. Né dans l'Arkansas, l'État le plus pauvre de l'Union, policé à Yale et à Oxford, puis revenu terminer son apprentissage dans les marécages de la politique locale, le gouverneur de l'Arkansas a fait paraître comme président à la fois le cynisme de Johnson et l'inexpérience de Carter. Installant ses amis partout, dans un contexte où ni lui ni eux n'étaient plus à la dimension des rôles neufs qui les attendaient.

La presse ne l'a pas épargné. Elle n'a cessé d'épingler ses infidélités conjugales et de questionner son intégrité morale. Sa femme, Hillary, devenue la star du féminisme américain, a eu aussi des comptes à rendre sur son enrichissement personnel : le rôle à la fois politique et symbolique qu'elle joue à la Maison-Blanche a de ce fait contribué à affaiblir l'image du président. Non qu'il y ait rien de vraiment damnable dans la conduite passée du couple : mais il n'y a rien non plus qui le désigne à l'admiration ou à l'affection du public. Les Clinton sont des Américains moyens, comme on dit des Français moyens, ce qui n'est pas assez pour vivre à la Maison-Blanche.

Il y a comme une similitude de situation entre eux et un certain nombre d'hommes politiques français de leur génération aujourd'hui. Les uns et les autres, entrés dans la vie publique dans les années 80 à grand renfort de professions de foi morales, semblent avoir été plutôt plus sensibles que leurs aînés aux tentations de l'argent, comme si l'intensité du discours moralisant variait en sens inverse des conduites réelles. Quoi qu'il en soit, Clinton n'a pas jusqu'ici réussi à donner à son personnage cette dignité nationale que l'opinion publique lui réclame encore. Il est frappant de voir que les candidats démocrates au renouvellement total ou partiel de novembre, tant à la Chambre des représentants qu'au Sénat, ne se ruent pas pour l'appeler à l'aide et même pour citer son nom.

L'échec n'est pas sans appel, puisque le président n'est qu'à mi-mandat. Mais pour comprendre les difficultés où il se trouve, il faut prendre la mesure non seulement de ses problèmes d'image dans l'opinion, mais des attentes dont sa victoire électorale a été accompagnée. Celles-ci étaient de deux ordres, extérieur et intérieur. Il fallait, sur le premier point, redéfinir une politique étrangère dans la situation nouvelle de l'après-communisme. Et, sur le second, réinscrire l'action du Parti démocrate dans la poursuite de l'*american dream*, après les années d'individualisme exacerbé de l'époque Reagan.

Deux défis redoutables. En matière de politique étrangère, la fin du communisme a fait disparaître l'ennemi de l'Amérique, par rapport auquel tout a été défini et accompli depuis presque un demi-siècle. En vainquant si complètement l'URSS, au point qu'elle a disparu, les Américains ont aussi perdu une grande partie de leurs raisons d'agir un peu partout dans le monde. Car ils n'entendent le langage de la puissance que médiatisé par celui de la démocratie. Inutile de leur parler d'équilibre des forces, d'un partage de zones d'influence, d'un statu quo diplomatique à garantir, bref de Realpolitik à l'européenne : rien ne vaut à leurs yeux le sacrifice d'un seul soldat, s'il ne s'agit pas de la démocratie. La malheureuse guerre du Vietnam a donné la force des mauvais souvenirs à ces sentiments traditionnels, et la fin de l'URSS a fait refluer l'opinion publique vers un renouveau d'isolationnisme. Clinton a été élu contre l'homme de la guerre du Golfe, sur ses promesses de réduire le chômage et d'offrir une protection sociale à tous. Mais il se trouve aussi à la tête d'une Amérique plus « superpuissante » que jamais, impliquée plus directement encore dans toutes les affaires du monde qu'au temps de Kissinger ou de Reagan. Comment définir les critères de son action à l'extérieur ? Comment les faire accepter par le Congrès et par l'opinion ?

Dilemme comparable en politique intérieure. Là, l'heure est passée des grandes coalitions des « petits » contre les « gros », auxquelles le *New Deal* de Roosevelt avait ouvert la voie, et dont la *Great Society* de Johnson aura été le dernier exemple. L'Amérique est trop riche pour qu'y triomphe dans les urnes une majorité de pauvres ou même d'appauvris. Les syndicats ouvriers y ont perdu beaucoup de leur puissance électorale, et les coalitions démocrates y sont rendues fragiles par le poids qu'y ont désormais les Noirs, bien souvent en rivalité avec les minorités « ethniques ». D'ailleurs l'opinion publique dans son ensemble est réfractaire à toute augmentation des impôts, donc à la mise en œuvre d'un ambitieux programme social. Même les démocrates ont à se défendre constamment de vouloir accroître les dépenses fédérales. Enfin, l'idée même d'un progrès social s'est modifiée dans un sens plus juridique que politique, en fonction du « multiculturalisme » régnant. Il s'agit moins de faire avancer la société américaine comme telle vers davantage de bien-être que d'en faire l'enveloppe à l'intérieur de laquelle chacun de ses composants « culturels » recevra son dû, opération préalable et nécessaire à l'égalité réelle des individus. De là un système complexe de quotas attribués aux « minorités » (le mot ayant une définition à la fois ethnique et sexuelle), de l'école au métier — système dont l'application est garantie au cas par cas par les tribunaux, au prix d'un spectaculaire accroissement du pouvoir judiciaire.

Clinton s'est donc trouvé en face d'une situation qui offrait peu de marge à une action de vaste envergure. Il a été l'homme des circonstances, plus qu'un grand réformateur. En politique étrangère, où il n'avait rien promis, il a fait face au jour le jour, avec des succès divers. A l'intérieur, où il s'était fait une figure de sauveur, il a engrangé le bénéfice de la reprise économique, mais quoi d'autre ?

Sa vie antérieure ne l'avait pas destiné à une grande politique extérieure. Ayant refusé de servir pendant la guerre du Vietnam, il a été le président le plus mal placé pour être un commandant suprême et même pour donner des ordres au Pentagone. Il incarnait plutôt par son histoire le repli américain sur l'Amérique. De fait, son souci principal a paru être d'éviter tout engagement militaire, qu'il s'agisse de la Bosnie, de la Somalie, de la Corée du Nord, d'Haïti, du Rwanda. Puis il a retrouvé un peu de chance, et un peu de jeu, sans avoir à vraiment tirer l'épée, grâce à l'intervention sans douleur à Haïti, l'accord péniblement obtenu avec la Corée, le traité israélo-jordanien et les progrès de la négociation avec la Syrie. Mais rien n'est durablement réglé du dilemme international des États-Unis. C'est probablement la première fois dans l'histoire qu'on voit une nation si prépondérante dans le monde et de moins en moins apte à en assumer la charge psychologique. Là où Wilson ou Roosevelt eussent mis en avant une philosophie démocratique de la puissance, Clinton se contente de naviguer au plus près.

Quant à son bilan intérieur, il est encore suspendu, pour une large part, au destin qu'aura le projet de rembourser à tous les dépenses de santé. Le système actuel, qui comporte une protection gratuite pour les plus pauvres, et pour les vieux, repose pour les autres sur l'assurance individuelle. Il laisse à la merci des accidents de la vie les plus imprévoyants ou les moins riches de la *middleclass*. L'ambition des Clinton (puisque la femme du président a pris une part importante à l'élaboration du projet) est d'y substituer un système universel de couverture des frais médicaux. Mais leur plan évoque trop le *Welfare State* européen pour ne pas heurter la religion de la libre entreprise. Il est aussi trop cher pour ne pas éveiller l'hostilité des éventuelles parties prenantes à son financement, petits *businessmen* en tête. Il a déjà été largement mis en pièces avant d'être officiellement présenté au Congrès, et ne survivra, s'il survit, que sous une forme beaucoup moins ambitieuse. Ce sera un des enjeux des élections qui viennent.

Au reste, le plus urgent n'est pas là, mais dans l'insécurité urbaine, les ravages de la drogue, l'effondrement des écoles publiques, la désagrégation de la famille noire. A beaucoup d'égards, toute la politique intérieure des États-Unis tourne depuis deux siècles autour d'un seul problème, celui de la minorité noire. C'est plus vrai que jamais aujourd'hui. Cent trente ans après l'abolition de l'esclavage, et trente ans seulement après l'émancipation civile et politique des Noirs, la liberté souligne le fossé qui sépare depuis l'origine les Américains selon la couleur. Et sous prétexte de le conjurer, le multiculturalisme ambiant l'éternise en répandant l'illusion que la promotion abstraite des Noirs au rang de minorité en rattrapage, au même titre que les femmes, les Mexicains, les Asiatiques ou les homosexuels, permettrait d'effacer la condition tragiquement particulière que leur a fait si longtemps l'histoire américaine.

En réalité, la scène américaine, comme d'ailleurs celle de l'Europe, est en panne d'idées politiques. Pourtant, contrairement à sa réputation, elle est riche en extrémismes : la *political correctness* à gauche, le fondamentalisme biblique à droite. Mais ces idéologies, limitées à des milieux minoritaires à l'intérieur de chacun des deux camps, tirent leur influence de ce que rien de substantiel ne meuble l'espace qui les sépare. Leur bruyante belligérance remplit un vide, sans offrir de solution à aucun problème. De sorte que, des deux côtés, les idéologues offrent une image caricaturale des deux grands partis, et font de la politique une machine à décevoir. Clinton est menacé d'en payer le prix.

# V

# ISRAËL

## « ARABES, SI VOUS SAVIEZ... »

*Octobre 1973*

Entre Israël et Claude Lanzmann, il existe de longue date un de ces liens puissants et mystérieux auxquels les hasards de l'actualité viennent donner soudain l'éclat d'une tragique réalité. On se souvient du volumineux numéro spécial des *Temps modernes* que — membre de l'équipe sartrienne depuis vingt-cinq ans — il préparait en 1967 sur « Le conflit israélo-arabe » : le numéro parut la semaine de la guerre des Six-Jours. Cette fois, son film, *Pourquoi Israël*, sort au moment même où la guerre fait rage, comme une réponse à toutes les questions qu'elle pose sans les résoudre.

Il pourrait aussi s'appeler *Le Chagrin et la Pitié*, qu'il rappelle par le style décapant des interviews, par le talent et la sensibilité d'un montage constamment syncopé, par la richesse des significations humaines qui rejoignent, par-delà tous les partis pris individuels, une vérité historique profonde, par le mélange enfin d'humour, de cruauté et de tendresse avec lesquels l'enquêteur promène sa caméra.

*Pourquoi Israël* est l'histoire même de cette rencontre. Ni reportage, ni documentaire, ni film historique. En termes abstraits, c'est un essai sur l'identité juive en Israël, sur le pourquoi de cette aventure unique que ceux-là mêmes qui la vivent vivent à la fois comme un miracle fragile et comme un combat douteux. En termes concrets, c'est un déluge d'instantanés, de scènes vécues derrière lesquelles s'agite la même obsession, à la fois pratique et existentielle : qui sommes-nous, que sommes-nous, où allons-nous ?

Quoi ! Ces dockers « français », cet intellectuel « américain », ce commissaire de police « polonais », cet homme d'affaires « allemand » sont tous israéliens ? Tous ces hommes, nés ailleurs, arrivés depuis quelques dizaines d'années ou bien moins, paraissent encore si marqués par leur pays d'origine, si français, si allemands, si polonais que Lanzmann semble les avoir choisis pour jouer de leurs différences. Et puis, aussitôt qu'ils parlent, le *melting pot* israélien révèle son extravagant pouvoir de mutation.

C'est cette tonalité unique de l'existence israélienne que traduisent les images de Lanzmann, avec des sommets toutes les dix minutes qui font paraître courtes ces trois heures vingt de projection : la longue séquence de l'arrivée des juifs soviétiques à trois heures du matin à l'aéroport de Tel-Aviv est un chef-d'œuvre, égalé seulement dans l'humour par le débarqué d'un car de touristes américains dans un drugstore : ces repus de la société de consommation, émerveillés par la banalité même des objets qu'ils découvrent, s'arrachent avec attendrissement le « thon juif », les « conserves juives » et le « pain juif ».

On n'oubliera pas la distribution de la Bible aux parachutistes devant le mur des Lamentations, ni cet extraordinaire chef d'équipe marocain du port de Tel-Aviv, moitié Gabin, moitié Ventura, en qui s'incarne une espèce de sagesse méditerranéenne, prolétarienne et biblique ; ni le petit peuple de Dimona, cette ville du désert peuplée de pieds-noirs tout heureux de leur « coquette cité » que personne n'aurait envie d'habiter ; ni le chef-d'œuvre de tension dramatique qu'est le discours du maire d'Andenach, en Allemagne, venu inaugurer le jumelage de sa ville avec la cité israélienne.

Il y a dans ce film, ce n'est pas son moindre mérite, de quoi éveiller, faire surgir pour l'extirper, jusqu'à la moindre parcelle d'antisémitisme latent chez le spectateur qui s'en croirait le plus innocent. Ni folklore ni sentimentalité, mais une exploration parfois sainement provocatrice. Quelle ne sera pas l'exaspération probable d'un Français rationaliste devant ce sympathique petit rabbin frais émoulu des écoles talmudiques qui, la calotte sur la tête au milieu des orangers en fleur, explique à Lanzmann, avec des airs d'insecte exotique, que le « seul » problème d'Israël, ce n'est ni les Arabes ni la pauvreté, « le seul problème, monsieur Lanzmann, c'est de savoir ce qu'est un juif » !

Quel Occidental de gauche ne grincera pas des dents devant ces dockers nord-africains, doublement prolétaires, qui se déclarent tranquillement les plus heureux des hommes et nient qu'il puisse y avoir une lutte de classes « puisqu'on est tous juifs ». Quel chrétien normalement constitué comprendra le besoin qu'éprouve l'enquêteur de demander, aux flics, aux panthères noires, aux gardiens de prison, comment ils peuvent être flics juifs, panthères noires juives et gardiens de prison juifs ? Et comment le citoyen de la vieille Europe, solidement installé dans le cadre des vieux États-nations, réagira-t-il devant ce professeur d'histoire des religions, qui, tout en se proclamant athée mais fidèle à la tradition, admet que cette tradition n'a guère de sens en dehors de la religion et déclare qu'en Israël c'est la normalité qui serait anormale ?

Et les Arabes ? Toute la dernière partie leur est consacrée. Mais c'est trop ou trop peu. Il y a bien Gaza, quelques silhouettes à burnous, quelques discussions passionnées dans un kibboutz Mapam. Mais cette obsédante présence demeure étrangement marginale. Tous ceux pour qui le problème d'Israël n'existe pas en dehors du rapport aux Arabes seront ou déçus ou furieux. Est-ce parce qu'il aurait fallu leur consacrer tout un film ? N'est-ce pas plutôt parce que le problème arabe, et c'est là son drame, est, finalement, latéral et presque accidentel par rapport à la conscience israélienne ? Au risque de choquer certains, je dirai que Lanzmann aurait peut-être mieux fait — mais était-ce bien raisonnable ? — de ne pas en parler du tout. Ce n'était pas son sujet.

Car le plus beau de son film, c'est l'idée obsédante tapie dans les images, cette attaque frontale, sans détours et sans finasserie, au cœur du problème clé : qu'est-ce qu'un juif ? Que signifie la résurrection d'un État juif en Palestine ? Quelle est l'identité historique d'un Israélien ? Ces questions sont probablement sans réponses claires mais le seul fait de les expliciter dénoue les censures du fanatisme et de la haine. Rien mieux que les images de Lanzmann n'est capable de faire sentir la profondeur de l'enracinement national d'un peuple sur ce coin de terre à la fois arbitraire et fatal. Rien n'est plus propre à faire réfléchir sur un « retour » qui n'est pas seulement historique et sentimental, mais spirituel et métaphysique.

Par là, le film tout entier est une réponse au drame actuel. En le voyant à l'heure où tant de ceux qu'a saisis la caméra de Lanzmann sont en train de se battre et peut-être de mourir sur les plateaux du Golan et dans les sables du Sinaï, on ne peut s'empêcher d'espérer que, si, par miracle, un tel document pouvait être projeté sur les écrans de Damas et du Caire, Arabes et Israéliens trouveraient pour se parler un autre langage que celui des armes.

---

POURQUOI ISRAËL,
*film de Claude Lanzmann.*

---

## LE REFLET JUIF

*5 avril 1976*

L'histoire des juifs français a subi le contrecoup du consentement à l'assimilation jacobine qui la caractérise : si elle a été si discrète, c'est qu'elle était aussi presque sans objet. Les juifs étaient, depuis la Révolution française, dans l'histoire de France. Même si la droite leur refusait ce titre de copropriété sur le patrimoine français, eux avaient choisi d'en recevoir au moins la jouissance précaire des mains des libéraux : à quoi bon, dès lors, insister sur ce qui faisait d'eux des citoyens particuliers ?

A cet égard, la multiplication, ces dernières années, d'ouvrages d'histoire sur la communauté juive française de 1789 à nos jours est le signe d'une mutation importante, dont bien des raisons sont évidentes. D'abord le contrecoup de la guerre, qui a pris des formes multiples : la persécution de Vichy, l'existence d'un gouvernement français officiellement antisémite, le massacre des juifs réfugiés d'Allemagne et de l'Est européen ont réactivé ce reste de mauvaise conscience inséparable de toute assimilation réussie. Et puis il y a eu Israël, l'improbable et tragique victoire de ces pauvres juifs méprisés par les consistoires de France, rescapés par excellence de l'Holocauste, marginaux de l'Europe promus au rôle central de l'histoire juive, prolétaires de la communauté devenus son drapeau national...

J'écris ces lignes comme s'il s'agissait d'une histoire uniquement juive. Bien sûr, c'est aussi la nôtre, celle des Français non juifs, et qui n'est pas tellement brillante... Mais c'est vécue, subie, agie, pensée du côté juif qu'elle possède sa vraie pesanteur et sa valeur universelle. La gauche française n'a eu que trop tendance à ne voir dans la question juive que son extérieur, même avec les meilleures intentions du monde (ce qui n'était pas toujours le cas), même quand elle a voulu la réduire à l'antisémitisme, et surtout quand elle n'y a vu qu'une diversion du capitalisme. Maintenant que les juifs ont conquis une histoire nationale, celle des juifs français, qui semblait figée, frileuse, dépendante, a recommencé à bouger. Ils ont été assez longtemps suspendus à notre thermomètre ; si nous regardions le leur ?

Que ce soit d'abord l'occasion de saluer un ensemble de livres qui font honneur à l'édition française d'après la guerre : la collection « Diaspora », dirigée par Roger Errera, incarne précisément le renouveau d'intérêt pour l'histoire juive en France. Elle a porté à la connaissance du public français des auteurs et des livres de tout premier ordre, comme l'admirable *Messianisme juif* de Gershom Scholem. Elle s'attache aussi, à un niveau moins fondamental mais tout aussi précieux, à l'inventaire du judaïsme français contemporain.

Le livre de Patrick Girard concerne la période la plus ancienne : entre 1789 et 1860. Sans apporter de connaissances neuves à l'histoire des juifs français entre ces deux dates, il constitue une excellente synthèse sur le mouvement qui les conduit de l'émancipation révolutionnaire à l'égalité civile et à une intégration progressive dans la société française. La Révolution apporte à la question juive le formidable élan de l'universalisme libéral ; en accordant la pleine citoyenneté d'abord aux juifs sépharades de Bordeaux et du comtat Venaissin (1790), puis aux juifs d'Alsace (1791), elle fait rentrer dans l'histoire ces vieilles communautés de ghetto. L'histoire qu'elle leur propose est celle de la « régénération » laïque de l'humanité, guidée par la nation française ; et la substitution de ce messianisme politique spécifiquement français au messianisme religieux spécifiquement juif est dès lors un élément central de l'éclatement des communautés traditionnelles. Aucun juif n'a d'ancien régime à pleurer. Tous tiennent du nouveau régime à la fois le plus moderne et le très ancien, les droits de citoyen et celui de participer à ce qui est juste.

L'histoire de cette « assimilation », pourtant, prendra un demi-siècle. C'est qu'elle est traversée par les pesanteurs de la vieille France : d'abord sous la forme d'un antisémitisme populaire, pendant la Terreur, et puis du fait de l'Empire. Napoléon renverse en effet, comme le note bien Patrick Girard, la perspective de la Révolution sur les juifs : alors que l'émancipation révolutionnaire consiste à les faire passer du statut religieux au statut politique, Napoléon, en réunissant en 1807 le Grand Sanhédrin, c'est-à-dire les notables de la communauté juive, subordonne leur citoyenneté française à un pacte religieux avec les chrétiens.

Ce qui, aux yeux des révolutionnaires, était la cause de leur dégénérescence morale devient pour l'Empereur la garantie de leur bonne conduite. Cette reprise en compte du particularisme religieux explique la confiscation d'une partie des acquis de la Révolution, et notamment le « décret infâme » de 1808, rétablissant l'inégalité juridique des juifs devant les tribunaux, à l'exception de ceux de Paris et de Bordeaux (mais, à cette époque, les juifs alsaciens visés par le décret étaient de loin les plus nombreux).

Le décret ne survit pas longtemps à la chute de l'Empire, et c'est le régime de juillet 1830 qui instaure définitivement pour les juifs un régime d'égalité devant la loi et de reconnaissance de leurs droits confessionnels, en établissant un budget pour le culte israélite. Dès lors, les juifs français, juridiquement assimilés, entrent dans une période relativement heureuse de leur histoire, communauté dynamique de bourgeois, de commerçants et d'artisans dominée par les grandes réussites de la finance et des professions libérales, communauté de plus en plus urbanisée, parisienne, et pour tout dire embourgeoisée, unie autour d'un fonds laïcisé de religion traditionnelle, d'un fort sentiment de minorité et d'un attachement profond à l'image libérale de la France.

Communauté « assimilée » ? Le livre tout entier de Patrick Girard tourne autour de cette question centrale. A ses yeux, l'assimilation est un processus dynamique « par lequel des individus, issus d'une communauté au mode de vie particulariste, ont tenté de formuler une doctrine combinant un héritage religieux fort ancien et les valeurs de la société environnante, ces dernières servant à justifier le maintien d'une spécificité réduite à son aspect confessionnel ». Ce vocabulaire un peu lourd mais utile, parce qu'il est relativement précis, traduit un jugement positif sur le métissage culturel issu de la rencontre de la tradition juive et du libéralisme occidental.

L'auteur n'a pas de regret idéalisé pour la vieille communauté fermée ; il ne projette pas encore sur ces juifs français du milieu du XIXe siècle les catastrophes à venir du XXe. Chose inattendue chez un si jeune homme, né en 1950, il ne déteste pas ce judaïsme « juste milieu » de notables modérés et prudents, conservateurs de pratiques traditionnelles dans le for intérieur des familles, adaptés au monde moderne dans leur vie professionnelle et publique : il admire qu'ils aient géré si intelligemment les tensions intercommunautaires entre les orthodoxes, groupés derrière « l'univers israélite », et les libéraux, qui publient les *Archives israélites.*

Dans les deux camps, les juifs français sont devenus des « israélites ». Par quoi ils expriment qu'ils ne sont plus juifs, comme ceux des ghettos de l'Est, mais qu'ils le sont toujours, comme fidèles à un passé et à un culte. Ces communautés « assimilées », issues de la rencontre entre judaïsme et Révolution française, ne sont pas des communautés nationales mais elles ne signent nullement, non plus, la fin du judaïsme : elles sont une étape de son histoire « tout aussi juive et collective que d'autres ».

Cette analyse fait écho, sans le dire jamais clairement, à un débat fondamental de l'historiographie juive, et tout particulièrement à un livre de la même collection, paru en 1973 : celui d'un professeur américain, Michael Marrus, consacré aux juifs de France à l'époque de l'affaire Dreyfus. Car les deux auteurs, s'ils se font suite chronologiquement, n'ont pas, sur « l'assimilation » des juifs français au XIXe siècle, le même jugement, ni même, il est vrai, les mêmes instruments d'analyse.

Pour Michael Marrus, l'assimilation est « le mécanisme par lequel des individus d'origine juive assumeraient une identité essentiellement française ». La période étudiée est évidemment un terrain d'élection pour une définition de ce type : comme elle se caractérise par une extraordinaire flambée nationaliste, elle permet de mesurer l'extraordinaire acceptation de ce nationalisme par les juifs français, y compris pendant l'affaire Dreyfus, au nom de leur patriotisme. Par une série de portraits et de textes passionnants, le livre montre qu'il y a plus que la pression de la société environnante, plus que le désir de ne pas jeter de l'huile sur le feu dans cette intériorisation des valeurs de l'adversaire : à la limite, il y a l'antisémitisme, notamment à l'égard des juifs immigrés, symboles d'un judaïsme refoulé. L'assimilation, dans la France fin de siècle décrite par Michael Marrus, est le fil conducteur d'un antisémitisme juif. C'est un procès qu'on pourrait trouver également dans l'ouvrage de David H. Weinberg, qui montre à quel point, dans une époque postérieure, entre les deux guerres, les juifs français du 16e arrondissement et les juifs polonais du Marais formaient à tous égards deux sociétés étanches, sinon antagonistes.

Doit-on penser que l'assimilation heureuse du XIXe siècle a

fait place, trente ou quarante ans après, à une impasse ? Il y a naturellement du vrai dans cette proposition, dont témoigne par exemple l'explosion, en 1880-1890, d'un antisémitisme massif et organisé, inconnu sous la monarchie de Juillet ou le second Empire. Mais l'écart qui sépare les analyses de Girard et de Marrus ne tient pas seulement aux périodes qu'ils analysent ; j'aurais tendance à croire que ces périodes, au contraire, ont été choisies en fonction de leurs divergences conceptuelles et politiques sur l'assimilation. Patrick Girard écrit une histoire libérale des juifs français ; Michael Marrus y cherche les sources cachées d'une histoire nationale. Le premier admire leur extraordinaire adaptation à la civilisation moderne ; le second ne célèbre dans l'affaire Dreyfus qu'une seule voix fraternelle, celle de Bernard Lazare, le premier nationaliste juif né dans la communauté française.

Ainsi, l'histoire juive est-elle tirée vers les dilemmes du présent [1]. Si le cas juif français prend à cet égard une valeur exemplaire, c'est qu'il invente le juif diasporique ; non plus le juif de l'exil, amputé de sa terre, conservant l'espoir d'y retourner à la fin des temps, mais le juif de la diaspora, bien installé en terre étrangère, nouvelle figure du destin collectif. Ces « Juifs privilégiés » [2], pour reprendre le titre d'un article d'Hannah Arendt, inspiratrice de Michael Marrus, sont-ils la fin du judaïsme, ou bien une de ses images ?

Peut-être est-il plus utile d'examiner la question à partir du passé qu'à partir de l'avenir qu'on lui assigne par hypothèse. Annie Kriegel [3], dans un article de *L'Arche*, rappelle que c'est la Révolution française qui invente les deux réponses à la question juive : l'individuelle et la nationale. Bien sûr, elle privilégie la première, puisqu'elle ne peut imaginer meilleur moyen de la « régénération » des juifs que la réussite personnelle à l'intérieur de la nation par excellence, c'est-à-dire la France. Mais elle ouvre en même temps l'avenir à l'idée que l'émancipation des juifs peut prendre, comme celle de n'importe quel peuple opprimé, une forme collective ou nationale : le droit des peuples à disposer d'eux-mêmes suit la « Déclaration des droits de

1. Voir sur ce point la préface de Pierre Vidal-Naquet jointe au livre de M. Marrus.

2. « Privileged Jews », par Hannah Arendt, dans *Jewish Social Studies*, janvier 1946.

3. « Révolution française et judaïsme », par Annie Kriegel, dans *L'Arche*, mars 1975.

l'homme ». La conquête de l'égalité juridique et de la liberté individuelle par les juifs français, en les exposant aux valeurs de la société environnante, les a certes laïcisés, mais elle a contribué aussi à leur faire aimer les idées de démocratie, de nation ou de socialisme qui ne sont pas non plus étrangères au réveil national juif de la fin du XIXe siècle.

L'équivoque sur l'« assimilation » des juifs vient peut-être de l'équivoque de l'idée sioniste elle-même : à la différence des « nationalités » du XIXe siècle, le sionisme se situe au croisement d'une idée laïque — l'émancipation nationale, l'État-nation — et d'une idée religieuse — le retour à Jérusalem. L'« assimilation » affaiblit la seconde tout en suscitant la première. Encore faudrait-il examiner de près ce qu'elle abandonne et ce qu'elle conserve — en la privatisant, en la laïcisant — de la tradition spirituelle : cet inventaire fait un peu défaut aux livres dont j'ai parlé. Dans cette chimie instable du communautaire et de l'individuel, du national et du religieux qui fabrique aux XIXe et XXe siècles le destin du peuple juif, rien n'est jamais simple que l'élection de haine qui l'accompagne au long du temps.

---

LES JUIFS DE FRANCE DE 1789 À 1860, De l'émancipation à l'égalité, *par Patrick Girard, Calmann-Lévy, coll. « Diaspora ».*

LES JUIFS DE FRANCE A L'ÉPOQUE DE L'AFFAIRE DREYFUS, *par Michael R. Marrus, Calmann-Lévy, coll. « Diaspora ».*

LES JUIFS DE PARIS DE 1933 à 1939, *par David H. Weinberg, Calmann-Lévy, coll. « Diaspora ».*

# ENTRE ISRAËL ET LA GAUCHE FRANÇAISE : TRENTE ANS DE MALENTENDUS

*13 mai 1978*

Tant qu'Israël n'a été que l'image du destin juif, c'est-à-dire du malheur juif, la gauche n'a pas eu de mal à l'aimer : car elle retrouvait, incarnée dans le nouvel État, sa conception traditionnelle du problème juif comme révélateur de l'injustice capitaliste, des juifs comme victimes exemplaires d'un système, et de la particularité juive comme envers de la persécution. La Seconde Guerre mondiale et l'Holocauste ont porté à l'extrême ce sentiment, dont Sartre a été le théoricien : la « coagulation » du problème juif, c'était la haine de l'Europe chrétienne ; les hommes et les femmes qui peuplaient dans ces années-là leur nouvelle patrie ne pouvaient être des colons, puisqu'ils étaient des errants, des rescapés de la tragédie des camps que même cette dignité ne suffisait pas à préserver du malheur puisqu'ils étaient alors rejetés de rivage en rivage par leurs nouveaux persécuteurs anglais. D'ailleurs, la gauche française n'avait pas encore appris à détester les colons, dont souvent elle aimait à penser qu'ils exportaient outre-mer ses propres valeurs. Elle se sentait coupable du malheur juif bien plus que de la misère arabe ou vietnamienne.

C'est cet universalisme démocratique, si florissant et en même temps si sectaire dans les années d'après la guerre, que les guerres de décolonisation ont frappé de plein fouet, en redécouvrant la force et la légitimité du fait national, dans ce qu'il a à la fois d'élémentaire et de difficile à penser. Une gauche nouvelle a commencé à se définir par rapport à cette lutte-là, qui contribuait à mettre fin à l'européocentrisme jacobin. Elle a progressivement pesé sur les deux grands partis traditionnels, menant une guérilla intellectuelle à la périphérie du PC et cassant finalement la SFIO par la création du PSU en 1959.

Or, Israël n'est pas seulement exclu de cette cassure anticolonialiste. Il en est aussi un bouc émissaire logique : c'est ce qu'illustre la crise de Suez quand les troupes de Ben Gourion viennent épauler les parachutistes de Guy Mollet et d'Eden contre l'Égypte de Nasser. La courte guerre de 1956 — qui, avec le recul du temps, continue à m'apparaître comme la principale erreur de la politique étrangère israélienne — inaugure pourtant, avec une sorte de miraculeuse malveillance, la nouvelle image du peuple juif à l'usage du monde extérieur. Image politique, qui en fait l'allié, le complice, des vieilles puissances coloniales. Mais aussi image morale, qui brise le stéréotype de l'humiliation, et qui invente le juif vainqueur.

Tournant intellectuel et affectif qui n'est pas toujours facile à prendre dans la gauche française : car celle-ci, comme on l'a vu, a besoin du malheur pour penser la particularité juive ou, sinon du malheur, au moins de la menace du malheur. C'est le secret de l'explosion de sympathie, et même d'affection, qui ira un peu plus tard de l'opinion française vers Israël, à la veille de la guerre des Six-Jours : l'État juif est menacé d'anéantissement, et les paroles de Choukeiri ont ranimé le fantôme de Hitler. Mais il reste qu'à partir de Suez, l'image d'Israël est *aussi* celle d'un peuple soldat, fort et victorieux. Or, de même que la gauche française a eu, au XIX^e^ siècle, toutes les peines du monde à penser le juif riche, ou seulement « arrivé », sans sombrer dans l'antisémitisme ou dans la simple négation du problème, de même elle n'a pas d'outils intellectuels pour penser Israël en dehors des tragédies de l'histoire européenne et de sa culpabilité, à elle gauche française, dans ces tragédies.

Il est même probable, au contraire, que les outils intellectuels dont son combat l'a dotée bloquent son intelligence du destin non plus juif mais israélien. Après avoir ignoré la réalité coloniale, elle a fait de l'anticolonialisme un élément dominant de son idéologie. Après avoir été obsédée par le narcissisme jacobin, elle a fait de l'anti-impérialisme le concept interprétatif central d'une histoire devenue mondiale. A travers ce prisme, le sionisme apparaît à contre-courant de cette histoire, « objectivement » colonial dans une époque de décolonisation générale, « objectivement » impérialiste au moment où la lutte contre l'impérialisme est un mot d'ordre mondial. Les passagers de l'*Exodus* redeviennent des colons, malgré eux tant qu'on voudra, mais des colons tout de même. Et le juif des faubourgs de Chicago qui verse son obole annuelle à sa deuxième patrie réinvente sans le savoir une des plus vieilles images de l'antisémitisme, la toute-puissance de la finance internationale contre la liberté des peuples.

J'ai naturellement tendance, pour décourager ce type d'analyse, à en caricaturer les traits. Mais c'est que je ne crois pas qu'elle tire sa force de sa rigueur conceptuelle. Elle me paraît plutôt réaménager de vieux matériaux de la culture politique française, dont la plupart sont d'ailleurs communs à la droite et à la gauche. D'abord un antisémitisme latent, qui n'est jamais aussi partagé que lorsqu'il s'exerce à l'égard du juif qui a « réussi », l'Israélien vainqueur prenant dans la configuration nouvelle la place qu'occupait le ploutocrate juif dans l'imaginaire de droite ou de gauche au XIX^e^ siècle. Plus encore, l'hostilité aux États-Unis, qui est une des grandes passions de la gauche française depuis la fin de la guerre, et qui peut être déplacée sur Israël comme sur un objet-relais, au bénéfice facile d'une France interprète du tiers-monde. De la sorte, l'État juif peut retrouver la fonction jouée traditionnellement par les juifs dans notre vie politique, et témoigner à sa façon de la grandeur nationale. De cet amalgame de sentiments et d'idées, je pense qu'on trouverait la meilleure expression dans ce qu'on a appelé le « gaullisme de gauche », précisément au confluent de la droite et de la gauche ; mais il ne serait pas difficile d'en retrouver aussi les sédiments au PC, au PSU, et à la gauche du Parti socialiste.

C'est que, pour penser et pour comprendre Israël, la gauche n'a toujours que ce qui l'a portée d'un seul élan, il y a trente ans, à acclamer comme une réparation la naissance du nouvel État. Elle n'a jamais cherché à élaborer la doctrine de ce sentiment, comme s'il ne constituait qu'une puissante culpabilité, irréductible au rationnel. A vrai dire, des deux éléments qu'il faudrait analyser et croiser pour tenter une interprétation de l'histoire d'Israël, le national et le religieux, elle n'a jamais eu grand-chose à dire. Dans toutes ses versions, le marxisme les ignore, ou plutôt il les conjure plus qu'il ne les explique. Avec le national, la réaction quasiment irrépressible de la gauche française est de fabriquer de l'universel, qui permette de l'inscrire dans le grand livre (et dans le bon « sens ») de l'histoire mondiale. N'importe quel conflit tribal se trouve ainsi élevé à la dignité de l'universel démocratique, et les combattants du Frolinat deviennent les successeurs des républicains espagnols. Mais Israël est précisément exclu de cet universel dans la mesure où il est le produit d'un mouvement national européen tardif, impossible à inscrire dans la dialectique de libération coloniale, et même, si on tient à tout prix à ce cadre de références (qui préjuge largement le diagnostic), contradictoire avec cette dialectique.

Quant à l'aspect religieux du phénomène historique israélien, il contribue bien évidemment à l'incompréhension de la gauche, puisque la tradition européenne n'a cessé de lier émancipation nationale et laïcisation de l'État. Mais il y a plus : quand on a débarrassé le débat sur Israël d'une certaine métaphysique de mauvais aloi qui l'encombre parfois, il reste que la (re)création de l'État juif au milieu du XX$^{e}$ siècle, dans la Palestine de la Bible, n'est pas un événement facile à comprendre si l'on s'en tient à une interprétation matérialiste de l'histoire. On en aperçoit bien les données circonstancielles, et d'abord l'Holocauste, mais celles-ci n'épuisent pas la nature du phénomène, inséparable du messianisme juif. Dans ce domaine, Gershom Scholem[1] est un meilleur guide que Marx, mais la gauche n'a rien dans sa culture qui la prépare à cette grande lecture ! Quand elle est laïque, elle est marxiste. Quand elle n'est pas laïque, elle est catholique. Dans les deux cas, elle n'appréhende l'histoire juive qu'à travers des traditions intellectuelles qui la nient.

C'est pourquoi elle ne cesse d'osciller, depuis qu'Israël a pris les traits d'un pays vainqueur et fort, entre le tremblement de ses souvenirs et l'idée qu'il s'agit « d'un pays comme un autre ». Quand l'État juif est menacé reparaît le spectre de l'extermination finale. Après sa victoire, on ressort les cartes et c'est le Café du Commerce des « justes frontières ». Aucune de ces deux attitudes ne fait avancer d'un pas l'intelligence du problème : ni celle de l'identification coupable ni celle de l'arbitrage diplomatique « rationnel ». La première s'estompera avec le temps, sauf de la mémoire d'Israël, et d'ailleurs elle n'est pas compréhensible au monde arabe. La seconde suppose une sorte de « normalité » du problème israélo-arabe qui, précisément, échappe aux normes de la politique internationale : puisqu'il est noué à des niveaux de profondeur et de complexité exceptionnels.

En réalité, d'un pays qui incarne à la fois la plus vieille mémoire écrite de l'humanité, le miracle et les tragédies de l'Europe moderne, et qui a marié autour de son berceau la religion, la nation et le socialisme, il n'y a pas de raccourci, conceptuel

1. Gershom Scholem est le plus grand historien vivant du judaïsme. *Le Messianisme juif*, Calmann-Lévy, est l'un de ses rares livres disponibles en traduction française.

ou émotif, qui permette d'épuiser le sens. Trente ans après la naissance de l'État d'Israël, rien n'est clair encore dans son histoire que pour les esprits simples. Il n'existe toujours qu'une manière d'aborder sans la fuir l'élection particulière de l'histoire juive : c'est d'affronter ce qu'elle a de particulier, et qui seul peut éclairer ce qui la rend universelle.

# ISRAËL TOUJOURS RECOMMENCÉ

*19 février 1979*

Né à Berlin en 1897, installé en Palestine depuis 1923, Gershom Scholem est l'un des plus grands historiens vivants du judaïsme. Il y a dans ces dates et dans ces lieux successifs une première clé pour l'intelligence de son œuvre, dont la remarquable collection « Diaspora » vient de publier à nouveau quelques essais, précisément choisis en fonction de leur valeur d'introduction générale à cette œuvre. Car Scholem n'appartient ni à ce judaïsme d'Europe de l'Est qui a fourni ses troupes au sionisme d'après la Première Guerre mondiale, ni à l'émigration en catastrophe des juifs allemands après l'avènement de Hitler. Il n'a connu ni les ghettos de Pologne ou de Russie blanche ni leurs rabbins traditionalistes qui ont involontairement nourri le sionisme comme une colère de la modernité. C'est au contraire de l'intérieur de cette modernité, c'est-à-dire à partir de l'assimilation à la culture allemande, qu'il a perçu très tôt, dès avant la Première Guerre mondiale, la particularité irréductible du judaïsme. Le sionisme auquel il s'adosse, tout jeune, est ainsi, comme d'ailleurs celui de Theodor Herzl, une résurgence, une redécouverte des sources. Non pas une révolution, moins encore une révolte, mais une *histoire*.

A cet égard, la longue interview qui commence ce recueil d'essais, et où le vieil historien se raconte, est tout à fait passionnante. Il est né dans une petite dynastie berlinoise d'imprimeurs depuis quatre générations, où le dîner de famille du vendredi soir constituait le dernier et infime vestige de l'ancienne observance religieuse. Le credo paternel, comme celui du milieu, était l'assimilation, l'identité allemande, le patriotisme allemand : cette petite-bourgeoisie juive, dont l'horizon et la fréquentation sociale restaient strictement juifs, vivait culturellement d'une tradition empruntée. C'est cette fêlure que l'adolescent perçoit très tôt, vers quatorze-quinze ans, plus sous la forme d'un malaise, ou d'une révolte, que d'une analyse. Il veut être juif, pas allemand. « Tu veux donc retourner au ghetto ? », demande son père. « Mais c'est vous qui vivez dans un ghetto, tout en imaginant le contraire », répond le fils.

Pour que l'histoire soit complète, et que la famille puisse offrir la simplicité pédagogique de la tragédie antique, Gershom Scholem a trois frères. Deux d'entre eux sont du côté du père, et l'un des deux, même, plus allemand, carrément nationaliste allemand. Enfin, il y a le quatrième, qui est au contraire, très tôt, membre du Parti social-démocrate, député communiste après la guerre, puis expulsé du parti pour trotskisme en 1927, et qui mourra à Buchenwald, tué par les nazis comme ancien parlementaire communiste. Ainsi, les enfants Scholem entrent dans le XX$^{e}$ siècle chacun sous son drapeau ; assimilation, révolution, sionisme. Des trois options ouvertes pour résoudre la fameuse « question juive » qui berce leur enfance, la troisième paraît à l'époque la plus bizarre, et la plus fragile ; elle seule résistera au siècle.

Sur ce sionisme-là, d'ailleurs, le livre de Gershom Scholem ne cesse de s'interroger, car il constitue non seulement un éveil de jeunesse mais la question centrale d'une vie. Il s'agit moins d'un engagement politique que d'un choix moral. Ce n'est pas la construction d'un État juif qui mobilise le jeune Gershom Scholem, c'est le refus de ce mensonge qu'était alors l'existence quotidienne de la bourgeoisie juive en Allemagne. Au fond, c'est exactement le même sentiment qui entraîne un de ses frères — comme par hasard le seul avec lequel il soit étroitement lié — vers la révolution et le socialisme ; sur ce qui pousse l'un vers le marxisme et le léninisme, l'autre vers un professeur d'hébreu et des cours de Talmud, rien d'explicatif ne peut être dit : c'est le mystère des existences et des individus. Mais, si l'on accepte ce diagnostic d'une origine commune de leurs choix contradictoires, on ne peut s'empêcher de remarquer que celui du futur historien est mieux adapté au problème à résoudre que celui du futur député communiste au Reichstag. Il s'agit, pour celui-là, d'en retrouver les éléments et les sources, alors que celui-ci veut en abolir, et donc commence par en nier, les termes eux-mêmes.

A cet égard, d'ailleurs, le sionisme du jeune Gershom Scholem, parce qu'il est un *sionisme d'après l'assimilation*, un retour, et pas seulement un arrachement ou un avenir, est par définition inséparable du paradoxe central de l'ensemble du mouvement : cette chimie qui fabrique du national avec du religieux, du moderne avec de l'archaïque. Le judaïsme ghettoïque d'Europe orientale ne voit dans le sionisme que rallient ses jeunes, au début du siècle, contre l'hostilité des rabbins, que ce qu'il comporte de neuf, de laïque, de moderne, de socialiste, de national : une rupture avec le passé. Scholem sait au contraire d'avance, parce qu'il est l'enfant révolté d'une expérience historique juive fondée sur le culte de la modernité et le refoulement de la tradition, que le mouvement national juif véhicule, ressaisit et renouvelle à travers les catégories politiques modernes un très ancien héritage culturel. Ce que les juifs ont en commun, et qui explique le moins mal leur extraordinaire survie et leur ambition nationale de retour à Sion, est une anthropologie religieuse. Tout Gershom Scholem tient dans l'exploration historique de cette proposition.

Laquelle a comporté, bien sûr, la mise à plat des rapports de l'historien avec son terreau culturel d'origine, l'Allemagne. A ce sujet, Gershom Scholem s'exprime longuement dans plusieurs des textes réunis dans *Fidélité et Utopie* : il n'existe pas à ses yeux de fécondation mutuelle entre culture juive et culture allemande. Il existe une abdication progressive de sa propre tradition de la part de la bourgeoisie juive allemande assimilée, mais, en sens inverse, aucune reconnaissance allemande de la tradition juive. L'historiographie moderne du judaïsme, que fonde Leopold Zunz (1832), n'obtient jamais aucune chaire dans l'Université, et la discipline, aucune légitimité académique ou sociale. Il n'y a pas non plus dans la littérature allemande du XIXe siècle l'équivalent de ces pages fameuses de *Notre jeunesse* par lesquelles Péguy salue en Bernard Lazare le descendant des prophètes d'Israël, au moment où les juifs français, par prudence ou par ignorance, gardent le silence sur le plus audacieux de leurs fils. S'adressant en 1962 à un jeune écrivain allemand qui l'interroge sur le dialogue judéo-allemand, « dont le noyau est indestructible », Scholem nie qu'un pareil dialogue ait jamais existé : « A l'ivresse sans bornes de l'enthousiasme des juifs ne correspondit jamais un accent qui eût un rapport quelconque avec une réponse créatrice adressée aux juifs, c'est-à-dire une réponse qui leur aurait été adressée en fonction de ce qu'ils avaient à donner en tant que juifs, et non pas de ce qu'ils avaient à abandonner en tant que juifs. » Pour Scholem, le génocide nazi n'interrompt pas, par une sorte d'accident, un échange, ou même l'esquisse d'un échange. Il en signe, tragiquement, l'absence. Il en couronne la violence sur les esprits par l'anéantissement des corps.

La chance veut pourtant qu'à la démonstration militante de Gershom Scholem il ait existé une exception : c'est lui-même. Car la greffe de la grande historiographie allemande du XIXe siècle sur l'étude de la tradition juive a produit à la fin des fins, juste avant la catastrophe, et à travers lui, l'homme d'une histoire du judaïsme émancipée de ses tuteurs abusifs. Par réaction contre la plupart de ses prédécesseurs, et contre leur tendance à « aplatir », laïciser la tradition juive pour la rendre plus acceptable à la bourgeoisie assimilée du XIXe siècle, Scholem a consacré l'essentiel de son œuvre, et de sa vie, à l'étude de ce qui, dans cette tradition, peut paraître le plus étrange au rationalisme moderne : la mystique judéo-espagnole de la kabbale, entre le XIIIe et le XVIe siècle, le mouvement messianique sabbatéen du XVIIe siècle, enfin cette renaissance religieuse que constitue en Europe orientale, et en pleine époque des Lumières, le hassidisme.

S'il a voulu, en consacrant sa vie, et sa subtilité, à l'éternelle recomposition des figures de la Loi et de l'espérance qu'elle annonce, « épater le bourgeois » du XIXe et du XXe siècle, Scholem n'a que trop bien réussi ! Son œuvre historique ne s'inscrit facilement en effet dans aucune tradition actuellement vivante de l'Europe, et ce qu'on appelle les « études juives » n'a plus comme double foyer, aujourd'hui, que les États-Unis et Israël. Mais s'il n'est pas possible, faute de place et de compétence, de présenter utilement son œuvre (je ne puis à cet égard que recommander la lecture de l'admirable *Messianisme juif*, paru il y a quelques années dans la même collection), on peut probablement approfondir ce qui la soude si étroitement au monde où nous vivons.

A la différence de ses immédiats prédécesseurs, Buber ou Rosenzweig (par rapport auxquels il ne cesse de se définir), Scholem n'étudie pas la mystique juive de l'intérieur comme un univers à la fois clos et intemporel. Il n'est ni théologien ni même croyant, au sens strict du terme, mais purement et complètement historien.

Il a, par rapport au judaïsme, non seulement un sentiment filial, mais cette espèce d'admiration qu'a eue l'historiographie romantique devant l'inépuisable richesse de manifestation du phénomène culturel ou national. Ce qui sous-tend toute son œuvre est au fond la question simple et mystérieuse que nous

nous posons tous, nous les contemporains du génocide et de la naissance de l'État d'Israël : après des siècles de malheur, couronnés par la tragédie absolue, comment se fait-il que le judaïsme existe encore ? Scholem retrace, fil à fil, la trame de cette survie, à travers ses formes culturelles, c'est-à-dire religieuses, et les remaniements infinis que ce peuple exilé à tous les coins de l'Europe a ciselés aux figures de Dieu, de la Loi et du Messie.

Vieux peuple de la plus vieille culture, retravaillant sans cesse son matériau originel, pour en faire, dans chaque circonstance, *sa différence* : tel est le peuple juif de Scholem, l'histoire d'une foi plus que le développement d'une société. Mais à faire du judaïsme une culture religieuse, tout en excluant à la fois de sa définition l'orthodoxie rabbinique et les critères modernes de l'appartenance nationale, où se trouvent le sionisme et l'État d'Israël ? Scholem les cantonne au niveau profane, c'est-à-dire politique. Il n'est pas suspect d'en sous-estimer l'importance, lui qui a quitté Berlin pour Jérusalem en 1923 : le sionisme constitue à ses yeux l'entrée du peuple juif dans l'histoire politique, la prise en main, par un État juif, de ses responsabilités historiques. Mais cet ordre de réalités ne recouvre pas le domaine spirituel et religieux : le sionisme n'accomplit aucune promesse et ne remplit aucune attente messianique. Il renouvelle l'histoire juive, mais justement au niveau de l'histoire, pas dans l'eschatologie.

Si Scholem veille aussi jalousement sur cette frontière qui sépare le religieux du profane, le spirituel de ce qu'il appelle « l'historique », c'est d'abord parce que c'est un esprit religieux, qui a de la continuité du judaïsme une conception religieuse : ce vieil adversaire des rabbins ne voit pas de sens à l'aventure humaine en dehors de celui que lui donne, de l'extérieur, la révélation. Mais s'il insiste si fort sur le sens caché d'Israël, qui reste à découvrir, c'est qu'il connaît les dangers qui menacent le peuple juif devenu « historique » : d'être une nation comme les autres. De meubler l'histoire de ses injustices, de reconstruire le Bronx en Palestine, de faire avec les descendants des hassidim et des kabbalistes des petits-bourgeois « modernes ». Au soir de sa vie, le vieil historien retrouve dans l'État juif lui-même le spectre du démon qu'il a combattu à quinze ans dans la maison paternelle de Berlin : des juifs en danger d'être dépossédés de leur passé.

Il y a une autre manière de dire cela, que j'emprunte à un

article de Léon Wieseltier, justement consacré à Gershom Scholem : le juif est adossé à ses ancêtres mais il est encore à la recherche d'un fils.

---

FIDÉLITÉ ET UTOPIE. Essais sur le judaïsme contemporain, *par Gershom Scholem, Calmann-Lévy, coll. « Diaspora ».*

LE MESSIANISME JUIF Essais sur la spiritualité du judaïsme, *par Gershom Scholem, Calmann-Lévy, coll. « Diaspora ».*

## LES JUIFS ET LE COMMISSAIRE

*17 septembre 1979*

Ce qui frappe dans le dernier livre de Harris et Sédouy, à lire ces longues interviews que les auteurs, fidèles à leur manière, ont rassemblées pour présenter ce qu'on pourrait appeler la question juive dans la France d'aujourd'hui, c'est qu'il existe un seul élément d'unité dans le judaïsme français contemporain : l'inquiétude. Trait séculaire, sans doute, mais qui paraît aujourd'hui, dans l'uniformité apparemment rassurante de la société riche où nous vivons, plus vivant, plus enraciné, plus multiforme que jamais. Et si la France redevenait demain un pays invivable pour les juifs ? Telle est la question toujours latente dans les réponses aux questions, et qu'on trouve aussi bien chez le juif français assimilé « depuis toujours ».

A cette érosion si visible des certitudes démocratiques de l'assimilation, il y a des raisons de structures qui sont claires. Le judaïsme français (six cent mille à sept cent mille Français juifs) est une population renouvelée par une immigration récente d'origine nord-africaine, dont l'arrivée a modifié les équilibres de la communauté. La prépondérance de la grande bourgeoisie assimilée y est moins forte, et le credo assimilationniste ne s'accompagne pas forcément d'un abandon de la pratique religieuse et des modes de vie traditionnels. Du coup, le visage du judaïsme français s'est transformé, il est devenu plus visiblement juif, et cette capacité plus affirmée à assumer l'héritage particulier (même sous sa forme laïcisée, c'est-à-dire comme ensemble d'habitudes sociales plus que culturelles) pose des problèmes inédits à toutes les traditions intellectuelles françaises, gauche et droite mêlées. Il suffit d'entendre le maire communiste de Garges-lès-Gonesse, Haïm Cuckiermann, pour le comprendre, citant l'inusable Fajon sur « la nécessité d'une certaine identité juive » ! Ou encore d'écouter le rabbin Guedj, regrettant dans le cadre improbable de Sarcelles le milieu séculaire de Constantine et répondant en ces termes à la question de savoir « s'il est possible de vivre dans un pays sans adhérer à sa philosophie dominante, à son mode de vie » : « Je vous en prie, dites-moi, quelle est la philosophie dominante de la France d'aujourd'hui ? Ceux qui pensent comme cela, je ne peux pas les suivre. Le nazisme a commencé sur ces bases... »

Ce judaïsme largement renouvelé a une histoire tissée de deux événements majeur et de deux dates également déstabilisatrices (si l'on prend l'assimilation comme point de référence) : l'Holocauste et la naissance de l'État d'Israël. Le premier a exterminé presque toute l'immigration est-européenne récente en France ; il a également atteint en profondeur, par l'action qu'y ont prise les autorités de Vichy, la croyance des juifs assimilés à la sécurité de leur propre destin : même en France, cent cinquante ans après la Révolution, les jeux n'étaient donc pas faits pour toujours.

Là-dessus intervient, après la guerre, la naissance d'Israël et, vingt ans après, la guerre des Six-Jours, qui semble avoir joué un rôle fondamental dans la cristallisation de l'opinion des juifs français sur le nouvel État : le judaïsme français, qui n'est plus si sûr de pouvoir tout miser sur l'assimilation démocratique, a au moins le recours d'une image nouvelle, au plus le secours d'une nouvelle patrie. Par mille canaux, qu'il est inutile d'énumérer, le sionisme transforme la conscience juive diasporique en posant à celle-ci, avec l'assurance de la réussite historique, une série de questions-ultimatums qui vont, comme le veut sa nature, du religieux au national. En même temps, l'existence internationale de l'État d'Israël entraîne les diasporas dans des solidarités qui sont probablement en train de mondialiser en retour l'antisémitisme, sous une forme et à une échelle encore inédites. Le procès fait à Sadate pour avoir traité avec les juifs par la tribune du tiers-monde réuni à La Havane en est un des derniers indices.

D'où, dans les interviews réunies par Harris et Sédouy, ce tremblement nouveau de l'appartenance juive-française. Trente-cinq ans après la fin de la guerre, on mesure le poids d'une double évolution : du côté des non-juifs, l'interdit qui a barré l'antisémitisme depuis le retour des camps de la mort tend à s'effacer, non parce qu'il a disparu des mémoires mais parce que les jeunes générations n'ont pas cette mémoire-là. Et, du côté des juifs, la communauté est aujourd'hui beaucoup plus prête qu'avant ou juste après la guerre à revendiquer et à assumer ses différences, qu'il s'agisse de son lien particulier avec Israël, de son mode de vie traditionnelle, de sa culture ou de sa religion. Il n'y a pas jusqu'au climat intellectuel dans lequel nous vivons depuis plusieurs années qui ne contribue à cette évolution, par la valorisation qu'il donne aux minorités ethniques, la critique qu'il fait de la passion niveleuse de l'État jacobin, enfin l'espèce de redécouverte un peu naïve du fait religieux derrière les illusions du rationalisme occidental. La mode ajoute ainsi son charme provisoire au problème, vieux comme le monde, de l'identité des juifs : ce peuple, miraculeusement adapté au « moderne », n'a cessé d'être enraciné, pourtant, et en même temps, dans l'archaïsme.

Les juifs français ont donc redécouvert que les jeux ne sont jamais faits : ni par rapport au religieux, ni par rapport au national, ni par rapport aux destins individuels. Ils ont ainsi réinventé une des accusations classiques de l'antisémitisme contre eux : d'être un peuple mobile, universel, partout et nulle part. Mais leur honneur est de l'assumer, non pas de le fuir. Ils savent en effet que l'histoire du dernier demi-siècle a fait d'eux, comme du judaïsme européen, la butte témoin des tragédies du moderne : l'Holocauste les a tragiquement privés de la croyance heureuse à l'assimilation ; et les drames du communisme, du recours au messianisme révolutionnaire. En dehors du refuge dans l'archaïsme et des solidarités de la tradition, il ne reste — du « moderne » — que des choix difficiles, incertains, ou résignés.

Qu'on lise par exemple, dans Harris et Sédouy, les raisons par lesquelles Maurice Kriegel explique son départ pour Israël : ex-gauchiste français de 1968, descendant d'une lignée juive alsacienne profondément assimilée « à gauche », à travers patriotisme jacobin et socialisme, ce jeune professeur d'histoire à l'université d'Haïfa porte sur la patrie qu'il s'est choisie des jugements sévères. Il en déteste, par exemple, les réactions trop souvent anti-intellectualistes et provinciales ; mais, s'il l'a choisie, c'est exactement pour les raisons qui portaient ses ancêtres, aux XIX^e^ et XX^e^ siècles, à choisir la France de la Révolution : pour que le bonheur et le... malheur de ses enfants ne soient plus « spécifiquement juifs » mais distribués selon d'autres raisons, les fameuses raisons « normales ». Ce qui amenait ses ancêtres à Paris l'a conduit à Haïfa.

Les hasards de l'édition veulent que paraisse en même temps

que cette radioscopie des juifs français par eux-mêmes un petit livre d'Alfred Fabre-Luce, intitulé : *Pour en finir avec l'antisémitisme.* Bénissons ces hasards qui permettent de mettre en parallèle ces inquiétudes juives sur le monde comme il va et la voix d'un intellectuel français dont l'ambition est de les apaiser. Car ce parallèle, en l'occurrence, offre l'exemple quasiment parfait des lignes qui ne se rejoignent jamais. Pour apaiser, il faudrait entendre. Or qu'est-ce que Fabre-Luce entend ? A peu près rien.

Pourtant, il soupçonne l'essentiel : que le credo assimilationniste est en crise et que les deux figures de cette crise sont l'expérience de la Seconde Guerre mondiale et le sionisme. Mais, à partir de là, où tout devrait commencer, tout, chez lui, finit : car il reprend l'assimilation tout juste là où la communauté juive l'a laissée, pour en faire une sorte de no man's land protégé contre l'antisémitisme chrétien et le prosélytisme juif, un lieu abstrait, irréel, où les passions sont éteintes, l'inquiétude évanouie parce qu'il n'y règne plus que les idées claires de l'auteur. Alfred Fabre-Luce fuit, dans le royaume très français de l'intelligence aveugle, l'épaisseur historique d'un problème qui le choque plus qu'il ne l'intrigue.

Son idée, c'est de proposer aux juifs français une sorte de pacte qui définisse un consensus minimum, où chacun mettrait un peu du sien : les Français non juifs veilleraient à ce que ne puisse renaître l'antisémitisme comme dérivatif aux difficultés nationales, et les juifs français s'imposeraient une sorte de code de bonne conduite, caractérisé par l'abandon du prosélytisme culturel et du militantisme sioniste. De ce curieux donnant-donnant, deux clauses concrètes pourraient servir de garanties : la recherche d'une position commune des Français sur le Moyen-Orient et l'établissement d'une « bonne » version de l'histoire de Vichy.

Ces deux têtes de chapitres laissent rêveur. La première est de l'ordre du *wishful thinking*, impraticable dans les faits et peu intéressante, d'ailleurs, dans le projet. Mais la seconde est plus révélatrice de l'obstination polémique de Fabre-Luce : refaire l'histoire de Vichy.

L'essentiel du petit livre est en effet consacré à l'analyse de cette période de notre histoire, cruciale dans les rapports des juifs avec la France, surtout si l'on se place exclusivement du point de vue de l'assimilation. Or il y a, selon Alfred Fabre-Luce, une version juive de l'histoire de Vichy, caractérisée par l'accent mis sur les responsabilités strictement françaises dans la persécution, et dont le principal protagoniste est curieusement un professeur américain (non juif, plutôt du genre aristocrate sudiste), R. Paxton. Je n'insiste pas sur cette curiosité, puisque Fabre-Luce sait qu'il y a, comme de juste, des non-juifs dans tout lobby juif ; mais ce qui me paraît bizarre, et même un peu inquiétant, dans ce type d'analyse historiographique, c'est le soupçon qu'il existe une volonté juive de fabriquer et de répandre une histoire de Vichy contraire à la vérité et conforme à des intérêts de minorité et de revanche.

Je ne vois pas d'inconvénient du tout, au contraire, à ce qu'on discute le montage du *Chagrin et la Pitié*, ou telle allégation trop systématique de Paxton. Ce qui me paraît moins admissible est de réunir Ophuls, Paxton, Stanley Hoffmann, Poliakov sous le même chapeau pointu, comme un lobby d'historiens et de cinéastes chargé de « présenter aux Français l'histoire de leurs années de guerre à travers un prisme juif ». L'amalgame recouvre rarement une pensée qui ne soit pas un peu grossière. Celle-là réinstalle l'idée d'une sorte de complot juif dans l'interprétation de notre histoire contemporaine et transforme la victime en coupable. Au lieu d'en finir avec l'antisémitisme, elle le nourrit et même elle l'exprime.

De ce fait, elle passe à côté du problème qu'elle pose. Car faisons un instant la part belle à Fabre-Luce et accordons-lui toute sa thèse du « Pétain-bouclier » : il reste que, même dans ce cas, ce qui est à comprendre dans l'histoire du rapport entre la France et les juifs est le recours d'un peuple vaincu à un démon familier pour exorciser sa défaite, sous l'autorité d'une gloire nationale. Il y a dans le statut des juifs de 1940 un acte de politique française, accompli et rédigé au nom d'une tradition nationale, par des hommes qui n'y ont pas été contraints par l'étranger. Et, si la génération juive assimilée, même de ceux qui ont été quelques mois pétainistes entre juin et l'automne, y a vu une rupture française avec la tradition de 1789, c'est que Vichy l'a claironné. La politique des temps démocratiques est un art simple, où l'ambiguïté n'est jamais très longue. Celle-là a pris fin en trois mois.

Alfred Fabre-Luce n'est pas sensible à cette blessure, qui n'est toujours pas fermée, et qu'aucune comptabilité sur l'histoire comparée du malheur juif en Europe ne pourra fermer. Plus généralement, son traitement du problème juif traduit une sorte d'insensibilité délibérée à la nature un peu vertigineuse de la question. Ce qui est à la fois étrange et typique. Étrange de la part d'un esprit informé et subtil, mais typique de la fameuse intelligence française aux prises avec une question dont la sédimentation historique et psychologique est à peu près infinie. Et puis faisons enfin sa part à l'air du temps : en cette fin d'année 1979, il règne à Paris une sorte d'arrogance de la pensée libérale qui me paraît contradictoire avec l'esprit du libéralisme. La passion de « normaliser » le problème juif et l'existence collective des juifs français ou en France constitue un bon exemple de cette arrogance : des pensées courtes sur une question immense. Or le problème juif n'est pas « normalisable ». Il faut vivre avec lui, tel qu'il est, à l'heure qu'il est. C'est la condition de la liberté pour tous parce que c'est un des critères de la démocratie.

---

JUIF ET FRANÇAIS,
*par André Harris et Alain de Sédouy, Grasset.*

POUR EN FINIR AVEC L'ANTISÉMITISME,
*par Alfred Fabre-Luce, Julliard.*

---

# REPENSER LE SIONISME

*27 février 1982*

Ce qu'il y a de passionnant dans l'histoire du sionisme [1], c'est qu'elle dévoile mieux que toute autre l'improbabilité radicale de l'histoire européenne au XXe siècle. J'imagine un instant qu'un sondage ait été possible, dans les premières années du siècle, quand l'idée sioniste sort des limbes, sur la question suivante : dans les cinquante années qui viennent, lequel de ces deux événements vous paraît avoir le plus de chances de se produire ? L'instauration du socialisme en Allemagne (ou en France, ou en Grande-Bretagne...), ou celle d'un État juif en Palestine ? L'opinion, et particulièrement l'opinion cultivée, aurait plébiscité la première hypothèse.

En se livrant à cet exercice d'imagination, elle aurait construit sa prédiction fausse à partir d'une vision optimiste des rapports entre démocratie, socialisme et nation dans l'Europe qui était à venir. Le sionisme, lui, inventait un autre futur en se situant au contraire à la marge de ce système triangulaire ou, si l'on préfère, à son envers, à partir de la situation des juifs en Europe, mais en épousant, pour comprendre cette situation et la « résoudre », les trois éléments clés de la civilisation politique européenne. Il propose une rupture au nom d'une identité, une séparation d'avec cela même qui l'a constitué. Et c'est à travers cette contradiction qu'il offre à l'observateur, en même temps que les secrets de sa réussite, le meilleur terrain d'analyse de ses problèmes actuels.

Il est né au confluent de deux destinées et de deux images du juif européen, qui joignent leurs effets de malédiction contre ce

1. Les matériaux qui ont servi de base à cette étude ont été essentiellement puisés dans deux livres : Joseph Heller, *The Zionist Idea*, Schoctren Books, New York, 1949 ; Arthur Hertzberg, *The Zionist Idea. A Historical Analysis and Reader Doubleday*, New York, 1959.

qu'il s'agit de quitter. La première est celle de Herzl. Car tout commence en Occident, par l'Autriche, dans un pays où la communauté juive a fait au XIX^e^ siècle de brillants progrès mais où l'antisémitisme aussi connaît une spectaculaire flambée, Lueger, le leader du Parti chrétien social dont le jeune Hitler boit les diatribes antisémites, est élu maire de Vienne en 1897. C'est que l'assimilation des juifs a suscité en apparence, dans le corps social, une réaction de rejet. A travers Theodor Herzl, le rêve sioniste y surgit au point de croisement des progrès de la démocratie et des résistances à ces progrès. Comme beaucoup d'idées mémorables, ou de grands événements, il suppose une révolution des espérances qui se brise sur la contre-révolution des choses.

Le point de départ est donc à la fois la réussite de l'assimilation et son échec. Réussite, puisque Herzl appartient à un milieu coupé de la tradition juive, et complètement laïcisé : il est un parfait témoin de cette intelligentsia intégrée depuis les Lumières à la culture allemande et dont la principale conviction est que la démocratie constitue la condition nécessaire et suffisante de l'émancipation. Mais il assiste en même temps à l'échec de ce credo central, puisque le développement d'un antisémitisme nouveau à l'intérieur de la culture démocratique, en Autriche, en Allemagne et en France, lui démontre l'erreur de ses convictions de jeunesse. Les juifs « assimilés » sont ainsi les premiers à comprendre que la démocratie ne résout pas le problème juif, comme toute l'Europe éclairée l'avait cru depuis la Révolution française. Et c'est un antisémitisme « moderne », né de la démocratie, qui est le déclencheur du sionisme. Il s'agit de rendre possible, par la fondation d'un État national et d'une société juive homogène, l'existence collective d'un judaïsme moderne, sur le modèle les nations européennes, et pourtant contre elles, ou au moins contre l'idéologie de l'assimilation individuelle des juifs qu'elles professent.

Il est probable que le judaïsme austro-allemand était le seul judaïsme européen qui se trouvât, à l'époque, dans un état de sensibilité intellectuelle propre à accoucher de l'idée sioniste : assez intégré à la culture moderne, à la différence des ghettos traditionalistes de l'Est, pour récupérer l'idée de nationalité, mais pourtant assez proche encore de ses origines, à la différence d'un judaïsme embourgeoisé à la française, pour garder un lien sinon avec une croyance religieuse, du moins avec l'idée d'une culture séparée. Mais comme le montre l'épisode du ralliement provisoire de Herzl au compromis africain, au lieu et place de Jérusalem[1], ce lien est plus facile à définir en négatif, comme conséquence du rejet antisémite, qu'en positif, comme prise en compte de l'héritage culturel.

Or, au contraire de celle de Herzl, la deuxième image du juif européen constitutive a contrario du sionisme n'est pas fonction de la nécessité de mettre fin à l'antisémitisme et de l'impossibilité de l'assimilation. Elle n'est plus centrée sur l'extérieur du problème juif mais sur son intérieur : l'identité culturelle, donc nationale, des juifs. A cet égard, elle est plus radicalement antidiasporique que la première, puisqu'elle ne récuse pas l'exil, la *galouth*, pour des raisons de fait qui tiendraient à l'antisémitisme et à l'impossibilité de l'assimilation ; mais pour des raisons qui tiennent à la raison d'être du judaïsme lui-même. Elle ne part pas, comme d'un constat, de l'échec de l'assimilation. Au contraire, elle considère celle-ci comme une suite naturelle et inséparable de l'existence des juifs comme individus dans les États démocratiques de l'Europe ; et, par suite, comme destinée à éteindre un jour l'antisémitisme faute d'aliment. La seule manière d'éviter cette dissolution démocratique du problème juif par la dissolution des juifs eux-mêmes, et donc de maintenir vivant le judaïsme, consiste à créer les conditions d'une existence nationale juive.

Cette thèse, dont les articles de Jacob Klatzkin[2], à la veille de la Première Guerre mondiale, donnent l'expression la plus systématique, accorde à l'antisémitisme moderne des États européens une sorte de rationalité. Celui-ci forme l'envers de la constitution des nationalités, la volonté de rejeter ce qui est étranger à la culture nationale ; par conséquent, la preuve par neuf que le judaïsme continue à exister comme une tradition potentiellement nationale, puisque ressentie comme telle par les nations européennes. L'cnnemi, pour Klatzkin, n'est pas l'antisémite ; c'est le libéral assimilateur. Le sauvetage de l'identité

1. Une éventuelle substitution de l'Ouganda à la Palestine comme terre d'accueil des juifs est rejetée par le V^e congrès sioniste à Bâle en 1903, un an avant la mort de Theodor Herzl.

2. Jacob Klatzkin (1882-1948). Juif russe, fils de rabbin, élevé dans la tradition religieuse, puis sioniste dès l'adolescence. Il fait une double carrière de militant sioniste (il édite le journal de l'organisation sioniste mondiale, *Die Welt*, avant la Première Guerre mondiale) et d'intellectuel : écrivant à la fois en allemand et en hébreu, il publie après la Première Guerre mondiale à Berlin l'*Encyclopedia Judaica*. Émigre en Suisse en 1933, aux États-Unis en 1941 et retourne en Suisse après la guerre.

nationale juive s'opère au nom des mêmes valeurs qui font que l'antisémite porte un culte exclusif à sa propre nation : parce que les juifs forment un peuple particulier, porteur de sa propre identité.

Des deux images du juif diasporique dont la négation mène au sionisme, l'une part donc du rejet antisémite consécutif à l'assimilation, et considéré comme irréductible ; l'autre, au contraire, du diagnostic qu'il existe en positif une nationalité juive, au même titre que les nationalités européennes constituées à l'époque moderne, notamment au XIXe siècle, et qu'il s'agit de sauver cette nationalité des périls de l'assimilation. Leurs analyses du problème juif en Europe à l'aube du XXe siècle sont donc contradictoires. Mais elles tentent toutes les deux, par ces voies opposées, de répondre au paradoxe central du sionisme, qui consiste à quitter l'Europe et sa culture tout en les conservant. Le sionisme de type Herzl tient l'antisémitisme contemporain pour une pathologie du moderne, une déviation nationaliste du phénomène national, un produit inattendu mais irréductible de l'idéologie démocratique. Le sionisme de type Klatzkin le considère au contraire comme un fruit naturel des nationalités européennes, consécutif à — et non contradictoire avec — l'existence des États démocratiques modernes. Les deux approches sont probablement enracinées dans une perception différente du vécu juif de cette époque : totalement émancipé du traditionnel et calqué en négatif sur la nationalité moderne des États européens, dans le premier cas. Plus proche de la tradition, dans le second, et défini positivement par une spécificité culturelle à sauver parce qu'elle est menacée. Mais ces deux expériences, ces deux diagnostics s'accordent en fin de compte sur une même conclusion : l'État juif. C'est qu'elles partagent au moins le même jugement sur l'« anormalité » de la vie juive en diaspora et la nécessité d'y mettre fin.

Les choses ne sont naturellement pas aussi simples que cette opposition terme à terme entre les deux types d'idéologie sioniste le suggère ; et on pourrait trouver, par exemple, dans le sionisme « spirituel » d'Ahad Haam le souci d'une définition qui ne soit faite ni de l'extérieur, sur le constat du fait antisémite, ni en termes de pure nationalité ; mais plutôt à partir de l'héritage culturel, au sens le plus large du mot. Dans cette mesure, Ahad Haam, bien qu'il partage avec Klatzkin l'idée que la situation diasporique est désormais impropre à faire avancer une culture juive, porte un jugement infiniment plus positif sur le judaïsme de la Diaspora dans son ensemble, et il estime essentiel que la renaissance juive en Palestine ne cesse de dialoguer avec ce qui devient, de ce fait, un judaïsme périphérique mais qui reste un élément indispensable de l'histoire nationale.

Pourtant, un des éléments qui soudent au fil des ans le peuplement juif en Palestine, plus fortement encore que la condamnation ou l'analyse de l'antisémitisme moderne, reste bien le rejet radical de la situation du juif diasporique. L'antisémitisme peuple toutes les mémoires, mais l'espèce de semi-consentement intellectuel qui lui est donné d'avance ôte toute justification à la survivance de la Diaspora à partir du moment où existe le judaïsme de Palestine. Il n'est que de considérer l'idéologie et la pratique du mouvement sioniste au début du siècle, au moment où se dessine le visage d'Israël, pour comprendre à quel point le western sioniste fabrique, au confluent du populisme russe et de la social-démocratie marxiste, des images de l'avenir juif qui sont autant de condamnations sans appel du passé juif. Le retour à Sion réinvente le judaïsme sur des idées européennes, en tournant le dos aux ghettos et à la Diaspora.

Depuis l'origine, le succès de l'entreprise tient à l'activité et à la volonté fabuleuses de quelques personnalités : Weizmann, c'est Cavour, et Jabotinski réincarne à la fois Mazzini et Garibaldi. Le premier, diplomate visionnaire mais tacticien, s'en tient au programme officiel du Foyer national, l'œil attentif à la scène internationale ; le second, pressé, flamboyant, romantique, cherche le court-circuit historique vers l'État d'Israël. Entre l'un et l'autre, il y a le même lien secret qu'entre la Haganah, l'armée d'autodéfense des colons juifs, et l'Irgoun, qui prône et pratique l'attentat terroriste : conflit violent mais accord fondamental sur ce qui constitue pour tous la révolution des juifs.

Même chose, un peu avant, au niveau du sionisme « ouvrier », qui est, mêlé à la tradition juive, l'élément culturel le plus important — et d'ailleurs le plus touchant — du futur État. La grande Aliyah d'avant la Première Guerre mondiale (quelques dizaines de milliers de Lituaniens, de Polonais, d'Ukrainiens, de Russes...) est une immigration de qualité. Comme l'aventure américaine au XVII^e^ siècle, elle rassemble les énergiques et les fidèles. Ces nouveaux pionniers du XX^e^ siècle sont des militants qui ont eu souvent à surmonter l'hostilité de leurs rabbins, rivés à la malédiction séculaire, et de leurs camarades, enfermés dans le dogme internationaliste du mouvement ouvrier. Ils apportent en Palestine le mythe paysan de la culture russe et les discussions interminables de la gauche ouvrière européenne, Tolstoï et Marx unis dans la fraternité des recommencements absolus. A cette nouvelle « frontière » de l'Europe, ils plantent le drapeau d'une nouvelle Rome agraire et militaire. Dans cette terre pauvre, ces pauvres inventent une civilisation fruste et égalitaire. Sortis du ghetto urbain, ils fondent l'anti-ghetto rural. Le juif a été sans terre, il sera paysan. Il a été usurier, il méprisera l'argent. Il a été désarmé, il sera soldat. Il a été humilié, il sera victorieux. On n'en finirait pas d'opposer terme à terme les deux représentations. En se définissant à la fois comme une rupture radicale avec le passé et comme un retour aux origines, le sionisme unit les deux images cardinales mais dissociées que véhicule l'idée moderne de révolution, dans l'Angleterre du XVIIe siècle, l'Amérique et la France de la fin du XVIIIe. Ce faisant, il porte une condamnation sans appel, comparable, en un sens, à celle de l'antisémite, sur l'existence des juifs en exil, coupés à la fois de leur origine et de leur avenir.

Or l'extermination nazie a gravé ces traits de la révolution sioniste dans la tragédie. Elle leur a donné la force du tremblement de terre. Les raisons pour lesquelles elle constitue, depuis l'origine de l'État, un des socles de la conscience nationale israélienne vont bien au-delà du fait matériel qu'elle a chassé vers ce qui n'était pas encore l'État juif les rescapés du génocide. Dans la conscience historique juive, mais aussi dans l'opinion publique non juive et dans le monde politique des États, la représentation du destin juif offerte par le sionisme, longtemps marginale, a acquis depuis Hitler une sorte d'évidence universelle. Inséparable de ses trois conditions : la volonté allemande d'anéantissement, le consentement ou la passivité de l'Europe non juive, la faible résistance des juifs, le génocide est devenu la vérité de la Diaspora. Et l'État d'Israël, la loi du retour, les seules garanties contre son renouvellement.

Ainsi, le génocide hitlérien est au principe de la société israélienne pour des raisons de fait, puisque tant d'Israéliens en sont des survivants ; mais plus encore à travers cette vérité fondamentale que l'État est né au croisement d'une violence antisémite irréductible et de sa conjuration prémonitoire par le sionisme. Toute cette Europe juive qui a peuplé Israël à partir des années 20 et 30 n'a pu que renforcer le message originel des fondateurs sur l'impossibilité d'être européen *et* juif, et sur la nécessité, pour vivre comme des Européens, de quitter l'Europe à la recherche d'une nation juive. A la lumière du génocide, le consentement à la diaspora prend l'allure d'un mandat donné d'avance au crime ; sa condamnation s'en trouve, au contraire, confirmée par l'éclat tragique de l'histoire.

Tout conspire ainsi à faire des Israéliens un peuple dressé contre les malheurs de son passé. L'expérience contemporaine coupe l'histoire des juifs en deux parties, dont l'interminable exil figure le négatif et la révolution sioniste la renaissance. Mais « exil » et « renaissance » traduisent un monde politique tout entier défini par la recherche d'un « avant » qui est supposé leur donner un sens. On touche là ce qu'il y a d'exceptionnel, par rapport à l'histoire européenne, dans la constitution de la nation israélienne, fabriquée pourtant avec les éléments classiques du répertoire européen que sont l'idée de révolution et l'idée de nationalité. C'est que la révolution du peuple juif, faite au nom d'un idéal laïque, visant, comme la Révolution française, à une réinstitution du social qui n'ait d'autre fondement qu'en elle-même, est pourtant l'instrument de retrouvailles avec une histoire archaïque et une promesse religieuse. C'est que la nationalité juive, réinventée non pas à partir d'une présence collective mais d'un peuple éparpillé, ne retrouve sa cohésion symbolique et le trésor commun de ses souvenirs que dans le plus vieux des vieux livres, l'Ancien Testament. Si bien que les deux grands ancrages de la pédagogie et du consensus national sont les deux points extrêmes de l'histoire juive, le plus ancien et le plus récent, la Bible et le sionisme. L'entre-deux, c'est-à-dire presque tout le passé juif, est l'objet d'une demi-censure collective, inscrite dans la nature même du sentiment national. Ce qui pourrait s'écrire autrement : c'est Ben Gourion la figure centrale d'Israël, et non pas Ahad Haam.

Or il me semble que ces traits caractéristiques de la conscience nationale israélienne, et qu'expliquent à la fois l'histoire du sionisme et celle de l'Europe au XX^e^ siècle, contribuent aux impasses dans lesquelles se trouve la société israélienne d'aujourd'hui, au moins pour la part qui lui revient. L'obsession européenne à l'envers qui constitue le mouvement sioniste l'a rendu longtemps aveugle au problème arabe. Mais, à l'autre bout de la révolution juive, la référence biblique n'en facilite pas la solution, une fois que le « problème » des années 20 a pris les dimensions inévitables d'une question de vie ou de mort. L'idée de l'élection et de la Terre promise, affrontée à celle d'une Palestine terre sacrée de l'Islam, transforme à nouveau ce coin de terre pauvre qui vivotait à l'ombre des pachas turcs en enjeu de deux messianismes. Plus généralement, en ce qui concerne Israël, l'accent mis sur l'origine biblique installe la religion en cofondatrice de l'État, inséparable de la puissance publique. De la société elle fait l'otage d'un rabbinat conservateur, malgré la volonté expressément moderne de ceux qui l'ont fondée.

Mais c'est probablement dans les rapports entre Israël et la Diaspora qu'on peut saisir le mieux le rapport curieux que les Israéliens entretiennent avec le passé juif. Il est vrai que l'analyse inverse n'offre pas moins d'intérêt et que la conscience juive diasporique à l'égard d'Israël présente à doses variables un mélange d'amour et de détestation d'où la mauvaise conscience n'est jamais absente, puisque l'existence même d'Israël a transformé la condition générale des juifs diasporiques à travers la perception que les non-juifs en ont, et que pourtant ces juifs diasporiques sont restés diasporiques. Mais, de l'autre côté, la vision qu'en a Israël reste le plus souvent fixée soit aux ghettos est-européens du début du siècle, soit à la tragédie nazie : le négatif du nouveau juif paysan et soldat. Il n'y a pas, de temps en temps, jusqu'à un certain anti-intellectualisme qui ne soit perceptible dans cette réélaboration spontanée du passé en repoussoir. D'ailleurs, comme aux premiers temps du sionisme, cette Diaspora malheureuse et menacée n'est qu'un instrument ou un terrain de recrutement : destinée à s'assimiler ou à rejoindre. En attendant cette fin nécessaire, Israël en entretient l'échéance à travers la vision d'une Diaspora qui lui est naturellement soumise comme à son État potentiel. Il étend d'avance la normalisation du destin juif opérée à l'intérieur de ses frontières à l'ensemble du judaïsme : car, pour en avoir modifié l'image dans le monde entier, il pense l'avoir unifiée sous tous les rapports et se dispense ainsi d'avoir à en penser la diversité. L'espace lui offre ainsi les mêmes énigmes que le temps, et les mêmes impasses, et pour les mêmes raisons : la nation juive, quoi qu'ait voulu le sionisme, n'est pas « comme les autres ».

La modification de cette vision pourrait bien constituer le premier pas vers une réévaluation générale du sionisme, dont tout le monde sent en Israël la nécessité. Au départ, il y a un diagnostic tout simple : c'est qu'à côté de son extraordinaire performance historique le sionisme n'a pas rempli son objectif central, qui était de regrouper tout le peuple juif en Palestine. L'immigration est pratiquement tarie, et Israël ne se développe plus que par son taux de natalité intérieur. Le solde migratoire annuel est même négatif, ce qui indique l'importance d'une émigration relativement forte mais difficile à mesurer du fait que les citoyens israéliens qui quittent le pays le font sous l'apparence d'une absence temporaire. Il semble que cette émigration concerne à la fois les couches les plus pauvres de la population et les « professionnels » (médecins, avocats, ingénieurs) : dans les deux cas, l'*American dream* reste le pôle d'attraction naturel. Ce phénomène, tout à fait « normal », et d'ailleurs sans mystère dans un pays où les salaires sont relativement bas, les impôts très élevés et le service militaire interminable, suscite non moins normalement dans un pays fondé sur la loi du retour une interrogation inquiète : c'est qu'il signe en profondeur dans les esprits, au-delà des chiffres, les limites de l'idée sioniste.

Celles-ci n'ont d'ailleurs jamais cessé d'exercer leurs contraintes, puisque dès l'origine, au tournant du siècle, l'émigration « américaine » est infiniment plus forte que l'Aliyah vers Jérusalem ; mais elles avaient été masquées à la fois par le spectaculaire triomphe qu'a été la création de l'État d'Israël et par la massive immigration du malheur née du génocide hitlérien. Aujourd'hui, plus de trente ans après la naissance d'Israël, aucun dirigeant sioniste ne peut sérieusement fonder une politique sur l'absorption par Israël de l'ensemble de la Diaspora. Les juifs diasporiques, s'ils avaient dû venir, y seraient déjà. Les Russes continueront peut-être à le faire, puisque le visa israélien est le seul qui leur permette de sortir, mais ce sera au compte-gouttes, et sans garantie d'ailleurs — comme l'expérience le montre — que leur installation soit facile, ou définitive. Sauf catastrophe imprévisible aux États-Unis ou en Europe occidentale, le sionisme ne règle donc pas le problème de la Diaspora. Il est condamné à cohabiter le monde juif avec elle.

La manière la plus simple de repenser le sionisme, en fonction de ce qu'il a accompli et de ce qu'il est devenu, serait probablement de prendre en compte cette renonciation à la solution universelle du problème juif, qui est inscrite dans les faits. Comme tous les grands mouvements historiques, le sionisme n'a pas fait tout ce que ses fondateurs avaient prévu, ni abouti à tous les résultats voulus. Cependant, si on le compare, sous le rapport de l'adéquation du bilan au projet, à d'autres grandes idées qui ont mobilisé les hommes au XX$^{e}$ siècle, il n'est pas mal partagé : raison de plus pour limiter son sens et ses objectifs en fonction des tâches historiques que lui imposent les circonstances, dans la fidélité à l'esprit des fondateurs. Ce travail passe paradoxalement à la fois par la sécularisation de l'État et la restitution au peuple juif de tout son passé. C'est en libérant le sentiment national du court-circuit historique qui va de la Bible à la fondation d'Israël qu'on lui épargnera la tentation d'un messianisme dégradé. Les rapports d'Israël avec la Diaspora constituent à cet égard un test.

## RETOUR DE JÉRUSALEM

*18 février 1983*

Il faut repartir de ce fameux rapport, devenu, l'espace d'une journée, le grand best-seller de l'édition israélienne. Au centre de ce texte de cent vingt pages, fait pour l'essentiel d'une reconstitution des rapports entre Israéliens et Libanais chrétiens avant et pendant la guerre du Liban, les trois auteurs ont réélaboré un nouveau concept politique, dérivé lui-même des commentaires talmudiques du Deutéronome et appliqué aux massacres de Sabra et de Chatila : celui de la responsabilité indirecte. Non, l'armée israélienne ne porte aucune responsabilité directe dans ces massacres de Palestiniens et de Libanais, commis par les phalanges chrétiennes de Béchir Gemayel. Mais c'est elle qui commandait l'accès aux camps : ses chefs, et au-dessus d'eux le gouvernement, avaient assez d'éléments pour prévoir que l'autorisation d'accès pouvait conduire à ces massacres. Ils sont déclarés coupables d'en avoir sous-estimé, ou accepté d'avance, les risques. Tel est le raisonnement qui a conduit les trois « sages » (deux juges à la Cour suprême et un général du cadre de réserve) à critiquer la passivité du Premier ministre, à demander des sanctions de carrière contre les plus hauts responsables de l'armée, enfin à recommander la démission du ministre de la Défense, Ariel Sharon.

Sous le rapport de la morale politique, le texte de la commission d'enquête mérite un large tribut d'admiration. Pourtant, à un autre niveau, c'est l'espèce de discordance entre la relative bénignité des faits exposés et la sévérité des sanctions recommandées qui a déclenché la tragédie du surlendemain. Le texte de la commission, rédigé par trois hommes incontestables, traduit en effet, de la responsabilité politique, une conception trop élevée pour être immédiatement ou facilement unanime, même dans un pays exceptionnellement cultivé comme Israël. Recommander des sanctions contre les soldats les plus glorieux du pays, sans qu'il y ait eu, de leur part, responsabilité « directe » dans les massacres incriminés, commis par des chrétiens contre des musulmans, voilà qui ne peut être évident pour n'importe quel citoyen, notamment s'il n'est pas passé par l'université, et plus encore s'il se situe à droite de l'échiquier politique. C'est l'honneur du gouvernement Begin d'avoir accepté, à l'unanimité moins une voix (celle de l'intéressé), l'éviction du général Sharon de son poste de ministre de la Défense. Mais dans la rue, le chauffeur de taxi d'origine irakienne rejoignait les petites troupes extrémistes du rabbin Kahane et du Goush Emounim pour crier : « Sharon roi d'Israël ! » Au bout de cette tension entre le gouvernement des juges et celui des soldats, il y a eu un mort.

Ce qu'il est important de comprendre, ce n'est pas la situation politique au sens parlementaire, ou politicien, du terme. Celle-ci est comme toujours complexe, un peu byzantine, vu le nombre des groupes et des partis, infiniment plus grand que les idées disponibles ; mais elle reste secondaire par rapport aux enjeux profonds de la crise. Begin ne peut pas dissoudre la Knesset pour provoquer de nouvelles élections, bien que probablement il le veuille — sûr, dans cette hypothèse, de gagner de nouveau et même d'augmenter son avance sur les travaillistes. Il n'a pas de majorité pour voter cette dissolution, puisque le parti religieux, qui fait l'appoint des votes en faveur du Likoud, s'y refuse, dans la crainte de perdre des voix. Le Premier ministre est donc allé au plus simple, qui est aussi le plus habile : respectant d'un côté les recommandations de la commission, en privant Sharon du ministère de la Défense, mais montrant de l'autre qu'il continuait la même politique, en le conservant comme ministre sans portefeuille et en pressentant un autre « faucon », l'ambassadeur d'Israël à Washington, pour la Défense. Menahem Begin récupère ainsi en entier un pouvoir que ne cessait de lui disputer l'activisme de Sharon.

Peut-être se libère-t-il psychologiquement de ce mélange schizophrénique d'admiration et de mépris qu'a semblé lui inspirer, tout au long de la guerre du Liban, son encombrant ministre. En tout cas, il donne satisfaction à tous ceux qui, au sein du Likoud, en craignent l'influence, tout en le gardant à l'intérieur du cabinet, donc sous un minimum de contrôle.

En fait, Begin est devenu l'arbitre indispensable de la situation, maître de l'opinion publique bien plus encore qu'il ne l'est de sa majorité à la Knesset. Le jeu subtil du système parlementaire masque la réalité simple d'un leader populaire. Le pouvoir de Begin est fait d'abord de l'affaiblissement de ses adversaires traditionnels. Sur le sionisme socialiste, qui avait « effacé » dans les années 30 un sionisme de droite incarné par Jabotinsky[1], Begin donne à celui qu'il revendique toujours comme son maître une éclatante revanche posthume. Le Parti travailliste ne cesse d'être profondément divisé par l'inépuisable querelle de ses chefs, sans qu'aucun d'entre eux s'impose le moins que ce soit à l'opinion. Il nourrit d'autant plus de candidats au pouvoir qu'il leur donne moins de raisons d'espérer l'atteindre : pas d'adaptation neuve de la tradition sociale-démocrate en matière intérieure, et pas d'alternative réelle à la politique Begin-Sharon au Liban et en Cisjordanie. Il y a quelque chose de triste, et d'ailleurs d'injuste, à cet affaissement de la tradition politique autour de laquelle s'est construit Israël, comme si ce qui a été si extraordinairement efficace était devenu presque inutile. Les travaillistes paient chèrement le prix du succès, qui est celui du temps. Voici ces socialistes austères et rudes dans la situation paradoxale d'une bourgeoisie arrivée, et restée si infatuée de ses droits historiques qu'elle a progressivement perdu ses titres à gouverner la nation.

Car la nation, elle, a changé. Ses adolescents forment aujourd'hui la troisième génération d'Israéliens depuis la naissance de l'État, moins habitués aux langues étrangères, moins ouverts sur le monde international, plus indifférents (ou même hostiles) à l'image européenne de l'homme socialiste que les juifs allemands et polonais ont apportée au berceau d'Israël. Quand il a un autre pôle que la nation, leur judéo-centrisme spontané le trouve plus dans la religion que dans le socialisme. Hier, le pionnier du kibboutz construisait l'homme nouveau du XIXe siècle européen. Aujourd'hui, le militant du Goush Emounim implante des communautés nouvelles en Judée et en Samarie. J'ai visité l'une d'elles, Male Adoumim, à cinq kilomètres au sud de Jérusalem, véritable ville du désert, d'ailleurs superbe, prévue pour abriter dès l'an prochain dix mille habitants, conformément à un plan qui vise à entourer Jérusalem d'une ceinture de banlieues résidentielles. Mais pour vendre tous ces appartements neufs, il faudra plus que des militants : du terrain offert par l'État à bas

1. Leader et penseur de la droite sioniste dans les années 30. Rival de Weizmann et de Ben Gourion.

prix, des possibilités d'emprunt à faible taux d'intérêt. Peupler une ville demande d'autres moyens que de fonder un kibboutz.

L'étrange, dans cette évolution du pays, c'est qu'en quittant de plus en plus le socialisme des pionniers il n'est pas devenu pour autant bourgeois. S'il fait appel au marché, c'est pour étendre le vieux rêve de colonisation foncière. S'il fabrique une inflation extravagante, c'est pour financer une armée. S'il cultive un régime parlementaire à l'anglaise, c'est pour que la nation garde le pas sur la société. Il n'existe pas à proprement parler de bourgeoisie israélienne, comparable à celle des pays de l'Europe occidentale. Il y a l'ancien *establishment* du pays, mais il est socialiste. Il y a une bourgeoisie d'affaires, mais sa représentation politique, le Parti libéral d'Ehrlich, est sous la coupe du Hérout, le parti de Begin, dominant à l'intérieur du Likoud. Par l'intermédiaire du Premier ministre, le sionisme historique continue à diriger la nation, en puisant cette fois dans sa tradition de droite. La part de fidélité à l'héritage que Begin partage avec ses prédécesseurs socialistes est le refus d'un Israël bourgeois.

C'est un des secrets de la popularité dont il jouit dans cette partie de la population israélienne, aujourd'hui majoritaire, qui est composée des juifs d'origine nord-africaine ou moyen-orientale. Ceux-ci, à tort ou à raison, ont toujours eu le sentiment d'une vieille humiliation dans l'Israël germano-polonais des askhénazes. Ils ont ressenti la victoire du Likoud, il y a quatre ans, comme la naissance d'un second Israël. En donnant à Begin la majorité, ils ont collectivement intériorisé la revanche politique de l'éternel « underdog » du sionisme : à travers la mystérieuse chimie de l'incarnation, où son talent oratoire joue un grand rôle, le juif des ghettos polonais est devenu le porte-parole des juifs marocains. Fort de cet appui inconditionnel, le phénomène Begin se présente comme une sorte de populisme nationaliste visant à réconcilier les deux Israël dans l'union sacrée pour la grandeur du pays. Il comporte des risques évidents et graves, comme l'isolement international d'Israël, la fragilité d'une politique ambitieuse d'implantations massives en Judée et en Samarie, la précarité surtout d'une politique du fait accompli à l'égard du monde arabe. A terme, enfin, cette formule de gouvernement comporte aussi des menaces sur la démocratie israélienne.

Begin, peut-être, le sait. Juriste sourcilleux, il a en tout cas montré, la semaine dernière, en faisant siennes les recommandations de la commission d'enquête, qu'il n'entendait pas se départir de son respect pour une procédure démocratique qu'il avait lui-même déclenchée, à la demande de cette partie de l'opinion israélienne indignée par la guerre du Liban. Mais demain ? Le drame du populisme beginiste est qu'il libère des forces qu'il n'est pas sûr de pouvoir contrôler très longtemps : le spectacle donné par la contre-manifestation fascisante de la semaine passée ainsi que le recours au meurtre sont à cet égard des indications inquiétantes. La démocratie israélienne, forte de l'exemple admirable qu'elle vient de nous donner, reste un des piliers de la nation : l'armée, notamment, lui demeure massivement fidèle comme à un des secrets de sa force. Mais on ne peut se déprendre du sentiment que, là comme ailleurs, le nationalisme ne peut constituer longtemps un milieu favorable à son épanouissement.

## SCHOLEM : UNE VIE DANS LE SIÈCLE

*13 juillet 1984*

C'étaient les derniers beaux jours de l'Europe, avant la guerre de 1914. On peut entrer ainsi dans les souvenirs de jeunesse de Gershom Scholem, en rêvant sur les deux photographies intercalées dans le premier chapitre où il a dû enraciner sa mémoire d'enfant. Arthur Scholem, le père, héritier d'une dynastie d'imprimeurs juifs installée à Berlin depuis des générations, et sa femme Betty, tous les deux éternisés comme des emblèmes de la Belle Époque, mêlant à la respectabilité du maintien la mélancolie du regard, mystérieusement accordée à cela même qui est en train de disparaître...

Les Scholem eurent quatre fils, dont les destins respectifs démentent l'idée courante de l'influence du milieu sur le développement des individus. En effet, les deux premiers restèrent des bourgeois juifs allemands assimilés, malgré le malheur des temps. Le plus âgé, Reinhold, se vantait encore en 1971, à quatre-vingts ans, alors qu'il avait émigré en 1938 en Australie, d'être un « nationaliste allemand », avec cette raison péremptoire : « Je ne vais tout de même pas me laisser dicter mes opinions par Hitler. » Le troisième, au contraire, Werner, s'enflamme à seize ans pour les idées sociales-démocrates, dévore Bebel, Kautsky, Franz Mehring. Militant de la première heure contre la guerre de 1914, il sera spartakiste, député communiste au Reichstag après la guerre, puis arrêté et assassiné par les nazis en 1939.

Le dernier fils, c'est Gérard, qui deviendra Gershom, le plus grand historien du judaïsme au XX^e siècle, installé à Jérusalem en 1923 et mort il y a trois ans. Il partage tout jeune avec son frère Werner la révolte contre le mensonge d'un milieu familial attaché du bout des lèvres à une tradition que personne ne connaît plus, passionné au fond par l'assimilation à la bourgeoisie allemande, et pourtant tenu en marge de cette bourgeoisie par une barrière invisible sans cesser d'être de plus en plus étanche. Mais lui n'en rejette pas l'hypocrisie au nom de la lutte des classes et de l'universalisme philosophique du marxisme, comme son jeune frère. A quatorze ans, contre les siens, il se met à apprendre l'hébreu.

De ce choix extraordinairement précoce, qui engageait sa vie, le vieux savant de Jérusalem ne donne d'autre explication que le hasard des goûts et des lectures. Le petit Gérard est passionné d'histoire, qui tombe, à treize ans, sur l'*Histoire des juifs* de Grätz, le père de l'historiographie juive moderne. Il y découvre un trésor, son patrimoine, qui ne lui a jamais été transmis : de là l'hébreu, la volonté de reconquête, l'investissement plus historique que proprement national, un sionisme culturel avant d'être politique. C'est le miracle d'un enfant qui donne à sa vie, si tôt, un sens que presque rien n'explique, alors que tout, vu d'aujourd'hui, le justifie.

A seize ans, Gershom Scholem est déjà si entièrement investi par la redécouverte du judaïsme que la guerre de 1914 ne le concerne plus. Il ne lui oppose pas, comme Werner, au nom du socialisme, les valeurs de la civilisation européenne. Il a adhéré au groupuscule Agoudath Israël à la fin de 1913, et son pacifisme, qui emprunte davantage à l'anarchisme qu'au marxisme, est fait surtout du sentiment d'être déjà « ailleurs ». En 1915, en réponse à un article d'un disciple de Buber exaltant la guerre dans le principal journal juif berlinois, il écrit et fait circuler une réponse bien sentie : « Cet article est une offense aux opinions d'une grande partie de nos camarades sionistes en Allemagne. Nous n'estimons pas que cette guerre nous a révélé le secret de la communauté et ne pensons pas davantage qu'une guerre puisse le faire. En outre, nous ne croyons pas que la cause de l'Allemagne, pas plus de celle d'aucun pays du monde, soit la nôtre. »

Il fut exclu du lycée. En réalité, il sortait de son enfance, de sa famille, de son milieu, de son pays. Dans la Première Guerre mondiale, qui fut plébiscitée, acceptée ou subie par presque tous les intellectuels européens, il avait trouvé le terrain de sa liberté.

Sa jeunesse dévoile ainsi, mieux peut-être que toute autre, le paradoxe classique de l'histoire du sionisme : c'est dans les pays où les juifs se trouvaient le plus assimilés à la société et à la culture nationale que l'idée de découvrir ou de retrouver l'identité moderne du judaïsme a naturellement élu domicile. Après Herzl, né à Vienne, Scholem, enfant de Berlin, en est l'illustration. Le monde allemand, où le judaïsme avait fait avec le plus d'éclat son entrée dans la modernité, était resté au contact de l'Europe de la tradition juive, où les rabbins avaient gardé vivante la promesse du retour à Jérusalem. Il suffit pour le comprendre de comparer le milieu de la pension Struck, où le jeune Scholem trouve refuge après sa rupture avec sa famille, et qu'il décrit avec tendresse et humour, avec l'inexistence à peu près complète d'une réflexion autour du sionisme dans la France de la même époque.

Dans cette pension strictement cachère, la patronne ne reçoit guère que des juifs de l'Empire russe tout juste émancipés de la religion, la plupart marxistes, tous sionistes. Mais le jeune Scholem, un des seuls Berlinois du groupe, imagine déjà le retour à Sion par un détour plus savant que l'idée socialiste : l'exploration systématique de la tradition juive, à commencer par ce qu'elle a de plus mystérieux pour un moderne, la Kabbale. Herzl avait redonné aux juifs une patrie, Scholem décidait de leur rendre toute leur histoire.

C'est pourquoi sans doute son départ pour Jérusalem, qui n'aura lieu qu'en 1923, est précédé par un apprentissage universitaire allemand, poursuivi parallèlement à l'étude de l'hébreu : Iéna, Berne, Munich, puis de nouveau Berlin. De ces années studieuses, pleines de mathématiques, de philosophie et d'histoire, l'épisode le plus connu, puisque Scholem l'a raconté dans un autre livre de souvenirs [1], est l'amitié avec Walter Benjamin, qui cherche à marier judaïsme et culture allemande dans une version ésotérique du marxisme. Dans cet ouvrage-ci, le futur professeur à Jérusalem raconte au contraire comment il approfondit, dans les universités allemandes, sa décision d'adolescent, sa *dissimilation*, comme dit l'historien israélien Stefan Moses. On n'y trouvera pas comment l'Allemagne de Weimar portait déjà dans ses flancs l'hitlérisme ; mais comment, au contraire, elle fécondait une dernière fois ce qui s'était séparé d'elle. C'est ce qui donne à ces pages, en plus de leur extraordinaire originalité historique, leur charme mélancolique.

---

DE BERLIN A JÉRUSALEM,
*par Gershom Scholem, Albin Michel.*

---

1. *Walter Benjamin, histoire d'une amitié*, par Gershom Scholem, Calmann-Lévy, 1981.

# LE BICENTENAIRE DES JUIFS-CITOYENS

*9 février 1989*

Voici un bouquet de bons livres sur une question qu'on a longtemps crue simple, et qui vieillit bien, puisqu'elle devient plus complexe : l'histoire des juifs français depuis deux cents ans. Ce qui est en cause est l'« émancipation », mot qui désigne la manière dont les sujets juifs des rois de France sont devenus sous la Révolution des citoyens français à part égale, en payant cette entrée dans l'égalité civique de l'abandon de leur identité communautaire. Est-il bien vrai que cette assimilation date de la Révolution française ? C'est une des questions que se pose Patrick Girard, dans un livre où il cherche à serrer au plus près ce qui a constitué la fameuse rupture de 1789. L'auteur n'est ni un zélateur dévot de la Révolution, en fils reconnaissant de la Déclaration des droits, ni un accusateur de la passion unitaire des Français de cette époque. Il possède une fraîcheur d'esprit et un non-conformisme intellectuel bien agréables, qui conduisent le lecteur à nuancer ce qu'il croyait savoir. Et, d'abord, que l'« assimilation » d'une partie des juifs du royaume, les moins nombreux il est vrai — les « portugais » et les « espagnols » de Bordeaux et d'un certain nombre de villes —, était plus qu'à demi faite avant 1789, sous l'effet des mœurs, de la philosophie des Lumières et même de la Législation. A ces juifs-là, la Révolution fut d'abord une menace, avant de couronner en janvier 1790 ce qui s'était fait avant elle.

Les juifs d'Avignon et du Comtat, sujets du pape, furent citoyens en application des mesures progressivement prises par les municipalités et les assemblées locales, et confirmées par le rattachement à la France, le 13 septembre 1791, de l'enclave pontificale. Ce sont les communautés lorraine et alsacienne qui ont posé aux Constituants français le seul véritable problème, parce qu'elles constituaient de vraies communautés, dotées de statuts particuliers, soudées par leur tradition religieuse et par la haine dont elles étaient entourées. La grande flambée d'émeutes rurales de l'été 1789 a brûlé les châteaux des seigneurs. Mais, en Alsace et en Lorraine, elle n'a pas épargné les misérables ghettos juifs.

Patrick Girard retrace avec soin les hésitations de l'Assemblée constituante sur le problème des juifs de l'Est (au nombre de vingt-cinq mille environ sur une population juive de trente-cinq à quarante mille pour tout le royaume) : car ce sont eux qui posent dans toute sa force la question d'une étrangeté « nationale » incompatible avec l'égalité citoyenne. C'est donc à eux que va s'appliquer par excellence la règle édictée par Clermont-Tonnerre dès décembre 1789 : « Refuser tout aux juifs comme nation dans le sens de corps constitué et accorder tout aux juifs comme individus. » Patrick Girard pense que la fameuse phrase est improvisée. C'est un effet oratoire. Je crois plutôt que l'aristocrate libéral applique ce jour-là aux juifs « mosaïques » la règle d'or de 1789 ; rien ne doit exister entre l'individu citoyen et la Nation une et indivisible. Règle si forte, si impérieuse, qu'elle s'impose finalement — même si c'est tardivement, en septembre 1791 — aux sujets les plus exotiques du vieux royaume, qui doivent eux aussi — eux surtout — dissoudre leurs communautés pour entrer dans le contrat national tout neuf. A mettre l'accent sur ce que la Révolution a eu d'hésitant, on court peut-être le risque de sous-estimer ce qu'elle a eu aussi de déductif.

Au XVIII^e siècle, et même pendant la Révolution, les juifs étaient très peu nombreux à Paris. A partir de 1814, au contraire, se développe un milieu juif parisien actif et de plus en plus nombreux, nourri notamment par l'immigration alsacienne et lorraine ; milieu dominé par une oligarchie de banquiers et de marchands, maîtres des élections consistoriales, et régnant par le consistoire central sur les consistoires départementaux. C'est ce judaïsme post-révolutionnaire, coulé dans le moule de l'État napoléonien, le sujet du livre de Michael Graetz, professeur à l'université hébraïque de Jérusalem ; or il ressort de cette vaste enquête que ce judaïsme assimilé garde à sa manière une fidélité à sa tradition.

Le milieu juif français non seulement existe comme tel, mais fait bloc autour d'un réseau de solidarités et d'une version rationaliste de la tradition. Le grand banquier James de Rothschild, symbole éclatant de la réussite juive, place les emprunts des rois de France, les frères de Louis XVI, avant d'être un des personnages le plus en vue de la monarchie de Juillet, le financier, le commensal et l'ami de Louis-Philippe. Il est l'image la plus visible du monde de notables qui domine un judaïsme français unifié et centralisé sur le modèle de l'État, et sous son aile. Ce monde a comme ambition la « régénération » de la communauté par les « Lumières » et l'entrée dans la vie moderne, dont 1789 a montré l'exemple ; mais il tient aussi, par son extrémité orientale, aux anciens ghettos alsacien et lorrain enracinés dans la tradition talmudique. Du coup, il est sans cesse animé par une tension interne entre le centre et la périphérie, constitutive de l'identité juive-française au XIXe siècle.

Ce qu'il y a de plus passionnant dans le livre de Michael Graetz tient précisément à la redécouverte d'une tradition juive sécularisée dans les débats philosophiques et politiques français du XIXe siècle. Le signe le plus visible en est le réemploi de l'idée messianique, greffée sur le message révolutionnaire d'une humanité heureuse. Saint-Simon a ouvert la voie, en 1825, avec son *Nouveau Christianisme*, qui mêlait l'âge nouveau de la science à une réincarnation de la parole du Christ. Beaucoup de jeunes juifs, Pereire, Halévy, d'Eichtal, Rodrigues, font de cette révélation saint-simonienne la réconciliation finale du judaïsme et du christianisme. D'autres, après eux, comme Joseph Salvador, sur lequel Graetz écrit un magnifique chapitre, mettront par contre en position centrale, dans le nouvel ordre politique et social, la mission d'Israël. L'écho d'une tension messianique ne cesse de rôder autour du judaïsme de consistoire, comme son inséparable fantôme. Le meilleur produit de cette culture métisse est la fondation en 1860 de l'Alliance israélite universelle, destinée à apporter l'aide du judaïsme français « installé » aux juifs malheureux du monde non européen.

Le hasard des publications veut que, sur cette Alliance et son action autour du Bassin méditerranéen, vienne de paraître aussi un savoureux ouvrage, plein de science et de charme. A travers les correspondances de ces enseignants avec les responsables du « comité central » de l'association, comme on saisit bien l'air du temps ! M. Aron Rodrigue, qui enseigne dans une université américaine, a fait un merveilleux travail de tapisserie avec ces archives de l'époque heureuse d'un judaïsme républicain. Cette période, qui va de la fin du second Empire à l'entre-deux-guerres, est en effet l'apogée d'un judaïsme alsacien embourgeoisé, parisianisé, républicanisé à la française, et qui reste pourtant à sa manière fidèle à la solidarité immémoriale du peuple d'Israël. L'Alliance est dirigée à la baguette par son comité central et son secrétaire général, comme le ministère de l'Instruction publique mène à l'époque ses instituteurs, ou le Quai-d'Orsay ses professeurs à l'étranger. Elle fait régner sur son personnel enseignant la discipline la plus austère, tranchant des horaires, des programmes, des mutations et même des mariages : c'est qu'il faut donner l'exemple des bienfaits d'un judaïsme sécularisé aux malheureux frères sépharades, perdus dans l'Orient ottoman, perse ou arabe. L'instituteur de l'Alliance est aussi l'intercesseur des communautés locales auprès des autorités, le mainteneur d'une identité juive dont il vient pourtant bouleverser les traditionnels secrets.

Au début du siècle, grande nouveauté : l'homme du judaïsme national, l'instituteur de l'Alliance, va rencontrer sur son chemin l'homme du nationalisme juif, le militant sioniste ; comme l'écrit de Constantinople l'un d'entre eux, dès 1910, « bientôt nous pourrons mesurer les ravages de l'idée sioniste, et l'on sera stupéfait des conséquences désastreuses qui en résulteront ». Phrase qui pourrait servir d'épitaphe à ce qui fut moins l'assimilation des juifs de France qu'une époque du judaïsme français.

---

LA RÉVOLUTION FRANÇAISE ET LES JUIFS,
*par Patrick Girard, Robert Laffont.*

LES JUIFS EN FRANCE AU XIX^e^ SIÈCLE. DE LA RÉVOLUTION FRANÇAISE À L'ALLIANCE ISRAÉLITE UNIVERSELLE,
*par Michael Graetz, Seuil, « L'Univers historique ».*

DE L'INSTRUCTION À L'ÉMANCIPATION. LES ENSEIGNANTS DE L'ALLIANCE ISRAÉLITE UNIVERSELLE ET LES JUIFS D'ORIENT,
*par Aron Rodrigue, Calmann-Lévy, coll. « Diaspora ».*

---

# LES DEUX FAÇONS D'ÊTRE JUIF

*3 octobre 1991*

Bien qu'ils aient esquissé les deux destins possibles du juif moderne (le juif « comme individu » et le juif « comme nation », selon la fameuse formule de Clermont-Tonnerre), les révolutionnaires français de 1789 n'ont jamais imaginé que le second pût être préférable au premier. A leurs yeux, leur siècle, et dans le siècle leur pays, formaient l'avant-garde de ce que les grands auteurs avaient nommé la « civilisation ». Comment auraient-ils imaginé un seul instant que, des 40 000 juifs qui peuplaient à cette époque le royaume, un seul ait eu un autre désir que celui d'être intégré, tout justement, à cette « civilisation » ?

De ces juifs, d'ailleurs, ceux du Midi, d'origine espagnole ou portugaise, étaient déjà presque français, en voie d'assimilation rapide depuis le début du siècle ; l'Assemblée constituante les avait intégrés les premiers à la nouvelle citoyenneté française, dès janvier 1790. Restaient les communautés alsaciennes et lorraines, les plus nombreuses, retranchées dans leurs ghettos, sous l'autorité de leurs rabbins, soumises à des lois et à des règlements discriminatoires, confinées à quelques professions et victimes d'un fort antisémitisme local. Ces juifs « allemands » avaient été exclus du bénéfice de la loi de janvier 1790 à cause de l'étrangeté de leurs mœurs. Argument peu solide au regard des principes de 1789 puisque l'exotisme des « mœurs » recouvrait en réalité l'exercice d'une religion particulière, alors qu'en fonction de l'article 10 de la Déclaration des droits, la religion n'était plus que l'affaire privée de chaque citoyen [1].

1. En choisissant Strasbourg et son palais de Rohan pour y célébrer les 5 et 6 octobre le 200ᵉ anniversaire de l'émancipation des juifs de France, le CRIF (Conseil représentatif des Institutions juives de France) a donc fait un retour aux sources. Pour fêter cet événement, le CRIF a réuni des politiques — Édith Cresson, Robert Badinter, Simone Veil, Catherine Trautmann, maire de Strasbourg — et des universitaires, qui évoqueront le destin tourmenté de la communauté juive de France.

C'est cette logique de l'universalité démocratique qui l'emporte finalement à la fin de septembre 1791, il y a tout juste deux siècles, dans l'avant-dernière séance de l'Assemblée constituante : tous les juifs de France sont désormais des juifs français de plein droit. Cette « émancipation », acte très audacieux par rapport aux conceptions de l'époque, n'a pas aussi bonne figure à la fin du XXe siècle, après la tragédie du judaïsme européen et la naissance d'Israël. De fait, elle est, dès l'origine, ambiguë : émancipatrice de chaque individu juif, à la fois par rapport aux contraintes étroites du *shtetl* et par rapport aux discriminations légales qui le frappaient, elle est aussi un pari sur la déjudaïsation des juifs ou, pour parler le langage de l'abbé Grégoire, un de leurs plus fougueux partisans, sur leur « régénération ». Le lecteur averti mettra seulement un bémol sur le mot, en pensant que la Révolution française a voulu « régénérer » non seulement les juifs mais aussi tous les Français.

Cette ambiguïté philosophique de l'émancipation fournit la matière de son histoire, et n'a pas les mêmes couleurs selon qu'on la regarde à partir du XIXe siècle ou de la fin du XXe. Les juifs français, au XIXe siècle, n'éprouvent pas de regret idéalisé pour la vieille communauté fermée que leurs parents ont quittée ou détruite. Ils ont afflué à Paris, où ils étaient encore peu nombreux sous l'Ancien Régime. Ils forment peu à peu un judaïsme juste milieu de bourgeois petits et grands, conservateurs des pratiques traditionnelles dans le for intérieur des familles, et délibérément modernes au contraire dans leur vie professionnelle et publique. Ils gèrent intelligemment les tensions intercommunautaires entre orthodoxes et libéraux. Plutôt au centre-gauche qu'au centre-droit, ils sont fiers d'être, avec les Français, les fils de 1789 : ils sont donc plus heureux, et d'ailleurs plus influents, sous les régimes qui se réclament de la Révolution française, notamment sous le second Empire et la IIIe République. Les juifs français sont devenus des « israélites ». Ils n'incarnent pas la fin du judaïsme : la preuve en est que la France de la Révolution reste si longtemps un mythe très puissant et une terre d'asile pour les juifs persécutés d'Odessa ou de Kichinev.

Pourtant, cette figure de l'assimilation démocratique à la française, où le judaïsme est confiné au privé, suscite dès la fin du siècle un antisémitisme nouveau et massif : c'est de ce constat que naît chez Herzl le projet sioniste. S'il ne peut y avoir de juif diasporique heureux, alors l'heure est à une nation juive, autre manière pour les juifs de vivre comme tout le monde, c'est-à-dire comme les modernes. L'idée sioniste, quand elle est née, définissait le moins probable des programmes : les juifs d'Europe lui préféraient alors d'autres choix, l'Amérique par exemple, ou encore Paris, ou la révolution sociale. Pourtant, c'est elle que l'horreur du siècle a inscrite dans l'histoire, à la fois comme une tragédie et comme une renaissance. Du coup, la phrase de Clermont-Tonnerre peut être lue à l'envers : c'est le juif comme nation qui domine cette fin de siècle.

Reste qu'il n'a pas effacé le juif diasporique. Le sionisme est une des entreprises politiques brillantes du XXe siècle, qui n'en comporte pas tellement. Mais presque un demi-siècle après la naissance d'Israël, aucun de ses dirigeants ne peut sérieusement nourrir encore le projet de réunir tous les juifs dans l'État juif. L'*American dream* est plus que jamais un des pôles de l'existence juive, exerçant son attraction même sur les citoyens israéliens. Quant à l'Europe, les juifs manquent dramatiquement aujourd'hui dans les grandes villes de l'ancienne Mitteleuropa et jusqu'à Bucarest, mais jamais leur communauté n'a été si nombreuse et si vivante en France.

Si bien que l'alternative examinée en 1790 par Clermont-Tonnerre continue d'envelopper l'histoire du peuple juif, à cette différence près qu'elle définit aujourd'hui non pas deux modes d'être juif qui s'excluent mais deux destins modernes du judaïsme qui coexistent, distincts et pourtant interdépendants. Le juif comme individu et le juif comme nation forment désormais ensemble l'avenir politique d'un peuple de rescapés, que même le plus extrême malheur n'a pas mis à l'abri.

## HERZL LE PIONNIER

*14 mai 1992*

A trente-cinq ans, en 1895, Theodor Herzl est un homme arrivé. Né à Budapest dans une famille riche de la bourgeoisie juive, au croisement de la banque et du textile, il est un fils de l'assimilation, un de ces grands personnages de l'intelligentsia viennoise fin de siècle. Grand ? Peut-être pas comme les vrais grands dans l'ordre intellectuel, mais enfin le journaliste le plus en vue de l'influent *Neue Freie Presse*, un auteur dramatique connu, un personnage. La partie privée de sa vie est moins réussie que la partie professionnelle. Enfant couvé par sa mère, Herzl restera prisonnier de cet amour maternel. Il épouse de surcroît une riche héritière juive, qui se révèle être aussi une femme frigide et hystérique, à couteaux tirés avec sa belle-mère. Sa vie est un drame bourgeois plus encore que ses pièces. Au moins exprime-t-elle bien, par ses deux côtés, à quel point l'homme jeune qu'est Herzl figure le parfait exemple du juif occidental assimilé — dans son cas, à la citoyenneté viennoise et à la culture allemande.

Le premier tiers du gros livre d'Ernst Pawel est consacré à ces trente-cinq premières années, que Herzl termine comme correspondant de la *Neue Freie Presse* à Paris. Il y assiste à la montée de l'antisémitisme, comme à Vienne. Il est présent, dans la cour des Invalides, à la dégradation du capitaine Dreyfus. Son obsession de la « question juive », qui prend possession de lui dans les années 1894-1895, ressemble à une conversion : à partir de là — mais il ne lui reste à vivre que neuf ans — il est tout entier tourné vers la fondation d'un « État juif », selon le titre qu'il donne à son fameux livre.

Pourtant, le nouveau Theodor Herzl n'est pas dissociable de l'ancien : c'est un des grands intérêts du livre d'Ernst Pawel que cette démonstration. En effet, si le fondateur du sionisme fait retour au judaïsme, c'est à travers l'antisémitisme. Son problème n'est pas de faire revivre la culture ou la religion juives, qu'il ignore largement, mais de donner aux juifs persécutés un État, conçu sur le modèle des États modernes de l'Occident. Du juif assimilé au juif national, ou nationaliste, l'espace est à la fois immense et infini. Immense si l'on considère le sentiment de réappropriation de lui-même par le peuple juif dispersé à travers l'Europe. Infime s'il est vrai que le projet de Herzl est d'étendre aux juifs le bénéfice de la grande invention de l'Europe chrétienne : l'État-nation. Dès l'origine, le sionisme est inséparable d'une reconnaissance ambiguë de l'antisémitisme par un juif assimilé qui veut contourner sa malédiction en utilisant au profit de son peuple les forces de l'exclusivisme national.

Rien d'étonnant à ce que Herzl se heurte vite, à l'intérieur du mouvement qu'il crée, à ceux des siens que la survie de la tradition juive, culturelle ou religieuse, mobilise davantage que l'idée d'un État. Alors qu'il a une vision entièrement politique et diplomatique de sa tâche, aussi aveugle qu'un homme d'État occidental aux droits des Arabes, le grand lettré qu'est son contemporain Ahad Haam, juif d'Odessa, se préoccupe avant tout de faire revivre le judaïsme comme culture et, du coup, souligne le problème arabe. Alors que Herzl pense au futur État en termes modernes et laïques, ce sont les juifs de l'Est européen, inséparables de leurs rabbins, qui peuplent son mouvement dès le premier congrès de Bâle, en 1897. Invention d'un juif occidental, le sionisme est tiraillé dès la première heure entre son fondateur et le gros de ses troupes ; entre l'idée moderne de nationalité et le fondement religieux d'un retour à Jérusalem.

Ernst Pawel peint avec beaucoup de finesse, et dans le plus grand détail, l'histoire de ces conflits, dont Herzl sort toujours victorieux, mais sans jamais en éteindre la source, dont il méconnaît la force. Mais même cet aveuglement le sert. Il donne à sa mission, comme à son action militante, ce caractère de certitude et d'acharnement qui marque les grands destins politiques. Herzl n'est pas un grand auteur, mais il possède cette capacité rare de mettre du sien dans les affaires humaines. Malade mais indomptable, il finit par exister aux yeux des grands de ce monde qu'il assiège de ses projets. Plus encore, il est devenu l'incarnation du peuple juif. Dans ce fils de la bourgeoisie assimilée, au profil assyrien et à la vaste barbe noire, les masses déshéritées de l'Est européen acclament un improbable Moïse.

Sa mort, en 1904, a quelque chose déjà d'un désastre « national ».

Que ce qui s'est noué alors continue de peser sur le sionisme aujourd'hui, on peut en trouver un témoignage tout récent dans l'essai d'un historien israélien, professeur à l'université de Tel-Aviv, David Vital, qui vient de paraître en français. David Vital est un sioniste laïque, comme Herzl, mais aussi un sioniste « culturel », comme Ahad Haam. Il voit l'État d'Israël comme le produit de ces deux traditions ; par conséquent, comme ayant vocation à rassembler l'universalité du peuple juif autour de sa particularité nationale. Car si la patrie retrouvée ou reconquise par les juifs est aussi l'expression complète de leur histoire, pourquoi des juifs diasporiques ? Le professeur israélien les voit, ces juifs, en train d'oublier leur appartenance originelle et de se fondre dans la nationalité d'accueil : ils deviennent des *middle-class Americans* ou des bourgeois français.

Pourtant, l'argument se retourne, surtout quand on n'a pas de l'État d'Israël une vision religieuse. S'il est vrai que le sionisme israélien a versé plus du côté de Herzl que d'Ahad Haam, s'il a reconstruit le Bronx en Palestine, s'il a fait avec les descendants des hassidim et des kabbalistes des bourgeois et des petits-bourgeois « modernes », pourquoi Israël plutôt que l'*American dream*, indépassable dans le genre ? La réponse à la question posée par David Vital dépend du sens qu'on donne à l'État national juif, cent ans après Herzl. Malgré — ou à cause de — la réussite du sionisme, au XXe siècle, il reste encore deux manières d'être juif et moderne.

---

THEODOR HERZL OU LE LABYRINTHE DE L'EXIL,
*par Ernst Pawel, Seuil.*

L'AVENIR DES JUIFS. UN PEUPLE À LA CROISÉE DES CHEMINS ?,
*par David Vital, Calmann-Lévy.*

# VI

# LA VIE INTELLECTUELLE

# RAYMOND ARON, PROFESSEUR D'UNE DROITE QUI NE L'ÉCOUTE PAS

*22 octobre 1959*

L'itinéraire politique de M. Raymond Aron est complexe au premier abord : intellectuel de gauche avant-guerre, auteur d'une thèse remarquable sur la philosophie de l'histoire, qui introduit la sociologie allemande à la Sorbonne, il rejoint Londres dès 1940, où il rédige des analyses lucides sur la France occupée en même temps qu'il reste attentif à l'aspect césarien du gaullisme naissant. Après la Libération, il est un partisan notoire et l'idéologue le plus important de l'Alliance atlantique et de la construction européenne ; par anticommunisme, par réaction aux événements de Prague de février 1948, ce libéral rejoint le RPF et ses campagnes plébiscitaires ; la politique extérieure qu'il préconise le ramène bientôt à la droite classique, au moment du procès de neutralisme et de crypto-communisme qu'elle intente à M. Mendès France. Mais voici que la guerre d'Algérie le sépare de cette droite et qu'il polémique avec M. Soustelle au nom d'une solution libérale du problème algérien. Hostile au 13 mai, qui lui coûte d'anciennes amitiés., il n'a caché son goût ni du système représentatif, ni ses réticences à l'égard des nouvelles institutions, tout en approuvant, dans leur ensemble, les mesures économiques et financières de M. Rueff.

Ainsi, libéral et membre du RPF, partisan de la négociation algérienne et éditorialiste au *Figaro*, hostile au gaullisme 1958 et favorable à M. Pinay, Raymond Aron n'est pas de ces esprits faciles à classer : on comprend qu'il n'attribue guère de sens, s'il se tourne vers lui-même, à la distinction entre droite et gauche en France. Il se veut par-dessus tout fidèle à une analyse scientifique des faits, où d'ailleurs excellent son intelligence exacte et une vaste culture nourrie à toutes les disciplines des sciences sociales. Il réexamine tous les procès, même s'ils semblaient gagnés, il rouvre tous les dossiers, même s'ils étaient classés, à la seule lumière de l'expérience. Ce refus légitime de tout dogmatisme, cet empirisme dans la recherche et l'analyse, cette passion de la raison, fût-ce au prix du conformisme, sont les éléments les plus évidents d'une sagesse visiblement nostalgique de ses grands ancêtres du monde grec.

Mais Raymond Aron, très tôt, nous en avait livré une des clés. Dès 1938, avec *Introduction à la philosophie de l'histoire*, il exorcise son démon qui est la conception marxiste de l'histoire, et, très grossièrement, le fameux « sens de l'histoire » : l'idée que les différentes sociétés humaines se succèdent selon un ordre nécessaire, vers un aboutissement donné. Idée qui n'est d'ailleurs pas spécifiquement marxiste, puisqu'elle appartient aussi bien à Guizot ou Auguste Comte qu'à Hegel et Marx, et qu'elle domine toute la culture européenne du XIXe siècle, du romantisme au positivisme — mais qui trouve sa forme la plus élaborée avec Marx et Engels. Face à l'optimisme du XIXe siècle, Raymond Aron installe l'agnosticisme du XXe siècle, en dissociant à nouveau la pensée de l'action : « Les hommes font leur histoire, mais ils ne savent pas l'histoire qu'ils font. » Seul le futur donne après coup un sens à leurs activités, et ce sens est différent de leurs projets.

Dans des ouvrages plus récents, Raymond Aron récuse ainsi la nécessité qui présiderait, selon les marxistes, à la succession des formations sociales dans l'histoire, et notamment la nécessité et la supériorité du socialisme. En réalité, nous dit-il, le socialisme n'a pas succédé au capitalisme ; contrairement aux prévisions de Marx, il s'est implanté dans la Russie tsariste où il a rempli les fonctions historiques du capitalisme, l'accumulation primaire des capitaux, les transferts humains de la campagne à l'usine, l'industrialisation.

L'idéologie officielle de l'URSS qui en fait l'État le plus « avancé » du monde n'est pour Raymond Aron que la compensation abstraite de son retard économique réel sur les pays capitalistes développés. Psychanalyste du citoyen soviétique, il lui retire ainsi ses lettres de noblesse, sa priorité dans l'aventure humaine.

C'est sous cet angle que s'éclaire son anticommunisme fondamental, qui domine son attitude politique. Le concept central de son analyse du monde actuel n'est pas historique, mais sociologique. C'est celui de « sociétés industrielles » [1] ; la ligne de par-

1. Cf. *Le Développement de la société industrielle et la stratification sociale* (cours de documentation universitaire).

tage passe entre le monde sous-développé qui n'a pas encore fait la révolution technologique accomplie par l'Europe occidentale et les États-Unis au XIX^e^ siècle, l'URSS au XX^e^, et les sociétés industrielles. Mais il y a deux *modalités* de sociétés industrielles : le socialisme de type soviétique, et le capitalisme, dont le type le plus pur, encore que de moins en moins pur, est constitué par les États-Unis.

C'est au nom du libéralisme que R. Aron opte pour la modalité capitaliste, fondée sur la pluralité des classes et des partis, la libre compétition des groupes, la distinction entre pouvoir temporel et pouvoir spirituel. Il est ici l'héritier d'une longue tradition dont il se réclame souvent à travers Montesquieu ou Tocqueville : les luttes du libéralisme aristocratique contre la monarchie absolue ou contre la centralisation administrative bourgeoise font écho à sa méfiance à l'égard de tout pouvoir fort et de l'immense capacité d'oppression de l'homme par l'homme dont font preuve les sociétés humaines. A cet égard d'ailleurs, l'expérience du XX^e^ siècle a aggravé le pessimisme de l'héritier de Tocqueville : la pensée de droite est devenue de plus en plus triste. On se souvient que pour l'aristocrate de la Restauration, le problème central est de préserver la liberté humaine dans un monde qui va vers des formes politiques de plus en plus égalitaires, car la suppression des hiérarchies sociales entraînait inévitablement pour lui — et l'histoire a confirmé son pronostic — l'accroissement des pouvoirs de l'État. En d'autres termes, liberté et égalité ne sont pas des termes complémentaires, mais contradictoires. Pour R. Aron aussi, qui a retrouvé, en mai 1958, les réactions du Tocqueville de décembre 1851, la France est « indocile par tempérament, et s'accommodant mieux toutefois de l'empire arbitraire et même violent d'un prince que du gouvernement régulier et libre des principaux citoyens [1] ». Elle est « plus républicaine que parlementaire, plus césarienne que monarchique, plus agitée que dynamique [2] ».

Mais R. Aron n'en souhaite pas pour autant un retour au passé, une France rurale dirigée par les notables, comme la droite libérale de 1850-1880. Esprit réaliste et non réactionnaire, c'est un partisan de l'expansion, de l'industrialisation, du progrès économique et social. Il s'est défini récemment : « Un libé-

1. Tocqueville, *L'Ancien Régime et la Révolution*.
2. *Immuable et changeante : de la IV^e^ à la V^e^ République*, Calmann-Lévy, 1959.

ral partisan de l'industrialisation. » C'est en ce sens qu'il est l'idéologue de la « jeune droite », qu'on dit plus intelligente que l'ancienne. Les impératifs de modernisation du pays et de liquidation des secteurs marginaux de l'économie sont ici parfaitement cohérents avec sa volonté de faire l'Europe et le Marché commun, moyens d'accélérer par une contrainte externe une évolution économique commencée sous la IV$^{e}$ République, et contre laquelle se sont organisés beaucoup d'intérêts menacés et beaucoup de passions anachroniques. Car la critique de R. Aron s'exerce aussi contre le nationalisme périmé de ses amis politiques, qu'il s'agisse de M. Debré ou de M. Duchet ; il ne cesse de dénoncer la mystification qui consiste à penser la politique française en termes d'histoire, non en termes de rapports de forces. Au nom du réalisme économique et politique, il s'est courageusement prononcé pour la liquidation du passé impérial de la France, et notamment contre l'intégration en Algérie, pour l'ouverture du dialogue avec le FLN. Professeur d'une droite qui ne l'écoute pas, il peut sur ce point aider une gauche qui est en train de naître.

Il en reste cependant séparé par la netteté de ses options, en politique internationale. « Atlantique » convaincu, pro-Américain non par goût de la civilisation d'outre-Atlantique, mais par crainte du « totalitarisme » soviétique, qui dépasse à ses yeux en oppression les pires pronostics de Tocqueville, il substitue à l'analyse marxiste de la guerre-produit des contradictions capitalistes, celle de la droite classique : la guerre est une donnée permanente de l'histoire des sociétés, commandée par une dialectique idéaliste des passions humaines et de la raison. Dans cette optique générale, son dernier livre analyse les chances actuelles de la paix, sous la forme d'une contestation de la thèse d'Auguste Comte, selon laquelle l'esprit industriel étant incompatible avec l'esprit militaire, les civilisations modernes du travail auraient une vocation pacifique, par opposition aux civilisations militaires du passé.

L'histoire de la première moitié du XX$^{e}$ siècle donne évidemment beau jeu à R. Aron. Et aussi l'histoire de notre angoisse présente face à l'affrontement des deux types actuels de sociétés industrielles, dans lesquelles le progrès scientifique a créé les conditions techniques d'une destruction totale de l'humanité, ou, à tout le moins, d'un recul historique immense en cas de guerre.

Pour R. Aron, fidèle aux prémisses politiques de son raisonnement, les chances immédiates de la paix sont subordonnées à une hypothèse optimiste sur l'évolution soviétique : si le « totalitarisme politique » de l'URSS est lié à la phase d'industrialisation primaire dans un pays arriéré, et s'il se produit progressivement une libéralisation politique et surtout idéologique du régime, alors on peut espérer un rapprochement progressif des sociétés industrielles. Dans le cas contraire, si l'URSS est totalitaire par nature et non par accident, le grand schisme soviéto-américain mène au suicide commun.

Il est vrai que, même dans ce cas, l'humanité a une seconde chance : c'est que le *coût* d'une guerre atomique est devenu aujourd'hui trop élevé pour que, raisonnablement, le risque vaille d'en être couru. Et nous voici condamnés aux guérillas locales, ramenés au dénominateur commun de l'histoire, dont la *répétition* semble frapper R. Aron. N'insiste-t-il pas, à plusieurs reprises, sur les analogies entre nos guerres européennes du XXe siècle, qui accélèrent brutalement le déclin de l'Europe, et la guerre du Péloponnèse qui condamne les cités grecques : « Entre la non-violence dont les sociétés sont incapables et la violence illimitée qui serait un suicide collectif, l'histoire paraît renouvelée en maints de ses traits, par les inventions de la science et de l'industrie, mais elle est toujours reconnaissable, marquée par la double nature de l'homme, passionné et capable de raison. » Au terme d'un voyage autour du monde moderne, R. Aron nous ramène à l'interrogation philosophique fondamentale.

---

INTRODUCTION A LA PHILOSOPHIE DE L'HISTOIRE,
*par Raymond Aron, Gallimard, 1938.*

LA SOCIÉTÉ INDUSTRIELLE ET LA GUERRE,
*par Raymond Aron, Plon, 1959.*

---

## PLAIDOYER POUR BENJAMIN CONSTANT

*19 octobre 1961*

Le procureur général est un laborieux : c'est M. Henri Guillemin qui nous avait déjà donné, il y a trois ans, un *Benjamin Constant muscadin*[1] ; il y ajoute aujourd'hui des *Éclaircissements* qui aggravent encore le dossier. On sait que deux haines alimentent et orientent sa recherche maniaque de l'imposture et de la mauvaise foi : celle du bourgeois, celle de l'anticlérical. Il traque le mensonge au nom de la pauvreté, du peuple, de la morale, de la religion, enfin toutes les valeurs sont de son côté. Nouvelle figure d'une gauche existentialiste qui serait passée par la sacristie et la police des mœurs, le voici qui se lève contre Benjamin Constant :

« Cet homme n'a jamais aimé que lui-même. A travers l'argent, les femmes, la politique, il n'a poursuivi que son rêve égotiste. Il a trahi les femmes et les régimes. Il n'avait ni religion, ni moralité, mais il avait la vérole et d'ailleurs il n'était pas Français.

« A-t-il avoué au moins ? Le malheureux ! Il a passé sa vie à truquer : *Adolphe, Cécile, Le Cahier rouge*, cette histoire des religions qui était l'alibi de sa vie et qu'il n'a jamais pu achever, ces Journaux intimes perpétuellement repris, autant de signes de la mauvaise foi. Tout le monde sait que, depuis le romantisme, la lucidité est devenue un genre littéraire : il n'y a aucune circonstance atténuante. »

Pour aujourd'hui, j'oublie la syphilis, l'argent, Mme de Staël, Anna Lindsay et les autres. Je plaide pour un mémoire justificatif de l'action politique de Benjamin Constant, que Jean-Jacques Pauvert vient de republier : les *Mémoires sur les Cent-Jours*.

Les faits sont connus : le 18 mars 1815, Benjamin écrit pour les *Débats* un article où il attaque très vivement Bonaparte et

1. Gallimard.

réaffirme sa fidélité à Louis XVIII. Mais Napoléon est déjà sur la Saône et entre aux Tuileries le 21. Benjamin ne quitte Paris que quelques jours. Dès le 30 mars, il est chez Joseph Bonaparte. Le 14 avril, convoqué par l'Empereur, il rédige pour lui l'Acte additionnel aux constitutions de l'Empire.

C'est l'apparence d'un double reniement : celui de son opposition au despotisme impérial, qui date du Consulat, celui de son attachement à la Restauration de 1814.

Mais dans cette vie faite de calcul et de conviction, de goût de l'argent et de goût des idées, la brusquerie du tournant ne s'explique pas seulement par l'obsession de l'intrigue parisienne. Il y a aussi la nécessité de « dîner chez Juliette », car un amour malheureux pour Mme Récamier gouverne la nouvelle existence parisienne de Benjamin. Il note le 9 avril : « Dîné chez Juliette. C'est pourtant elle qui a mis toutes les douleurs et toutes les folies dans ma vie depuis sept mois. »

Il y a, cependant, plus que le sourire d'une femme dans le revirement du printemps 1815. Il y a une conviction politique, celle du libéralisme, qui unifie l'existence politique de Constant, de Thermidor à 1830.

C'est vrai qu'il fut thermidorien. Mais enfin, il faudrait cesser de rapporter toute l'histoire du XIX$^{e}$ siècle aux critères moralisateurs de l'égalitarisme jacobin : l'utopisme de la théologie robespierriste traduisait des impossibilités historiques. Au contraire, c'est dans le monde de Thermidor et du Directoire, dans ce monde où toutes les sociétés sont mêlées et tous les rangs confondus, que s'élabore la société bourgeoise et que se poursuit la lutte contre l'aristocratie européenne. C'est pourquoi le libéralisme thermidorien reste une idéologie dirigée davantage contre les prêtres et contre les nobles que contre le peuple. Bien sûr qu'il n'est pas pour autant démocratique. La belle découverte ! Toute l'histoire de la pensée libérale française, de Montesquieu à Tocqueville, et jusqu'à M. Raymond Aron, est là pour l'attester.

Puis il y a eu le 18 Brumaire, souhaité, voulu, préparé par les thermidoriens. Devant l'évolution de plus en plus despotique du Consulat, ces hommes qui furent libéraux se couchent presque tous. Beaucoup de conventionnels vont être préfets de l'Empire. Or Benjamin Constant n'a pas été conventionnel, et il fut toujours antijacobin. Il ne sera pas non plus préfet de l'Empire, puisque dès 1802 il est exclu du Tribunat par le despotisme impérial.

En 1814, il est très naturellement un partisan de la Charte contre ce qu'il appelle « les royalistes exagérés », c'est-à-dire les nostalgiques de l'ancienne société aristocratique. Mais ceux-ci, rentrant d'émigration, parlent de plus en plus haut. D'où la facilité du retour de Napoléon, sous les acclamations militaires et paysannes.

Trois voies sont ouvertes au nouveau régime : d'abord le rétablissement pur et simple de l'ancien despotisme impérial. Mais l'opinion a changé et Napoléon rencontre l'effervescence au lieu de la docilité. Ensuite une sorte d'empire jacobin dans lequel l'Empereur s'appuierait sur la poussée populaire qui le ramène au pouvoir. Il dit à Benjamin, dans la grande entrevue du 16 avril : « Je n'ai qu'à faire un signe, ou plutôt à détourner les yeux, les nobles seront massacrés dans toutes les provinces. Mais je ne veux pas être le roi d'une jacquerie. »

Enfin, il y a la solution libérale : c'est celle dont rêve Constant depuis quinze ans, et il est effectivement l'homme d'un nouvel Empire acceptant le contrôle parlementaire d'une bourgeoisie de notables qui veut sauvegarder les conquêtes sociales de la révolution. Au surplus, le ralliement à l'Empereur des Cent-Jours apparaît comme une nécessité nationale en face de la nouvelle émigration royaliste et de la coalition européenne qui s'ébranle.

Que pèse, dans cette situation, le siège de conseiller d'État que Benjamin Constant obtient pour cent jours ? Le chemin qu'il a choisi, s'il était seulement celui de l'ambition, n'attesterait chez lui qu'une certaine sottise, puisqu'il conduit à Waterloo. Or la sottise n'a jamais été son fort. Il faut donc bien faire la place à ses idées.

---

ÉCLAIRCISSEMENTS,
*par Henri Guillemin, Gallimard.*

MÉMOIRES SUR LES CENT-JOURS,
*Jean-Jacques Pauvert.*

---

# LA MONNAIE DE L'ABSOLU

*16 mars 1966*

Dans la conscience européenne, le tiers-monde traverse une sorte de purgatoire. Naguère encore — et pourtant on dirait qu'il y a si longtemps ! — il était présent partout, dans les haines de la droite et dans les espoirs de la gauche. Aujourd'hui qu'il est libéré des tutelles coloniales, mais rendu par là même à ses propres problèmes, condamné à « démarrer » ou à mourir de faim, il n'intéresse plus l'Européen prospère, à voiture et réfrigérateur. Les fraternités de la guerre ont cédé la place aux chiffres des experts. Des mauvais jours et des grandes désillusions de la victoire, il reste pourtant quelques amis fidèles et lucides : Maxime Rodinson est de ceux-là.

Ancien communiste resté marxiste, ancien militant anticolonialiste qui ne renie rien des luttes d'hier, grand spécialiste de l'Orient contemporain, il jette aujourd'hui tout son feu : *Islam et Capitalisme*. Voilà qu'un savant et un marxiste européen s'interroge au nom de ses propres valeurs sur le rôle de l'islam dans le destin d'un autre monde que le sien. Et Rodinson revendique expressément les deux extrémités de sa recherche : son marxisme laïque et son pari universaliste, qui donnent à ce livre un ton et un poids très exceptionnels d'honnêteté.

Partons des textes sacrés : le Coran, parole de Dieu retransmise par son prophète, et le corps de textes qui regroupe la tradition postérieure. Le moins qu'on puisse en dire est que l'activité économique n'y est pas condamnée ; le marchand y apparaît au contraire comme l'héritier légitime du goût des affaires qui avait caractérisé Mahomet et les saints califes, et dont l'enrichissement, pourvu qu'il soit honnête et utile aux autres, est béni par les textes sacrés en termes dignes de Guizot : « Le Prophète comble d'éloges ceux qui, loin d'être des parasites, s'enrichissent pour pouvoir ainsi venir en aide aux déshérités. » Des mêmes textes interdisant la « riba » — le prêt usuraire — ou de ceux qui exaltent la justice entre les hommes, on ne peut donc tirer ni condamnation d'un capitalisme à l'occidentale, ni anticipation d'un socialisme musulman : balayant tous les commentaires polémiques ou intéressés, Rodinson restitue à la tradition islamique sa signification historique.

Il montre d'ailleurs que l'islam n'a jamais empêché le développement d'un capitalisme commercial et urbain : la société où il est né, celle des marchands de La Mecque, a essaimé au contraire dans tout le bassin sud-méditerranéen, entre le VIII^e^ et le XIV^e^ siècle, créant des villes et des marchés, irriguant le désert de courants monétaires et de marchandises échangées. Toute une jurisprudence commerciale qui tourne l'interdiction coranique du « riba » s'épanouit à l'ombre des caravanes, et le grand philosophe Ibn Khaldoun sait fort bien faire, au XIV^e^ siècle, la théorie du commerce et du profit. Le monde arabe n'est pas encore un monde capitaliste au sens où l'entendent les marxistes et Rodinson, dans la mesure où, comme d'ailleurs en Occident à la même époque, une économie de subsistance et la richesse foncière continuent à prédominer ; mais il ne se révèle pas allergique par nature à l'accumulation du capital et à la production pour le marché.

Dès lors, comment se fait-il que ces îlots capitalistes du monde arabe médiéval n'aient pas donné naissance au capitalisme tout court, avant l'irruption européenne et coloniale du XIX^e^ siècle ? Rodinson rencontre ici Max Weber et sa théorie d'une rationalité économique supérieure qui aurait été élaborée par la culture européenne, notamment sous l'influence de l'interprétation protestante des textes judéo-chrétiens. Mais c'est pour montrer au contraire à quel point le rationalisme coranique est supérieur à celui de l'Ancien et du Nouveau Testament : la société mekkoise, où s'est élaboré l'islam, était pauvre en mythes et en rites, peu accessible à la pensée magique, et la révélation du Prophète y connut l'éclat de la raison et du savoir.

La thèse de la prédestination — qui lui est commune avec le christianisme, et qui d'ailleurs, en Europe, a nourri aussi bien l'activisme protestant que le refus janséniste — n'y apparaît pas contradictoire avec les appels à l'action terrestre. Bref, qu'il s'agisse de la formation du droit ou de l'État, des techniques ou de l'esprit d'entreprise, Rodinson n'aperçoit pas dans l'islam ces facteurs spécifiques du fatalisme musulman si souvent dénoncés par les voyageurs européens depuis le XVIII^e^ siècle. Pour lui, les sources de ce fatalisme sont d'ordre plus économique et social que culturel : ils ont beau tous les deux invoquer Allah, il y a entre l'infatigable marchand mozabite des palmeraies sud-algériennes et le fellah immobile de l'Arabie le même abîme intellectuel qu'entre un banquier milanais et un paysan de Calabre.

Il reste que, dans le monde arabe, le capitalisme a été une importation européenne : Rodinson le souligne, refusant jusqu'au bout tout infléchissement tactique de sa pensée, toute complaisance intéressée vis-à-vis des jeunes nations.

Or, à ce processus d'importation coloniale du mode de production européen, l'islam n'a pas opposé non plus d'obstacles sérieux : un seul État musulman contemporain a inscrit dans ses codes, sinon dans les faits, l'interdiction du prêt à intérêt : l'Arabie saoudite, enfermée dans une idéologie intégriste et dans l'arriération économique et culturelle. Autant dire que la lettre de l'islam, là où elle est invoquée, sert mieux la routine réactionnaire que le socialisme novateur, et que, s'il y a peut-être, pour Rodinson, un islam « opium du peuple », il n'existe sûrement pas de voie « musulmane » du socialisme.

A suivre la démonstration du livre, on en vient d'ailleurs à se demander si l'islam est encore un dénominateur culturel commun au monde musulman, ou si, au contraire, les caractères spécifiques de chacune des jeunes nations arabes ne s'y sont pas substitués. On schématiserait à peine la pensée de l'auteur en écrivant qu'à ses yeux l'islam n'a été que l'instrument de sacralisation des sociétés orientales traditionnelles, dont la stagnation tenait à d'autres causes ; aujourd'hui que ces sociétés sont en mouvement, leur développement passe par d'autres voies que celles d'Allah, et d'abord par celles de l'économie. L'analyse ferme ici sa boucle en trouvant sa cohérence marxiste.

Mais c'est là aussi qu'elle inquiète un peu : quoi ? Ces jeunes nations arabes à volonté novatrice, qui multiplient pourtant les preuves d'attachement et les références à leur passé religieux, et qui associent socialisme et islam, ne seraient guidées que par une démagogie cléricale ? Ce n'est pas rien pourtant qu'elles aient souvent conservé le sentiment de leur identité nationale à travers une conscience religieuse, et que l'islam seul ait maintenu leur culture en face de l'invasion coloniale.

La voie vers le socialisme ne passe sans doute pas par les préceptes du Prophète, mais la voie vers les masses ? Vers ces multitudes paysannes qui tiennent dans leurs mains hésitantes les progrès ou les reculs de demain ? En d'autres termes, l'islam n'est pas seulement un ensemble de textes : c'est une culture, une éthique, un ciment des consciences sociales et nationales renforcé des luttes d'hier et d'aujourd'hui. Doit-il reculer, comme le demande aujourd'hui un fils du XVIIIe siècle européen, pour que les nations arabes avancent ? Ou bien est-il possible de faire de cette fatalité une chance historique ?

C'est en tout cas un grand débat, qui n'est pas seulement, ni surtout, académique. Il est bien qu'il ait été ouvert par un grand livre, et par un homme savant, libéral, intelligent.

---

ISLAM ET CAPITALISME,
*par Maxime Rodinson, Seuil.*

---

## LES MANTEAUX D'ANDRÉ MALRAUX

*4 juin 1973*

Le monde où nous entrons n'a plus de héros qui le tente : de Gaulle est mort. Nixon, Pompidou, Brejnev n'existent pas. Mao disparaît dans sa légende. Malraux n'a plus que des souvenirs : c'est l'heure bénie des biographes.

Voici donc une vie de Malraux écrite par un des plus intelligents analystes du monde contemporain : Jean Lacouture. Gros livre mais qu'on lit d'une traite, comme un enfant dans le grenier de la maison des vacances, tant il est vivant, documenté, délicat, subtil, perpétuellement à cheval, comme son héros, sur l'imaginaire et sur l'action. Pas un livre de flic moralisant, où les mensonges de l'écrivain seraient vertueusement dénoncés au nom de l'exactitude historique, mais l'enquête d'un homme sensible, qui sait qu'écrire n'est pas un métier comme un autre, justiciable des mêmes normes que le fait divers.

Le problème, avec Malraux, c'est qu'il n'a cessé de jouer sur deux tableaux à la fois : impossible gageure, que personne, depuis César, n'a vraiment tenue. Victor Hugo, peut-être... Malraux est sans doute le dernier en date à avoir tenté le doublé, cherché à vivre deux vies en une seule, joint l'action politique à la littérature, relancé ses livres par sa vie. A-t-il gagné ? Le livre de Lacouture permet d'y réfléchir.

Il y a peu de hasards dans les vies. Dans celle de Malraux, presque aucun. Elle est tout entière programmée quand il a dix-huit ans. Quand cet adolescent est lâché sur le pavé de Paris, sans famille, sans femmes, sans bachot, il est déjà tout ce qu'il deviendra. Il a tout deviné du Paris littéraire et du Paris tout court, et des circuits de la réputation. D'instinct, il possède ce mélange de respect et d'insolence qui fait le charme des dîners, plus un secret pour brûler les étapes : le génie de l'esbroufe. Dans le Paris des années 20, fatigué de l'Europe des tranchées, il est un des premiers spécialistes du télescopage des civilisations. Pour le dire en un mot, il épate le bourgeois.

Max Jacob, qu'on devine un peu agacé par sa métaphysique planétaire, pronostique : « Malraux est fait pour les chaires. » Ce serait trop simple ! Le jeune homme a une autre ambition que le Collège de France et, d'ailleurs, un esprit trop vaste pour l'érudition universitaire. Ce que Max Jacob a perçu, c'est qu'il était un homme de carrière ; ce qu'il n'a pas prévu, c'est qu'on peut faire carrière dans l'aventure. Malraux, à vingt ans, c'est cette découverte éblouie, cette promesse d'être Rimbaud et d'être ministre. Depuis lors, quel acharnement à la tenir !

Il aurait pu être surréaliste. Mais non : le surréalisme est une aventure de groupe, peuplée déjà de talents exceptionnels et dont il faudrait partager la gloire avec Breton, Aragon et leur amis. Il pourrait être communiste, à une époque si proche encore des temps héroïques, mais le communisme est, à une autre échelle, un destin collectif. Quant à écrire des livres, simplement des livres, comme un bon artisan de la NRF, c'est une occupation où tant de juges l'attendent au tournant, avant qu'il ne soit Malraux ! D'où l'improvisation de génie, le déplacement du jeu, la fausse mission au Cambodge, le pillage des temples, l'arrestation. Malraux a brouillé les pistes parisiennes ; il n'est plus dans le sillage de personne. Il est, à vingt-quatre ans, André Malraux.

C'est facile à raconter, mais ce n'était pas si facile à faire. Il y fallait du culot — Dieu sait s'il en avait ! —, du courage, et l'espèce de prescience que l'Extrême-Orient était un des avenirs du XXe siècle : Malraux, d'Indochine, vit comme en rêve l'échec de la révolution chinoise de 1927. Il en rapporte donc plus que *La Voie royale*, qui est le récit de son expédition cambodgienne. Il en ramène son premier grand livre, cette *Condition humaine* dont un prix Goncourt cautionne le succès mais qui fait de lui, surtout, un écrivain *différent* : un expert en révolutions, un romancier de la Chine et du communisme, bref un homme de l'histoire, en face de la frileuse NRF et du surréalisme vieilli. Comment Gide, comment Breton supporteraient-ils encore la Rive gauche ?

Ce sont les années où Hitler prend le pouvoir à Berlin, où le courant du Front populaire avance en France et en Espagne, où l'Union soviétique réintègre le combat démocratique. A Paris, la littérature change de lit, comme un fleuve trop longtemps abrité par des digues qui se rompent. Mythomane, Malraux ? A coup sûr. Mais s'il n'a pas rencontré Borodine à Canton, quelle importance ? Il a réinventé le reportage imaginaire.

Désormais, l'esthète farfelu est une autorité politique de la littérature, c'est-à-dire de Paris. Lacouture évoque à juste titre, dans ces années, deux jeunes hommes fiévreux de l'écurie Gallimard, qui se ressemblent comme des frères : Malraux et Drieu. Tous les deux inégaux, sommaires, brillants, sensibles. C'est que, du communisme au fascisme, dans la tête des intellectuels, il y a bien des complicités souterraines, qu'il faudra bien essayer un jour de comprendre. S'il est vrai qu'en ces années 30 le fascisme est encore un espoir, le dialogue Malraux-Drieu rapproche deux émotions très proches en face de l'histoire contemporaine.

Celle de Malraux, pourtant, me paraît d'une qualité supérieure, moins parisienne, plus spontanée. Il y a chez l'aviateur d'Espagne, et ensuite, tout au long de sa vie, une certaine gouaille, un ton « copain » qui trahit une vraie gentillesse à l'égard des « petits ». Sa prose prophétique laisse ici et là percer le bon sens historique, que le vibrato du style n'arrive pas à gommer complètement : Malraux aime et comprend Drieu mais il est l'un des premiers Français aussi à saisir la dimension affreuse du nazisme. Il est proche de l'Union soviétique stalinienne mais il admire Trotski.

Sa rencontre avec le grand artiste d'Octobre, exilé près de Royan, en juillet 1933, est un des sommets du livre de Lacouture. Conversation lunaire, dans cet endroit improbable, entre deux imaginatifs de la parole, autour d'une légende perdue. Trotski discute de la Chine comme si Malraux avait pris part, six ans auparavant, aux événements de Canton. Malraux, magnifique, endosse le rôle et refait l'histoire du communisme avec l'aide du compagnon de Lénine. Derrière eux, illuminant leur court plaisir, l'immense lumière d'Octobre, que l'écrivain annexe à sa panoplie onirique. Et l'hommage final, publié quelques mois après dans *Marianne*, juste après que Trotski a été chassé de France, n'est pas si mal venu, dans ces jours où commence l'interminable agonie politique du vieux *leader*, traqué par la police soviétique : « Puisse votre ombre clandestine qui, depuis presque dix ans, s'en va d'exil en exil, faire comprendre aux ouvriers de France et à tous ceux qu'anime cette obscure volonté de liberté rendue assez claire par les expulsions, que s'unir dans un camp de concentration est s'unir un peu tard ! Il y a trop de cercles communistes où être suspect de sympathie pour vous est aussi grave que de l'être pour le fascisme. Votre départ, les insultes des journaux montrent assez que la Révolution est une... »

Il est vrai que, dans les années qui suivent, Malraux, comme la plupart des intellectuels européens, cède à la pression communiste et renie Trotski, auquel il refuse même un témoignage, en 1937, au moment même des grands procès. Mais, si le geste manque d'élégance, il n'entraîne pas d'aveuglement autojustificateur. Malraux déclare, en mars 1937, que « pas plus que l'Inquisition n'a atteint la dignité fondamentale du christianisme, les procès de Moscou n'ont diminué la dignité fondamentale du communisme ». On ne saurait être plus ambigu...

En bref, il n'a jamais rien cédé ni à la mythologie de Drieu, ce qui était relativement facile, ni aux délires d'Aragon, ce qui l'était moins. Par rapport à ces deux abdications majeures des intellectuels de sa génération, sa période RPF d'après la guerre fait figure d'épisode provincial : le destin de l'humanité n'a jamais tourné autour du gaullisme ! A ce combat marginal contre la IVe République, Malraux n'a cessé de tailler des vêtements trop larges, appelant Jeanne d'Arc et Saint-Just à la rescousse d'une aventure résiduelle, tissée par la démission nationale bien plus que par un jaillissement des profondeurs. Il est le poète, puis le ministre, d'une bataille sans enjeux, c'est-à-dire sans idées. Il rejoue imperturbablement les grandes symphonies de sa jeunesse sur une scène qui a complètement changé — mais lui seul fait comme si tout était encore en place, avec la France au centre du monde. Au bout de cette musique de guignol, il y a Monsieur Pompidou ! Rideau.

Nouveau Ptolémée d'un monde copernicien, Malraux a été floué par l'histoire. Il lui reste la consolation que, guignol pour guignol, papa pour papa, de Gaulle a été moins tragique que Staline — et que, d'ailleurs, tout intellectuel se brûle toujours les doigts au contact de l'action politique : c'est la revanche posthume de Valéry. Mais j'imagine, à considérer cette vie presque close, enfermée déjà dans la solitude des souvenirs, qu'il y a une raison bien autrement profonde à cela : c'est que, si Malraux a construit sa vie comme un théâtre dont il a choisi avec discernement toutes les grandes scènes, il en a payé l'inévitable prix, qui est de vivre l'action par procuration.

Le mot peut choquer, appliqué à un homme qui a courageusement combattu en Espagne, dans les maquis du Périgord ou sur le front d'Alsace : mais que cherchait-il au bout de son fusil, sinon un personnage qu'il n'était pas, qu'il n'a jamais été ? Il aurait voulu être Borodine ou Trotski, Jean Moulin ou de Gaulle, Nehru ou Mao : il n'était que leur commentaire. Cette double vie explique l'étrange produit qu'est sa gloire, faite de pensées courageuses et de mauvaise publicité, de sensibilité naïve et de boursouflure narcissique. Son côté j'ai-rencontré-Nehru, j'ai-discuté-avec-Mao gâche les *Antimémoires* et caricature son personnage d'officieux des « Grands ». Mais de la Chine, où il n'était pas allé, et de l'Espagne, où il a combattu, il a fait des terres fraternelles : le voyage imaginaire l'a fait vibrer autant que la guerre qu'il a réellement vécue. Tout en lui est à la fois bouleversant et truqué, charme et pose, vérité et pacotille. C'est un génie de l'à-peu-près. Dans ce genre, unique, inimitable.

C'est pourquoi, sans doute, Malraux n'est pas un très grand écrivain. Mais quelle vie !

---

ANDRÉ MALRAUX, UNE VIE DANS LE SIÈCLE,
*par Jean Lacouture, Seuil.*

## MAURRAS ET PÉTAIN

*21 mai 1974*

Est-ce que l'édition cède à son tour à la mode « rétro » ? Voici que tout un monde disparu, plus lointain déjà que bien des choses plus anciennes, nous revient à travers des livres. L'infatigable M^e^ Isorni, sentant une brise favorable, publie et préface les *Actes et écrits* du maréchal Pétain. Flammarion a édité cet hiver, en un gros volume, d'ailleurs fort bien fait, les principaux textes politiques de Charles Maurras. Du même, enfin, ces jours-ci, chez Grasset, le récit des années où est née « L'Action française », au temps où Saint-Germain-des-Prés était à droite : *Au signe de Flore.*

Je ne suis pas sûr que le chef du gouvernement de Vichy gagne à cette exhumation littéraire. Quel ennui ! Quelle platitude ! Quelle insensibilité au monde ! Dans la collection de ces textes de circonstance, qui s'échelonnent de la guerre de 1914-1918 à la Haute Cour de 1945, on ne découvre qu'un militaire juste-milieu, chez lequel une sorte de gros bon sens peut s'apparenter à la ruse. Mais c'est un talent tout d'adaptation : Pétain est fabriqué par les événements beaucoup plus qu'il ne les domine. Il incarne successivement la victoire, le recours contre la défaite, la trahison, sans jamais être égal à aucun de ces rôles. Comme sa vie est au-dessous de ce qu'elle a traversé, son style est au-dessous de ce qu'il raconte. Bien que Pétain eût des « nègres » — le plus illustre fut de Gaulle — qui lui préparaient ses discours ou ses essais, la dernière main qu'il mettait à ces textes les rend, hélas ! indistinctement semblables. En supprimant les adjectifs, vieille règle d'école, il leur donnait le cachet Pétain : la banalité d'époque. Aujourd'hui, le livre tombe des mains.

Maurras est un autre bonhomme ! Oserai-je le dire ? Je l'ai relu avec un certain plaisir, en me prenant à regretter que ces textes fanés, témoins d'un monde politique et intellectuel qui semble dater de Mathusalem, soient pourtant liés, dans l'esprit des hommes de ma génération, à la grande catastrophe du XXe siècle. Maurras a croisé l'affreuse démagogie antisémite des nazis et n'a pas résisté au plaisir de l'alimenter. Il a trouvé, de par ces Allemands qu'il détestait, l'occasion de ses revanches et n'a pas su la refuser. Mais ce qui frappe à le relire, ce n'est pas sa parenté intellectuelle avec l'idéologie nazie : c'est l'abîme entre ces deux mondes. L'hitlérisme, c'était une plèbe. Maurras appartient tout entier au monde des notables et des académies. C'est un homme du XIXe siècle.

Il est vrai qu'il déteste le XIXe siècle, qui a commencé avec 1789, sous les auspices néfastes de la Révolution et du romantisme. Il déteste ces figures jumelées de l'erreur et du désordre, filles de la Réforme et du Genevois Rousseau, et responsables à ses yeux d'une véritable déviation de notre histoire nationale. Effacer Rousseau, effacer 1789, retrouver un Louis XIV, au terme d'une longue errance, c'est au fond tout l'effort de la raison maurrassienne.

Et, pourtant, comme cette raison est fille du XIXe ! Elle n'est pas, comme Maurras le voudrait, une raison classique, tournée tout entière vers l'universel. Dans cette prose qui imite les certitudes du grand siècle, il y a une passion inconnue, un sentiment tout moderne, qui apparente Maurras aux romantiques qu'il déteste : le nationalisme. Qu'on relise l'histoire de la création de « L'Action française », telle qu'il la retrace lui-même dans *Au signe de Flore* : ce qui regroupe, autour de 1900, les fondateurs du journal, ce sont moins les théories du penseur royaliste que les suites du combat antidreyfusard et les violences d'une droite nationaliste contre la République.

A cette droite, qui n'a que le malheureux Déroulède — car Barrès est encore l'esthète du « culte du moi » —, Maurras apporte ses références culturelles. Pour elle, il repense l'histoire de l'Europe et de l'Occident. Vers elle, il incline la tradition positiviste qui a nourri ses études. Autour d'elle, il dresse la barrière du protectionnisme intellectuel. C'est un Colbert de la culture.

Tout l'historicisme du XIXe siècle est présent chez cet inlassable raisonneur pour y être couché sur le lit de Procuste de l'exemple français. Il y a pour lui un miracle de réussite temporelle, qui va de la Grèce de Périclès à la France de Louis XIV, en passant par Rome, gardienne de l'héritage grec et mère de l'Église catholique. Seule cette ligne de crête de l'histoire humaine est fidèle aux sacro-saints principes de la « politique naturelle » : l'inégalité et la hiérarchie, la primauté des groupes et des collectivités sur les individus, l'obéissance d'un peuple à la fois rassemblé et divers à son prince. Comme toutes les « machines » historiques du XIXe siècle, l'histoire de Maurras a un sens, le progrès pour lui a un nom : mais c'est un nom de pays — le sien. Cette conviction simplette et forte donne à sa prose comme un air de lycée de province fin de siècle : « Les Allemands sont des barbares et les meilleurs d'entre eux le savent. Je ne parle ni des Moscovites ni des Tartares. Le genre humain, c'est notre France, non seulement pour nous mais pour le genre humain. »

Du coup, les erreurs de la France ne sont pas les erreurs de n'importe quelle nation. C'est comme dans Michelet : l'Histoire de France est exemplaire, parce qu'elle incarne par excellence des idées et des valeurs. Simplement, ce ne sont pas les mêmes idées, les mêmes valeurs : Maurras lit à l'envers l'histoire de Michelet. Là où, pour Michelet, cette histoire commence, avec les philosophes des Lumières et 1789, c'est exactement là où, pour lui, elle se brise. L'intelligentsia française du XVIIIe siècle, en inaugurant le culte de l'individu, prépare du même coup l'avènement de la démocratie, seule formule politique capable de redonner un sens à une collectivité atomisée par l'idéologie libérale. C'est ce sens qu'il récuse passionnément, attaché à l'absolutisme louis-quatorzien comme à l'image d'un ordre et d'un équilibre naturels.

Au fond, c'est cette passion et cette nostalgie qui font la faiblesse de sa pensée. Quand il se borne à écrire l'histoire de France, Maurras est très souvent lucide, et même brillant. Comme les grands idéologues de droite, il a l'avantage de ne pas être dupe des mythologies bourgeoises du progrès qui règnent sur le XIXe siècle : il voit bien les duretés des nouvelles dynasties sociales, l'hypocrisie des valeurs démocratiques, les servitudes de la centralisation républicaine. Comme Tocqueville, il écrit une anti-histoire du XIXe siècle, qui, par bien des points, est une critique intelligente du cathéchisme républicain. Mais Tocqueville, aristocrate triste, constate l'inévitable. Lui écrit une contre-mythologie, un catéchisme royaliste. Tocqueville analyse les forces. Lui cherche les coupables ! Il obéit sans le savoir à la même logique que la pensée révolutionnaire, en peuplant l'histoire humaine de forces diaboliquement mauvaises : les protestants, les juifs, l'immense complot étranger contre *sa* France. Sa pensée reste enfermée dans cet horizon du XIXe siècle.

Le démon militant qui a fait sa popularité au tournant du siècle a perdu cette tête étroite, qui avait un grand talent d'écrivain. S'il y avait moins cédé, quel merveilleux critique littéraire il eût été ! Je donne toute l'*Enquête sur la monarchie* pour les portraits de Chateaubriand, de Michelet ou de Sainte-Beuve qu'il a écrits. Mais il a été l'inspirateur de Pétain, le modèle de Salazar...

Il nous reste donc ce Maurras de l'histoire, architecte de cette droite méditerranéenne, latine, catholique, qui n'en finit pas de mourir. Voyez l'Italie, elle s'y bat encore contre le divorce. Au Portugal, elle vient tout juste d'être renversée. En Espagne, elle règne encore, probablement pour peu de temps. Mais comme elle a la vie dure, même après qu'elle a été chassée du pouvoir !

En France, elle n'a régné que quatre ans, sous l'aile imprévisible de l'ennemi héréditaire : mais ces quatre ans, en sommes-nous vraiment sortis ? Du conflit Pétain-de Gaulle, Maurras sort vaincu, mais il est présent, pourtant, dans le camp des vainqueurs. De Gaulle a brisé le vieil homme et son parti, mais c'est pour rester fidèle à l'inspiration nationaliste dont il était l'héritier. Et puis voici Giscard d'Estaing, homme-orchestre des droites, malentendu providentiel ! Cette France du souvenir et de la tradition maurrassienne, on l'a sentie tout au long de la campagne, toute fière de son héros tout neuf, au détour d'une profession de foi « spiritualiste » du candidat, ou bien à travers les violences gratuites d'un service d'ordre peu accoutumé aux procédures du suffrage universel : France marginale peut-être — moins pourtant qu'on ne le dit — mais France militante, qui a vu en Giscard non pas le candidat de l'aventure industrielle qu'il voulait être mais celui des retrouvailles avec sa tradition. Il est vrai que, pour avoir abusé de l'avenir, la gauche du XXe siècle a souvent buté sur les pesanteurs du passé. Mais, pour avoir abusé du passé, la droite n'invente pas automatiquement l'avenir !

---

ACTES ET ÉCRITS,
*par Philippe Pétain, Flammarion.*

ŒUVRES CAPITALES,
*par Charles Maurras, Flammarion.*

AU SIGNE DE FLORE,
*par Charles Maurras, Grasset.*

---

## FAUT-IL BRÛLER MARX ?

*28 juillet 1975*

Souvenons-nous, c'était hier : Marx est à toutes les sauces. Le grand épicier dépositaire de la marque, spécialiste du plat unique, reste le PC mais d'innombrables Marx prolifèrent dans l'intelligentsia, tolérés, combattus, ignorés par la « Vulgate » officielle selon les circonstances. Il y a un Marx existentialisé, un Marx structuralisé, un Marx teilhardisé, un Marx freudisé, etc. On a mis du Marx partout, comme si le marxisme, interminablement ignoré pendant presque cent ans par la culture française, prenait une revanche triomphante en envahissant le grand remue-ménage contemporain qu'on appelle les sciences humaines et qui nous tient lieu de littérature...

Bref, les intellectuels s'étaient jetés sur Marx avec l'ingéniosité d'héritiers fidèles aux traditions patriciennes [1] de notre culture. On a pu voir le marxisme s'intégrer à la pensée universitaire, passer de l'enseignement supérieur au lycée, devenir comme une manière spontanée de penser pour des générations d'étudiants. Nous venons peut-être de vivre, dans ce sens, les beaux jours d'un « marxisme de la chaire » émancipé par Mai 68 des contraintes dogmatiques du PC. Jamais les professeurs, les prêtres, les psychanalystes, les éditeurs, bref, tout ce que la France compte d'autorités culturelles « légitimes », n'ont dépensé autant d'activité pour étendre l'autorité de Marx à l'intelligence des phénomènes les plus divers.

A devenir ainsi une référence tous azimuts (« L'horizon de notre culture », dit Sartre), le marxisme s'est un peu affadi, embourgeoisé : les mécanismes assimilateurs et récupérateurs de toute analyse universitaire, tels qu'ils ont été récemment décrits par Lindenberg [2] dans un livre intéressant, ont joué leur rôle

1. *Qu'est-ce que la culture française ?*, par Jean-Paul Aron, Denoël.
2. *Le Marxisme introuvable*, par Lindenberg, Calmann-Lévy.

habituel. Avec Garaudy, cas extrême, Marx est même annexé au christianisme. Et je ne suis pas sûr qu'à l'autre bout, chez les puristes de la révolution épistémologique, du côté d'Althusser, il soit sorti de l'Université ! Le marxisme théoriciste, pas plus que le marxisme avachi, n'échappe à la sociologie des clercs. Il paie, dans tous les cas, le prix de son triomphe : une fois de plus s'est refermée, dans ces années-là, la vieille clôture qui enferme les intellectuels français dans le ciel de leurs idées. Le marxisme était devenu un de leurs trésors.

Mais il y a toujours eu un ver dans le fruit : l'histoire, l'histoire réelle encore une fois. Comme la chrétienté jadis, le marxisme a une fille aînée — l'URSS — acharnée contre vents et marées à revendiquer ce lien de primogéniture : elle y tient comme à sa nature même, étant un État idéologique. Or, si cette filiation entre Marx et l'Union soviétique n'a jamais été facile à penser, elle est devenue aujourd'hui l'impensable de la gauche occidentale. A cause, me semble-t-il, de Soljenitsyne.

Avant Soljenitsyne, il y a eu, bien sûr, d'autres voix courageuses venues d'Union soviétique ou de ses marges, et même des analyses lucides et brûlantes, retournant le marxisme contre sa progéniture, comme celle de *Socialisme ou Barbarie* dans les années 1950 [1]. Mais ces voix restaient sans écho profond, même après 1956, même après le XX^e^ congrès. Il me semble que la cassure khrouchtchévienne aboutit davantage à une mise entre parenthèses du problème soviétique, dans la pensée marxiste, qu'à un examen critique. L'URSS devint le grand non-dit du marxisme universitaire, même chez ceux qui devaient au XX^e^ congrès le réveil de leur pensée théorique et critique : d'une certaine manière, Althusser ne parle que de Staline mais, dès que le sujet affleure trop directement sous les ruses de son langage, il l'enfouit à nouveau dans l'opacité « théorique ». Faire du Petit Père des Peuples un disciple social-démocratisant de Bernstein [2], il fallait quand même y penser !

Ce qui a changé avec Soljenitsyne, c'est que le « Goulag » a rendu tout euphémisme dérisoire, donc impossible. Pourquoi depuis Soljenitsyne seulement, alors que ce qu'il écrit était connaissable et connu bien avant lui ? C'est une question à laquelle il n'est pas facile de répondre. Est-ce dû à son type de génie hugolien, qui lui a ouvert un immense public ? Quelle part y a

1. Réédition dans la collection « 10/18 ».
2. *Réponse à John Lewis*, par Althusser, Maspero.

la conjoncture, la pluralité irrémédiable des États et des expériences communistes, l'existence d'une gauche occidentale mieux préparée à accepter les dimensions de la tragédie soviétique ? Je pense surtout, c'est la révélation du *Chêne et le Veau*, son dernier livre, le plus bouleversant, que seul Soljenitsyne a su donner à son combat un caractère d'universalité politique et que seul il a réussi à réincarner un très vieux modèle de l'histoire européenne, celui de l'intellectuel qui triomphe du pouvoir. Dès lors, il avait gagné. Exilé, il a vaincu Brejnev.

Il est, il reste, sans doute, un héros parfois inquiétant, frôlant les précipices de la pensée contre-révolutionnaire, l'archaïsme slavophile, l'antisémitisme, l'irrationalisme prophétique, la croisade pour le « monde libre ». Mais je crois avoir lu soigneusement tous ses livres, et pouvoir écrire qu'il n'y est jamais tombé[1]. Je ne sais ce que l'avenir lui réserve et je fais des prières pour qu'il demeure ce qu'il est : un de nos plus grands contemporains, l'homme à travers qui, grâce à qui la Russie soviétique, c'est-à-dire une part essentielle de l'universel, a été rendue à l'histoire et à la raison. Il y aura eu un avant et un après-Soljenitsyne.

Ce point d'où il a parlé : rendre raison d'une expérience tragique, personne ne peut plus y échapper. Pas même les communistes, il suffit de lire Ellenstein[2]. Désormais, au moins, les faits sont cités : les dizaines de millions de morts inutiles et le pouvoir devenu fou. Du coup, le marxisme se heurte à l'histoire et lui rend d'ailleurs vite les armes : au lieu d'invoquer simplement la justification abstraite de la « nécessité », les contraintes du développement accéléré, Ellenstein plaide le « retard » russe, le poids de l'arriération économique mais aussi celui de la tradition autocratique et de la barbarie des mœurs. Ce qui m'importe ici n'est pas de discuter son interprétation, ou même son maniement des faits, mais de montrer de quel prix il paie la rencontre entre théorie marxiste et histoire réelle. Au marxisme, ou plutôt à ce qui reste du marxisme dans la pratique stalinienne, les plans quinquennaux, la construction d'une économie socialisée, en bref le « positif » de l'expérience historique. Et au « retard » russe, c'est-à-dire, en fin de compte, à une sorte d'inertie historique insurmontable, à un irréductible de l'histoire elle-même,

1. Je ne parle pas de ses déclarations publiques, où son langage (moins contrôlé ?) glisse parfois au manichéisme...

2. *Le Phénomène stalinien*, Éditions sociales.

tout le négatif. Ainsi se trouve sauvée la dignité suréminente du marxisme, miraculeusement préservé des catastrophes auxquelles son nom pourrait être injustement accolé. C'est un marxisme aux mains propres — mais c'est un marxisme sans mains, puisque l'histoire, qui lui échappe, désavoue son ambition la plus originelle : transformer le monde.

Glucksmann, c'est l'anti-Ellenstein[1]. Lui annonce franchement la couleur. Lui ne ruse ni avec Soljenitsyne ni avec les camps soviétiques : ceux-ci ne constituent plus l'envers d'un monde globalement « positif » mais au contraire son cœur, c'est-à-dire l'objet d'une condamnation sans appel. Le socialisme de type soviétique est défini par les mêmes traits que lui attribue, depuis un demi-siècle, la pensée réactionnaire : une dictature impitoyable assise sur le travail forcé. Mais cet antisoviétisme est un antisoviétisme de gauche. Ce qu'il condamne dans l'Union soviétique, ce n'est ni sa différence avec le libéralisme occidental (thèse de droite) ni une malédiction particulière à l'histoire russe (thèse Ellenstein), c'est au contraire ce qu'elle a en commun avec la culture européenne : le culte de l'État et de la rationalité sociale. Le Goulag est parvenu jusqu'en Russie mais ses lettres de noblesse sont dans Platon, sa doctrine dans Machiavel et Descartes, et Marx en a été le grand intercesseur, injectant la vérole étatique dans le corps du socialisme. Armé de cette lunette panoramique, Glucksmann retrouve son camp après l'avoir perdu : ce qu'il déteste dans le socialisme soviétique, c'est le capitalisme occidental !

Tout cela, bien sûr, n'est pas très sérieux : un coup de gueule parisien, dans une saison un peu vide. Il faut beaucoup d'imagination pour comparer le Goulag des travailleurs immigrés, en France, à celui de Soljenitsyne ; beaucoup de désinvolture pour raisonner par analogie entre l'enfermement des fous, à l'époque classique, et l'organisation des camps nazis ou soviétiques. Pauvre Foucault, devenu le Bossuet de cette histoire universelle ! Et la Chine ? Glucksmann a-t-il lu l'incroyable récit de Pasquali-ni[2], un des livres fondamentaux de l'année ? Fait-il de ce bout du monde, où chaque citoyen doit non seulement parler mais intérioriser le langage du pouvoir, un des produits de la Raison occidentale ?

Ce qui est sérieux, en revanche, c'est la sensibilité qu'exprime

1. *La Cuisinière et le Mangeur d'hommes*, Seuil.
2. *Prisonnier de Mao*, Gallimard, coll. « Témoins ».

cet essai, car le désespoir qu'éprouve devant Marx une gauche libertaire, c'est l'expiation du culte de Marx par une gauche totalitaire. La colère devant Marx comme l'exaltation de Marx sont les deux faces complémentaires de l'échec d'une prophétie. La Science a été la grande promesse du XIXe siècle, et le « socialisme scientifique », la Promesse des promesses. En ce sens, Clavel a raison : nous sommes en train de vivre la faillite d'une ambition rationaliste qui n'a été peut-être que le déguisement substitutif du fait religieux.

Mais Marx ne tient pas tout entier dans cette prophétie, ni la Raison occidentale dans cette ambition. Faut-il, sous prétexte que les bolcheviks ont pharaonisé la plus extraordinaire intelligence du XIXe siècle, faire passer Marx au tribunal Russell ? Et si la Science elle-même doit accepter l'idée que tout n'est pas connaissable, s'ensuit-il que nous devions nous jeter dans les bras de la Providence ? De ces colères un peu vagues, de ces cris littéraires, qui ont au moins le mérite de réveiller la gauche occidentale d'une révérence trop longue, il faudrait avoir le courage patient de ne pas faire la source de prophéties nouvelles mais le point de départ d'une vraie histoire du XXe siècle. L'heure est plus à l'inventaire rationnel de notre passé récent qu'à l'invective sur des espoirs déçus.

# L'ENFANCE DE L'INDIVIDU

*4 juillet 1977*

Comme beaucoup d'œuvres importantes, celle de Louis Dumont tourne autour d'une idée simple : que les sociétés égalitaires et individualistes dans lesquelles nous vivons sont des productions toutes récentes de l'histoire et qu'elles constituent non pas la règle mais l'exception de cette histoire. Elles ne nous paraissent si « naturelles » que parce que nous en avons intériorisé les valeurs, dominantes en Europe depuis la fin du XVIIIe siècle. Mais, justement, Louis Dumont vient d'un autre monde ; il a consacré un grand ouvrage, il y a dix ans, à l'analyse du système des castes en Inde. Et c'est à partir de cette société devenue presque incroyable pour nous, puisqu'elle cultive la hiérarchie comme valeur suprême, qu'il interroge aujourd'hui ce qui constitue à ses yeux le cœur de la culture européenne : non pas simplement l'égalité, qui est une situation, mais l'égalitarisme, qui est une croyance. Le miroir indien de l'*homo hierarchicus* retourné vers l'Europe met en perspective cet *homo aequalis*, qui est une enquête sur les origines du *credo* égalitaire, c'est-à-dire de l'idéologie moderne.

Le contraste hiérarchie/égalité n'est, pour Dumont, qu'une partie du problème. Il recoupe une opposition plus profonde et d'application plus générale entre les sociétés qui valorisent en premier lieu l'ordre, donc la conformité de chaque élément à son rôle dans l'ensemble, et celles qui mettent au contraire l'accent sur les droits individuels de chaque être humain. Les premières, que Louis Dumont appelle les sociétés « holistes », impliquent la hiérarchie, puisque chacun doit y être à sa place. Les secondes supposent l'égalité, puisque chaque homme est une pleine incarnation de l'humanité tout entière. Il est vrai que les deux principes sont combinés dans bien des systèmes sociaux : la cité grecque honore à la fois l'égalité des citoyens et la hiérarchie des libres et des non-libres. Mais ils s'excluent mutuellement comme valeurs dominantes d'une société : le monde antique mettait l'accent principal sur le *polis*, comme le monde médiéval sur la chrétienté, alors que l'individu comme matériau constitutif du social est une invention de l'Europe moderne.

Or c'est cette invention qui intéresse Dumont : elle est enfouie, à l'en croire, dans la naissance de l'économie comme catégorie distincte du moral et du politique. C'est la pensée économique qui, en s'émancipant, en devenant une dimension majeure et autonome de l'analyse du monde, consacre le triomphe de l'individualisme, défait les sociétés « holistes » et recompose, ou tente de recomposer, un ordre social à partir de ce nouveau, de ce dernier venu : l'*homo œconomicus*, indépendant de tout rapport de subordination à l'égard d'autres hommes, défini par son seul rapport aux choses, bref, l'individu tel qu'il sert de centre à la pensée libérale, qui a toujours eu tant de mal — et pour cause — à en faire une société !

Tout commence au XVII^e^ siècle, en Angleterre, avec Locke, qui conserve la garantie religieuse du contrat social mais qui subordonne en fait le politique à l'économique, en faisant de la propriété individuelle le fondement de la société. L'ordre politique n'est plus premier, distribuant à chacun sa place et son rôle ; il naît du consentement des propriétaires, c'est-à-dire à la fois du travail des individus et de leur appropriation des biens naturels. Locke installe la propriété privée à la place de la subordination, substitue à la pyramide des hiérarchies immémoriales la primauté des individus qui possèdent et qui produisent ; il met ainsi l'économique, en même temps que l'individuel, au centre de l'idéologie moderne.

Reste à « décrocher » aussi la moralité de son fondement religieux pour la soumettre au verdict du nouveau savoir. C'est la contribution du Hollandais Mandeville, établi médecin à Londres au début du XVIII^e^ siècle. Sa fameuse *Fable des abeilles*, qui fit scandale, est un apologue sur l'utilité sociale des passions et des vices ; elle montre comment on peut concilier, à l'intérieur du nouveau système de représentation, le pessimisme traditionnel sur l'égoïsme des hommes et une acceptation utilitaire de leurs vices : l'économie fait du bonheur social avec des intérêts individuels. Sa « main invisible », dira Adam Smith, fabrique de l'harmonie avec de la concurrence. A partir de là, l'*homo œconomicus* s'est subordonné non seulement les secrets de la politique mais les bienfaits de la moralité : le *credo* moderne est en place.

La voie royale de l'émancipation de l'individu reste, pour Louis Dumont, l'émancipation de l'économique et, par conséquent, la pensée anglaise. Il n'y a donc rien d'étonnant à ce qu'il analyse avec tant d'érudition les concepts clés de la *Richesse des nations*, tant la construction d'Adam Smith constitue le massif central du nouveau domaine et de l'idéologie individualiste. Ce qui est plus étonnant, c'est la place faite à Marx.

Car le Marx de Louis Dumont est aux prises avec le même problème qu'Adam Smith ou Jean-Jacques Rousseau, qui constitue déjà le paradoxe central de la philosophie politique du XVIIIe siècle : comment penser le social à partir de l'individuel ? Or, pour le résoudre, il passe, tout comme Smith et Ricardo, ses grands prédécesseurs « bourgeois », par la médiation de l'économique. Il utilise les mêmes matériaux conceptuels qu'eux. Comme eux, il est un penseur de l'individualisme, dont la conviction morale est qu'il faut émanciper chaque existence particulière pour émanciper l'humanité. Comme eux aussi, il parle propriété, valeur, travail, par opposition à la subordination à un ordre voulu, à l'État. Comme eux, il constitue l'économique par sa séparation d'avec le politique et le moral, et avec la conviction qu'il s'agit d'un champ soumis à des lois naturelles où ne sont pris en compte que les individus dans leur rapport à la nature. Et il donne à ces lois économiques un droit de suzeraineté sur l'ensemble de l'histoire humaine, retrouvant par ce biais la totalité de la société. Il suffira aux hommes de connaître ces lois pour réinstaurer un social qui s'est perdu : chez Marx, la distinction individualisme / « holisme » est comblée par la substitution de la société de demain à celle d'aujourd'hui.

Plus encore que chez Smith, l'économie est devenue l'idéologie par excellence. Elle réintègre sous son aile la moralité, la politique, l'action. Elle explique l'histoire entière : Marx et Engels ont extrapolé à toutes les sociétés le modèle individualiste moderne. C'est pourquoi ils ont constitué une histoire de l'humanité toute linéaire, sans discontinuité.

Ainsi, le Marx de Louis Dumont, comme celui d'André Glucksmann dans son dernier livre [1], est dans le XIXe siècle comme un poisson dans l'eau. Mais pour des raisons et sous des aspects tout à fait différents. Glucksmann voit dans le marxisme

1. *Les Maîtres penseurs*, Grasset.

la forme la plus achevée de la prophétie scientiste, caractéristique de la pensée occidentale depuis Descartes. Louis Dumont y diagnostique plutôt une contradiction intérieure entre la fidélité à la conceptualisation économique libérale (l'individu à la poursuite de la richesse comme fin) et la nostalgie du vieux rêve « holiste » de société globale (le communisme). C'est cette contradiction de l'idéologie moderne qui noue le drame du totalitarisme. Marx, aujourd'hui, n'échappe plus à son héritage, et l'effet de boomerang est d'autant plus fort d'avoir été si longtemps différé.

---

HOMO AEQUALIS,
*par Louis Dumont, Gallimard, coll. « Bibliothèque des Sciences humaines ».*

---

# LA FAUTE À ROUSSEAU

*19 juin 1978*

Rousseau invente l'enfant, l'égotisme, la nature, l'égalité, la démocratie. Son paradoxe, c'est qu'ainsi il invente le monde moderne (je veux dire celui où nous vivons encore) tout en construisant son personnage sur la haine du moderne. Et sa vie d'écrivain commence ce jour de 1749 où il choisit, en réponse à un sujet de concours, de dénoncer « les sciences et les arts ». C'est ce rapport entre les deux Rousseau qu'il faut penser.

Les sciences et les arts : tout ce qui fait, pour un homme du XVIIIe siècle, ce que l'on commence à appeler la « civilisation ». Tout ce qui rend les sociétés plus confortables, plus « éclairées », plus agréables à vivre. Il y avait, à cette époque, dans le monde cultivé, le très vif sentiment d'un progrès général des mœurs, et d'une sociabilité plus facile et plus tolérante, liée au rayonnement d'une culture. Même l'Antiquité cessait d'être ce modèle insurpassable qu'elle figurait depuis la Renaissance dans la conscience européenne, pour n'apparaître plus que comme une origine, ou un point de référence. Or, c'est ce sentiment-là, à ce point d'épanouissement-là, que Rousseau prend à la traverse dans son *Discours sur les sciences et les arts*.

Mais ce qui donne à sa critique du « progrès » un retentissement soudain, c'est son caractère radicalement distinct de la vieille prédication religieuse contre les richesses, ou contre les lumières. Rousseau attaque la « civilisation » non pas au nom du salut mais au nom de la société elle-même. Il retourne le moderne contre le moderne, ou plutôt il surenchérit de modernité sur le moderne : « Non, dit-il à ses contemporains éclairés, votre société n'est pas "civilisée", elle n'en a que l'apparence. La civilisation vraie ne naît pas des sciences et des arts, qui n'en apportent que l'écume, mais de la vertu, qui est la voix de la conscience dans le silence des passions. » Ainsi, Rousseau attaque de front l'opinion que la société de l'époque a d'elle-même mais c'est pour mieux en dégager le principe neuf, qui est l'individu. D'entrée de jeu, dans un texte qui sent encore un peu la dissertation scolaire, et qui a certains aspects d'un « coup » littéraire, il dévoile le problème du siècle : comment penser le social à partir de l'individuel ?

Du coup, en mettant au jour les prémisses les plus modernes de toute pensée du social, il montre le caractère superficiel, et à côté de la question, de l'opinion sociale sur elle-même ; ni le luxe, ni le raffinement d'une sociabilité urbaine, ni le développement des arts et des sciences ne disent quoi que ce soit de fondamental sur ce qui fait qu'un individu et un autre individu font partie d'une société. On voit, au contraire, non pas comment ils unissent ces individus mais comment ils les séparent. Dès lors, Rousseau installe la mauvaise conscience au cœur même du moderne, comme inséparable de lui, et son tissu même : il est l'homme qui découvre et qui cultive l'écart entre le social et le principe du social.

Sa force, c'est d'avoir une imagination rigoureuse. Rien ne l'intéresse que le fondement des choses — ou leur légitimité. Voltaire a porté jusqu'au génie l'opinion moyenne du siècle ; il immortalise la conversation de son temps. Lui a l'intelligence sanglante et le style « extrémiste » (Starobinski) ; il immortalise l'angoisse de l'échange, qui est l'envers de la conversation, ce qu'elle ne dit pas mais qu'elle suppose toujours. En ne cessant de poser la question qui lui fait mal, et parce qu'elle lui fait mal : qu'est-ce qu'une société, si nous sommes des individus ?, il est insupportable comme quelqu'un qui n'arrête pas de jouer au jeu de la vérité, en dépit des protestations de ses hôtes. De fait, il n'arrêtera jamais.

Le *Discours sur les sciences et les arts* n'a été qu'un hors-d'œuvre, un coup d'essai. C'est le deuxième *Discours*, quelques années après, qui fonde le monde moderne : *Sur l'origine et les fondements de l'inégalité parmi les hommes*. Admirable titre, qui habille comme un drapeau cette recherche qui change tout, et à partir de laquelle l'inégalité cesse d'être *légitime*. Les rapports de Rousseau avec la Révolution française sont noués tout juste là. Car ce qui scelle cette fameuse complicité, criminelle ou bénie, selon les opinions des adversaires ou des admirateurs, ce n'est pas que Jean-Jacques ait prévu, ou qu'il ait souhaité, ou qu'il ait « préparé » la Révolution. Ce que cache ce discours naïf, où communient les traditions contraires de la droite et de la gauche dans la croyance à un sens unifié de l'histoire, ce n'est pas la filiation d'un discours et d'une action ; c'est la parenté de deux discours, non seulement décalés dans le temps mais hétérogènes, et la reprise, par le chœur collectif de la Révolution, de la partition du logicien solitaire de 1750.

Cette partition, c'est tout simplement l'histoire de la chute de l'homme, et l'analyse des conditions de sa régénération. La fameuse hypothèse de Rousseau, vision de l'origine, c'est l'homme de la nature, vivant, dispersé, solitaire, sans passions, heureux. Son petit-fils, transformé par les circonstances et les besoins, n'est plus ce personnage indépendant, mais un produit bâtard, déjà dénaturé, pas encore socialisé : la société patriarcale est cet âge d'or un peu confus des communautés humaines où existent les familles, mais pas l'État ; la cueillette et la charrue, mais pas l'agriculture ; l'usage collectif des ressources de la nature, mais pas la propriété du sol.

C'est à partir de là que Rousseau retrace la généalogie du mal, qui est l'histoire de la division du travail, de l'inégalité, bref de la société civile et politique. Il ne recommande pas pour autant la restauration de l'état de nature, qu'il sait impossible : ce qu'il y a de normatif dans sa pensée n'efface jamais le sentiment qu'il a d'une histoire irréversible. L'état de nature est simplement une théorie de l'origine, par rapport à laquelle mesurer la dégradation née de l'histoire, et penser par conséquent le redressement — je n'ose écrire le rachat — de cette histoire.

Comme la Révolution française, Rousseau laïcise le discours de la rédemption, en l'installant dans l'histoire, en faisant de l'histoire l'instrument du salut, puisque c'est la société qui est coupable — et non pas l'homme. Et le monde moderne (notamment ce que l'on appelle « la politique ») commence bien avec cette conscience-là. Mais Rousseau ne cesse de la vivre, cette conscience, dans l'inquiétude et même dans l'angoisse ; sur le salut par l'histoire, et sur l'instrument de ce salut, il ne trace pas, comme Marx, une voie royale ; il en indique seulement, en écrivant *Le Contrat social*, la condition de possibilité : c'est la transparence entre l'individuel et le social, le règne de la volonté générale. Mais, de ce règne, ni le présent ni l'avenir n'apportent la moindre garantie.

De ce fait, si l'œuvre de Rousseau s'inscrit déjà dans la même économie intellectuelle que celle de Marx, elle me paraît avoir sur le matérialisme historique, en cette fin du XX^e^ siècle, un double avantage de durée. Elle échappe à l'arrogance scientiste, et donc à l'espèce d'éloignement moral et intellectuel où nous nous trouvons à l'égard des grandes machines du XIXe siècle ; la science n'est plus une prophétie. Mais Rousseau a, par rapport à Marx, un deuxième titre particulier à notre affection : c'est d'être un théoricien de la politique. Son angoisse, c'est ce que l'on pourrait appeler le paradoxe de la démocratie, l'écart entre les principes du social et l'aliénation des hommes. Or c'est de cette angoisse-là, où Marx n'a vu qu'un détour de l'économie, et dont il a complètement ignoré le caractère central que vit le XXe siècle. Bien loin de l'abolir, ceux qui se sont battus sous le drapeau marxiste n'ont fait que l'illustrer. C'est pourquoi Jean-Jacques nous parle toujours comme un frère génial qui aurait, le premier, donné les termes de la tragédie.

## LA RÉVOLUTION ET SES FANTÔMES

*20 novembre 1978*

*On n'en finira donc jamais avec la Révolution française...*

**François Furet.** — Il est difficile d'en « finir » avec un événement que les Français, depuis près de deux siècles, s'obstinent à vivre — par le souvenir, par la commémoration — comme un éternel présent. Il n'y a, hélas, que les livres d'histoire pour simplifier cette chose étrange, pour dire que le coup de tonnerre qui ébranle la France et l'Europe à partir de 1789 s'achève, dix ans plus tard, le 18 Brumaire, lorsque Bonaparte prend le pouvoir et remet la France en ordre...

En fait, la Révolution française est un de ces événements, très vite relayé par une mythologie culturelle et politique, dont on peut dater le commencement mais dont personne ne peut dater la fin. A cet égard, la Révolution, c'est bien le contraire de l'Ancien Régime, dont on sait quand il s'achève mais dont on ne sait pas quand il a commencé.

*Vous voulez dire que le serment du Jeu de Paume, la prise de la Bastille, le jacobinisme ou la Terreur sont encore, dans nos têtes, des enjeux politiques ?*

**F. F.** — En un certain sens, oui... Ainsi, les Français ont eu beau refaire deux révolutions, en 1830 et en 1848, traverser un coup d'État en 1851, connaître une guerre civile avec la Commune, ils ont eu beau traverser trois Républiques, deux Empires, deux tentatives de Restauration, malgré cela, leur grande référence symbolique, leur grand mythe fondateur, ça reste 1789. Tout ce qui a suivi n'a jamais été pensé que comme un « remake » de la grande révolution, comme une vaste répétition de la geste originelle... Pourquoi ? c'est presque un mystère. Un mystère dans lequel j'ai essayé, après bien d'autres, de voir plus clair.

*Précisément, pourquoi dites-vous dans votre livre qu'un historien d'aujourd'hui ne peut pas parler de la révolution de 1789 comme il parlerait de la bataille de Poitiers ou des rois mérovingiens ?*

**F. F.** — Cela tient probablement à la bizarrerie de notre mémoire politique, qui a fait de la révolution un événement trop investi par des passions contemporaines. Songez que, jusqu'en 1940, la vie politique française s'est toujours définie — à travers ses acteurs et ses valeurs — par rapport à l'héritage révolutionnaire. Le gouvernement vichyssois, agissant au nom de ce que l'on appelait alors la « révolution nationale », s'imagine lui-même comme une revanche sur 1789 : Pétain et Maurras « l'emportent » enfin sur Voltaire et Rousseau..., ce qui, on en conviendra, est assez extravagant. « Grâce » à la, à sa Révolution, la France a le privilège de ces règlements de compte posthumes. Ce sont là des singularités totalement étrangères aux sensibilités anglo-saxonnes par exemple...

*Pourtant, plus personne ne songe désormais à prendre sa revanche sur Mirabeau ou sur Saint-Just et les valeurs de 1789 font partie du mobilier national...*

**F. F.** — Il est vrai que, depuis la Libération, l'épisode révolutionnaire fait l'objet d'une unanimité, d'un consensus, où la droite et la gauche rivalisent de piété. Mais si les hommes politiques semblent s'être donné le mot pour revendiquer, chacun dans son camp, une parcelle — ou la totalité — de l'héritage révolutionnaire, les historiens, eux, ont pris le relais. De ce fait, la Révolution — en tant qu'objet de savoir et d'étude — est envahie par des passions d'autant plus partisanes qu'elles naviguent sous le pavillon de la « science » ou de l'« objectivité ». En ce sens, on peut dire que la Révolution française n'est toujours pas terminée.

*Mais êtes-vous bien certain d'être, vous-même, exempt des reproches que vous adressez si généreusement à vos collègues ?*

**F. F.** — Bien entendu, je me trouve aussi enraciné dans un présent, à partir duquel je parle et j'écris. La différence entre ce présent qui est le mien et celui, par exemple, d'un historien communiste tient à ce qu'il me porte à désinvestir ce passé plutôt qu'à le superposer à des situations actuelles.

*Il y a quinze ans, lorsque vous avez publié, avec Denis Richet, votre premier livre sur la Révolution française*[1]*, on avait même prétendu que vous en proposiez une interprétation « fauriste »...*

**F. F.** — Ce « faurisme » m'avait été attribué, surtout, par des historiens communistes de la Révolution. De quoi s'agissait-il, au fond ? Faute de discuter notre argumentation à Denis Richet et à moi, ces historiens avaient essayé — conformément à la vieille stratégie du soupçon — de disqualifier ma personne. Le « faurisme » devenait donc une injure toute trouvée puisque, en effet, Edgar Faure est un homme qui m'honore de son amitié et dont j'ai été le collaborateur « politique », une fois, en 1968-1969.

A l'époque, Edgar Faure était ministre de l'Éducation nationale et il m'avait demandé de travailler avec lui à sa fameuse « loi d'orientation »... Aujourd'hui encore, je me sens solidaire du travail qu'il avait alors entrepris dans des conditions très difficiles. Mais la question n'est pas là... L'essentiel, le symptôme le plus intéressant de cette péripétie, c'est que, étant proche d'un ministre appartenant à la majorité gaulliste, mes collègues « de gauche » avaient décrété que tout ce que je pourrais dire sur la Révolution française serait, par avance, faux.

C'est tout de même symptomatique, car cela prouve que, entre un engagement politique de 1968 et une étude savante sur des événements de 1789, l'intelligentsia française établit un rapport de complicité, voire de nécessité. N'est-ce pas, en soi, la meilleure preuve de ce que j'avançais ? En France, on ne peut pas parler de la Révolution sans décliner préalablement son identité. On y sera toujours plus attentif à votre état civil qu'à votre « interprétation »...

*Il n'empêche que cette interprétation de la Révolution française était d'inspiration « libérale » et que, de ce fait, elle essayait d'imposer des valeurs et une conception du monde qui, pour n'être pas celles des historiens « de gauche », n'en étaient pas moins symétriques et partisanes...*

**F. F.** — Sur ce point, il convient d'être très clair. Les interprétations « libérales » ou « marxistes » de la révolution de 1789 n'ont ni le même poids ni le même sens. Cela tient au fait que,

1. *Histoire de la Révolution française*, Fayard.

à la fin du XIX<sup>e</sup> siècle et au début du XX<sup>e</sup>, l'espoir de la révolution socialiste a offert un second souffle aux mythologies de la Révolution française. L'héritage de 1789, chaudement recueilli par une lignée allant de Michelet à Jaurès, devenait soudain une promesse et cette métamorphose fut facilitée par une philosophie de l'histoire sommairement extraite du marxisme : l'âge féodal avait accouché du capitalisme qui, à son tour, était gros du socialisme... Dès lors, la révolution d'octobre 1917, en Russie, devint en quelque sorte l'épilogue de la prise de la Bastille ; c'était la même histoire qui, portée par le même « esprit », au sens hégélien, se déroulait sur une autre scène.

Ce phénomène d'identification eut, dans la pratique de certains historiens, des conséquences fâcheuses car, avec la lumière d'Octobre 1917, on se mettait à « éclairer » l'histoire du XVIII<sup>e</sup> siècle. Vous connaissez la phrase de Marx : « L'anatomie de l'homme donne la clé de l'anatomie du singe »... Eh bien, c'est un peu ce qui se passait puisque certains furent convaincus que le passage du capitalisme au socialisme, en Russie, était de nature à mieux faire comprendre le passage du système féodal au système bourgeois dans l'Europe du XVIII<sup>e</sup> siècle. Le catéchisme léniniste avait engendré un véritable catéchisme révolutionnaire pour lequel, évidemment, ma démarche, disons « libérale », était irrecevable.

*Après tout, il n'est pas absurde de croire que les révolutions se ressemblent, surtout lorsqu'il s'agit de 1789 et de 1917... Qu'y avait-il donc de si scandaleux à comparer Lénine à Robespierre, ou la NEP à Thermidor ?*

**F. F.** — La meilleure façon de ne rien comprendre à la Révolution française, et surtout à sa fonction symbolique à l'intérieur de notre culture politique, c'est de la penser en référence étroite et quasi mimétique avec la révolution russe.

Prenons un seul exemple : pour les historiens marxistes, obsédés par le modèle bolchevique, ce qu'il y avait de plus « intéressant » dans la Révolution française, c'était évidemment la période 1793-1794, où l'on trouvait la Terreur, le robespierrisme, la patrie en danger, etc. Je dis « évidemment », parce que ces épisodes pouvaient passer pour homologues à ceux que connut l'Union soviétique entre 1917 et 1920. Or, par ailleurs, la vulgate marxiste avait fait de la révolution de 1789 l'acte de naissance politique de la bourgeoisie qui l'emportait enfin sur l'aristocratie. D'où le paradoxe, la contradiction : une révolution « bourgeoise » en venait à être caractérisée par ce qu'il y eut de moins « bourgeois » dans la révolution, à savoir Robespierre, la Terreur et les sans-culottes... C'est à ce genre d'impasse que conduit, fatalement, une conception politique, et non historienne, de l'histoire et, surtout, de la Révolution.

*Il n'empêche que Lénine et Trotski n'étaient pas loin de se prendre eux-mêmes pour Robespierre et Bonaparte...*

**F. F.** — Bien sûr, et cette obsession du précédent français dans la révolution russe est tout à fait extraordinaire. Quand on pense que, depuis 1903, Lénine et Trotski polémiquent au sujet des jacobins ! Et lorsque Lénine meurt, à l'autre bout du processus, c'est parce qu'il y a eu la Révolution française et que tout le monde, à Moscou, guette l'avènement d'un nouveau Bonaparte. Trotski étant alors le chef de l'Armée rouge, il était « naturel » que les soupçons se portent sur lui...

Il y a quelque chose de fascinant dans la superposition de ces deux révolutions, surtout dans la mentalité des acteurs et des témoins... Cela va d'ailleurs jusqu'au vocabulaire, car c'est surtout après la révolution russe que le mot de « thermidorien » devient une injure dans la bouche des trotskistes qui reprochent à Staline de « geler » l'acquis de la première révolution bolchevique...

Tout s'est donc passé comme si les Russes avaient décidé de rejouer — mais toujours sur le mode de la tragédie — une histoire écrite d'abord en français. Quant aux historiens comme Albert Mathiez — le grand maître des études révolutionnaires en France, au début de ce siècle —, ils prirent, dès 1920, le relais des acteurs et des témoins en produisant à rebours une historiographie de la Révolution française déduite du modèle russe.

En un sens, ces historiens firent le contraire des héros qu'ils admiraient puisque Lénine et Trotski, eux, avaient *fait* la révolution russe en se conformant très strictement au modèle français... De toute façon, de Lénine à Mathiez ou de Trotski à Soboul, c'est toujours la même geste commémorative qui se poursuit : l'histoire de la Révolution française s'écrit toujours au présent.

*Par conséquent, si, en 1920, au congrès de Tours, ceux qui allaient devenir les communistes français se sont si entièrement identifiés à la révolution de Lénine, c'est parce qu'ils y reconnaissaient, d'abord, une résurgence de l'histoire de France...*

**F. F.** — C'est évident. L'allégeance soviétique du PCF de la haute époque, c'était aussi, paradoxalement, la preuve de son enracinement dans une histoire nationale. C'est parce que les communistes français se voulaient, d'abord, héritiers des jacobins qu'ils purent s'identifier aux bolcheviques. Maurice Thorez a très vite compris cela ; ce fut même sa grande idée politique ; faire admettre aux ouvriers français que l'histoire russe, c'était encore leur patrimoine. On pouvait ainsi suivre, *perinde ac cadaver*, les consignes de l'Internationale tout en tenant disponible, comme en réserve, la carte d'un PCF nationaliste. En politique, cela permit à l'appareil du Parti de passer de l'approbation du pacte germano-soviétique à la Résistance...

*Nous voilà bien loin de la prise de la Bastille...*

**F. F.** — En fait, nous n'en sommes pas tellement loin, et c'est ce paradoxe qui fait tout l'intérêt des études révolutionnaires. Prenez, a contrario, l'exemple des guerres de Religion : il n'y a plus un seul historien, même le plus extrémiste des catholiques ou le plus extrémiste des protestants, pour considérer que ces guerres, qui ont occupé la seconde moitié du XVIe siècle, font encore l'objet d'un enjeu historiographique très fort.

Avec la Révolution française, c'est différent puisque les historiens ont toujours besoin de revivre cet événement avant de le *penser*. D'où, d'ailleurs, et de façon un peu provocatrice, le titre de mon livre... Et *revivre* la Révolution avant de la *penser*, cela veut dire partager les valeurs qui faisaient agir ses acteurs ; cela veut dire que ces valeurs sont toujours les nôtres...

*La Révolution française, ce ne serait jamais vraiment de l'histoire mais toujours de la politique ?*

**F. F.** — Pour les Français, ce qui s'est passé entre 1789 et 1815 fonctionne un peu comme un mythe des origines, comme l'aube d'un temps nouveau, d'un commencement absolu. A cet égard, la Révolution, c'est bien — mythologiquement — l'origine de la France contemporaine. Voyez les programmes scolaires et la division des études de l'histoire de France : le « moderne » se termine en 1789, et le « contemporain » commence en 1815. Entre les deux, il y a ce no man's land symbolique occupé par la Révolution et que l'on charge de résumer l'ancien monde tout en annonçant le nouveau...

*Quand vous parlez de « mythe des origines », que voulez-vous dire exactement ?*

**F. F.** — Je veux dire que la civilisation politique dans laquelle nous vivons se fonde sur des systèmes de croyances et de signes construits de toutes pièces par la Révolution.

*La droite et la gauche par exemple...*

**F. F.** — En effet, avant 1789, la « droite » et la « gauche » n'existent pas. Les Français n'ont pas, à cette époque-là, à leur disposition, des événements qui leur permettraient de se diviser selon cette ligne. Tandis que, à partir de 1789, vous avez les « patriotes » et les « contre-révolutionnaires » — c'est-à-dire les ancêtres de notre gauche et de notre droite —, qui, d'un seul coup, peuvent se définir par rapport aux états généraux ou par rapport à la prise de la Bastille. Vingt ans plus tôt, la chute de Turgot — qui fut un « événement » — ne donne à personne l'idée de se définir par rapport à lui en termes comparables.

*Mais pourquoi les Français de 1789 éprouvent-ils, soudainement, le besoin de se « définir » par rapport à des événements ?*

**F. F.** — Précisément parce que, avant 1789, la politique n'existe pas en tant que telle. Il y a alors, et seulement, un système de pouvoir baptisé monarchie absolue, avec le roi d'un côté et la nation de l'autre, avec des sous-systèmes clandestins ou illégitimes, comme les loges franc-maçonnes ou les « sociétés de pensée » ; mais il n'y a pas, à proprement parler, de champ politique démocratiquement structuré. La monarchie absolue est un système de communication politique qui, d'une certaine façon, excluait ses sujets de la vie publique et les dispensait de se définir par rapport à l'exercice ou à la revendication d'un pouvoir. Or c'est ce système qui s'effondre en 1789. Du coup, la « politique », en tant que nouveau système de communication, devient chose possible...

*Soit, mais le mystère demeure entier : au* XVII*e siècle, par exemple, les Anglais avaient eu, eux aussi, leur révolution. Ils avaient même décapité leur roi en 1649 et jeté les bases d'un système politique plus « moderne ». Pourtant, personne — pas même les Anglais — ne songe à faire de cette révolution l'aube* *d'un temps nouveau. C'était, en quelque sorte, un événement aussi décisif qu'inutile.*

**F. F.** — L'exemple de la révolution anglaise, par son rayonnement relativement faible, permet en effet de comprendre ce qu'il y eut de si radicalement neuf dans la Révolution française. Les Anglais, voyez-vous, n'ont pas attendu cette révolution pour avoir leur propre mythe des origines qui est, en fait, ce que l'on appelle la *common law*, c'est-à-dire cette loi imprescriptible et immémoriale qui doit régir les rapports de la royauté et de la nation. Pour les Anglais, l'origine de la culture à l'intérieur de laquelle ils vivent, c'est cette *common law* et rien d'autre. Leur révolution n'a donc pas eu pour fonction d'*instaurer* un ordre nouveau mais de *restaurer* un ordre ancien et, pratiquement, leur révolution ne fut qu'une restauration de ce droit enfoui dans la nuit des temps.

On observe le même phénomène de restauration avec la révolution américaine, qui, à sa façon, voulait n'être qu'un retour aux valeurs des premiers immigrants. Pour les Anglo-Saxons, la révolution, c'est la stabilité ; pour nous, c'est l'instabilité. Pour eux, c'est la suite d'une histoire déjà ancienne ; pour nous, c'est la promesse d'une histoire nouvelle. D'ailleurs, on pourrait « expliquer » ainsi pourquoi les messianismes idéologiques (le marxisme, par exemple) n'ont jamais « pris » dans le monde anglo-saxon, alors qu'ils ont trouvé, chez nous, un terreau très familier.

*Vous parlez souvent d'« origine », de « commencement absolu » à propos de la Révolution française, mais n'est-ce pas étrange dans la mesure où rien ne ressemble plus à la France de Louis XVI que la France de Louis XVIII ?*

**F. F.** — C'est en effet assez troublant de voir comment les Français ont cru tout changer alors que, d'une certaine façon, ils ont tout consolidé. En ce sens, la Révolution, qui voulait briser en deux l'histoire du monde — c'est la première fois qu'un événement qualifie ce qui le précède d'« ancien régime » —, ne fut peut-être que la continuation d'une histoire plus ancienne. C'est en tout cas la thèse de Tocqueville à qui, bien sûr, je dois tant.

Certes, entre 1789 et 1799, il s'est « passé » beaucoup de choses. Mais, malgré cela, voici Bonaparte qui restaure la monarchie absolue et qui va même jusqu'à la perfectionner... Devant ce constat, Tocqueville suggère donc, avec des intuitions géniales, que les Français, malgré les tremblements qu'ils ont imposés à leur société et à l'Europe entière, viennent de faire l'exact contraire de ce qu'ils voulaient. Évidemment, cela donne à méditer sur le destin de la — ou des ? — révolution. Les hommes sont-ils à ce point naïfs ou impuissants ? C'est toujours, implicitement, la question de Tocqueville. Son mérite, c'est d'avoir essayé, avec toutes les ressources de son intelligence, de la poser correctement.

*Ce qui vous séduit, chez lui, est-ce aussi son regard lucide et pessimiste devant le monde qu'il est en train de perdre ?*

**F. F.** — Pas seulement, vous vous en doutez. Pour Tocqueville, l'essentiel, c'est de comprendre la Révolution et non de la ressusciter. Il procède donc de façon déductive et non lyrique. Pour lui, l'essentiel, ce n'est pas de faire « revivre » — ce qui serait absurde — Robespierre ou Mirabeau mais de comprendre pourquoi Robespierre ou Mirabeau ont été les acteurs d'une pièce qui a bouleversé la France sans la changer.

Je ne dis pas que cette hypothèse contient tout le problème de la Révolution mais c'est une hypothèse féconde. A l'inverse, Michelet par exemple n'a, à la lettre, aucune « idée » de la Révolution, sinon le vague credo républicain de son temps, selon lequel la Révolution se confond avec l'avènement de la justice... Son génie d'écriture fascine mais son imagerie est banale. Et cette imagerie lui interdit d'explorer l'hypothèse de Tocqueville : à savoir que la Révolution française ne fit que parachever l'œuvre de l'Angien Régime.

*Malgré cela, la Révolution, qui n'aurait exprimé qu'une continuité dans les faits, fut vécue d'abord comme une rupture à l'intérieur des consciences...*

**F. F.** — Oui, c'est cela... En apparence, la Révolution n'était qu'une énorme machine destinée à détruire le pouvoir absolu alors qu'en réalité elle véhiculait elle-même, et d'un bout à l'autre de son processus, une « certaine idée » du pouvoir absolu et de l'État qu'elle a, évidemment, renforcés. Ce faisant, la Révolution poursuivait l'œuvre entreprise par la monarchie depuis huit siècles.

*Dans votre livre, vous reconnaissez tout de même que, grâce à la Révolution, l'égalité devient une idée neuve en Europe.*

**F. F.** — Il est vrai que cette idée d'égalité, qui s'affirme de 1789 à 1793-1794, c'est l'envers de l'Ancien Régime, pour lequel l'inégalité seule était légitime. Certains pourraient prétendre, avec quelque raison, que les « niveleurs » anglais de 1649-1650 avaient, par leurs actions et proclamations, préfiguré cet idéal égalitaire. Mais c'était un égalitarisme d'essence religieuse alors que, avec la Révolution française, cela devient un égalitarisme d'essence politique, donc propre à alimenter les idéologies modernes. Il n'empêche que cette dynamique égalitaire — personnifiée par Robespierre et symbolisée par la guillotine —, quelle que soit sa « nouveauté », va dans le sens d'un renforcement de l'État et de l'affirmation du pouvoir absolu exercé désormais au nom de la volonté générale.

Dans ces conditions, et pour « penser la révolution », il convient d'en finir avec les histoires édifiantes. Il convient de renvoyer dos à dos les historiens — « de droite » lorsqu'ils pleurent la mort du roi, ou « de gauche » lorsqu'ils pleurent la mort de Robespierre — et de voir comment se met en place un système qui, d'une part, espère accoucher d'une démocratie de petits propriétaires et de petits artisans et qui, dans le même mouvement, sacralise la toute-puissance du nouveau monarque jacobin. Dans cette entreprise, je dois le répéter, Tocqueville m'a été plus utile que Michelet et la tradition républicaine.

*Pourtant, les grands classiques républicains auraient dû vous attirer plus que les aristocrates désabusés... N'étiez-vous pas vous-même communiste avant de devenir historien professionnel ?*

**F. F.**— C'est exact. Je me suis inscrit au Parti communiste « comme tout le monde », en 1947, après avoir été FFI et communisant pendant la fin de la guerre et la Résistance. Pour ma génération, c'était un cheminement classique. Ajoutez à cela que le monde communiste, notamment sous sa forme stalinienne, est un monde sécurisant pour les natures inquiètes...

Pour l'intellectuel qui souffre de son isolement, c'était l'idéal, ou presque : au Parti, il retrouvait un lien mythique avec le peuple, avec la classe ouvrière, et il recevait, en prime, une explication globale et exhaustive de la société dans laquelle il se sentait plutôt mal à l'aise... Ç'a été mon cas, entre 1947 et 1954. Pour le reste, je vous renvoie à l'*Autocritique* d'Edgard Morin, qui demeure le plus fin témoignage sur ce qu'a pu être, quotidiennement, cette expérience.

*Et c'est parce que vous étiez communiste que vous vous êtes intéressé à la Révolution française ?*

**F. F.** — Il est incontestable que le fait d'être communiste, en France, vous inocule une sorte d'intérêt spontané, voire de familiarité, avec les heures chaudes de la Révolution. En bon militant, je me suis donc précipité vers les livres d'Albert Mathiez ou de Georges Lefèvre, mais il est évident qu'à l'époque, pour moi, l'idée de révolution était d'abord russe. Certes, j'avais aussi lu Tocqueville, mais pouvais-je m'y intéresser dans la mesure où l'étiquette d'aristocrate libéral était comme un label infamant et commode permettant au communiste que j'étais de me débarrasser de sa thèse... De plus, l'étude de la Révolution permettait, en retour, de légitimer la révolution russe même dans ses épisodes les plus horribles. Nombreux étaient alors les militants pour lesquels la Terreur robespierriste justifiait, si l'on peut dire, le terreur stalinienne. Puisque Danton était un vendu, pourquoi pas Boukharine ?

*Et que vous reste-t-il, aujourd'hui, de toutes ces illusions ?*

**F. F.** — Un intérêt intellectuel profond pour la vie politique, coïncidant avec un désintéressement affectif. Le fait que, en certaines circonstances, je n'aie pas hésité à soutenir la politique de réforme d'un homme tel qu'Edgar Faure prouve bien que, même si je suis né et enraciné à gauche, je me sens assez proche des représentants les plus éclairés de la pensée libérale. En réalité, cela correspond, chez moi, à un désintérêt croissant pour l'« engagement ». Il y a des années et des années — depuis la fin de la guerre d'Algérie — que la politique française ne m'intéresse plus beaucoup ou, du moins, que je ne me trouve pas des motifs assez puissants pour y participer activement.

Ainsi, j'ai toujours été un peu sceptique sur les chances de l'Union de la gauche, bien que la reconstruction du Parti socialiste qu'elle a permis me semble être une bonne chose. Le drame, c'est que le prix de cette reconstruction, c'est, pour le Parti socialiste, un renoncement à l'exercice du pouvoir... Sachez, enfin, que je ne me sens pas pour autant de connivence particulière avec la majorité et que je ne partage d'aucune manière cette fascination à l'égard du pouvoir qu'éprouvent de jeunes intellectuels français, avec un entrain si voyant et si puéril...

*Alors, vous aussi, vous êtes « ailleurs »...*

**F. F.** — Ça, je ne saurais le dire ; mais il me semble que, sous l'influence conjointe du marxisme et de l'existentialisme, ma génération a vécu sur une idée fausse : à savoir que tout intellectuel devait choisir son camp, faute de quoi son camp parlait à travers lui. A partir d'une évidence — que l'historien parle toujours de quelque part, dans un temps, dans un lieu —, on dogmatisait.

Or mon point de départ est inverse : je ne vois pas pourquoi il serait interdit de retenir comme hypothèse centrale d'une histoire de la Révolution française que le champ politique moderne, tel que la Révolution l'a précisément constitué, est une figure provisoire, qui apparaîtra peut-être dans cent ou deux cents ans comme un système d'explication et comme un investissement psychologique d'un autre âge. Que cette hypothèse corresponde plus ou moins aux sentiments que, comme intellectuel français de cette fin du XX^e^ siècle, j'éprouve à l'égard du spectacle de la politique, je l'accepte volontiers. Pourquoi s'en trouverait-elle disqualifiée ? Elle me paraît beaucoup plus féconde et plus vraisemblable que celle qui fait du clivage droite-gauche un tribunal de l'histoire.

*Avec de telles « hypothèses », il faut être bien masochiste pour s'infliger, comme vous l'avez fait, une longue intimité avec les hommes de 1789 et, plus encore, avec ceux de 1793. N'ont-ils pas inventé le clivage et le tribunal qui vous déplaisent tant ?*

**F. F.** — Incontestablement, la paternité leur en revient. Et c'est bien dans leur action, et dans leur réflexion, qu'il faut chercher les figures originelles de notre rapport moderne au politique. Du coup, ce n'est pas par masochisme mais par nécessité qu'il convient d'interroger leurs croyances...

Les hommes de 1789, et, a fortiori, ceux de 1793, prirent le pouvoir au nom de ce qu'ils appelaient, en bons rousseauistes, la « volonté générale ». Or qu'est-ce que la volonté générale ? C'est un être de raison qui, d'emblée, investit ses porte-parole d'un plain-pied avec le bien public. Quand on parle là où s'exprime la volonté générale, il n'y a plus — par définition — d'adversaires ; il n'y a que des *obstacles* que le bien public commande de détruire, et toute la logique des terreurs s'en déduit. C'est parce que les révolutionnaires de 1789 — comme ceux de 1917 — se sont choisi ce discours de la volonté générale qu'ils eurent besoin, très vite, de s'inventer des complots et des comploteurs.

*C'est-à-dire...*

**F. F.** — C'est une affaire de pure logique : à partir du moment où les jacobins décident qu'ils expriment le peuple dans sa globalité, tous ceux qui s'opposent à eux ne peuvent être que les suppôts d'une force extérieure au corps social ; on la baptise alors « parti de l'étranger » ou « contre-révolution »... Vous voyez donc que la notion de complot est inhérente à la pratique de la démocratie directe, ou à l'idée qu'on s'en fait. Lisez les discours de Robespierre, ou de Marat, et vous verrez que la dynamique révolutionnaire suppose et entretient, avec une incroyable constance, le thème du complot. Ce complot qui, dans sa définition toujours insaisissable, rassemble et résume toutes les forces qui *empêchent* le peuple de s'exprimer. Pour le coup, les communistes sont bien les héritiers des jacobins : car que sont ces « grands monopoles », ces « deux cents familles », sinon encore, et toujours, une version atténuée du complot ? Au fond, le génie de Robespierre — qui, au demeurant, n'était qu'un individu ordinaire —, c'est de s'être toujours placé là où la « volonté générale » devait parler. De ce fait, il était toujours là où s'instruisaient les procès des « comploteurs ».

*En fait, cela signifie que si un système de pouvoir refuse le régime représentatif, il se condamne au terrorisme ?*

**F. F.** — Et il s'y condamne fatalement... Les hommes de 1793 avaient appris chez Rousseau que « la volonté générale ne se délègue pas », qu'elle est « inaliénable ». D'où leur obsession de la démocratie directe, avec le terrorisme d'État qui s'en déduit. Robespierre est, par excellence, l'homme de cette « déduction ».

*Vous voulez dire que le génie de Robespierre a consisté à se soumettre continûment à la dynamique révolutionnaire ?*

**F. F.** — Absolument. Mais les historiens en mal de héros ou de sensationnel ont écrit là-dessus tant de sottises et ces sottises sont si populaires qu'on a du mal à rétablir la vérité. En fait, Robespierre est un personnage qui m'a beaucoup intrigué. Quand on lit les Mémoires de sa sœur, quand on voit ce qu'était sa vie avant 1789, on est ahuri : c'est un homme banal, un avocat conformiste, soutenu par tout ce qu'il y avait d'officiel dans la province française, bref, un homme sans intérêt, surtout si on le compare à un Mirabeau, par exemple.

Car Mirabeau est une tempête, un volcan ; il a tout vu, tout souffert, il a des problèmes dramatiques de famille, une vie sentimentale effervescente, tandis que Robespierre, lui, vit prudemment, chastement. Mirabeau passe son temps en prison ou en fuite, vit d'expédients, d'intrigues politiques avortées et de littérature sur commande, tandis que Robespierre, flanqué de ses sœurs et de sa tante, ne prend aucun risque social...

Or que se passe-t-il à partir de 1788 ? Robespierre va « coller » aux événements, aux circonstances, avec d'autant plus de docilité qu'il a cette docilité dans son tempérament. Son génie, je vous l'ai déjà dit, c'est de se placer toujours là où la « volonté générale » — le nouveau souverain — doit obligatoirement s'exprimer.

*Il y faut tout de même une certaine dose d'habileté...*

**F. F.** — A peine. Car la « volonté générale » suit un itinéraire assez limpide. Le « peuple » est très vite réduit aux sections révolutionnaires et aux clubs, donc Robespierre s'y trouve. Ensuite, les clubs et les sections révolutionnaires sont réduits à la Convention — puisque celle-ci est censée leur obéir dès lors qu'elle a expulsé les Girondins — et, par conséquent, il y va. De là, la Convention est réduite au Comité de Salut public, dont il fait partie, et le Comité de Salut public ne tarde pas à se confondre avec sa propre personne. Par une série de « transparences », on part donc du « peuple » et on arrive à Robespierre... Cette série, presque magique, Robespierre n'a jamais songé ni à l'organiser ni à la déjouer. Il y colle comme spontanément. D'où sa force. Évidemment, Mirabeau n'avait ni cette modestie ni ce manque d'imagination.

*D'où son échec...*

**F. F.** — Qui était fatal dès lors qu'il avait, lui, tout compris. Il faut lire, à cet égard, les lettres secrètes que Mirabeau écrivait au roi à partir de 1790. En effet, vous savez que Mirabeau, dès février 1790, s'était « vendu » au roi ; mais il ne s'était vendu que pour vendre au roi ses propres idées. A la fin du mois de mai, il lui écrit : « Comment, vous vous plaignez ! Vous n'avez plus de Parlement, plus de corporations, vous n'avez plus de noblesse, plus de clergé ! Vous n'avez plus qu'à être un roi national ! »

Autrement dit, il lui proposait, avec dix ans d'avance, d'être Bonaparte. Il lui apprend que la Révolution vient de détruire tout ce qui, jusque-là, faisait obstacle à son pouvoir absolu. Son drame, c'est que Louis XVI était stupide et que ses collègues de la Constituante ne comprenaient rien à ses anticipations. Il est donc mort dans le désespoir et le malentendu. A l'inverse, Robespierre n'a pu devenir le chef de la Révolution que parce qu'il était, d'abord, un homme de l'Ancien Régime, doué d'une prodigieuse faculté d'identification, qu'il reporte sur la dynamique révolutionnaire. Ce qu'il y a de grand, chez lui, c'est cette aptitude à « incarner » la force des choses.

Mirabeau avait compris que la Révolution finirait par renforcer l'État ; il a donc voulu la devancer et il a échoué. Robespierre avait compris que la Révolution était en train de distribuer un nouveau système de valeurs — celles de la volonté générale et de la démocratie directe. Il l'a donc suivie et il a réussi. Enfin, jusqu'à un certain point...

*A vous entendre, on a l'impression que vous privilégiez délibérément l'histoire politique. Or c'est largement contre celle-ci que s'est définie l'École des Annales, dont vous faites partie...*

**F. F.** — Les historiens de l'École des Annales ont en effet réagi contre la réduction de l'histoire à la chronologie des règnes, des présidents, des grandes lois, etc. C'est-à-dire contre le monopole des *sujets* politiques dans l'histoire. Ils ont plaidé pour l'élargissement de leur champ d'investigation et ils ont gagné ; ils ont plaidé pour le structurel contre l'événementiel, pour la longue durée, et ils ont encore gagné.

Mais, de ce fait, le niveau politique de l'analyse des sociétés s'en est trouvé un peu absurdement négligé. Absurde, parce qu'il n'y a aucune liaison logique entre l'événementiel et le politique. On peut donc — il y a même urgence — conceptualiser l'histoire politique de la France comme j'ai tenté de le faire sans rien renier de ce qui a fait le rayonnement de l'École des Annales. Des historiens comme René Rémond ou Maurice Agulhon se sont déjà engagés dans cette voie. Pour le reste, j'ajoute que les historiens des Annales forment un groupe très vivant mais très divers, et qu'il serait bien difficile de définir en termes de curiosités partagées. En un sens, le mouvement d'élargissement du champ historique et d'enrichissement de l'histoire par les sciences sociales, voulu par Marc Bloch et Lucien Febvre avant la guerre, ce mouvement a tellement fait l'unanimité que, pour ma génération, il constitue une sorte d'héritage « classique ». Il a même donné naissance — ce qui est rare dans l'histoire intellectuelle — à une institution qui fut la sixième section de l'École pratique des hautes études et qui est maintenant l'École des hautes études en sciences sociales...

*... Dont vous êtes président. Ça vous amuse donc de diriger et d'organiser une institution aussi huppée ?*

**F. F.** — Dans l'ensemble, oui. J'y ai passé presque toute ma vie professionnelle, grâce à Fernand Braudel, qui en fut l'architecte et qui m'a permis d'y trouver un abri et un cadre permanent. C'est une institution à la fois marginale et « arrivée », érudite et perméable à l'air du temps, universitaire et débordant l'Université traditionnelle, où les possibilités d'avoir une action intellectuelle sont probablement plus grandes qu'ailleurs dans le secteur de l'enseignement supérieur. Tel est, en tout cas, mon sentiment.

*Vous vous sentez à l'aise à l'intérieur de cet* establishment *intellectuel ?*

**F. F.** — Oui. D'autant plus que, malgré des agacements épisodiques, j'ai été toujours intéressé par les mécanismes qui produisent et reproduisent indéfiniment l'intelligentsia française. Historien de la Révolution, j'y trouve, si l'on peut dire, un surcroît d'intérêt dans la mesure où j'ai pu observer de près, en plein XVIIIe siècle, la naissance de l'intellectuel moderne.

*Voltaire ? Rousseau ?*

**F. F.** — Ne cherchons pas, tout de suite, des noms propres, car ce qui se passe au XVIIIe siècle, en matière de communication des idées, relève d'une analyse plus globale où Tocqueville, une fois encore, m'a éclairé. Je m'explique : la société de l'Ancien Régime finissant, c'est une société qui est composée de corps et non d'individus. Et ces corps sont les seuls interlocuteurs de la monarchie qui les consulte et qui exige leur obéissance. Or ces corps ne représentent pas les forces sociales et idéologiques mises en branle par la croissance économique. Ces forces, bourgeoises ou nobiliaires, ont une culture en commun — disons, pour faire vite, la culture des Lumières — et, privées de système représentatif, elles sont à la recherche de nouveaux mandataires parlant en leur nom et surtout au nom des nouvelles valeurs dont elles se sentent porteuses.

Certes, il y avait les parlements. Mais les parlements étaient de grands organismes judiciaires peu aptes à traduire ces nouvelles valeurs sur le plan de l'idéologie et de la politique.

D'ailleurs, les parlements de l'Ancien Régime sont à la fois libéraux et conservateurs. Libéraux, puisqu'ils s'opposent à la volonté royale, mais conservateurs parce qu'ils sont hostiles à un certain nombre de réformes, fiscales par exemple. De ce fait, les nouvelles élites ne se sentaient pas exprimées par les parlements, et il leur fallait trouver autre chose. Naît alors un pouvoir représentatif « sauvage », extérieur aux trois ordres, passant en quelque sorte hors du circuit de communication politique classique : ce pouvoir « sauvage », c'est celui qui va être assumé par les ancêtres de nos intellectuels.

*Ce pouvoir « sauvage » fut-il aussi homogène que vous le laissez entendre ? Et son attitude à l'égard du pouvoir fut-elle vraiment si claire ? Car si, au* XVIII*e siècle, tous les écrivains rient de la monarchie absolue, trente ans plus tôt, ils sont encore — tous — respectueux de Louis XIV...*

**F. F.** — Il est vrai qu'en trente ans ce pouvoir « sauvage » change d'attitude à l'égard d'un pouvoir dont il n'a plus besoin, économiquement. Au XVIIe siècle, presque tous les écrivains vivent encore du mécénat royal ou princier. Mais voyez Voltaire, un siècle plus tard : il vit comme un écrivain moderne, discutant avec son éditeur, obtenant des avances, exigeant des pourcentages. L'écrivain conquiert son autonomie et, libre de dire ce qu'il pense, il devient le roi d'une opinion qui reconnaît en lui le mandataire dont elle avait besoin. Depuis, on a eu Victor Hugo, Camus, Sartre, Gide ou Malraux. Mais n'oubliez pas que ce phénomène, typiquement français, est un legs du XVIIIe siècle. Le pouvoir « sauvage », c'était — c'est — eux, avec, pour seule légitimité, celle des idées.

*Croyez-vous que cette légitimité auréole toujours les intellectuels d'aujourd'hui ?*

**F. F.** — Oui, bien sûr. Pensez par exemple au rayonnement qu'a exercé sur ma génération un homme comme Sartre. Et c'est cette tradition qui, à son tour, explique le goût qu'ont tant d'intellectuels français de se faire les porte-voix de la société auprès du pouvoir. Aujourd'hui, ce trait est devenu quasiment caricature.

*En d'autres termes, il n'y a plus de Bastille à prendre ?*

**F. F.** — Non, depuis longtemps : je veux dire qu'il n'y a plus de combat, au XXe siècle, qui ne soit *douteux*. Ce qui explique que même Sartre est loin de Voltaire !

*Comment pouvez-vous dire qu'il n'y a plus que des combats douteux ? Le totalitarisme, la torture, le racisme ?*

**F. F.** — Bien sûr, ce sont là des combats décisifs et nullement ambigus. La nouveauté de ce dernier quart de siècle, c'est qu'ils ne relèvent plus de la politique mais de la morale.

Propos recueillis par
JEAN-PAUL ENTHOVEN et LAURENT THEIS

---

PENSER LA RÉVOLUTION,
*par François Furet, Gallimard, 1978.*

---

# MARX DANS SON ARBRE GÉNÉALOGIQUE

*18 juin 1979*

La question centrale du livre de Pierre Rosanvallon est celle qui est dans l'air du temps : d'où nous est venu le totalitarisme ? L'intérêt de la réponse tient à ce qu'elle n'est pas cherchée dans une forfanterie d'allégeance à l'idéologie libérale, ou à travers une rhétorique de désespoir mondain, mais dans une étude de généalogie des idées et des idéologies. Rosanvallon ne dit pas : c'est la faute à Rousseau, c'est l'aveuglement de Marx. Il essaie de comprendre comment la pensée moderne du social a pu faciliter, ou simplement rendre possible, cette pathologie des représentations qui est inséparable du phénomène totalitaire.

Le problème typique du « moderne », à partir du XVIIIe siècle, est de penser le social en dehors de la référence à Dieu, d'une part, et aux communautés traditionnelles, de l'autre. La dislocation du monde médiéval conçu comme un organisme agencé par ordre divin sur le modèle du corps humain a libéré deux ordres de pensée. Elle a d'abord rendu inévitable la recherche d'un principe d'auto-institution des sociétés ; faute de droit divin, qu'est-ce qui légitime que des hommes forment une collectivité, c'est-à-dire consentent à des règles communes ? Or cette première interrogation est compliquée du fait qu'elle en recouvre une seconde, née de la transformation du matériau même avec quoi penser le social : l'unité élémentaire et insécable a cessé d'en être les corps et communautés d'habitants, c'est désormais l'individu. Or, s'il est facile de figurer une monarchie comme une pyramide de corps couronnée par une tête, qu'est-ce qui lie ensemble des hommes que, par définition, on pense isolément ? Qu'est-ce qu'une société, ou une nation, ou ce qu'on voudra, si nous sommes des individus ? Toute la pensée politique classique tourne autour de cette question.

Elle y répond essentiellement par la théorie du contrat, qui esquisse le concept moderne de société, c'est-à-dire du corps social indépendant de l'État. En effet, soit que, comme dans Hobbes, les hommes aliènent leurs droits au monarque pour conjurer leur penchant à s'entre-déchirer, soit que, comme dans Rousseau, ils exercent chacun sa souveraineté de citoyen pour constituer la volonté générale, il y a dans l'acte constitutif de la société politique une conception élémentaire de l'individu tel que la nature l'a fait et tel que la société civile l'a amené, ou doit l'amener à agir.

Encore la plupart des philosophes du XVII^e^ et du XVIII^e^ siècle, Hobbes et Rousseau notamment, gardent-ils le souci de couronner le contrat social par une clé de voûte politique, monarchie absolue chez l'un, démocratie non moins absolue chez l'autre. En cela, ils restent fidèles à une conception globale qui ne sépare pas, ou ne déduit pas, la politique des autres traits de l'homme en société. L'homme social reste défini à leurs yeux par son intégration consentie à la communauté politique, intégration qui le constitue en figure de la *civilisation*, c'est-à-dire, comme l'étymologie l'indique, en être *civil*, par contraste avec l'état antérieur à la formation du lien social. Le « contrat » est cette image abstraite du pacte qui unit la société et le pouvoir et qui les fonde ensemble, l'un et l'autre, l'un par l'autre. La représentation du politique reste inséparable de la représentation du social, comme dans la royauté de droit divin, mais sur la base de ce qui est devenu le droit public. Les légistes des vieilles monarchies ont progressivement laïcisé les fondements du pouvoir de leurs maîtres pour asseoir le leur : à bien des égards, la philosophie politique du XVII^e^ et du XVIII^e^ siècle est la théorie de leurs conquêtes.

Or le XVIII^e^ siècle, surtout anglais, voit naître une autre tradition, qui va se substituer à celle-là, et la recouvrir : c'est ce que Rosanvallon appelle l'idéologie du capitalisme utopique.

Cette tradition naît au croisement de l'État-nation et du marché, quand les monarchies européennes, Angleterre et France en tête, découvrent l'économie politique comme une « territorialisation » de la richesse : un espace de domination sur les hommes et sur les choses dans lequel le nombre des hommes et celui des choses signalent la puissance de l'État. C'est pourquoi les corps de doctrine qu'on baptise « arithmétique politique » en Angleterre ou « mercantilisme » en France ont un si grand souci de tout compter, les récoltes, les animaux, les produits manufacturés, les habitants du royaume : l'individu est une unité instrumentale avant d'être une valeur philosophique.

Mais ce mixte d'État et de marché se décompose au XVIIIe siècle, dans la pensée anglaise, par l'approfondissement et l'extension du concept de marché : celui-ci n'est plus chez Adam Smith que le tissu social constitué par les échanges économiques entre individus. Il cesse de faire coïncider des espaces juridiques, politiques, économiques, culturels sur un territoire donné. Il est simplement partout où deux hommes échangent ce qui leur appartient, à leur bénéfice réciproque. La propriété constitue l'individu, l'échange des propriétaires constitue la société. L'économique, désormais coupé de la morale et de la politique, indépendant, souverain, quasiment unique, définit ce par quoi des intérêts séparés s'unissent sans le savoir pour faire une harmonie : du coup, comme l'écrit Rosanvallon, « c'est la société et non plus le sol qui devient le véritable objet du territoire ».

Ainsi Adam Smith aborde et résout le même problème que Rousseau, mais d'une manière absolument différente, et sur un autre terrain. C'est à travers l'économique qu'il réalise le social et le politique, et qu'il invente une société civile qui se suffit pratiquement à elle-même, puisqu'elle ne cesse de fabriquer de l'harmonie et du consensus à travers les lois du marché. Ce tissu fondamental d'intérêts et de besoins, incontrôlable et pourtant autogouverné, abolit jusqu'à la pensée du politique et de l'État. Au moment où Rousseau fonde l'utopie de la démocratie, Adam Smith invente l'utopie du capitalisme.

Or, de cette utopie, Marx est, en un sens, le véritable héritier. Reprenant des analyses profondes de Louis Dumont et de Michel Henry, Rosanvallon montre bien que le marxisme est aussi une interprétation de l'individualisme moderne. Non que Marx reprenne la représentation de l'individu qu'on trouve chez Smith ou dans la pensée libérale puisque, au contraire, il en fait la critique. Mais c'est que justement il conserve comme visée philosophique fondamentale la désaliénation de l'individu, son épanouissement à l'intérieur d'un système de relations transparent, dans une société qui soit enfin un pur commerce entre sujets, et non par marchandises interposées. Par là, il retrouve sans le savoir la vieille croyance de l'économie anglaise selon laquelle le problème de l'État et des formes politiques de l'existence collective est négligeable, si la société civile est ce qu'elle doit ou peut être. C'est cette croyance qui constitue la matrice du fameux mépris de Marx pour les « libertés formelles », au bénéfice de ce qu'il appelle les « libertés réelles » ; les premières, destinées à organiser périodiquement la délégation de la souveraineté populaire, sont en fait annulées par le rapport social réel qui est noué au niveau du marché au profit exclusif de la bourgeoisie. Ainsi, ce que le politique comporte en apparence d'autonome est en réalité dans la dépendance de l'économique, qui définit l'ensemble du système. C'est pourquoi seule la libération de l'homme par rapport à cette dimension économique permettra sa désaliénation politique.

Du coup, Marx, poussant jusqu'au bout — c'est-à-dire jusqu'au point où il s'abolit de par sa propre logique — le système conceptuel d'Adam Smith, ne propose de solution au problème du pouvoir et des libertés politiques qu'à travers l'extinction de l'économique. En effet, le communisme comme dépassement de la société bourgeoise nécessite la suppression de la médiation de l'intérêt à l'intérieur des rapports qui constituent la société civile. Mais il doit comporter de ce fait la suppression de la rareté, qui fonde la tyrannie de l'économique. L'inversion du système libéral, à l'intérieur d'un schème conceptuel commun, se traduit chez Marx par une illusion aussi naïve que l'hypothèse de la « main invisible » d'Adam Smith : à savoir, que le productivisme capitaliste, puis communiste peut conduire à l'extinction des besoins par l'abondance, comme si la notion de besoin renvoyait à des différenciations purement matérielles entre les individus.

Ainsi le socialisme du XIXe siècle s'élabore sur des matériaux conceptuels du XVIIIe, moins critiqués et moins repensés que ne l'ont cru ses fondateurs : telle est l'idée profonde et vraie de Rosanvallon. Je ne jurerais pas que son livre ne soit pas ici et là un peu bref par rapport aux ambitions qu'il a et aux corps de doctrine dont il fait la critique. Mais, dans sa généalogie du socialisme marxiste, quelque chose est éclairé que personne n'avait jusqu'ici, sauf Louis Dumont, mis en relief avec cette patience et cette imagination intellectuelles. Il y a donc beaucoup de travaux et de livres futurs dans cet essai, qui est la promesse d'une œuvre.

---

LE CAPITALISME UTOPIQUE,
*par Pierre Rosanvallon, Seuil.*

---

# LA DÉMAOÏATION CONTRÔLÉE

*Janvier 1980*

*Sur la Chine* peut être lu comme la chronique d'un intellectuel français sur le quart de siècle que nous venons de vivre : les voyages de Claude Roy au pays du Grand Timonier ont été, il le dit, autant de détours qui le ramènent « aux gens d'ici ». Le dépaysement, comme toujours, découvre aussi le pays. Et les différents textes de Claude Roy, réunis dans ce petit livre et échelonnés de 1953 à aujourd'hui, ne cessent d'évoquer et d'exorciser, par leur clarté, leur bon sens, et ce naturel qui est un produit du talent, le gros nuage noir de la folie chinoise des intellectuels français au temps du Grand Bond en avant et de la Révolution culturelle.

Macciocchi, Michèle Loi, Alain Bouc, Philippe Sollers, la Gauche prolétarienne et j'en oublie : cette folie chinoise a fait feu de tout bois et s'est nourrie à toutes les sources, la déception soviétique réinvestie sur un autre exotisme, les chrétiens de gauche à la recherche de « l'homme nouveau », le snobisme intellectuel mêlé au talmudisme théorique, la vieille admiration de la force et du nombre traduite en topo normalien. Les intellectuels français auront eu dans leur histoire deux mythes chinois, celui de la monarchie parfaite au XVIII^e^ siècle, et celui de l'égalitarisme agraire au XX^e^. A tout prendre d'ailleurs, celui du XX^e^ siècle est encore plus surprenant que celui du XVIII^e^, non seulement parce que l'information disponible aujourd'hui, bien que limitée, est plus riche qu'il y a deux cents ans, mais précisément parce que l'écart entre cette information et les interprétations « maoïstes » était particulièrement extravagant. Présenter et exalter une lutte acharnée, au sommet, pour le pouvoir, et la répression de masse que cette lutte a entraînée, sous la forme exemplaire d'un grand mouvement démocratique rassemblant neuf cents millions de Chinois témoigne d'une capacité de transposition idéologique infiniment plus riche que d'offrir une monarchie paysanne centralisée en exemple à une autre monarchie paysanne centralisée. Des physiocrates au *Tel quel* des années 1960, que de progrès accomplis dans la mythologie politico-littéraire !

Claude Roy, au contraire, a écouté l'écrivain chinois Lu Hsun, cité par Simon Leys au début d'*Ombres chinoises* : « S'il se trouvait aujourd'hui quelque étranger qui, tout en ayant été admis au banquet chinois, n'hésiterait pourtant pas à vitupérer en notre nom la présente condition de la Chine, voilà ce que j'appellerais un homme vraiment admirable ! » Un texte de 1966, écrit au début de la cristallisation parisienne du mythe et intitulé « La Révolution culturelle, sept cents millions de saints », mérite vraiment cet éloge, à la fois par ce qu'il explique et par ce qu'il annonce. Ce qu'il explique, sur l'instant (puisque le premier rassemblement des gardes rouges est du 16 août ; et son texte, du 8 septembre), c'est le scepticisme devant les accusations folles contre les intellectuels qui commencent à déferler, et ce qu'il annonce ou dénonce est l'avènement d'une dictature barbare masquant sa haine de la culture par l'amour de l'égalité. Et même si la Révolution culturelle n'est pas responsable, comme le donnent à croire les dirigeants actuels de la Chine, de tout le retard chinois, il reste qu'elle a bien été cette immense catastrophe politique, économique, culturelle, cet épisode hypertotalitaire d'un régime totalitaire dans lequel Mao a délibérément jeté son pays pour reconquérir de l'extérieur un pouvoir qu'il avait perdu au sein du Parti.

Si Claude Roy a su le comprendre et le prévoir, c'est qu'il utilise intelligemment les quelques « clés », pour reprendre son vocabulaire, qu'il a dans sa poche en face de cet immense objet, la Chine. Des deux côtés qu'elle présente au voyageur, le côté communiste et le côté proprement chinois, et par conséquent des deux manières de l'aborder, il connaît bien le premier, qui est le plus superficiel en un sens, mais en même temps celui qui constitue le langage de la politique et du pouvoir, l'instrument nouveau du contrôle social, absolument identique en Chine à ce qu'il est ailleurs, en Union soviétique ou en Roumanie : le marxisme-léninisme est une matrice universelle, même si cet universalisme de la technique du pouvoir ne suffit pas, comme on peut le voir, à fonder une société internationale unifiée. Et quant à la Chine profonde, il me semble que Claude Roy la sent et la devine plus encore qu'il ne la connaît par les livres : c'est qu'il aime les Chinois non pas d'un amour abstrait mais d'un sentiment vif et proche qui donne d'ailleurs beaucoup de charme à ce qu'il écrit d'eux. Ce sentiment le protège de la fameuse impasse de l'« altérité chinoise », qui a couvert bien des mauvaises causes, et de nature très diverses, selon qu'elle offre un abri au spécialiste contre l'observateur de bon sens ou qu'elle permet à l'amateur distingué de déclarer bon pour les Chinois ce qui serait insupportable pour un Européen.

Au reste, cette distinction analytique entre la Chine marxiste-léniniste et la Chine tout court, entre le pouvoir et la société, on soupçonne qu'elle est aujourd'hui au cœur même de la vie sociale. Mao avait cherché à l'effacer par le fameux culte de lui-même, au prix — totalement inédit dans l'histoire communiste — de l'unité du Parti. Mais il n'est plus, dans son mausolée vide, qu'un symbole partiel de la légitimité du régime : la seconde moitié de sa vie n'existe plus, et il n'a jamais eu de quatrième femme, puisque celle-ci *dirigeait* la criminelle « bande des quatre ». Comme l'écrit Claude Roy, c'est l'heure de « la Chine de l'incrédulité ». A Pékin comme à Moscou ou à Bucarest, le marxisme-léninisme est un langage obligatoire, mais déshonoré ou purement instrumental. Le phénomène particulier à Pékin est qu'on y assiste, au nom des « quatre modernisations » et des « cent écoles », à ce spectacle inédit qu'est la restauration d'une révolution, sous la forme d'une bureaucratie stalinienne formée dans les années 30 et écartée des affaires entre 1966 et 1977 par le dérapage gauchiste des gardes rouges.

Cette démaoïsation contrôlée échappera-t-elle un jour à ses promoteurs intéressés pour restituer une initiative à la société chinoise ? Pour l'instant rien ne l'indique. L'oligarchie de vieillards qui gouverne la Chine a réinstauré un régime communiste classique. La revendication de la « cinquième modernisation », la démocratie, a valu au jeune contestataire Wei Jinseng quinze années de travaux forcés ; et, à Pékin, le « mur de la démocratie », sur lequel les Chinois affichaient les *dazibaos* dissidents, n'est plus depuis quelques semaines qu'un arrêt d'autobus. « Décalque antisoviétique de la société soviétique », comme l'écrit Claude Roy, la Chine n'est sortie du messianisme égalitaire qu'au prix d'une restauration de l'ordre bureaucratique antérieur. Elle a ajouté une variante à l'histoire des régimes communistes sans en modifier la nature.

---

SUR LA CHINE,
*par Claude Roy, Gallimard.*

---

# QUAND L'ÉTAT PERD LA RAISON

*19 mai 1980*

Les auteurs de *La Pratique de l'esprit humain* n'ont pas la main légère. Ils ont le talent obsessionnel, répétitif. A côté des jeunes normaliens de leur génération qui balaient de deux mille à six mille ans de culture universelle en six mois et trois cents pages, Marcel Gauchet et Gladys Swain sont des poids lourds, possesseurs d'une érudition sans faille sur deux médecins du début du XIX^e^, laboureurs de l'écriture traçant des sillons indéfiniment recommencés, au point qu'on rêve de temps en temps, tout au long de ce livre sans grâce, au court-circuit sauveur, à la formule qui ferait gagner quelques pages... Mais non. Ils ne font aucune concession à ce désir profane et ne cessent de creuser leur trou, étroit et infini. C'est que leur sujet est à la fois restreint et stratégique. Et que leur travail, c'est le cas de le dire, vaut la peine.

Pinel et Esquirol, les deux grands aliénistes français à la charnière du XVIII^e^ et du XIX^e^ siècle, en fournissent le matériau documentaire : la naissance de la psychiatrie et de l'asile. Mais le vrai sujet du livre n'est rien de moins que les rapports de la folie et du pouvoir, de l'asile et de la démocratie moderne. On ne cesse donc d'aller d'un discours très particulier à un discours très général, et réciproquement. De l'extérieur, une étude historique précise, et savante, de l'élaboration intellectuelle et institutionnelle du savoir psychiatrique, autour de l'hôpital de la Salpêtrière. Mieux, une lecture minutieuse d'un opuscule d'Esquirol, qui, en 1805, postulait que l'aliénation mentale était guérissable, pourvu qu'on s'en donnât les moyens : un contrôle rigoureux du comportement des malades. Or ce qui est en question dans ce « progrès » de la médecine mentale, c'est une nouvelle philosophie du sujet, un ébranlement des repères de l'identité individuelle et une transformation du rapport entre l'individu et le pouvoir. D'où la dimension philosophique de l'enjeu, si l'on accepte avec les auteurs de voir dans l'asile le laboratoire des États démocratiques modernes.

Je m'en tiendrai, dans ce compte rendu, à cette idée centrale, en sacrifiant, par nécessité, tout l'aspect proprement médical et hospitalier des analyses proposées. Le lecteur trouvera le cœur de l'argumentation dans le chapitre IV, intitulé « Politique de l'asile » (p. 103-148). Les auteurs y rapportent la prétention de guérir le fou, par son intégration à la vie et à la discipline collectives de l'asile, à l'exigence plus générale des sociétés modernes d'obtenir de chacun de leurs citoyens un consentement intérieur au pouvoir de l'État. Le fou, muré dans l'incommunicable, défini par son étrangeté, doit donc désormais, depuis Pinel, être *guéri* : or cette guérison consiste à lui restituer l'intelligence de cette loi qu'il ignore, et qui pourtant le constitue — le médecin aliéniste se trouvant de ce fait, par rapport à ses malades, dans la même situation que le pouvoir par rapport à « ses » citoyens, c'est-à-dire pensant à leur place.

Si bien que l'asile se trouve préfigurer l'image morale et spirituelle du totalitarisme : il partage le même rêve, la même utopie.

Il ne faut pas comprendre cette analogie dans ce qu'elle a de grossièrement évident. Ce que veut dire Gauchet, ce n'est pas seulement que dans les deux cas — asile et État — l'individu se voit imposer de l'extérieur son sens, pour qu'il soit transparent au social et défini par lui. C'est surtout que les deux institutions ont une généalogie identique et sont fondées sur des idées ou sur des représentations communes. D'abord cette conviction, née au XVIIIe siècle et si répandue dans la philosophie des Lumières, que l'homme est tout entier déterminé par son être empirique, formé par ses sensations, ductile indéfiniment à son environnement. Avant que la gauche moderne n'en tire son slogan de « changer l'homme », et la droite sa prétention à le réduire à l'obéissance mécanique, le XVIIIe l'a utilisée pour penser le social à partir de l'individuel, c'est-à-dire à identifier l'individuel au social.

Idée d'autant plus indispensable que ce social, à partir de la Révolution française, n'est plus enraciné dans — ou légitimé par — une réalité transcendante : la Révolution est même ce point du temps à partir duquel il lui faut s'instituer lui-même, à partir de lui seul, sans recours à Dieu. Il n'existe plus rien à côté ou au-dessus du pouvoir pour le fonder, et du même coup le limiter comme issu de la délégation d'une toute-puissance qui serait irrémédiablement ailleurs. Il doit donc, simplement pour être, remplir cette condition exorbitante d'être transparent au social, son double, son image unifiée, son instance « historique », sa vérité et sa raison. Avant les Jacobins, Hobbes et Rousseau l'ont dit déjà, chacun à sa façon, l'un construisant l'État à partir de la passion de conservation des individus, l'autre à partir des volontés libres des citoyens ; mais, dans les deux cas, un État fondateur du social et inséparable de lui puisqu'il permet seul de le penser.

Ainsi l'asile, où le fou doit retrouver la raison, c'est-à-dire ses semblables, par la vertu curative de l'institution, est-il microcosme non seulement de l'État totalitaire mais de l'État moderne tout court : car il partage son acte fondateur, par lequel celui-ci soumet les individus à sa raison pour en faire une société qu'il puisse incarner légitimement. Il marque à sa manière la même évolution profonde que celle qui a fait passer la culture européenne de la conception organiciste du social, fondée sur la préexistence des communautés politiques, à l'État moderne qu'on peut appeler aussi « démocratique », reposant sur des individus aux droits égaux. Ce qui veut dire qu'il signifie exactement le contraire de ce qu'il a l'air de signifier : non pas une exclusion du fou mais sa réintégration ou son intégration, provisoirement particulière, dans le collectif humain.

Les auteurs, qui ne citent pratiquement aucun travail contemporain sur leur sujet, rencontrent pourtant sur leur chemin l'œuvre incontournable de Michel Foucault. En effet, *La Pratique de l'esprit humain* prend en écharpe le terrain de recherche balisé par Foucault depuis vingt ans, qu'il s'agisse de la folie, de la naissance de la médecine ou des institutions disciplinaires élaborées par la pensée libérale.

En ce sens, le livre de Marchel Gauchet et Gladys Swain doit presque tout à Foucault : son type de curiosité, son sujet, et jusqu'à cette manière philosophique d'écrire l'histoire. Mais il dit à peu près le contraire de *L'Histoire de la folie*. Le fameux « grand renfermement » des fous, à l'époque classique, qui correspond chez Foucault à une exigence d'exclusion par la rationalité occidentale, il l'affecte d'un signe contraire : c'est l'annonce de la réintégration du fou dans la communauté.

En effet, l'idée selon laquelle le grand partage raison-déraison aurait été précédé d'une sorte de consentement spontané à cette « différence » qu'est la folie paraît à nos deux auteurs comparable au mythe de l'âge d'or. Avant l'époque classique, si le fou est effectivement accepté dans la société, c'est à titre de non-humain, de radicalement autre. La preuve : il est matière à spectacle, présenté comme spécimen d'une espèce particulière, portant à la curiosité ou au rire. La pratique a d'ailleurs survécu au XVIIe siècle, puisque Marie-Antoinette a eu encore un bouffon. Et ce que signifie le renfermement des fous dans des établissements particuliers, avant d'être spécialisés, c'est le commencement de la fin de cette altérité : on aménage bien un « dehors » à la société, mais ce « dehors » (d'ailleurs clos, non expulsé) est précisément soumis, comme tout le social, à l'autorité instituante de l'État.

Les êtres hors de la norme sont du même mouvement exclus et incorporés. Leur retranchement de la société procède du sentiment qu'ils devraient être les mêmes que les autres hommes : de là à savoir qu'ils pourraient le redevenir, c'est le pas que franchit l'institution asilaire au tout début du XIXe siècle. Et, tout au bout de cette évolution, au-delà de l'asile et à côté, il y a la possibilité donnée à l'homme de parler et d'écouter sa propre « différence », à travers son histoire individuelle, pour gommer en même temps l'étrangeté à soi et l'absence aux autres : la psychanalyse...

Au fond, ce qui sous-tend ce livre puissant et lourd, c'est une définition du « moderne » par la dynamique égalitaire [1]. J'entends ici le concept d'égalité dans son sens le plus général, par quoi il définit l'individu des sociétés démocratiques, pourvu des mêmes droits originaires que tous ses semblables. C'est cette dynamique imparable qui enveloppe les fous dans sa vague intégratrice, et qui ne cesse d'ailleurs d'étendre ses bienfaits contestés à tous les exclus « historiques » de l'égalité : les femmes, les enfants, les minorités ethniques, etc.

A cet égard, les analyses de M. Gauchet et G. Swain sont probablement le meilleur des antidotes contre la simplicité d'une certaine vulgate gauchiste de l'exclusion, dominante dans notre culture depuis dix ou quinze ans. Cette vulgate, en effet, prend comme cibles, et comme objets d'indignation, des discriminations dont l'érasement est en cours ; elle n'a de sens que comme effet d'accompagnement, alors qu'elle se pense comme la révélation d'un scandale.

1. A cet égard, par association d'idées, je signale dans le dernier numéro de *Libre* (1980, n° 7) un remarquable article consacré par Marcel Gauchet à Tocqueville. Cet article éclaire certains aspects du livre dont je rends compte.

C'est cette complicité secrète avec l'air du temps, sous l'apparence d'une rupture radicale, qui permet de comprendre à la fois l'hégémonie de la culture de gauche et son attachement à un statut radicalement oppositionnel. Inversement, Giscard s'incline devant la pensée de Sartre mais c'est lui qui gouverne : ainsi va notre vie.

---

LA PRATIQUE DE L'ESPRIT HUMAIN (L'INSTITUTION ASILAIRE ET LA RÉVOLUTION DÉMOCRATIQUE),
*par Marcel Gauchet et Gladys Swain, Gallimard, « Bibliothèque des Sciences humaines ».*

---

# CONSTANT, L'INSAISISSABLE

*16 août 1980*

En mai 1815, quand Benjamin Constant publie ses *Principes de politique applicables à tous les gouvernements représentatifs et particulièrement à la Constitution actuelle de la France*, il vient de faire le retournement de veste le plus spectaculaire de sa carrière. L'opposant à l'Empire, le supporter de la fumeuse candidature Bernadotte à la succession, le royaliste constitutionnel partisan de la Charte de 1814 s'est rallié à l'Empereur échappé de l'île d'Elbe. La veille, il dénonçait le retour à un « gouvernement de mamelouks », la menace revenue d'Attila et de Gengis Khan. Et puis le voici conseiller d'État de Gengis Khan pour cent jours, dénonciateur de l'usurpation volant au secours de l'usurpateur, inspirateur de l'Acte additionnel aux Constitutions de l'Empire, et publiant en même temps, à la veille de Waterloo, au moment où il écrit dans son journal qu'il a « fait une sottise », ce livre de philosophie politique consacré à la définition intemporelle des grands principes du libéralisme... Jamais il n'a été plus clair qu'en ce printemps 1815 que Constant appartient à cette catégorie d'hommes chez qui le rapport de la pensée et de la vie est presque toujours malheureux.

La pensée, elle, est formée très tôt, dès les dernières années du XVIII^e^ siècle, entre Thermidor et Bonaparte, et notamment dans la réflexion conjointe sur la Terreur de 1793 et le despotisme administratif. Constant, comme Mme de Staël (et il est quelquefois difficile de démêler leurs pensées respectives, car il y a des textes qu'ils ont élaborés ensemble), fonde une tradition intellectuelle qui s'est perdue au XX^e^ siècle, mais qui a été très vivante au XIX^e^, et selon laquelle Robespierre et Bonaparte sont les deux figures successives d'un même mal postrévolutionnaire (s'il est vrai que la Révolution tient dans l'esprit de 1789) : l'oppression des citoyens par l'État, les libertés confisquées par le pouvoir. D'ailleurs, cette espèce de malédiction française dont Constant veut penser les raisons et à laquelle il s'acharne à proposer des remèdes constitue la meilleure des excuses à ses palinodies politiques : la France, sa patrie d'élection, n'offrira jamais un bon terrain à ses idées ou à ses préférences. Il sera sans cesse à la recherche du moins mauvais...

Mais son œuvre de philosophie politique est, au contraire, d'une extraordinaire fixité, depuis les textes thermidoriens jusqu'à ses grands discours de la Restauration, en passant par les œuvres classiques que sont *De l'esprit de conquête et de l'usurpation* et ces *Principes de politique* de 1815. D'ailleurs, Constant est un écrivain répétitif jusque dans ses procédés de composition : il ne cesse de raturer, de rajouter, de découper, d'intercaler des morceaux de textes antérieurs dans des textes postérieurs, ce qui fait de l'édition de ses œuvres philosophiques un travail d'érudition complexe. D'où la valeur particulière de ce volume tout récemment paru en poche dans l'excellente collection « Pluriel », et consacré aux principaux livres politiques de Constant, édités et présentés par Marcel Gauchet : le lecteur pourra désormais, grâce à ce petit volume, avoir accès aux idées centrales du premier théoricien libéral de notre histoire, à l'exclusion de celles de ses œuvres plus directement liées aux circonstances.

Le problème de Constant, c'est d'assurer la réserve imprescriptible d'une partie de l'existence humaine en dehors du contrat qui lie les citoyens à l'État et les constitue en société : c'est le moyen de concilier ce qu'il appelle la « liberté moderne » des individus (par opposition aux démocraties antiques) et la souveraineté du peuple. Il lui faut donc non seulement réfuter Hobbes et Rousseau, les deux justifications systématiques inverses de l'absorption du citoyen par l'État, mais imaginer l'ensemble des contraintes formelles qui délimitent les pouvoirs de la loi sur l'individu. Constant a compris que le « moderne », c'est la naissance de l'individu, c'est-à-dire d'un ensemble de droits qui ne se réduisent pas au social, et à partir desquels pourtant il faut penser le social. Il est un des premiers à explorer le paradoxe de la démocratie, dont nous vivons encore : fonder dans sa plénitude la souveraineté du peuple, en même temps qu'en limiter le champ d'application.

---

DE LA LIBERTÉ CHEZ LES MODERNES,
*par Benjamin Constant, Le Livre de poche, coll. « Pluriel ».*

---

# L'AVENIR EST EN RETARD

*27 septembre 1980*

*La revue* Le Débat *vient de réunir vingt-cinq jeunes intellectuels*[1] *nés entre 1945 et 1950 pour leur poser une question : « De quoi l'avenir intellectuel sera-t-il fait ? » François Furet a lu leurs réponses avec un certain malaise...*

Ne discutons pas l'échantillon. Acceptons plutôt, pour voir, la règle du jeu telle que l'a établie la rédaction du *Débat* : réunir vingt-cinq intellectuels, porte-parole supposés de leur génération. Bonne idée, renouvelée de la fameuse enquête d'« Agathon » à la veille de la guerre de 1914, et qui justifie, par le caractère de la question posée, qu'on ait fait appel surtout à des philosophes, généralistes de profession. Ce qui me met, moi, en revanche, dans une situation doublement inconfortable, puisque non seulement leur aîné, assis sur le fameux cocotier, mais dépourvu de leur agilité abstraite. Au moins mon lieu d'observation s'en trouve-t-il clarifié, et sans ambiguïté.

De là, ce qui me frappe le plus, c'est l'absence totale, sans appel, de la référence au marxisme. Même Alexandre Adler, le seul communiste du lot, l'assortit de telles réserves qu'on conçoit que la philosophie analytique américaine lui paraisse un sol plus dur, tout en comprenant mal comment l'une puisse servir de substitut à l'autre. Pour tous les autres, le marxisme fait partie de l'époque révolue et d'une sorte d'indigestion historiciste, liée

1. Alexandre Adler, Blandine Barret-Kriegel, Jean-François Bizot, Pascal Bruckner et Alain Finkielkraut, Christian Delacampagne, Vincent Descombes, Gérard Dupuy, Jean-Pierre Dupuy, François Ewald, Luc Ferry, Pierre Jacob, Guy Lardreau, Gilles Lipovetsky, Bernard Manin, Jean-Luc Marion, Gérard Miller, Olivier Mongin, Lion Murard et Patrick Zylberman, François-Michel Pasquet, Philippe Raynaud, Pierre Rosanvallon, Emmanuel Todd.

au maoïsme soixante-huitard. Il est à ce point oublié qu'il n'existe même plus sous la forme élémentaire d'une contribution à se penser soi-même, à travers un ensemble de références sociales et historiques : tous ces jeunes intellectuels semblent tombés des nues, sans attention profonde ni à ce qui leur est arrivé à eux ni à l'état du monde en général. Avec l'histoire universelle, ils ont aussi évacué la leur. Et sur ces ruines consommées s'élève une petite musique ésotérique, souvent obscure, compliquée toujours, sur l'air de : revienne le temps des idées pures.

J'ai, bien sûr, conscience, en prenant ces textes comme un bloc, de les trahir tous, en un sens. De fait, je mets ici l'accent sur le renouveau idéaliste qu'ils manifestent à des titres divers, et sur les devoirs de khâgne que certains d'entre eux nous assènent à propos de l'air du temps. La spéculation sur l'être est revenue en force... Mai 68 avait ramené le « sujet » au centre d'un monde intellectuel obsédé par les « structures » : depuis, quelle avancée ! Au point que les sciences humaines, un des axes de notre culture depuis vingt ou trente ans, sont quasiment gommées par ce retour métaphysique.

Faute du grand déploiement philosophique, existe aussi, il est vrai, le simple repli sur le métier, les contraintes et les règles de ce métier, l'érudition, l'esprit d'examen et de vérité. Repli qui prend assez naturellement la forme d'une reconversion à des savoirs cumulatifs, à l'anglo-saxonne : Pierre Jacob oppose le délire interprétatif de sa jeunesse, sous l'aile de Marx et de Freud, à l'apprentissage des catégories logiques qui sous-tendent les propositions de la philosophie. Cette philosophie analytique qu'Adler admire sans lâcher Althusser, la voilà au contraire dressée comme un rempart contre les ivresses parisiennes du freudo-marxisme. Mais il y a au fond, dans cette espèce de précaution absolue contre le retour des croyances et des prophéties, un diagnostic identique à celui qui court à travers la plupart de ces textes, y compris ceux qui reprennent la vieille berceuse de la métaphysique universitaire : il s'agit de célébrer la fin de ce qu'Emmanuel Todd appelle une immense « gueule de bois » nationale, consécutive à une cuite idéologique.

Curieusement, aucun d'entre eux n'indique que ce n'est pas un phénomène nouveau. Je me souviens d'avoir écrit, il y a une quinzaine d'années, dans *Preuves*, un article qui essayait d'analyser les réactions de l'intelligentsia à l'effondrement intellectuel du stalinisme, et à la crise de l'historicisme marxiste, notamment à travers un réinvestissement dans l'anthropologie structurale. Et les intellectuels de gauche des années 30 avaient également fait face au même problème, au moment des procès de Moscou. Ce que manifeste la génération réunie par *Le Débat*, c'est donc à la fois quelque chose d'ancien et quelque chose de nouveau. D'ancien, puisque le déclenchement de cette réaction commune obéit à une conjoncture dont l'essentiel n'est pas inédit ; il renouvelle la démonstration un peu mélancolique que toute génération postmarxiste a le sentiment d'être la première, sans que ces expériences successives aient jamais d'effet pédagogique d'amont en aval. Peut-être ce sentiment illusoire est-il nécessaire à la cristallisation de classes d'âge en une « génération ». Mais il y entre aussi du vrai, qui est la part de nouveau manifesté par cette expérience commune, et ressentie comme telle.

Part qui n'est pas facile à cerner, puisque le caractère dominant de cette brassée de témoignages est l'hyper-individualisme qu'ils révèlent, et par conséquent la culture de la différence autant et plus que celle de la communauté. Mais si ce trait explique la diversité des réinvestissements intellectuels, il traduit en même temps une conscience pessimiste, à peu près générale, des conditions de la vie intellectuelle : celle-ci est décrite ou implicitement perçue comme un lieu de conflits narcissiques sans merci, où l'un perd ce que l'autre gagne. Planant sur cette mêlée confuse, des médias omniprésents, dispensateurs d'un discours à la fois vulgaire et capital, sont l'objet d'un mépris trop obsessionnel pour n'être pas un peu suspect. La presse et la télévision ne méritent ni cet excès d'honneur ni cette indignité. S'il leur arrive de célébrer des travaux bâclés, cette célébration même est toujours intéressante, puisqu'elle fabrique, ou reflète, l'air du temps. Il suffit, pour n'en pas souffrir, d'accepter l'idée simple qu'il y a plusieurs niveaux dans la production et la circulation des idées (avec du bon et du mauvais à l'intérieur de chacun), et de balancer, selon l'excellent conseil de Gilles Lipovetsky, le théâtre de la gloire par le désir du vrai.

Que dire encore, si tout est déjà clair ? Quand j'aurais écrit des pages et des pages pour décortiquer ces textes, à travers lesquels je passe sûrement trop vite, il me resterait ce malaise intellectuel que la plupart d'entre eux font naître en moi, et qui est, je crois, une vraie incompréhension de génération. Mais l'intéressant est que cette incompréhension ne soit pas faite d'expériences radicalement différentes ou de cultures affrontées dans l'ignorance réciproque. Ce qui la nourrit, au contraire, c'est plutôt ce que les deux générations successives ont eu en commun, en le vivant différemment.

D'abord, le fond de culture marxiste et l'extrémisme politique de gauche, si fort après la Seconde Guerre mondiale, si spectaculaire avant, pendant et après Mai 68. Mais, dans le premier cas, canalisé et géré par le PC sous la forme stalinienne « classique » ; dans le second, réinvesti sur Cuba, le tiers-monde, sur la Chine de Mao, restreint à une aristocratie savante d'intellectuels, et de ce fait marginalisé. Il est vrai aussi que les mêmes individus ont pu faire successivement les deux parcours, passer du stalinisme au gauchisme maoïste : l'itinéraire ne fait que confirmer la parenté psychologique et intellectuelle des deux phases. La « sortie » de cette expérience a eu aussi des traits communs, comme le repli sur le métier, le dégrisement idéologique par le retour aux disciplines de l'Université, la redécouverte d'auteurs ou de livres ou d'idées antérieurs au marxisme avec quoi bricoler un postmarxisme. Mais la génération des années 50, éduquée dans les servitudes collectives du communisme, est restée une génération profondément politique, passionnée par l'actualité, préférant les sciences sociales à la philosophie et même soumettant l'une aux autres ; d'ailleurs, mobilisée longtemps après la déstalinisation par la guerre d'Algérie. Celle des années 70, définie plutôt par la sensibilité inséparablement égotiste et libertaire de Mai 68, marquée par la littérature coup de gueule à la Soljenitsyne, vit dans un monde qui ne lui offre plus de belles causes. D'où ses mœurs littéraires, qui peuvent agacer, mais aussi des idées nouvelles : derrière la litanie des droits de l'homme, il s'agit de redoubler la critique du marxisme par la critique de la philosophie des Lumières, pour aller aux sources du totalitarisme moderne. Ambition par où passent aussi les livres écrits à la va-vite, les survols scolaires de l'histoire universelle, le vibrato facile du retour du religieux, mais ambition essentielle de cette fin de XXe siècle.

Les mœurs vont et viennent, la question seule est importante. Elle est très bien formulée par celui des auteurs du *Débat* qui m'a le plus intéressé, Pierre Rosanvallon. J'aurais aimé signer son texte, c'est dire aussi que les générations n'existent pas.

## « Z »

*19 août 1983*

Il y a deux types d'auteurs. Les avaricieux, qui travaillent dans le mystère, un coude levé, abritant ce qu'ils écrivent des regards indiscrets, comme à l'école, de peur qu'on ne les copie. Et les prodigues, qui aiment débattre de leurs idées de livres avant de mettre la main à la plume. De ceux-ci, Kostas Papaioannou était l'exemple même. Il n'était pas seulement généreux, il était flamboyant. Comme il présentait cette particularité singulière d'être extraordinairement doué et de n'avoir aucune ambition, il n'était pas inquiet ; il était toujours gai. Résurrection improbable du Grec éternel, notre chance a été qu'il vécût à Paris, où il ne cessait de « parler ses livres » devant et avec ses amis. Sa conversation mêlait à doses variables l'analyse philosophique de l'actualité et la discussion de la philosophie ; elle permettait de comprendre le secret de ce talent rare, qu'on ne trouve que chez les êtres très civilisés, et qui est d'être à la fois profond et drôle.

Kostas, comme nous l'appelions, était un esprit très vaste. Ce Grec savait les langues, il était à cheval sur les trois grandes cultures européennes de la modernité : la française, l'anglaise et l'allemande. De plus, il connaissait très bien le monde antique, la philosophie et l'art grecs, qui étaient le socle de sa culture, son chez-lui. Cette familiarité donnait à sa pensée une sorte de référence fondamentale qui a été longtemps caractéristique de l'éducation française mais qui s'est si largement perdue que Kostas paraissait presque marginal, à Paris, par ce qu'il avait d'universel. Il est vrai qu'à l'autre bout de son champ de curiosité il y avait le marxisme, et que dans ce domaine, au temps de la vague montante de l'althussérisme, il se signalait par une autre excentricité : il voyait en Marx non pas le fondateur d'une science enfin trouvée de la société et de l'histoire mais un des penseurs les plus intéressants de la modernité, parce qu'un des plus systématiques et un des plus contradictoires. Kostas était, si l'on veut, de la tradition des grands historiens des idées, un fils de Leo Strauss, de Cassirer et de Raymond Aron, dans une époque où ce type d'histoire ne faisait guère recette à Paris en général, et moins encore s'il s'agissait d'en appliquer l'esprit à l'œuvre de Marx et au marxisme.

Mais j'ai assez expliqué toutes les raisons pour lesquelles il a été un méconnu, assez dit tout ce qu'elles devaient à ce qui était justement, chez lui, original et même exceptionnel, puisque le voici qui revient vers nous, avec ces deux livres qui regroupent ses écrits. Le premier permet de comprendre que ce qui n'a cessé d'animer sa réflexion, c'est la vieille querelle des Anciens et des Modernes. Pour les Grecs, la priorité n'appartient jamais à la pensée. C'est l'être qui occupe le premier rang, et il ne s'agit pas pour la philosophie de dégager du monde le sujet mais au contraire de l'amener à améliorer sa participation toujours précaire à la rationalité de l'univers. La réflexion sur le cosmos conditionne l'étude de l'homme. Ni la conscience ni l'individu ne peuvent être pensés en dehors de cette harmonie générale du monde dont ils ne sont qu'une petite partie. Dans le monde des Anciens, comme d'ailleurs dans la théologie chrétienne médiévale, qui superpose l'ordre de Dieu à la cosmogonie antique, il n'y a aucune place pour une scission entre le sujet et l'objet.

C'est cette scission qui caractérise le moderne, et c'est à partir d'elle que Kostas situe le marxisme, à travers une filiation que son livre retrace. Par son subjectivisme, Kant constitue le point d'aboutissement de la philosophie moderne du sujet : la conscience se libère du souci, impérieux encore chez Descartes, de s'intégrer dans un univers constitué sans elle. Elle s'affranchit d'un ordre et d'une hiérarchie donnés de l'extérieur, au prix d'un dualisme insurmontable entre l'être, inconnaissable, et sa propre activité constructrice d'un ordre intelligible du monde sensible. Or cette raison humaine devenue centre de l'univers, au lieu d'en être une infime partie, il suffit de l'historiser pour lui fixer comme tâche de refaire en sens inverse l'acte de la création et de ramener le monde à une pure coïncidence avec elle-même : fils authentique de Hegel, Marx est pour Kostas le « représentant le plus extrême » de ce subjectivisme moderne, qui est en même temps la démesure moderne.

Ce Marx, le deuxième regroupement des écrits de Kostas opéré par la « Bibliothèque des Sciences humaines », essaie d'en reconstituer les principaux concepts à travers la sédimentation des commentaires et des orthodoxies. Il n'y a pas de compréhension de Marx sans reprise de son dialogue avec Hegel. L'idée qu'il y aurait deux Marx, séparés par une rupture décisive avec Hegel, le Marx philosophe de l'aliénation et le Marx du matérialisme dialectique, est réfutée par Kostas, textes à l'appui, comme un retour périodique de l'interprétation scientiste, de Plekhanov à Althusser. Non que certaines citations de Marx ne lui ouvrent ou entrouvrent la porte, ici et là : mais il n'y a pas véritablement chez lui de construction d'un système complet de la nature et de l'histoire. Le cœur de l'œuvre reste une sociologie historique des classes sociales et de leurs conflits dans l'Europe moderne, et c'est là aussi le secret de sa force et de ses ambiguïtés.

*Le Capital* nous lègue une théorie des conditions « objectives » de la révolution, à travers l'autodestruction du capitalisme qu'opère le fonctionnement même du capitalisme. Mais Marx avance en même temps une conception démiurgique de la classe exploitée, porteuse de la force subversive qui renversera l'ancien monde et imposera le nouveau mode de production. Selon qu'on met l'accent sur la première ou sur la seconde de ces conceptions, l'héritage de Marx peut conduire à des pratiques politiques tout à fait différentes, et même contradictoires, social-démocratie ou bolchevisme. A partir de là, l'analyse de Kostas retrouve ce qui en fait le fond existentiel : comment le marxisme a pu, au XXe siècle, être le terrain de formation de partis totalitaires, et de sociétés du mensonge obligatoire, à travers la relation classe-parti-dictature nouée autour de l'idéologie léniniste. Le lecteur d'aujourd'hui, qui a vingt ans de plus que ces éblouissantes analyses, comprendra à quel point Kostas devançait l'esprit du temps. Maintenant qu'il en reçoit la consécration, il n'est plus là pour en rire. Mais nous, nous l'entendons encore, lui dont Octavio Paz, dans le poème qu'il lui a consacré, célébrait « la conversation de grand fleuve et le rire de réconciliation ».

---

LA CONSÉCRATION DE L'HISTOIRE et DE MARX ET DU MARXISME, *par Kostas Papaioannou, Champ libre ; Gallimard, « Bibliothèque des Sciences humaines ».*

---

## QUAND ARON RACONTE NOTRE HISTOIRE...

*2 septembre 1983*

Comme les fleuves, les longues vies unissent les paysages qu'elles traversent. A un jeune homme d'aujourd'hui qui demanderait à quoi ressemblait la France d'hier, ou plutôt les mondes évanouis qui nous conduisent jusqu'à sa question, il faudrait sûrement recommander le dernier livre de Raymond Aron. Car ces *Mémoires*, conçus comme une coupe sédimentaire de la vie des intellectuels français au XXe siècle, lui permettraient de retrouver la succession des circonstances, des hommes et des idées qui constituent plus qu'une vie : toute une histoire, la nôtre.

L'originalité de cette vie n'est pas d'avoir rencontré tous les événements de l'époque, le fascisme, le communisme, la guerre, la guerre froide, la décolonisation, les coups d'accordéon de l'économie mondiale. C'est d'avoir voulu les penser et, ce faisant, d'avoir pensé sur toutes les pensées du siècle, pour les soumettre à la critique de la raison. Dans son travail de Sisyphe, impossible à jamais clore en système puisqu'il se nourrit des nouvelles du monde, Raymond Aron a croisé plusieurs générations d'intellectuels, avec lesquels il n'a cessé de renouveler son débat.

Tout est dit très tôt, puisqu'il écrit avant la guerre une thèse sur la nature et les limites de la connaissance historique, quand personne ne sait encore, pas même lui, qu'il va consacrer sa vie à faire respecter ces limites, prix d'une connaissance vraie. Comme s'il avait deviné très jeune que l'époque allait être aux religions de l'histoire, ou bien simplement poussé par le génie particulier de son esprit à décomposer les interprétations manichéennes de l'action, il marque donc à trente ans la place de ce magistère de l'incertitude contrôlée qui lui a donné, pendant cinquante ans, depuis cinquante ans, tant de pain sur la planche, tant de peine et tant de plaisir.

Ses *Mémoires* racontent tout cela, de Nizan à Glucksmann, de De Gaulle à Kissinger et de Sartre à Sartre, puisque son « petit camarade » de l'École normale supérieure ne cessera d'offrir une sorte de contrepoint à sa propre vie, pour le meilleur et pour le pire. Mais, avant d'entrer dans le vacarme du XX^e^ siècle, Raymond Aron a une enfance qui pourrait être du XIX^e^ siècle tant la France où il a grandi est encore l'ancienne France. Il est né en 1905 dans la bonne bourgeoisie juive d'origine alsacienne installée à Paris, ce milieu auquel l'Université française de la III^e^ République a dû tant de ses grands professeurs ; il raconte avec beaucoup de charme le cercle de famille, les parents et les trois garçons, unis par les sentiments de la nature et les convictions d'un milieu, la grande villa de Versailles et le tennis dans le jardin, le bridge quotidien après dîner, les scolarités faciles dans l'attente de belles « carrières » : par quoi le chef de famille voulait dire le service de l'État ou de la connaissance, à l'exclusion de l'argent, qui avait d'ailleurs été gagné par les générations précédentes, avant d'être perdu dans la crise de 1929.

Attente d'autant plus forte que lui avait à moitié raté la sienne : arrivé deuxième à l'agrégation de droit une année où le concours n'offrait qu'un poste, il fut professeur sans en avoir le titre, condition classique de la mélancolie professionnelle, et déficit de considération d'autant plus douloureux que l'investissement de ce bourgeois juif dans « le plus beau métier du monde » était plus passionné. La mémoire du fils en garde une touche inguérissable de tristesse. Mais ce n'est pas seulement du père qu'il lui faudra, en quelque sorte, venger l'échec. Le jeune Raymond a aussi un frère aîné, Adrien, qui meuble les premières pages de ses *Mémoires*, comme si sa vie d'adolescent s'était d'abord définie par rapport à lui, champion de tennis et de bridge. Adrien est doué mais nonchalant, intelligent mais sceptique. Au lieu d'entrer à Polytechnique, il va monnayer son talent dans les deux jeux où il excelle. Roulant en Lancia, vivant dans le milieu chic des clubs et des cercles, il sera le dandy de la famille avant de vieillir solitaire dans le commerce des timbres, incarnation délibérée de la dérision des existences. Raymond sera l'endroit de cet envers : de la même intelligence critique mais canalisée par la fidélité aux valeurs familiales, il fera, lui, la carrière qu'aurait souhaitée son père, rachetant aussi, au passage, le cynique Adrien. D'une famille de tradition religieuse il eût été le fils savant, le rabbin. De celle-là il sera le grand professeur.

D'où l'inquiétude qui ne cesse d'affleurer dans ses souvenirs, sous la crainte dite et redite de n'avoir pas été assez professeur. D'où ces pages touchantes de l'Épilogue où Raymond Aron imagine les livres qu'il aurait écrits s'il avait regagné l'Université au retour de Londres, en 1944, au lieu de se lancer dans une carrière de journaliste. Professeur, grand professeur, il le sera quand même puisqu'il sera élu à la Sorbonne en 1955 et au Collège de France en 1970. Mais devant l'inévitable question qui sous-tend tout livre de souvenirs : « Et si c'était à refaire ? », le mémorialiste sait que de son temps, de ses travaux, de son œuvre il a fait constamment deux parts, l'une purement savante, comme sa thèse ou le *Clausewitz*, aux deux bouts de son existence, l'autre plus directement liée à l'air du temps, comme *L'Opium des intellectuels* ou *La Tragédie algérienne*. A-t-il bien fait ? Pouvait-il, comme peut-être aurait dit ou pensé son père, « mieux faire » ?

A cette question resurgie de son enfance il répond modestement, en plaidant l'ajustement des ambitions aux dons : il n'était ni Sartre, ni Eric Weil, ni Kojève, les trois philosophes de sa génération qui l'ont intimidé. Et s'il n'a pas écrit sur la pensée de Marx la somme que plusieurs de ses essais semblent annoncer, et presque contenir, il a eu la vie intellectuelle conforme à son talent et à ses goûts. Le reste est sur les genoux des dieux : le genre ou le registre ne suffisent pas à garantir la durée. Le lecteur aura compris que la vraie inquiétude de Raymond Aron n'est pas de n'avoir pas été professeur ; elle est celle de tous ceux qui entretiennent l'étrange ambition de se survivre à travers des livres, mais fixée, chez lui, sur les raisons circonstancielles de beaucoup de ce qu'il a écrit, comme si une sanction morale était forcément au bout des divertissements journalistiques d'un philosophe.

Mais ce qui nourrit l'inquiétude de l'écrivain explique aussi que ses souvenirs se lisent comme un roman, puisque les hommes, les livres, les idées, les débats y sont insérés dans la chronique des circonstances et des époques, depuis les décades de Pontigny, où se noue l'amitié avec Malraux, jusqu'à l'action pour les boat-people, où ont lieu les retrouvailles aveugles avec Sartre. L'histoire anecdotique, qui fait le prix de la littérature des Mémoires, trouve ici un terrain privilégié, puisque la vie du narrateur n'a cessé d'être mêlée à ce que notre histoire politique et intellectuelle compte d'important depuis cinquante ans. Mais elle trouve aussi un spécialiste un peu inattendu, dans la mesure où la prose abstraite et lisse de Raymond Aron n'est pas, a priori, très adaptée au récit d'une vie à la première personne. La surprise vient de ce que cette prose, restée fidèle à son génie et à l'espèce d'évidence naturelle qu'elle recèle, parvient à ressusciter la couleur du passé bien qu'elle use de moyens étrangers au style des confessions proprement littéraires. Des hommes aussi divers que Léon Brunschvicg, Kojève, Hersant, Kissinger, par exemple, sont peints avec un talent très rare dans ce genre classique des portraits, parce qu'il doit tout à l'exactitude et rien au grossissement du trait.

Il m'a d'ailleurs semblé, au contraire, que les passages les moins réussis de ces *Mémoires* sont ceux où l'auteur résume ses livres de l'époque et l'accueil dont ils ont été l'objet. Peut-être est-ce parce que je les avais lus. Mais plus encore, je crois, parce que ces dissertations, intercalées dans la trame du récit, forment comme des bouchons qui ralentissent la circulation de la vie du narrateur, freinent la vivacité du mémorialiste au profit du didactisme professoral. De Raymond Aron tout le monde connaît la virtuosité dans le maniement des idées. Mais que, dans cette nouvelle partition du commentaire sur soi, les siens, la jeunesse et l'amitié, la maladie et les vieux jours, l'esprit le plus rapide de l'époque puisse aussi trouver cette voix proche, c'est cette découverte dont le lecteur ne se lasse pas.

Raymond Aron aura donc eu une existence double de philosophe et de journaliste, conforme à des choix volontairement faits à chaque tournant du siècle et qui ont toujours eu ceci en commun que, liés aux circonstances politiques, ils n'aliènent jamais la liberté de son jugement. Il est de gauche avant la guerre, mais critique la politique économique du Front populaire. A Londres entre 1940 et 1944, il n'est pas gaulliste. Rentré en France, il est gaulliste quand de Gaulle a quitté le pouvoir. Rompant avec Sartre pour combattre le communisme soviétique, il devient spécialiste du marxisme. Éditorialiste au *Figaro*, il écrit très tôt contre la guerre d'Algérie. De Gaulle revenu au pouvoir, il ne lui offre qu'un soutien critique. Si on n'en finit pas d'énumérer les différentes scènes où le place cette disposition d'esprit, traduction existentielle du fameux « d'un côté... de l'autre » aronien, c'est que celle-ci exprime, dans sa constance, la vérité d'une vie. Je crois volontiers Aron quand il se défend d'avoir eu l'ambition de pouvoir qu'on lui attribue souvent ; lui, conseiller du Prince ? Tout démontre son inaptitude essentielle à sacrifier son métier d'intellectuel à un engagement politique de type professionnel. Il y a chez lui, curieusement mêlés, une passion brûlante pour l'événement et un éloignement presque instinctif de l'action. Beaucoup d'intellectuels français de sa génération et des générations suivantes ont partagé ces deux sentiments, mais comme des cycles successifs de la vie. Lui les a constamment vécus ensemble, éléments inséparables de sa personnalité morale et de la nature même de son esprit.

A mes yeux, la plus grande affaire de sa vie intellectuelle aura été et restera la critique du communisme. Je me souviens comme si c'était hier de la sortie de *L'Opium des intellectuels*, en 1955, juste au moment où, avec tant d'autres, j'émergeais péniblement de la fascination stalinienne. Quinze ans après, une autre génération pouvait découvrir, grâce à lui toujours, l'absence de profondeur philosophique de la « Sainte Famille » althussérienne. Critique infatigable d'une tentation totalitaire qui a pris racine dans des circonstances très diverses et qui ne comporte probablement pas de déracinement définitif, Raymond Aron en aura analysé la succession des formes et des masques. Si l'intelligentsia française a fini par être une des mieux vaccinées contre ses pièges, à qui le doit-elle plus qu'à lui ? Soljenitsyne a élargi le sillon, mais c'est lui qui l'a creusé.

De fait, la discussion de Marx et des marxismes du XX^e^ siècle est le point de croisement de toutes ses curiosités : la réflexion sur l'histoire et l'explication historique, la grande philosophie allemande et sa dégénérescence en idéologie d'État, la relation perverse de l'acteur et de son action, de l'émancipation révolutionnaire et du despotisme, les jeux de la guerre et du pouvoir. A travers le communisme, il a voulu apprivoiser tous les monstres du XX^e^ siècle par les arguments de la raison. Ce qui protège ses vieux jours du sentiment de l'échec et lui donne sa sérénité, c'est qu'il n'a jamais espéré y parvenir ; mais que, pourtant, il n'a jamais vu d'autre objectif à une vie d'intellectuel que ce pari presque perdu d'avance. Il n'y a jamais beaucoup de hasards dans les existences réussies, et celle-là n'en comporte presque aucun.

---

MÉMOIRES,
*par Raymond Aron, Julliard.*

# L'HISTOIRE A EU RAISON DU RÊVE

*28 décembre 1984*

Comme spécialité savante, le marxisme est entré en France dans une sorte de silence, largement explicable par son long collage avec le Parti communiste. Toutes proportions gardées, notre pays n'a pas échappé au phénomène (beaucoup plus profond et massif, celui-là) qui a frappé l'Europe soviétique et soviétisée : à savoir que le marxisme comme philosophie y a subi le discrédit du communisme comme gouvernement. Non que ce gouvernement, nous l'ayons réellement connu, ou subi. Mais comme nous l'avons beaucoup rêvé, et que le PCF est resté tout au long comme une providentielle butte témoin de sa réalité, l'histoire a eu raison du rêve et Raymond Aron d'Althusser ; mais, du coup, la marxologie française est presque morte, avec l'althussérisme, si l'on met à part le travail solitaire et fructueux de Maximilien Rubel.

Peut-être devons-nous au contraire à la relative ouverture du Parti communiste italien de ne pas avoir déshonoré le marxisme chez les intellectuels et d'avoir laissé à un de ses transfuges des années 60, Lucio Colletti, assez de goût pour Marx pour qu'il y consacre une vie de travail. Spécialiste de la fameuse question de la filiation entre Hegel et Marx, Colletti est avant tout un critique de la raison historique à l'œuvre chez les deux auteurs. Mais, dans son plus récent livre, aujourd'hui traduit en français, il traite d'abord, comme d'un thème principiel, tout justement du « déclin » du marxisme en Italie et en Europe occidentale. Il en repère d'abord les principaux tournants à partir de l'ébranlement décisif qu'ont été successivement la déstalinisation et la scission sino-soviétique. Le premier événement disloque la vulgate bolchevique du marxisme, le second en propose une autre, chinoise, tiers-mondiste, ultra-gauche. Le sujet révolutionnaire n'est plus le prolétariat d'Europe, mais la paysannerie misérable exploitée par l'impérialisme. La tempête de 68 propose d'autres candidats à ce rôle privilégié : moins les étudiants, ces « petits-bourgeois », que le marxisme classique voue aux gémonies, que les exclus, les marginaux, les prisonniers, le peuple de Marcuse et du grand refus de la domination technologique sur le monde.

Car 68 ne déploie ses fastes de rénovation de l'ancienne société qu'à l'intérieur du marxisme, cet horizon de toutes les pensées contemporaines, selon le mot fameux, et si vite démenti, de Sartre. Colletti y voit un « stade suprême » du marxisme, pour parodier une formule de Lénine, c'est-à-dire la dernière tentative pour le « galvaniser » en lui donnant un sens indépendant de l'histoire de l'Union soviétique. Mais ce révisionnisme ultime n'aboutit qu'à une dérive de plus en plus irrationaliste, et à des interprétations de plus en plus coupées de la réalité, comme le montre l'exemple des Brigades rouges ; la décomposition terroriste du marxisme découvre, en fin de siècle, la malédiction nietzschéenne qui pèse sur le « moderne ».

Reste le marxisme, je veux dire le marxisme de Marx. C'est le domaine par excellence de Colletti, qui n'est pas inégal, dans la deuxième partie de ce livre, à sa réputation. Auteur d'un livre classique, et d'ailleurs disponible en français, sur la filiation hégélienne du marxisme, et pas seulement du « jeune Marx », Colletti s'est toujours intéressé au « retournement » de la dialectique hégélienne par Marx, et au coup de force intellectuel par lequel le dernier descendant de l'hégélianisme de gauche parachève la « critique » de l'idéalisme objectif en installant la contradiction dans les choses, et non plus dans les productions successives de l'esprit. Or c'est ce coup de force dont Colletti nie la légitimité et même la possibilité. Le concept de contradiction ressort en effet de l'ordre de la logique, puisqu'il fait référence au principe de non-contradiction comme condition de la pensée. Il n'a pas de sens si on l'extrapole dans les choses, dans le monde extérieur à la pensée, et il est donc absurde de parler, comme les marxistes, de « contradictions réelles ».

Un court compte rendu ne se prête pas au commentaire circonstancié et à la discussion savante de l'argument. Mais il aurait rempli son but s'il incitait le lecteur à entrer dans l'objection philosophique de Colletti au marxisme. Le retour à Kant contre Marx est dans l'air de Paris, et Colletti en est un des précurseurs, appuyé en avant sur une bonne connaissance de l'épistémologie anglo-saxonne contemporaine, Karl Popper en tête. Son livre illustre bien, dans les deux parties, le double défi, insurmontable il me semble, auquel fait face le marxisme en cette fin du XXe siècle : il lui faut d'une part permettre de penser ce qui s'est passé en son nom, et de l'autre justifier la réconciliation de l'homme et du monde qu'il a cru opérer au nom de la praxis.

---

LE DÉCLIN DU MARXISME,
*par Lucio Colletti, PUF.*

---

## VOUS AVEZ DIT LIBÉRAL ?

*3 mai 1985*

Les engouements intellectuels simplifient toujours leurs objets : ce n'est pas un trait « parisien », mais de tous les temps et de tous les pays. De Rousseau qu'avaient lu et compris les rousseauistes ? Et de Marx les marxistes ? La mode qui fait s'incliner aujourd'hui les intellectuels français devant l'idole du libéralisme n'échappe pas à cette approximation. Mais elle a le prestige de la nouveauté : car la détestation du libéralisme a été la pensée le mieux partagée des intellectuels français du XX^e^ siècle, génération après génération, du fascisme aux différentes variétés du communisme.

Pour garder intacte la surprise que recèle cette volte-face, sans céder à ses facilités, le mieux est encore de repartir de la question qui obsède depuis le XVIII^e^ siècle les philosophes, les écrivains et les hommes politiques de tradition française : d'un côté, l'individu moderne, défini par le droit de jouir de ce qu'il est et de ce qu'il a, séparé des autres, affranchi de toute subordination ; et de l'autre, la nécessité d'organiser une société à partir de ces individus autosuffisants. Difficulté originelle de notre culture politique, sur laquelle deux livres permettent de faire le point. Le premier est d'un historien, André Jardin. Le second, de deux philosophes, Luc Ferry et Alain Renaut. Aller de l'un à l'autre, c'est éclairer l'histoire du libéralisme par sa philosophie.

Commençons par Jardin. Son livre se présente comme une histoire des doctrines libérales, aux XVIII^e^ et XIX^e^ siècles, et le lecteur n'y trouvera donc pas un exposé mené sur le mode philosophique. Le propos de Jardin est plutôt d'ordre sédimentaire : il s'agit d'empiler, chapitre après chapitre, auteur après auteur, et de Montesquieu à Jules Ferry, les élaborations doctrinales dont s'enrichit en France la tradition libérale. Dans ce catalogue de pensées successives, présenté avec soin et conscience, la Révolution figure beaucoup plus que le centre chronologique : le vrai nœud stratégique. Car les Français fabriquent leur plus grande aventure collective avec le débat philosophique du siècle. Dès 1789, ils mettent en scène l'affrontement de Montesquieu et de Rousseau, de la liberté « à l'anglaise » et de la souveraineté du peuple.

Que l'individu naturel a déjà un caractère social ; que l'ordre social n'a donc pas à être institué, mais naît du libre jeu des intérêts et des passions ; que les vices privés font les vertus publiques : ce sont ces idées « anglaises » de Montesquieu que Rousseau déteste. Lui aussi, pourtant, part de l'individualisme moderne. Mais à ses yeux on ne passe de l'homme naturel à l'homme social qu'en dénaturant l'individu, en le débarrassant des intérêts et des passions égoïstes : seul le citoyen abstrait peut être l'acteur du contrat social. Ce dilemme originel de la culture philosophique libérale, la Révolution française l'incarne dans les hommes et lui donne sa forme dramatique. Si bien que ce n'est pas seulement la philosophie mais toute la tradition démocratique française qui se trouve grosse d'un conflit interne par rapport à l'idée libérale qui constitue sa matrice.

La démocratie française n'est pas forcément libérale, le libéralisme pas forcément démocratique : c'est cette ambiguïté qu'illustre tout notre XIXe siècle, d'une monarchie à l'autre, d'un Bonaparte à l'autre, d'une République à l'autre. Jusqu'à la victoire finale de la République gambettiste. Je ne suis pas sûr que Jardin ne surestime pas le poids du libéralisme proprement dit dans cette installation triomphante. Car celle-ci trouve ses racines dans les droits de l'homme de 1789, c'est vrai, mais récupère aussi bien d'autres éléments culturels, comme la citoyenneté vertueuse des républiques antiques, célébrée par Rousseau. Mais il est bien vrai qu'en un sens elle est la forme politique enfin trouvée par quoi la France retrouve à la fois Montesquieu et Rousseau à travers l'alliance finale de leurs héritiers attiédis, les orléanistes et les républicains dits « opportunistes ».

C'est ce compromis, enjolivé par l'image de la France nation pilote du progrès, qui a donné aux derniers nommés l'illusion d'avoir dépassé le dilemme de la culture libérale tel que l'avait manifesté la Révolution française. Cet optimisme n'a pas résisté aux tragédies européennes de la démocratie au XXe siècle, et voici revenu, en cette fin de siècle, le sphinx bicéphale de 1789 et de 1793, renouvelé, rajeuni, enrichi de mystères nouveaux. La Révolution française n'a jamais été simple que pour les esprits simples. A celui qui en douterait encore je conseille de se jeter sur le récent livre de Luc Ferry et Alain Renaut, consacré à la philosophie des droits de l'homme.

A la racine de l'idée de « droits de l'homme », il y a encore une fois l'individu moderne, qu'il s'agit de faire entrer en société sans qu'il perde ses attributs et ses droits. Et il y a toujours les deux solutions imaginées à ce passage : celle, à la mode anglaise, d'un ordre social dévoilé par le seul jeu des intérêts particuliers ; et celle, à la mode jacobine, d'un ordre social institué à chaque instant par la volonté libre des citoyens.

Or toutes les deux préfigurent les impasses et les tragédies des sociétés démocratiques contemporaines. Ces droits de l'homme qu'elles prétendent garantir, elles donnent l'une et l'autre la possibilité de les nier : la solution jacobine, parce qu'elle montre comment la Terreur peut prospérer dans un État investi d'une mission éthique ; la solution libérale, parce qu'elle montre quel sens étroit et égoïste on donne aux droits de l'homme quand on se borne à faire confiance aux mécanismes spontanés du marché.

Si on passe du philosophique au politique, on retrouve les inconvénients symétriques et inverses des deux traditions. Car il y a deux types de droits de l'homme, que Ferry et Renaut baptisent les « droits-libertés » et les « droits-créances ». Les premiers définissent la sphère imprescriptible de l'individu et ses prérogatives, opposables à l'État. Les seconds concernent au contraire des obligations faites à l'État, comme celle d'honorer le droit au travail ou d'assurer l'égalité des citoyens : les constitutions républicaines du XIXe siècle témoignent de cette tension entre droits individuels que l'État doit respecter et droits sociaux qu'il doit satisfaire. L'infirmité de la tradition socialiste et communiste naît de l'échec à penser les droits-libertés comme enracinés dans des structures juridiques supérieures aux rapports entre les classes. La faiblesse des doctrines libérales est de méconnaître les droits sociaux à travers une pensée de l'histoire tout aussi courte, puisqu'elle tend, dans les cas extrêmes (Hayek), à un pur économisme.

Sœurs ennemies, les deux traditions ont encore en commun une difficulté : ne pas savoir comment fonder la légitimité du pacte social. Car comme le social, pensé à partir de la subjectivité, ne comporte rien d'extérieur à lui-même, le contrat n'offre aucune résistance au relativisme historique : on ne peut le justifier que par son existence de fait. Pour l'arracher à cette platitude historiciste, il faut imaginer un fondement juridique transcendant, un droit supérieur à l'entrée des individus en société et à leur consentement infiniment révocable. Seul il peut être capable de soustraire la civilisation démocratique, condition de l'homme moderne, à l'insaisissable dérive à quoi sa nature même semble la condamner.

C'est à l'idée républicaine que Luc Ferry et Alain Renaut demandent ce statut régulateur et transcendant, cette référence universelle seule capable de penser l'antinomie des droits-libertés et des droits-créances, et de prendre en charge les promesses de liberté que charrient et pourtant trahissent les deux traditions, libérale et socialiste. Déjà, il y a cent ans, les fondateurs de la IIIe République avaient aperçu dans le kantisme un moyen d'ancrer leur synthèse politique dans l'universel. Aujourd'hui, après un siècle de griserie historiciste, et les tragédies subséquentes, c'est encore vers l'universalisme kantien que se tournent deux jeunes philosophes, nés après la guerre, mais toujours adossés aux catastrophes dont elle a été l'épicentre. Il faut retenir leurs noms. Leur livre est sans doute une date.

---

HISTOIRE DU LIBÉRALISME POLITIQUE. DE LA CRISE DE L'ABSOLUTISME À LA CONSTITUTION DE 1875,
*par André Jardin, Hachette.*

PHILOSOPHIE POLITIQUE. Tome 3 : Des droits de l'homme à l'idée républicaine,
*par Luc Ferry et Alain Renaut, PUF.*

---

## LA MISSION IMPOSSIBLE DE SARTRE

*1er novembre 1985*

A la belle époque, Sartre écrivait toute la journée, tous les jours. Il y avait ses grands projets en cours, le *Flaubert*, *La Raison dialectique*, l'idée un jour d'une *Morale*, mais comme il était à lui seul toute l'époque, branché à tous les signaux de l'actualité, il les interrompait sans cesse pour agir, c'est-à-dire écrire encore, mais sur d'autres choses. Peut-être est-ce cette littérature des à-côtés qui est sa vraie voix, son vrai génie, ce qui lui a donné cette étrange puissance d'incarner son temps. Mais du coup, ce brouillon écrit en 1958, qu'il n'a jamais terminé et qui paraît aujourd'hui, comment en parler ? Travail trop fondamental pour être laissé aux seuls érudits, puisqu'il s'agit d'une grande partie de ce qui devait être le second tome de *La Raison dialectique* ; texte qu'il a pourtant abandonné tel quel, une fois pour toutes, et sur lequel pèse donc une présomption de désaveu, et dès lors pourquoi ?

Ce qui facilite la lecture de ce travail inachevé, ce sont naturellement les autres livres de Sartre, ceux qu'il a lui-même publiés : d'abord le premier tome de cette *Critique*, paru en 1960, mais aussi *L'Être et le Néant*. Car Sartre est obstinément fidèle tout au long de sa vie à l'intuition centrale de son adolescence, à cette idée dont Aron raconte qu'ils ont si souvent discuté ensemble, dans leurs années d'étudiants, à savoir que la conscience, radicalement séparée de l'Être (ou le pour-soi, séparé de l'en-soi, dans son langage), est au principe de l'intelligibilité du monde. Cette conscience est liberté pure, définie par son projet ; elle n'est pas, comme celle des Anciens, liberté intérieure et rapport à l'être, mais choix existentiel, engagement dans le monde, donc un agir, une praxis. Tel reste le point de départ de la *Critique*, identique à celui de *L'Être et le Néant*.

Mais comment concilier une ontologie de la conscience avec

l'intelligibilité de l'histoire ? Des prémisses radicalement subjectivistes comme celles de l'existentialisme sartrien conduisent logiquement le philosophe à la conclusion qu'il y a autant de compréhensions des événements du passé que de points de vue individuels sur ce passé : le résistant interprétera le cours de la Seconde Guerre mondiale autrement que le collaborateur. Or le problème de Sartre est d'échapper à cette logique-là, et l'effort tout entier de la *Critique* — le premier volume et celui qu'il avait laissé dans ses tiroirs — est cette recherche de compatibilité entre liberté absolue de l'individu et vérité universelle de l'histoire.

Pourquoi cet effort si constant, et presque pathétique, tant il est d'avance condamné à l'échec ? C'est toute la question des rapports de Sartre avec le marxisme. A l'époque de *L'Être et le Néant*, ledit marxisme n'existe pas — pas encore — pour lui. Il entre dans sa vie intellectuelle après la guerre, moins comme une philosophie que comme une politique : en ce sens Sartre est bien le drapeau de l'intelligentsia française de son époque, vibrant à l'air du temps, et mettant l'incomparable fertilité de son esprit à penser le communisme soviétique. Dans un monde intellectuel sans véritable tradition marxiste comme le Paris du milieu du siècle, la question Marx surgit à travers la question de l'URSS. Pas de chance : c'est une des pires périodes du stalinisme qui se trouve en situation d'incarner la dialectique marxiste.

De là la double difficulté dans laquelle Sartre ne cesse de se mouvoir. Il lui faut intégrer dans l'existentialisme originel une théorie de l'histoire qui rende compte du grand remue-ménage des peuples qui suit la Seconde Guerre mondiale. Et cette théorie, que le spectacle du monde lui désigne comme étant le marxisme, a des dépositaires officiels, suspects mais inévitables : l'URSS et les communistes. Sa tâche sera donc de les penser mieux qu'ils ne se pensent eux-mêmes. Mission impossible. D'un côté, il doit donner au marxisme de Marx d'autres prémisses philosophiques que celles du fondateur. De l'autre, il veut fournir au marxisme de Staline des arguments meilleurs que ceux des apparatchiks. Double saut périlleux qu'il n'a pas terminé, puisqu'il a abandonné l'ambition de le boucler en laissant dans son tiroir le manuscrit qui nous est offert aujourd'hui.

L'économie philosophique en est identique à celle du premier tome, qu'il faut avoir présent à l'esprit pour lire celui-ci. Chez Sartre, l'origine de l'histoire est la *praxis* de l'individu, par laquelle celui-ci exerce sa liberté dans et contre un monde défini par la rareté, donc le besoin. Cette praxis ou n'importe quel ensemble de ces praxis courent le risque de tomber dans la socialisation passive, le « pratico-inerte », où la liberté s'englue dans la conformité, l'intérieur dans l'extérieur, l'initiative du groupe dans la sérialité de la foule. Mais cette chute, dont toutes les sociétés vivent, appelle aussi la révolte, puisque la conscience est négation de la matérialité inerte. Sartre, en cherchant une morale, trouve une politique : celle de la spontanéité révolutionnaire de l'individu et du groupe.

Par où il peut opérer un double mouvement d'encerclement du marxisme. Il en récupère d'abord toute la critique du capitalisme, intégrée d'un seul tenant à l'analyse du pratico-inerte contemporain : il ne discute jamais *Le Capital*, il l'annexe à son système. Et il retrouve aussi l'autre versant du marxisme, le volontarisme révolutionnaire, à travers les trouées de la liberté dans le tissu de la passivité sociale : ces moments où le groupe révolutionnaire substitue sa liberté à un ensemble d'individus manipulés de l'extérieur par la contrainte sociale.

Reste à savoir si ces moments — les révolutions — peuvent être fondateurs d'une histoire libérée ou sont au contraire condamnés à retomber dans le pratico-inerte : question autour de laquelle Sartre ne cesse de tourner, puisque c'est celle de la Révolution russe et du statut de la société stalinienne. Le concept d'une révolution qui dure, c'est-à-dire d'une révolte qui reste fidèle à son esprit, tout en s'incarnant dans les institutions, a-t-il un sens ? Tout l'effort de Sartre, dans ces pages qu'il n'a pas voulu publier, est de répondre oui, en accordant au parti révolutionnaire qui a monopolisé l'action du « groupe en fusion » le privilège de continuer à incarner la révolte et la vérité, malgré les menaces constantes du pratico-inerte. C'est ce qui donne à ce livre, écrit en 1958 et publié aujourd'hui, un ton si anachronique qu'il en devient presque étrange à force d'être « daté » : car tout l'effort de Sartre consiste à y justifier le maintien du label révolutionnaire à l'URSS, en dépit du stalinisme. Société guettée sans cesse par le pratico-inerte, l'Union soviétique ne cesse pourtant d'y échapper parce qu'elle est marxiste ; familiarité avec la raison dialectique qui lui permet du même coup de penser l'Occident, alors que l'inverse n'est pas vrai.

Sartre avait l'intention d'ajouter à ce long diagnostic, finalement positif, sur la révolution soviétique au XXe siècle — qu'il baptise curieusement la société « directoriale » — une analyse des démocraties bourgeoises, qu'il appelle aussi « sociétés désunies ». C'est cette analyse qu'il n'a jamais écrite et dont il ne subsiste que des notes vraiment trop elliptiques pour être même interprétées. Elle permettent de mesurer l'ambition qu'il avait de s'engager dans des études historiques, mais pas de comprendre pourquoi il y a renoncé, ou si cette renonciation est liée à l'abandon du livre.

Car cet abandon, comment l'interpréter ? Il peut avoir trait à l'ambition proprement philosophique de la *Critique*, dont Lévi-Strauss et Aron avaient successivement analysé les impasses [1], après la publication du premier tome. Mais Sartre, s'il n'a jamais répondu à ses deux critiques, n'a jamais non plus renié sa tentative de marier existentialisme et marxisme. Je croirais plutôt que ce qui a vieilli le plus vite, à ses yeux mêmes, dans ce gros manuscrit qu'il a gardé sous le coude, c'est l'idée qu'il s'y fait du régime soviétique. Car si sa philosophie est compatible, à la rigueur, avec une conception marxiste-léniniste de l'histoire contemporaine, elle possède pourtant une préférence implicite pour le gauchisme révolutionnaire : préférence inscrite dans la nécessaire révolte des praxis individuelles contre la société qui les nie. D'où vient que Sartre a été bien plus à l'aise dans la culture libertaire de 1968 que dans la rationalisation de la dictature soviétique. Mais du coup, pour terminer son livre de 1958, il lui aurait fallu non seulement en écrire la seconde partie mais en réécrire la première : autant valait le laisser dormir, comme un témoin d'une partie antérieure de sa vie, qui nous est aujourd'hui rendue.

---

CRITIQUE DE LA RAISON DIALECTIQUE. Tome 2 : L'Intelligibilité de l'histoire,
*par Jean-Paul Sartre, Gallimard, 1985.*

---

1. Lévi-Strauss dans un chapitre de *La Pensée sauvage*, Aron dans *Histoire et dialectique de la violence*.

## L'HOMME RETROUVÉ

*13 juin 1986*

Quelque chose de fondamental a changé, dans la vie intellectuelle française, depuis une dizaine d'années, qui est à la fois évident et difficile à définir. Aujourd'hui, avec le recul du temps, nous voyons bien que le décor du théâtre a pivoté et nous offre son autre côté ; mais, comme nous n'avons cessé d'en accompagner le mouvement, nous sommes en peine d'en reconstituer l'histoire. Décrivons donc le nouveau spectacle, à défaut d'être dans les secrets du machiniste : ils ne manqueront sûrement pas d'interprètes dans les années qui viennent !

L'aspect le plus spectaculaire du changement intervenu est la quasi-disparition de la référence marxiste, dans un pays où elle a été centrale depuis la guerre, au point de coloniser, comme dans le cas de Sartre, des pensées qui lui étaient philosophiquement étrangères. En 1982, plusieurs colloques parisiens ont rendu à Marx, à l'occasion du centenaire de sa mort, un hommage d'anciens combattants : je le dis sans acrimonie, j'ai été à l'origine de l'une de ces réunions. Mais la flamme n'y était déjà plus : l'air du temps était à Tocqueville plus qu'à Marx ; car les fortunes contrastées des deux grands auteurs pourraient fournir une sorte d'indicateur grossier de la conjoncture intellectuelle française : le théoricien du capitalisme et le penseur de la démocratie y figurent deux références clés, mais successives. Le rayonnement actuel du second ne s'est installé que sur l'effacement du premier.

De cet effacement il existe du reste un témoignage encore plus sûr, tiré de la vie politique : c'est l'effondrement du communisme français, qui commence tout juste au milieu des années 70, et se poursuit depuis sur un rythme imprévu. Admirable PC, qui plutôt que de peser sur la politique française préfère sombrer drapeau haut, statue du marxisme-léninisme, incarnation de la fidélité. Son déclin intrinsèque réduit le rayonnement de la tradition marxiste et le spectacle de sa survie aggrave cet effacement. Après avoir été un pôle d'attraction pour plusieurs générations d'intellectuels, le PC termine sa course en force de dissuasion.

L'espace d'engagement militant qu'il laisse en déshérence n'a pas été occupé par d'autres forces politiques : les socialistes s'en sont assez plaints, sans y pouvoir mais. Ce qui s'est substitué à la vulgate marxiste des années 60 — sous sa forme communiste traditionnelle, mais aussi sous l'avatar maoïste — est un discours antitotalitaire, au nom des droits de l'homme : discours qui est sur le fond très classique, puisqu'il retrouve les fondements mêmes de l'humanisme libéral de type 1789, mais dont la signification ne peut être identique. Il y a deux cents ans, les droits de l'homme, pensés à travers une philosophie du sujet, constituaient le socle et le but de la société nouvelle, par opposition au monde des monarchies de droit divin. En cette fin du XX^e^ siècle, nous avons au contraire hérité d'une double mise en cause des principes qui les fondent. L'idée de fabriquer le social à partir de l'individualisme moderne a subi l'assaut conjugué de la philosophie et de l'expérience : la critique de la raison démocratique a prospéré de Nietzsche à Heidegger, et d'autre part le siècle qui vient de s'écouler n'a pas été tendre pour les libertés de l'individu. Les deux phénomènes ne sont pas à situer dans un lien de cause à effet, mais ils ne sont pas non plus sans rapport. C'est tout le problème qu'a posé le récent livre où Ferry et Renaut tentent de dire ce que peut signifier le discours des droits de l'homme dans le contexte philosophique français récent, dominé par cet antihumanisme nietzschéo-heideggérien qui dénonce le rationalisme moderne comme norme, exclusion et oppression.

Laissons de côté le problème, posé par le titre de ce livre, de savoir s'il y a une pensée 1968 qui marquerait l'apogée de cet antihumanisme philosophique. Il va de soi qu'on pourrait au contraire humer dans ce printemps-là un vent libertaire, plus propice à une philosophie de la conscience individuelle qu'à la mise en scène de la mort du sujet. Il y a eu dans l'événement de Mai, avec ce qu'il comportait d'imprévu et d'improvisé, de quoi offrir une revanche à Sartre sur Lévi-Strauss. Là est la faiblesse de l'idéal type d'une pensée 68. Si on parle de 1968 comme la pointe de l'antihumanisme contemporain, que faire de Sartre ? Et si on traite de l'antihumanisme comme constitutif de la pensée 68, que faire de Lévi-Strauss ? Ce n'est probablement pas un hasard si deux des plus grands esprits de cette époque sont les grands absents de l'analyse proposée par Ferry et Renaut.

Pourtant, cette critique ne touche pas, malgré les apparences, l'essentiel de ce que ce livre a à nous dire, qui déborde aussi son agressivité polémique. La référence à Mai 68 n'est pas indispensable à son intelligence. Ce que les jeunes philosophes aperçoivent dans la génération qui les a précédés, c'est la déconstruction des deux signes clés de la modernité occidentale : la raison et le sujet. L'effort qu'ils nous convient à faire pour comprendre le double foyer de leur critique rejoint nos préoccupations et l'objet même de notre enquête.

Car ce qu'ils dénoncent d'abord, c'est l'incohérence qu'il y a à tenir un discours nihiliste ou pessimiste sur la démocratie moderne et à adopter une position politique d'homme de progrès. Si on casse la référence à un universel de la morale ou de la raison, l'action n'a plus d'autre fondement que l'individu et ses raisons particulières. Nietzsche n'est jamais passé pour un maître ni même un admirateur de la civilisation démocratique, Heidegger moins encore. On peut étendre cette délégitimation de l'action politique à toutes les philosophies de l'histoire, et d'abord au marxisme : car, que l'individu moderne soit privé d'un espace de communication avec ses semblables ou qu'il soit pris dans l'inévitable mouvement de l'histoire vers sa fin, le résultat est identique, et l'action de l'homme un luxe inutile. C'est en suivant la pente de cette démonstration que nos deux auteurs rebroussent chemin jusqu'à Kant, un Allemand chassant l'autre, pour y amarrer enfin, ou plutôt de nouveau, l'humanisme moderne au sujet transcendantal.

S'ils veulent dire que le kantisme est l'ancre de salut de cette fin du XX^e^ siècle, où arrimer nos tragédies pour parvenir à les penser enfin, ils en attendent probablement trop. Mais leur propos est plutôt de repartir de l'idée ou de l'intuition centrale de Kant comme de l'horizon même du monde moderne : à savoir que notre univers, privé de la religion, n'a plus comme référence universelle que l'activité rationnelle du sujet. Si bien qu'à travers la démonstration, à mes yeux évidente, qu'il y a incompatibilité entre un livre comme *Les Mots et les choses* et une philosophie de l'action politique, ce n'est pas l'illogisme de Foucault qu'il faut retenir (les philosophes eux-mêmes vivent toujours à plusieurs niveaux et l'action a des raisons que la raison ne connaît pas), mais l'ambition de restituer à l'esprit de notre temps une référence universelle si longuement vilipendée.

L'analyse de l'antihumanisme permet d'autre part — c'est le deuxième foyer de cette critique, plus esquissé du reste que véritablement défini — un regard sur ce qu'ont été les sciences sociales en France. Car dans ces années 80, dont notre enquête tente de mesurer l'éloignement, les sciences sociales ont été un des massifs de la culture française. Peut-être le plus impressionnant, en tout cas le plus significatif, si on veut bien accepter l'idée qu'elles ont joué, toutes proportions gardées, le rôle traditionnellement dévolu à la littérature. Et même davantage : elles ont pesé de leur exemple sur la littérature, comme le montre le nouveau roman, terrain inattendu d'extinction du sujet. A qui veut réimaginer la tyrannie qu'exerçait à l'époque l'idée scientifique sur l'idée littéraire, il suffit de citer le cas de Barthes, cet amoureux de la littérature, cet esprit subtil et précieux, passant sous les fourches Caudines de la linguistique structurale pour rédiger une lourde thèse sur le *Système de la mode*.

Car l'idée qui domine alors le paysage des sciences sociales, c'est que l'homme est le produit de structures qui le déterminent, et non le sujet de son action. Idée qui a d'autres cheminements possibles que celui de la philosophie allemande et du marxisme, puisqu'elle prend appui plutôt, chez Lévi-Strauss, sur le modèle linguistique, chez Braudel, sur la géographie humaine et, dans une grande partie de la sociologie, dont Bourdieu offre l'exemple presque caricatural, sur la tradition durkheimienne. Au croisement d'influences multiples mais convergentes, les sciences sociales de ces années déconstruisent aussi, à leur manière, le sujet. Elles dessinent un monde où la société parle et agit toute seule, à travers des acteurs qui expriment sans le savoir ses règles de fonctionnement et de reproduction, sans jouir d'aucune autre liberté que celle d'en avoir éventuellement l'illusion.

Or cette idée d'une science de la société, si diverses qu'en soient les filiations, tombe sous le coup de la critique du marxisme, et plus généralement de l'historicisme : comment peut-on la fonder en raison si elle n'a d'autre point d'appui que des sujets empiriques, prisonniers de leur temps et de leur société ? Comment ceux-ci échapperaient-ils à l'universelle illusion de chacun sur ce qu'il est en train de vivre et de penser ? Ainsi, c'est la conception même des sciences sociales comme figure centrale de la culture des années 60 qui est en cause dans la critique de l'antihumanisme contemporain.

Si bien qu'on pourrait profiter de l'interpellation générale sur la pensée des années 60 pour entreprendre une réflexion sur ce qu'ont été les sciences sociales dans l'après-guerre français, et ce qu'elles vont ou peuvent devenir. La question des résultats qu'elles ont obtenus n'est pas tout à fait celle de leur philosophie sous-jacente ni celle des méthodes employées. Elle les recoupe pourtant, car l'inventaire des acquis n'est pas complètement séparable des méthodes et des concepts qui ont été utilisés. Et c'est une habitude trop peu répandue, dans nos disciplines, de faire le point sur la fécondité ou au contraire la stérilité d'une approche intellectuelle ou méthodologique, comme si n'existait que faiblement la préoccupation d'obtenir des résultats cumulatifs.

Peut-être le moment en est-il venu. C'est au moins sur ce souhait que s'ouvre cette enquête.

---

LA PENSÉE 68,
*par Luc Ferry et Alain Renaut, Gallimard.*

# LE MONARCHISME ROMANTIQUE

*19 juin 1987*

Chateaubriand a eu trois vies. Une jeunesse voyageuse, qui l'a porté en Amérique, puis en Angleterre, pendant la Révolution française. Une carrière d'écrivain, commencée en fanfare par *Le Génie du christianisme* (1802), et qui en fait dès lors le prince incontesté de la littérature française, à défaut de pouvoir jouer sous l'Empire d'autre rôle public. Enfin, avec le retour des Bourbons en 1814, une existence d'homme politique moins réussie que la précédente, et qui n'en est d'ailleurs que la menue monnaie : l'Enchanteur cherche à prêter sa gloire littéraire à la monarchie revenue contre un très grand emploi mais le marché ne se conclura pas. Pair de France, ministre d'État, il se fâche avec Louis XVIII quand celui-ci dissout la chambre ultra-royaliste en septembre 1816. Il reviendra au pouvoir comme ministre des Affaires étrangères, en 1823, mais sera remercié au bout d'un an : impropre à la solidarité politique, même et surtout avec ses amis ultras, il est à son meilleur dans le journalisme d'opposition où éclate son vrai génie, écrire. Il y jettera ses derniers feux contre la monarchie de Juillet, vieux croisé d'une dynastie légitime qui avait méprisé ses conseils.

Mais cet échec dans la vie publique, qui évoque celui de Tocqueville à la génération suivante, ne s'explique pas seulement par le côté ombrageux de son caractère. Il tient aussi à une pensée politique originale et profonde, qui met Chateaubriand à l'écart de toutes les familles d'opinion : trop avancé par rapport aux idées du siècle pour ce qu'il a de royaliste, trop catholique pour ce qu'il a de libéral, trop fidèle aux Bourbons pour ce qu'il accepte de la Révolution, trop aristocratique pour ce qu'il a compris de l'inévitable fin du milieu où il a vécu. Solitaire, caché dans sa gloire, il est inclassable. Et le livre que vient de lui consacrer Jean-Paul Clément permet d'en approfondir les raisons.

On aime ou on n'aime pas les morceaux choisis, et comme je suis plutôt de la deuxième école, j'aurais préféré une bonne édition critique de *De la monarchie selon la charte* (1816) ou des articles du *Conservateur* (1818-1820) à ce patchwork d'écrits échelonnés sur près d'un demi-siècle, et présentés en rubriques thématiques. Mais au moins cette présentation a-t-elle l'avantage d'offrir une étude panoramique de Chateaubriand politique. Elle est faite avec grand soin, comme tous les ouvrages de la collection, et les commentaires réintroduisent la chronologie à l'intérieur de chaque section, rachetant ainsi ce que le classement par thème peut avoir d'arbitraire.

M. Clément prend le lecteur par la main et ne le lâche plus, presque trop directif, par endroits, quand les textes peuvent être plus ambigus qu'il ne le suggère (sur le rapport de Chateaubriand à la philosophie des Lumières par exemple). Mais c'est un excellent guide, savant et clair, qui connaît bien et son auteur et l'époque...

Chateaubriand est entre deux mondes. Il tient à l'Ancien Régime par sa naissance et sa jeunesse et il ne s'en déprendra jamais ; il ne cessera de vivre dans le milieu où il est né, et de revendiquer comme un drapeau sa qualité d'aristocrate et sa fidélité aux Bourbons. Mais il a eu vingt ans au début de la Révolution et a tiré des événements, comme tant de ses contemporains, le sentiment de l'irrémédiable fin d'un univers. Son problème est de recoudre ce que la Révolution a déchiré et de refaire aux Français une seule histoire, en amont et en aval de 1789, autour d'une tradition de liberté. Comparable en cela à Mme de Staël, Chateaubriand n'aime de l'héritage monarchique que ce qui est antérieur à l'absolutisme : un pouvoir royal tutélaire, contrôlé par les états généraux, protégé de la tentation despotique par une aristocratie jalouse de ses droits, gardienne des libertés. Pouvoir qu'il se garde de dater car l'époque en est fugitive, quelque part entre la féodalité et les guerres de Religion. Mais c'est sa façon de donner corps à la monarchie tempérée de Montesquieu, mariée à la noblesse. Transposée au début du XIXe siècle après la tourmente révolutionnaire, cette monarchie doit faire sa place au temps, accepter l'égalité civile et la société moderne, prendre acte de la promotion bourgeoise, accompagner l'évolution des esprits et des mœurs au lieu de s'enfermer dans le passéisme : c'est le sens du « gouvernement représentatif », dont l'histoire anglaise a montré la voie. Le roi, deux chambres, un ministère, et un équilibre des pouvoirs, garantie de la liberté des citoyens.

Pourtant, Chateaubriand n'est pas un « libéral » comme Mme de Staël, ou encore comme le groupe des Doctrinaires autour de Royer-Collard et Guizot. Tous sont comme lui des partisans de la Charte de 1814 et de la monarchie constitutionnelle, mais lui entoure la royauté revenue d'une fidélité à la fois esthétique et filiale. Le règne des Bourbons n'est plus enveloppé dans le droit divin mais tire ses titres imprescriptibles de l'histoire et des services rendus à la France. Dans un pays où l'idée libérale est adossée à la rupture révolutionnaire, Chateaubriand veut au contraire l'enraciner dans un traditionalisme dynastique ; à défaut d'éterniser leur trône, il fera entrer les derniers Bourbons dans la grande littérature.

Autre trait distinctif de sa pensée, par rapport aux « libéraux », son catholicisme. Il est un des premiers à avoir mesuré le gouffre qui s'est ouvert dans la vie publique française par l'affrontement entre la Révolution française et l'Église catholique. *Le Génie du christianisme*, qui date de 1802, a, comme beaucoup de best-sellers, relativement mal vieilli mais il comporte néanmoins déjà le répertoire des questions que ne cessera de traiter et de retraiter le Chateaubriand politique de la Restauration : les supports de la religion et de la morale, le caractère complémentaire de la croyance religieuse et de l'ordre social, la supériorité civilisatrice du christianisme sur ce qui l'a précédé, par l'invention de l'universalité de l'homme. De ce message, fondateur de la liberté, c'est l'Église catholique l'héritière, et non pas, comme chez Staël ou Guizot, l'hérésie individualiste de la Réforme. Sur cet aspect capital de la pensée de Chateaubriand, le livre de M. Clément apporte des textes essentiels, magnifiques et relativement peu connus.

On comprend en quoi la synthèse politique de l'écrivain ministre, délibérément traditionaliste, le porte, en dépit du peu d'estime qu'il leur vouait, vers les ultraroyalistes, alors qu'au contraire les libéraux à la Guizot s'ouvraient sur leur gauche pour ce qu'ils avaient d'hostile à l'Ancien Régime.

De là l'isolement et l'échec de Chateaubriand, vaincu malgré lui, mais vaincu avec « son » roi, en 1830, au moment où triomphe Guizot. Il prendra sa revanche sous Louis-Philippe, en précisant dans d'admirables chapitres des *Mémoires d'outre-tombe* l'inévitable chute de cette monarchie bâtarde, née de la Révolution, et plus incapable qu'aucune autre d'en remplir la promesse.

P.S. — Je signale au lecteur l'ouverture de la Maison de Chateaubriand à la Vallée-aux-Loups (à Châtenay-Malabry), dont Jean-Paul Clément, justement, est le directeur.

---

CHATEAUBRIAND POLITIQUE,
*présenté par Jean-Paul Clément, Hachette, « Pluriel ».*

# LES FEUILLES MORTES DE L'UTOPIE

*26 avril 1990*

Qu'est-ce qui reste de l'idée socialiste, à l'heure de l'écroulement des sociétés communistes ? Telle est la question qui va dominer pour les années qui viennent l'histoire et l'action de la gauche européenne. La droite ferait bien d'ailleurs de s'en préoccuper aussi : car en perdant son ennemi elle a perdu, en même temps que ses marques, l'essentiel de ce qui a constitué au XXe siècle la force de son discours. Si bien qu'elle court le risque de ne plus avoir d'autre ressource que le langage des intérêts. Mais enfin, c'est la gauche qui est frappée de plein fouet par la faillite du communisme. Ce qui est en cause, c'est d'abord son histoire, même dévoyée, son patrimoine, même confisqué, ses idées, même caricaturées.

On peut naturellement plaider la séparation précoce des deux traditions socialiste et communiste, et rejeter l'expérience d'Octobre à l'ordre de la perversion pure. Mais les avantages politiques de cette prophylaxie a posteriori se paient très cher en termes intellectuels : car il faudrait oublier alors, enfouir, tout ce qui a lié la révolution russe à la gauche européenne, même non communiste. Il faudrait oublier, rien qu'en France, tant de choses ! Depuis « les soviets partout » des défilés du Front populaire jusqu'à l'enthousiasme prosoviétique de la Libération, et du Mouvement de la Paix de la guerre froide jusqu'au castrisme, l'ombre de la révolution d'Octobre n'a cessé d'envelopper toutes les générations de la gauche française.

S'il en est ainsi, c'est d'abord pour toutes les raisons historiques qui ont lié la révolution russe au patrimoine démocratique national et particulièrement à la Révolution française. Les bolcheviks avaient été obsédés par le « précédent » jacobin. En retour, on ne peut rien comprendre à leur influence sur la gauche française sans prendre en compte le triple héritage de celle-ci :

l'idée de la violence révolutionnaire, celle de la régénération du citoyen par l'État, enfin celle d'une nation avant-garde du progrès humain. De fait, l'expérience soviétique a été largement filtrée par l'opinion publique française à travers l'histoire de la Révolution française, qui s'en est trouvée prolongée, réactualisée, dotée d'une mythologie plus présente que jamais. Ainsi les communistes ont-ils pu jouer leur partition sur un clavier plus vaste que celui de la classe ouvrière, et alterner ou même marier les thèmes de la dictature du prolétariat et de l'union nationale. Ils ont réussi à nationaliser la révolution d'Octobre, chez ses amis et chez ses ennemis, à travers les origines de la démocratie française.

Ainsi l'idée révolutionnaire, dont ils étaient les principaux dépositaires, leur a-t-elle permis d'exercer une sorte de magistère politique sur l'ensemble de la gauche. J'entends par « idée révolutionnaire » la conception selon laquelle le passage d'une société à l'autre, condition de la régénération des individus, peut et doit être accompli en un court laps de temps par la saisie violente de l'État. En ce sens, celle-ci est restée, jusqu'à une époque toute récente, commune aux communistes et aux socialistes. Il n'est que de se reporter au fameux discours de Léon Blum à Tours : au moment même de la scission, à l'instant précis où il rejette l'exemple de Lénine comme une déviation « putschiste », le leader socialiste réaffirme la nécessité de la révolution pour instaurer la dictature du prolétariat. On peut naturellement le créditer d'une interprétation moins subjectiviste du marxisme que celle de Lénine : il est attentif, lui, aux conditions objectives de la prise de pouvoir par la classe ouvrière. Mais il n'en reste pas moins à l'intérieur d'une analyse qui comporte, un jour, moins proche que le croit Lénine, mais un jour, la révolution prolétarienne. Même en 1936, quand il accède au pouvoir, Léon Blum tient à maintenir la distinction, à ses yeux essentielle, entre l'action à court terme des socialistes, action défensive, antifasciste, qui conduit par force à gérer le capitalisme, et le but final, qui reste de le détruire.

Il est vrai que cette dichotomie a mal survécu à la pratique politique de la SFIO après la guerre. Guy Mollet avait conquis le parti à gauche, en 1946, mais il a gouverné avec le MRP et le centre-droit. Entre sa fidélité proclamée au marxisme révolutionnaire et sa gestion des affaires publiques, l'écart est devenu trop grand, et trop durable, pour ne pas conduire à l'effritement du message socialiste, dont le Parti communiste guettait, à l'époque, les militants en quête d'une recharge idéologique. Mais justement : cette recharge est finalement venue de l'intérieur de la mouvance socialiste, avec le PSU d'abord, puis avec le congrès d'Épinay. La renaissance du Parti socialiste en France s'est ainsi faite à travers un ressourcement des militants à la tradition dominante du socialisme français depuis un siècle : celle du marxisme révolutionnaire. La lutte des classes, l'alliance avec le PC, la nationalisation de l'industrie et des banques, la rupture avec le capitalisme ont constitué pour le nouveau Parti socialiste les mots d'ordre de sa reconquête de la gauche.

Peu importe ici la part de tactique qui est entrée dans la conception de cette reconquête. L'important est que, tard dans ce siècle, l'idée socialiste et l'idée communiste ont conservé en France, au moins chez les militants de gauche (car l'opinion publique en général est une autre affaire), bien des traits communs, issus à la fois de la tradition jacobine et du marxisme. On le montrerait sans peine en faisant l'histoire de la séduction interminable du révisionnisme communiste en France, et on peut aussi le comprendre en comparant France et Allemagne. Chez nos voisins, le socialisme a enterré il y a plus de trente ans (à Bad Godesberg, en 1959) la révolution et la rupture avec le capitalisme. Il s'est séparé non seulement de Marx, mais aussi de Kautsky, pour donner raison à Bernstein. Il est vrai qu'il n'avait pas à réduire sur sa gauche un puissant Parti communiste mais à asseoir, enfin, les fondations de la démocratie allemande. Reste que le choix inverse du socialisme français, celui de l'idéologie pure et dure, a posé aux vainqueurs de 1981 de redoutables problèmes d'ajustement politique et intellectuel. Obligés de passer en deux ou trois ans de la poésie de la révolution à la prose de la gestion, les socialistes ont contribué à vider la scène publique française de ses enjeux et de son intérêt. Ils ont même fini par en faire un mode de gouvernement.

Mais l'essentiel s'est joué en dehors d'eux, sur un plus vaste théâtre. Déjà, quand ils sont arrivés au pouvoir, l'idée communiste se mourait en France. Elle était morte au moins depuis Khrouchtchev dans les pays communistes, où elle n'avait pas vraiment survécu au stalinisme : tous les révisionnismes, entre Gomulka et Dubček, s'étaient révélés impuissants à la faire revivre. Déjà la Pologne de Solidarnosc montrait un autre chemin, celui de la sortie du communisme. Le climat intellectuel français avait changé : le succès de Soljenitsyne à gauche en a été dans les années 70 le signe le plus révélateur. Depuis lors, l'histoire n'a cessé de révéler la faillite irrémédiable des régimes communistes, jusqu'à cette extraordinaire année dernière où elle a offert au bicentenaire de la Révolution française un festival ironique de « révolutions contre-révolutionnaires » ! Car ce qui est mort en 1989, sous l'apparence d'une reprise du répertoire révolutionnaire, n'est pas seulement Octobre 1917, mais l'idée d'aménager Octobre, d'en humaniser le cours. On me dira que Gorbatchev s'y emploie, ou qu'il affiche cet objectif : mais lui-même est contraint d'inscrire sur son drapeau la négation des principes d'Octobre, l'État de droit, le constitutionnalisme « formel », la séparation des pouvoirs, sans parler du marché !

Est-ce au moins un hommage à la Révolution française, où la gauche non communiste pourrait chez nous trouver un peu de réconfort ? Hélas, même cette consolation est problématique. La Révolution française a été si souvent brandie comme un titre de propriété par les bolcheviks que personne, l'automne dernier, n'en a revendiqué l'héritage à Prague, à Budapest ou à Varsovie. On a même vu, chose inédite en Europe continentale, citer en son lieu et place la Révolution américaine, Jefferson et Madison à la place de Mirabeau et Robespierre. J'ai eu la surprise, en discutant il y a quelques semaines avec un leader du parti interrégional d'opposition au parlement soviétique (la gauche du gorbatchevisme, dans la mesure où le terme a un sens), de le voir chercher toutes ses références constitutionnelles dans les institutions des États-Unis. Le jacobinisme a joué ce dernier tour à la Révolution française : il lui a fait perdre sa place d'ancêtre dans les dernières retrouvailles de l'Europe avec la liberté.

La vérité est ainsi que la faillite de l'idée communiste atteint la gauche européenne au-delà de ses partis communistes. En redécouvrant comme s'ils étaient d'hier les termes complémentaires et contradictoires de l'équation libérale, les droits de l'homme et le marché, elle compromet le fond même de ce qui a été le messianisme révolutionnaire depuis deux siècles : à la fois le sens du progrès (si le capitalisme succède au communisme, qu'est-ce que l'histoire ?) et l'espoir de dépasser le capitalisme au nom d'une société de producteurs libérés de l'économie marchande. Non seulement le révisionnisme marxiste, cet exercice privilégié des intellectuels, s'en trouve privé de fondement ; mais l'idée même d'une troisième voie, d'une société qui échapperait à la fois aux malédictions du capitalisme et du communisme, est devenue presque impossible à penser.

Il existe évidemment une manière commode de sortir de l'impasse, c'est de dire que si l'idée communiste se meurt, le libéralisme ne se porte guère mieux, puisque aucune société contemporaine ne s'abandonne désormais complètement aux hasards du marché. Mais cette fausse fenêtre ne trompe personne. Le libéralisme n'est pas une recette pour faire tourner les économies modernes, c'est une philosophie de l'homme qui est très antérieure à Mme Thatcher ou à M. Balladur ; sa nature ambiguë, et ses contradictions, n'ont cessé d'être débattues par les plus grands esprits de l'Europe, de Hobbes à Marx, en passant par Locke, Montesquieu, Rousseau et Tocqueville, pour ne citer que les plus grands. Le capitalisme et la démocratie sont les deux destins de l'individu moderne, déchiré à l'intérieur de lui-même. L'idée communiste, que Marx avait cru fonder sur la science de l'histoire, avait pour objet de séparer ces deux destins, et de réaliser la vraie démocratie par l'abolition du capitalisme. Ce que nous redécouvrons, en cette fin de siècle, c'est que les deux destins noués par la modernité sont inséparables, que la liberté n'existe pas sans le marché, puisque ceux qui avaient prétendu échapper à cette dure loi ont couru à la catastrophe politique et économique. En ce sens, nous voici tous contraints de sortir de l'utopie socialiste dans ce qu'elle a de radical : l'ambition d'instaurer une société sans classes, n'ayant plus que la nature à vaincre. Nous voici tous réintégrés dans l'équation libérale dès lors qu'il s'agit pour toutes nos sociétés, celles de l'Est, de l'Ouest ou du Sud, de gérer des désaccords d'opinion et des conflits d'intérêt. Vue sous cet angle, la social-démocratie par exemple n'est qu'un mode de gestion particulier du pluralisme libéral, comme l'ont récemment montré Manin et Bergounioux [1].

Écrire cela n'est pas faire l'apologie du capitalisme mais reconnaître l'universalité ambiguë du monde où nous vivons, et que nous avions cru, à tort, dépasser. De Prague et de Varsovie, et même de Moscou, l'économie de marché nous revient en même temps que les droits de l'homme, parée même par la tyrannie communiste du prestige inattendu d'une bénédiction sociale. Le temps se chargera de nuancer ce jugement et de réapprendre aux opinions publiques de ces pays que la critique du capitalisme est aussi vieille que l'économie capitaliste, et qu'elle est présente chez tous les grands auteurs libéraux aux XVIIIᵉ et XIXᵉ siècles. Mais pour les intellectuels de l'Ouest la situation

1. *Le Régime social-démocratique*, Presses universitaires de France, 1990.

est inverse : il leur faut moins réfuter l'idéalisation du marché, en continuant à fumer leur opium, que redécouvrir sa nécessité, en cherchant à en définir le meilleur usage. Il n'y a pas de productivité de l'économie sans liberté de produire ; mais il ne s'ensuit pas, bien évidemment, que l'allocation des biens produits doive se faire par le seul intermédiaire du marché : aucune société démocratique, à commencer par la plus capitaliste, les États-Unis, ne fonctionne sans un vaste réseau de redistribution sociale. Mais aucune société démocratique ne peut non plus consentir à une croissance indéfinie de l'État au détriment de la liberté, de l'initiative et même du civisme de ses membres.

A court terme, l'effondrement des régimes de l'Est devrait bien sonner l'heure d'une transformation du débat politique : à partir du moment où il n'y a ni société purement socialiste ni société purement « libérale », au sens étroit, économique, du terme, à quoi bon continuer à invoquer ces grues métaphysiques ? Ceux qui gémissent sur le désert de la scène publique sont souvent les mêmes qui apportent la plus grande contribution à l'indifférence de l'opinion par leur propre indifférence au changement. Il n'y a pas de fatalité à ce que les citoyens modernes n'aient à choisir qu'entre vaquer à leurs affaires ou militer pour des idées folles. Encore faut-il ne pas les enfermer dans cette alternative.

A plus long terme, mais le plus tôt sera le mieux, la fin de l'idée communiste nous contraint tous à un réexamen en profondeur de la culture politique où l'Europe vit depuis deux cents ans. L'idée démocratique est plus que jamais notre règle, mais elle vient tout justement de s'offrir un tremblement de terre pour son anniversaire. Comment en sortirions-nous pareils, alors que tout a bougé autour de nous, et qu'on discerne un paysage à demi en ruine, alors que l'idée mère est plus rayonnante que jamais ? Les rapports du christianisme et de la démocratie, ceux de la République et du progrès, la relation des citoyens à l'État, la dialectique des droits formels et des droits sociaux, l'agressivité de l'homme moderne envers la nature, la liste est longue des grandes questions qui ne pourront être pensées demain comme hier. Pour ceux qui veulent y réfléchir, il y a du pain sur la planche.

## UN AIR D'ÉTERNITÉ

*30 mai 1996*

De Paul Bénichou, dont Gallimard réédite aujourd'hui *Le Sacre de l'écrivain*, il y aurait une manière polémique de célébrer les mérites, comme ceux d'un grand critique ignoré par nos modes et méconnu par nos Universités, et qui nous revient aujourd'hui, sur ses vieux jours, au tout premier rang de nos historiens de la littérature, après avoir toute sa vie enseigné à l'étranger. Mais cette manière ne rendrait justice ni à l'équanimité de son esprit, ni à la nature de son talent, qui déteste le tapage, et qui a cultivé des vertus plus austères. Le meilleur hommage qui puisse lui être rendu est encore de redécouvrir son maître-livre de 1973, qui offre au lecteur le plaisir exceptionnel des grandes œuvres : celui de se trouver plus intelligent au fil des pages.

Paul Bénichou avait déjà écrit ses *Morales du Grand Siècle* quand il a eu l'idée qui allait gouverner la suite de son œuvre, et qu'il résume en sous-titre du *Sacre* : *Essai sur l'avènement d'un pouvoir spirituel laïque dans la France moderne, 1750-1830*. Les dates indiquent qu'il s'agit du problème classique du passage de la philosophie des Lumières au romantisme, mais les mots choisis pour le formuler le posent en termes originaux. Le point de départ est fourni par la figure du « Philosophe » au XVIIIe siècle, porteur des valeurs de la raison contre le poids de la tradition, champion du combat pour émanciper l'individu de l'autorité des prêtres et des religions révélées. La vieille monarchie française, qui a réaffirmé l'intolérance de sa foi catholique par la révocation de l'édit de Nantes (1685), y a trouvé l'adversaire non seulement de son pouvoir mais des fondements de son pouvoir.

La Révolution n'a pas tranché le conflit dans son aspect spirituel, puisque d'une part elle a laissé debout le catholicisme, et même, depuis le Concordat (1801), la place du catholicisme dans l'État ; et que, d'autre part, elle s'est terminée par un mouvement de réaction contre la philosophie des Lumières, auquel Chateaubriand a prêté l'éclat de son style. La Restauration, en 1814, ramène en France les frères de Louis XVI, mais non pas le magistère spirituel de la religion catholique. Elle voit s'y substituer celui du Poète romantique, nouvelle figure du règne de l'homme de lettres sur la France moderne, superposée à celle du philosophe des Lumières sous l'apparence d'une répudiation. Telle est la synthèse post-révolutionnaire et « laïque » du grand remue-ménage politique et moral de la Révolution, sous le masque d'une restauration.

Synthèse. Le mot indique bien que le nouveau pouvoir intellectuel puise les matériaux de son renouvellement à deux sources contradictoires, la première hostile, la seconde favorable à la Révolution. Le romantisme français, à l'extrême fin du siècle, prend son élan du côté de la religion, dans une exaltation doloriste des mystères chrétiens dont les crimes de la Révolution forment le contrepoint terrestre. C'est du camp de la Contre-Révolution que sort le personnage sacral du *Poète*, interprète de l'histoire de l'humanité, dans lequel Lamartine puis Hugo se draperont pour faire leur entrée dans la littérature française. Pourtant, même cette figure, destinée à effacer le *Philosophe* de l'âge précédent, emprunte à ce qu'elle veut détruire quelque chose d'essentiel, qui ressemble à l'idée d'un sens de l'histoire. Maistre et Ballanche l'ont dit très tôt : les crimes de la Révolution sont bizarrement inscrits dans une nécessité.

On touche par là à l'autre tradition intellectuelle qui nourrit le romantisme naissant, et qui est, elle, favorable aux idées de 1789. Car Mme de Staël n'a pas besoin de détester la Révolution pour la penser comme inévitable, et sa fidélité à l'idéal philosophique des Lumières ne l'empêche pas de croire la religion indispensable à la société moderne. Quant à la poésie, et aux vertus morales de l'émotion intérieure, elle en a perçu la force dans l'Allemagne de Kant et de Schiller. Ainsi prend forme dans son œuvre si variée un libéralisme spiritualiste dont les enfants les plus visibles et les plus influents, à la génération suivante, seront Guizot et Victor Cousin, mais qui nourrira aussi bien la poésie de Sainte-Beuve ou celle du deuxième Hugo.

Tels sont les deux fils, romantisme royaliste et romantisme libéral, au long desquels Bénichou conduit son lecteur vers la constitution d'un nouveau pouvoir spirituel, qui n'est ni aristocratique ni bourgeois, mais les deux ensemble : post-révolutionnaire, pour le définir le moins mal possible. La France s'est affranchie de l'autorité de l'Église, mais elle est restée catholique. Elle a brisé la domination de la noblesse, mais elle a conservé quelque chose d'aristocratique dans ses mœurs. Elle récuse le rationalisme abstrait des Lumières, mais garde sa confiance au magistère des Belles-Lettres. Au milieu de l'incertitude morale et spirituelle de la société libérale, où elle est entrée de manière si convulsive, elle se fabrique ainsi un ancrage provisoire. *Le Sacre de l'écrivain* accomplit sur le mode littéraire ce que la III^e République fera un demi-siècle après dans l'ordre politique : une fin de la Révolution, scellée ou promise au moins par un nouveau pouvoir sacerdotal, mais laïque.

Comme toutes les grandes hypothèses de recherche, celle-là se reconnaît à son caractère fécond. Paul Bénichou l'enrichit et le précise à travers une extraordinaire érudition, qui s'étend non seulement aux auteurs mineurs, mais à leurs écrits les plus oubliés. Il n'est pas quitte avec son idée mère, tant qu'il n'a pas exploré tous les sentiers et tous les souterrains où il peut en trouver les traces : immense entreprise, à laquelle cette première enquête ne suffira pas, si vaste qu'elle soit, puisqu'elle enchaînera son auteur à un travail de vingt ans, scandé par une succession d'autres livres majeurs, comme *Le Temps des Prophètes* (1977), *Les Mages romantiques* (1988), *L'École du désenchantement* (1992) ; sans parler d'une moisson d'articles, qui viennent aussi d'être republiés, et d'une interprétation lumineuse de Mallarmé, parue il y a deux ans. L'étonnant, le miraculeux presque, est que cette grande œuvre, qui a paru démodée quand elle a pris son vol, a reçu du temps un air d'éternité.

---

LE SACRE DE L'ÉCRIVAIN. ESSAI SUR L'AVÈNEMENT D'UN POUVOIR SPIRITUEL LAÏQUE DANS LA FRANCE MODERNE, 1750-1830,
*par Paul Bénichou, Gallimard, « Bibliothèque des Idées ».*

VARIÉTÉS CRITIQUES. DE CORNEILLE À BORGÈS,
*par Paul Bénichou, éditions José Corti.*

---

*TABLE DES MATIÈRES*



## I. L'observateur de la politique française

## II. L'historien journaliste

## III. Le phénomène communiste



## IV. L'Amérique



## V. Israël

## VI. La vie intellectuelle

*Photocomposition Nord Compo*
*Villeneuve-d'Ascq*

*Achevé d'imprimer en février 1999*
*sur les presses de Brodard et Taupin*
*à La Flèche*
*pour le compte des Éditions Calmann-Lévy*
*3, rue Auber, Paris 9e*

*Imprimé en France*
Dépôt légal : février 1999
N° d'éditeur : 12757/01 - N° d'impression : 6417V